法学专业核心课程教材

商　法　学

Shangfaxue

Commercial Law

（第三版）

主　编　赵旭东
副主编　刘心稳　管晓峰
撰稿人（以姓氏拼音为序）
甘培忠　管晓峰　郭宏彬　胡利玲
刘心稳　刘智慧　梅慎实　时建中
王光进　王　萍　王卫国　王　涌
王玉梅　赵旭东

高等教育出版社·北京

图书在版编目（CIP）数据

商法学 / 赵旭东主编．-- 3版．-- 北京：高等教育出版社，2015.12（2016.8重印）
ISBN 978-7-04-043994-6

Ⅰ．①商… Ⅱ．①赵… Ⅲ．①商法－法的理论－中国－高等学校－教材 Ⅳ．①D923.991

中国版本图书馆CIP数据核字（2015）第246026号

策划编辑 姜 洁　责任编辑 姜 洁　特约编辑 席建波　封面设计 杨立新
版式设计 于 婕　责任校对 胡美萍　责任印制 刘思涵

出版发行 高等教育出版社
社 址 北京市西城区德外大街4号
邮政编码 100120
印 刷 河北鹏盛贤印刷有限公司
开 本 787 mm×1092 mm 1/16
印 张 33
字 数 810千字
购书热线 010-58581118
咨询电话 400-810-0598

网 址 http://www.hep.edu.cn
http://www.hep.com.cn
网上订购 http://www.landraco.com
http://www.landraco.com.cn
版 次 2007年3月第1版
2015年12月第3版
印 次 2016年8月第3次印刷
定 价 58.00元

物 料 号 43994-00

第三版修订说明

包括本教材在内的所有商法学教材总是面对着这样的困扰：一方面，商法学体系庞大，内容丰富，在总论之下，包含了公司法、独资与合伙企业法、证券法、破产法、票据法、保险法等几大单行法律部门。这些法律部门的内容和原理本来就可以单设课程，将其编著于一体的商法学教材，实际上相当于多门法律课程的集成，因此篇幅自然很大，否则不足以覆盖和阐明基本的法律原理。另一方面，法学专业的课程设计和安排又有其规范性的要求，在高校课程设置标准化的统一要求之下，每门课程的课时和容量又是固定和有限的，它与商法特有的庞大结构和体系存在着天然的冲突。这使得许多高校的教师经常陷于教材选用和课程教学安排的矛盾之中。在无法改变法学课程设置的基本结构和商法学作为一门课程的课时和容量已经限定的情况下，如何最合理地确定商法学的课程内容、体系结构和轻重取舍，使教材内容安排与课堂教学实际尽可能地衔接，使学生在有限的课时内学习和掌握最基本的商法学原理，就成为商法学教材编写最具难度和挑战的任务。

本教材迄今已是第三版修订出版。本教材第一版出版于 2007 年 3 月，并被全国高校广泛采用，得到普遍的肯定和好评。但本教材第一版也遇到了前述的困扰。全书多达 98 万字的篇幅给许多高校的使用带来相当大的困难，同时，学生经济能力的限制，也影响了对本教材的正常使用。

本教材第二版出版于 2011 年 9 月。在高等教育出版社的建议和支持下，在通过各种方式征询高校教师和学生意见的基础上，本教材第二版对原有内容进行了全面的修订，其主要目标是对第一版教材大幅度地缩减瘦身，而缩减的前提条件是不能破坏和影响商法学课程的既有体系和知识结构，不能遗漏学生必须掌握的基本商法学原理，要尽可能地与高校商法教学的实际内容、法学专业研究生考试和国家司法考试中商法学各部分内容的布局和比重衔接和吻合。为此，我们通过精心设计和细致处理，对第一版教材的体系、结构和内容做了进一步的整合、凝练和优化，特别是精确把握商法学原理在本科教学中的深度和广度，对商法学不同部分知识原理的轻重主次和详略取舍作出最合理的分析和安排。对于法理性较强的重要原理不仅未予缩减，反而有所强化，尽可能阐述得更为充分和透彻。对于纯技术性的法条规范、知识扩展性的历史背景和境外法制方面的内容，则大幅度地压缩或删减。最终使本教材修订后的总字数和篇幅缩减了约 1/4 。

本次修订编写的是本教材的第三版，这次修订的背景和直接动因是 2013 年公司法的修改。这次修改是我国公司法发展中的又一次重要的制度改革和突破。其修改的主要内容集中在公司资本制度上，其中包括取消最低资本额的规定、将有限制的资本认缴制改为完全的资本认缴制、取消现金出资比例的要求和法定的验资程序等。为充分反映公司立法的最新发展以及对公司法原理和实践的影响，本教材第三版在公司法一编中主要对“公司资本制度”“股东出资制度”“公司与公司法”“公司的类型”等几章的相关内容进行了较多的修改和补充。

同时，近年来，我国证券法、保险法和破产法的理论和实践都在不断地发展，证券法的修改虽然还在立法过程之中，但理论上已有重要的创新和突破，尤其是证券发行从审核制向注册制的改革等。为配合商事制度改革，最高人民法院 2013 年出台了保险法司法解释二，后又于 2014 年、

2015年两次对保险法进行了修订。我国破产法的实践也取得了丰硕的成果。这些都使得我国商法学原理也在不断地丰富和发展。为此，本次修订亦对证券法、保险法和破产法三编中的相应内容进行了适时的调整、补充和更新。

此外，为实现法学资源共享课的功能，充分利用网络教学资源，根据出版社的建议，本次修订在形式上做了特别的设计和安排，即在各编之后新增了1～2个综合性的典型案例研讨，并以二维码的形式进行关联。本书发展和创新的内容和体系及其最新的修订，将使其更能适应高校本科生和研究生教学的实际需要。

本书主要由中国政法大学长期从事商法教学和研究的著名学者和骨干教师合作完成，承担各编编写任务的作者在其分工的领域都有着多年丰富的教学经验或突出的研究成果，这使本书的质量和权威得以保证，并使其更适合于高校教学的实际需要。

本书由赵旭东教授任主编，各章撰写分工如下：

第一编	商法总论	赵旭东	
第二编	个人独资企业法与合伙企业法	刘智慧	
第三编	公司法	赵旭东	（第一、二、六、七章）
		刘智慧	（第三、八、十四章）
		时建中	（第四、十、十一章）
		王　涌	（第五、十二章）
		甘培忠	（第九、十三章）
第四编	证券法	王光进	（第一、三、五、七章）
		梅慎实	（第二、四、六、八章）
第五编	票据法	刘心稳	（第一、三、四、五章）
		管晓峰	（第二章）
第六编	保险法	王　萍	（第一、二、三、四、五章）
		郭宏彬	（第六章）
第七编	破产法	王卫国、胡利玲	（第一、五章）
		王玉梅	（第二、三、四、六、七、八章）

编者

2015年7月

目　　录

第一编　商法总论

第二编　个人独资企业法与合伙企业法

第三编 公 司 法

第四编　证　券　法

第五编　票　据　法

第六编 保 险 法

第七编　破　产　法

第一编

商法总论

第一章　商法概述

【导语】

商法是调整商事关系的法律规范，是法律体系中的一个重要部门。商法起源于地中海沿岸国家的商人习惯法。随着经济贸易活动的发展以及商事规则的丰富，大陆法系国家纷纷制定了商法典及其他商事单行法规，形成了民商分立的格局。此后，由于商人身份的弱化及商事活动的扩大化，逐渐出现了民商合一的趋势。我国自清末以来一直采用民商合一的立法体例，但商法具有其特殊的属性，因此通说认为商法是民法的特别法。

学习本章，在熟悉商法概念和调整对象的基础上，应重点掌握商法的性质和特点以及商法与民法的关系，对商法的基本原则有基本的了解。

第一节　商法的概念和调整对象

一、商事的含义

商法即商事法，商法中的概念、规范和制度都是建立在“商事”这一概念基础之上。因此，研究商法首先需要对“商事”的内涵和外延予以界定。

经济学意义上的“商” 或“商事” 是指沟通生产与消费的中间环节，即产品由生产者流转到消费者的渠道和中介，是社会大生产的一个重要阶段。也就是说，经济学意义上的“商” 或“商事”是狭义上的解释。

作为商法意义上的“商” 或“商事”，各国法律上对其并没有明确的定义。商法学上“商”或“商事”泛指一切以营利为目的的经营活动的总称。商法学界有学者认为，“现代商法上所称的商事是指营利性主体所从事的一切营利性活动和事业的总称”①；有学者认为，“法律意义上的‘商’或‘商事’，是指一切营利性活动和事业的总称”②；有学者认为，“凡属以营利为目的，从事媒介交易之行为，皆称之为商”③。

二、商事的范围

商事的范围非常广泛，几乎包括各种以营利为目的的商品交换以及与此相关的其他活动。买卖活动是商事活动的核心。作为扩大买卖交易范围的手段而起作用的是代理业、代销业，在交易活动中起媒介作用的是经纪业，作为买卖业的辅助并在商业交易中克服空间障碍的是运输业，克服了时间障碍的是仓储业。矿业、农林水产业等原始产业，出版社、广播等文

---

① 董安生等：《中国商法总论》，吉林人民出版社 1994 年版，第 5～6 页。

② 赵中孚主编：《商法总论》，中国人民大学出版社 1999 年版，第 2 页。

③ 张国键：《商事法论》，三民书局 1980 年版，第 4 页。

化宣传业，旅馆、餐饮等服务业等都以各种形态与买卖业密切联系。因此，在西方国家有“无业不商”之说。

对于商事范围的具体规定，各国并不完全相同，最终要根据各国自己的商事法律予以确定。由于社会经济和文化发展水平的不同，商事的具体范围也许在各国间存在差异，但它们之间存在一个基本的共同之处，即均认可商事泛指以营利为目的的经营活动。

三、商法的调整对象

特定的调整对象是商法作为部门法存在的前提，也是建立和研究商法的基础。商法的调整对象是商事关系，商事关系就是平等主体之间基于营利性活动所形成的社会关系。商事关系无论范围多么广泛，也无论从何种角度对其进行界定，都主要表现为以下两个特点：①

第一，商事关系是平等主体的关系。

在社会生活中，各种社会关系的主体是千差万别的，他们之间的地位存在平等和不平等两种情况，但商事关系是在平等主体之间形成的社会关系。商法是私法，商事关系只能发生在具有平等地位的主体之间，在这一点上，商事关系与民事关系具有相同的特点。

第二，商事关系是基于营利性行为而形成的社会关系。

商事关系只能发生在以营利为目的而进行的商事活动过程中，这是商事关系区别于其他社会关系，尤其是区别于普通民事关系的最重要的特点。民事关系是范围更广的财产关系和人身关系，商事关系是民事关系的一部分，民事关系和商事关系是典型的种属关系，由此，商法在大陆法中被定性为民法的特别法。

营利性是商事关系的本质属性。所谓营利，就是通过经营获取利润，以较少的经营投入获取较大的收益。营利是一切商事关系形成的基本动机和目的，是商事经营活动的出发点和归属点。没有营利，就没有商事关系，不能营利，商人也无法生存。当然，这种营利系指商事行为的主观目的是为了取得经济利益，至于客观上是否能够取得实际的盈利则在所不问。正是基于商事关系的营利性本质，现代商事关系表现出无所不包、无所不商的状态，几乎一切社会活动，都可以是基于营利而进行，都可以成为一种商事关系。

至于商事关系的发生是否以营业为必要条件，商法理论上存在不同主张。有的学者认为，商事关系仅发生在持续的营业之中。② 有的则把营业性作为商事关系的基本特征。③

从内容上分析，商事关系可以分为商事组织关系和商事行为关系。商事组织关系是围绕商事主体形成的商事关系，是基于商事主体的设立、组织、管理、变更、解散、破产、清算而发生的法律关系，商事组织关系包括商事主体的外部关系，也包括内部关系。其中最主要的是公司法律关系和破产法律关系，由此，公司法和破产法成为商法体系中最重要的部分。商事行为关系是基于各种商事行为的实施而形成的商事关系。商事行为关系十分广泛，其中包括票据行为、证券行为、保险行为和海商行为等，由此产生了票据法、证券法、保险法和海商法等商法部门。

---

① 参见赵旭东：《商法的困惑和思考》，载《政法论坛》2002年第1期。

② 王保树主编：《中国商事法》，人民法院出版社1996年版，第4页。

③ 柳经纬主编：《商法》，厦门大学出版社2002年版，第3页。

四、商法的概念

商法即商事法，是指调整商事关系的法律规范的总称。对于商法的概念，有以下不同的含义和理解：

第一，广义的商法和狭义的商法。

广义的商法包括所有调整商事关系的法律规范，它不仅包括所有的商事法律，而且包括非商事法律中与调整商事关系有关的法律规范；不仅包括一国的国内商法，而且包括调整商事关系的国际商法。

狭义的商法仅指国内法中的商事私法，它构成一国商法的主体内容。这是最小范围意义上的商法，也是通常意义上所指的商法。

第二，形式意义上的商法和实质意义上的商法。

形式意义上的商法是指一国立法机关所制定的以"商法"或"商法典"命名的成文法典。形式意义上的商法主要存在于大陆法系采"民商分立"体例的国家和地区，如法国、德国、日本等。大陆法系中采"民商合一"体例的国家和地区则不存在形式意义上的商法，我国也不存在此意义上的商法。

实质意义上的商法是指以商事关系为其调整对象的法律规范的总称，即部门法意义上的"商法"。采"民商分立"体例的国家除了存在形式意义上的商法之外，还存在散见于商事单行法、民法、行政法及其他部门法中的商法规范。因此，不论是否存在形式意义上的商法，各国都存在实质意义上的商法。

第二节 商法的性质与特点

一、商法的性质

（一）商法是私法

公法与私法的划分标准，各种学说差异甚大，有利益说、效力说、主题说、统治关系说、意思说等不同的主张，但一般认为公法是调整国家与社会组织和个人之间关于公权利义务关系的法律规范，私法是调整社会组织和个人之间以及相互间关于私权利义务关系的法律规范。公法维护的是公共秩序和社会的宏观利益，其调整的原则为国家干预原则。私法维护的是社会个体的微观利益，其调整的原则为意思自治原则。

无论依何种标准，一般都认为商法属于私法。虽然进入现代资本主义时期以来，西方国家对经济活动的干预越来越多，并将其政策规定于法律之中，从而出现"私法公法化"的趋势，商法也具有了公法的色彩，但就其本质而言，商法依然属于私法。当然，商法中存在着具有公法性质的规范，但此类规范的存在并不能改变商法的私法属性。

（二）商法是实体法

以法律的内容为标准，可以将法律划分为实体法与程序法。实体法一般是规定法律主体主要权利和义务的法律，程序法一般是规定保证法律主体权利和义务得以实现的法律。商法的主要内容是规定商事主体在交易活动中具体的权利和义务，因此，商法属于实体法。当然，在商法中不可避免地存在程序性的规范，如关于商事登记的规定，但此类规范与程序法意义上的规范是不同的。

（三）商法是商品经济的法

商品经济是商法的基础，没有商品经济就没有商法。商品经济是以交换为目的的经济，商法所调整的商事关系具有营利性的特征，而这恰恰是商人从事商品交换活动的目的。商法作为商品经济的法，直接反映着商品经济的要求。商法中的商事主体制度规范的是商品生产者和经营者的组织形式和内外法律关系，商法中的商事行为规则调整的是商品交易行为和与此相关并为之服务的其他经营行为。

二、商法的特点

商法作为调整商事关系的法律规范，具有下列几个基本特点。

（一）私法与公法规范的融合

总体上看，商法在性质上属于私法。然而随着市场经济的发展，商人基于意思自治、契约自由等原则而实施的行为极有可能侵害他人利益及社会公共利益，如不正当竞争、垄断、侵害消费者利益等行为。因此，需要国家对商事活动进行控制和调节，以维护经济秩序的正常运行，从而出现了"法律社会化"和"私法公法化"的倾向。私法公法化在很大程度上表现在商法领域，即商事立法中越来越多地体现政府的经济职权和国家意志的干预，越来越多地规定了调整个人与政府和社会间经济关系、维护社会公共利益的内容，这些内容体现了明显的公法属性。[①] 这意味着商法具有私法性质的同时，也具有公法的色彩。例如商事登记、商业账簿制度，公司法中关于公司登记的规定，破产法、公司法及保险法中的罚则规定，海商法中的船舶登记的规定，保险法中的责任准备金、保险业监督管理的规定，破产法中的债务清偿顺序等规定，都是具有公法性质的商法规范。

因此，商法虽属私法，但却存在有公法性质的规范，这表现了公法、私法在商法中的相互渗透。

（二）强制性规范与任意性规范的结合

法律规范依据权利、义务的刚性程度，可分为强制性规范和任意性规范。所谓强制性规范是指必须依照法律适用、不能以个人意志予以变更和排除适用的规范。任意性规范则允许主体变更、选择或者排除该规范的适用。商法以私法规范为主体，贯彻意思自治原则，当然具有大量的任意性规范。商事活动要求简便、快捷，应由当事人自行决定更为合理，因此在商事行为法方面更多地存在任意性规范。例如合同的订立、合同形式的选用、履行的方式，公司中经理人的设置、职权的规定，证券的投资，票据的转让等，都可以由当事人按照自己的意思自由决定。

然而，由于商事组织在经济生活中居于十分重要的地位，商事组织的设立及其成立后的运行机制是否健全，会涉及交易当事人之外的第三人的利益，会直接对交易安全及国家利益和社会公共利益发生影响。因此，关于商事组织的法律规范不宜完全由当事人意思自治，而应由国家给予适当的干预，这些干预的规范在商法中就体现为强制性规范。例如，公司法中的公司设立、公司的组织机构，票据法中票据的种类、行为的方式，破产法中的清偿顺序等规范，均为强制性规范。

---

① 赵中孚主编：《商法总论》，中国人民大学出版社 1999 年版，第 20 页。

（三）组织法与行为法的结合

商法首先由组织法性质的规范构成。商人是商法活动的基础，包括商自然人、商法人及其他商事组织，有关商人的规定在商法中体现为商事组织法。例如，公司法中关于公司的种类、设立、组织机构、公司的内部关系的规定，证券法中关于证券公司的规定，保险法中关于保险人的规定等，都属于商事组织法。

商法中更多的内容是行为法规范。商事关系具有营利性，从事商事交易是设立商事组织的目的，因此，商法必然要对商人的商事活动进行规范，有关商事活动的规范在商法中就体现为商事行为法。例如，证券法中关于证券的发行、交易、信息披露的规定，票据法中关于出票、背书、承兑、付款及追索的规定，保险法中关于保险合同的订立、履行、变更、解除和保险代理及经纪的规定，在商法中都体现为商事行为法。

组织法与行为法的结合成为商法的特点，其中商事组织法的规定大多属于强制性规范，而商事行为法大多属于任意性规范。

（四）商法规范具有较强的操作性和技术性

商法规范具有较强的操作性，它对商事行为中的行为方式、环节、规则都作了具体、确定的规定，从而使其得以适应商人在商事活动中实际操作的要求。例如，公司法中公司的设立、公司股份、公司财务，证券法中证券的发行、证券的交易、上市公司的收购、信息的披露，票据法中票据的文义性、要式性、无因性，发票行为、背书行为、承兑行为以及票据抗辩、追索权的行使，保险法中保险费用、保险金额、精算、理赔等，都涉及大量的技术性问题，体现了很强的技术性，这些方面的规定在商法上都体现为技术性规范。

（五）国际性

商法是最具有国际性的法律规范。商事关系的实质就是商品关系在法律上的表现，因而商法必须反映和尊重商事关系的客观规律和要求。同时，商事关系本身也具有一定国际性，许多商业活动都跨越国界，各国和各地区经济日愈紧密联系，并趋向世界经济体系的形成。为此，不仅世界各国和地区在本国和本地区商事立法方面注意坚持一般的科学原理，保持与其他国家和地区商事法的协调和衔接，而且在国际上也订立有许多国际性商事公约。

商法源于商人的交易习惯法，商事规范是在国际商事交往中不断发展起来的，商法的国际性从中世纪商法就已经有所体现。20 世纪以来，社会生产规模不断扩大，几乎每个国家都参与了国际的分工与合作，从而使商事进一步扩大到世界范围。与此发展趋势相适应，商法的国际化程度日益提高。大量有关商事活动的公约得以订立，例如 1947 年《关税与贸易总协定》、1964 年《国际货物买卖统一法公约》、1978 年《联合国海上货物运输公约》、1980 年《联合国国际货物买卖合同公约》等。

第三节 商法的地位

一、商法与民法

商法与民法的关系是确定商法地位最基本和最重要的问题。商法和民法是法律体系中私法的两大法域，两者具有十分密切的关系。民法中的某些原则、制度和规范同时适用于商法。不同国家私法立法体制的不同决定了商法与民法的不同关系。现在世界上关于商法与民法的关系，大致存在三种类型。

(一) 民商合一模式

采用民商合一的立法模式的国家只制定民法典，不再另行制定商法典。这种模式认为商法与民法在基本原理、基本制度方面有共通性，商法也涉及私人利益，贯彻着私法的共同精神，其内容是民法的组成部分，要么规定在民法典中，要么制定单行法。因此，在民法典之外，不必另行制定商法典。主张该模式的理论认为，随着市场经济的发展，商人作为特别阶层及商行为作为特别法律行为的制度价值已经大大降低。此外，商事行为与民事行为的划分也日益模糊，独立的商事法庭也不复存在。因此，商法没有必要和民法相分离，而应该合一。

民商合一模式率先于瑞士实现。意大利商法原来采用民商分立模式，后于1942年制定了一部包括商法在内的新的民法典。

(二) 民商分立模式

采用民商分立的立法模式的国家在制定民法典之外，又制定商法典，商法是其法律体系中的一个独立的法律部门。在此种模式下，商事主体被认为是不同于一般民事主体的法律主体，商事行为也被认为是不同于一般民事行为的法律行为，商法是独立于民法的一个法律部门。因此，有必要在民法典之外，另行制定独立的商法典。较典型的商法典有：1807年《法国商法典》、1897年《德国商法典》、1899年《日本商法典》。

(三) 商法作为民法的特别法

前述所讲的民商合一和民商分立两种模式是从形式上划分的结果。从理论上讲，不论是在民商合一的国家，还是在民商分立的国家，商法都是作为民法的特别法而存在，并非脱离民法而存在的一个法律部门。

商法作为民法的特别法，它们的关系主要表现在两个方面：第一，商法与民法在基本原理、基本制度方面有共通性。例如民法关于自然人能力、法人、法律行为、侵权责任的规定，都适用于商法，商法不需要对上述方面作出特别规定。第二，法律适用方面，商法的适用优先于民法。依照特别法优先于一般法适用的原则，凡涉及商事的事项，当商法有规定时，应优先适用商法；只有当商法没有规定时，依照民法补充适用的原则，才可以适用民法的有关规定。

我国立法采民商合一模式，商法作为民法的特别法而存在。《公司法》[①]《证券法》《保险法》《票据法》《海商法》等商事法律均采用单行法的形式，同时适用民法的基本理论和制度。我国于1999年颁布的《合同法》集中体现了民商合一的特点。

二、商法与经济法

作为一个法律部门而存在的经济法，其概念、调整对象和范围至今未能形成通说，在学者中存在不同的观点。[②]

依照狭义的经济法概念，经济法主要包括反不正当竞争法、反垄断法、宏观调控法。基于此，商法与经济法主要存在下述几个方面的区别：

---

① 为行文方便，教材中出现的法律法规，一般用简称，以下不再一一列明，特殊情况除外。

② 各种具体的观点可参阅许明月主编：《经济法学论点要览》，法律出版社2000年版。

第一，调整对象不同。商法的调整对象主要为平等主体之间从事商事交易所产生的社会关系，经济法的调整对象为国家协调本国经济运行过程中发生的社会关系。前者为私法关系，后者则明显不属于私法关系。

第二，法律规范的属性不同。商事法律规范的性质以任意性规范为主，强制性规范为辅；经济法由于国家作为一方主体，其规范的性质多为强制性规范，同时存在少量的任意性规范。

第三，调整方法不同。商法属于私法，其调整方法多为市场机制和民事责任，经济法具有公法性质，其调整方法多为强行机制和行政责任。

第四，规范内容不同。商法主要包括商人和商行为的原则性规定、公司法、证券法、保险法、票据法、海商法等；经济法则主要包括经济法主体及其经济职能的原则规定、反垄断法、反不正当竞争法、宏观调控法（主要有财政税收法、中央银行法、产业政策法等）等。

第四节　商法的基本原则

由于商法是作为民法的特别法而存在的，因此，民法的基本原则，如私权神圣原则、意思自治原则、诚实信用原则等都适用于商法。然而，商法所调整的商事关系又具有不同于民法所调整的一般民事关系的特征，因此，商法具有自己独有的原则。

对于商法具体有哪些基本原则，商法学界存在“二原则说”“三原则说”“四原则说”“五原则说”“七原则说”“八原则说”等不同的观点。① 我们认为商法有以下五个基本原则。

一、商事主体法定原则

商法是规范商事主体进行交易活动的基本法律。市场经济条件下，商事主体是最基本的活动单位，其组织的健全与否直接关系到市场交易基础是否稳固。为了保护交易安全、相对人的利益及市场秩序的稳定，商法通常以强制性规范对商事主体的类型、标准及设立作出具体的规定，以此达到控制其进入市场的目的。该原则的内容具体包括商事主体类型法定、商事主体内容法定和商事主体程序法定三个方面。

（一）商事主体类型法定

所谓商事主体类型法定，是指商法对于商事主体的类型作出明文规定，当事人只能在法定类型的范围内选择，而不能任意创设法律中未规定的类型。这就意味着，当事人创设或者变更商事主体时，仅具有在法定范围内自由选择的可能性，如果超出了法律规定的商事主体的类型，则不会得到法律的承认和市场准入。例如，在西方国家，无限公司、两合公司、股份两合公司都是商事主体，而我国公司法没有规定这些类别的公司，因此，这类经济组织在我国就不能成为商事主体。

我国目前的立法实践中，商事主体的类型按照不同的标准主要分为以下几类：依组织形式，

---

① 具体可参阅下列著作中的相关内容：傅鼎生：《论商法的基本原则》，载《政治与法律》1997 年第 5 期；张秀全：《商法基本原则研究》，载《现代法学》1999 年第 5 期；雷兴虎：《略论我国商法的基本原则》，载《中外法学》1999 年第 4 期；徐学鹿：《论现代商法的基本原则》，载《法学杂志》2003 年第 1 期；覃有土主编：《商法学》，中国政法大学出版社 1999 年版；赵中孚主编：《商法总论》，中国人民大学出版社 1999 年版；董安生等：《中国商法总论》，吉林人民出版社 1994 年版；柳经纬主编：《商法》（上册），厦门大学出版社 2003 年版；顾功耘主编：《商法教程》，上海人民出版社 2001 年版。

可分为个体工商户、独资企业、合伙企业和公司等;依所有制,可分为国有企业、集体企业、私营企业、混合所有制企业和个体工商户等类型(详见第二章的相关内容)。

(二)商事主体内容法定

所谓商事主体内容法定,是指商法对各类主体的组织关系和财产关系在法律中予以明确规定,当事人不得擅自或者变更其组织关系和财产关系。在商法中,对不同的主体的财产关系和组织关系有不同的规定,当事人必须遵循。例如,有限责任公司、股份有限公司、合伙企业、独资企业、外资企业等不同的商事主体,在组织关系和财产关系方面存在重大差异。之所以如此,是因为法律对它们作出了不同的规定,并且不允许其擅自变更,否则就可能造成主体形式的混乱,从而影响市场经济秩序。

(三)商事主体程序法定

所谓商事主体程序法定,是指设立、变更和终止商事主体,必须遵守商事法律规定的程序。商法对设立商事主体的程序有明确的规定,当事人欲设立商事主体,必须严格按照法律规定的程序进行,否则,将无法达成。例如,我国公司法规定的有限责任公司和股份有限公司的设立原则是严格准则设立主义和核准设立主义的结合,即设立一般的公司,符合法定条件的,原则上适用严格准则设立主义,直接办理登记注册手续,但对于涉及国家安全、公共利益和关系国计民生等特定的行业和项目,法律规定设立公司必须报经审批的,则应当履行审批手续。因此,要设立这两类公司,就必须按照公司法规定的程序进行,只有在登记完成之后,该公司才告成立,才具备商事主体资格。

二、确认和保护营利原则

商法调整具有营利性质的商事关系,商事主体从事交易活动的目的就是为了营利,取得利润,追求利润的最大化。因此,作为规范商事主体及其商事活动的商法始终都贯彻确认和保护营利的原则和价值取向。商法中,关于商事登记、公司、证券、保险、票据、海商等的规范都从各个方面体现了确认和保护营利的原则。

三、促进交易简便快捷原则

在市场经济条件下,交易频繁,行情瞬息万变,尤其是在信息时代的今天更是如此。因此,商事交易必须尽可能的简便、快捷。交易的简便、快捷对商事主体而言,意味着交易时间的节约、成本的降低和资金利用率的提高,从而更有可能实现商事主体的营利目的。现代商业实践中,交易的速度或商品流转的速度,对商事主体具有至关重要的意义。商法促进交易简便快捷原则,主要体现在下述几个方面。

(一)充分尊重当事人意思自治

促进交易便捷的一个最基本的方法就是贯彻意思自治原则,在商法中的集中体现就是商事契约自由,商事法律,如公司法、票据法、保险法、海商法中规定了大量的任意性规范,由商事主体按照自己的意思决定有关事项。

(二)交易规则的定型化

交易规则的定型化,包括交易方式的定型化和交易客体的定型化。所谓交易方式定型化,是指商事法律中预先规定若干类型的典型交易方式,从而使商事交易的方式定型化。例如,要求销售商对商品明码标价的规定、记名票据背书转让和无记名票据交付转让的规定等，都可以使交易更加便捷。所谓交易客体的定型化，是指商事法律对交易客体的商品化与证券化。对于有形商品，商法分门别类地规定了统一的规格或要求其使用特定的标志，使其商品化，确保交易可以迅速进行。对于无形的交易客体，如股票、债券、票据、保险单、运单、提单、仓单等，商法则通过使其证券化的方式，通过证券的流通实现无形商品的交易，从而大大简化了交易的程序。

（三）短期时效主义

所谓短期时效主义，是指商法对各类商事请求权规定的时效期间较一般民事请求权为短，从而可以推动商事交易纠纷的迅速解决，促进交易的迅捷。例如，《票据法》规定，持票人对前手的追索权的时效期间，自被拒绝承兑或被拒绝付款之日起 6 个月；持票人对前手的再追索权的时效期间，自清偿日或被提起诉讼之日起 3 个月。此外，《保险法》《海商法》中规定的时效大多也较短。

四、维护交易公平原则

公平原则是民法的基本原则之一，适用于商法中就体现为交易公平原则。交易公平原则是指商事主体应从公平的观念出发从事交易行为，以均衡交易主体之间的利益。该原则主要体现在平等交易原则、诚实信用原则和情势变更原则三个方面。

五、保护交易安全原则

在市场经济条件下，随着交易手段的复杂、交易周期的缩短、交易范围的扩大，各种风险因素日益增多，交易风险时刻存在，从而危及交易安全。为了保证商事交易的顺利进行，各国商法均把保护交易安全确立为商法的基本原则。该原则在商法中主要体现在以下几个方面。

（一）公示主义

公示主义是指商法要求交易当事人对于涉及利害关系人利益的客观事实必须向公众显示，以便利害关系人了解。商法中规定了各种有关公示的制度，如果负有公示义务的商事主体没有履行该义务或者公示虚假，应承担相应的法律责任。

（二）强制主义

强制主义又称干涉主义，是指国家通过公法手段对商事关系予以强制性规定。例如，商法通过公法性手段直接调控商事管理关系。各国关于商事登记、商业账簿、商业税收、反不正当竞争、反垄断等一系列规定，均体现了国家干预和宏观调控职能。

（三）外观主义

外观主义是指以交易当事人行为的外观为准来认定商事交易行为的效果。外观表示与真实意思可能不一致，依据外观主义，交易行为完成后，出于对交易安全保护的目的，原则上不得撤销。商法将民法上的表见代理制度贯彻得更加彻底。例如，商法中不实登记的责任，字号借用人、表见经理人、表见代理董事的责任，票据法上对票据行为解释的外观原则、背书证明力等规定，都体现了外观主义的要求。

（四）严格责任主义

民法中的民事责任归属实行的是过错责任主义，而商法对于商事责任则采用严格责任主义。所谓严格责任主义，是指在商事交易中，不论债务人有无过错都应该对债权人负责。例如，我国

《公司法》中关于股份有限公司的发起人在公司不能成立时，对认股人已缴纳的股款，负返还股款并加算银行同期存款利息的连带责任的规定，以及《票据法》上汇票的出票人、承兑人、背书人及其他票据债务人对持票人均承担连带责任的规定等，就是严格责任主义的集中体现。

第五节 商法的历史与发展

一、西方国家商法的产生和发展

近代意义的商法源于中世纪地中海沿岸各国的商人习惯法，即商人法。

从 15 世纪开始，欧洲各国逐渐开始对商事活动进行干预，商事立法权随之归于国家，商事习惯法逐渐被国家的商事立法取代。17—18 世纪，欧洲各国相继制定了一些商事立法，如法国 1673 年颁布了《商事条例》，但称得上近代商法的，还是自 1807 年《法国商法典》以来各国的商事立法。

法国大革命后建立了资产阶级共和国，为了巩固和促进资本主义经济的发展，在拿破仑的推动下，法国于 1804 年制定了《法国民法典》，1807 年制定了《法国商法典》。《法国商法典》是近代第一部商法典，标志着近代统一商法的形成，同时在大陆法系开创了民商分立体例的先河。

德国在 1871 年统一以前，只有普鲁士邦曾制定了成文商事法规。后来，德国于 1861 年制定了《普通德意志商法》，并被大多数邦所采用。1871 年德国统一后，该法典几乎在未加修订的情况下，在整个德意志帝国施行。后来为了与民法典的内容相协调，通过对“旧商法”多次修订，制定了 1897 年《德国商法典》，并于 1900 年 1 月 1 日生效。

日本在明治维新前，长期处于闭关锁国的封建社会。明治维新之后，日本才开始了大规模的近代法典的编纂工作。1890 年公布“旧商法典”，内容大多继受德国商法。“新商法典”于 1899 年获得议会通过，并于同年实施。此后，在百余年中，该商法典又经过近 30 次修改。现行《日本商法典》是 1999 年对 1899 年商法典修订而成的。

英国为普通法国家，只存在实质商法，不存在法典意义上的商法。为了适应经济的发展以及进行国际商事交往的需要，自 19 世纪以来，英国也产生了一系列的商事制定法，从而构成了英国的商法体系。英国的商事制定法，主要体现在公司、合伙、破产、票据及保险方面。

虽然英国存在成文的商法，但其只是对判例的一种补充，判例仍然是商法最主要的渊源。当然也存在例外，如公司法和票据法就是以制定法为主，判例仅在解释成文法时具有意义。

同英国一样，美国属于普通法系国家，判例为其主要法律渊源。依照美国宪法规定，联邦只在国防、外交、财经政策、国际贸易和州际商业方面有统一立法权，刑事、民商事立法权属于各州，这样就导致了各州商法存在差异，给美国的州际商业往来带来了不便。为此，从 19 世纪开始，美国兴起了统一州法运动，美国统一州法委员会起草并颁布了各种有关商事交易的成文的统一州法，如《统一合伙法》《统一有限合伙法》。其中 1952 年颁布的《美国统一商法典》，已被除路易斯安那州以外的所有州采用，并且对世界产生了深远的影响。因此，狭义上的美国商法即指《美国统一商法典》。

二、我国商法的沿革

（一）1949 年前中国的商事立法

我国长期处于封建社会，自给自足的自然经济占据主导地位，而且重农抑商政策的推行，致使商品经济很不发达,因此未能形成发达的商业城市和从事商业的独立阶层,也就造成了商法的极不发达。我国真正意义上的商事立法始于清朝末年,当时随着商事交易的增多,商业有了较大的发展。清政府于1908年颁布了《大清商律》。这是我国第一部单行的商法,规定非常简单,在体例上仿日本商法,而内容上主要采德国商法。

民国政府成立后,宣布凡清代法律不与国体抵触者仍为有效,因此《大清商律》仍继续施行。1914年,民国政府对"大清商律草案"进行修改后,以《中华民国商律》之名颁布施行。此外,1914年1月颁布了《公司条例》,1914年3月颁布了《商人通例》。

(二) 1949年后中国的商事立法

中华人民共和国成立后,废除了"六法全书",由于实行高度集权的计划经济,商法失去了存在的基础,因此未进行商事立法。

改革开放后,随着经济的发展,特别是我国确定发展社会主义市场经济以来,法制建设进入高速发展时期,制定了大量规范企业、市场及商事活动的商事单行法律、法规及规章。我国现行法律规范中,具有商法性质的单行法律、法规和规章,依照颁布时间的先后顺序,主要有《中外合资经营企业法》(1979年)、《外资企业法》(1986年)、《中外合作经营企业法》(1988年)、《全民所有制工业企业法》(1988年)、《乡村集体所有制企业条例》(1990年)、《城镇集体所有制企业条例》(1991年)、《海商法》(1992年)、《公司法》(2013年修订)、《票据法》(2004年修订)、《商业银行法》(2003年修正)、《保险法》(2009年修订)、《合伙企业法》(2006年修订)、《证券法》(2014年修正)、《合同法》(1999年)、《个人独资企业法》(1999年)、《信托法》(2001年)、《企业破产法》(2006年)等。随着市场经济的发展,我国商法体系已基本形成。

【本章前沿问题】

□ 关于商法的调整对象

不同国家的学者对商法的调整对象所持的观点主要有以下三种:

1. 商法的调整对象是商人。持此观点的主要是德国等奉行商人中心主义立法原则的国家。
2. 商法的调整对象是商行为。持此观点的主要是法国等奉行商行为中心主义立法原则的国家。
3. 商法的调整对象是商事关系。我国多数学者持此观点。

实际上,虽然上述三种观点的侧重点各有不同,但实际上并不存在本质的差异。主张商人为调整对象的观点,强调的是商人实施了商行为,从而形成了商人这一特殊主体之间的法律关系;主张商行为为调整对象的观点,强调的是基于商行为而形成的行为人之间的法律关系。二者最终都以商主体实施了商行为而形成的商事关系为调整对象,因此,此三种观点在实质上是统一的。

□ 关于商法的体系

商法在我国是一个新兴的法律部门,商事立法仍然不够完善,因此学者之间对于商法体系的认识迄今未能形成一致,现有的结论也是基于传统商法得出的,较少与我国实际相结合。我国多数学者认为,商法体系包括商主体、商行为、商事营业、商号、公司法、证券法、保险法、破产法、票据法和海商法等。

然而，上述商法体系的合理性，已有学者提出了质疑，如学者提出："公司、票据、破产、保险、海商是不是就是商法的固有范围？保险法为商法，为何银行法不为商法？海商法既为商法，航空、铁路等运输法为何不为商法？票据既为商法所调整，信用证为何不为商法所调整？"①

上述质疑说明了我国商法体系仍然存在问题。随着我国市场经济的日益发达，商事立法已逐渐完善，商法理论研究相比之下有些滞后，因此需要对商法的体系作进一步的研究。

【本章思考题】

1. 试述商事关系的特点。
2. 如何认识商法的私法性质及其与公法的融合？
3. 商法具有哪些特点？
4. 分析民法与商法的相互关系，并对民商合一与民商分立的立法模式作出评述。
5. 简论商事主体法定原则。
6. 商法如何体现保护营利和促进交易简便快捷原则？
7. 保护交易安全原则在商法中是如何体现的？

---

① 参见赵旭东：《商法的困惑和思考》，载《政法论坛》2002年第1期。

第二章　商事主体与商事行为

【导语】

商事主体，是商法中的基本范畴，是整个商事法律制度得以存在的基础。现代各国商法大都对商事主体的概念和内涵及其商事能力予以规定。我国目前还没有明确的关于商事主体的专门立法，但对它的研究无疑具有重要的理论和实践价值。

学习本章，应重点理解和掌握商事能力与民事能力的区别以及法律对商事能力的通常限制，进而深刻理解我国现行法律对商事主体的相关规定。

第一节　商事主体的概念和特征

一、商事主体的概念

商事主体(commercial subject)，也称商事法律关系主体、商主体，是指依照商法的规定具有商事权利能力和商事行为能力，能够以自己的名义独立从事商事行为，在商事法律关系中享有权利和承担义务的个人和组织。

在传统商法上，商事主体也叫商人。早期的商人是指一个具有特殊身份和利益的社会阶层，在从事商事交易中享有特权。19 世纪以后，随着商品经济的发展，商人不再是社会上的特定阶层，商人的特殊地位和利益已逐渐消失，各国商法基本都将商人作为一个法律概念固定下来。

二、商事主体的特征

（一）商事主体法定

商事主体具有特殊的权利能力和行为能力，何种组织和个人能够作为商事主体参加商事活动，并在其中享受权利、承担义务，是由商事法律、法规直接确认和赋予的。商法是个人和组织具有商事主体资格的法律依据。

（二）商事主体依法具有商事能力

商事主体的商事能力不同于一般民事能力。其一，商事能力特指从事商事行为的能力；其二，商事能力是在一般民事能力基础上附加的能力，具有商事能力应以具有民事能力为前提，但具有民事能力，不一定具有商事能力；其三，商事能力的范围具有特定性和限定性，取决于商法规范的限定和商事主体设立的目的，不同的商事主体，具有不同的商事能力。

（三）商事主体的身份或资格经商业登记而取得

商业登记制度是商法制度的重要组成部分，商业登记最主要的内容是商事主体登记。按照我国现行工商登记法规，任何个人或组织要从事营利性经营活动，都必须经登记取得企业法人营业执照或营业执照，否则即为依法应予取缔的无照经营或非法经营。

（四）商事主体以营利性活动为其常业

商事主体的商事行为通常以营业的方式进行，即以获取利益为目的连续、稳定地从事范围确定的经营活动。此特点使商事主体与偶尔从事商事行为者相区别。

第二节 商事主体的类型和分类

不同国家的商事立法和商事理论，依照不同的标准对商主体予以分类。一般说来，主要有以下几种。

一、商个人、商法人和商合伙

商个人，又称“商个体”“商自然人”“个体商人”“个人商号”，是指依法定程序取得商事主体资格的自然人或公民。商个人的名称、商号，可以与自然人的姓名相同，也可以不同。商个人的突出法律特征是个人对其经营债务须承担无限责任。我国的商个人具体表现为个体工商户、农村承包经营户和个人独资企业三种主要形式。

商法人，指按照法定要件和程序设立的，具有法人资格，能够独立进行商事经营活动，并享有商事权利和承担商事义务的各种商事企业。法人可以分为营利法人和非营利法人，营利法人在我国民法通则中称为企业法人，在传统商法中则称为商法人。我国的企业法人除公司法人之外，还存在全民所有制企业、集体所有制企业等不属公司法调整的非公司企业。

商合伙，是介于商个人和商法人之间的一种商人形态，是指两个或两个以上的合伙人按照法律和合伙协议的规定共同出资、共同经营、共享收益、共担风险，普通合伙人对合伙经营所产生的债务承担无限连带责任，有限合伙人对合伙债务承担有限责任的商事组织。商合伙是非法人企业，这是商合伙区别于商法人的主要法律特征。

二、其他商人分类

1. 依照商事主体是否必须办理注册登记手续，可分为法定商人、注册商人和任意商人（德国）。
2. 依照商事主体的经营规模，可分为大商人和小商人。
3. 依照商事主体的认定原因，可分为完全商人和表见商人（德国），或者固定商人和拟制商人（日本）。

第三节 商事能力

一、商事能力的概念

商事能力，又称商事主体资格，指商事主体独立从事商事活动，享有权利和承担义务的资格和能力。商事主体的商事能力由商法赋予，具体表现为商业登记所核定的经营范围。商事能力是一种附加于民事能力之上的能力，表现了法律对行为人从事营利性营业活动所附加的特殊资格限制。不同的商事主体因其登记的营业性质和范围不同而具有不同的商事能力，同时，商事能力根据商业登记而确定。在我国，不论任何主体，未经登记不得从事经营活动。

二、关于商事能力的特别限制

（一）未成年人商事能力的限制

对于未成年人的商事能力的限制，各国法律规定不完全相同。有的不承认未成年人有商事能力，有的则确认未成年人的商事能力，还有的国家对未成年人的商事能力有限制性的规定。我国目前尚无关于未成年人商事能力的明确规定，但有关企业立法涉及自然人设立企业的能力。例如根据《个人独资企业法》规定，原则上未成年人不得设立独资企业从事营业活动。根据《合伙企业法》规定，未成年人也不得成为合伙人。

（二）国家公务人员商事能力的限制

国家公务人员具有特殊的权力和地位，如果允许其从事商事经营，就可能导致其滥用权力、官商不分、以权谋私、滋生腐败，从而妨碍公平竞争。因而，各国法律基本都对这类主体的商事能力予以限制。我国对党政机关（包括党委机关、国家权力机关、行政机关、审判机关、监察机关以及隶属这些机关编制序列的事业单位）及其干部从事商事经营活动，进行了严格的限制。通过相关的规定，严格禁止党政机关和党政干部经商、办企业。

（三）外国人商事能力的限制

各国法律对外国人、无国籍人以及外国法人的商事能力，基本都有限制性规定。按照我国法律规定，外国的自然人、法人以及其他组织在我国从事商事活动，须经我国有关部门批准，并办理登记手续。

第四节　商事行为的概念和特征

一、商事行为的概念

商事行为是商主体以营利为目的，旨在设立、变更或消灭商事法律关系的经营性行为。商事行为是商主体所为的行为，与商主体这一特定身份相关，非商事主体不得从事商事行为。商事行为是商主体在商事经营中所为的行为，它具有商事经营这一特定的经营属性，非商事经营的行为，即使由商主体所为，也不属于商事行为。

二、商事行为的特征

1. 商事行为是以营利为目的的行为。
2. 商事行为是经营性行为。
3. 商事行为是商主体所为的行为。

三、商事行为的规制方式

（一）概括方式

概括方式也称为主观主义或商主体法主义，即以商人概念为基础，对商事行为作出概括性的规定。依此规定，凡商人的营业行为即为商事行为，它强调商人的经营方式在确定商事行为中的意义。《德国商法典》是典型代表。

（二）列举方式

列举方式也称为客观主义或商行为法主义，依此方式，法律对商行为并无概括性的抽象规定，而是通过列举的方式界定商行为的范围。不论行为主体是谁，只要其行为符合商法典中有关商事行为的规定就适用商法典。法国商法典是典型代表。

（三）折中方式

折中方式也称折中主义，即采折中立场，以概括方式和列举方式相结合确定商事行为。一方面，一些商事行为是根据商人的经营方式，在营业的场合才得以确认；另一方面，将各种商事行为分类列举，根据其行为内容来确定商事行为的性质。《日本商法典》是典型代表。

第五节　商事行为分类

一、单方商行为与双方商行为

单方商事行为，也可称之为“混合交易行为”，是指行为人一方为商主体，而另一方为非商主体所从事的交易行为。

双方商行为，是指行为人双方均为商主体所从事的营利性营业行为。

二、基本商行为与附属商行为

基本商行为，指直接从事营利性经营活动的商事行为。基本商行为包括绝对商行为和相对商行为。

附属商行为，又称“辅助商行为”，指在同一商事营业内虽不具有直接营利性的内容，但却能起到协助基本商行为实现营利目的的辅助行为。例如广告行为、代理行为等。

三、绝对商行为与相对商行为

绝对商行为，又称“客观商行为”，是指依照行为的客观性和法律的规定，当然属于商行为的行为，而不必考虑实施该行为的主体是否是商人。例如票据行为、商业证券行为等。

相对商行为，又称“主观商行为”，是指依行为人的主观性和行为自身的性质而认定的商事行为。它以行为主体是否为商人以及行为是否具有营利特性为认定要件。

四、固有商行为与准商行为

固有商行为，又称“传统商行为”“完全商行为”，是指依据法律规定或法律列举可以直接认定的商事行为，它包括绝对商行为和固有商人的营业商行为。

准商行为，又称“推定商行为”“非固有商行为”，是指拟制商事主体所实施的经营性商事行为。这种商事行为必须通过事实推定或法律推定来确认其行为性质。

【本章前沿问题】

□ **关于商事主体的划分**

对于根据商事主体的组织形式将其划分为商个人、商法人和商合伙的分类方法，在理论界尚有争议。

有学者认为，商合伙可以包括在商个人之中，从总体上讲，多数国家也都是从商事主体的法律地位和组织程度的角度将其划分为商个人与商法人两种类型。从法律地位来讲，商合伙与商个人没有太大的区别，是否有必要将其单独作为一种商事主体类型，确实有待商榷。赞同这种分类方法的学者认为基于我国法律的特别规定和合伙型商事主体与其他商事主体的不同特征，应将其作为一种单独的类型予以研究，而且在民法上，企业组织形态主要包括私营、合伙和公司三种，商事主体相应地也可以分为商个人、商合伙和商法人三种形态，否则极易导致概念的混乱和研究的不便。

□ **商事行为的界定**

在商法理论体系中，商事行为是与商事主体并列甚至比商事主体更重要的核心制度，然而对于如何界定商事行为在商法理论上并没有一致观点，大体上存在三种主要方法：(1) 以德国为代表的客观主义主张，只有商人双方或一方参加的法律行为才属于商事行为。(2) 以法国为代表的客观主义主张，按法律行为的客观内容来认定其行为是否属于商业性质。(3) 以日本为代表的多数大陆法系国家和地区立法采折中主义原则，以主观与客观双重标准来认定商事行为。

我国现行法律采民商合一体例，不存在形式意义上的商法，因此商事行为只是理论上的概念，民事行为与商事行为并没有确切的区分。随着商法的发展，关于商事行为的理论研究越来越充分，但由于没有形式意义上的商法，因此大多是对国外的商事行为理论的介绍。我们在进行商法研究中应该结合我国实践，发展我国的商事行为理论。

【本章思考题】

1. 商事主体与民事主体有何区别？
2. 简述商事主体商事能力的含义与特点。
3. 商法如何限制某些主体的商事能力？其限制的理论根据为何？
4. 简述商事行为的特征及其与民事行为的区别。

第三章　商事登记

【导语】

商事登记法律制度是规范商事登记行为，确定登记主管机关、内容、程序等事项，调整商事登记关系的一项法律制度。现代各国的商事立法中，无一例外地把商事登记法律制度作为一项基本制度。我国也制定了一些商事登记法律、法规，对商事登记的基本内容作了规范。

学习本章，应重点理解和掌握商事登记的立法原则、商事登记的程序和商事登记的法律效力。

第一节　商事登记概述

一、商事登记的概念和特征

商事登记，也称商业登记，是申请人的申请登记行为与主管机关的审核登记注册行为相结合的一种综合性行为，是国家对商事活动实施法律调整，进行宏观控制的必要手段和必要环节。

商事登记是对商事经营中重要事项或与之有直接关系的事项的记载。登记内容和范围在法律上受到某种程度的限定。根据我国法律的规定，商事登记的必要事项主要有商号、商事主体的住所、经营场所、法定代表人、经济性质、经营范围、经营方式、注册资金、从业人数、经营期限和分支机构等。

商事登记具有以下特征：

1. 创设性。商事登记是一种创设、变更或终止商事主体资格的法律行为，因此，商事主体资格或其特定商事能力的起始取决于商事登记行为生效的时间。

2. 要式性。商事登记必须依照法定的程序，商事登记的内容和事项由商事登记法律以强制性条款规定，商事登记必须采取法定的格式。

3. 公法性。虽然商事登记本身属于商法所规范的私法上的行为，但它更多地体现了国家意志，是国家公权介入商事活动的一种方式。

二、商事登记的意义

1. 确认商事主体的商事活动资格，保护商事主体的合法营业活动。

2. 确认登记事项的效力，向社会公开经营性主体的信用、能力和责任。

3. 有利于国家的监督管理，维护良好的社会经济秩序。

三、商事登记的种类

各国商事法对商事登记的种类所作的规定不尽相同。我国《企业法人登记管理条例》及《企业法人登记管理条例施行细则》将企业法人的登记分为设立登记、变更登记、注销登记。《公司法》中规定的登记分为设立登记、变更登记、注销登记、分公司的设立登记。其他商事主体的登记种类与企业法人登记相类似。

第二节 商事登记原则

一、强制登记原则

1. 商事主体的设立、变更和终止必须进行登记。

2. 商事登记应就法律规定的商事主体的全部必要事项进行登记,未经登记不发生法律效力。

二、全面审查原则

商事登记主管机关对于必要登记事项依法采取形式审查和注册备案制度,不符合规定的不予登记。

三、登记公开原则

登记公开原则是指应向社会公众公开商事登记的内容。登记公开包括:第一,登记申请公开、真实。第二,登记程序公开。第三,公告。第四,登记事项查阅公开。

第三节 商事登记管理机关

各国关于商事登记主管机关的规定并不相同,主要有三种模式:(1) 德国、日本等国的商法规定,法院是商事登记的主管机关,商事登记由地方法院办理。(2) 美国、英国等国则由专门的行政机关办理商事登记。(3) 法国与前者均不同,规定法院和行政机关均为商事登记机关。法国商法规定,法院办理一般商事登记,行政机关办理公司商事登记。

我国采取行政登记主义。我国商事登记的主管机关是国家工商行政管理机关。国家工商行政管理机关独立行使登记管理权,并实行分级登记管理原则,即国家工商行政管理总局和地方的省、自治区、直辖市工商行政管理局及市、县、区工商行政管理局等实行多级管理。全国性的公司、企业集团、经营进出口业务的公司、外商投资设立的公司在国家工商行政管理总局办理工商登记;全国性公司的子(分)公司,经省、自治区、直辖市人民政府或其授权部门批准设立的企业、企业集团、经营进出口业务的公司,由省、自治区、直辖市工商行政管理局核准登记注册;其他企业一般都由所在市、县(区)工商行政管理局办理核准登记。公民个人,即私人企业一般在户籍所在地的市、县、区的工商行政管理局办理登记。

【本章前沿问题】

□ 商事登记行为的性质

商事登记是由当事人的申请行为和主管机关审核登记行为构成的复合法律行为,是登记机关代表国家意志以公权力对商事私法行为及其主体地位的确认。由于商事登记包含两种行为，我国法学理论界对商事登记行为的性质形成了三种不同观点。第一种观点认为商事登记本质上是一种公法行为，在性质上属于行政法律行为，因此应该纳入行政法的范畴。第二种观点认为应将商法意义上的商事登记与国家管理监督意义上的商事登记明确区分，前者属于私法范畴，而后者属于公法范畴。第三种观点认为商事登记行为既具有明显的私法性质，又具有强烈的公法性质。本书认为，商事登记具有公法与私法融合的性质，因而第三种观点更为可取。

□ 商事公告与商事登记的关系

各国对于商事公告在法律上尚未有系统的规定，而商事公告与商事登记都属于商事公示的方式，有较多的相似之处，但两者又不完全相同。为何法律在规定了商事登记的同时，又另外规定了商事公告？实际上，商事公告的制度价值，主要体现在安全价值、秩序价值和效益价值三个方面，由此可以发现商事公告制度在商法上存在的必要性。今后应当对如何建立我国完善的商事公告法律制度在理论上作进一步的研究和探讨。

第四章 营 业

【导语】

营业是商法中的重要概念，同时也是内容非常丰富、实践意义十分突出的商法制度。我国商法虽未形成严密的概念和体系，但现实存在的各种营业规则却是较为丰富的，工商行政管理部门发布的许多规定实际上都属于商法上的营业规则。

本章首先对营业的概念进行了界定，然后分别从营业活动角度和营业财产角度对营业进行了阐述。主要内容包括营业的概念、营业自由、营业转让、营业担保等。

学习本章，应重点掌握营业的概念、对营业活动的法律限制、营业转让的法律效力。

第一节 营业的概念

营业一词在各国商法中没有明确的定义，但却是商法的重要概念，营业与商人和商行为的概念具有密不可分的关系。学理上的营业包括主观上的营业和客观上的营业两种含义。

主观意义上的营业指营业活动，即以营利为目的而进行的连续的、有计划的、同种类的活动（行为）。客观意义上的营业指营业财产，即供进行营业活动之用的有组织的一切财产以及在营业活动中形成的各种有价值的事实关系的总体，因此，又称为作为组织的营业。营业财产包括积极财产（资产）和消极财产（负债），如各种不动产、动产、无体财产、债权等。所谓“事实关系”则包括专有技术（know-how）、信誉、顾客关系、销售渠道、地理位置、创业年代等。客观意义的营业可以作为转让、租赁的客体，所谓营业转让中的营业即指此意。[①]

第二节 营 业 活 动

一、营业自由

营业自由是指商事主体自由从事营利活动，除法律、法规另有规定外，不受限制。现代市场经济国家大多奉行营业自由原则，且多在其宪法中有明确规定。营业自由包括开业自由、停业自由及交易自由。

二、营业限制

营业自由不是绝对的，法律对营业自由有种种限制，主要体现在以下两个方面。

（一）对于营业活动本身的限制

此类限制主要体现在下述三个方面：

---

① 谢怀栻：《外国民商法精要》，法律出版社2002年版，第236页。

1. 行业限制。出于财政收入的原因及其他种种原因，某些行业由国家独占经营，完全不准私人(包括自然人和法人)经营。

2. 营业许可限制。对于有些营业，法律并未完全禁止，但应当事先报告或登记，取得许可后才能进行营业活动。例如银行业、保险业。

3. 身份限制。禁止国家工作人员(公务员)、法官、检察官从事任何营业。此外，基于保护商事主体利益的目的，各国商法大多规定，营业让与人、董事、经理及合伙人均负有竞业禁止义务。

(二) 营业方式的限制

为了保护市场的正常秩序，使商事主体的营业自由得以实现，法律对于妨害营业自由的营业方式给予限制，这种限制主要表现为反不正当竞争和反垄断。根据《反不正当竞争法》的规定，不正当竞争行为主要包括：(1) 采用欺骗性标志从事交易的行为；(2) 强制交易行为；(3) 滥用行政权力限制竞争行为；(4) 商业贿赂行为；(5) 虚假宣传行为；(6) 侵犯商业秘密行为；(7) 压价排挤竞争对手行为；(8) 搭售和附加不合理交易条件行为；(9) 不正当有奖销售行为；(10) 诋毁商誉行为；(11) 串通勾结投标行为。

第三节 营 业 转 让

一、营业转让的概念和意义

营业转让是指保持客观意义上的营业的整体性，从一个主体转到另一个主体。营业是一个总体，与单纯的财产的转让不同，营业转让还涉及商号的转让、转让人的竞业禁止、受让人继续使用商号的责任等内容。营业转让是自由的，属于营业自由的范畴，但特别法上对营业转让有限制或者禁止规定的除外(如反垄断法的相关规定)。

营业转让可以是全部转让，也可以是部分转让。例如某一分店的营业转让即为部分转让，但营业的部分转让与各个财产的转让有所不同。作为部分转让的营业仍然是一个为了实现一定营业目的而组织化的、有机统一的机能性财产，且与营业全部转让的法律效果是完全相似的，从而区别于各个财产的转让。

营业财产与营业活动结合起来具有比构成营业财产的各个财产价值总和更大的价值，营业一旦解体就会失去这种价值。因此，不使已有的营业解体，保持其组织的整体性，在经济上是有好处的。营业转让制度的必要性就在于此。

二、营业转让与企业合并

营业转让是一种债权行为，一般由转让人与受让人通过订立营业转让合同的方式来进行，与买卖或者赠与相类似。营业转让与企业合并在形式、程序、后果、经济机能上非常相似，但又存在下述几个方面的不同：

第一，适用的法律不同。营业转让属于买卖行为，适用合同法规范。企业合并属于组织法行为，适用公司法、企业法以及其他组织法。

第二，后果不同。营业转让是作为组织化的营业财产的转让，不存在股东的接收或者股权的受让问题，同时不影响现有组织的存续。而企业合并时，被合并企业的股东当然被合并公司接收，同时被合并企业作为一个独立营业组织也宣告终止。

第三，人员变动不同。营业转让时，营业组织与员工之间的劳动关系不当然延续，除非让与人与受让人在转让合同中明确约定劳动关系不发生变动。而企业合并时，被合并企业与其员工之间的劳动关系当然延续。

第四，效力不同。营业转让时，转让合同中可约定个别权利和债务是否发生移转，可以将某些财产排除在转让的范围之外，法律并没有强制、统一性规定。而企业合并时，被合并企业消灭，其权利和义务当然发生移转，由合并后存续的企业或者新设的企业概括承受，不得采取个别权利移转或者个别债务承担的方式。

三、营业转让的法律效力

营业转让的法律效力包括对当事人的效力和对第三人的效力。第三人又可分为营业上的债权人和营业上的债务人。根据日本等国家的商法规定，营业转让的效力主要包括以下几项。

1. 营业转让对当事人的效力。(1) 作为组织的营业财产的移转。营业转让人应当依照转让合同的约定将构成营业的财产移转给受让人，并协助受让人办理相关的转移手续。例如有关物及权利的转移，包括动产的交付，不动产、商号、工业产权的登记，有价证券的背书交付，记名股份的过户等。此外，如果转让包含事实关系的移交，包括专有技术、信誉、顾客关系、销售渠道等事实关系，则应办理相关的移转手续。在移转上述财产及事实关系的同时，经转让人与受让人约定，转让人和第三人订立的合同，包括借贷合同、供货合同、劳动合同，可移转给受让人，由受让人履行，但应取得对方当事人的同意。(2) 营业转让人的竞业禁止义务。为了保护受让人的利益，营业转让后，转让人就相同营业在一定区域和期限内负有竞业禁止的义务。其中的一定区域和期限可由当事人在转让合同中约定，如果没有约定，则适用法律规定。

2. 营业转让对第三人的效力。(1) 对营业上债权人的效力。如果转让合同没有特别约定，营业上的债务也移转给受让人，但应当依照民法的规则办理债务承担的变更手续，否则，受让人并不是必然的债务人，转让人仍然有义务履行债务。(2) 对营业上债务人的效力。发生营业转让时，如果受让人继续使用原商号，除非当事人有特别约定，营业转让人的营业债权原则上转让至受让人。即使当事人有特别约定，营业债权未移转至受让人，只要债务人善意、无过失而清偿了该债务，该清偿有效。

【本章思考题】

1. 简述营业自由与营业限制的关系。
2. 比较营业转让与企业合并的异同。
3. 阐释营业转让的法律效力。

本编参考文献

[1] 王保树.中国商事法.北京：人民法院出版社，1996.

[2] 赵中孚.商法总论.北京：中国人民大学出版社，1999.

[3] 范健.商法.北京：高等教育出版社，2000.

[4] 柳经纬.商法.厦门：厦门大学出版社，2002.

[5] 覃有土.商法学.北京：中国政法大学出版社，1999.

[6] 张国键.商事法论.台北：三民书局，1980.

[7] 赵万一.商法基本问题研究.北京：法律出版社，2002.

[8] 赵旭东.商法的困惑和思考.政法论坛，2002(1).

【案例研讨】

立新公司诉宝丰县长江洗煤有限公司营业转让纠纷案

（请扫描二维码或访问 http://2d.hep.cn/1322654/1）

第二编

个人独资企业法与合伙企业法

第一章　个人独资企业法

【导语】

独资企业是人类社会发展过程中最古老、最简单的一种企业形式。这一企业形式在各国和地区的企业形态中仍然占有相当的比重。在我国，继《公司法》《合伙企业法》实施之后，《个人独资企业法》已于2000年1月1日起正式实施。该法律的实施标志着我国市场经济三大基本企业形态均已确立。该法律赋予独资企业与其他企业同等的市场主体地位。①

本章的学习重点主要在于掌握个人独资企业的设立条件和法律责任。本章的学习难点是区别个人独资企业、合伙企业与个体工商户。

第一节　个人独资企业概述

一、个人独资企业的概念

独资企业（sole proprietorship或individual enterprise），亦称个人企业，是由单独一人出资设立，由一人拥有和控制，并由一人承担无限责任的企业。目前在我国，对独资企业的概念存在理解上的差异。除多数学者坚持传统的独资企业概念外，也有学者撇开自然人作为投资人的限制，把所有由一个投资者单独设立的企业都称为独资企业，而不论唯一的投资者是个人、法人或其他社会组织。根据后者观点，我国的独资企业可以将全民所有制企业、集体所有制企业、外商独资企业等都纳入，这种企业的责任形式也就不只是无限责任，而完全可能是有限责任。为避免理解上的不同，我国制定的独资企业法特别在名称前冠以“个人”的字样，称为《个人独资企业法》。

二、个人独资企业的法律特征

《个人独资企业法》第2条规定：“个人独资企业，是指依照本法在中国境内设立，由一个自然人投资，财产为投资人个人所有，投资人以其个人财产对企业债务承担无限责任的经营实体。”依该规定，个人独资企业既不同于自然人，也不同于合伙企业和法人，其法律特征主要有：

1. 投资主体具有单一性。个人独资企业仅由一个投资者出资设立，且该单一性投资主体又只能是自然人，不包括法人或其他社会组织。

2. 不具有法人地位。独资企业是典型的非法人企业。虽然个人独资企业不是法人，但其能以企业的名义对外进行独立的经营活动和诉讼活动，有自己的住所，因此，理论上也承认个人独

---

① 不少国家或地区均未制定专门的独资企业法，其对独资企业的法律规范或散见于宪法以及税收、专卖、合同和破产等单行法律中，或根据民法和商事法典来调整。我国是从企业形态的角度来构筑市场主体法律框架的，因此对与公司、合伙企业并存的独资企业也制定专门的法律规范来调整。

资企业具有法律人格的相对独立性。

3. 财产具有相对独立性。由独资企业的非法人地位所决定,独资企业的财产由独资企业主所有,企业本身不享有所有权。但投资人的财产和用于经营的企业财产仍有区别,企业财产在财务制度上相对独立于投资者的其他个人财产。

4. 投资人承担无限责任。个人独资企业对其债务的承担上,应先以其独立的企业财产承担责任,在其财产不足以清偿债务时,应由投资人以个人其他财产承担无限责任。对此,我国《个人独资企业法》第 31 条作了规定。

三、个人独资企业与个体工商户的比较

个体工商户是我国法律制度特有的概念和形式,在各国传统商人概念中并无此形态。作为自然人从事工商业经营的法律形式,个体工商户与个人独资企业有共性:二者都是由一个自然人投资;法律对资本金均无限制;投入的财产及由此所产生的收益均归投资者个人所有;可依法转让或继承。但根据有关规定,二者之间仍存在以下方面的具体差异:

1. 成立的法律依据不同。个人独资企业依《个人独资企业法》成立并规范运行;个体工商户依《城乡个体工商户管理暂行条例》成立并规范运行。

2. 成立的条件不同。个人独资企业必须具有合法的企业名称、固定的生产经营场所和必要的生产经营条件及从业人员;个体工商户无此类限制。

3. 享有的权利不同。个人独资企业享有广泛的经营自主权,如依法设立分支机构、申请贷款、取得土地使用权、进行外贸经营、获得有关技术、发布广告、印制商标、招用职工等;个体工商户在土地使用、广告发布、商标印制及招用职工等方面均受到限制。

4. 缴纳的税费不同。个人独资企业依照国家对企业征税的有关规定执行,不需交纳管理费;个体工商户除依法纳税外,还必须向工商行政管理机关缴纳一定比例的管理费。

5. 清算程序不同。个人独资企业解散,由投资人自行清算或者由债权人申请人民法院指定清算人进行清算;个体工商户歇业时无清算程序,只需向原登记机关办理歇业手续,缴销营业执照。

6. 承担民事责任的除斥期间不同。个人独资企业解散后,原投资人对企业存续期间的债务仍应承担偿还责任,但债权人在 5 年内未向债务人提出偿债请求的,该责任消灭;法律对个体工商户偿还债务的除斥期间没有规定。

第二节 个人独资企业的设立

一、个人独资企业的设立条件

设立个人独资企业应当具备我国《个人独资企业法》规定的条件。该法第 8 条规定:“设立个人独资企业应当具备下列条件:(一)投资人为一个自然人;(二)有合法的企业名称;(三)有投资人申报的出资;(四)有固定的生产经营场所和必要的生产经营条件;(五)有必要的从业人员。”

1. 投资人只能是一个中国公民。依《个人独资企业法》第 47 条的规定,外商独资企业不适用该法,因此,个人独资企业的投资人只能是一个中国公民。此外,《个人独资企业法》第 16 条还

规定："法律、行政法规禁止从事营利性活动的人，不得作为投资人申请设立个人独资企业。"

值得注意的是，我国实行一国两制，依《外资企业法实施细则》第 82 条的规定，我国香港、澳门、台湾地区的单个自然人在内地设立全部资本为其所有的企业，要参照《外资企业法实施细则》办理。因此，港、澳、台同胞在我国内地设立个人独资企业不适用《个人独资企业法》。

2. 有合法的企业名称。依《个人独资企业法》第 11 条和《个人独资企业登记管理办法》第 6 条的规定，个人独资企业的名称应当符合名称登记管理的有关规定，并与其责任形式及从事的营业相符合。而且，个人独资企业的名称中不得使用"有限""有限责任"或者"公司"字样。此外，个人独资企业名称还不能违反《企业名称登记管理规定》和《国家工商行政管理局关于贯彻〈企业名称登记管理规定〉有关问题的通知》等关于企业名称的相关规定。

3. 有投资人申报的出资。对个人独资企业而言，企业的经营与投资人的责任联为一体。正因如此，《个人独资企业法》虽然没有对投资者注册资金的最低限额作出要求，但明确规定投资人申办个人独资企业要申报出资。之所以如此规定，一是因为企业的生产经营需要企业有一定稳定独立的资金；二是将企业财产与投资人的财产加以区别，有利于计算企业生产经营成果。值得注意的是，该出资不是注册资本，只是经营的条件，不具有对债权人给予担保的意义。

4. 有固定的生产经营场所和必要的生产经营条件。这是个人独资企业作为一个经营体所必需的。

5. 有必要的从业人员。对于个人独资企业可以聘用的员工数量，《个人独资企业法》没有限定，但只有具备必要的从业人员，个人独资企业才能进行正常经营。

二、个人独资企业的登记

我国的《个人独资企业登记管理办法》以及《国家工商行政管理局关于贯彻实施〈个人独资企业登记管理办法〉有关问题的通知》专门对个人独资企业的登记问题作了规定。

1. 设立登记。设立登记是个人独资企业取得经营资格的必经程序。《个人独资企业法》第 13 条规定："在领取个人独资企业营业执照前，投资人不得以个人独资企业名义从事经营活动。"

2. 变更登记。依《个人独资企业法》第 15 条的规定，如果个人独资企业存续期间登记事项发生变更的，应当在作出变更决定之日起的 15 日内依法向登记机关申请办理变更登记。

3. 注销登记。个人独资企业办理注销登记时，应当缴回营业执照。

三、个人独资企业分支机构的设立

依《个人独资企业法》第 14 条的规定，个人独资企业设立分支机构，应当由投资人或者其委托的代理人向分支机构所在地的登记机关申请登记，领取营业执照。分支机构经核准登记后，应将登记情况报该分支机构隶属的个人独资企业的登记机关备案。

第三节　个人独资企业的权利和义务

一、个人独资企业的投资人的权利

依《个人独资企业法》第 17 条的规定，个人独资企业的投资人除享有个人独资企业的财产所有权外，法律还允许其对有关权利依法进行转让和继承。

二、管理个人独资企业事务人员的义务

依《个人独资企业法》第 19 条的规定，个人独资企业投资人可以自行管理企业事务，也可以委托或者聘用其他具有民事行为能力的人负责企业的事务管理。投资人委托或者聘用他人管理个人独资企业事务，应当与受托人或者被聘用的人签订书面合同，明确委托的具体内容和授予的权利范围。受托人或者被聘用的人员应当履行诚信、勤勉义务，按照与投资人签订的合同负责个人独资企业的事务管理，不得从事法律所禁止的行为。

三、个人独资企业的权利

1. 财产受法律保护。《个人独资企业法》在法律上首次明确了个人独资企业的财产归投资人个人所有。个人独资企业聘用的人员不得侵占企业财产，挪用企业资金，泄露本企业的商业秘密等。

2. 依法申请贷款和取得土地使用权。《个人独资企业法》第 24 条首次以法律的形式明确规定，个人独资企业可依法申请贷款和取得土地使用权。

3. 拒绝摊派。《个人独资企业法》第 25 条明确规定，任何单位和个人不得违反法律、行政法规的规定，以任何方式强制个人独资企业提供财力、物力、人力；对于违法强制提供财力、物力、人力的行为，个人独资企业有权拒绝。

4. 设立分支机构。个人独资企业可以设立分支机构，由投资人或者其委托的代理人向分支机构所在地的工商行政管理机关申请登记，领取营业执照。

此外，个人独资企业还享有广泛的经营自主权，包括企业名称专用权、外贸经营权、获得有关技术权、广告发布权、商标印制权、招用职工权等。

四、个人独资企业的义务

1. 不得从事法律禁止经营的业务。个人独资企业如果从事法律、行政法规禁止经营的业务，将依法承担责任。

2. 会计事务管理。依《个人独资企业法》第 21 条的规定，个人独资企业应当依法设置会计账簿，进行会计核算。

3. 法律保护个人独资企业职工的权益。个人独资企业在用工管理事务和社会保险事务方面要遵守相关法律的规定。例如，《个人独资企业法》第 22 条规定："个人独资企业招用职工的，应当依法与职工签订劳动合同，保障职工的劳动安全，按时、足额发放职工工资。"该法第 23 条还规定："个人独资企业应当按照国家规定参加社会保险，为职工缴纳社会保险费。"

第四节 个人独资企业的解散与清算

一、个人独资企业的解散

依《个人独资企业法》第 26 条的规定，个人独资企业有下列情况时，应当解散：

1. 投资人决定解散。

2. 投资人死亡或者被宣告死亡，无继承人或者继承人决定放弃继承。

3. 被依法吊销营业执照。

4. 法律、行政法规规定的其他情形。

二、个人独资企业的清算

在个人独资企业解散时，应依法进行清算。

（一）清算的程序

依《个人独资企业法》第 27 条的规定，个人独资企业解散，由投资人自行清算或者由债权人申请人民法院指定清算人进行清算。投资人自行清算的，应当在清算前 15 日内书面通知债权人，无法通知的，应当予以公告。债权人应当在接到通知之日起 30 日内，未接到通知的应当在公告之日起 60 日内，向投资人申报其债权。

（二）清算时的债权清偿顺序

依《个人独资企业法》第 29 条的规定，个人独资企业解散的，财产应当按照下列顺序清偿：

1. 所欠职工工资和社会保险费用。

2. 所欠税款。

3. 其他债务。

在上述顺序中，前一顺序没有清偿的，后一顺序不得受清偿；同一顺序的，按照比例清偿；不足清偿的，由投资人以其他个人财产清偿。在未按法定顺序清偿债务前，投资人不得转移、隐匿财产。

第五节　个人独资企业的法律责任

一、投资人的责任

（一）投资人的无限责任

无限责任，是指当个人独资企业的财产不足清偿企业债务时，投资人应以个人其他财产予以清偿。依《个人独资企业法》第 18 条的规定，如果投资人在申请企业设立登记时明确以其家庭共有财产作为个人出资的，应当依法以家庭共有财产对企业债务承担无限责任。

（二）债权人行使权利的除斥期间

依《个人独资企业法》第 28 条的规定，个人独资企业解散后，原投资人对个人独资企业存续期间的债务仍应承担偿还责任，但债权人在 5 年内未向债务人提出偿债请求的，该责任消灭。这里的 5 年应为债权人行使权利的除斥期间。

（三）民事赔偿责任优先原则

《个人独资企业法》第 42 条规定："个人独资企业及其投资人在清算前或清算期间隐匿或转移财产，逃避债务的，依法追回其财产，并按有关规定予以处罚；构成犯罪的，依法追究刑事责任。"依该规定，个人独资企业及其投资人在一定条件下可能存在同时需要承担民事责任、行政责任及刑事责任的情形。

《个人独资企业法》第 43 条规定："投资人违反本法规定，应当承担民事赔偿责任和缴纳罚款、罚金，其财产不足以支付的，或者被判处没收财产的，应当先承担民事赔偿责任。"该规定确立了投资人财产性法律责任的民事赔偿责任优先的原则。

二、对其分支机构民事责任的承担

依《个人独资企业法》第 14 条的规定，个人独资企业可以设立分支机构，其分支机构的民事责任由设立该分支机构的个人独资企业承担。

三、管理企业事务人员的民事责任

个人独资企业的投资人往往委托或聘用他人管理企业事务。如果受委托或被聘用管理企业事务的人员违反合同义务，从事了法律禁止的行为，给投资人及个人独资企业造成损害的，应承担相应的民事责任。

（一）违反合同的损害赔偿责任

《个人独资企业法》第 38 条规定："投资人委托或者聘用的人员管理个人独资企业事务时违反双方订立的合同，给投资人造成损害的，承担民事赔偿责任。"该条规定的责任属于违约责任，该违约责任的承担条件有三：一是违反与投资人订立的管理企业事务的合同；二是从事了管理企业事务的行为；三是给投资人造成损害。三个条件须同时具备。

（二）侵犯企业财产权益的责任

《个人独资企业法》第 40 条规定："投资人委托或者聘用的人员违反本法第二十条规定，侵犯个人独资企业财产权益的，责令退还侵占的财产；给企业造成损失的，依法承担赔偿责任；有违法所得的，没收违法所得；构成犯罪的，依法追究刑事责任。"该条规定的民事责任方式，一是退还，二是赔偿。当该企业财产或利益仍存在的，用责令退还的责任方式；当该企业财产或利益不复存在的，用赔偿损失的责任方式。如果退还了财产还有其他损失的，则可与赔偿损失的责任方式并用。

【本章前沿问题】

□ 独立承担民事责任与民事主体资格的取得

长期以来，学界存在一种认识上的误区，把能否独立承担民事责任作为社会组织取得民事主体资格的条件。综观学者们的论述，之所以认为个人独资企业不能取得民事主体资格，一个重要原因就是其不能够独立承担民事责任。但就法人而言，法人之所以具有民事主体资格，并不是因为其能够独立承担民事责任。能够独立承担民事责任只是社会组织取得法人资格的结果，而不是取得法人资格的条件。我国《民法通则》把能够独立承担民事责任规定为法人的成立条件之一，这是把法人的特征与法人的条件混在一起。我们认为，个人独资企业作为一种特殊的市场主体，其意思表示的独立性、财产的独立性、利益的独立性和责任的独立性等均受到一定的限制，但这些限制并不能否定个人独资企业作为一种独立的民事主体——非法人团体而存在。

□ **关于“双重优先原则”**

《个人独资企业法》第 31 条规定：“个人独资企业资产不足以清偿债务时，投资人应当以其个人的其他财产予以清偿。”该条只规定了企业债务的清偿，而忽视了企业债务和个人债务并存时如何清偿的问题。我们认为，我国应在个人独资企业的制度中借鉴并引入英美合伙法中一个著名的衡平法原则——“双重优先原则”。这一原则的含义是：当合伙企业和合伙人均资不抵债时，合伙企业债权人优先从合伙企业中受偿，合伙人的单独债权人优先从合伙人的单独财产中受偿，即两类债权人同时分别优先受偿。而且，合伙企业财产还债后的剩余部分应按比例分配给各合伙人，并视为单独财产的一部分，用来清偿单独债权人。反过来，单独财产还债后的剩余额也应用来清偿合伙债务。

【本章思考题】

1. 什么是个人独资企业？其与个体工商户和合伙企业的主要区别有哪些？
2. 简述个人独资企业的设立条件。
3. 简述个人独资企业的主要权利和义务。
4. 如何理解个人独资企业的法律责任？

第二章　合伙企业法

【导语】

法人制度形成以前，合伙作为自然人在商品经济关系中唯一的联合形式，被纳入民法调整范围。在一些大陆法系国家或地区，通常将合伙分为民事合伙和商事合伙，分别规定在民法典和商法典中：民法典从合同角度规范合伙，商法典从主体角度规范合伙。在普通法系国家或地区，多从主体角度规范合伙。

本章从合伙的含义和类型入手，分析了合伙企业的法律特征和法律地位，阐释了普通合伙企业与有限合伙企业设立的条件、合伙企业的财产及事务的执行、入伙与退伙、合伙企业的解散与清算、合伙企业的法律责任等问题。

本章的学习重点在于掌握普通合伙和有限合伙企业的异同，本章的学习难点在于理解合伙企业的法律地位。

第一节　合伙企业概述

一、合伙企业的概念

合伙是由参与人(合伙人)为实现共同目的而互相约定，实行共同经营的一种联合体。由于这种联合体是在个人经营活动的基础上形成，联系这些个人之间的纽带是共同订立的协议，因此，从合同的角度观察，合伙的首要法律特征在于它是一种合同。而两个以上的人联合起来从事一种共同事业可以以一种团体或者组织的形式出现，因此，合伙还可以从组织体的角度来观察。

我国《合伙企业法》第 2 条第 1 款规定："本法所称合伙企业，是指自然人、法人和其他组织依照本法在中国境内设立的普通合伙企业和有限合伙企业。"同时，《合伙企业法》第 14 条规定设立合伙企业应当有书面合伙协议。由此可见，我国法律是从合同和组织体两个角度对合伙的含义进行了界定。[①]

二、合伙企业的法律特征

我国《合伙企业法》用专章分别规定了普通合伙企业和有限合伙企业。这两类企业在组织体整体设计中具有"同一性"。依相关法律的规定，这两类企业共同的法律特征主要有：

1. 以合伙人订立合伙协议为基础。只有全体合伙人毫无保留地接受了协议的全部条款，合伙企业才有可能产生。

2. 以共同出资为前提。合伙企业是一种营利性组织，其进行生产和经营活动必须具有一定

---

① 在我国，合伙有企业和非企业之分。一般认为，我国《民法通则》规范的是非企业性合伙，而《合伙企业法》规范的是企业性合伙。本章除非特别指出，仅探讨后者。

的物质基础。合伙人出资既是合伙人对合伙企业应履行的义务，也是取得合伙企业资格的重要条件。

3. 合伙人共同经营、共享收益、共担风险。合伙企业是一种将出资、经营、收益与风险融为一体的营利性组织。也正因为如此，法律往往会规定合伙企业的某些事项应当经全体合伙人一致同意（如我国《合伙企业法》第 31 条）。

4. 合伙事务可授权部分合伙人执行。传统的合伙规则赋予每一个合伙人平等的经营管理权，但这并不意味着合伙人必须亲自行使该权利。在普通合伙企业中，各合伙人对执行合伙企业事务享有同等权利，可以由全体合伙人共同执行合伙企业事务，也可以由合伙协议约定或者全体合伙人决定，委托一个或者数个合伙人执行合伙企业事务。在有限合伙企业中，由普通合伙人执行合伙事务，有限合伙人不执行合伙事务，但是，这并不排除有限合伙企业中的事务也可以委托一个或者数个普通合伙人来执行。

5. 合伙企业具有延续性。合伙企业具有很强的人合性。虽然某合伙人的退出或死亡，或因合伙人之间出现纷争等，都可能引起合伙企业的解散。但是，如果能够进行合理的清退，由原合伙人的继承人或剩余合伙人继续经营，合伙企业也可以继续维持下去。

三、合伙企业的法律地位

对于合伙的法律地位，学界观点历来多有分歧，大致可概括为肯定说、否定说和区别对待说三种。[①] 否定说认为合伙不能作为民事主体，而是一种合同关系。肯定说认为合伙既不同于自然人，又不同于法人，应成为第三民事主体，与自然人和法人并列。区别对待说认为合伙可以成为民事主体，但必须是有条件的，主要是应将合伙区别对待：一些简易合伙不能成为民事主体，而有组织和字号的合伙应成为民事主体。[②] 目前，肯定说为通说。一般认为，合伙企业虽然不同于自然人和法人，但合伙企业成为民事主体具有以下根据和理由：

1. 合伙企业财产具有相对独立性。我国《合伙企业法》第二章用专节阐明了合伙企业财产问题。合伙企业对其依法取得的各项财产享有财产权，除法律另有规定外，合伙人在合伙企业清算前，不得请求分割合伙企业的财产（《合伙企业法》第 20、21 条）。由此可以看出，合伙企业的财产具有相对独立性，这就为合伙企业成为独立的民事主体提供了可能性。

2. 合伙企业经营具有相对独立性。合伙企业有自己的名称，可以注册登记的合伙企业的名义进行经营，可以作为诉讼上的当事人参与诉讼。一般情况下，涉及合伙企业不动产或者其他财产权利的处分、经营范围的改变以及改变合伙企业的名称等事务，都须有全体普通合伙人一致同意的意思表示。这种意思表示不是单个合伙人意思表示的简单相加，而是一种独立于合伙人个人意思表示之外，反映合伙企业行为能力的"团体意思"。这为合伙企业成为民事主体提供了可行性。

3. 合伙企业责任承担具有相对独立性。在合伙企业中，除法律另有规定外，普通合伙人须

---

① 参阅国家工商局法制司：《〈合伙企业法〉立法思路及相关问题》，载全国人大财经委编：《合伙企业法、独资企业法热点问题研究》，人民法院出版社 1996 年版，第 43 页。

② 上述三种学说均是就合伙的法律地位而论的。如果就合伙企业的法律地位而言，区别对待说与肯定说实质上有相同所指。

对合伙企业的债务负无限连带责任，当合伙企业财产不足以清偿时，普通合伙人要以自己的全部财产清偿。在这个意义上，合伙企业财产并未完全独立于普通合伙人的个人财产之外，合伙企业责任也不可避免地与普通合伙人的责任相牵连。但是，这里的前提是合伙企业可以自己的名义对外负债，并首先以合伙企业的财产承担民事责任。只有在合伙企业的财产不足以清偿债务时，才要求普通合伙人以个人财产偿还。这体现出合伙企业的责任承担具有相对独立性。

第二节　普通合伙企业

一、普通合伙企业的设立

设立合伙企业应具备主体条件、合伙人的协议、物质条件、经营条件等。依我国《合伙企业法》第 14 条的规定，符合下列条件的，可以申请设立普通合伙企业：

（一）合伙人须符合法律规定的主体条件

我国《合伙企业法》对设立普通合伙企业的合伙人的人数、性质和资格都作了限制：

1. 合伙人的人数须有两个以上。这是法律对设立合伙企业人数的下限要求。我国《合伙企业法》对于普通合伙企业人数的上限没有作出限定。

2. 合伙人的组成结构和责任承担方式应与合伙企业的性质相符。普通合伙企业由普通合伙人组成，除法律另有规定外，合伙人对合伙企业债务承担无限连带责任。[①]

3. 合伙人的资格应不违反法律的限制性规定。依我国《合伙企业法》的规定，合伙人可以是自然人，也可以是法人或者其他组织。自然人作为普通合伙人的，应当具有完全民事行为能力；国有独资公司、国有企业、上市公司以及公益性的事业单位、社会团体不得成为普通合伙人。

（二）须有书面合伙协议

这是设立普通合伙企业的意思表示要件。合伙协议是全体合伙人为了设立合伙企业经协商一致达成的协议，经全体合伙人签名、盖章后生效。合伙人按照合伙协议享有权利和履行义务。除合伙协议另有约定外，经全体合伙人一致同意，可以对合伙协议进行修改或者补充。对于合伙协议未约定或者约定不明确的事项，可以由合伙人协商决定；协商不成的，可以依照相关法律、行政法规的规定处理。

（三）有合伙人认缴或者实际缴付的出资

依我国《合伙企业法》的规定，普通合伙企业中合伙人的出资主要具有以下特点：

1. 合伙人应当按照合伙协议约定的出资方式、数额和缴付出资的期限，履行出资义务。以非货币财产出资的，依照法律、行政法规的规定；需要办理财产权转移手续的，应当依法办理。

2. 普通合伙人可以用货币、实物、知识产权、土地使用权或者其他财产权利出资，也可以用劳务出资。

3. 作为合伙出资的必须是合伙人的合法财产及财产权利。

4. 合伙协议中记载的合伙人的出资数额应当包括：全体合伙人认缴或者实际缴付的出资总额，以及各个合伙人认缴或者实际缴付的出资数额。

---

① 如我国《合伙企业法》第二章第六节对特殊的普通合伙企业的规定。

需要注意的是,《合伙企业法》修订之后对出资的缴付方式作了较为灵活的规定:合伙人可以实际一次性缴付出资,也可以"认缴"的形式分期出资。

（四）有合伙企业的名称和生产经营场所

只有拥有自己的名称,合伙企业才能以自己的名义参与民事法律关系,享有民事权利,承担民事义务,并参与诉讼,成为诉讼当事人。我国关于企业名称的规定也适用于合伙企业。此外,依《合伙企业法》第15条的规定,普通合伙企业应当在其名称中标明"普通合伙"字样。

合伙企业作为一种营利性的经济组织,生产经营场所是其能够正常开展业务的要求,也是便于执法机关依法对其进行监督管理的要求。

（五）法律、行政法规规定的其他条件

如果法律、行政法规对普通合伙企业的设立有特殊要求的,设立普通合伙企业还应符合其相关规定。

二、普通合伙企业的事务执行

（一）合伙企业的事务执行权

合伙企业的事务执行是指合伙企业如何管理、如何对外代表企业等。我国《合伙企业法》依我国的实际情况并参酌国外立法例,规定普通合伙企业中合伙人对执行合伙事务享有同等的权利。执行合伙企业事务既是合伙人的权利,也是合伙人的义务。如果合伙协议未明确合伙人执行事务的权利范围,则视为每个合伙人都有权利也有义务执行全部合伙事务。

（二）合伙企业事务的委托执行

为便于合伙事务的顺利执行,《合伙企业法》规定可以由全体合伙人共同执行合伙企业事务,也可以由合伙协议约定或者经全体合伙人决定,委托一个或者数个合伙人执行合伙企业事务。合伙企业事务的委托执行规则主要有:(1) 如果合伙人委托一个或者数个合伙人执行合伙企业事务的,其他合伙人不再执行合伙企业事务。不执行事务的合伙人有权监督执行事务的合伙人执行合伙企业事务的情况。(2) 执行合伙企业事务的合伙人,对外代表合伙企业。合伙企业对合伙人执行合伙企业事务以及对外代表合伙企业权利的限制,不得对抗善意第三人。(3) 由一个或者数个合伙人执行合伙企业事务的,执行事务合伙人应该定期向其他合伙人报告事务执行情况以及合伙企业的经营状况和财务状况。(4) 执行合伙企业事务所产生的收益归合伙企业,所产生的费用和亏损由合伙企业承担。(5)合伙人分别执行合伙企业事务时,执行事务合伙人可以对其他合伙人执行的事务有异议权。提出异议时,应暂停该项事务的执行。(6)被委托执行合伙企业事务的合伙人不按照合伙协议或者全体合伙人的决定执行事务的,其他合伙人有撤销委托权。

（三）法人、其他组织作为合伙人的合伙企业事务的执行

《合伙企业法》已经允许法律不禁止的法人或者其他组织作为合伙人。但是,这些组织体作为合伙人与自然人作为合伙人在执行合伙企业事务方面有所不同。为此,《合伙企业法》专门予以明确:作为合伙人的法人、其他组织执行合伙企业事务的,由其委派的代表执行。

三、普通合伙企业的入伙与退伙

（一）入伙

入伙是在合伙企业成立后、解散前的这一段时间内,非合伙人申请加入合伙企业并被合伙企

业接纳,从而取得合伙人资格的法律行为。

1. 入伙的方式

新合伙人可以采取下列两种方式入伙:

(1) 合伙人之外的人从原始合伙人手中取得部分或者全部份额。这种入伙可能是因为买卖、赠与或者继承等事由发生。采用这种方式的,新合伙人入伙后,合伙企业的原有资本总额保持不变。

(2) 合伙人之外的人投入资本,取得合伙企业的合伙人资格。采用这种方式的,新合伙人入伙后,合伙企业的资本总额会有所增加。

2. 入伙的条件和程序

依《合伙企业法》的规定,非合伙人入伙时的程序一般可以概括为:经全体合伙人同意;订立书面入伙协议;向企业登记机关申请办理变更登记手续。

3. 入伙的效力

依《合伙企业法》第 44 条第 1 款的规定,除非入伙协议另有约定,入伙的新合伙人与原合伙人享有同等权利,承担同等责任。

新入伙人对于入伙之后合伙企业所负担的债务,应与其他合伙人一样承担连带责任,对此并无争议。但新入伙人对于其入伙前合伙企业已存在的债务如何承担责任?对此,各国或地区有不同立法例。依我国《合伙企业法》第 44 条第 2 款的规定,新入伙的合伙人对入伙前合伙企业的债务承担无限连带责任。

(二) 退伙

退伙,是指在合伙企业存续期间,已取得合伙人资格的合伙人退出合伙企业,丧失合伙人资格,引起合伙企业终止或变更的法律事实。

1. 退伙的类型

根据退伙发生的原因不同,可以将退伙分为法定退伙、开除退伙、协议退伙与声明退伙。

法定退伙也称当然退伙,是指基于法律的直接规定而丧失合伙人资格,即一旦某合伙人的行为符合法定的条件或者其在合伙期间出现了法律规定的某种特殊情况,该合伙人即丧失继续作为该合伙企业的合伙人资格。

开除退伙又称除名退伙,是指当某一合伙人违反有关法律规定或合伙协议的规定时,被其他合伙人从合伙企业中除名。

协议退伙是指各合伙人可以在合伙协议中就退伙的条件、盈余分配及债务的负担等问题通过协商作出约定,一旦情形符合,退伙即告成立。

声明退伙是指合伙人在既没有出现法定退伙的事由,也不符合就退伙问题达成的书面协议或未就退伙问题达成书面协议时,中途单方面要求退出合伙。

2. 退伙的事由

(1) 法定退伙事由。依我国《合伙企业法》的规定,合伙人有下列情形之一的,除法律另有规定外,普通合伙企业发生当然退伙:

一是作为合伙人的自然人死亡或者被依法宣告死亡。值得注意的是,依《合伙企业法》第 50 条第 1 款和第 3 款的规定,如果依合伙协议的约定或者经全体合伙人一致同意,对该合伙人在合伙企业中的财产份额享有合法继承权的继承人,从继承开始之日起,即取得该合伙企业的合伙人资格;如果死亡合伙人的合法继承人为无民事行为能力人或者限制行为能力人的,经全体合伙人一致同意,可以依法成为有限合伙人,此时普通合伙企业依法转为有限合伙企业。

需要注意的是,依《合伙企业法》的规定,如果普通合伙人被宣告为无民事行为能力人或限制行为能力人,经其他合伙人一致同意,可以转为有限合伙人,普通合伙企业依法转为有限合伙企业;如果其他合伙人未能一致同意,则该普通合伙人当然退伙。

二是个人丧失偿债能力。对于个人是否具有偿债能力的判断,不能用一个固定的标准,应该结合资产和负债的对应关系、资产的周转速度以及创造利润和自我积累的能力等多方面的情况综合判断。

三是作为普通合伙人的法人或者其他组织被依法吊销营业执照、被责令关闭、撤销或者被依法宣告破产。

四是法律规定或者合伙协议约定合伙人必须具有相关资格而丧失该资格。例如经营烟花爆竹、烟草产品等,都需要特种行业经营资格,如果不具备或者丧失该资格,则发生当然退伙的法律后果。

五是合伙人在合伙企业中的全部财产份额被人民法院强制执行。当合伙人在合伙企业中的全部财产份额被人民法院强制执行时,表明合伙人在合伙企业中存续的基础丧失,该合伙人只能退伙。

因上述退伙事由之一导致退伙后果的,自退伙事由实际发生之日起,退伙生效。

(2) 因开除退伙。我国《合伙企业法》第49条规定了经其他合伙人一致同意可以将某合伙人除名的事由:

一是合伙人未履行出资义务。履行出资义务是合伙人加入合伙企业并享有合伙企业各项权利的前提。未履行出资,说明合伙人已经严重违约,合伙关系赖以存续的基础发生动摇,其他合伙人可以决议将未履行出资义务的合伙人除名。

二是因故意或者重大过失给合伙企业造成损失。

三是执行合伙企业事务时有不正当行为。

四是发生合伙协议约定的除名事由。合伙人在不违背法律规定的情况下,可以通过合伙协议约定合伙企业合伙人的行为规则以及合伙人的除名事由。

(3) 因协议退伙。依《合伙企业法》及相关法律的规定,对于合伙人退伙,如果书面协议有约定的,按书面协议处理。一般情况下,有下列两种情形之一的,发生协议退伙的效力:合伙协议约定的退伙事由发生;合伙协议约定的经营期限届满。

(4) 因单方面声明退伙。依我国《合伙企业法》第45~47条及最高人民法院《关于贯彻执行〈中华人民共和国民法通则〉若干问题的意见》第52条的规定,我国允许合伙人单方面声明退伙。

3. 退伙的效力

依我国《合伙企业法》的规定,普通合伙企业中退伙的效力主要表现在以下方面:(1) 退伙使其合伙人身份归于消灭,失去合伙人的资格。(2) 退伙将导致合伙企业财产的结算和财产份额的退还。(3) 退伙将导致退伙人的责任承担和亏损分担。(4) 退伙将涉及合伙企业是否存续。

四、特殊的普通合伙企业

我国有大量的会计师、资产评估师事务所等专业服务机构,它们凭借所掌握的专业知识和信息为客户提供有偿服务。国外类似的机构多采用有限责任合伙制度(不等同于有限合伙)。但是,鉴于我国相关立法对这一类机构的设立、事务执行等没有作出规定,而依一般的合伙责任形式要求每一个合伙人都对合伙债务承担无限连带责任又会限制这类机构的发展。于是,我国《合伙企业法》专门增加了特殊的普通合伙企业这一内容,旨在使有关专业服务机构的合伙人避免承担过度风险,有利于其发展壮大和发展异地业务。

依《合伙企业法》第 56 条的规定,特殊的普通合伙企业名称中应当标明"特殊普通合伙"字样。这可以使公众通过企业名称就能够了解其性质和责任形式,进而能够基本评价企业的信用,维护交易安全。

特殊的普通合伙企业相对于普通合伙企业,其主要区别在于承担责任的原则不同:普通合伙企业由普通合伙人组成,所有合伙人对合伙债务均负无限连带责任;特殊的普通合伙企业的责任形式属于有限责任和无限连带责任的混合体。

第三节 有限合伙企业

有限合伙的出现是对合伙制度的重大发展。这种合伙形式目前在我国主要适用于风险投资。与普通合伙企业相比,有限合伙企业制度的创新之处主要在于:其合伙人组成上的差异性导致两部分合伙人在主体资格、权利享有、义务与责任承担等方面均有不同。[①]

一、有限合伙企业的设立

依我国《合伙企业法》的规定,与普通合伙企业的设立相比,有限合伙企业的设立具有如下特征。

(一) 主体要件

1. 合伙人的组成。普通合伙企业由普通合伙人组成,而有限合伙企业由普通合伙人和有限合伙人组成,且应当至少有一名有限合伙人。

2. 合伙人的人数限制。《合伙企业法》没有对普通合伙企业中合伙人的人数上限作出规定,但依《合伙企业法》第 61 条第 1 款的规定,除法律另有规定外,有限合伙企业由 2 个以上 50 个以下合伙人设立。

(二) 合伙协议要件

依《合伙企业法》第 18 条和第 63 条的规定,设立有限合伙企业的合伙协议除了具备设立普通合伙企业的合伙协议应当载明的事项外,还应当载明下列事项:

1. 普通合伙人和有限合伙人的姓名或者名称、住所。
2. 执行事务合伙人应具备的条件和选择程序。
3. 执行事务合伙人权限与违约处理办法。
4. 执行事务合伙人的除名条件和更换程序。
5. 有限合伙人入伙、退伙的条件、程序以及相关责任。

---

① 鉴于有限合伙企业中的普通合伙人与普通合伙企业中的合伙人之间享有基本相同的权利,承担基本相同的义务,所以本章在阐述有限合伙企业的相关问题时主要针对有限合伙人而言。

6. 有限合伙人和普通合伙人相互转变的程序。

（三）出资要件

《合伙企业法》允许普通合伙人以劳务出资，但依《合伙企业法》第 64 条的规定，有限合伙人不得以劳务出资。

（四）名称要件

依《合伙企业法》第 62 条的规定，有限合伙企业应当在其名称中标明“有限合伙”字样。

二、有限合伙企业的事务执行

虽然普通合伙企业和有限合伙企业均可以实行授权经营，但两类企业在合伙企业事务执行方面大相径庭。有限合伙企业中，仅由普通合伙人执行合伙事务，有限合伙人不执行合伙事务，不得对外代表有限合伙企业。

三、有限合伙人享有的权利和对外责任承担

（一）有限合伙人享有的权利

我国《合伙企业法》对有限合伙企业中有限合伙人的权利作出了一些不同于普通合伙企业的规定，主要有：

1. 如果合伙协议有约定，有限合伙企业可以将全部利润分配给部分合伙人。

2. 除合伙协议另有约定外，有限合伙人可以同本有限合伙企业进行交易，还可以自营或者同他人合作经营与本有限合伙企业相竞争的业务。

3. 除合伙协议另有约定外，有限合伙人可以将在有限合伙企业中的财产份额转让或者出质，而不必经全体合伙人一致同意。

4. 作为有限合伙人的自然人在有限合伙企业存续期间丧失民事行为能力的，其他合伙人不得因此要求其退伙。

5. 作为有限合伙人的自然人死亡、被依法宣告死亡或者作为有限合伙人的法人及其他组织终止时，其继承人或者权利承受人可以依法取得该有限合伙人在有限合伙人企业中的资格。

（二）有限合伙人对外的责任承担

我国《合伙企业法》对有限合伙企业中合伙人的责任承担方式作了与普通合伙企业不同的规定。从某种意义上说，普通合伙企业和有限合伙企业最显著的区别即体现在这一方面：有限合伙企业中的普通合伙人仍然承担无限连带责任，但有限合伙人原则上以其认缴的出资额为限对合伙企业的债务承担责任。对于有限合伙人对外的责任承担，需要注意下列三个方面：

1. 有限合伙人的表见代理问题。有限合伙人的表见代理，是指有限合伙人无权代表有限合伙企业进行交易，但第三人有理由相信有限合伙人为普通合伙人并与其交易的，依《合伙企业法》第 76 条第 1 款的规定，该有限合伙人对该笔交易承担与普通合伙人同样的责任，即对该笔债务承担无限连带责任。

2. 有限合伙人的无权代理问题。有限合伙人的无权代理，是指有限合伙人没有获得有限合伙企业对于事务执行的任何授权，却以有限合伙企业或者普通合伙人的名义与他人进行交易。依《合伙企业法》第 76 条第 2 款的规定，该有限合伙人的无权代理行为给有限合伙企业或者其他合伙人造成损失的，该有限合伙人应当承担赔偿责任。

3. 责任形式的转变问题。我国《合伙企业法》允许承担不同责任形式的合伙人依法转变承担责任的形式。不过，除合伙协议另有约定外，普通合伙人转变为有限合伙人，或者有限合伙人转变为普通合伙人，应当经过全体合伙人一致同意。有限合伙人转变为普通合伙人的，对其作为有限合伙人期间有限合伙企业发生的债务承担无限连带责任；普通合伙人转变为有限合伙人的，对其作为普通合伙人期间合伙企业发生的债务承担无限连带责任。

四、有限合伙企业的入伙与退伙

（一）入伙

我国《合伙企业法》对有限合伙企业和普通合伙企业中入伙的效力规定不尽相同。新入伙的普通合伙企业的合伙人以及有限合伙企业中的普通合伙人对合伙企业债务均承担无限连带责任。但是，依《合伙企业法》第 77 条的规定，在有限合伙企业中，新入伙的有限合伙人对入伙前有限合伙企业的债务，以其认缴的出资额为限承担责任。

（二）退伙

我国《合伙企业法》第 78～84 条对有限合伙企业的退伙问题作了规定。有限合伙企业与普通合伙企业中的退伙相比，有下列特殊之处：

1. 退伙的原因方面

（1）作为有限合伙人的自然人死亡或者被依法宣告死亡并不导致当然退伙。依《合伙企业法》第 80 条的规定，如果作为有限合伙人的自然人死亡、被依法宣告死亡时，其继承人可以依法取得该有限合伙人在有限合伙企业中的资格。

（2）因为有限合伙人以出资为限对合伙企业债务承担责任，所以有限合伙人不存在丧失偿债能力的问题，所以也并不会因此而发生当然退伙。

（3）作为有限合伙人的法人及其他组织终止并不导致当然退伙，因为其权利承受人可以依法取得该有限合伙人在有限合伙企业中的资格。

（4）如果作为有限合伙人的自然人在有限合伙企业存续期间丧失民事行为能力的，其他合伙人不得因此要求其退伙。

2. 退伙的效力方面

依《合伙企业法》第 81 条的规定，与普通合伙企业退伙的效力不同，有限合伙企业中的有限合伙人退伙后，对基于其退伙前的原因发生的有限合伙企业债务，仅以其退伙时从有限合伙企业中取回的财产为限承担责任。

第四节　合伙企业的解散与清算

一、合伙企业解散的原因

合伙企业解散，是指由于法律规定的原因或者当事人约定的原因而使合伙人之间的合伙协议终止、合伙企业的事业终结，全体合伙人的合伙关系归于消灭。依《合伙企业法》第 85 条的规定，合伙企业发生下列情形之一的，应当解散：

1. 合伙期限届满，合伙人决定不再经营。

2. 合伙协议约定的解散事由出现。

3. 全体合伙人决定解散。

4. 合伙人已不具备法定人数满30天。

5. 合伙协议约定的合伙目的已经实现或者无法实现。

6. 合伙企业被依法吊销营业执照、责令关闭或者被撤销。

7. 法律、行政法规规定的其他原因。

二、合伙企业的清算

合伙企业解散,应当由清算人进行清算。所谓合伙企业清算,是指依法清理合伙企业尚未了结的事务,最终结束合伙企业现存的各种法律关系,使合伙企业归于消灭。合伙企业的清算主要包括下列内容:确定清算人;清算人依法执行相关事务,如清理资产、通知债权人、收取债权、清偿债务、退还出资及分配剩余财产等。合伙企业至清算结束、注销登记后完全消灭。

(一) 执行清算人的确定

清算人是指在合伙企业解散过程中依法产生的专门负责清理合伙企业债权、债务的人员。《合伙企业法》第86条规定了在合伙企业解散后确定清算人的四种方式:(1) 由全体合伙人担任清算人。(2) 由合伙人指定的人担任清算人。(3) 由合伙人委托的第三人担任清算人。这里的"第三人"并非指一人,即没有人数限制,可以由合伙人根据清算的具体情况确定清算人的人数。(4) 由人民法院指定清算人。

(二) 清算人的职务权限

依《合伙企业法》第87～90条的规定,清算人的职务权限主要包括下列方面:(1) 清理合伙企业财产,分别编制资产负债表和财产清单。(2) 处理与清算有关的合伙企业未了结事务。(3) 清缴所欠税款。(4) 清理债权、债务。(5) 处理合伙企业清偿债务后的剩余财产。(6) 代表合伙企业参加诉讼或者仲裁活动。(7) 清算结束,清算人应当编制清算报告,申请办理合伙企业注销登记。

(三) 清算后清偿债务的原则

合伙企业清算后清偿债务的一般原则可以概括如下:

1. 根据企业解散清偿债务的一般原则,合伙企业因解散而清偿债务的,如有未到期的债务,应视为已到期;处于诉讼中的债务,应保留偿还债务的财产份额,待诉讼完结后处理。

2. 清算人在清理完毕合伙企业财产后,应依一定的顺序清偿债务。依《合伙企业法》第89条的规定,清偿顺序如下:清算费用;职工工资、社会保险费用和法定补偿金;所欠税款;合伙企业的其他债务。

3. 合伙企业财产不足以清偿全部债务的,由各普通合伙人依合伙协议约定的损益分担比例以个人财产清偿;合伙协议没有约定的,依普通合伙人的出资比例承担;没有出资比例的,由普通合伙人平均分担。

4. 合伙企业注销后,原普通合伙人对合伙企业存续期间的债务仍应承担无限连带责任,但债权人在5年内未向债务人提出偿债请求的,该责任消灭。

第五节 合伙企业的法律责任

一、《合伙企业法》关于民事责任的规定

（一）合伙企业应承担的民事责任

合伙企业应承担的民事责任，主要产生于合伙企业在生产经营过程中因违约、侵权或财产不足以偿付合同债务时应对第三人承担的责任。《合伙企业法》关于合伙企业应承担的民事责任的规定，主要内容可以概括为两方面：(1) 合伙人、执行合伙企业事务人员以及合伙企业一般从业人员执行合伙事务的行为均视为合伙企业的行为，给第三人造成损失时由合伙企业承担责任。(2) 合伙企业首先应以其全部财产承担责任；合伙企业财产不足以清偿债务时，由全体普通合伙人承担无限连带责任，有限合伙人以其认缴的出资额为限承担责任。

（二）合伙人应承担的民事责任

1. 合伙人的对外责任

合伙人对外应就合伙企业债务承担无限连带责任，有限合伙人以其认缴的出资额为限承担责任。此同于合伙企业应承担的民事责任。

2. 合伙人之间的内部责任

《合伙企业法》针对合伙人在不同情况下的违法行为所规定的民事责任主要有下列方面：(1) 出资违约责任。(2) 普通合伙人拒绝承担无限责任的违约责任。(3) 普通合伙人擅自将自己在合伙企业中的财产份额出质的赔偿责任。(4) 擅自退伙的赔偿责任。(5) 普通合伙人违反竞业禁止义务及不得与本合伙企业进行交易义务的赔偿责任。(6) 擅自处理必须经全体合伙人同意才能执行的合伙事务的赔偿责任。(7) 不具有事务执行权的合伙人擅自执行合伙企业事务的赔偿责任。

（三）合伙企业从业人员应承担的民事责任

依《合伙企业法》第 96 条的规定，合伙企业从业人员利用职务上的便利，将应当归合伙企业的利益据为己有的，或者采用其他手段侵占合伙企业财产的，应当将该利益和财产退还给合伙企业，给合伙企业或者其他合伙人造成损失的，应依法承担赔偿责任。

（四）执行合伙企业事务人员应承担的民事责任

1. 依《合伙企业法》第 95 条第 2 款的规定，合伙企业登记事项发生变更，执行合伙事务的合伙人未按期申请变更登记的，应当赔偿由此给合伙企业、其他合伙人或者善意第三人造成的损失。

2. 依《合伙企业法》第 96 条的规定，如果执行合伙企业事务的合伙人利用职务上的便利，将应当归合伙企业的利益据为己有的，或者采用其他手段侵占合伙企业财产的，应当将该利益和财产退还给合伙企业，给合伙企业或者其他合伙人造成损失的，应依法承担赔偿责任。

（五）清算人应承担的民事责任

《合伙企业法》第 100～102 条规定了清算人应承担民事责任的三种行为：

1. 清算人未依法向企业登记机关报送清算报告，或者报送清算报告隐瞒重要事实，或者有重大遗漏，由此产生的费用和损失，由清算人承担和赔偿。

2. 清算人执行清算事务，牟取非法收入或者侵占合伙企业财产的，应当将该收入和侵占的财产退还给合伙企业；给合伙企业或者其他合伙人造成损失的，应依法承担赔偿责任。

3. 清算人隐匿、转移合伙企业财产，对资产负债表或者财产清单作虚假记载，或者在未清偿债务前分配企业财产而损害债权人利益的，应依法承担赔偿责任。

二、《合伙企业法》关于行政责任的规定

《合伙企业法》对行政责任的规定主要是行政处罚和行政处分。在该法第五章中，规定了企业登记机关可以作出“责令改正”“处以罚款”“撤销企业登记”“责令限期改正”“责令停止经营活动”“责令限期登记”“责令退还”等七种行政处罚。这些责任方式分别涉及合伙企业登记、经营、清算等方面的违法行为。此外，对于有关行政管理机关的工作人员违法滥用职权、徇私舞弊、收受贿赂、侵害合伙企业合法权益的，《合伙企业法》规定可以依法给予相关人员行政处分。

三、《合伙企业法》关于刑事责任的规定

依《合伙企业法》第五章“法律责任”第105条以及相关刑事法律的规定，需要追究刑事责任的行为主要有下列四种：

1. 合伙人执行合伙事务或者合伙企业从业人员利用职务上的便利，将应当归合伙企业的利益据为己有或者采取其他手段（如与第三人通谋）侵占合伙企业财产构成犯罪的。

2. 清算人在执行清算事务时，牟取非法收入或者侵占合伙企业财产构成犯罪的。

3. 清算人违反法律的规定，隐匿、转移合伙企业财产，对资产负债表或者财产清单作虚假记载或者在未清偿债务前分配企业财产构成犯罪的。

4. 有关行政管理机关的工作人员违法滥用职权、徇私舞弊、收受贿赂、侵害合伙企业合法权益构成犯罪的。

四、不同责任形式的效力冲突解决

如果合伙企业及其相关人员违反法律的有关规定，不仅应当承担民事赔偿责任，而且应该承担行政责任或者刑事责任中的财产责任，而其财产又不足以同时支付时，就会发生不同责任形式的效力冲突问题。依《合伙企业法》第106条的规定，如果应当承担民事赔偿责任和缴纳罚款、罚金等行政、刑事责任，而其财产不足以同时支付时，民事赔偿责任的支付优先。

【本章前沿问题】

□ 复合伙的效力

复合伙是指一个人同时参加两个以上的合伙。多数国家或者地区的法律并不禁止复合伙。我国现行立法对此未予明确规定。在司法实践中，既有判决复合伙有效，也有判决复合伙无效的情形。

我国《合伙企业法》2006年修订之前，学界普遍认为允许复合伙的存在弊大于利。其主要理由有二：一是当时的《合伙企业法》规定所有合伙人对合伙企业债务承担无限连带责任，如果法律允许复合伙，即会发生某合伙人以自己的个人财产承担两个以上的合伙债务的无限连带清偿责任的情况，而以

合伙人的个人财产同时满足两个以上的债权通常极其困难。二是允许成立复合伙不仅会加重合伙人个人的债务负担，而且会使合伙相对人难以了解和掌握合伙企业的资信情况，从而影响交易安全。

我们认为，修订后的《合伙企业法》确立了有限合伙制度，这为实践中承认复合伙的效力提供了可操作性。例如，可允许一个人参加两个以上合伙，但需要对所参加的合伙种类加以限制，如果一个人想要加入多个合伙，其只能在一个合伙中作为普通合伙人，而在其他合伙中作为有限合伙人。这样，既可以保护债权人和其他合伙人的利益，也拓宽了投资者的投资渠道。

□ 合伙企业财产的法律性质

对于合伙企业财产的法律性质，历来颇具争议。目前，学界对合伙企业财产属于合伙人共有已经基本无异议。但是，对于合伙企业财产的性质属于按份共有还是共同共有，学界观点不一。通说认为属于共同共有。

我们认为，从我国《合伙企业法》对合伙企业财产的规定来看，很难将合伙企业财产的性质绝对确定为共同共有或者按份共有。首先，依共有的一般原理，在共有关系存续期间，按份共有人有权要求单方面分割、转让其共有份额，而共同共有人不分份额地对共有财产享有权利。然而，依我国《合伙企业法》的相关规定来看，无论是普通合伙人还是有限合伙人，在一定条件下均可以将份额分出或者转让，退伙也不一定导致合伙企业的终止。由此，难以将合伙企业财产的性质认定为共同共有。其次，依《合伙企业法》的规定，除合伙协议另有约定外，合伙人向合伙企业以外的人转让财产份额或者需要其他共有人的一致同意（针对普通合伙人），或者只能依合伙协议的约定转让（针对有限合伙人），这又与共有的一般原理中按份共有人转让共有份额无需其他共有人一致同意的特点不符。而且，就普通合伙人而言，不论其出资多少，对合伙企业都平等地享有权利和负担义务，这显然与按份共有的特征不符。所以，将合伙企业财产的性质认定为按份共有也难以自圆其说。

不过，在司法实践中，如果依共同共有关系来处理与合伙企业财产相关的问题，可以保证合伙企业的财产具有一定稳定性和相对独立性，这不仅符合合伙企业作为组织体的要求，而且也有利于保证合伙企业的稳定发展。从目前来看，在理论上仍有必要对合伙企业财产的法律性质作进一步的研究。

□ 合伙债务与合伙人个人债务的清偿顺序

依《合伙企业法》第 42 条的规定，在合伙人个人财产不足清偿其个人所负债务时，该合伙人可以其从合伙企业中分取的收益用于清偿；债权人也可以依法请求人民法院强制执行该合伙人在合伙企业中的财产份额用于清偿。但如果合伙人的个人债务与合伙企业的债务同时存在，合伙人的个人债权人和合伙企业的债权人都要求以合伙人的个人财产和其在合伙企业财产中的应有份额来满足自己的债权时，应如何确定履行债务的先后顺序？《合伙企业法》对此未作规定。我们认为，对这一问题的处理可以借鉴英美法系的双重优先权原则。

双重优先权原则强调合伙企业的债权人立足于企业财产，个人的债权人立足于个人财产，公平合理地维护了合伙企业债权人和合伙人个人债权人双方的利益，使两者都有均等机会从合伙企业财产和合伙人个人财产中得到清偿。[①]

---

① 可参阅本书“个人独资企业”一章的“本章前沿问题”中的“关于双重优先原则”部分。

【本章思考题】

1. 什么是合伙企业？简述普通合伙企业与有限合伙企业的异同。
2. 如何理解合伙企业的法律地位？
3. 简述合伙企业的设立条件。
4. 什么是入伙？入伙应具备哪些条件？
5. 什么是退伙？引起退伙的事由主要有哪些？
6. 引起合伙企业解散的事由有哪些？
7. 合伙企业应如何清算？清算中合伙企业的法律地位如何？
8. 如何理解合伙企业的法律责任？

本编参考文献

[1] 赵旭东.企业法律形态论.北京:中国方正出版社,1994.

[2] 尹田.民事主体理论与立法研究.北京:法律出版社,2003.

[3] 全国人大财经委.合伙企业法、独资企业法热点问题研究.北京:人民法院出版社,1996.

[4] 郭富青.中国非公司企业法研究.北京:法律出版社,2009.

[5] 赵旭东.独资企业立法研究.政法论坛,1995(1).

[6] 张士元.企业法.北京:法律出版社,2005.

[7] 高富平,苏号朋,刘智慧.合伙企业法原理与实务.北京:中国法制出版社,1997.

[8] 日本有限责任合伙法.易萍,译.商事法论集,2008(1).

[9] 江平,龙卫球.合伙的多种形式与合伙立法.中国法学,1996(3).

[10] 江平,曹冬岩.论有限合伙.中国法学,2000(4).

[11] 方流芳.关于制定合伙法的几点意见——兼论民商分立与民商合一.中国工商管理研究,1995(6).

[12] 刘燕.职业利益笼罩下的法律制度创新——对《英国有限责任合伙法》的一个评述.环球法律评论,2005(2).

【案例研讨】

双盈公司诉魏某等人承担合伙债务案

(请扫描二维码或访问 http://2d.hep.cn/1322654/2)

第三编

公　司　法

第一章　公司与公司法概述

【导语】

公司是市场经济中最重要的主体，是最典型的企业法人，公司法是调整公司法律关系的法律规范，是民商法体系中十分重要的法律部门。本章从公司的法律概念入手，介绍了公司的法律特征，公司与其他企业形式的相互区别，公司的分类，公司法的性质、特点与作用，使学生对公司与公司法有一个梗概性的了解。

学习本章，重点在于公司的法律特征及其与独资企业、合伙企业等其他企业形态的联系与区别，以及公司分类中母公司与子公司、本公司与分公司的关系。

第一节　公司的概念和特征

一、公司的概念

公司，是最普遍使用的概念，是社会经济活动最主要的主体，也是最重要的企业形式。然而，在不同的国家，由于立法习惯及法律体系的差异，公司的概念却不尽相同。即使在同一国家，随着社会经济和公司法的发展，公司的概念也在发生某些变化。

大陆法系国家的公司概念多采取概括规定的方式。英美法系国家不甚注重对法律概念的严格界定，因而也缺少明确的公司定义。根据我国《公司法》①第 2 条和第 3 条的规定，公司是指股东依照公司法的规定，以出资方式设立，股东以其认缴的出资额或认购的股份为限对公司承担责任，公司以其全部独立法人财产对公司债务承担责任的企业法人。

二、公司的特征

（一）公司是以营利为目的的企业组织

所谓营利，就是通过经营获取利润，以较少的经营投入获取较大的经营收益。营利是一切企业组织存在和活动的基本动机和目的，是经营活动的出发点和归属点。因此，营利性也称为企业性。公司的营利性是其与生俱来的本性，公司本由投资者出资组成，投资者的投资目的当然是为了获得投资的收益和回报，而要实现这一目的，必然要求公司最大限度地追求经营利润。就此而言，公司不过是投资者实现投资利益的法律工具。

公司的营利性非仅指其自身简单的盈利，而是包括向其成员分配盈利的特殊内容。某些公益社团法人，甚至包括财团法人，也进行经济活动并能取得一定的盈利，但此盈利不是为了分配

---

①　在本书中，2013 年修订的《中华人民共和国公司法》称《公司法》，而修订前的 2005、1993 年《中华人民共和国公司法》称为 2005 年、1993 年《公司法》。同样，2014 年修订的《中华人民共和国证券法》称《证券法》，修订前的《中华人民共和国证券法》称原《证券法》。

给其成员，而是为了某种社会公益事业或实现法人的宗旨。而公司这种营利性组织的盈利则完全是为了其成员的投资利益，这正是营利性法人与公益性法人的根本区别所在。

公司的营利性也并非指简单的赚钱，而是通过经营或营业性的商事行为取得盈利。所谓营业，首先是以营利为目的。其次，营业必须具有内容的确定性并保持其经营的连续性和稳定性。此外，公司的营业还具有行业性的特点。某些行业的经营活动虽也以营利为目的，但不是作为公司的营业活动，从事这种活动的组织一般不称为公司。例如医院等医疗卫生组织、律师事务所等自由职业组织以及农场、种植园等单纯的农业组织。

（二）公司具有独立法人地位

公司是一种具有法人地位的企业组织。公司的法人特征具体表现在：

1. 公司拥有独立的财产。这种独立财产既是公司赖以进行业务经营的物质条件和经营条件，也是其承担财产义务和责任的物质保证。我国公司法规定，公司作为企业法人必须拥有独立的法人财产。

公司独立财产的来源包括股东出资构成的原始财产、公司的盈利积累或其他途径形成的公司财产。在传统公司法理论上，一般认为，公司是其财产的所有人，对其财产享有法律上的所有权。虽然这些财产有的是由股东出资构成，但一经出资给公司，所有权即归公司享有，而股东只享有股权，亦即股东权或股份权。

我国《公司法》尚未明确地肯定公司对其财产享有所有权，而是规定，“公司是企业法人，有独立的法人财产，享有法人财产权。公司以其全部财产对公司的债务承担责任”（第 3 条）。这里的法人财产权应包括公司对物的财产的所有权和对其他财产享有的财产权，如债权、知识产权等。无论公司财产权的名称如何，都应肯定其应有的独立性和公司对其财产实际的占有、使用、收益和处分的权利。

2. 公司设有独立的组织机构。完善、健全的组织机构既是公司进行正常经营活动的组织条件，也是公司法对每个公司提出的法定要求。与民法对一般企业法人要求的组织条件不同，公司法对公司的组织机构规定有更严格、更健全、更规范的模式。这种组织机构包括公司的管理机构和公司的业务活动机构。公司管理机构是形成公司决策、对内管理公司事务、对外代表公司进行业务活动的机构，如股东大会、董事会、监事会、经理等。公司的业务活动机构包括公司的科室、会计、审计、销售机构等。

3. 公司独立承担财产责任。公司以其自身拥有的全部资产对其债务负责。公司的独立责任是其独立人格的标志，是公司具有法人地位的集中表现。公司财产责任的独立性至少包括以下三个方面：其一，公司责任与股东责任的独立。公司只能以自己拥有的财产清偿债务，股东除缴纳出资外，对公司债务不再负责。其二，公司责任与其工作人员责任的独立。公司的民事活动虽由其董事、经理等管理人员实施，但不能由此要求公司的管理人员对公司的债务负责。其三，公司责任与其他公司或法人组织责任的独立。公司与其他法人之间虽然存在千丝万缕的联系，包括存在母公司与子公司的关系，或存在主管部门与下属企业的隶属关系，但在民事法律地位上它们都是独立的法人，其财产责任也只能各自独立承担。

（三）公司是以股东投资为基础组成的社团法人

在传统民商法上，一般把法人分为社团法人与财团法人两大类。根据传统公司法，公司是社团法人的一种，它是由 2 人以上的股东组成的，单独一人一般不能组成公司，而只能是独资企业。

公司由多数人组成的法律性质又称为公司的社团性或联合性。需要指出，在公司的社团性问题上，各国的公司法理论与立法存在不同的见解和态度，并集中表现在对一人公司的承认和否定上。具体表现出三种不同的态度：一是完全承认，二是完全不承认，三是有限制承认。总体来说，完全承认和完全不承认一人公司的国家为数较少，而有限制承认者居多。

我国公司法尊重实际上的一人公司在我国客观存在的现实，完全承认了一人有限责任公司，并专列一节对其作了特别规定。这是我国公司法的一大突破，也是对公司社团性理论的一大突破。但承认一人公司并非是对公司社团性的完全否定，根本上说，一人公司只是公司形式的例外。总体而言，社团性仍是公司法人的基本特点。

（四）公司是依法定条件和程序成立的企业法人

依法成立，是对各种法人的共同要求。与一般法人不同的是，公司的设立具有特定的条件和程序。我国《公司法》第 2 条规定，“本法所称公司是指依照本法在中国境内设立的有限责任公司和股份有限公司”；第 6 条规定，“设立公司，应当依法向公司登记机关申请设立登记。符合本法规定的设立条件的，由公司登记机关分别登记为有限责任公司或者股份有限公司；不符合本法规定的设立条件的，不得登记为有限责任公司或者股份有限公司。”由此可见，公司的设立具有明确的法定性，受《公司法》的直接调整。

三、公司法人人格否认制度

（一）公司法人人格否认制度概述

公司法人人格否认制度，又称公司法人格否认制度（disregard of corporate personality），美国称“揭开公司面纱”（lifting the veil of the corporation），英国称“刺破公司面纱”（piercing the veil of the corporation），德国称“直索责任”，日本称“透视理论”。是指为阻止公司独立人格的滥用，就具体法律关系中的特定事实，否认公司的独立人格与股东的有限责任，责令公司的股东对公司债权人或公共利益直接负责的一种法律制度。它的产生主要源于公司法人人格的异化和股东有限责任的滥用，最早出现于英美法系国家的判例法中，后为一些大陆法系国家所吸收。

公司法人人格否认制度具有以下特征：(1) 公司必须具有独立法人人格。(2) 只对特定个案中公司独立人格予以否认，而不是对该公司法人人格的全面、彻底、永久地否认。(3) 该制度主要是为了保护债权人的利益，它在性质上属于民事责任追究的一种特殊规则。由此可见，公司法人人格否认不是对公司人格独立制度的否定，而是对公司法人人格制度的维护和完善，是对公司与债权人之间利益失衡的一种事后救济。

（二）我国公司法人人格否认制度的形成与立法

自 1993 年《公司法》颁布以来，我国公司制度得到了迅速发展，但是也出现了许多公司人格和股东有限责任被股东滥用的行为。由此，公司法人人格否认制度得到广泛的关注和深入的研究，并达成相当程度的共识。

司法机关在公司案件审理中也开始逐渐接受法人人格否认的理论，一些司法解释性的文件不同程度地体现了该制度的原则和精神。

通过 2005 年的《公司法》修改，我国公司法最终以成文法的形式明确肯定公司法人人格否认制度。《公司法》第 20 条规定：“公司股东应当遵守法律、行政法规和公司章程，依法行使股东权利……不得滥用公司法人独立地位和股东有限责任损害公司债权人的利益……公司股东滥用公司法人独立地位和股东有限责任，逃避债务，严重损害债权人利益的，应当对公司债务承担连带责任。”同时，针对一人公司中容易发生股东与公司财产混同的情形，《公司法》第63条又特别规定：“一人有限责任公司的股东不能证明公司财产独立于股东自己的财产的，应当对公司债务承担连带责任。”由此，形成了我国公司法人人格否认制度的基本结构和内容。

公司法人人格否认制度的确立是我国公司法制度的一个重大突破，同时也是世界公司立法的一大创新。虽然这一制度本身早为许多国家所采用，但把它作为一个成形的法律制度统一、明确、系统地规定在成文法中，的确是我国《公司法》的重大创新。

（三）公司法人人格否认的适用要件

根据我国《公司法》第20条的原则性规定和一般公司法人人格否认法理，公司法人人格否认通常应具备以下要件：

1. 主体要件。公司法人人格否认的适用对象必须是具体的双方当事人：一是滥用公司人格的股东，二是因公司法人人格滥用而受到损害，并有权提起诉讼的债权人。

2. 行为要件。公司法人人格否认适用的基本条件是存在股东滥用公司人格的事实和行为，如滥用公司人格回避合同义务、滥用公司人格造成公司形骸化等。我国公司法在滥用行为的规定上宜采取列举与概括相结合的立法形式。

3. 结果要件。公司法人人格否认制度适用的一个重要条件是必须有损害事实存在，即滥用行为造成了逃避债务、严重损害公司债权人利益的结果。

（四）公司法人人格否认适用的情形

1. 公司资本显著不足。公司资本不足，是指公司成立时所确定的注册资本额与公司经营所隐含的风险相比明显不足，其判断的依据是经营的需求而非法律的具体规定。我国公司法原来规定有最低资本额制度，在此制度下，达到法定最低资本额并不意味着不构成公司资本的显著不足。2013年修改《公司法》，取消了最低资本额制度，也不意味着从事特定营业活动的公司没有最低资本的经营需求。

2. 利用公司回避合同义务。在公司被用来作为回避合同义务的场合，公司的法人人格通常也应被否认。公司被用来回避合同义务的情形主要包括：(1) 为逃避契约上的特定不作为义务而设立新公司从事相关活动，如竞业禁止义务、商业保密义务、不得制造特定商品的义务等；(2) 通过成立新的公司逃避债务，主要是将公司资产转移到新公司而逃避原公司的债务；(3) 利用公司对债权人进行欺诈以逃避合同义务。

3. 利用公司规避法律义务。利用公司规避法律所规定的强制性义务，如为了逃税、洗钱等非法目的而成立公司等。

4. 公司法人人格的形骸化。公司法人人格形骸化实质是公司与股东完全混同，公司仅仅是股东的另一形象，是股东行为的工具，因而失去独立存在的价值。具体表现在：(1) 股东对公司的不正当控制，使公司丧失了独立的意志和利益。(2) 财产混同，指公司的财产不能与该公司的股东或其他公司的财产作清晰的区分。(3) 业务混同，主要表现在公司与股东业务活动不加区分，交易主体与实际主体不符或无法辨认。(4) 组织机构混同，指公司与股东在组织机构上存在严重的交叉、重叠，如“一套班子、两块牌子”的情况等。

（五）公司法人人格否认的适用后果

1. 对公司的适用后果。公司法人人格否认仅在特定的法律关系中否认公司的独立人格，从而追究滥用法人人格的股东的责任，实现利益补偿，即适用了该制度，也并非意味着彻底、永久地否认公司的人格。

2. 对股东的适用后果。公司法人人格否认所追究的责任主体应限于实施滥用行为的股东，而不应扩及其他所有的股东。同时，依据我国《公司法》第 20 条的规定，当股东有滥用行为，逃避债务，严重损害债权人利益时，应当对公司债务承担连带责任。

四、公司与独资企业、合伙企业

（一）公司与独资企业

独资企业（sole proprietorship 或 individual enterprise），亦称个人企业，是由单独一人出资设立、由一人拥有和控制并由一人承担无限责任的企业。

独资企业与公司的区别在于：

1. 设立主体不同。独资企业的设立人是自然人，法人组织不能设立独资企业。公司的设立人可以是自然人，也可以是法人。

2. 成员人数不同。独资企业由一个成员或投资者设立，一切利益和风险也概由该投资者承担。公司，除“一人公司”的特殊情况外，都具有多数人共同出资、共同经营的内容，构成了一个不同于个人的经营团体，这种成员或投资者的多数性与独资企业成员的单一性形成鲜明对比。

3. 法律地位不同。独资企业不是独立的法律主体，不具有法人人格。公司具有独立的法律人格和法人地位，是典型的法人组织。

4. 财产关系不同。独资企业的非法人地位决定独资企业的财产由独资企业主所有，企业本身不享有所有权。公司由其独立的法人地位决定其财产不归股东所有，而是归公司本身所有，公司就是其财产的所有者。

5. 经营管理不同。独资企业的所有权与经营权合二为一，独资企业主享有对内决定企业一切事项、管理企业经营和对外代表企业的权利。公司的经营管理是由股东会、董事会、监事会和经理等法定组织机构实施的，公司的对外代表权则由法定代表人行使。

6. 责任承担不同。独资企业的负债在追及效力上等于企业主个人的负债，如发生资不抵债的情况，企业主对企业债务承担无限清偿责任。公司的债务不等同于其股东的债务，公司对其债务以其拥有的资产独立承担责任，其股东只承担出资额范围内的有限责任。

（二）公司与合伙企业

合伙（partnership），是指两人以上按合伙协议，各自出资、共同经营组成的营利性组织。合伙既可以是一种契约，也可以是一种企业。合伙作为一种契约，是合伙人之间权利义务关系的约定。合伙作为一种企业，是合伙人组成的团体组织，是营利性的商事主体。合伙企业法律地位的集中表现是其不具有独立的法律人格，不具有法人地位，与独资企业一样，也是非法人企业，属于商事合伙。

合伙企业与公司的区别在于：

1. 成立基础不同。合伙企业的成立是基于合同，而公司的成立基于章程。合同与章程是性质不同的法律文件。合伙合同仅是合同当事人之间的协议，因而也只对签约的合伙人产生约束力。公司章程是公司组织的自治规则，它虽由发起人订立，但却对所有公司股东和公司的管理机构及其人员具有约束力。

2. 法律地位不同。与独资企业一样，合伙企业也是非法人企业，无独立的法人人格，不具有法人地位。公司具有独立的法律人格和法人地位，是典型的法人组织。

3. 财产关系不同。传统理论认为，合伙企业的财产归全体合伙人共有。公司财产属于公司而非股东所有，公司对公司财产享有法人财产权。但目前也有理论研究主张，合伙企业也应成为所有权的主体。

4. 人身关系不同。合伙企业是典型的人合企业，合伙人之间存在密切的人身信赖关系，合伙人的入伙、退伙都要经全体合伙人一致同意，个别合伙人的死亡或退出甚至会导致整个合伙的解散。公司除无限公司外，多属资合企业，公司股东之间的人身联系较为松散，股东的入股、退股通常只需多数股东的同意，同时，公司的存续不受个别股东变动的影响。

5. 管理权利不同。合伙企业由全体合伙人共同经营管理，其决议方式由合伙协议加以规定。在法律上，全体合伙人都享有法定的业务执行权。公司的管理权是依照公司法的规定，由法定公司组织机构统一行使的，每个股东个人并不享有对公司事务的直接管理权。

6. 盈亏分配不同。合伙企业合伙人既可以按出资比例分配盈亏，也可以不按出资比例分配，甚至盈利的分配比例可以与亏损的分担比例不一致。公司的盈亏分配由公司法统一规定，基本的法律原则是按股东出资比例或按股东持有的股份分配。

7. 责任承担不同。在对外财产责任上，由合伙的非法人地位决定，全体合伙人对合伙债务须承担无限连带责任。公司股东则以其出资额对公司债务承担有限责任。

第二节 公司的沿革和作用

一、公司的沿革

公司从产生到发展，从一种形式到多种形式，从简单到复杂，经历了一个漫长的发展过程。

（一）西方国家公司的产生和发展

1. 公司的萌芽时期

公司并不是自古就有的，在公司出现以前，从事商业活动的除单个的个人以外，主要是独资企业和各种合伙组织。独资企业是最原始的企业形式，与独资企业并存的，是各种合伙组织。合伙形式在罗马法中已有具体规定，其特点在于虽然它们作为一个团体出现，从事营业活动，但没有独立的法律人格，不是独立的民事主体。

2. 无限公司的产生、发展及其立法

最早产生的公司是无限公司。这种无限公司不过是赋予合伙团体以法人地位而成的，因此实质上它与合伙没有本质的区别，特别是在无限公司股东也要对公司债务承担无限连带责任这一点上。其唯一的区别在于无限公司具有法人地位，因而它的出资人称股东，而合伙的出资人称合伙人。

无限公司产生以后，曾有过相当的发展，但后来随着股份有限公司、有限公司的出现，它便退居到次要的地位。目前，各国的无限公司已经比较少。在立法上，各国除了在原来的商法典或其他法律中保留无限公司的规定外，一般没有再进行专门的立法。

3. 两合公司的产生、发展及其立法

两合公司由 15 世纪出现的康孟达组织演变而来。康孟达本是一种商事契约，是航海者与资本家合作的一种商业合伙形式。按康孟达契约，由资本家出资，由航海家到海外进行贸易活动，其盈利由双方按比例分配。亏损时，航海家承担无限责任，而资本家只以其出资额负责。这种形式后来又从海上贸易发展到陆上贸易，最终导致了两合公司的产生。从历史顺序看，两合公司是在无限公司之后产生的另一种公司形式。两合公司是一般大陆法国家的称谓，在英美，没有两合公司的名称，但有与其类似的企业组织，即有限合伙。实质上，二者的法律性质是相同的。

两合公司的无限责任股东负责公司的经营管理，而有限责任股东只提供资本，分享盈利，这使得它能适应不同人的客观条件和需要，达到营利的目的。两合公司虽也是一种历史久远的公司形式，但现代以来已日趋衰落，实际存在的已经比较少见。

4. 股份有限公司的产生、发展及其立法

股份有限公司的产生，是集资经营、共担风险的法律形式逐渐完善的表现，是欧洲殖民国家商业活动，特别是进出口贸易不断发展的结果。在欧洲的中世纪，从事商业活动的主要是合伙组织，到16世纪，出现了一些专门对某个国家进行商业贸易的商业冒险公司，其经营被认为是"风险事业"。客观上要求集资经营和分担风险。从而产生了现代意义上的股份有限公司。最著名的英国东印度公司就在这个时期成立(1600年)。

到18世纪，股份有限公司已发展到法、德等国，并从19世纪起推行于世界各地。同时也从对外贸易业发展到银行业、保险业、制造业等其他行业。现代，股份有限公司已经成为西方资本主义世界占统治地位的公司形式。

5. 有限公司的产生、发展及其立法

有限公司是最晚出现的一种公司形式。一般认为，有限公司最早于19世纪末产生于德国，也有人认为英国的封闭式公司是有限公司的最初形式。有限公司基本上吸收了无限公司、股份有限公司的优点，避免了二者的不足，尤其适用于中小企业。因而它一经产生，便在欧美国家迅速普遍推行起来，进而扩展到世界各国。目前，在西方大多数国家，就其数量而言，有限公司占首位。当然，也并非所有的国家都有有限公司，如瑞典就没有这种公司。

6. 西方国家公司立法的特点

(1) 立法体例上，各国公司法逐渐脱离商法典而独立成为单行法，其内容则由简到繁，日趋具体、完备。这是由公司组织的不断发展和对其实行法律调整的需要决定的。

(2) 内容日趋统一。一些公司法中的先进、有效的制度一经由某个国家实行，其他国家往往跟随效仿。例如英美法系国家所创立的授权资本制被原实行法定资本制的大陆法系国家所采用。

(3) 公法日益渗入公司法。公司法本属私法范围，但由于对公司实行社会管理、政府干预和控制的需要，使公司法中公法性质的规定也有所增多，如公司登记的管理和股份公开发行的控制等。

(4) 加强对公司的扶植和保护。例如各国相继采用的授权资本制对于便利公司建立、加快公司发展具有重要作用。而公司重整制度，更是避免公司破产、促其复兴发展的有力措施。

(5) 不断改革和创新公司法的制度和规则。例如许多国家从恪守公司的社团性发展到允许或有条件地允许一人公司的设立、对关联公司的法律规制等。

(6) 加强对第三人和社会利益的保护。最突出的就是实行公示主义原则，即要求将公司的主要业务事项，特别是将商业账簿、财务状况呈报和公布，使公众周知。

（二）中国公司的产生和发展

中国长期处在封建社会，商品经济不发达，因而现代公司形式的企业也发展较晚。清末帝国主义入侵后，清政府仿效英美通过招商集股方式兴办轮船、电报等企业，著名的招商局就是当时以现代集股方式成立的最早的公司之一。

中华人民共和国成立以后，废除了国民党政府的一切法律，其中包括公司法。为维护当时的私营公司的合法利益，1950 年政务院通过了《私营企业暂行条例》，规定了五种公司形式：无限公司、有限公司、两合公司、股份有限公司及股份两合公司。20 世纪 70 年代末之后，中国公司发展进入新的时期，在对外开放政策指导下，为了吸引外国投资，国家于 1979 年 7 月颁布了《中外合资经营企业法》，1986 年 4 月颁布了《外资企业法》，1988 年 4 月颁布了《中外合作经营企业法》，各种外商投资公司迅速发展，它们是我国 20 世纪 80 年代改革开放之后最早出现的有限责任公司。最后，传统的出资联合形式的股份制公司组织也开始复兴，一批股份有限公司、有限公司纷纷成立。

公司组织的迅速发展需要法律的规范。1992 年，国家经济体制改革委员会制定并发布了《有限责任公司规范意见》和《股份有限公司规范意见》。1993 年 12 月 29 日，《公司法》正式颁布，并于 1994 年 7 月 1 日正式施行，2005 年和 2013 年，又对《公司法》作了两次较大的修改和创新，中国公司的发展从此进入了一个新的阶段。

二、公司的作用

1. 获取投资收益。公司是投资者可以选择的股权式的投资工具。公司的营利非为公司本身，而是为公司的股东即公司的投资者，公司的一切经营收益最终都要分配给公司的股东。因此，本质上说，公司就是一种股权式的投资收益形式，是股东赚钱的工具。

2. 限制投资风险。公司是限制投资风险的有利形式。公司以其本身的独立责任和股东的有限责任为基本的法律特征，使投资者的责任限制在其投资额的范围内，从而割断了公司责任与股东责任的连带，使投资风险得到有效的控制。

3. 募集经营资金。公司是筹集资金最为有效的组织形式。首先，组建和成立公司本身就是募集资金的重要手段。其次，公司成立后亦具有优越的融资能力，其中最重要的就是公司可以发行股份和公司债券。最后，公司的融资具有融资成本低、融资手段灵活和规模大、速度快的特点。

4. 实行科学管理。公司是现代化企业管理的典型组织形式。股东以股权为依据，按照公司法规定的方式参与公司经营管理，对公司实行间接控制。而公司的股东会、董事会及监事会作为公司的权力机构、经营管理执行机构及监督机构，依公司法的规定行使职权，各机构的产生、权限充分贯彻了分权与制衡，以及权利、义务和责任统一的原则，使公司的管理达到了高度的民主化和科学化。

第三节 公司法概述

一、公司法的概念和性质

公司法是规定各种公司的设立、活动、解散以及其他对内对外关系的法律规范的总称。公司法不仅包括法典性质的统一《公司法》，也包括涉及公司法律关系的所有法律、法规、法令、规章、司法解释等，它们都是公司法的存在形式，属公司法的法律渊源。

在法律性质上，公司法应属私法、商事法和商事主体法。

首先，公司法属于私法。虽然公司法包含了公法性质的内容，但就其本性而言，应属私法。其原因在于公司法主要调整私人或民事主体之间的关系，调整的方法则主要是通过民事权利义务的设定和民事责任的追究。

其次，公司法属于私法中的商事法。公司本身是一种营利性的社团法人组织，不管其具体经营活动是从事生产制造，还是商品流通，其目的都是为了营利。这种经营活动正是商法所调整的商事关系，公司是商事关系中最普通、最主要的商业组织或团体。

最后，公司法属于商事法中的商事主体法。公司是一种由多数人组成的团体，因而对其实行法律调整的公司法具有主体法或组织法的性质。公司法作为主体法或组织法，它确认了公司的法律地位，赋予其法人资格。而且，公司法对公司从产生到消灭整个过程的各种法律关系和活动都作了具体的、详尽的规定。

二、公司法的特点

1. 主体法和行为法的结合。公司法虽然是一种主体法或组织法，但同时也具有商业活动法的特点和内容。在各国公司法中，不仅规定了公司的设立、变更、组织机构等内部关系，也规定了公司的某些直接的商业经营或交易活动。公司法之所以具有活动法的特点，是由于这些商业活动与公司的组织特点密切联系，或者说它是公司这种组织特有的活动内容。需要在公司法中对此一并作出规定。

2. 强制性和任意性的结合。公司法首先是具有强制性的法律规范，这些规范体现了国家的意志和干预。公司的设立不仅涉及股东间的利益，更涉及公司之外的第三人或债权人的利益，为了保障债权人的利益和社会交易的安全，必须将公司法的某些制度和规则法定化和强制化。同时，公司法中又有任意性的规范，这是由公司法的私法性质决定的。对于不损害第三人和社会利益的行为和事项，公司法体现私法自治和契约自由的原则，允许当事人的自愿协商和对法律规则的选择适用和变通。

3. 公司法一般表现为成文法。无论在采取成文法形式的大陆法系国家，还是在采取判例法形式的英美法系国家，公司法基本上都采取了成文法的形式。其原因在于公司法对公司的类型实行严格的法定主义，对于公司的法律人格、公司和股东的责任、设立条件、组织机构、公司会计等必须予以全面系统的法律规范。

4. 公司法具有一定的国际性。公司法属于商法的一部分，而商法是最具有国际性的法律规范。其原因在于商法以商事关系为调整对象，而商事关系本身具有一定国际性。为此，不仅世界各国在本国商事立法方面注意坚持一般的科学原理和保持与其他国家商事法的协调和衔接，而且在国际上也订立有许多国际性商事公约。

三、公司法的基本原则

公司法的基本原则，是公司法调整公司关系的基本准则，是公司立法的基本理念和指导思想，也是公司法律制度设计的立法目标和价值取向。我国公司法在肯定和吸收现代公司法原则的基础上，结合我国现实，也逐步形成了具有中国特色的公司法基本原则。

（一）鼓励投资原则

公司是以营利为目的的组织，是投资的工具，是股东共同投资、获取投资收益的法律形式。因此，公司法的重要原则之一就是鼓励民商事主体的投资创业行为，推动公司设立，促进资本市场的发展和繁荣。

2005年和2013年先后修订的《公司法》改变原来过分强调规范、限制和管理的倾向，而转向于对各种投资主体投资行为的鼓励、对各种投资资源的充分利用、对各种投资形式和投资渠道的开拓。2005年《公司法》大幅降低公司最低资本额、放宽股东出资形式、允许资本分期缴纳、取消股份有限公司设立审批，2013年《公司法》取消法定公司最低资本额、从有限制的资本认缴制改为完全的资本认缴制、取消货币出资比例和验资程序等重大修改都是对这一立法原则的充分体现。

（二）公司自治原则

公司自治就是允许公司在法律规定的范围内自主决定公司的一切事项，法律只对某些涉及他人和社会利益的事项强制干预，法律中的任意性条款供当事人选择适用，公司章程或决议可以以另外的规定或约定排除任意性条款的适用。

我国原《公司法》存在的突出问题，一是强制性与任意性规范的性质区分不明，二是强制性规范过多而任意性规范不足，法律规定呈现出过度的刚性和强制性，而缺少应有的弹性和任意性。而《公司法》修改形成的一个重要的共识和立法原则就是尊重股东权利，加强公司自治。为此，《公司法》对其强制性和任意性规范作了重新的定性和安排，注意和强调公司法规范的任意性，减少强制性规范的范围。

（三）对公司及利益相关者保护原则

公司的设立和运作离不开相关人的努力和贡献，公司经营的成败得失对这些利益相关者有着密切影响。因此，保护股东、债权人和职工等公司利益相关者的权益就成为现代公司法律制度的又一使命。

我国《公司法》第1条规定，公司法的立法宗旨在于“规范公司的组织和行为，保护公司、股东和债权人的合法权益，维护社会经济秩序，促进社会主义市场经济的发展”。由此，公司法的主要立法目标就是维护公司及其利益相关者的合法权益。

1. 保障公司的合法权益。在我国，许多公司脱胎于计划经济时期的国有大中型企业，长期政企不分和企业非市场行为的影响使许多企业在进行了公司制改造后，仍缺乏独立的利益和意志，维护自身合法权益的观念极为淡薄，因而，这一原则对我国公司具有更为重要的意义。《公司法》第5条第2款明确宣示，“公司的合法权益受法律保护，不受侵犯”，鲜明地体现了公司法保护公司权益的立法精神，为公司的发展提供了强有力的法律支持。

2. 保障股东合法权益。股东是公司的组成成员，是公司设立和存在的基础，同时它又在公司中承担最大的风险：股东将财产投入公司后，就丧失了对该财产的支配权。对股东权益的保护成为各国公司立法的重心所在。我国公司法也将保护股东权益作为公司法的一项重要原则予以确认，并规定了股东广泛的权利。《公司法》第4条规定：“公司股东依法享有资产收益、参与重大决策和选择管理者等权利。”针对我国公司，尤其是国有企业改造而来的公司股权结构不合理所导致的中小股东受到大股东压制的事实，《公司法》特别增加和完善了中小股东保护的各种规定。

例如少数股东的股东会召集与主持权、临时股东会的请求召开权、提案权、累积投票权、代表诉讼权、建议与质询权、股份收买请求权和公司解散请求权等。

3. 保障债权人利益和交易安全。公司法的重要作用之一是对债权人利益提供有效的保护。我国《公司法》将对债权人的保护明确写进立法宗旨之中，并规定了一系列的制度。例如为确保公司财产的安全性、为债权人提供有效担保而设计了一系列关于资本的具体制度，包括法定最低注册资本额的规定、非货币出资的限制等。另外，为防止公司股东滥用公司人格，保护公司债权人利益，我国《公司法》明确规定了公司法人人格否认制度。

4. 保障职工的合法权益。人力资本是公司生产经营的要素，职工是人力资本的提供者。因此，对职工利益的保护也同样是公司法固有的使命和目标，同时由于职工相对于作为雇主的公司经常处于较为弱势的地位，就更需要公司法提供强制性的规则加以保护。各国公司法经历长期的发展，也逐渐建立了保护职工利益的法律制度，包括职工持股计划、职工董事设置等。我国《公司法》对职工的保护也给予了充分的重视，并作出了以下重要规定：(1) 公司必须保护职工的合法利益，依法参加社会保险，加强劳动保护，实现安全生产。(2) 公司职工依法组织工会，开展工会活动，维护职工的合法权益。公司应当为本公司工会提供必要的活动条件。(3) 两个以上的国有企业或者其他两个以上的国有投资主体投资设立的有限责任公司，其董事会成员中应当有公司职工代表。其他有限责任公司或股份有限公司董事会成员中也可以有公司职工代表。董事会中的职工代表由公司职工通过职工代表大会、职工大会或者其他形式民主选举产生。(4) 公司监事会应当包括股东代表和适当比例的公司职工代表，其中，职工代表的比例不得低于1/3，具体比例由公司章程规定。

（四）股东平等原则

股东平等原则是指股东在基于股东资格而发生的法律关系中，原则上应按其持有的股份的性质或数额享受平等待遇，同种性质的股份应该享有同样的权利，承担同样的义务，不能有所歧视和实行差别待遇。然而，公司的股权结构使得公司中常常出现大股东过度控制、中小股东受到欺压的现象，因此，需要建立对中小股东特别保护的法律规则，以实现股东事实上的平等。我国《公司法》中的许多规定都是这一原则的体现和要求，如少数股东的股东大会召集权和主持权、股东表决权的限制、累积投票制、异议股东股份收买请求权、股东代表诉讼制度等。

（五）权利制衡原则

权力制衡原则是公司内部治理方面的基本原则，它是指公司的内部治理应当注重权力之间的相互制衡与协调。权力制衡原则的具体表现形式在大陆法系和英美法系有所不同。大陆法系国家通常将公司的决策权赋予股东会、执行权赋予董事会、监督权赋予监事会，以实现权利之间的制约和平衡。英美法系国家则不设独立的监督机关，而在其公司执行机关内部设置有监督职能的机构或个人，如外部董事、审计师等。我国《公司法》在采纳大陆法系机构模式的基础上，明确规定公司一般应设置股东会、董事会、监事会三种主要的公司机构，并详细界定了三种机构的权力配置及职责分工。同时，《公司法》还规定上市公司可以设置独立董事制度，这是吸收了英美法系制度中的合理因素，确保公司不同权力的正确行使和有效监督制约。

（六）股东有限责任原则

有限责任原则，是指股东仅以其出资额为限对公司债务承担责任。现代国家的公司法在引入公司法人制度后，莫不将有限责任制度作为整个公司法律制度的基石。我国公司法在确认公司拥有独立法人人格的同时,也确认了股东的有限责任。《公司法》第 3 条规定:"公司是企业法人,有独立的法人财产,享有法人财产权。公司以其全部财产对公司的债务承担责任。有限责任公司的股东以其认缴的出资额为限对公司承担责任;股份有限公司的股东以其认购的股份为限对公司承担责任。"

(七) 公司社会责任原则

何谓公司社会责任,迄今尚未形成统一的结论。一般认为,公司的社会责任是指公司不仅对股东负有责任,而且应对股东之外的雇员、债权人、供应商、客户、社区以及公共利益负有责任。同时,公司的社会责任不仅包含法律明文规定的责任,更强调法律尚未明文规定而根据一般社会观念或道义应承担的非法定责任。我国《公司法》第 5 条规定:"公司从事经营活动,必须遵守法律、行政法规,遵守社会公德、商业道德,接受政府和社会公众的监督,履行社会责任。"

四、公司法在法律体系中的地位

公司法虽然在性质上属于商法,但其内容和采用的法律手段却涉及多个法律部门和领域,与许多其他法律部门有着密切的关系。界定公司法的地位,必须了解和认识公司法与其他相关法律部门的关系。

(一) 公司法与民法

民法作为调整平等主体之间的财产关系和人身关系的基本法,它所确立的一些基本制度和基本准则,对于调整股东间的关系及股东与公司间的关系,同样是适用的。例如,民法中的法人制度对于确认公司的法律地位具有重要的作用;民法中的物权理论对于认识公司股东的股权性质,具有重要的指导意义。

公司法离不开民法。反之,民法也离不开公司法,民法中的法人制度直接源于公司法。公司制度的完善,本身也是民法主体制度的完善,公司股权制度的形成,也是民法物权理论与实践的发展。民法和公司法相辅相成、相得益彰。由此,传统学理上,通常将包括公司法在内的商法作为民法的特别法,将民法和商法统称为民商法。

(二) 公司法与商法

商法是调整商事关系的法律规范,商事关系由商事主体和商事行为构成,因此通常将商法分为商事主体法和商事行为法,或称商业组织法和商业活动法。公司既为商人或商业组织,公司法即属于商法中的商事主体法或商业组织法。传统大陆法的商法体系是由商法的一般制度和公司、破产、票据、海商、保险几个部分组成的,公司法是其中基本的构成部分。

(三) 公司法与经济法

对于公司法与经济法的关系,一直存在严重的分歧,认为公司法属民商法的意见通常否定经济法与公司法的种属关系,而相反的意见则认为公司法属于经济法的组成部分。界定公司法与经济法的关系首先需要确定经济法本身的性质。迄今为止,人们对经济法概念的认识仍不一致,但对于经济法实质是国家管理经济的法律部门等观点,学者们已基本达成了共识。如果肯定了经济法的国民经济管理法的基本性质,就很难将公司法归类为经济法。公司法从性质说,应属于私法中的商事法,而经济法则属于典型的公法。

(四) 公司法与企业法

在我国,公司是企业的重要组织形式,因而公司法是企业法体系的重要组成部分。1993 年

《公司法》颁布前，我国企业法律体系以全民所有制企业法、集体所有制企业法、私营企业法、外商投资企业法为立法框架。1993年《公司法》的颁布，使我国企业法的原有立法框架发生了重大变化，即由单一的以企业所有制性质为线索立法转向以企业所有制性质及以企业产权结构和财产责任两条线索并存进行企业立法的框架。此后，凡是符合《公司法》规定的条件，依《公司法》规定的程序设立的企业，无论其所有制性质如何，都归公司法调整。其他企业法只调整有限责任公司和股份有限公司以外的企业。

（五）公司法与证券法

公司法与证券法是联系最为紧密的两个法，在调整的对象和范围上具有交叉的关系。公司法和证券法除各自具有的内容外，都对因股票和公司债券发生的法律关系进行调整。在各国公司法上，股票和公司债券的发行是股份有限公司特有的权利，而股票和公司债券又是证券市场中交易最为活跃、交易量最大的证券品种。可见，证券的母体之一就是公司。同时，证券市场分为一级市场和二级市场，所谓一级市场就是发行市场，而对发行行为和发行关系的调整不仅是证券法的任务，也是公司法的重要内容，公司法和证券法各从不同的角度对股票和公司债发行主体的条件和发行程序作出规定。

【本章前沿问题】

□ 关于公司财产权的性质

关于公司财产权的性质有以下几种代表性的观点：

1. 经营权说。该说认为公司财产权是一种经营权，是可以使用、经营的经营权。

2. 结合权说。认为公司财产权是经营权与法人制度的结合，经营权是其基础，法人制度是其载体。

3. 双重结构说。认为公司的财产由公司享有，公司本身由股东共有。

4. 股权与公司所有权说。认为公司财产权是具有所有权性质的物权，具有占有、使用、收益和处分的权能，股东对于公司财产只享有股权。

公司作为法律主体，应该享有较为广泛的民事权利，包括所有权。公司的原始财产来源于股东的出资，但股东对其出资财产的所有权在公司成立后即转为股权，股权可以从公司内部控制公司财产的所有权。公司财产所有权是以公司名义统一占有、使用、收益和处分公司财产的权利。公司的财产关系和结构是股东的股权和公司的财产所有权的有机结合。

□ 关于强制执行公司财产用于股东债务清偿

公司的股东在其将财产投资于公司之后，就不再对这些财产享有任何直接的支配权，而只能作为股东享有股权。股权并不意味着股东可以单独或者共同对某一特定公司财产拥有排他性权利，公司财产的直接支配权只能由公司自身享有。但是，对于股东在公司的股权收入，如分红派息等收益，则可以作为执行标的。在具体的执行过程中，也会出现人民法院或其他执行机构混淆母公司与子公司的财产，直接用子公司的财产偿还母公司的对外债务的情况，尤其在全资子公司的情形中这种混淆更为突出。其实，母公司与子公司之间的关系就是股东与公司之间的关系。而子公司的财产本身就是其对外承担自身债务责任的基本条件和保证，如果将子公司的财产用于母公司债务的清偿，会严重损害子公司本身的债权人的利益。

□ **合伙应否作为第三民事主体**

对于合伙的法律地位，有三种代表性的意见：一是认为合伙不能成为民事主体；二是认为合伙是第三民事主体；三是认为对合伙的法律地位不能一概而论，有些简单的临时性的合伙，没有形成企业组织，不能成为民事主体，而那些有自己的名称或字号，有自己的组织机构的合伙，则可成为第三民事主体。

从法律赋予法人以人格的原因来看，它不是基于既成的法律原则和精神，而是因为法人组织实际上具有了独立实施民事行为的能力，以其内部的组织机构形成自己的意志并预见和支配自己的行为，以其拥有或支配的财产能够在民事活动中切实地享有权利和承担义务。

由此，合伙能否成为民事主体不过是交由法律所作的又一次判断和抉择，也应像对法人的接受一样，按照行为能力、意思能力和责任能力的尺度对合伙作一次全面的衡量。

□ **如何界定公司法的强制性和任意性**

关于公司法的性质，典型的观点有三种：强行法说、任意法说、综合说。赞成综合说的学者占大多数。

美国学者 M. V. 爱森伯格将公司法的规则分为结构性规则、分配性规则和信义性规则三类：结构性规则是指有关决策权在公司机关的配置、行使决策权的条件以及对机关控制权配置的规则；分配性规则是关于对股东资产进行分配的一些规则；信义性规则是指调整经理和控制股东义务的规则。他认为应根据不同规则的类型确定其强制性或任意性。我国也有学者将公司法的规则分为普通规则和基本规则两大类，同时在不同公司类型的前提下研究公司法的性质，还有的学者认为，私法领域中的强制性必须要区分不同法域，并强调自治与强制始终是互相结合的，但是要在理论上对于公司法的强行性和任意性做类型化划分，存在一定的难度，应该在具体的情况下去判断。

除了上述类型化尝试以外，我们主张还应区分公司行为是否具有涉他性而加以分析，由于公司法本质上是团体法，因此其规范的行为如果涉及他人利益，则有必要权衡各种利益，此时相关条文的性质应为强制性规范。

【本章思考题】

1. 简述公司独立财产的性质和意义。
2. 如何理解公司财产责任的独立性？
3. 如何理解公司的社团性与对一人公司的承认？
4. 简述公司法的强制性与任意性的关系。
5. 简述公司法人人格否认的法理根据和适用要件。

第二章　公司的类型

【导语】

现实中的公司分类形形色色，在公司法上对公司进行的分类研究和规范，是具有法律意义的分类。分析和理解公司的法律类型，有助于进一步理解公司法的各种基本原理，完整地把握各种公司的特点和不同的法律地位与法律关系，准确地实施公司法对不同公司设定的不同规范和行为规则。

对本章的学习，应重点掌握有限责任公司与股份有限公司的异同点，母公司、子公司、分公司的不同法律地位和相互关系，国有独资公司的特点，外商投资公司的法定类型及各自的法律地位。

第一节　公司的分类

公司从无到有发展到现代，其类型多种多样。依不同的标准，从不同的角度可以对公司作不同的分类。公司的分类有法律上的分类，也有理论、学理上的分类。同时，不同国家也有不同的分类。

一、无限公司、有限公司、股份有限公司与两合公司

这是以股东对公司的责任形式为标准进行的分类。

（一）无限公司

无限公司（unlimited company），是无限责任公司的简称，它是由两个以上的股东组成的、全体股东对公司的债务负连带无限责任的公司。无限责任公司具有以下四个特征：

1. 必须由两个或两个以上的股东组成。

2. 股东对公司债务承担连带无限责任。

3. 公司组织稳定。

4. 股东关系具有合伙性，公司具有法人地位。

（二）有限公司

有限公司（limited company），亦称有限责任公司，是由两个以上的股东出资组成，每个股东以其认缴的出资额为限对公司债务承担有限责任，而公司以其全部财产对其债务承担责任的公司。

（三）股份有限公司

股份有限公司（stock corporation 或 company limited by shares），又称股份公司，是指由一定人数以上的股东组成，公司全部资产分为等额股份，股东以其所认购的股份对公司承担有限责任，公司以其全部资产对其债务承担责任的公司。

（四）两合公司

两合公司（limited partnership），是指由无限责任股东与有限责任股东共同组成，无限责任

股东对公司债务负连带无限责任，有限责任股东对公司债务仅以其出资额为限承担有限责任的公司。两合公司是大陆法国家公司法中规定的公司形式。在英美法国家，一般视其为有限合伙，以有限合伙法来进行规范。

当代经济活动的日益复杂，使得无限公司及两合公司、股份两合公司股东的投资风险更加突出，采用这三种公司形式的国家已经不多，目前各国普遍采用的公司形态是有限公司和股份有限公司。

上述分类是大陆法系国家包括法国、德国、瑞士、日本等的公司法对公司所作的分类，我国《公司法》及其理论体系也是以此分类为根据制定和建立的。

二、封闭式公司与开放式公司

这是以公司的股份是否公开发行及股份是否允许自由转让为标准所作的分类。

封闭式公司(private company 或 closed company)，又称为不上市公司、私公司或非公开招股公司。其特点是公司的股份只能向特定范围的股东发行，而不能在证券交易所公开向社会发行，股东拥有的股份或股票可以有条件地转让，但不能在证券交易所公开挂牌买卖或流通。

开放式公司(public company)，又称为上市公司、公众公司或公开招股公司，其特点与封闭式公司正相反，它可以在证券市场上向社会公开发行股票，股东拥有的股票也可以在证券交易所自由地买卖或交易。

此种分类为英美法系国家公司法所采用，从其具体内容看，封闭式公司类似于大陆法系国家的有限公司及股份公司中的非上市公司，而开放式公司则类似于大陆法系国家股份有限公司中的上市公司。

三、人合公司、资合公司与人合兼资合公司

这是按公司信用基础的不同所进行的分类。

人合公司，是指以股东个人条件作为公司信用基础而组成的公司。这种公司对外进行经济活动时，依据的主要不是公司本身的资本或资产状况如何，而是股东个人的信用状况。人合公司的股东对公司债务承担连带无限责任，公司资不抵债时，股东应以个人的全部财产清偿公司债务。无限公司就是典型的人合公司。

资合公司，是指以公司资本和资产条件作为其信用基础的公司。这种公司对外进行经济活动时，依靠的不是股东个人的信用情况如何，而是公司本身资本和资产是否雄厚。由于此种公司的股东对公司债务只负出资额范围内的有限责任，因此，公司股东间以出资相结合，无须相互了解，公司具有公众化的特点。股份有限公司则是最典型的资合公司。

人合兼资合公司，指信用基础兼具股东个人信用及公司资本和资产信用的公司，公司既有人合性质又有资合性质。“两合”，其意即指“人合”与“资合”。两合的原因在于公司由有限责任股东和无限责任股东两种股东组成。前述两合公司即为人合兼资合公司。

此种分类是大陆法系国家公司法理论上所作的一种分类，是一种学理分类，尽管不是一种法定分类，其意义仍然很重要，因为它揭示了公司法的立法意旨，公司法对有限公司、股份有限公司和无限公司所作的不同规定，很大程度上是基于这两种公司信用基础的不同。

四、国营公司、公营公司与民营公司

这是根据公司的资本构成进行的分类。

国营公司，即西方国家的国有化企业，这种企业虽然名称是“公司”，但不是公司法意义上的公司，不受公司法调整。其特点是全部资本由国家投资，国家作为股东参与公司的利润分配，公司的经营管理由国家代表、企业代表和工会代表组成的董事会负责，同时其资本也不分为股份。因而它被视为国家“独资”经营的公司。

公营公司与民营公司都属于公司法上的公司，公营公司是指政府资本超过公司总资本额50%以上的公司，民营公司是指私人资本超过公司总资本额50%以上的公司。

公营公司与民营公司的划分，在我国尚无法律的规定，但随着我国市场经济的发展和国有企业的改革，许多国有企业将成为国有资产与非国有资产共同投资的企业，而对于国有资本控股或私人资本控股的公司，国家将会采取不同的法律规制方式和不同的政策，因此，公营公司和民营公司的划分将具有重要的现实意义。

五、母公司与子公司

这是按公司之间的控制或从属关系进行的分类。

母公司是指拥有另一公司一定比例以上的股份，或通过协议方式能够对另一公司的经营实行实际控制的公司。母公司也称为控股公司。与其相对应，其一定比例以上的股份为另一公司所拥有或通过协议受到另一公司实际控制的公司即为子公司。母公司与子公司之间法律关系的特点是：

1. 母公司实际控制子公司，即母公司拥有对子公司的重大事项的决定权，其中尤其是能够决定子公司董事会的组成。

2. 母公司与子公司之间的控制关系主要是基于股权的占有，而不是直接依靠行政权力控制公司。由于股份的分散，母公司无需拥有50%以上股份，而只需拥有一定比例以上（股票控制额）的股份即可获得股东会表决权的多数，从而取得控制地位。

3. 母公司、子公司各为独立的法人。虽然子公司受母公司的控制，但在法律上，子公司仍是具有法人地位的独立企业。它有自己的名称和章程，并以自己的名义进行业务活动，其财产与母公司的财产彼此独立。在财产责任上，母公司和子公司也以自己所有的财产对各自的债务负责，互不连带。

我国《公司法》未规定母公司的概念，只在第14条第2款对子公司作了简要规定：“公司可以设立子公司，子公司具有法人资格，依法独立承担民事责任。”

六、关联公司与公司集团

这是根据公司之间的特殊联系而作的分类。

（一）关联公司

关联公司，亦称关联企业。广义的关联公司，指两个以上独立存在而相互之间又具有稳定、密切的业务联系或投资关系的公司。狭义的关联公司，则仅指存在持股关系但未达到控制程度的公司。通常所称的关联公司是指广义的关联公司。在我国，具有突出法律意义的是上市公司的关联公司，证券法规范中有许多涉及关联关系或关联交易的法律规则和要求。

（二）公司集团

公司集团，亦称企业集团，它是指在统一管理之下，由法律上独立的若干企业或公司联合组成的团体。公司集团中处于主导地位的为母公司或支配公司，公司集团的成员都属关联公司或称从属公司。公司集团本身只是表明母公司与众多子公司之间的一种特殊联系，其本身并不成为一个独立的法律主体，不具有法人地位。

七、本公司与分公司

这是按公司内部管辖关系进行的分类。

许多大型公司的业务分布于各个地方，甚至不同国家，直接从事这些业务的许多都是公司内部所设置的分支机构或附属机构，它们就是所谓的分公司，而公司本身则称之为本公司或总公司。

分公司与本公司的关系虽然同子公司与母公司的关系有类似之处，但分公司的法律地位与子公司完全不同。分公司没有独立的法人地位或资格，它可以有自己的名称，如办事处、分行、分公司等，但其名称应反映其与总公司的隶属关系。分公司也没有自己的独立财产，其实际占有、使用的财产是作为本公司的财产而计入本公司的资产负债表之中，同时本公司应以其财产对其分公司活动所产生的债务承担责任。可以说，分公司的业务、资金、人事均受总公司的统一管辖与安排。此外，分公司的设立也无需经过一般公司设立的许多法律程序，而只在当地履行简单的登记和管理手续即可。由此可见，分公司实际上并不是法律意义上的公司，而只是本公司的组成部分或业务活动机构。

八、本国公司、外国公司与跨国公司

这是按公司的国籍所进行的一种分类。

对于公司国籍的确定，国际上有不同的立法和学说，其基本标准有：(1) 公司设立准据法主义，即公司的国籍以公司设立所依据的法律是本国法还是外国法为标准确定；(2) 公司设立行为地主义，即公司国籍以公司设立登记或注册所在地确定；(3) 股东国籍主义，即公司国籍以多数股东或多数出资额股东的国籍确定；(4) 公司住所地主义，即公司国籍以公司住所所在地的国家为国籍。

对上述各种标准，大多数国家兼采设立准据法主义和设立行为地主义来确定公司国籍。我国亦采此做法。因此，凡依中国法律在中国境内登记设立的公司，无论有无外国股东，无论外国股东出资多少，如各种形式的外商投资公司，都是中国公司，亦即本国公司。

外国公司则是相对本国公司所称。外国公司是非依所在国（东道国）国家法律并非经所在国登记而成立的，但经所在国政府许可在所在国进行业务活动的机构。外国公司均为外国总公司在本国设立的分公司，对其总公司来说，称为国外分公司，而对分公司业务活动所在国来说，则称之为外国公司。

第二节 有限责任公司

一、有限责任公司的概念和特征

有限责任公司，亦简称有限公司，是指由法律规定的一定人数的股东所组成，股东以其出资

额为限对公司债务承担责任，公司以其全部资产对其债务承担责任的企业法人。有限责任公司具有以下四个特征。

（一）股东人数有法定限制

在各国公司法中，对其他各类公司，只限制股东的最低人数，而无最高人数的限制，但对有限责任公司，大多规定了最高人数的限制。我国《公司法》第24条规定，有限责任公司由50个以下股东出资设立。同时《公司法》取消了股东人数的低限，除规定国有独资公司可以由国家授权投资的机构或国家授权的部门单独投资设立外，亦允许一个投资者单独设立一人公司。

有限责任公司的股东资格要求不同于无限公司，有限责任公司的股东既可以是自然人，也可以是法人，自然人中无行为能力人及限制行为能力人亦可成为股东。

（二）股东对公司债务承担有限责任

有限公司的股东，只以其认缴的出资额为限对公司负责，对超过其出资额范围的公司债务不承担责任，公司的债权人亦不得直接向股东主张债权或请求清偿。

（三）公司设立程序简便，组织机构简单

有限责任公司与股份有限公司不同，只有发起设立，没有募集设立，公司的资本总额，由各个股东一次全部认足，不可分期认购或招募，因而，有限公司的设立程序相对简单。而且，有限公司的机关设置也较股份有限公司简单、灵活。例如，根据我国《公司法》的规定，股东人数较少、规模较小的有限公司，可以不设董事会和监事会，只设一名执行董事和一至两名监事即可。此外，有限责任公司股东会的召集办法和决议的形成程序也较为简单。

（四）公司兼具资合性与人合性

公司法对有限责任公司的许多规定，使其既体现出资合性又体现出人合性的特点。

有限责任公司人合性的特点表现在：(1) 股东人数有一定限制；(2) 公司的资本只能由全体股东认缴，不得向社会公开募集；(3) 股东的出资证明书不得自由流通转让；(4) 股东的出资转让须取得其他股东的同意，其他股东有优先购买权；(5) 有限责任公司的经营事项和财务账目无需向社会公开。

有限责任公司资合性的特点体现在：(1) 股东对公司债务只承担有限责任；(2) 在资本制度上，实行资本确立原则、资本维持原则及资本不变原则，公司设立时应由全体股东全额认缴公司章程规定的注册资本；(3) 股东出资形式受法律限制，只能是货币、实物、工业产权等价值稳定和具有可转让性的财产，信用及劳务不能用于出资；(4) 公司分配实行无盈不分原则，其盈余须首先弥补亏损和提留公积金后才能用于股东分配。

二、对有限责任公司的评价

有限公司是公司制度发展中出现最晚的一种公司形式，应该说，它兼采了无限公司和股份有限公司的优点，同时又克服了它们的不足。一方面，有限公司具有无限公司的人合性特点，股东相互了解信任，而这些股东又不必像无限公司股东那样承担无限责任；另一方面，有限公司又具有股份有限公司资合性的特点，股东既对公司债务承担有限责任，又不需像股份有限公司股东那样，以放弃对公司业务的管理权作为代价，有限公司的财务情况亦无需对外公开。有限公司的人合性兼资合性的整体优越性还有别于两合公司，两合公司尽管同样兼具人合性与资合性，但其股东成分较复杂、责任形式不一，内部关系较难协调。

有限公司因其人合性和封闭的特点，一般难以成长为大型企业。因此，总体说来，有限公司是更符合中小企业需要的公司形式，在各国实践中，大多数中小企业都采用了有限公司的形式。在我国，外商投资公司基本上都采用有限公司形式，国有企业的公司化改制也主要采取有限公司形式进行公司改制，因而我国的许多有限公司规模很大。

第三节 股份有限公司

一、股份有限公司的概念和特征

股份有限公司，又简称股份公司，是指公司全部资本分为等额股份，股东以其所认购的股份对公司承担责任，公司以其全部资产对公司债务承担责任的企业法人。股份有限公司具有以下特征：

1. 股东具有广泛性。股份有限公司通过向社会公众广泛地发行股票来筹集资本，任何投资者只要认购股票和支付股款，都可成为股份公司的股东，这使得股份有限公司的股东人数具有广泛性的特点。各国公司法也都只对股份公司股东人数规定最低限额，而无最高人数的限制。根据我国《公司法》第 78 条的要求，股份有限公司的股东人数应当为 2 人以上。

2. 股东的出资具有股份性。这一特征是股份有限公司与有限责任公司的区别之一。股份有限公司的全部资本划分为金额相等的股份，股份是构成公司资本的最小单位。这种资本股份化的采用，是为了适应股份有限公司独特的向社会公开募集资本方式中便利性的需求，同时，也便于股东股权的确定和行使。而有限责任公司股东的出资不是划分为等额股份，而是以其实际的出资金额或出资比例来确定和行使股权。

3. 股东责任具有有限性。股份有限公司的股东对公司债务仅以其认购的股份为限承担责任，公司的债权人不得直接向公司股东提出清偿债务的要求。

4. 股份发行和转让具有公开性、自由性。股份有限公司通常都以发行股票的方式公开募集资本，这种募集方式使得股东人数众多，分散广泛。同时，为提高股份的融资能力和吸引投资者，股份必须具有较高程度的流通性，股票必须能够自由转让和交易。因此，股份有限公司的股票除可以在一般交易场所转让交易外，还可以申请在证券交易所挂牌上市交易，股份有限公司也由此成为上市公司。股份有限公司的股票的公开发行和自由流通，也促进了资本市场——证券市场的形成和发展。

5. 公司经营状况具有公开性。由于股份有限公司股份发行的公开性及股份转让的自由性，使得股份有限公司的经营状况不仅要向股东公开，还必须向社会公开，使社会公众了解公司的经营状况，以最大限度地保护公司股东、债权人及社会公众利益。对于公开发行股票的股份有限公司来说，因其社会性更强，其经营状况公开的意义则更为突出。这种公开性的特点与有限公司的封闭性完全不同。

6. 公司信用基础具有资合性。股份有限公司的信用基础在于其公司资本和资产，公司资本和资产不仅是公司进行经营的基本条件，也是公司承担债务的基本担保。因此，股份有限公司实行严格的资本确定、维持和不变的法律原则。实行法定资本制的国家一般都要求公司设立时必须由全体股东全额认缴公司章程确定的注册资本。股东只能以货币、实物等出资，而不能以信用或劳务出资。公司的盈余分配更是严格实行无盈不分的法律原则。这些都与人合性的无限公司截然相反。股份有限公司是最典型的资合公司。

二、股份有限公司的优越性

股份有限公司是资本主义市场经济的典型组织形式，也是垄断资本主义的起点。作为公司形式之一的股份有限公司，在商事经营活动中，具有其他公司和企业形式无可比拟的优越性：

1. 利于集资。这不仅是由于它可以对外公开发行股票和债券，而且由于它的股份金额一般较少，可以更为广泛地吸收社会的小额分散资金。

2. 分散风险。股份有限公司多数股东个人所拥有的股份只占公司总资本很少一部分，而股东又只以其拥有的股份对公司承担财产责任，从而有利于分散投资风险。

3. 公众性强。股份有限公司具有最广泛的公众性，实行公示主义的管理方法，公开向社会募集资金，任何人都可成为股东，不受身份和个人的其他条件的限制。

4. 股份变现及股东变更便利。股份有限公司的股票可以自由转让，股东遇有急需或认为公司经营不善、面临亏损或破产时，可以随时将股份转让变现，从而公司股东发生变更。

5. 管理科学。股份有限公司适应了所有权与经营权相分离的生产方式的需要，生产和经营的管理活动由以董事和经理为中心的专门管理机构进行，众多的股东只是作为“资本的单纯所有者”领取股息和红利。这种管理的专门化有利于提高公司的管理水平。

第四节　一 人 公 司

一、一人公司的概念与特征

一人公司又称独资公司，指股东（自然人或法人）仅为一人，并由该股东持有公司的全部出资或所有股份的公司，包括有限责任公司和股份有限公司。

一人公司的突出法律特征在于其股东的唯一性，即一人公司的股东只有一人，包括一个自然人或一个法人，全部股份或出资额均由唯一的股东持有。一人公司虽然股东只有一人，但同样具备公司的所有法律特征，包括独立的法律人格、独立的财产、独立的组织机构和独立的民事责任。各国的一人公司既有一人有限公司，也有一人股份有限公司，我国公司法目前只规定了一人有限公司，而股份有限公司必须由两个以上的股东组成。

二、对一人公司的评价

（一）国外立法对一人公司的评价

一人公司的出现是对传统公司社团性的重大挑战。按照传统公司法，公司是社团法人的一种，由两个以上的股东组成。早先的各国公司法几乎没有不强调公司成员的多数性的，并认为这是公司作为团体区别于其先前的个人商业组织的基本结构特征。

与之对立的意见则认为，法人制度不过是为了赋予企业组织独立的人格而在法律上拟制的产物，个人也可以享有这种法律上的人格经营公司业务。资合公司的法人资格不应受公司成员人数左右。所以一人公司也可以具有法人资格。现在，绝大多数学者都主张一人公司具有法人性。

（二）我国立法对一人公司的承认

我国1993年《公司法》不承认一人公司，现行《公司法》则完全确认了一人有限责任公司。这一重大立法变化的根据在于：

1. 尊重一人公司客观存在的事实，鼓励投资创业，便利公司设立，减少公司冲突和矛盾。即使1993年《公司法》未明确承认一人公司，但事实上一人公司早已经以各种方式存在。

2. 顺应全球立法趋势。近年来越来越多的国家相继承认或有条件地认可了一人公司的法律地位。而我国加入WTO后，也应该实现国内企业和外资企业之间的公平竞争，其中包括在投资形式上给予中外投资者设立一人公司的相同机会和条件。

3. 一人公司与法人制度的本质和债权人保护并不矛盾。法人制度的本质在于公司的独立存在和活动，公司法的目标应是防止公司的股东滥用权利、混同个人财产与公司财产、损害债权人的利益，而不在于其成员的结构和股东人数的多少。

三、一人公司的特别法律规则

《公司法》一方面明确肯定了一人公司的合法地位，另一方面，又针对其特殊性规定了一整套特别适用的法律规则。根据《公司法》第二章第三节的规定，这些规则主要是：

1. 规定了设立一人公司的限制。《公司法》第58条第2款，“一个自然人只能设立一个一人有限责任公司。该一人有限责任公司不能投资设立新的一人有限责任公司”。

2. 规定了特别的公示和透明要求。《公司法》第59条规定，“一人有限责任公司应当在公司登记中注明自然人独资或者法人独资，并在公司营业执照中载明”。

3. 规定了更简易的管理方式。鉴于一人公司只有一个股东的特殊构成，《公司法》第60条规定，“一人有限责任公司章程由股东制定”；第61条规定，“一人有限责任公司不设股东会。股东作出本法第三十八条第一款所列决定时，应当采用书面形式，并由股东签字后置备于公司”。

4. 强调了会计审计的要求。为保障一人公司财产的独立及公司财产与股东财产的区隔，《公司法》第62条进一步强调规定，“一人有限责任公司应当在每一会计年度终了时编制财务会计报告，并经会计师事务所审计”。

5. 规定了财产独立的举证责任倒置的法律规则。《公司法》第63条规定，“一人有限责任公司的股东不能证明公司财产独立于股东自己的财产的，应当对公司债务承担连带责任”。即将举证责任转移给股东，要求其证明公司财产独立，否则法律即作公司财产不独立的推定并苛责股东对公司债务承担连带责任。

我国《公司法》建立的一人公司制度在各国公司法中独具特色，是21世纪公司法最富创新的制度设计。

第五节 国有独资公司

一、国有独资公司的概念和特征

国有独资公司，是指国家授权投资的机构或者国家授权投资的部门单独投资设立的有限责任公司。国有独资公司是我国公司法借鉴现代世界通行的公司制度，针对中国的特殊国情，为促进中国国有企业制度改革而专门创立的一种特殊公司形态。

根据《公司法》的规定，国有独资公司的设立有两种方式：一是新建设立，即国有资产监督管理机构单独出资开办国有独资的有限公司；二是改建设立，即原有国有企业，符合公司法设立有限公司的条件并为单一投资主体的，可以依照公司法的规定改建为国有独资公司。

国有独资公司与其他形态的公司相比较，具有以下特征。

（一）国有独资公司是特殊的“一人公司”

第一，国有独资公司是一人公司。国有独资公司的股东只有一个，即国家，由国有资产监督管理机构履行出资人或股东的义务。因而，国有独资公司实际上属于公司法上的“一人公司”。

第二，国有独资公司是特殊的一人公司，其特殊性在于其股东的特定性。依照公司法的规定，成为国有独资公司股东的前提条件是必须要有国家的授权。公司法不允许其他任何单位或个人单独投资设立国有独资公司。

（二）国有独资公司是特殊的有限责任公司

1. 国有独资公司是有限责任公司。国有独资公司的资本不分为股份，非属一人股份公司。国有独资公司与一般有限责任公司一样，公司以其全部财产对公司债务承担责任，股东以其出资额为限对公司承担责任，公司与股东相互独立，国家与企业的产权关系十分清晰。

2. 国有独资公司是特殊的有限公司。国有独资公司与一般的有限责任公司在许多方面，包括股东人数、股东的身份、公司的组织制度、股权的行使等都有所不同。当然，除有特别规定外，《公司法》关于有限责任公司组织和行为的一般规定也适用于国有独资公司。

3. 国有独资公司是不同于一般国有企业的公司企业。尽管许多国有独资公司是直接由特定的国有企业实行公司化改组而成，但国有独资公司在设立根据、企业产权性质和管理体制等方面都不同于原有的国有企业。

二、对国有独资公司的评价

国有独资公司是我国国有企业改革的产物和法律形式。国有企业一直是我国经济的主导和国民经济的中坚力量，20世纪80年代以来的经济体制改革，其核心和关键的环节就是国有企业的改革。为焕发国有企业的生机和活力，保证国有资产的经营效益和保值增值，国家对国有企业采取了一系列逐步深入的改革措施，从扩大企业的自主权到承包经营责任制和租赁经营制，再到现代企业制度的提出和公司制的确立，我国的国有企业改革经历了实质性的法律形态的根本性变革，国有独资公司的出现正是这种变革的成果。

公司，这种股权制企业以其明晰的产权关系、科学有效的管理方式、公平合理的利益和风险机制，成为现代企业最优异的组织形式。对传统计划经济体制下形成的我国国有企业来说，公司制在开拓企业筹资渠道，实行国家投资行为的市场调节，重新界定和明晰国家与企业的产权关系，形成企业经营中的财产约束和利益约束的双重约束机制，发挥资产重组和结构调整的职能，打破传统体制下的行业、地区、部门、所有制等的限制和阻碍等很多方面，都有着巨大的作用。因此，公司制或股份制的采用，成为国有企业改革的必然选择。

但由于我国全民所有制经济绝对的主导地位和国有企业财产数额和经营规模的巨大，非国有经济的财产积累时间尚短，多元化的投资主体和多种成分的股权结构在多数国有企业中还很难实质性地建立，一般有限公司和股份有限公司形式在所有国有企业中的普遍推行尚需一定的条件和过程，因此，作为一种特殊的公司形式，我国公司法创制了国有独资公司，它既采取了有限公司的基本形式，又根据其股东单一的特点规定了较为灵活和简易的组织机构和管理方式。

此外，依照原《公司法》的规定，国有独资公司应特别适用于国家垄断经营的领域和行业。国务院确定的生产特殊产品的公司或者属于特定行业的公司应当采取国有独资公司的形式。2005年修订《公司法》时将这一规定取消。由此，一方面意味着对此是否采取国有独资公司形式法律不再给予具体限制，另一方面意味着立法应逐步减少采用国有独资公司形式的导向作用。

第六节 上 市 公 司

一、上市公司的概念与特征

股份有限公司，依其发行的股票是否公开上市交易，分为上市公司和非上市公司。所谓上市公司，是指所发行的股票经批准在证券交易所公开上市交易的股份有限公司。上市公司的法律特征如下：

1. 上市公司是股份有限公司的一种。公司发行的股票上市交易，表明其具有很强的公开性，只有股份有限公司具有这种公开性的特点，有限公司等其他类型的公司都不具有公开发行股票并使其股票上市交易的权利。同时，也并非所有股份有限公司的股票都上市交易，能够上市交易的只是其中的一部分，因此，上市公司一定是股份有限公司，但股份有限公司不一定都是上市公司。

2. 上市公司的股票上市必须符合法定条件并经有关机关批准。股票上市涉及公众利益和公开市场秩序，各国政府通常都会进行不同程度和方式的干预和管理，我国公司法规定股票上市须遵守有关法律、行政法规及证券交易所交易规则。我国证券法则对证券上市的条件和程序作了具体要求。

3. 上市公司的股票在证券交易所上市交易。股票的公开交易不等于股票的上市，公开交易具有各种不同的市场范围和交易方式，证券市场分为一级市场、二级市场、场外交易市场等。证券交易所是公开市场中的二级市场，只有股票在证券交易所上市交易的公司才属于上市公司。

二、公司上市的目的与作用

股份有限公司发行的股票上市交易，又称为公司的上市。公司上市具有多方面的作用，不同的公司往往基于不同的目的寻求上市。

1. 增强公司融资功能。股票的上市交易，将使股票具有极强的流通性和变现性，因而成为受投资者普遍欢迎的投资方式。因此，公司上市，将为其日后进行的增资和新股发行创造有利的条件，将使公司在资本市场上的融资能力得到实质性的增强。

2. 提高股东的投资回报。股东对股份有限公司的投资，不仅是为了获取公司盈余分配的收益，也包括获取股票在市场上进行交易的增值收益，甚至对许多投资者来说，交易市场上的收益可能是更主要的投资目的。公司的上市，将使股东获得在交易市场上获利的机会，从而提高了股东的投资回报。

3. 提高公司的知名度和商誉。上市公司实行严格的信息公开制度，公司一经上市，其一切的重要事项都要向社会公开，并成为公众密切关注的对象，上市公司由此具有一般公司难以达到的市场认知度或知名度，业绩良好的公司由此会获得更高的商业信誉。

4. 规范公司行为，提高管理水平。上市公司的行为受到法律、监管机关、证券交易所、公众及其广大投资者等多方面的规范、监督和约束，这使得上市公司的行为更为规范，更能符合法律的要求。同时，也要求公司的管理者具有较高的业务素质和管理能力，以促使管理者勤勉尽责，提高业务管理水平和经营效益。

三、公司上市的条件

我国《证券法》第 50 条对股份有限公司申请股票上市的法定条件作了规定，这些条件包括：

1. 股票经国务院证券监督管理机构核准已公开发行。

2. 公司股本总额不少于人民币 3 000 万元。

3. 公开发行的股份达到公司股份总数的 25%以上；公司股本总额超过人民币 4 亿元的，公开发行股份的比例为 10%以上。

4. 公司最近 3 年无重大违法行为，财务会计报告无虚假记载。

此外，证券交易所可以规定高于上述法律规定的上市条件，并报国务院监督管理机构批准。

第七节　外商投资企业(公司)

一、外商投资企业(公司)的概念和特征

中国的外商投资企业，是指依照中华人民共和国法律，在中国境内设立的，部分或全部资金来自境外的，外国投资者有相应的支配、控制权的企业或公司，是国际私人资本对中国进行直接投资的方式。

外商投资企业，一般都采取公司的组织形式，绝大多数都属于有限责任公司，因此，通常又称其为外商投资公司。因其系与外商共同投资或由外商单独投资设立，因此，又称之为涉外企业或涉外公司。因我国的外商投资企业分为三种类型，故在实践中又通称为三资企业。

外商投资企业具有如下法律特征：

1. 由外国投资者参与设立或由外国投资者单独设立。这里的外国投资者是指外国企业、其他经济组织或个人。外商投资企业可以是中国投资者与外国投资者共同投资设立，也可以是外国投资者单独投资设立。

2. 依照中国法律、在中国境内设立。外商投资企业虽有外资参与，但属于中国企业或法人，而确定其国籍的依据则是企业设立所依据的法律和设立地。这一特征使其区别于在中国境外设立而在中国境内从事经营活动的外国公司，也区别于中国公司在中国境外依据外国法律设立的中资公司。

3. 由外国投资者以私人直接投资方式设立。只有以私人直接投资设立的企业才属于外商投资企业。利用外国政府或各国政府共同设立的国际经济组织的资金兴办的企业，不属于外商投资企业。利用国外的借款、租赁等间接投资方式兴办的企业也不属于外商投资企业。

在我国,外商投资公司产生于20世纪70年代末改革开放的初期,是为引进和吸收外资而创立的企业法律形式。通过相继颁布的《中外合资经营企业法》(以下简称《合资企业法》)(1979年颁布)、《中外合作经营企业法》(以下简称《合作企业法》)(1988年颁布)和《外资企业法》(1986年颁布)及其他配套法规和规则予以确定和规范,外商投资企业法由此形成了较为完整的法律体系。

二、外商投资企业的法定类型和性质

(一) 中外合资经营企业

中外合资经营企业(以下简称合营企业),是指中国合营者与外国合营者依照《合资企业法》等有关法律的规定,在中国境内设立的共同投资、共同经营、按出资比例分享利润、承担风险与亏损的企业。

《合资企业法》第4条规定,"合营企业的形式为有限责任公司",由此,合营企业的性质为有限公司,是有限公司的一种,其与普通有限公司的区别在于股东必须由中方投资者和外方投资者共同组成。

(二) 中外合作经营企业

中外合作经营企业(以下简称合作企业),是中国合营者和外国合营者依照《合作企业法》,在中国境内设立的、由合同确立双方权利和义务、并根据合同从事生产经营的企业。

合作企业的法律性质较为复杂。《合作企业法》第2条规定:"合作企业符合中国法律关于法人条件的规定的,依法取得中国法人资格。"言下之意,如不具备法人条件的,也就不能取得中国法人资格。由此可见,中国的合作企业,可分为法人式和非法人式。而从实践情况看,已经成立的合作企业,大都具有法人资格,非法人的合作企业为数很少。

合作企业虽与合营企业之间有许多相似之处,但二者仍有着基本的差别,即合营企业是股权式组织,而合作企业是契约式组织。合营企业各方的各种投资形式包括现金、设备、厂房、技术、土地使用权等都要以同一货币单位计算股权,利润的分配和风险的承担都以股权为依据,合营期限也比较长。而合作企业合作各方提供的现金、设备、土地、技术、劳动等一般不作为股本投入,利润的分配完全依据各方签订的协议,合营期限一般比合资企业短。从组织形式上看,合营企业必须是具有法人资格的企业,而合作企业则可以是不具有法人资格的组织。

(三) 外资企业

外资企业则是依照《外资企业法》,在中国境内设立的由外国投资者单独投资的企业。

对外资企业的法律性质,《外资企业法》作了与《合作企业法》几乎完全相同的技术性规定,即"外资企业符合中国法律关于法人条件的规定的,依法取得中国法人资格"。这表明,外资企业同样可分为法人式的外资企业和非法人式的外资企业。同时,《外资企业法实施细则》又规定:"外资企业的组织形式为有限责任公司,经批准也可以为其他责任形式。外资企业为有限责任公司的,外国投资者对企业的责任以其认缴的出资额为限。外资企业为其他责任形式的,外国投资者对企业的责任适用中国法律、法规的规定。"

三、外商投资企业的法律适用

外商投资企业是一类法律性质多样化的企业组织,除其中的合营企业属于确定无疑的有限公司外，合作企业和外资企业既可能采取法人型的有限公司形式，也可能采取非法人型的其他企业形式。外商投资企业与公司之间的这种互相交叉关系，必然导致外商投资企业法与公司法之间在法律适用上的冲突，即对于有限公司性质的外商投资企业，其设立、组织机构及其活动，应适用外商投资企业法还是适用公司法的冲突。

对此，我国《公司法》第217条作了协调性的原则规定："外商投资的有限责任公司适用本法；有关中外合资经营企业、中外合作经营企业、外资企业的法律有特别规定的，适用其规定。"但由于合作企业和外资企业的公司性质不甚明确、外商投资企业法与公司法许多规则方面的差异等，这一原则性规定仍然无法完全消除法律适用上的冲突。同时，由于外商投资企业法本身的先天不足，其原已存在的问题在公司法颁行后也暴露得更为突出，因此，我们认为，外商投资企业法的改革与公司法的协调和融合已是大势所趋。

第八节　外国公司的分支机构

一、外国公司分支机构的概念和法律地位

（一）概念及法律特征

外国公司的分支机构，是指外国公司依东道国法律在东道国境内设立的从事生产经营活动的场所或者办事机构，实际上是该外国公司在其本国之外的国家设立的分公司。我国公司法和世界多数国家或地区的公司法一样，对于外国公司分支机构的规定，目的是为了对外国公司在中国的活动进行规范，而并不规范外国公司本身。

外国公司分支机构的法律特征可以概括如下：(1) 外国公司的分支机构以外国公司的存在为前提。(2) 外国公司的分支机构必须经东道国政府批准设立。(3) 外国公司分支机构在东道国境内的业务活动必须以营利为目的，并在东道国境内营业。

（二）法律地位

我国《公司法》第195条明确规定，"外国公司在中国境内设立的分支机构不具有中国法人资格"，"外国公司对其分支机构在中国境内进行经营活动承担民事责任"。具体而言，外国公司分支机构的法律地位表现在如下方面：

1. 外国公司分支机构是其所属的外国公司的一个组成部分，是在我国设立的派出机构，它不属于也不同于外国公司依我国法律在我国境内单独登记注册的子公司法人。

2. 外国公司分支机构不具有独立的公司法人的内部组织机构，一般不设股东会、董事会及监事会等整套管理机构，而只由该外国公司指定代表人或代理人负责该分支机构。

3. 外国公司分支机构没有自己独立的公司名称和公司章程，而只能以其所属的外国公司的名义进行业务活动，不能使用与其所属公司名称完全不同的其他名称。

4. 外国公司分支机构对其经营活动不独立承担民事责任，其业务活动结果由所属外国公司承受，即分支机构的所属公司以自己的全部财产对其分支机构的活动所产生的债务承担责任。

二、外国公司分支机构的设立

外国公司分支机构的设立，是外国公司依东道国法律规定的条件和程序，在东道国境内为其

分支机构取得生产经营资格的法律行为。

（一）外国公司分支机构在中国设立的条件

根据我国《公司法》及相关法律的规定，外国公司在中国设立分支机构必须符合以下基本条件：(1) 必须在中国境内指定负责该分支机构的代表人或代理人；(2) 必须向该分支机构拨付与其所从事的经营活动相适应的资金；(3) 外国公司的分支机构应当在其名称中标明该外国公司的国籍及责任形式，并应当在本机构中置备该外国公司章程。

（二）外国公司分支机构设立的程序

外国公司在我国设立分支机构必须经过一定的程序。根据我国《公司法》及相关法律规定，外国公司在我国设立分支机构的具体程序可以概括如下：

1. 进行设立准备。外国公司到我国开办分支机构首先要进行可行性论证。要了解中国的经营环境、法律政策环境，进行技术、财务、人事等方面的分析，选择经营项目和经营场所，做好必要的进入准备工作。

2. 提出设立申请。外国公司在东道国设立分支机构的申请一般由该外国公司董事或执行业务股东提出，或由分支机构所在国的代表人或代理人代为申请。

3. 设立审批。不同国家或地区对外国公司设立分支机构的许可态度不尽相同，有的国家或地区实行准则主义，有的国家实行核准主义或许可主义。我国对外国公司分支机构的设立采取的是比较严格的核准主义原则，即外国公司在我国境内设立分支机构，必须经我国有关主管机关的审核，依法获得批准后才能履行注册登记手续。对于符合法定条件的，审批机关应当在接到申请之日起一定期限内作出批准设立分支机构的决定。外国公司在中国境内设立分支机构的申请被中国主管机关批准后，应当在一定期限内持审批机关的批准文件向中国公司登记机关依法办理登记手续。

三、外国公司分支机构的权利和义务

外国公司分支机构作为外国公司在东道国的一个派出机构，在取得东道国的工商登记后，既享有在东道国境内从事生产经营活动的权利，又要承担东道国法律规定的相应义务。我国《公司法》第196条对外国公司分支机构的权利义务作了概括规定："经批准设立的外国公司分支机构，在中国境内从事业务活动，必须遵守中国的法律，不得损害中国的社会公共利益，其合法权益受中国法律保护。"

（一）外国公司分支机构的权利

1. 依法从事生产经营活动。外国公司分支机构取得中国工商行政机关颁发的营业执照，即获得在中国境内从事生产经营活动的法定资格。一般而言，各国或地区的法律多允许外国公司在本国境内开展业务活动，并使其具有与本国公司基本相同的权利，如依法取得财产的所有权、订立合同、享受东道国有关鼓励外商投资的优惠政策等。

2. 合法权益受中国法律保护。外国公司在其分支机构的合法经营活动受到不法侵害时，有权在中国提起诉讼，寻求司法保护，以维护其合法权益。

（二）外国公司分支机构的义务

1. 遵守中国法律，不损害中国的社会公共利益。外国公司分支机构在中国境内的营业活动，应受中国法律管辖，这是我国主权原则的体现。同时，外国公司分支机构在中国境内营业，不得损害中国的社会公共利益。

2. 标明国籍及责任形式，并置备章程。我国《公司法》明确要求外国公司的分支机构应当在其名称中标明该外国公司的国籍及责任形式并在本机构中置备章程，以方便与其发生法律关系的当事人了解其具体情况，降低交易风险，保护债权人的利益，维护社会经济秩序。

四、外国公司分支机构的撤销和清算

（一）外国公司分支机构的撤销

外国公司分支机构的撤销，是指依法使已经设立的外国公司分支机构归于消灭，结束其在东道国境内的生产经营活动。我国公司法未系统规定外国公司分支机构的撤销原因，依其他有关法律的规定，外国公司分支机构的撤销一般应包括下列几种情形：

1. 因外国公司被依法撤销或解散而被撤销。外国公司分支机构是外国公司的组成部分，外国公司分支机构的存在以外国公司的存在为前提条件，当外国公司因被依法撤销、宣告破产、股东会决议解散等原因而终止时，该外国公司所属分支机构当然需要撤销。

2. 外国公司分支机构因违法经营而被撤销。我国《公司法》第 212 条规定："外国公司违反本法规定，擅自在中国境内设立分支机构的，由公司登记机关责令改正或者关闭，可以并处五万元以上二十万元以下的罚款。"此外，如果外国公司分支机构违反中国的工商管理、海关、财税、金融、外汇、环境保护等法律，情节严重的，有关主管部门也有权责令其停业，并吊销其营业执照。

3. 外国公司分支机构因无故歇业而被撤销。外国公司分支机构取得登记后，应依法从事生产经营活动，如果其无故歇业达到一定期限，有关主管机关可强制该外国公司分支机构解散。

4. 因外国公司分支机构的经营期限届满而撤销。各国或地区的公司法多对外国公司分支机构的经营期限有规定。分支机构在经营期限届满前的一定时间内，经原审批机关批准，可申请办理延期登记。逾期不申请延期的，视同注销。

5. 外国公司自行决定撤销。外国公司出于某种原因或需要，如已完成了在东道国从事投资和经营的预定目标或无意在东道国继续投资经营，在经营期限届满前，可以向主管机关申请批准撤销其设立的分支机构。

6. 其他导致分支机构撤销的原因。例如因不可抗力等原因致使经营无法继续时，也可能导致分支机构撤销。

（二）外国公司分支机构的清算

外国公司分支机构的清算，是指分支机构被撤销后，为了终结其现存的各种法律关系，了结分支机构的债权债务，而对分支机构所生的债权债务等进行清理的行为。根据我国《公司法》第 197 条的规定，外国公司撤销其在中国境内的分支机构时，必须依法清偿债务，依照公司法规定的公司清算程序进行清算。

外国公司分支机构在撤销以后至清算结束这段时间，在清算范围内仍视为未撤销，其民事主体资格视为存续，但其权利能力受到限制，即仅限于以清算为目的的范围之内，不得从事与清算无关的经营活动。

为保护债权人的利益，我国《公司法》第 197 条规定："外国公司……未清偿债务之前，不得将其分支机构的财产移至中国境外。"也就是说，对于外国公司分支机构的所有清算未了的债务，虽然应由其所属外国公司承担，但其原有的财产仍是其承担民事清偿责任的重要条件。

【本章前沿问题】

□ 关联企业与企业集团的法律地位与法律调整

关联企业具有法人地位，并且这种法人地位与集团内部的统一管理和相互间的控制支配关系并不绝对冲突。虽然成员企业在集团统一管理之下，一定程度上丧失了管理上的独立性，但其法人人格并不随之消灭。

企业集团作为若干关联企业构成的联合体，具有较为特殊的法律地位。一方面，企业集团在经营活动的许多方面表现出整体的存在和意志，一些商业活动甚至是以集团的名义进行的，故集团成为一种法律主体，并受到经济法（尤其是垄断法）、公司法、商业会计法、税法、劳动法等特别法律的调整。另一方面，企业集团又不可能取得一般商业团体那样的独立法律人格或民事主体身份。对集团来说，关联企业与集团既然是部分与整体的关系，那么，肯定了关联企业具有法人地位，也就否定了集团具有法人地位的可能性。反之，如果肯定了集团具有法人地位，那么关联企业的法人地位也就不存在了。如果以集团名义进行民事活动的法律后果由两个以上集团成员承受的话，这种活动实质上是这些成员共同进行民事行为，它将产生这些成员间的共同债权或共同债务。

□ "次级债权"理论

"次级债权"理论产生的原因是控制公司有可能利用其控制性影响力，凭空制造对从属公司的债权或债权担保，参与从属公司破产财团的分配，或者在设立从属公司时滥用股东有限责任原则，最终损害其他债权人的利益。"次级债权"理论可分为自动居次原则与衡平居次原则。自动居次原则主张，母公司对子公司之债权应一律次于子公司其他债权人。而衡平居次原则，又称深石原则，是根据控制股东是否有不公平行为，而决定其债权是否应劣后于其他债权人或者优先股股东受偿的原则。

自动居次原则出现后受到一些学者的批评，原因是一律要求控制股东之债权居于子公司其他债权人之后受清偿，可能导致控制股东受到的惩罚大大超过其依控制地位所得到的利益，其结果将使子公司破产风险增加而危及子公司债权人。这一原则已为大多数国家所摒弃。而衡平居次原则由于既保护子公司其他债权人的利益，也兼顾母公司债权的合理性，已成为法院处理母子公司关系中，母公司对子公司债权应如何处置的一般原则。

□ 一人公司的财务监督问题

大多数国家对于一人公司最容易发生经营上道德危机的财务监控，少有特别规定。这一特点在我国公司法也有体现。我国公司法对于一人公司财务监控也仅仅通过每年一次的强制审计来完成。

法国对于一人公司财务监控问题的规定是较为完备的。首先，法国规定了会计监督遴选制度。依法国《有限责任一人企业法》第 12 条规定，一人公司董事须自会计师公会所提供，在具有国家证照专业资格会计师之名册中，选任会计监督，以落实健全公司财务制度之目的。其次，立法禁止一人公司股东及其亲属担任公司监察人。法国于 1985 年修正《公司法》时，为避免与该一人公司具有利害关系之会计师身兼该公司之会计监督，特以第 85－697 号法律案修正《公司法》第 65 条第 2 项第 2 款，规定该唯一股东及其配偶、直系尊亲属、直系卑亲属、直系第 4 等旁系亲属皆不得担任该一人公司之会计监督。

【本章思考题】

1. 简述母公司与子公司之间的法律关系。
2. 子公司与分公司的法律地位和内部法律关系有何不同？
3. 分析关联公司与公司集团的法律地位。
4. 简述人合公司与资合公司划分的立法意义与理论意义。
5. 比较有限责任公司与股份有限公司的异同。
6. 股份有限公司的作用与公司上市的意义是什么？
7. 简述一人公司的法律规制。
8. 国有独资公司与一般有限公司有何不同？
9. 简析外商投资公司的法定类型及各自的法律地位。
10. 外国公司的分支机构与一般的分公司（指由本国公司设立的分公司）有何异同？
11. 简述外国公司分支机构的权利和义务。

第三章　公司的设立

【导语】

投资者如果选择公司这种组织形式来作为获取利润的手段，首先必须依照法律规定的条件和程序，完成一定的行为，这就是公司的设立。我国《公司法》作为规范公司组织和行为的基本法律，不仅在“总则”中对公司的设立作了概括性规定，而且用了相当的篇幅分别对有限责任公司和股份有限公司设立的方式、条件和程序等作了具体规定。

本章的学习重点主要在于公司设立的原则、方式、条件和效力。本章的学习难点在于区别公司的设立与成立、理解公司设立无效制度、领会设立中公司的法律地位。

第一节　公司设立概述

一、公司设立的概念和特征

（一）公司设立的概念

公司设立，是指设立人依《公司法》规定在公司成立之前为组建公司进行的、目的在于取得公司主体资格的活动。

要正确理解设立的概念，还须分辨公司的设立与成立的区别。公司的成立是指已经具备了法律规定的实质要件，完成设立程序，由主管机关发给营业执照而取得公司法人主体资格的一种法律事实，表现为一种法律上的状态。由此可以看出，公司设立是成立的前提和必经程序，而公司的成立则是设立的法律后果或直接目的。公司的成立与设立的区别主要有：

1. 发生时间不同。公司的设立和成立是取得公司主体资格过程中一系列连续行为的两个不同阶段。设立行为发生于营业执照颁发之前，成立则发生于被依法核准登记、签发营业执照之时。实质上，公司的成立是设立行为被法律认可后依法存在的一种法律后果。

2. 法律效力不同。公司在核准登记之前，被称为设立中的公司。对于设立中公司的法律地位，理论上存有不同观点。一般认为，设立中的公司是一种权利能力受限制的社团，而发起人则为设立中公司的执行机关。对于发起人在设立阶段所为行为的法律后果承担，视公司最终是否成立而有所不同。公司的成立则使公司成为独立的主体，公司成立后所实施行为的后果原则上由公司承担。

（二）公司设立的法律特征

1. 设立的主体是发起人。发起人包括先行出资、筹建并对公司设立承担责任的自然人、法人和国家等。在公司设立过程中，发起人对内执行设立业务，对外代表正在设立中的公司。

2. 设立行为只能发生在公司成立之前，并应当严格履行法定的条件和程序。

3. 设立行为的目的在于成立公司，取得法律主体资格。

4. 公司的种类不同，设立行为的内容也不尽相同。

二、公司设立的原则

（一）国外公司设立原则的沿革

公司设立的原则是指公司设立的基本依据及基本方式。从罗马社会到近代工业社会，公司的设立先后经历了自由设立主义、特许设立主义、核准设立主义、单纯准则设立主义和严格准则设立主义等原则。

1. 自由设立主义。又称放任设立主义，指是否设立、设立何种公司、怎样设立等事宜完全由当事人自由为之，法律不加任何干涉。由于这种设立原则下的设立过程随便，与合伙企业的界限也难以分辨，难免造成许多不具备基本条件的组织也以公司名义出现，使债权人权益得不到保障。各国或地区的公司立法很少再采用这种设立原则。

2. 特许设立主义。即公司的设立必须经过国家元首特别许可或者经过国家立法机关颁发特别法令予以许可。这种对公司的设立予以过度管制的做法不能适应公司普遍发展的要求，并且有浓厚的封建特权色彩。近代各国或地区公司立法除对某些特殊公司仍采取特许设立主义原则外，对一般的公司很少采用。

3. 核准设立主义。也称许可设立主义，是指公司设立除了必须具备法律所规定的条件外，还必须经过行政主管机关核准，否则不得成立。如果说特许设立主义是在公司设立问题上赋予权力机关的一种特权，那么核准设立主义则是赋予行政机关一种特权。现在一般认为，由国家行政部门干预公司设立，不仅不利于公司的普遍发展，而且容易滋生腐败。核准设立主义原则除了适用于设立银行等与国计民生有密切联系的行业的公司外，在多数情形下已不再广泛采用。

4. 单纯准则设立主义。即公司的设立，只要符合国家法律规定的要件即可，无须经权力机关或行政机关核准。1862 年的英国公司法首先采用这一设立原则，并在 19 世纪被不少国家采用。这种做法适应了公司大量出现的形势，有利于公司的普遍发展。

5. 严格准则设立主义。即法律严格规定公司设立的要件并加重发起人的责任，同时规定公司设立必须经过国家主管机关登记才得成立及取得独立主体资格。严格准则设立主义既无特许设立主义和核准设立主义的繁琐，又避免了自由设立主义与单纯准则设立主义程序过于简单和不利于管理的弊病，为当今大多数国家或地区的公司立法所采用。

（二）我国公司设立的原则

我国在公司设立问题上曾经长期实行核准设立主义，这种做法在我国公司法制尚不健全的时代，曾经起了积极作用。但随着经济的发展，其弊端日益显露。我国在总结公司设立实践的基础上，充分借鉴国外的立法经验，对公司设立制度进行了重大改革。《公司法》第 6 条第 1 款、第 2 款规定："设立公司，应当依法向公司登记机关申请设立登记。符合本法规定的设立条件的，由公司登记机关分别登记为有限责任公司或者股份有限公司；不符合本法规定的设立条件的，不得登记为有限责任公司或者股份有限公司。""法律、行政法规规定设立公司必须报经批准的，应当在公司登记前依法办理批准手续。"结合上述规定及我国公司设立实践可以看出，我国《公司法》规定的公司设立原则是严格准则设立主义和核准设立主义的结合。

三、公司设立的方式

从大陆法系各国或地区的公司立法来看，公司设立的方式有发起设立和募集设立两种。大多数国家或地区的公司立法均认可这两种设立方式，在法国、意大利、瑞士和荷兰等国采取发起设立方式较普遍，而日本等国采取募集设立方式较普遍。我国公司法对发起设立和募集设立方式均有规定。

(一) 发起设立

发起设立又称共同设立或单纯设立，是指由发起人认购公司应发行的全部股份而设立公司。原则上发起设立方式可以适用于任何公司的设立。不过，因无限公司、两合公司、有限责任公司的人合性强，资本具有封闭性，所以其设立方式均为发起设立；股份有限公司属于开放性公司，可以向社会发行股份，因而股份有限公司的设立既可以采取发起设立方式，也可采取募集设立方式。

(二) 募集设立

募集设立也称为渐次设立或者复杂设立，是指由发起人认购公司应发行股份的一部分，其余股份向社会公开募集或者向特定对象募集而设立公司。在各类型公司中，只有股份有限公司和两合公司在设立阶段可对外募集股份，所以，这种设立方式原则上可适用于股份有限公司和股份两合公司。我国则只有股份有限公司可以采用这种设立方式。

1. 法定形式。募集设立包括定向募集和社会募集两种形式。采用定向募集方式设立，是指公司发行的股份除由发起人认购外，其余股份不向社会公开发行，但可以向其他法人发行部分股份，经批准也可向本公司内部职工发行部分股份。采用社会募集方式设立，是指公司发行的股份除由发起人认购外，其余股份应向社会公开发行。

2. 法律限制。在广泛地募集社会资金方面，募集设立具有发起设立所无可比拟的优越性。它可以通过发行股份的方式充分吸收社会闲散资金，在短期内筹集设立公司所需的巨额资本，缓解发起人的出资压力，便于公司的成立。但采取这种设立方式也有弊端：其一，这种设立方式须对外募集股份，还须召开创立大会，在审批程序上也较发起设立要复杂，而且还可能受到国家金融政策等方面的制约。其二，由于股权的高度分散，不利于实现发起人对公司的控制权。其三，募集设立还可能被少数不法分子作为欺诈手段。

针对募集设立方式的上述弊端，各国或地区的公司立法一般都对募集设立采取一定措施予以限制。我国《公司法》第 84 条对此也有规定："以募集设立方式设立股份有限公司的，发起人认购的股份不得少于公司股份总数的百分之三十五；但是，法律、行政法规另有规定的，从其规定。"

第二节 公司设立的条件

一、有限责任公司设立的条件

我国《公司法》第 23 条规定："设立有限责任公司，应当具备下列条件：(一)股东符合法定人数；(二)有符合公司章程规定的全体股东认缴的出资额；(三)股东共同制定公司章程；(四)有公司名称，建立符合有限责任公司要求的组织机构；(五)有公司住所。"

(一) 主体条件

主体条件是指股东资格及人数要件，即股东须符合法定人数和资格。

1. 股东人数要求

（1）对于有限责任公司的上限，各国或地区的公司立法多作最高限额规定。我国《公司法》第 24 条对有限责任公司的股东人数的上限作了严格限定，即不超过 50 人。

（2）对于有限责任公司股东人数的下限，各国或地区公司立法的规定也不尽相同。例如规定须在 5 人以上，或 2 人以上等。由于对一人公司的承认，许多国家或者地区已经取消了有限责任公司最低股东人数的要求。

我国《公司法》经历了从规定原则上 2 人以上才可以设立有限责任公司到承认一人公司的转变，现不再有 2 人以上的要求，并对“一人有限责任公司”和“国有独资公司”分别作了专节规定。此外，《公司法》第 217 条还规定：“外商投资的有限责任公司和股份有限公司适用本法，有关外商投资的法律另有规定的，适用其规定。”而根据《外资企业法》的规定，外商在中国境内所设立的外资企业可以是有限责任公司，其设立可以是由一个外商单独设立。

2. 股东资格要求

各国或地区的公司立法对于有限责任公司股东的资格，大多与对股份有限公司发起人资格的规定基本相同。依我国公司法及相关法律的规定，有限责任公司的股东必须具备相应的资格。①

（二）财产条件

1. 股东认缴出资要求

股东出资构成公司资本，它是公司财产形成的重要来源，公司设立时，要通过章程确定公司的资本总额，该资本额应由全体股东全额认缴，因此，公司注册资本总额就是全体股东认缴的出资额。2013 年《公司法》取消了原来规定的有限责任公司的最低资本要求，公司可以根据自己的需要通过章程任意设定注册资本。同时注册资本亦不需限期缴纳，可以由公司自己决定缴纳的时间和期限。但作为公司设立的财产条件，章程所定注册资本必须由全体股东全额认缴，全体股东认缴的出资额即为公司资本总额。

2. 资本构成要求

一般而言，有限责任公司的资本不能划分为股份，更不能发行股票，但也有一些国家公司法规定有限责任公司的资本可以分成股份，以便于计算股东的出资及其权利义务，如日本就规定有限责任公司每股出资应当均等。我国公司法对有限责任公司的出资是否划分为股份及每股金额均未作规定，实践中可由公司自行掌握。

（三）组织条件

组织条件包括公司的名称、住所、章程及依法建立的组织机构等。

公司名称是公司的法定登记事项，可以使公司的法人人格具有特定性，便于公司对外进行法律上、经济上的交往。

有限责任公司的公司章程是记载公司组织规范及其行动准则的书面文件，体现着全体股东的共同意志，并对全体股东、公司的组织机构和经营管理人员均有约束力。我国《公司法》对公司章程应该载明的事项作了明确规定。②

有限责任公司是通过内部组织机构的活动进行运作的，组织机构的建立可以使公司具备意

---

① 参阅本书“股东与股权”一章第一节中“股东资格的限制”的相关内容。

② 参阅本书“公司章程”一章的相关内容。

思能力、执行能力，便于对外实施行为。依我国公司法的规定，有限责任公司的内部组织机构分为股东会、董事会和监事会等。但由于有限责任公司的具体形式、股东人数、经营规模、资本来源不同，法律、法规要求其建立的组织机构也不尽相同。例如《公司法》第 50 条规定："股东人数较少和规模较小的有限责任公司，可以设一名执行董事，不设董事会。执行董事可以兼任公司经理……"[①]

二、股份有限公司设立的条件

我国《公司法》第 76 条规定："设立股份有限公司，应当具备下列条件：(一)发起人符合法定人数；(二)有符合公司章程规定的全体发起人认购的股本总额或者募集的实收股本总额；(三)股份发行、筹办事项符合法律规定；(四)发起人制订公司章程，采用募集方式设立的经创立大会通过；(五)有公司名称，建立符合股份有限公司要求的组织机构；(六)有公司住所。"

(一) 主体条件

主体条件即发起人人数和资格条件。为防止股份有限公司发起人在设立过程中徇私舞弊，损害其他认股人和公众的利益，维护社会经济秩序，法律对其主体的要求，也比对有限责任公司股东的要求更为严格。

1. 发起人必须符合法定人数

股份有限公司的发起人，是指订立创办公司的协议，提出设立公司的申请，向公司出资或认购股份，并对公司设立承担责任的人。

我国《公司法》规定对股份有限公司发起人的人数作了限定。其中，股份公司发起人人数上限的原因是：由于募集设立方式条件要求严格，设立程序复杂，导致公司设立时间长、成本高，股份有限公司的设立人为避免法律对募集设立的各种要求，而多采发起设立方式。但是，当发起人过多时，其设立已经具有了公众性，不应再适用发起设立的规定。

2. 发起人具备法定资格

对于股份有限公司发起人的资格，各国或地区的公司立法通常规定为：发起人既可以是自然人，也可以是法人。作为自然人的发起人，必须是完全民事行为能力人。法人作为发起人，应是法律上不受特别限制的法人。

是否对发起人的国籍、住所作要求，要根据一国的社会、经济和政治等多种因素来确定。依我国《公司法》第 78 条的规定，股份有限公司须有过半数的发起人在中国境内有住所。

(二) 财产条件

1. 全体发起人认购股本或者公司募集实收股本

股份有限公司是典型的资合公司，公司的存在和对外的信用基础首先取决于其股本。为保护股东及社会公众的利益，大陆法系各国或地区的公司法曾长期实行股份有限公司最低资本额制度。

我国 2013 年《公司法》也取消了原有最低资本额的要求，只是规定股份有限公司设立必须"有符合公司章程规定的全体发起人认购的股本总额或者募集的实收股本总额"。由此，股份有限公司也可以根据自己的需要通过章程任意设定注册资本。与有限责任公司不同的是，股份有限公司分为发起设立和募集设立两种情形。对于发起设立的股份有限公司，注册资本不需限期

---

① 参阅本书"公司组织机构"一章中"公司治理"的相关内容。

缴纳，可以由公司自己决定缴纳的时间和期限，但章程所定股本总额必须由全体发起人全额认购；对于募集设立的股份有限公司，其注册资本必须是实收资本，公司设立时，必须一次性缴纳。

2. 资本构成要求

这是对于股份有限公司的另一特别要求。股份有限公司的资本应划分为股份，并且各股金额一般应为均等。

（三）组织条件

组织条件主要包括公司名称、类别、住所、经营范围等的选定以及公司的组织机构等。这些内容均为公司章程的主要内容，也是公司登记的主要事项，对公司的经营活动有着重要的影响。

股份有限公司通过公司的组织机构进行运作。依我国《公司法》的规定，股份有限公司的内部组织机构分为股东会、董事会和监事会等。其中，股份有限公司由股东组成股东大会，股东大会是公司的权力机构；股份有限公司设董事会，董事会对股东大会负责；股份有限公司设监事会，监事会由股东代表和适当比例的公司职工代表组成，具体比例依法由公司章程规定。[①]

三、公司的名称与住所

（一）公司的名称

公司名称的意义主要有三：其一，公司的名称是公司成为独立民事主体的重要标志之一，是法人人格的表现。其二，公司的名称也是法人人格特定化的标志，公司可以其名称区别于其他民事主体。因为公司的名称具有唯一性，一定时期一个公司只准用一个名称。其三，公司的名称也是公司商誉的主要组成部分，是一种无形资产。依据《保护工业产权巴黎公约》的规定，公司的名称是工业产权保护的对象之一。

由于公司名称对社会经济生活关系重大，为了保障公司及交易对方的合法权益，维护社会交易秩序，各国或地区的法律对公司名称都作了相应规定。在我国，公司名称的立法规定主要有《公司法》第8条和其他有关法规和规章，如《公司登记管理条例》和《企业名称登记管理规定》。

1. 公司名称的构成

依《企业名称登记管理规定》及其实施办法的规定，除法律另有规定外，公司名称应当依次包括下列四个部分。

（1）公司所属的行政区划名称，即注册机关的行政管辖级别和行政管辖范围。

（2）字号，[②]即公司的特有名称，一般由两个或两个以上的汉字或少数民族文字组成。这是公司名称的核心内容，也是公司名称中唯一可由当事人自主选择的内容。不过，法律对此往往规定某些禁用条款。

（3）公司的行业或营业部类，即公司的名称应显示出公司的主要业务和行业性质。

（4）公司的形式，即公司的种类，如“股份有限公司”或“有限责任公司”。

2. 公司的名称权

公司的名称权是指公司对其依法取得的名称享有的独占和排他的权利。公司名称经登记注册后，即取得其名称的专用权。

---

① 参阅本书“公司组织机构”一章中“公司治理”的相关内容。

② 在我国国家工商行政管理机关的文件中，字号和商号通用，但字号使用得更频繁。

(1) 确定公司名称权的原则。为保证名称权的专属性,使得在一定地域范围内公司名称不至于混淆,在申请登记时,如有两个以上公司向同一登记机关申请注册同一名称的,由登记主管机关依照申请在先原则核定;如有两个以上公司向不同登记机关申请注册同一名称的,由登记主管机关依照受理在先原则核定;如果两个以上公司因已注册的名称相似或相同而发生争议,由登记主管机关依照注册在先原则处理。这就是公司名称权确定上的登记对抗主义。我国现行法即采用该原则。

(2) 公司名称的转让。公司的名称可依法转让,但对于公司名称是否可以单独转让,各国或地区的规定不尽相同。依我国相关法律的规定,公司名称可以随公司或者公司的一部分一并转让,即我国不允许公司名称的单独转让。

(3) 公司名称权的效力。公司名称经登记注册后,即取得该名称的专用权,在法律上具有排他的效力。这是保护工业产权、防止不正当竞争、防止商业欺诈的一项重要法律措施。这种排他性主要表现在两个方面:一是排除其他登记、使用同一或相近似名称的权利;二是停止其他不正当使用同一名称的权利。

(二) 公司的住所

1. 公司住所的确定及意义

关于公司住所的确定,各国或地区的法律规定不尽相同,大致有下列三种做法:一是管理中心主义,即以登记时的常设管理机关所在地为住所。二是营业中心主义,即以公司的业务执行地为住所。三是由公司的章程确定。我国《公司法》第 10 条的规定与《民法通则》第 39 条的规定一致:公司以其主要办事机构所在地为住所。由此可见,我国公司法实质上是采用管理中心主义。

住所赋予公司的行为以一定的法律意义,并使其参加的法律关系集中于一处。法律确定公司的住所,可以据此进一步确定诉讼管辖地,确定法律文书或其他函件受送达的地点,确定登记、税收等其他管理机关,确定债务履行地,在涉外民事关系中,还可依住所确认准据法。

2. 法律对公司住所的规定

(1) 住所是公司章程的必备条款之一,而公司章程又是申请注册登记的必备文件之一。所以,公司成立之前就应有拟定的住所,经注册登记后,具有法律效力。

(2) 住所是应当进行注册登记的事项,住所应登记而不登记或变更住所而不做变更登记,不得以其事项对抗第三人。

(3) 一个公司只能有一个住所。如果有多个办事机构,则以统辖全部事务和分支机构的办事机构所在地为住所。

(4) 设立分公司的,分公司也应有营业场所,并需要在营业场所所在地的登记机关办理登记。但分公司不是法人,且我国法律不承认可以有多个住所,故分公司的营业场所不具有住所的地位和效力。

第三节 公司设立的程序

一、有限责任公司的设立程序

相对于股份有限公司的设立,有限责任公司的设立程序相对简单。依我国《公司法》及相关法律规定，有限责任公司的设立应经过下列程序：

1. 发起人发起。有限责任公司只能由发起人发起设立。发起人首先要对设立有限责任公司进行可行性分析和预测，确定设立公司的意向。在发起人有数人时，应签订发起人协议或作出发起人会议决议。该协议或决议是明确公司设立过程中发起人各自权利义务的书面文件，在法律性质上被视为合伙协议。

2. 订立公司章程。公司章程主要是规范公司成立后各方行为的，须严格按照法律、法规的规定订立。依我国公司法的规定，公司章程须经全体股东同意并签名盖章，报登记主管机关批准后，才能正式生效。

3. 申请名称预先核准。《公司登记管理条例》第 17 条规定："设立公司应当申请名称预先核准。法律、行政法规或者国务院决定规定设立公司必须报经批准，或者公司经营范围中属于法律、行政法规或者国务院决定规定在登记前须经批准的项目的，应当在报送批准前办理公司名称预先核准，并以公司登记机关核准的公司名称报送批准。"

4. 报经有关部门审批。一般情况下，有限责任公司的设立只要不涉及法律、法规的特别要求，直接注册登记即可。不过，依我国《公司法》第 6 条第 2 款的规定，对于法律、行政法规规定设立公司必须报经批准的，应当在公司登记前依法办理批准手续。

5. 缴纳出资。缴纳出资是公司设立中履行设立协议或公司章程中规定的出资义务的行为。依照公司法规定，公司资本可以认而不缴，在公司设立时，出资是否立即缴纳和缴纳多少，均由公司章程确定。但章程一经确定股东应缴纳的数额，股东即应履行其缴纳义务。

6. 申请设立登记。申请设立登记的目的，是为了通过行政主管部门的行政管理监督以确定设立的公司符合法律规定条件并赋予其法律人格。

7. 登记发照。就各设立申请，登记机关应依法进行审查。对符合公司法规定条件的，予以登记，发给营业执照，公司即告成立；对不符合公司法规定条件的，不予登记。

8. 公示。公司成立后，应该依照《公司登记管理条例》的规定通过企业信息公示系统依法公示。公示的设立登记的内容应当与登记机关核准登记的内容一致，否则，登记机关有权要求其改正。

二、股份有限公司的设立程序

依我国公司法的有关规定，股份有限公司的发起设立程序和募集设立程序基本相同，只是募集设立还需经过向社会公开招募股份及其相关的一些步骤。具体可以概括如下。

（一）签订发起人协议

发起人协议是发起人之间以书面形式表达的共同设立公司、各自承担一定设立义务的意思表示一致的行为，其只规范发起阶段发起人之间的权利义务关系，在性质上被认为是合伙协议。

由于股份有限公司的设立主要依赖于发起人的发起行为。因此，各国或地区公司立法均对此作了具体的规定，这些规定即为发起人设立过程中的义务和责任。

（二）报经有关部门批准

依我国《公司法》第 6 条第 2 款的规定，对于法律、行政法规规定设立公司必须报经批准的，应当在公司登记前依法办理批准手续。与有限责任公司的设立批准比较，鉴于股份有限公司的股份发行涉及社会资金流向和众多股票持有者的利益，故而必须报经批准才能成立的情形就更多一些。不过，从世界各国和地区公司设立的程序来看，弱化行政审批程序是一个趋势。

（三）制订公司章程

股份有限公司的章程是设立公司必须具备的文件，由公司的发起人制订，并经发起人全体同意并签名、盖章，该章程涉及公司设立后股东之间的关系及公司对外的关系。

（四）申请名称预先核准

依《公司登记管理条例》第18条的规定，设立股份有限公司应当向公司登记机关申请公司名称预先核准。

（五）认购股份

设立股份有限公司有发起设立和募集设立两种方式，我国公司法对这两种方式中股份的认购规定有很大差异。

1. 发起设立方式下股份的认购程序

（1）发起人认购应发行的全部股份。在以发起设立方式设立公司时，每一个发起人都应当以书面方式承诺自己将要购买多少股份，并且所有发起人所承诺购买的股份的总和应当等于应发行的全部股份，否则不能以发起设立方式设立。

（2）发起人缴纳股款。股款是否必须一次全部缴足，各国或地区的法律规定不尽相同。依据我国公司法，发起人认缴的股份是否缴纳和何时缴纳由公司章程确定，但公司章程一经确定，发起人即应履行其缴纳出资的义务。

2. 募集设立方式下股份的认购程序

（1）发起人认购法定数额的股份。我国《公司法》第84条规定："以募集设立方式设立股份有限公司的，发起人认购的股份不得少于公司股份总数的百分之三十五；但是，法律、行政法规另有规定的，从其规定。"

（2）公开募集股份。《公司法》第85～88条、第92条以及相关法律、法规对公开募集股份作了比较严格的要求。主要有：首先，要经国务院证券监督管理机构核准；其次，公开有关信息；再次，由证券经营机构承销；最后，与银行签订代收股款协议。

（3）缴纳股款。《公司法》第88条第2款规定：代收股款的银行应当按照协议代收和保存股款，向缴纳股款的认股人出具收款单据，并负有向有关部门出具收款证明的义务。

（六）建立公司组织机构和申请设立登记

公司法分别对发起设立和募集设立股份有限公司的设立登记进行了规定。

1. 发起设立股份有限公司

发起人在交付全部出资以后，就应当选举公司的董事和监事，组成公司的董事会和监事会。由董事会向登记机关报送设立的批准文件、章程、验资证明等文件，申请设立登记。

2. 募集设立股份有限公司

依我国《公司法》的规定，发起人应当自股款缴足之日起30日内主持召开公司创立大会。股份有限公司的创立大会是指在股份有限公司成立之前，由全体认股人参加、决定是否设立公司并决定公司设立过程中以及成立之后的重大事项的决议机关，行使与股东大会类似的职权。[①]

申请设立股份有限公司时应提交规定的文件。登记机关对于符合法律规定条件的设立申

---

① 参阅《公司法》第90条第2款。

请，予以登记，发给营业执照。营业执照的签发日期，为公司成立日期。

（七）公示

股份有限公司的公示要求与有限责任公司相同，也应当依照《公司登记管理条例》的规定，通过企业信息公示系统依法公示。

三、一人有限责任公司与国有独资公司的设立程序

依《公司法》第57条和第64条的规定，一人有限责任公司和国有独资公司的设立和组织机构除法律的专门规定外，适用法律对一般有限责任公司的规定。

国有独资公司设立的基本程序也与一般有限责任公司大致相同。只是鉴于其投资主体的特殊性，其章程不可能由股东直接制定，所以《公司法》第65条规定："国有独资公司章程由国有资产监督管理机构制定，或者由董事会制订报国有资产监督管理机构批准。"

四、公司的设立登记

（一）公司设立登记的含义及意义

公司设立登记是指公司在设立时，由申请人依法向公司注册登记机关提出申请，主管机关审查无误后予以核准并办理登记的行为。我国《公司法》在相关条款中对公司设立登记作了原则性规定。《公司登记管理条例》《企业法人登记管理条例》以及国家工商行政管理局发布的一系列行政规章，均应适用于公司设立登记。

公司设立登记须在国家规定的公司注册登记机关进行。各国或地区的公司登记机关有所不同：有以法院为登记机关；有在政府注册官署或州务卿秘书处登记；有在政府机关进行登记并由法院派员进行监督。在我国，依《公司登记管理条例》及相关法律文件的规定，公司登记机关是国家工商行政管理总局和地方各级工商行政管理局。

公司设立登记的意义可以概括如下：

1. 可以从法律上确认公司设立的事实。公司设立一经登记，公司即告合法成立，取得了从事生产经营和商业服务活动的资格。

2. 可以确认公司的注册地，进而确认公司的住所和经营场所。

3. 可以将公司的法律形式明确地记载下来，从而为确定投资人的责任范围提供依据。

4. 既可以使国家掌握公司的行业分布、区域分布及其他资料，便于国家实施宏观经济政策，又可以使国家对公司的微观活动进行监督管理。

5. 可以对非法经营活动（如假冒伪劣产品的生产和销售）进行制止和打击，依法保护登记公司的各项合法权益。

（二）公司设立登记的程序

公司登记的程序因公司类型及登记种类的不同而异，我国公司法对于各种登记分别规定在不同的章节中。一般而言，各种公司的设立登记应共同遵守的基本程序主要有下列各项：

1. 提出申请

依我国《公司登记管理条例》第20条和第21条的规定，公司设立登记的申请人分别为：（1）设立有限责任公司，应当由全体股东指定的代表或者共同委托的代理人作为申请人；（2）设立国有独资公司，应当由国务院或者地方人民政府授权的本级人民政府国有资产监督管理机构

作为申请人;(3) 设立股份有限公司,应当由董事会作为申请人向公司登记机关申请设立登记。申请人提出公司设立申请时,应提交法律规定的各类文件。

2. 审查核准

依《公司登记管理条例》第 52～53 条的规定,登记主管机关对于设立登记申请的各种文件应进行审查,经过形式审查合格的,即出具《受理通知书》;决定不予受理的,应当出具《不予受理通知书》,说明不予受理的理由,并告知申请人享有依法申请行政复议或者提起行政诉讼的权利。

3. 公示

登记主管机关核准登记后,应当将公司登记、备案信息通过企业信息公示系统向社会公示。公示的内容应与登记事项一致。经公示后,公司登记程序才告全部完成。此时,登记事项可发生对抗第三人的效力。企业信息公示是为促进企业诚信自律、强化企业信用约束、维护交易安全、提高政府监管效能而建立的制度,2014 年 8 月国务院公布的《企业信息公示暂行条例》对包括公司登记、备案在内的许多重要企业信息的公示作了具体规定。

(三) 分公司的设立登记

为了加强对分公司的管理,各国或地区的公司立法都规定分公司必须依法进行登记,才能以分公司的名义合法从事经营活动。依我国《公司法》第 14 条以及《公司登记管理条例》第 7 章的规定,设立分公司应当遵守下列要求:

1. 设立公司的同时设立分公司的,应当就所设分公司向分公司所在地的市、县公司登记机关申请登记,领取营业执照。

2. 分公司的法定登记事项主要包括:名称、营业场所、负责人、经营范围。分公司的名称应当符合国家有关规定;分公司的经营范围不得超出公司的经营范围。

第四节　公司设立的效力

公司设立的效力即公司设立行为的法律后果。设立行为的后果有二:一是经过设立程序,符合法定条件,被核准登记,公司取得法律人格。二是经过设立程序,不符合法定条件,未被核准登记,公司设立失败或公司被确认设立无效或被撤销。但无论公司成立与否,发起人对其设立行为,都要承担相应的法律责任,这也是设立行为效力的重要表现。

一、公司设立完成

(一) 设立完成的一般效力

公司设立完成,意味着公司自此取得法律人格,可依注册登记的经营范围和经营方式开展生产经营活动。公司设立完成后,对其名称取得专用权,其他企业或个人不得非法使用其名称,而公司则可依法许可他人有偿使用其名称。

(二) 发起人的资本充实责任

发起人的资本充实责任,是指为了确保资本的充足和可靠,保证法律人格健全,由发起人相互担保出资义务的履行,从而确保实收资本与公司章程所规定的资本相一致的民事责任,包括认购担保、缴纳担保和差额填补责任。

我国公司法对发起人的资本充实责任作了明确规定。需要注意的是,资本充实责任是一种严格责任，不论公司设立时发起人对资本不实这一事实是否知悉或应否知悉，发起人均须承担连带的补充责任。[①]

（三）发起人与公司对设立行为的责任承担规则

发起人与公司对设立行为的责任承担可以从两个方面看，一是发起人与公司之间的内部责任；二是发起人与公司对第三人的外部责任。对此，依我国《公司法》及相关司法解释的规定，主要确立了下列规则：

1. 发起人因履行公司设立职责而引发的合同之债的处理

（1）发起人为设立公司以自己名义对外签订合同的责任承担。在公司成立前，发起人为设立公司通常会和第三人签订合同。如果发起人以自己的名义租用办公场地、购买办公设备，此类合同的目的虽然是为了设立公司，但签订合同的当事人并非公司，而是公司发起人，从权利义务的对等和各方利益的平衡出发，我国公司法允许合同相对人对责任人作出选择，即要求成立后的公司承担合同责任，或者继续要求发起人承担合同责任。不过，合同相对人选择公司承担责任必须以公司已对合同予以确认，或者公司已经实际享有了合同权利或其履行了合同义务。应该注意的是，在合同相对人选择公司承担合同责任的同时，就原则上将丧失再对发起人提出主张的权利。

（2）发起人以设立中公司名义对外签订合同的责任承担。在公司成立前，如果发起人并非以自己的名义对外签订合同，而是以设立中公司的名义对外签订合同，此时其行为的后果原则上应当由成立后的公司直接承担。同时，基于权利义务的对等性，如果发起人虽然以设立中公司的名义，但却并非为公司利益，而是为自己谋取利益签订合同，此时要求公司承担合同责任，显然违背了民法的公平原则，故公司应当可以提出抗辩，拒绝承担合同责任。然而，对于善意的合同相对人而言，其有可能不知道也无法知道发起人签订合同是为谁的利益，如果根据利益归属确定承担合同责任的主体，将置善意合同相对人的利益于较大风险中。因此，为了维护交易安全，保护善意相对人的利益，我国公司法将善意的相对人排除在公司可以抗辩的范围之外，即对于善意合同相对人，则无论合同是否属于发起人为自己谋取利益，公司均须对外承担合同责任。

可以看出，我国是依外观主义标准确定了上述合同责任的承担规则。

2. 发起人因履行公司设立职责而引发的侵权之债的处理

如果发起人因履行公司设立职责造成他人损害，公司成立后，受害人有权请求公司承担侵权赔偿责任，此为发起人和公司的对外责任承担规则。

为防止发起人借设立公司之名侵害公司及第三人利益，各国或地区的公司立法也多要求发起人必须就自己的设立行为对公司负责。此为发起人与公司之间的内部责任。我国《公司法》第94条第（三）项明确规定："在公司设立过程中，由于发起人的过失致使公司利益受到损害的，应当对公司承担赔偿责任。"因此，公司对外承担赔偿责任后，可以向有过错的发起人追偿，此为发起人和公司的内部承担责任规则。

二、公司设立失败

（一）含义

设立失败是指未能够完成公司设立行为的情形。未完成公司设立行为的原因有很多，但最

---

① 对于发起人的资本充实责任，可参阅本书第三编第五章"公司资本制度"中的"股东出资责任"部分。

为普遍的原因是公司设立在条件上不符合法律规定或在程序上有瑕疵，公司登记机关以合法理由拒绝予以登记及核发营业执照，因而使得公司设立行为未能够全部完成。

（二）发起人的责任

在公司法实践中，因设立失败而导致公司不能成立的情形下，通常也会引发发起人的责任问题。依我国《公司法》及相关法律规定，可以将公司设立失败时发起人的责任概括如下：

1. 对设立费用及债务的连带赔偿责任

为设立公司而产生的费用和债务，实质上属于全体发起人的共益债务，即为了全部发起人共同的利益，为了共同设立公司所负的债务。因此，设立公司行为所产生的费用及债务原则上应由成立后的公司承担。但是，当公司不能成立时，先前发生的与设立相关的费用及债务就失去了公司这一拟定的承担主体，但合同相对人的利益必须予以保障，否则将严重影响交易安全，故法律要求因设立公司而产生的费用和债务应当由共同的利益人，即实施设立行为的主体（发起人）承担。由于发起人之间的关系近似于合伙关系，因此各国或地区的公司立法多规定对此准用合伙的有关规定，即由发起人对设立行为所生费用和债务负连带赔偿责任。

在共同债务人对外承担债务后，有权按照内部的责任承担约定、出资比例约定要求其他发起人承担应由其承担的对外债务。如果这两种约定均没有，则按照均等份额在内部分担责任。当然，如果由于部分发起人的过错造成全体发起人行为目的无法实现，应当由过错发起人在其过错范围内承担相应的责任。需要注意的是，发起人不能以公司未能成立是因为部分发起人过错所造成作为抗辩理由来对抗相对人。

2. 对已收股款的返还责任

在股份有限公司设立失败，不能达到设立公司的预期目的的情况下，如果认股人已经缴纳了股款，发起人负有返还股款并加算银行同期存款利息的连带责任。在设立有限责任公司失败的情况下，同样可以适用上述原则。至于发起人相互之间的责任承担，应按其约定或投资比例进行划分。

3. 侵权连带赔偿责任

发起人因履行公司设立职责造成他人损害，在公司设立失败时，受害人有权请求全体发起人承担连带赔偿责任。如果无过错的发起人对受害人承担了赔偿责任，其可以向有过错的发起人追偿。这样的处理规则实际上是以职务行为为理论基础，既保障了第三人的权益，又兼顾了无过错发起人的利益。

三、公司设立无效

（一）含义

公司设立无效在广义上包括两种情形：一是设立失败；二是设立无效。狭义的公司设立无效仅指后者，是指公司设立虽然在形式上已经完成，甚至公司已经获得营业执照，但实质上却存有条件或程序方面的缺陷，或者说设立有瑕疵，故法律上认为该公司应当撤销，该公司的设立应当被认定为无效。

（二）设立无效的原因

公司必须依法设立，其中主要包括公司种类、股东人数、注册资本、股东出资、设立方式以及设立的程序等均须合法。公司设立无效主要是因设立行为违反法律规定引起的。设立无效的原因大致可以归结为下列三方面：

1. 设立主体有瑕疵，即发起人或股东主体资格欠缺或其意思表示有缺陷，其中包括：发起人或股东中有无行为能力人或限制行为能力人；某发起人或股东因欺诈、胁迫而作出设立公司的意思表示；发起人或者股东明知其行为将侵害债权人利益而作出设立的意思表示等。

2. 设立行为本身有瑕疵，即设立公司时违反法定条件和法定程序的要求，或者违反其他强制性法律规定。主要表现有：

（1）发起设立的发起人没有认足公司应发行的全部股份或者募集设立所发行的股份超过招股说明书规定的截止期限尚未募足。

（2）公司的设立不符合公司法规定的条件，如发起人不符合法定资格或者不足法定人数、没有公司名称或者住所、所建立的组织机构不符合公司的要求、公司章程绝对必要记载事项欠缺或记载违法、公司发行股份存在重大缺陷或者没有召开创立大会等。

3. 其他原因。例如创立大会本已决议不设立公司。

（三）设立无效的提出

公司设立无效只能在公司设立登记后发生。可分两种情况：

1. 在公司设立登记后、营业开始前，任何人均可主张公司设立无效。

2. 在公司设立登记完成并开始营业后，对公司设立无效的主张一般只能在法定期间内由特定人通过诉讼程序提出。限制提出诉讼期间的目的主要是为了避免法律关系长期处于不稳定的状态。这一期间属于除斥期间，而不是时效期间，不发生时效中止或者中断的问题。

（四）设立无效诉讼的法律后果

1. 原告胜诉的法律后果

（1）如果公司设立无效是因设立程序违反强制性规定等客观瑕疵导致的，则公司进入清算程序，清算完结，公司即告消灭。

（2）如果设立无效是因设立人的主观瑕疵造成的，且该无效原因只存在于某股东，则经由其他股东协议一致，可以保留该公司，而存有无效原因的股东视为退出公司。

在法院作出设立撤销或者设立无效判决之后，公司应将该判决予以公告，告知社会公众。同时，公司应依法进行清算并注销登记。清算可以由公司自己组织进行。如果公司不能组织清算或者清算发生障碍，法院可以根据利害关系人的请求选任清算人。

2. 原告败诉的法律后果

在公司设立无效诉讼的进行过程中，如果作为设立无效原因的瑕疵已经得到弥补，而且根据公司现状和各种条件，法院可以驳回其设立无效请求。如果经法院判决原告败诉，其他利害关系人仍然可以再次提出诉讼。原告败诉时，如果原告有恶意或重大过失的情形，应对公司承担损害赔偿责任。

第五节　公 司 章 程

一、公司章程的概念和特征

（一）公司章程的概念

公司章程是由设立公司的股东制定并对公司、股东、公司经营管理人员具有约束力的调整公司内部的组织关系和经营行为的自治规则。

（二）公司章程的性质

1. 公司章程性质的一般认识

关于公司章程的性质，主要有两种不同观点，即契约说和自治法说。契约说主要流行于以英、美为代表的英美法系国家，自治法说则主要流行于以德、日为代表的大陆法系国家。契约说认为，章程的制定是基于发起人的共同意思，而且，章程制定后即对发起人产生约束力，因此具有契约的性质。自治法说认为，章程不仅约束章程的制定者或者发起人，而且当然也约束公司机关及新加入公司的股东，因此，章程具有自治法规的性质。在我国，学术界和实务界的通说认为，公司章程是公司自治性质的根本规则。

2. 公司设立协议与公司章程的区别

公司章程与公司设立协议尽管目标一致，关系密切，但是两者在性质和功能等方面表现出以下差异：

（1）在我国，法律对公司设立协议和公司章程的规定因公司组织形式的差异而有所不同。具体而言，我国公司法和外商投资企业法分别针对采取股份有限公司和有限责任公司形态的外商投资企业，将设立协议规定为设立环节必备的法律文件；对于一般的有限责任公司，设立协议是任意性文件。然而，任何公司成立都必须以制定章程为法定要件。

（2）设立协议一般是不要式法律文件，其内容更多地体现了当事人的意志和要求，需要遵守合同法的一般规则；公司章程则是要式法律文件，公司法对章程的内容有明确规定，反映和体现公司法对公司内外关系的强制性要求，因此，公司章程必须按公司法的规定制定。

（3）公司设立协议与公司章程的效力也不同。设立协议只在发起人之间具有法律约束力，公司章程调整的则是所有股东之间、股东与公司之间、公司的管理机构与公司之间的法律关系，其中，股东包括制定章程时的原始股东和章程生效后加入公司的新股东。从效力的期间来看，设立协议调整的是公司设立过程的法律关系，它的效力期间是从设立行为开始到设立过程终止，公司的成立即意味着设立协议因履行而终止；公司章程的效力则及于公司成立后及其存续期间，直至公司完全终止。

（三）公司章程的特征

公司章程的主要法律特征可以概括为：

1. 法定性

所谓法定性是指公司章程的制定、内容、效力和修改均由公司法明确规定。这是各国的立法通例。具体来讲，公司章程的法定性表现在以下几方面：

（1）制定的法定性。公司章程是公司必须具备的法定文件之一。我国《公司法》第 11 条规定，设立公司必须依法制定公司章程。

（2）内容的法定性。各国公司法对公司章程应当记载的事项均有明确的规定，而且，绝对必要记载事项的欠缺可能会导致章程的无效。我国《公司登记管理条例》第 23 条规定，公司章程有违反法律、行政法规的内容的，公司登记机关有权要求公司作相应修改。

（3）效力的法定性。公司章程的效力是由公司法赋予的。我国《公司法》第 11 条明确规定，公司章程对公司、股东、董事、监事、高级管理人员具有约束力。这一规定奠定了公司章程的法律地位。

(4) 修改权限和程序的法定性。公司章程的修改必须遵照公司法的明确规定进行。例如，根据我国公司法的规定，公司章程的修改须经股东会或者股东大会以特别决议的方式为之。

(5) 公司章程须经登记。我国《公司法》第 29 条、第 83 条第 3 款、第 92 条均规定了公司章程是申请设立登记必须报送的文件之一。同时，公司章程经修改变更内容之后，也必须办理相应的变更登记。

2. 自治性

公司章程是公司的自治规则和自治手段，公司法中任意性规范越多，公司自治的空间就越宽广。我国《公司法》不仅使用了 80 多次"可以"的字眼，而且还多次出现诸如"公司章程另有规定的除外""由公司章程规定"等表述，公司可以借助章程来实现公司自治。每个公司在制定章程时，都可以在公司法允许的范围内，针对本公司的成立目的、所处行业、股东构成、资本规模、股权结构等不同特点，确定本公司组织及活动的具体规则。因此，不同公司的章程必然会存在差异。公司章程的自治性特征，体现了公司经营自由的精神。

3. 公开性

公司章程记载的所有内容都是可以为公众所知悉的。而且，公司和公司登记机关应当采取措施，以便公司的股东及潜在的投资者、债权人及潜在的交易对象可以不同的方式从不同的途径了解公司章程的内容。在我国，公司章程的公开性特征制度化地表现在以下几方面：第一，公司章程须经登记本身即是章程公开性的一种表现。第二，在公司日常经营过程中，股东有权查阅公司章程，公司应当将公司章程置备于本公司，我国《公司法》第 33 条与第 96 条、第 97 条均作了相应规定。第三，公司章程是公司公开发行股票或者公司债券时必须披露的文件之一。

二、公司章程的制定和修改

(一) 公司章程的制定

公司章程的制定[①]是针对公司的初始章程而言的。根据我国公司法的规定，公司章程的制定主体和程序因公司的种类不同而异，具体而言，有限责任公司与股份有限公司不同，发起设立的股份有限公司与募集设立的股份有限公司也不同。当然，无论是上述何种情形，发起设立公司的投资者都是制定公司章程的重要主体。

在我国，公司章程是要式文件，必须采用书面形式。有的国家，如德国、日本，公司章程不仅要采用书面形式，而且还应当办理公证登记等手续。

1. 有限责任公司章程的制定

根据《公司法》第 23 条规定，设立有限责任公司，应由股东共同制定公司章程。《公司法》第 60 条规定"一人有限责任公司章程由股东制定"。可见，有限责任公司章程的制定者是"股东"[②]。《公司法》第 65 条规定，国有独资公司章程由国有资产监督管理机构制定，或者由董事会制订报

---

① 在我国《公司法》中，针对制定公司章程的不同情形，分别使用了"制定"和"制订"两种不同的表述，表达不同的法律含义。章程"制定"，强调发起设立公司的投资者签字盖章后形成的文本，为最后文本，可以作为申请公司登记的文件；章程"制订"则不同，文本虽经发起设立的投资者签字盖章但尚须经设立过程中的其他程序由其他主体予以确认或者通过，才能作为申请公司登记的文件。为尊重学术界的表达习惯，除非特别需要，本书对"制定"和"制订"也没有作严格的区别。

② 严格来讲，在设立阶段，尚无股东可言，此处用"股东"一词，实为迁就《公司法》的相关表达。有限责任公司章程的制定者为发起设立公司的投资者。

国有资产监督管理机构批准，可见，国有独资公司章程制定主体有两类：第一类是国有资产监督管理机构；第二类则是国有独资公司的董事会。前者的权限是制定章程；后者的权限则为制订章程后尚须报国有资产监督管理机构批准。

2. 股份有限公司章程的制定

根据《公司法》第76条的规定，设立股份有限公司应当具备的条件之一是发起人制订公司章程，采用募集方式设立的须经创立大会通过。这是针对股份有限公司的一般要求。由于股份有限公司有发起设立和募集设立两种方式，公司章程的制定过程并不完全一致。

（1）发起设立的股份有限公司。在公司成立之后，只限于发起人能成为公司股东，投资者并没有社会化。因此，发起设立的股份有限公司仍然具有封闭性的特点。发起人所制订的章程已经反映了公司设立时的所有投资者的意志。根据《公司法》第83条规定，以发起设立方式设立股份有限公司的，发起人首次缴纳出资后，应当选举董事会和监事会，由董事会向公司登记机关报送包括公司章程在内的系列文件，申请设立登记。

（2）募集设立的股份有限公司。在公司成立之后，成为公司初始股东的不仅有发起人，而且还有众多的认股人，公司的股东已经社会化，因此，募集设立的股份有限公司属开放式的公众性公司。这样，发起人制订的公司章程并不一定能够反映公司设立的所有投资者，特别是认股人的意志。因此，在公司申请设立登记之前，必须召开创立大会，根据《公司法》第90条第2款规定，通过公司章程。只有经过创立大会通过的章程，才能反映公司设立阶段的所有投资者的意志。

（二）公司章程的内容

1. 公司章程内容的分类

公司章程记载的事项，依据公司法赋予的效力不同，可分为绝对必要记载事项、相对必要记载事项和任意记载事项。

所谓绝对必要记载事项，是指公司法规定的公司章程必须记载的事项，公司法的有关规定属于强制性规范。从法理角度讲，若不记载或者记载违法，则章程无效。而章程无效的法律后果之一就是公司设立无效。绝对必要记载事项一般都是与公司设立或组织活动有重大关系的基础性事项，如公司的名称和住所、经营范围、资本数额，公司机构、法定代表人等。

所谓相对必要记载事项，是指公司法中规定的可以记载也可以不记载于公司章程的事项。就性质而言，公司法有关相对必要记载事项的法律规范，属于授权性规范。这些事项记载与否，都不影响公司章程的效力。事项一旦记载于公司章程，就要产生约束力。没有记载于公司章程的事项则不生效。

所谓任意记载事项，是指在公司法规定的绝对必要记载事项及相对必要记载事项之外，在不违反法律、行政法规强行性规定和社会公共利益的前提下，经由章程制定者同意自愿记载于公司章程的事项。任意记载事项的规定充分地体现了对公司自主经营的尊重。

2. 我国公司章程的记载事项

（1）我国《公司法》的规定

我国《公司法》第25条规定了有限责任公司章程应当载明的事项："（一）公司名称和住所；（二）公司经营范围；（三）公司注册资本；（四）股东的姓名或者名称；（五）股东的出资方式、出资额和出资时间；（六）公司的机构及其产生办法、职权、议事规则；（七）公司法定代表人；（八）股东会会议认为需要规定的其他事项。"

我国《公司法》第 81 条规定了股份有限公司章程应当载明的事项："(一)公司名称和住所；(二)公司经营范围；(三)公司设立方式；(四)公司股份总数、每股金额和注册资本；(五)发起人的姓名或者名称、认购的股份数、出资方式和出资时间；(六)董事会的组成、职权和议事规则；(七)公司法定代表人；(八)监事会的组成、职权和议事规则；(九)公司利润分配办法；(十)公司的解散事由与清算办法；(十一)公司的通知和公告办法；(十二)股东大会会议认为需要规定的其他事项。"

(2) 其他规范性文件的规定

为规范上市公司的行为，维护证券市场的健康发展，中国证监会制定了《上市公司章程指引》等规范性文件，作为上市公司章程的起草或修订工作依据。

(三) 公司章程的修改

公司章程的修改，即公司章程的变更。由于公司章程的变更涉及许多不同主体的利益调整，公司法规定了修改公司章程的规则。

1. 修改公司章程的权限专属于公司的权力机构。在大陆法系国家，如德国、法国、日本、意大利等，修改公司章程的权限属于公司股东会是立法通例。我国《公司法》规定，有限责任公司和股份有限公司章程的修改，属于股东(大)会职权范围。

2. 修改公司章程须以特别决议为之。公司章程的修改对公司关系重大，而且还可能关系到其他不同主体的利益调整，因此，公司法将公司章程的变更规定为特别决议事项，从而提高了通过章程修改所需表决权的比例。我国《公司法》第 43 条和第 103 条均规定公司章程的修改须以特别决议为之。

三、公司章程的效力

公司章程的效力范围主要包括两个方面的内容：第一，公司章程的时间效力；第二，公司章程的对人效力。

(一) 公司章程的时间效力

公司章程的时间效力是指公司章程的生效时间和失效时间。

1. 公司章程的生效

由于各国和地区的公司体制特别是设立体制不尽相同，因此，各国关于公司章程的生效时间的规定并没有统一的模式。目前主要有两种不同的观点：一种观点认为，章程自发起设立公司的股东签字时生效；另一种观点认为，章程自公司成立时生效。就我国《公司法》规定的公司设立的程序和方式而言，公司章程的生效时间更加复杂。具体原因为：

(1) 公司章程需要调整公司成立前后两个不同阶段的民事关系。我国公司法没有将公司设立协议规定为所有公司设立的必备文件，这样，在实践中，大多数公司章程包括了两部分内容：一部分调整公司成立前，即公司设立过程中发生的民事关系；另一部分调整公司成立之后才可能发生的民事关系。对于有限责任公司的设立，章程还肩负着设立协议的重任。这样，由于内容的不同，章程的生效时间就显得更加复杂，不能一概而论。

(2) 公司章程制定行为的性质和程序因公司类型不同而异。我国《公司法》将有限责任公司章程的创制表述为"制定"；股份有限公司章程的创制表述为"制订"。发起设立的股份有限公司尚有一定的封闭性，在公司登记之前也没有其他机制对制订的章程进行任何形式的审查。但是，募集设立的股份有限公司则不同，公司章程的制定包括发起人制订和创立大会通过两部分。

综上，章程中调整发起设立公司的投资者的内容，相当于公司设立协议，可以适用《合同法》的一般规则，签字盖章时成立并生效。发起设立公司的投资者均自章程成立时受其约束。章程中调整尚未成立的公司、尚未产生的董事、监事、高级管理人员以及未来可能加入公司的其他股东的相关内容，则自公司成立时生效。

2. 公司章程的失效

根据我国《公司法》第 81 条的规定，“公司的解散事由与清算办法”属于股份有限公司章程的绝对必要记载事项。据此，公司章程并不因解散事由发生而失效。而且在公司清算过程中，仍然应当按照章程规定的清算办法组织清算组进行清算。因此，公司章程于公司终止时失效。当然，在清算过程中，公司的能力、股东的权利以及高级管理人员的行为都要受到相应的限制。

（二）公司章程的对人效力

所谓公司章程的对人效力，是指公司章程可以对哪些人产生约束力。章程的对人效力既包括哪些人可以依据章程取得相应的权利，同时也包括这些人的权利应受到公司章程的制约和承担相应的义务。

公司章程不仅仅是制定者之间的一种契约安排和私法秩序，而且是一种涉他性的文件。这种涉他性体现在：第一，约束主体——效力的涉他性。各国公司法大都认可，除了章程制定者应当受到公司章程约束以外，公司章程的效力还具有扩张性，它可以约束制定者以外特定范围内当事人的行为。第二，记载事项的涉他性。公司章程记载事项大体上可以分为有关公司内部组织、成员关系的事项和有关公司外部事务的事项两类。前者如公司内部机构之间的权责及划分等，后者如公司合并、分立、解散等。公司章程的这种涉他性决定了公司章程的对人效力。我国《公司法》第 11 条规定，公司章程对公司、股东、董事、监事、高级管理人员具有约束力。这就明确规定了公司章程的约束范围，包括公司、公司的股东和公司的高级管理人员。

1. 章程对公司的效力

我国《公司法》第 11 条明确规定了公司章程对公司具有约束力。章程对公司的约束力表现为对内约束力和对外约束力两个方面。对内约束力，集中表现为章程对公司内部的组织和活动的约束力。对外约束力则表现为章程对公司自身行为的约束力，具体表现为对公司权利能力和行为能力的影响，尤其是公司的经营范围方面。

章程是公司的自治性规范，公司当然应当在章程所规定的经营范围内开展经营活动。公司超越其组织章程，从事其经营范围以外的活动，其行为为越权。就我国的情形而言，《合同法》第 50 条和最高人民法院《关于适用〈中华人民共和国合同法〉若干问题的解释（一）》第 10 条对公司越权行为的法律效果作了规定。

在我国，章程对公司的约束力集中地表现在《公司法》第 12 条的规定中，即公司的经营范围由公司章程规定，并依法登记。公司可以修改公司章程，改变经营范围，但是应当办理变更登记。公司的经营范围中属于法律、行政法规规定须经批准的项目，应当依法经过批准。

2. 章程对股东的效力

在公司制度中，特别是在有限责任公司和股份有限公司制度中，一旦股东履行了出资义务之后，则对公司不再负其他积极义务。因此，公司章程对于股东的效力，更多的是表现为股东如何行使权利，防止控股股东权利的滥用。对于股东固有的权利以及公司法明确赋予的权利，章程不能剥夺。股东不能滥用权利，不能侵害公司的利益。公司章程的一个重要任务就是将公司法赋予股东的权利作出更加具体的规定并使其更加具有可操作性，使股东在其权利受到损害的情况下，可以依据章程获得救济。章程中有关股东权利和义务的规定，不应是简单地重复公司法条文。

3. 章程对董事、监事、高级管理人员的效力

我国《公司法》第 147 条规定，董事、监事、高级管理人员不仅应当遵守法律、行政法规，而且应当遵守公司章程，对公司负有忠实义务和勤勉义务。此外，公司章程有关公司的机构及其产生办法、职权、议事规则的规定，也是董事、监事、高级管理人员行使职权的重要依据。

公司法还建立了民事责任机制，以确保公司章程有效地得到贯彻实行。例如，根据《公司法》第 149 条规定，董事、监事、高级管理人员执行公司职务时违反法律、行政法规或者公司章程的规定，给公司造成损失的，应当承担赔偿责任。

【本章前沿问题】

□ 公司发起人的法律地位

对公司发起人的法律地位，理论上有无因管理说、为第三人利益契约说、设立中的公司机关说和当然继承说等主张。无因管理说认为发起人与设立中公司之间属于一种无因管理关系，在公司成立后，因发起人的设立行为所产生的权利义务，依无因管理的法理移归于公司。为第三人利益契约说认为发起人因设立行为而与他人间所成立的法律关系，是以将来成立的公司为第三人（受益人）而订立的为第三人契约。设立中的公司机关说认为发起人为设立中公司的机关。当然继承说认为发起人是未经登记成立的公司代理人。

上述四种观点都带有片面性。我们认为，发起人的法律地位应当从这样两个方面来确定：一方面，从设立中公司与发起人的关系来看，发起人作为一个整体应属于设立中公司的机关，对外代表设立中的公司进行创立活动，履行设立义务；另一方面，从发起人之间的关系来看，发起人之间为设立公司所形成的协议为合伙协议，发起人之间的关系是合伙关系。所以，如果公司未能合法成立，发起人应当对其设立行为所产生的义务对第三人负连带责任。

□ 发起人在公司成立前所为的与设立无关的行为是否有效？

发起人以拟设立的公司的名义从事与设立公司无关的行为，其效力如何？我们认为，对于发起人的这种行为，如果行为本身不违反法律的强行性规定，则相对方若无故意或重大过失，可以主张撤销该行为，但公司及发起人不得主张。理由主要有：

其一，对于自然人来说，法律不承认未成年人和精神病人所实施的不能独立实施的法律行为有效，是为保护未成年人和精神病人的利益；对于法人而言，法律规定不同的法人有不完全相同的能力，是为了保护相对人的利益和维护社会经济秩序。因此，从保护第三人利益的角度出发，如果对该发起人的行为，第三人无异议，且该行为也不违反法律的禁止性规定，就无须确定其无效。

其二，从实务上看，一方面，如果当事人对该行为均无争议，法院也就不会主动确认行为无效而要求双方返还财产；另一方面，如果将该行为确认为无效，则当事人即使已经履行也应双方返还，这样的处理结果既不利于保护相对第三方的利益，也不利于维护社会经济秩序。

□ 发起人以设立中公司的名义签订合同纠纷中善意相对人的认定

在我国司法实践中，如果公司成立后有证据证明发起人利用设立中公司的名义为自己的利益与相对人签订合同，公司可以以此为由作为抗辩主张不承担合同责任，但该抗辩不得对抗善意相对人。对于这一规则中合同相对人是否属于善意相对人的举证责任问题，我国公司法未作出明确规定。我们认为，对于发起人利用设立中公司的名义为自己的利益与相对人签订合同，如果公司以此为由主张不承担合同责任的，对于"发起人为自己利益""发起人以设立中公司的名义"，应由公司承担举证责任。此时，相对人如果主张自己并无过错，要求由公司承担合同责任，即以自己属于善意相对人抗辩的，则相对人就有义务举证证实其属于善意相对人，否则就应当支持公司的抗辩理由。至于合同相对人对于自己善意的举证范围，从维护交易安全和保障相对人信赖利益的角度考虑，一般只要合同相对人能够证实其有理由相信发起人是经公司许可或受公司委托而签订的合同，就应当认定该相对人为善意相对人。如果此时公司仍主张其不应当承担合同责任，则公司就应当举证证实相对人的非善意性。在具体实践中，法官可以根据情形将举证责任在公司和相对人之间进行转换和分配。

□ 公司章程的公示效力与第三人的审查义务

公司章程具有公示性，但这是否意味着公司章程一经公示，与公司交易的第三人就负有对公司章程的审查义务呢？一种观点认为公司章程具有"对世效力"。另一种观点认为，公司章程仅是公司内部的规则，对公司以外的第三人则不具有效力。

我们认为公司章程并不具有普遍的对世效力。在一般情况下，它仅作为公司内部当事人的规则。而在某些情况下，给第三人分配对公司章程的审查义务可以提高交易的效率。例如，公司为他人提供担保，依据公司章程规定，由公司董事会或股东会、股东大会决议，公司章程对担保总额及单项担保的数额有限额规定的，不得超过规定的限额。公司对外担保是直接涉及第三人利益的事项，而公司法又明确授权公司章程对公司担保事项作出规定，此时章程就成为决定公司对外担保能力的唯一规范。法律的规定是所有当事人都应知晓的，它产生当事人知道或应当知道的法律效果。因而，在公司对外担保的情况下，第三人就有审查公司章程的义务。如果担保决定的作出以及担保的数额违反了公司章程的规定，第三人就不得以没有审查公司章程为由进行抗辩。

【本章思考题】

1. 公司的设立和成立有何区别？
2. 有限责任公司的设立与股份有限公司的设立有何区别？
3. 试述公司设立登记的概念和效力。
4. 依我国公司法的有关规定，设立有限责任公司应当具备哪些条件？
5. 依我国公司法的有关规定，设立股份有限公司应当具备哪些条件？
6. 如何理解发起人的法律地位？
7. 依我国公司法的有关规定，公司创立大会的作用有哪些？
8. 什么是公司名称权？公司名称权具有什么效力？
9. 确定公司住所的法律意义主要有哪些？
10. 公司章程的主要法律特征是什么？
11. 公司章程对公司的效力是什么？
12. 简述公司章程对股东的效力。

第四章　公司的能力

【导语】

公司能力是一个十分抽象的概念，但是，它所涉及的实践问题却丰富而具体，如公司转投资行为的效力、公司担保行为的效力、公司超越经营范围而订立的合同的效力、法定代表人个人行为和代表行为的界限、公司的工作人员侵害他人利益的责任是否由公司承担等，这些经济活动中常见的问题在理论上都可以归结为公司能力的问题。公司的能力包括权利能力、行为能力和责任能力三个方面。

学习本章，重点在于公司权利能力的法律限制和目的上的限制、公司的法定代表人制度、公司行为能力中的代表理论、公司侵权行为的构成。本章的难点在于公司担保行为的效力、公司超越经营范围所订立的合同的效力，如何认定法定代表人代表行为的效力和如何认定公司的侵权行为及其责任。

第一节　公司的权利能力

一、公司权利能力及其范围的概念和意义

公司的权利能力是指公司享有权利和承担义务的资格，而公司权利能力的范围则是指公司有资格享有的权利范围和承担的义务范围。公司的权利能力及其范围的概念在法律推理中具有重要意义：

1. 公司的权利能力及其范围的概念是判断公司是否享有某种特定权利或承担某种特定义务的首要标准。

2. 公司的权利能力及其范围的概念是判断公司的法律行为（意思表示）的效力的首要标准，如果公司的法律行为超越公司的权利能力范围，则一般为无效。

公司的权利能力从公司营业执照签发之日开始，至公司注销登记并公告之日终止。

二、公司权利能力范围的限制

公司权利能力范围的限制主要有性质上的限制、法律上的限制和目的上的限制三方面。

（一）性质上的限制

作为法律上的主体，公司不同于自然人。公司不具有自然人所具有的自然性质，如身体、性别、种族等，所以，公司也不享有自然人基于其自然性质而享有的权利，如生命权、健康权、肖像权、婚姻权等人身权。但是，公司仍享有某些特定的人身权，如名誉权和荣誉权。

（二）法律上的限制

1. 转投资的限制

转投资的限制包括转投资对象和数额两方面的限制：

(1) 转投资对象的限制。一些国家或地区的公司法明确规定,公司不能成为无限责任股东或合伙组织的合伙人,理由在于:一旦所投资的无限公司或合伙企业不能清偿债务,公司就会承担巨大风险,导致公司资产空虚,影响公司股东和债权人的利益。

但在这一问题上,我国立法态度有较大变化。1993 年《公司法》第 12 条第 1 款规定:"公司可以向其他有限责任公司、股份有限公司投资,并以该出资额为限对所投资公司承担责任。"将公司的转投资对象限制于有限责任公司与股份有限公司。2005 年修订后的《公司法》删除了这一款的规定,其第 15 条直接规定:"公司可以向其他企业投资;但是,除法律另有规定外,不得成为对所投资企业的债务承担连带责任的出资人。"2006 年修订的《合伙企业法》则作了进一步的规定,其第 3 条规定:"国有独资公司、国有企业、上市公司以及公益性的事业单位、社会团体不得成为普通合伙人。"虽然该条没有明确规定国有独资公司、上市公司之外的其他公司可以成为普通合伙人,但根据相反解释和立法表述的变化,应认定,除国有独资公司和上市公司外,其他公司可以成为合伙企业普通合伙人,否则,《合伙企业法》第 3 条的规定就无实质意义。

(2) 转投资数额的限制。公司通过转投资不仅可以扩大公司的利润来源,而且可以形成关联公司,组建公司集团。但是,转投资行为也会产生以下消极影响:一是转投资会减少公司直接支配的有形财产,增加变现偿债的难度,从而可能降低公司的实际偿债能力,增加公司债权人的风险;二是由于转投资额不仅表现为母公司的资产(资本),也表现为子公司的资产(资本),所以,转投资会使资产(资本)重复计算,从而导致资本虚增,有悖公司资本充实的原则。

因此,一些国家和地区的公司法对公司转投资的数额作出了一定限制。我国《公司法》最终取消了对转投资比例的限制,因为实践证明,对公司转投资进行数额限制缺乏操作性,公司法没必要对其加以强制性的限制。

2. 担保的限制

《公司法》第 16 条规定:"公司向其他企业投资或者为他人提供担保,依照公司章程的规定,由董事会或者股东会、股东大会决议;公司章程对投资或者担保的总额及单项投资或者担保的数额有限额规定的,不得超过规定的限额。公司为公司股东或者实际控制人提供担保的,必须经股东会或者股东大会决议。前款规定的股东或者受前款规定的实际控制人支配的股东,不得参加前款规定事项的表决。该项表决由出席会议的其他股东所持表决权的过半数通过。"该条在肯定公司具有担保的权利能力的同时,对公司为他人的担保行为进行了程序上的限制。当然,关于该条的解释,还存在如下问题:(1) 如果章程未规定公司对外担保的决议机关,那么,究竟是由董事会还是股东(大)会决议,应当看该担保行为是否属于公司正常经营活动的一部分。如公司本身的经营范围就包括对外担保,或公司为与自己有密切的经营依存关系的企业提供担保,以保障自己的经营状态,避免产业链断裂等风险,且金额合理,则应由董事会决议。(2) 如公司为公司股东或实际控制人提供担保,违反《公司法》第 16 条规定,未经股东会或股东大会决议,该担保行为是否有效?虽有多种学术观点,但一般认为,该担保行为违反法律强制性规定,第三人对此应当知道,所以,应认定为无效。

3. 借贷的限制

为维持公司资本充实,防止公司借贷行为影响公司资本结构,保障股东和债权人利益,各国或地区法律一般都限制公司的借贷行为。例如我国台湾地区"公司法"第 15 条第 2 项规定,"公司之资金,除因公司间业务交易行为有融通资金之必要外,不得借贷于其股东或他人";日本《商法典》第 265 条规定,董事自公司接受金钱借贷,应取得董事会的承认。

在我国,一般认为,董事、经理无权将公司资金借贷给他人,除非该借贷行为系公司正常经营活动或公司正常经营活动所必需,或公司章程有特别的规定,或经股东会同意。

(三) 目的上的限制

1. 基本概念与问题

公司章程中应当记载公司的目的,即公司所从事的事业范围,此条款为目的条款(object clause),我国公司法称其为经营范围条款。公司的经营范围也是公司的必要登记事项。公司的权利能力应否受公司的目的范围(经营范围)的限制,是世界各国公司法所面临的普遍问题。

2. 比较法的考察

(1) 英美法系的越权理论(*ultra vire*)及其修正。在英国,早期的法律与判例认为:公司的活动不能超越其目的范围,否则无效。这就是著名的越权理论。越权理论在实践中造成很大的弊端,它制约公司的发展,影响交易安全,损害第三人利益。为避免越权理论的适用,许多公司在章程中采纳一般性的目的条款,如"公司可从事任何合法业务"等,这在一定程度上限制了越权理论的消极影响。1985 年英国《公司法》开始修正越权理论,它规定善意第三人可以主张公司目的范围外的行为有效,并在 1989 年《公司法》第 108 条明确规定,"公司的能力不受公司章程的限制",正式废除了越权原则。

美国作为英国法律传统继受者,长期采用越权理论,但 1984 年美国修正后的《标准公司法》第 3.04 条规定,不得因为公司欠缺相关权力(power)而对其行为提出无效之诉。由此美国最终抛弃了越权理论。

(2) 大陆法系的学说及其发展。在大陆法系中,瑞士、德国等国家的法律认为,除专属于自然人的权利外,法人享有与自然人相同的权利能力,法人的目的范围不构成对法人权利能力的限制。

其他部分国家虽也一度采用"目的范围限制权利能力"的原则,但最终都放弃了。1968 年欧共体理事会第 1 号公司法指令第 2 节第 9 条规定:"公司机关实施的行为对公司具有拘束力,即使这些行为超越了目的范围。"

3. 我国的制度

在我国,目的限制即经营范围的限制是否构成对公司权利能力的限制,不仅是公司法理论上的一个重要内容,也是实践中的一个重要问题,因为它关系到公司超越经营范围订立的合同的效力问题。关于这一问题,我国的法律和司法实践同其他国家一样,也经历了一个较大的转变。

(1) 1993 年之前的制度。1986 年颁布的《民法通则》第 42 条规定,企业法人应当在核准登记的经营范围内从事经营,但《民法通则》并没有直接规定公司超越经营范围所签订的合同为无效合同。1984 年最高人民法院《关于贯彻执行〈中华人民共和国经济合同法〉若干问题的意见》和 1987 年 7 月最高人民法院《关于审理经济合同纠纷案件中具体适用经济合同法若干问题的解答》第 4 条明确规定,超越经营范围或经营方式所签订的合同,应认定为无效合同。可见,我国当时的司法实践完全采用经营范围限制公司权利能力的观点。

(2) 1993 年全国经济审判工作会议。完全采用经营范围限制公司权利能力的观点,会导致大量合同无效,危害很大。针对这一情况,1993 年 5 月,最高人民法院召开全国经济审判工作座谈会,会议纪要中指出,不应将法人超越经营范围签订的合同一律认定为无效,而应区别对待,从而改变了我国司法机关在这一问题上的态度。

(3) 1999年《合同法》及其司法解释。1999年12月1日最高人民法院《关于适用〈中华人民共和国合同法〉若干问题的解释》再次明确了这一原则，其第10条规定，当事人超越经营范围订立合同，人民法院不因此认定合同无效。但违反国家限制经营、特许经营以及法律、行政法规禁止经营规定的除外。

(4) 2005年之后的《公司法》。2005年《公司法》完全删除了1993年《公司法》第11条第3款关于“公司应当在登记的经营范围内从事经营活动”的规定，从而与合同法的相关司法解释在公司经营范围问题上的规定达成一致。

第二节 公司的行为能力

一、公司行为能力的概念

公司的行为能力是指公司通过自己的意思表示构建法律关系的资格。

公司是否具有行为能力在法学史上存在两种不同的学说。以萨维尼为代表的拟制说认为，只有具有意思能力的主体才具有行为能力，而公司是一种组织，没有意思能力，所以，不具有行为能力，公司只能通过自然人作为其代理人表达意思；以基尔克为代表的实在说认为，虽然公司是一种组织，但公司具有机关，机关是公司意思能力的体现，所以，公司具有行为能力，公司通过其代表机关实施意思表示。

我国《民法通则》第36条规定，法人是具有民事权利能力和民事行为能力，依法独立享有民事权利和承担民事义务的组织。可见，我国法律采实在说，承认公司法人具有行为能力。

二、公司的法定代表人

公司的行为能力通过法定代表人实现，各国公司法关于公司代表人制度的设计有多种模式，如日本民法采用单独代表制，每一董事均可对外代表公司；德国股份公司法采用共同代表制，除公司章程有相反规定，董事会成员应共同对第三人进行意思表示。

我国1993年《公司法》规定，董事长是公司的唯一法定代表人。但这一规定过于僵化，不符合经济生活的要求，所以，我国2005年《公司法》对公司法定代表人制度进行了改革。现行《公司法》第13条规定：“公司法定代表人依照公司章程的规定，由董事长、执行董事或者经理担任，并依法登记。公司法定代表人变更，应当办理变更登记。”根据这一规定，公司法定代表人并不限于董事长担任，董事长、执行董事和经理均可以成为公司的法定代表人。需要强调的是，这一规定并没有根本改变我国一元化的法定代表人制，公司的法定代表人仍然只能是一名，而非共同代表。

三、法定代表人的代表行为及其构成要件分析

(一) 代表行为概述

1. 代表行为与个人行为

公司的法定代表人最终由自然人担任，但是作为公司法定代表人的自然人在生活中具有多

重身份，他所实施的行为既可能是其个人行为，也可能是公司的代表行为。如果一种行为被认定为个人行为，则行为的法律后果由其个人承担，而与公司无关；如果一种行为被认定为代表行为，则行为的后果由公司承担。所以，如何认定公司法定代表人的某一项具体行为是个人行为还是代表行为，是司法实践中的一个重要问题。

2. 代表行为有效与公司的意思表示有效之间的差别

代表行为有效表明法定代表人的意思表示构成公司的意思表示，而公司的意思表示有效以代表行为有效为前提，而且要符合意思表示（法律行为）的生效要件才产生法律效力。所以，法定代表人代表行为有效并不表明法定代表人代表公司所为的意思表示就一定有效，后者是否有效还要看其是否符合意思表示（法律行为）的生效要件。

但是，在司法实践中容易出现这样的问题：将法定代表人的代表行为无效和法定代表人代表公司签订的合同无效混为一谈，从而错误地适用责任规则，将本应由法定代表人个人来承担的责任认定为由公司来承担合同无效的责任。

（二）法定代表人的代表行为的一般构成要件

法定代表人的行为构成公司的代表行为，一般应具备以下构成要件：

1. 具有代表人的身份

一个自然人经过公司法和公司章程规定的程序被选举为法定代表人，并经工商登记而公示，即具有法定代表人的身份。但是，在实践中，存在这样的问题：某自然人经无效程序被选举为董事长，却经工商登记而公示；或某自然人已经工商登记为公司的法定代表人，但其后被公司董事会罢免，但未及工商变更登记。在上述两种情形下，该自然人是否具有公司法定代表人的身份？

处理此类问题，应遵循公司法一项重要的原理，即公司登记的公信力原则。该原则是指，公司法定代表人一经登记，即使其任命手续中存在瑕疵，其法定代表人资格对于善意第三人亦为有效。

2. 以法人的名义

法定代表人必须以公司法定代表人的名义进行活动，如果不以公司法定代表人的名义而以个人的名义进行活动，如法定代表人以个人名义购买家具，则必然为个人行为，而非代表行为。

3. 在权限范围内

如果法定代表人的行为超越权限，其代表行为无效，除非其行为构成表见代表。所谓表见代表系指相对人不知道也不应该知道公司的法定代表人的行为超越权限，在此情形下法定代表人的代表行为有效。例如我国《合同法》第 50 条规定，法人或其他组织的法定代表人、负责人超越权限订立的合同，除相对人知道或者应当知道其超越权限以外，该代表行为有效。

但是，如何判断在公司法定代表人的行为超越权限的情形下相对人“知道或应当知道”，可以通过对法定代表人权力的限制来进行。

对法定代表人权力的限制一般有三种，一是法律法规的直接限制，二是公司章程的限制，三是公司董事会或股东会的决议的限制。所以，法定代表人的越权行为也可分为相应的三种，一是超越法律法规的直接限制，二是超越公司章程的限制，三是超越公司董事会或股东会的决议的限制。

（1）法律的直接限制。《公司法》中没有专门的条款直接对法定代表人的对外权力作限制性规定，但是，《公司法》对股东会和董事会的权力授予，实际上可以视为《公司法》对法定代表人的权力的限制。《公司法》第 37 条规定，股东会享有对发行公司债券、公司的合并和分立等事项作出决议的职权,此条即表明,法定代表人未经股东会同意,无权签订发行公司债券的合同和公司合并、分立的合同。由于在这种情形下,法定代表人越权行为违背法律的限制,所以,任何相对人对此都应当知晓,因此,法定代表人的代表行为无效。

(2) 公司章程的限制。很多公司在章程中对法定代表人的权力进行限制,而章程一般在公司登记机关备案并公示,但是,在此情形下,为保护交易安全和第三人的利益,一般认为,章程的备案和公开本身也不足以构成“相对人知道和应当知道”的证据。从我国的实践来看,有些地方查阅公司章程手续烦琐,受到限制,并且,在交易中,相对人认真查阅对方章程的情形也不普遍,所以,我们认为,在我国的司法实践中,章程的备案公开本身也不足以构成“相对人知道和应当知道”的证据。

(3) 公司股东会或董事会决议的限制。股东会和董事会直接以决议的形式限制法定代表人的权力,决议一般也不具有公示性,所以,相对方一般是不知道或不应当知道的;即使股东会或董事会决议在媒体上公开,也不足以构成“相对人应当知道”的证据。

四、公司意思表示的外在推定形式

如果一项意思表示具备以下的表现形式,即可以推定为公司的意思表示,除非有相反的证据可以推翻该推定。

1. 法定代表人签章。董事长、执行董事或者经理以公司法定代表人名义的签章当然构成公司意思表示的外在推定形式。但须注意的是,根据上述的代表行为的构成要件理论,如有证据证明法定代表人签约行为越权,且相对人知道或应当知道,则可以推翻推定,而确认代表行为无效,该合同非公司的合同。

2. 公司印章。在《公司法》中,公司印章的性质并没有明确规定,但是,《合同法》第 32 条规定:“当事人采用合同书形式订立合同的,自双方当事人签字或者盖章时合同成立。”该条表明我国法律承认印章是公司的意思表示的外在推定形式。在交易习惯中,人们也普遍认定印章就是公司意思表示的推定形式。

第三节 公司的侵权行为能力

一、公司侵权行为能力的概念

公司的侵权行为能力是指公司承担因侵权行为所致的损害赔偿的责任能力。

关于公司的侵权行为能力存在拟制说和实在说两种理论。拟制说认为,公司作为法人,无意思能力,所以,也无侵权行为能力;实在说则认为,公司作为法人本身即具有意思能力,所以,也有侵权行为能力。

是否承认公司具有侵权行为能力,将导致不同的责任制度:如果承认公司具有侵权行为能力,则公司将对其侵权行为承担直接责任;如果否认公司具有侵权行为能力,则由具体行为人承担责任。所以,我们判断公司是否具有侵权行为能力,不能从概念出发,而应从利益衡量的角度,来分析这一问题。

为保护受害人利益,加强公司的责任,大多数国家法律均承认公司具有侵权行为能力,我国的法律也承认公司(企业法人)有侵权行为能力,《民法通则》第43条规定,“企业法人对它的法定代表人和其他工作人员的经营活动,承担民事责任”。

二、公司侵权行为的构成要件

公司是法人,公司本身无法实施侵权行为,公司的侵权行为通过自然人的行为而实施,那么,什么行为可以认定为公司的侵权行为?一般认为,一种行为如果具备以下构成要件,可以被认定为公司的侵权行为,从而由公司对受害者承担责任。

1. 公司的工作人员实施的行为。根据我国《民法通则》第43条的规定,公司的法定代表人以及公司的其他工作人员的行为均可能构成公司的侵权行为。但是,大陆法系的许多国家和地区的民法和公司法却将公司侵权行为的主体要件仅限于公司的机关,如公司董事等,而非公司的全部工作人员。

2. 公司工作人员所实施的行为与公司职务有密切关系。何谓“与公司职务有密切关系”?关于这一问题,“外观主义”理论比较合理。它认为,为了保护第三人的利益,只要公司的工作人员的行为与其职权有紧密的客观关系,令第三人信赖其在执行公司职务,而无论公司是否真正授权,无论公司工作人员的行为是否超越了法律、法规、公司章程和公司机关所规定的权限,均构成公司的侵权行为,从而应当由公司承担责任。

3. 具备一般侵权行为的要件。公司工作人员的行为应符合侵权行为的一般要件,公司工作人员须故意或过失,违反法律、法规,侵害他人权益,或故意以悖于善良风俗的方法加损害于他人,且行为与他人损害之间有相当因果关系,即具备过错、违法性、因果关系和损害等四个要件。

三、公司侵权行为的法律责任

1. 公司的责任。即一种侵权行为既然被认定为公司的侵权行为,其法律责任自然由公司直接承担,由公司向受害人承担赔偿责任。我国《民法通则》第43条也明确规定:“企业法人对它的法定代表人和其他工作人员的经营活动,承担民事责任。”

2. 行为人(工作人员)的责任。虽然公司的侵权行为实质上为公司的工作人员所为,但是,工作人员并不对受害人直接承担赔偿责任,但特殊情形除外,如最高人民法院《关于审理人身损害赔偿案件适用法律若干问题的解释》第9条的规定以及《证券法》第69条的规定。那么,公司在承担了赔偿责任后,可否向行为人追偿以及可否要求行为人向公司承担赔偿的民事责任,对此我国《公司法》没有作出直接和明确的规定。但《公司法》第149条规定,董事、监事、高级管理人员执行公司职务时违反法律、行政法规或者公司章程的规定,给公司造成损失的,应当承担赔偿责任。公司向第三人承担了赔偿责任,这应当被认为是公司受到的损害。所以,公司可以根据《公司法》第149条要求行为人(董事、监事、经理)向公司承担赔偿责任。

【本章前沿问题】

□ 权利能力与法律人格之差异

权利能力概念的有关学说观点各异,有认为权利能力就是人格权,有认为权利能力是享有权利之资格，后者为通说。权利能力的实质是法律主体的资格，能力即资格。许多经典的民法教科书都将权利能力与法律主体资格即人格视为同一个概念。

公司法理论中，所谓公司法人“权利能力之范围”这一概念又有什么含义呢？难道法律主体资格还有什么范围？有两种解释：一种解释是，公司在从事法定的权利能力范围之内的行为时，它是具有法律主体资格的；另一种解释是，所谓权利能力范围，就是权利范围。公司在从事法定权利能力范围之外的行为时，仍具有法律主体资格，只不过是无权从事这些行为罢了。第二种解释比较合理，但这样，公司法人的权利能力概念就与罗马法以来传统的民法理论关于权利能力概念的理解大不相同了。

合理的解释是，权利能力与人格不是同一个概念，人格是指可以成为民事权利主体的资格，而权利能力则是指可以享有民事权利并承担民事义务的资格。前者是主体的资格，后者是享受权利的资格。前者指条件，即具备了什么条件才能成为主体；后者指范围，即民事主体可以享受的权利范围。

【本章思考题】

1. 公司的权利能力存在哪些方面的限制？
2. 公司是否享有名誉权和荣誉权？为什么？
3. 公司可否向合伙企业投资？为什么？
4. 公司的借贷行为应受哪些限制？
5. 公司的赠与行为应受哪些限制？
6. 简述公司法定代表人的代表行为的构成要件。
7. 简述公司侵权行为的构成要件。

第五章　公司资本制度

【导语】

资本，是公司法中最基本的概念之一，资本制度在公司法中起着主导性的作用，公司法中的许多制度和规则都与资本制度有着内在的密切联系，一些法律规则实质上是资本制度的具体体现和要求。

股东出资制度的重要性十分突出，不仅公司法中对此有较多条文、较大篇幅的详尽规定，而且实践中，在属于公司法问题的诉讼和非讼纠纷中，因股东出资而发生的或与股东出资相关联的纠纷可能会占其中的多数。

学习本章，应重点理解和掌握资本与相关法律概念的关系、公司法的资本原则和资本形成制度、股份发行的分类、增资与减资的条件和程序、股东出资义务与责任、股东出资的法定要求和履行方式。

第一节　公司资本的概念和意义

一、公司资本的概念

公司资本(capital)，又称股本或股份资本，是公司成立时章程规定的，由股东出资构成的财产总额。因此，资本具有以下几个特点：

1. 资本是公司自有的独立财产。在公司占有、使用的财产中，有的是自有，即自己所有的财产，有的是借贷来的财产，公司法上的资本仅指公司自己所有、不受他人支配的独立财产。

2. 资本是一个抽象的财产的价值金额。资本是抽象的价值金额，而不是具体的财产形式，虽然构成资本的财产总是以货币或者实物、工业产权、土地使用权等具体形式存在，但资本却是不受具体财产形式影响的财产金额。

3. 资本来源于股东的出资。公司资本是公司全体股东的永久性投资，只能由股东出资构成，股东出资总额即为公司资本总额。经营积累或接受赠与等形成的财产，非属股东出资而不能直接计入公司资本。

4. 资本是在公司成立时由章程予以确定的。任何公司成立时都必须制定章程，而公司资本则是章程必须予以记载的事项。

5. 资本是一个确定不变的财产数额。公司资本一经确定，即不能自然或随意改变。公司的盈利或亏损，虽然会导致其资产数额的变化，但这并不自然改变其资本额。

我国公司法实行的是法定资本制，无论是有限责任公司还是股份有限公司，资本均须经注册方为有效，因此，资本就是注册资本。同时，根据 2013 年《公司法》的规定，一般公司的注册资本不必是实缴资本而可以只认不缴。

二、公司资本与资产、净资产、股东权益的关系

(一) 资本与资产

公司资产(assets),亦称公司实有财产,是公司实际拥有的全部财产,包括有形财产和无形财产。在财产形态上,资产分为流动资产、长期投资、固定资产、无形资产和递延资产等。在财产来源上,资产主要来自于三个方面:股东的出资即公司资本、公司对外负债、公司的资产收益和经营收益。资产与负债作为公司资产负债表中的两个栏目,存在互动的对应关系,由于负债是资产的来源,因此,公司负债的增减必导致资产的相应增减。

就概念的范围而言,公司资产要大于资本,资本只是资产的一部分。但就实际金额而言,资本与资产的对应关系会因公司的经营状况而有很大差别。资产可能高于也可能低于资本。公司法人的独立财产责任,非以资本而是以实有的全部资产对其债务负责。

(二) 资本与净资产

公司的净资产(net assets/net worth)指公司全部资产减去全部负债后的余额。公司成立时,没有任何对外负债,其资本就是其全部资产,同时也是其净资产,公司成立后,资产价值及相应的净资产的价值就处于不断的变化之中,净资产可能高于资本,也可能低于资本。在公司资产等于负债时,净资产等于零,而在公司资不抵债时,净资产则为负值。

(三) 资本与股东权益

股东权益(equity),又称所有者权益,是指股东对公司净资产享有的权利。股东权益分为四个部分,即资本、资本公积、盈余公积和可分配利润,资本是其中的一部分。因此,一般情况下,股东权益要大于资本,但如果公司没有资本收益,从未盈利,因而也从未提留资本公积和盈余公积,则股东权益可能等于资本,如果公司亏损,可分配利润为负值的话,股东权益还会低于资本。同时,股东权益只是股东对公司净资产的抽象价值的权利,而不是对任何具体形态资产的权利。股东权益无论多大,都无权直接支配或处分公司财产。

三、公司资本的法律意义

(一) 资本是公司成立的基本条件

公司是依法成立的企业法人,公司要取得法人的人格和地位,必须具备一定的条件。在《民法通则》和《公司法》规定的公司成立条件中,有实体条件,有程序条件,有财产条件,有组织条件,资本属于其中的实体条件和财产条件。不具备此种条件的公司不应取得公司的注册登记,已经登记的公司也会因此而被否定人格或揭穿面纱。

(二) 资本是公司进行经营活动的基本物质条件

公司是营利性经济组织,具有从事商业性经营的权利能力,而这种能力的实现有赖于一定的物质条件,而这些条件的形成都需要一定的资本。舍此条件,公司既无法参与任何财产关系,也不能开展经营活动,即人们通常所称的"皮包公司"。因此,公司法对公司资本的要求,对于公司经营能力的形成和维持具有重要作用。

(三) 资本是公司承担财产责任的基本保障

公司作为法人组织,是以其全部资产对其债务独立负责。资产的范围和多少直接决定公司的债务清偿能力和对债权人的保护程度,而资本是公司资产形成的基础和来源,资本的规模和多

少对公司资产的范围和多少有直接的影响。因此，确定和维持公司一定数额的资本，对于奠定公司基本的债务清偿能力、保障债权人的利益和交易安全，具有重要的意义。

（四）资本是公司股东承担责任的界限

所谓有限责任，是指股东对公司债务的责任，而非公司本身的责任。股东以其认缴的出资额为限对公司债务负责，对全体股东而言，实际上也就是以公司资本为限对公司债务负责，公司的资本额就是全体股东债务责任的最大限度，如果股东履行了出资义务，公司资本真实到位，股东也就不再承担进一步的责任。

在我国，在虚假出资、资本不实情况下，资本对确定股东的责任有着重要的作用，是否履行了法定的资本实缴义务是追究股东责任的重要依据。

四、最低资本额制度

本质上，最低资本额制度的法律意义与公司资本本身的法律意义是一致的，最低资本额的作用同样是提供公司经营活动的物质条件和承担财产责任的基本保证，但最低资本额在资本“质”的基础上强调的是“量”的要求，不仅要求公司必须拥有资本，而且资本必须达到一定的数额，只有达到一定的数额，才能取得公司的身份，获得独立的法律人格。

有限责任制度的实行是最低资本额制度的重要立法根据。有限责任制度将股东的责任限制在其出资额的范围，限制了投资者的投资风险，但同时也给公司的交易对方的利益构成潜在的风险。为平衡股东和公司债权人之间的利益和风险，并作为股东承担有限责任的前提条件，法律对公司资本规定了最低的要求，以对市场经营活动的准入设定门槛，对公司债权人的利益提供最低限度的担保。

我国的公司最低资本额制度形成于 20 世纪 80 年代，当时《公司法》尚未颁布，但通过有关立法已经形成了最低资本额制度的雏形。1986 年颁布的《民法通则》，对企业法人作了“必须拥有符合国家规定的资金数额以上的财产”的要求。国务院 1985 年批准施行的《公司登记管理暂行规定》则对公司的自有流动资金数额，根据不同行业的经营特点，按照四种类型分别作了规定。

1993 年颁布的《公司法》最终确立了我国系统、完备的最低资本额制度。根据公司的不同类型和经营方式或内容的不同，分别规定了不同的最低限额，有限责任公司为 10 万元到 50 万元，股份有限公司为 1 000 万元。

2005 年《公司法》基于反映现实需求、降低门槛、放宽条件、鼓励投资创业、促进公司设立和劳动就业、推动经济发展的立法目标，对最低资本额作了大幅的下调，并且取消了先前按照公司经营内容区分最低注册资本额的立法规定。《公司法》第 26 条第 2 款规定，“有限责任公司的注册资本不得少于三万元。法律、行政法规对有限责任公司的注册资本另有规定的，从其规定”；《公司法》第 80 条第 3 款规定，“股份有限公司注册资本的最低限额为人民币五百万元。法律、行政法规对股份有限公司注册资本的最低限额有较高规定的，从其规定”。

但是，最低资本额制度的作用越来越受到质疑。公司以其全部资产为限对外承担有限责任，在公司发展过程中，资产的实际数额随着公司的经营状况不断地变化，静态的资本并不能准确反映公司的信用。因而，作为资本“量”的要求的最低资本额制度很难达到为相关交易者担保的目的。同时，最低注册资本额成为公司设立中各种违法违规行为，包括虚假出资、虚报资本和抽逃出资的诱因。并且，最低资本额制度设定了公司设立的门槛，使得市场经营活动多了一重障碍，不利于投资创业、开拓各种投资资源，在一定程度上抑制了市场的活力。最低资本额标准过高，超越了许多投资者的投资能力，也会造成资本的闲置和浪费。所以，2013 年《公司法》取消了最低资本额制度。

第二节 公司资本原则与资本形成制度

一、公司资本原则

（一）资本确定原则

这一原则是指公司在设立时，必须在章程中对公司的资本总额作出明确规定，并须全部认足或募足，否则公司不能成立。公司成立后若发行股份，必须履行增资程序，经股东会决议并修改公司章程。

资本确定原则是关于公司资本形成的基本原则。按这一原则，公司资本既要确定，又须认足，这正是资本形成制度中法定资本制的内容，因此，通常又把资本确定原则等同于或称为法定资本制，实质上，法定资本制是体现资本确定原则的资本形成制度。

资本确定原则的确立最初是基于对股份有限公司设立的规范和限制，其后，这一原则也被适用于有限公司。资本确定原则的目的是为保证公司设立时资本的真实可靠，使公司形成稳固的财产基础和健全的财务结构，并防止公司的滥设，维护经济秩序的稳定和交易的安全。

我国《公司法》实行的是资本确定原则，《公司法》关于有限责任公司和股份有限公司的注册资本应由全体股东认缴或实缴的规定（第 26 条、第 80 条），关于有限责任公司章程应载明公司注册资本、股东出资方式和出资额的规定（第 25 条），关于股份有限公司章程应载明公司股份总额、每股金额和注册资本的规定（第 81 条）等，都体现了资本确定原则的要求。其中，注册资本须由全体股东认足的规定，是资本确定原则最突出的表现。

（二）资本维持原则

又称资本的充实原则，是指公司在其存续过程中，应经常保持与其资本额相当的财产。因为在公司成立时，公司资本即代表公司的实有财产，但在公司经营一段时间后，其实有财产可能会由于公司的亏损而低于公司的资本，即使公司成立后未开展经营活动，也会因时过境迁、财产无形贬损而使资本的实际财产价值低于其原有的价值，从而使公司的实际财产能力与其明示的资本数额和信用脱节。资本维持原则的立法目的正是防止资本的实质减少，保护债权人利益，同时也防止股东对盈利分配的不当要求，确保公司本身业务活动的正常开展。

资本维持原则是贯穿整个公司资本制度、适用于公司全部存续期间的重要原则，各国和地区关于公司资本制度的绝大多数法律规则都是资本维持原则的直接或间接的体现，诸如：

1. 股东退股禁止。公司成立后，股东不得抽回出资。

2. 不得折价发行股份。公司股份可以按面额平价发行或溢价发行，但不允许折价发行。

3. 限制非货币出资。公司法通常限制工业产权等无形财产的出资比例，禁止劳务、信用等经营要素的出资。

4. 发起人和股东对出资承担连带认缴责任。其中包括股份未被全部认购时的认购担保责任、股款未被全部缴纳时的缴纳担保责任和实物出资过高估价时的差额填补责任。

5. 按规定提取和使用公积金。公司公积金的作用除扩大再生产外，主要用于充实公司资本和弥补公司经营的亏损。

6. 没有盈利，不得分配。否则，等于以公司资本向股东分配。

7. 禁止收购本公司的股份。公司收购本公司自己的股份，等于股东退股，收回的股份等于未能发行，从而导致资本虚假。因此，除特殊情况外，原则上不许公司收购自己的股份。

8. 不得接受以本公司股份提供的担保。此种担保的实现会导致公司取得自己的股份，与公司不得收购自己股份的规则相悖。

资本维持原则虽然一般作为股份有限公司的资本制度加以阐释，但事实上它也基本适用于有限责任公司。同时，这一原则不仅在大陆法系国家适用，而且也在英美法系国家适用，甚至在英美法系中处于比大陆法系更为突出的地位。我国《公司法》对资本维持原则亦有充分的体现，对于上述资本维持的法律规则基本上都有明文的具体规定。《公司法》中关于非货币出资必须是"可以用货币估价并可以依法转让的非货币财产"的限定性规定（第 27 条）、有限责任公司初始股东对非货币财产出资价值担保和差额填补责任的规定（第 30 条）、股份有限公司不得低于股票面额发行股份的规定（第 127 条）、除因合并和减少资本等四种情况外，公司不得收购本公司股份的规定（第 142 条）、公司在弥补亏损、提取法定公积金之前，不得向公司股东分配利润的规定（第 166 条）等都体现了资本维持原则的要求。

（三）资本不变原则

这一原则是指公司的资本一经确定即不得随意改变，如需增减，必须严格按法定程序进行。由此可见，这里的不变，并非资本绝对的不可改变，而是指不得随意增减，也不能随构成资本的具体资产价值的实际变化而增减。

资本不变原则的立法意图与资本维持原则是相同的，即防止资本总额的减少导致公司财产能力的降低和责任范围的缩小，以保护债权人利益。实质上，资本不变原则是资本维持原则的进一步要求，如果没有资本不变原则的限制，公司实有财产一旦减少，公司即可相应减少其资本额，那么资本维持原则也就失去了实际的意义。因此可以说，资本维持原则维持的是公司资本的实质，而资本不变原则维持的则是资本的形式。

我国《公司法》的资本不变原则主要体现在对公司增减资本的严格规定上，《公司法》中对公司增减资本规定了严格的条件和程序，要求必须经股东会议决议通过，并依法办理变更登记。而且，对于减少资本特别规定了债权人保护程序，即公司减少资本时，必须编制资产负债表及财产清单，向债权人发出通知，并于 30 日内在报纸上公告，债权人有权要求公司清偿债务或提供相应担保。

公司资本原则形成于大陆法系国家，同时也为英美法系国家所不同程度地吸收和采纳。确立公司资本原则的根本原因是现代公司法人制度的成熟和完善，是公司独立的财产责任和股东有限责任的必然要求，其目的是为了保护债权人利益和保证公司本身的正常发展，维护交易安全和社会经济秩序的稳定。同时，这些原则又不是僵化不变的，从资本形成制度中法定资本制到授权资本制的发展以及折中资本制的出现，既反映了资本主义经济关系和商业经营不断发展的客观要求，也表明了西方国家公司立法对此所采取的灵活和科学的态度。

二、公司资本形成制度

公司资本是通过股份或资本的发行或募集而形成的，它可以在公司设立时一次性形成，也可以在公司成立后分次形成,各国公司法对资本的形成方式的不同设计、选择适用不同的法律原则,由此产生了以下三种相对稳定的资本形成制度。

(一) 法定资本制

法定资本制,是指在公司设立时,必须在章程中明确规定公司资本总额,并一次性发行、全部认足或募足,否则公司不得成立的资本制度。其主要内容为:

1. 公司设立时,必须在公司章程中明确规定资本总额。

2. 公司设立时,必须将资本或股份一次性全部发行并全部认足或募足。

3. 资本或股份经认足或募足后,各认股人应根据发行的规定缴纳股款。对于缴纳股款的,分为一次性缴纳和分期缴纳两种方式,但分期缴纳时,每次缴纳的股款数不得少于应缴纳股款的一定比例,其余部分,可由公司另行通知缴纳。

4. 公司成立后,因经营或财务上的需要而增加资本,必须经股东会决议、变更公司章程的新股发行程序。

法定资本制的主要特点是资本或股份的一次发行,而不是一次缴纳股款。几乎在实行法定资本制的所有大陆法系国家,都允许股款的分期缴纳,只是要求首次缴纳的部分不得低于资本总额的一定比例,如法国规定为25%。同时,对分期缴纳有一定的时间限制,法国规定为5年。另外,对于实物出资,一般不允许分期缴纳,如德国、瑞士等。而在各国实践中,一次性缴纳的情况较为普遍,分期缴纳的则为少数。我国2013年《公司法》则实行了完全的、无限制的认缴制,取消了对资本缴纳首次出资比例和最长缴纳期限的限制。

从理论上讲,大陆法系的法定资本制有以下优点:利于公司资本的稳定和确定;利于防止公司设立中的欺诈行为;使公司从成立开始就有足够资金担保债务履行;利于提高市场交易的安全性。但这一制度也因给某些大型公司设立形成资金障碍,导致某些公司资本的闲置和浪费、增资程序烦琐、费时费钱等而受到批判。为此,大陆法系不少国家(如德国、法国等国)公司法逐渐放弃了以往严格的法定资本制,吸收了英美法系公司法的做法,改采折中资本制。

(二) 授权资本制

授权资本制,是指在公司设立时,虽然应在章程中载明公司资本总额,但公司不必发行资本的全部,只要认足或缴足资本总额的一部分,公司即可成立。其余部分,授权董事会在认为必要时,一次或分次发行或募集。授权资本制的内容如下:

1. 公司设立时,必须在章程中载明资本总额,此做法与法定资本制相同。但同时章程亦应载明公司首次发行资本的数额。

2. 公司章程所定的资本总额不必在公司设立时全部发行,而只需认足或募足其中的一部分。

3. 公司成立后,如因经营或财务上的需要欲增加资本,仅须在授权资本数额内,由董事会决议发行新股,而无须股东会决议变更公司章程。

授权资本制的主要特点是资本或股份的分期发行,而不是法定资本制的一次发行、分期缴纳。授权资本制具有如下优势:其一,公司不必一次发行全部资本或股份,减轻了公司设立的难度;其二,授权董事会自行决定发行资本而不须经股东会决议变更公司章程,简化了公司增资程序;其三,董事会根据具体情况发行资本,可以更好地适应公司经营活动的需要,增强了公司资本和融资活动的机动性和灵活性。但在授权资本制下,由于公司章程中的资本仅是一种名义上的数额，同时又未对公司首次发行资本的最低限额及其发行期限作出规定，因而极易造成公司资本与其实际经营规模和资产实力的严重脱节，也容易发生欺诈性的商业行为，并对债权人的利益构成风险。

授权资本制是英国和美国公司法长期发展的产物。从总体上看，它是比较成功的一种制度，基本上能满足市场经济的需要，因而，许多大陆法系国家纷纷改采授权资本制或修改原有的法定资本制而向授权资本制靠拢。

（三）折中资本制

折中资本制，是在法定资本制和授权资本制基础上衍生和演变而成的资本制度，具体又分为许可资本制和折中授权资本制两种类型。

1. 许可资本制，亦称认许资本制，是指在公司设立时，必须在章程中明确规定公司资本总额，并一次性发行、全部认足或募足。同时，公司章程可以授权董事会在公司成立后一定期限内，在公司资本一定比例的范围内，发行新股，增加资本，而无须股东会的特别决议。

许可资本制是在法定资本制基础上，通过对董事会发行股份的授权、放宽限制、简化公司增资程序而形成的。这种制度既坚持了法定资本制的基本原则，又吸收了授权资本制的灵活性。但许可资本制的核心仍是法定资本制。

2. 折中授权资本制，是指公司设立时，必须在章程中载明资本总额，并只需发行和认足部分资本或股份，公司即可成立，未发行部分授权董事会根据需要发行，但授权发行的部分不得超过公司资本的一定比例。其与许可资本制的相同点都是授权董事会发行，但许可资本制是在资本总额之外发行，而折中授权资本制是在资本总额范围内发行。原实行法定资本制的一些大陆法国家和地区，如日本公司法和我国台湾地区 2005 年之前的“公司法”实行的就是这种折中授权资本制。

折中授权资本制是在授权资本制基础上通过对董事会股份发行授权的限制、规定其发行股份的比例和期限形成的。这种制度既坚持了授权资本制的基本精神，又体现了法定资本制的要求，但其核心还是授权资本制。

第三节　公司资本募集与股份发行

一、公司资本的募集

公司资本的募集，亦称资本的发行，是指以一定的条件向投资者发行资本，由投资者出资认购并取得股权或股份，公司获得相应的资产。公司资本的形成必须通过募集行为和过程，公司设立的主要行为就是资本的募集。完成预期的资本募集目标，达到了法定或章程确定的资本数额是公司设立成功和能够最终成立的重要条件。

（一）资本募集的方式

有限责任公司与股份有限公司这两种公司性质和类型的不同，决定了其资本的募集采取完全不同的方式。由有限公司的封闭性、人合性所决定，其资本募集通常是采取发起人募集、不公开募集、一次募集和内部募集的方式。而股份有限公司的开放性和资合性决定其资本募集通常会采取认股人募集、公开募集、分次募集和外部募集的方式。

1. 发起人募集与认股人募集。公司设立过程中的投资者有发起人与认股人之分：如果公司发行的全部资本都由发起人认购，是发起人募集；如果发起人只认购部分资本，其余部分由普通认股人认购，是认股人募集。有限公司初始的股东都是实质上的发起人，因此通常采取发起人募集的方式。股份有限公司发起设立时则属于发起人募集。

2. 公开募集与不公开募集。公开募集是指面向社会公众和不特定的任何人募集资本。不公开募集则是向特定的投资者募集资本。公开募集是开放性的股份有限公司特有的权利，有限公司则不得公开募集资本。

3. 一次募集与分次募集。一次募集是将公司资本通过一次性发行募集完毕，亦即一次性发行。分次募集是通过分次发行完成公司资本的募集，亦即分次发行。有限公司通常为一次募集，股份有限公司在法定资本制下为一次募集，在授权资本制下则为分次募集。

4. 内部募集与外部募集。内部募集是在公司现有股东的范围内募集资本。外部募集则是在公司现有股东之外向其他投资者募集资本，此种募集又被称之为接受或吸纳新股东。有限公司和股份有限公司既可内部募集，亦可外部募集。在外部募集时，现有公司股东通常享有优先认购的权利，因此，内部募集与外部募集又常被同时采用。

（二）资本募集的法律程序

1. 签订发起人协议或公司设立协议。采取发起人募集方式时，其采用的法律形式是由全体发起人签订发起人协议或称公司设立协议，约定各发起人认购资本的义务和具体比例或金额。

2. 签订认股协议，约定各认股人认购资本的义务及其具体比例或金额。签署认股书是签订认股协议的特殊形式，认股书是认股人承诺其认购资本的义务及其具体比例或金额的法律文书，认股书一经签署，认股协议即为成立。

3. 签署公司章程。发起人协议或认股协议并非公司设立的法定文件，在没有发起人协议或认股协议的情况下，其采用的法律形式是由全体发起人或认股人签署公司章程，在章程中规定各自的认购义务及其具体比例或金额。

4. 招股与认股。这是股份有限公司公开募集特有的法律形式，它是由公司对外公开招股、公众认股和公司确定认股结果三个行为构成。其中的对外公开招股属于合同法上的要约邀请行为，公众填写认股书属于认购股份的要约行为，而公司根据认购情况，按一定方式或比例最终决定并通知认股结果的行为则属于认购股份的承诺行为。

二、股份发行的分类

广义的股份，是公司资本的构成单位，是资本的组成部分，包括股份有限公司发行的股份和有限公司的出资。狭义的股份，只指股份有限公司发行的严格意义上的股份。本节所称股份发行系指狭义的严格意义上的股份发行。

（一）设立发行与新股发行

设立发行，是指公司在设立过程中发行股份。公司的设立方式有发起设立和募集设立两种。依这两种方式发行股份，都属设立发行，其发行主体为设立中的公司，其发行目的是募集公司设立所需的资本。

新股发行，是指公司在成立之后再次发行股份。其发行主体是已经存续的公司，其发行目的是增加公司资本、改变公司股份结构或股东持股结构。新股发行除具备设立发行的一般条件外，公司法通常会对其规定更严格的条件，其中主要是经营业绩方面的严格要求。

（二）直接发行与间接发行

直接发行，是指公司直接向投资者发行股份，而不由证券承销机构代销或者包销。直接发行可以降低发行费用，但通常发行时间较长，发行风险较大，实践中较少采用，主要用于私募发行。

间接发行，是指公司委托证券承销机构发行股份，并由其办理有关发行事宜并承担相应发行风险。间接发行通过股份承销方式进行，具体又分为股份承销和股份包销。它可以充分利用证券承销机构在发行渠道、资金支持和发行业务方面的优势，确保股份发行的及时和成功，但也会由此增加公司股份发行的成本。间接发行是公募发行中较为普遍的发行方式，我国《公司法》规定，股份有限公司公开募集股份必须采用间接发行方式。

（三）公开发行与不公开发行

公开发行，亦称为公募发行，是指面向社会、向不特定的任何人发行股份。公开发行在资本募集规模方面具有巨大的优势，同时也具有募集速度快、便于操纵控制的优点，因此，成为最为普遍的发行方式。其不足则是条件严格、程序复杂和发行费用高。公开发行由于涉及公众和社会的利益，各国立法对其规定有较为严格的条件和较为复杂的程序。我国公司法规定，公开募集股份，必须经国务院证券管理部门批准。

不公开发行，又称为私募发行，是指向特定的投资者、采取特定的方式发行股份。不公开发行的特定对象包括个人投资者和机构投资者。不公开发行一般不得采用广告或公开劝诱性的方式进行宣传。不公开发行具有操作便捷、发行成本低廉、条件灵活、易于掌握等优点，但也存在投资者数量有限、股份流通性差等缺点。各国对不公开发行通常制定有特别的法律规范，我国1993年《公司法》没有明确规定不公开发行的制度和规范，但实践中曾实行的定向募集、内部职工股发行、对现有股东的股份配送、对法人单位的股份配售以及公司资产重组中的股份置换等方式，都具有不公开发行的性质和特点。2005年《公司法》之后，根据现实存在的各种私募现象以及需要依法规范的需要，合理区分合法募集与非法集资的界限，首次从立法上明确允许了私募发行，即向特定对象募集而设立公司（第77条）。

（四）增资发行与非增资发行

增资发行，是指公司在增加资本情况下发行股份，即公司章程所定的资本总额全部发行完毕后，为增加资本而再次发行股份。此种发行须按增加资本的程序进行，即由股东大会决议修改公司章程并办理公司变更登记。我国实行严格的法定资本制，股份发行均为增资发行。

非增资发行，是指在公司资本总额范围内不增加公司资本而发行股份。非增资发行一般发生在授权资本制之下，公司的股份可以分次发行，除公司设立时第一次发行的股份外其后所进行的股份发行属于非增资发行，此种发行只需董事会决议即可。

（五）通常发行与特别发行

通常发行，是指以募集资金为目的而发行新股，一般所说的新股发行都指通常发行。通常发行的结果既增加公司的资本，也增加公司的资产。

特别发行，是指不是以募集资金为目的，而是基于某些特殊目的发行新股，如为向股东分配公司盈余、把公积金转为资本、把公司债转换成股份、与其他公司合并而置换股份等目的而发行股份。除与其他公司合并而置换股份的情况外，特别发行的结果通常只会增加公司的资本总额，而不增加公司的资产总量，只是改变公司资产的性质和结构，而不改变其价值金额。特别发行在我国被广泛采用，实践中，以向股东送股、配股的方式分配公司盈余成为多数上市股份有限公司的做法。

（六）平价发行、折价发行、溢价发行与中间价发行

平价发行，也称面额发行，是指按股份的票面价额发行股份。平价发行多适用于私募发行。我国实践中国家股、法人股的发行一般都是平价发行。

折价发行，是指按低于股份票面价额的价格发行股份。折价发行意味着公司实际获得的股款低于其发行的资本数额，违反资本确定和资本维持的原则，因而各国公司法都禁止股份的折价发行。

溢价发行，是指按高于股份票面价额的价格发行股份。溢价发行是广泛采用的发行方式，在我国，所有上市股份有限公司发行的社会公众股，都是溢价发行。公司股份公开发行的高额费用，通常是靠股份溢价发行的收益来支付或填补。在公司财务处理上，股份发行的溢价收益属于公司全体股东的共同权益，列为公司的资本公积金。

中间价发行，是指按股份票面价额与市场价格之间的某一中间价格发行股份。股份发行或上市后，其市场价格通常会高于发行价格，中间价发行是给予投资者的一种利益。我国实践中，上市股份有限公司对现有股东的配股都是采用中间价发行方式。

（七）其他发行分类

除上述分类外，在学理和实践中，还有其他各种分类。例如按发行地域范围不同，分为国内发行和国外发行；按发行条件确定方式不同，分为议价发行和招标发行；按是否借助交易系统发行，分为网上发行和网下发行等。

三、股份发行的原则

我国《公司法》第 126 条规定："股份的发行，实行公平、公正的原则，同种类的每一股份应当具有同等的权利。"由此，形成了股份发行的基本法律原则。

（一）公开原则

公开原则，是指发行公司必须依照法定要求将与其发行股份相关的一切重要的信息和情况公之于众。需公开的具体内容较为广泛，一般包括公司及其发行股份的基本概况、股份发行操作安排方面的情况，特别是招股说明书、财务会计报表等。

公开原则的目的在于防止欺诈行为，最大限度地保护投资者的利益，使投资者在获悉公司及其股份真实信息的情况下作出投资判断和决策。同时，公开原则的实行，形成了公众和投资者对公司行为的监督，也在一定程度上对公司的发起人或管理者以及公司本身的行为起着约束性的作用。

股份发行的公开必须符合法律的要求，在内容上必须真实、全面、准确，不得进行虚伪或误导性的陈述，不得有重大的遗漏。在方式上，必须将股份发行的有关文件在指定的报刊上刊载，必须保证投资者通过合法途径能够及时、有效地获得信息和有关资料。

（二）公平原则

公平原则，是指股份发行对所有投资者应给予平等的对待，一视同仁，不得歧视。其一，投资者有权获得平等的投资机会；其二，同次发行的同类股份，发行的条件和价格应当相同；其三，公司发行的同类股份应具有相同的权利或利益，同股同权，同股同利。

股份发行的公平原则是民商法平等自愿、等价有偿、公平的一般法律原则在股份发行中的具体要求，也是投资者利益保护和股东法律地位平等在股份发行中的体现。公平，既是法律的原则，又是投资者追求的目标之一。公开与公平之间，公平是目标和结果，公开是手段或方法。

（三）公正原则

公正原则，是指对股份发行活动的监管和对股份发行争议或纠纷的处理应正确适用法律，对当事人公正对待，处理结果客观公正。公正原则与公平原则有密切联系，公平原则应是适用于当事人之间交易关系并确定其实体权利义务的法律原则，而公正原则应是执法和司法机关监管当事人行为和处理权益争议时适用的法律原则。

股份发行中虚假陈述、内幕交易、操纵市场、欺诈客户等违法、违规行为的存在是客观的现实，当事人之间的利益冲突和权益纠纷也不可避免。行政机关在对股份发行活动的监管和司法机关在对发行纠纷的处理中，只有正确适用法律，不偏不倚，才能有力地制止和防范各种不正当行为，保护投资者的合法权益，化解各种矛盾和冲突，增强投资信心，维持市场稳定。

四、股份公开发行的条件

股份的公开发行，对公司发起人和公司具有巨大的融资利益，但却涉及广大投资者切身利益和社会经济结构的调整和经济秩序的稳定，同时，我国资本市场处于发展时期，社会资金资源有限，市场发育尚不成熟，投资者的理性意识尚需培育，国家对社会经济发展一定程度的宏观调控不可缺少。我国对股份公开发行的条件目前主要是由《公司法》《证券法》和《股票发行与交易管理暂行条例》予以规定的。

（一）设立发行的条件

根据《证券法》第 12 条的规定，设立股份有限公司公开发行股票，应当符合《公司法》规定的条件和经国务院批准的国务院证券监督管理机构规定的其他条件。我国《公司法》并未集中规定公司设立发行股份的具体条件，但根据其相关规定，股份的设立发行首先应符合股份有限公司设立的条件。其次，募集设立公司的发起人认购的股份不得少于公司股份总数的 35%。此外，股份发行价格的确定还应遵守《公司法》的规定，即同股同价、不得折价发行等。

《股票发行与交易管理暂行条例》第 8 条规定，设立股份有限公司申请公开发行股票，应当符合下列条件：

1. 其生产经营符合国家产业政策。

2. 其发行的普通股限于一种，同股同权。

3. 发起人认购的股本数额不少于公司拟发行的股本总额的 35%。

4. 在公司拟发行的股本总额中，发起人认购的部分不少于人民币 3 000 万元，但是国家另有规定的除外。

5. 向社会公众发行的部分不少于公司拟发行的股本总额的 25%，其中公司职工认购的股本数额不得超过拟向社会公众发行的股本总额的 10%，公司拟发行的股本总额超过人民币 4 亿元的，证监会按照规定可以酌情降低向社会公众发行的部分的比例，但是最低不少于公司拟发行的股本总额的 10%。

6. 发起人在近 3 年内没有重大违法行为。

7. 国务院证券委员会规定的其他条件。

（二）新股发行的条件

我国公司发行新股的条件规定在《证券法》第13条中，即公司公开发行新股，应当符合下列条件：(1) 具备健全且运行良好的组织机构。(2) 具有持续盈利能力，财务状况良好。(3) 最近3年财务会计文件无虚假记载，无其他重大违法行为。(4) 经国务院批准的国务院证券监督管理机构规定的其他条件。

同时《证券法》第13条亦规定，上市公司非公开发行新股，应当符合经国务院批准的国务院证券监督管理机构规定的条件，并报国务院证券监督管理机构核准。

五、新股发行程序

不同类型或不同形式的股份发行，其发行程序有所不同，新股发行的程序不同于设立发行、内部发行。设立发行的程序与股份有限公司设立的程序是重合的，具体内容见本编第三章“公司的设立”部分；公开发行的程序较内部发行复杂。新股发行程序是股份公开发行的一种，主要程序如下。

（一）作出发行决议

新股发行的决定权取决于公司资本形成制度。在法定资本制之下，发行新股就是增加资本，属于公司的重大事项，其决定权在公司的股东大会，须由股东大会作出决议。董事会的权力是制定发行新股或增加资本的方案。我国《公司法》第37条和第99条规定了股东大会行使“对公司增加或者减少注册资本作出决议”的职权，而在第46条和第108条规定了董事会行使“制订公司增加或者减少注册资本以及发行公司债券的方案”的职权。

在授权资本制或折中资本制之下，在原有资本范围内发行新股的权力授予公司董事会，此种新股发行只需董事会作出决议。但如果授权资本已发行完毕，在原有资本范围外增加资本，则应由股东大会作出决议。

（二）审查核准

股东大会作出发行新股决议后，由董事会向国务院证券监督管理机构报送相关文件，提出公开发行新股的申请。根据《证券法》第22条的规定，国务院证券监督管理机构设发行审核委员会，依法审核股票发行申请。发行审核委员会由国务院证券监督管理机构的专业人员和所聘请的该机构外的有关专家组成，以投票方式对股票发行申请进行表决，提出审核意见。

（三）公告文件

《公司法》第134条规定：“公司经国务院证券监督管理机构核准公开发行新股时，必须公告新股招股说明书和财务会计报告，并制作认股书。”招股说明书的内容和格式须按有关规定制作。

（四）签订证券承销协议

根据《公司法》第87条的规定，公司向社会公开发行新股，应当由依法设立的证券经营机构承销。公开发行新股的发行人有权依法自主选择承销的证券经营机构。承销方式主要分为代销和包销两种。

（五）登记和公告

新股发行完成后，可能会导致公司注册资本的变化，公司管理机构也可能会发生变化。因此，我国《公司法》第136条规定，公司发行新股募足股款后，必须向公司登记机关办理变更登记，并公告。

第四节 增加资本与减少资本

公司法原理上虽然有资本确定、维持、不变的原则,但公司资本并非绝对不变。实际上,随公司经营活动的开展、业务范围和市场状况的变化,客观上也要求公司资本相应地增加或减少。由此,公司法对公司资本的增加和资本的减少作了系统的规定。

一、增加资本

(一) 增资的目的和意义

增加资本,简称增资,是指公司基于筹集资金、扩大经营等目的,依照法定的条件和程序增加公司的资本总额。公司增资通常具有下述目的和意义:

1. 筹集经营资金,开拓新的投资项目或投资领域,扩大现有经营规模。

2. 保持现有运营资金,减少股东收益分配。在公司形成大量公积金和未分配利润情况下,通过增加资本可以停止或减少对股东的收益分配,而使公司继续占用现有的资金。

3. 调整现有股东结构和持股比例,改变公司管理机构的组成。吸收新的股东,可以改变股东成分和结构。在现有股东范围内的增资,通过认购新股比例的安排,则可以调整现有股东相互间的持股比例。而在股东结构和持股比例变更之后,公司将可实现其管理机构和管理人员的重新安排和调整。

4. 公司吸收合并。在公司与其他公司吸收合并时,被合并公司的资产在并入另一公司的同时,会促使公司增加资本。

5. 增强公司实力,提高公司信用。资本规模直接反映公司的资产实力和经营规模,增资由此成为显示和提高公司商业信用,并取得竞争优势的重要方式。

(二) 增资的方式

1. 内部增资与外部增资。内部增资,是由现有股东认购增加的公司资本。外部增资,是由股东之外的投资者认购新增的公司资本。内部增资和外部增资可以同时采用。

2. 同比增资与不同比增资。同比增资,是内部增资时各股东按原出资比例或持股比例同步增加出资,增资后各股东的股权比例或持股比例不变。不同比增资,是内部增资时各股东改变原出资比例或持股比例而增加出资,也可能有的股东不增加出资,增资后各股东的股权比例或持股比例将发生变化。

3. 追加性增资与分配性增资。追加性增资,是通过现有股东或其他投资者对公司的新的投入而增加资本,其结果既增加公司的资本,也增加公司的资产或运营资金。分配性增资,是内部增资的一种方式,是在现有股东不作新的投入的情况下,通过将未分配利润用于股东出资缴纳、把公积金转为资本的方式增加资本,其结果只是改变公司资产的性质和结构,而不改变其总的价值金额,只增加公司的资本总额,而不增加公司的资产总量。

4. 增加股份数额与增加股份金额。这是股份有限公司采用的增资方式。增加股份数额,即公司在原定股份总数之外发行新的股份。增加的股份,既可以由原有股东优先认股,也可以向社会公开发行。增加股份金额,即公司在不改变原定股份总数的情况下增加每股股份的金额或面额。此种增资只能是内部增资，即由原有股东增加自己的股份出资。

5. 配股增资与送股增资。这是上市公司广泛采用的增资方式。配股增资，又称增资配股，是指上市公司根据现有公司股东持股的数量按照一定的比例向其发售股份。配股的对象仅限于公司现有股东，配股的条件通常要优于公司对外发行的条件。送股增资，又称送股或送红股，是指上市公司根据现有公司股东持股的数量按照一定的比例向其无偿分配股份，其实质是向股东进行收益的分配，只是分配的不是货币，而是股份。

6. 公司债转换增资与债转股增资。公司债转换增资，是指将公司发行的可转换公司债依照规定的条件转换成为公司的股份，由此导致公司资本的增加。债转股增资，是我国商业银行改革和资产重组的过程中所实行的特殊增资方式，即将银行对债务人公司所享有的债权按约定的方法折抵为对该公司一定金额的股权，银行由此从债权人变成该公司的股东，从而导致公司资本的增加。

（三）增资的条件和程序

增加资本能够增强公司实力，提高公司信用，有利于债权人利益和交易安全，因此，各国立法对有限公司增资的条件通常不作强制性要求，而由公司自行决定。但股份有限公司因其公众性特点，法律对其增资则予以必要的限制。我国《证券法》等有关法律法规关于新股发行条件的规定同时也是股份有限公司增资的条件。

公司增资，会导致股权的稀释和股权结构的调整，是直接影响现有股东利益并可能引发严重利益冲突的公司重大事项。因此在法律程序上，公司增资必须经过股东大会决议，变更公司章程，并办理相应的变更登记手续。我国《公司法》第 43 条规定，有限公司股东会对增加资本作出决议，必须经代表 2/3 以上表决权的股东通过。违反上述增资条件和程序，会导致公司增资的无效或被撤销。

二、减少资本

（一）减资的目的和意义

减少资本，简称减资，是指公司基于某种情况或需要，依照法定条件和程序，减少公司的资本总额。根据资本不变原则，公司的资本不得随意减少，但也并非绝对不可改变，而是可以通过法定的程序减资。减资的目的和意义在于：

1. 缩小经营规模或停止经营项目。

2. 减少资本过剩，提高财产效用。在原定公司资本过高情况下，如保持资本不变，会导致资本在公司中的停滞和浪费，不利于充分发挥社会财富的经济效益。

3. 实现股利分配，保证股东利益。在“无盈不分”的盈利分配原则之下，如果公司亏损严重，将使股东长期得不到股利的分配，不利于调动股东的积极性。通过减资，可以尽快改变公司的亏损状态，使公司具备向股东分配股利的条件。

4. 缩小资本与净资产差距，真实反映公司资本信用状况。如果公司亏损严重，资本与其净资产差额过大，公司资本会失去其应有的标示公司信用状况的法律意义，通过减资，可以使二者保持基本的一致。

5. 公司分立。在派生分立情况下，原公司的主体地位不变，但资产的减少必然要求资本的相应减少。

（二）减资的方式

1. 同比减资与不同比减资。同比减资，是各股东按原出资比例或持股比例同步减少出资，减资后各股东的股权比例或持股比例不变。不同比减资，是各股东改变原出资比例或持股比例而减少出资，也可能有的股东不减少出资，减资后各股东的股权比例或持股比例将发生变化。

2. 返还出资的减资、免除出资义务的减资与消除股权或股份的减资。返还出资的减资，是对已缴足出资额的股权或股份，将部分出资款返还给股东，此种减资的结果既减少公司的资本，也减少公司的资产或运营资金。免除出资义务的减资，是对尚未缴足出资额的股权或股份，免除股东全部或部分缴纳出资的义务。消除股权或股份的减资，是在公司因亏损而减资时，直接取消部分股权或股份，或者直接减少每个股份的金额，并抵消本应弥补的公司亏损。后两种减资的结果只是改变公司资产的性质和结构，而不改变其总的价值金额，只减少公司的资本总额，而不减少公司的资产总量。

3. 减少股份数额与减少股份金额。减少股份数额，即每股金额并不减少，而只是减少股份总数。其具体方法又分为消除股份和合并股份。减少股份金额，即不改变股份总数，只减少每股的金额。

（三）减资的条件和程序

根据我国《公司法》第 177 条和其他有关规定，公司减资的条件和程序如下：

1. 股东大会作出减资决议，并相应地对章程进行修改。有限公司作出减资决议，必须经代表 2/3 以上表决权的股东通过。同时，公司减资后的注册资本不得低于法定的最低限额。

2. 公司必须编制资产负债表及财产清单。

3. 通知债权人和对外公告。公司应当自作出减资决议之日起 10 日内通知债权人，并于 30 日内在报纸上公告。

4. 债务清偿或担保。债权人自接到通知书之日起 30 日内，未接到通知书的自公告之日起 45 日内，有权要求公司清偿债务或者提供相应的担保。

5. 办理减资登记手续。资本是公司注册登记的主要事项之一，公司成立之时，其资本总额已登记注册，减少资本引起主要登记注册事项的变更，因而须办理减资登记手续，并自登记之日起，减资生效。

第五节 股东出资概述

出资是指股东（包括发起人和认股人）在公司设立或者增加资本时，为取得股份或股权，根据协议的约定以及法律和章程的规定向公司交付财产或履行其他给付义务。

一、股东出资与公司资本

股东出资制度与公司资本制度紧密联系，公司资本来源于股东的出资，全体股东认缴的出资额总和就是公司的资本总额，公司法有严格的资本制度，那么必有与之配套的股东出资制度。在法定资本制之下，资本确定、维持和不变的原则正是通过股东出资行为的规则加以实现的。全体股东必须全额认缴公司资本的规则保证了公司资本的确定，股东不得抽逃出资的规则体现了资本维持的要求。没有严格的股东出资制度,就无法建立真正的公司资本制度。就此而言,公司资本制度的价值和功能同时也就是股东出资制度的价值和功能。

二、股东出资与有限责任

公司法上的有限责任与无限责任是以股东的出资额为界限的,有限责任就是股东以其认缴的出资额为限对公司债务负责,无限责任就是股东不以其出资额而以其全部财产对公司债务负责。实际上,有限责任的股东只要履行了出资义务,就不再对公司承担财产责任,承担的责任后果不过是对未履行部分的出资义务承担责任和已经缴纳的出资不能收回而已。股东认缴出资成为其承担有限责任的前提条件,也是公司取得独立法人人格并承担独立责任的必要条件。

三、股东出资与股权

出资既是股东的基本义务,也是其取得股权的事实根据和法律根据。股东既然享有股权,就应承担出资的义务,出资实质上是股权的对价,任何人欲取得公司股东的身份和资格,必以对公司的出资承诺为前提,而要获得某些实际的股东权益,则应以出资义务的实际履行为前提。同时,股东享有股权的大小取决于其出资的比例或数额,有限公司股东通常按出资比例享有股权,股份有限公司则按股东出资的金额享有股权。

四、股东出资义务与履行

出资是股东最基本、最重要的义务,这种义务既是一种约定义务,同时也是一种法定义务。股东一般是通过签署公司设立协议(或发起人协议)或认股书的形式约定其各自的出资比例或金额,出资条款构成公司设立协议的主要内容之一,同时,出资又是公司法规定的股东必须承担的法定义务。作为公司成立的条件,公司设立必须制订章程,而出资义务的分配则是公司章程的必备事项,不论股东之间作何种约定,都不能免除股东的出资义务。

按行为方式不同,股东违反出资义务的行为可表现为完全未履行、未完全履行和不适当履行三种形式。《公司法司法解释三》所规定的未全面履行包括未完全履行和不适当履行两种情况。

完全未履行,是指股东根本未出资,具体又可分为拒绝出资、不能出资、虚假出资、抽逃出资。拒绝出资,是指股东在设立协议或认股协议成立且生效后拒绝按规定出资;不能出资,是指因股东客观条件的变化而不能履行出资义务,如出资的房产在办理财产权移转手续前毁损或灭失;虚假出资,是指宣称其已经出资而事实上并未出资,其性质为欺诈行为;抽逃出资,是指在公司成立或资本验资之后,将缴纳的出资抽回,其性质亦属欺诈。

未完全履行,又可称为未足额履行,是指股东只履行了部分出资义务,未按规定数额足额交付,包括货币出资的不足,出资的实物、工业产权等非货币出资的实际价值显著低于出资文件所确定的价额等。

不适当履行,是指出资的时间、形式或手续不符合规定,包括迟延出资、瑕疵出资。迟延出资是指股东不按规定的期限交付出资或办理实物等财产权的转移手续;瑕疵出资是指股东交付的非货币出资的财产存在权利或物的瑕疵,如所缴纳的财产存在着第三人的合法权利或不符合约定的质量标准等。

五、股东出资责任

股东出资责任是股东违反出资义务的法律后果。股东违反出资义务的行为，在公司成立之前，属合同法上的违约行为，已足额缴纳出资的股东可采取违约救济手段，并就其自身遭受的损失向未缴纳出资的股东请求赔偿；在公司成立之后，则同时构成公司法上的违法行为和损害公司利益的行为，公司有权向其追究责任。公司法学理一般将股东的出资责任分为出资违约责任和资本充实责任。

我国《公司法》第 28 条、第 30 条、第 83 条、第 93 条对股东出资责任分别作了规定，主要是以下四种：

1. 货币出资的缴纳责任。即有限公司股东未按照规定缴纳出资的，应当向公司足额缴纳，股份公司发起人未按照公司章程的规定缴足出资的，应当补缴。

2. 非货币出资的差额补足责任。即公司成立后，发现作为设立公司出资的非货币财产的实际价额显著低于公司章程所定价额的，应当由交付该出资的股东或发起人补足其差额。

3. 违约赔偿责任。即有限公司未缴纳出资的股东应当向已按期足额缴纳出资的股东承担违约责任，股份公司的发起人应当按照发起人协议承担违约责任。

4. 出资连带责任。即对未缴纳的货币出资或价值不足的非货币出资，有限公司设立时的其他股东、股份公司的发起人应承担连带缴纳或补足的责任。

第六节 股东出资的形式

一、股东出资形式的法定性

在股东出资制度上，公司法实行的是出资形式法定主义，即股东以何种财产出资，不完全取决于股东自身拥有何种财产或资源，也不完全取决于公司经营需要何种财产或资源，而是由法律直接规定何种财产可以作为股东对公司的出资。此种出资形式的法定主义和限制与公司法实行的法定资本制相辅相成，股东出资既然是公司资本的来源，资本信用的进一步表现就是出资信用，因而必须对出资的条件作出法定的限制，否则法定资本制的功能将难以实现。

我国《公司法》对出资形式的规定采取列举与抽象性出资标准相结合的方式，即一方面列举了货币、实物、知识产权、土地使用权四种最为普遍的出资形式，另一方面，又规定了“可以用货币估价并可以依法转让的”非货币财产出资的抽象标准，从而大大放宽了股东出资的财产范围。

二、非货币财产出资形式的要件

《公司法》第 27 条规定：“股东可以用货币出资，也可以用实物、知识产权、土地使用权等可以用货币估价并可以依法转让的非货币财产作价出资；但是法律、行政法规规定不得作为出资的财产除外。”依此规定，除货币出资外，股东也可以用非货币的财产出资，只是非货币财产的出资必须具备以下两个法定要件。

第一，可以用货币估价，即具有价值上的确定性，用于出资的财产不但应具有财产价值，而且这种价值能够具体确定或评估作价。可以用货币估价，不仅是保障公司资本确定、真实的要求，也是确定股东出资比例或金额的依据，而且还是以此项财产清偿公司债务时的计算依据。

第二，可以依法转让，即具有可转让性，用于出资的财产不仅可以由公司股东交付与公司，并为公司经营所用，而且在公司对外清偿债务时，可以有效地从公司移转给公司的债权人，并由债权人予以有效的财产利用。财产可依法转让，包括依其客观性质可依法转让，也包括对出资的财产没有禁止或限制转让的法律规定。同时这种财产的转让应是出资财产全部权利的转让，如实物财产的所有权转让和专利权、商标权的整体转让。如果实物财产只转让其用益物权，专利权、商标权只转移其使用权，则不属于实物出资或专利权、商标权本身的出资，而是其他相应财产权的出资。

依上述要件，有些财产或经营资源如劳务、信用等，虽具有经营功能，可以从股东转让给公司并为公司所用，但却不能保证将来清偿债务时从公司有效地向债权人移转，不具有债务清偿功能，因而目前被排除在出资形式之外。

三、我国股东出资的法定形式

（一）货币出资

货币出资是法律关系最为简单、当事人间最少发生争议和纠纷的出资形式，只要当事人按约定的金额和时间将货币交付与公司或汇入公司的设立账户，出资义务即为履行。

货币出资的一个特别法律问题是能否以借贷资金作为公司注册资本。所谓以借贷资金作为资本或出资，包括两种情况：一是以公司为借款人对外借贷，并由公司承担还款责任；二是以股东为借款人对外借贷，并由股东承担还款责任。前者虽由股东联系安排借款使公司获得资金，但却同时形成公司对外负债，股东并未实际地承担出资的责任，这种借贷出资应为法律所禁止。后者对股东来说是借贷资金，但对公司却不是借贷资金，并不形成公司负债，股东实质上履行了出资的义务，只不过这种履行的条件是通过对外的负债而获得，因而这种借贷出资应得到承认和允许。

（二）实物出资

实物出资即以民法上的物出资，包括房屋、车辆、设备、原材料、成品或半成品等。用于出资的实物首先应具有财产价值，才可能进行出资额和资本额的评估和界定。其次，出资的实物可以是公司经营所需，也可以与公司的经营使用无关，其允许用于股东出资在于公司可以对其变现支配并实现其财产价值。此种实物是否可以用做出资，应由股东协商确定。

（三）知识产权出资

知识产权出资包括工业产权出资和著作权出资。对于工业产权，存在狭义与广义两种不同的解释。狭义的工业产权仅指商标权和专利权。广义的工业产权范围较为广泛，根据《保护工业产权巴黎公约》第1条的规定，工业产权的保护对象至少应包括专利、实用新型、外观设计、商标、服务标记、厂商名称、货源标记、原产地名称等。

对于工业产权出资，一般而言，只要符合工业产权的条件即可作为股东出资，但在特殊情形下，法律对此有特别的要求或限制。例如，《中外合资经营企业法实施细则》即对外国合营者（即外国股东）出资的工业产权或专有技术作出了特殊的要求。

著作权也完全具备法定出资形式的要件，它既具有可估价的财产价值，也完全可以依法转让。著作权与商标权、专利权一样，其权利中都包含有可转让的财产权内容，因此，完全可以将著作权的财产性权利用于出资。

（四）土地使用权出资

土地使用权成为法定出资形式，有着客观的原因和充分的根据。首先，土地使用权是民事主体所能拥有的最重要的财产。在民事主体的财产构成中，土地使用权从来都占据重要的位置。其次，对土地的使用需求是公司经营活动最普遍的需要。公司的经营活动必须有相应的生产经营场所和必要的生产经营条件，土地是公司经营场所的最基本的形式。再次，土地作为天然的和有限的资源，在财产价值上，通常具有超乎一般动产的更高价值和其他财产难以比拟的保值增值性。土地使用权也完全符合公司法所要求的可用货币估价和可依法转让的要件。

土地使用权是公司实践中十分普遍而又重要的出资标的，根据我国土地制度和土地使用权本身的特点，又形成了对土地使用权出资的以下特殊法律条件和要求：

1. 土地使用权的出资是使用权的出资，而不是所有权的出资。
2. 用于出资的土地使用权只能是国有土地的使用权，而不能是集体土地的使用权。
3. 用于出资的土地使用权只能是出让土地的使用权，而不能是划拨土地的使用权。
4. 用于出资的土地使用权应是未设抵押等权利负担、没有权利瑕疵的土地使用权。

四、其他出资形式

实际上，在各国公司法和企业法上，能够作为出资的并不只是前述几种，股权出资、债权出资、劳务出资、信用出资等也都是各国公司实践和立法中存在的出资形式，只是不同国家的立法对不同类型的公司和企业规定有不同的出资形式。前述法定的四种出资形式通常适用于有限公司和股份有限公司，而无限公司和合伙企业的出资形式则较为灵活，除前述出资形式外，一般都允许股东或合伙人自行约定。在我国，尽管《公司法》只规定了四种出资形式，但实践中，存在着大量的股权、债权的出资，未来的立法对此是否应予承认并进一步允许其他的出资形式，包括劳务、信用、经营权、采矿权、承包经营权等各种财产权的出资，是需要进一步研究和论证的问题。

第七节　股东出资的法定要求

一、出资的价值评估

除货币出资外，其他形式的出资都需要进行价值的评估。《公司法》第 27 条对有限公司的股东出资作出明确规定："对作为出资的非货币财产应当评估作价，核实财产，不得高估或者低估作价。法律、行政法规对评估作价有规定的，从其规定。"《公司法》第 82 条对股份有限公司发起人的出资作了准用第 27 条的相同规定。

非货币出资的特殊法律问题在于其价值的评定。与货币出资不同，非货币出资的财产价值无法直接由其自身客观表现，而必须依赖人的主观评价，不同的人，基于不同的立场，使用不同的方法，会对同一项出资作出不同甚至差额甚大的价值判断。同时，非货币出资的价值又具有较强的变动性，除其自身可能发生的自然增值或贬值、添附或毁损外，因时间、地点和其他外界因素、环境的变化，也会引起非货币出资价值的重大变化。这些都决定了对非货币出资必须在确定一个具体日期的基础上进行客观的价值评估。

为保证非货币出资估价的客观、真实和准确，非货币出资通常需要由中立的专业资产评估机构进行评估作价，资产评估机构应根据公认或专门的评估规则和办法进行评估，因评估不实，损害公司或其他股东利益的，应根据其过错承担欺诈或过失的民事责任。

对于非货币出资的评估，有法律、法规规定的，应严格执行。鉴于土地使用权的特殊性，根据《股份制试点企业土地资产管理暂行规定》，土地使用权的价格由县级以上人民政府土地管理部门组织评估，并报县级以上人民政府审核批准后，作为核定的土地资产余额。鉴于国有资产可能被评估过低而流失，《国有资产评估办法》第 18 条规定，国有资产评估必须“报同级国有资产管理行政主管部门确认资产评估结果”。

二、出资的比例结构

出资的比例结构，也称为出资的构成，是指股东出资总额中各种出资所占的比例情况。为保证公司资产结构的合理性和公司正常经营活动的需要，保证公司资产应有的流通性和变现性，保证公司对外负债的有效清偿能力，公司法对股东出资的比例结构作出了统一的要求和限制，不允许当事人完全自由约定。

我国 2005 年《公司法》彻底取消了工业产权等无形财产出资比例的限制。同时，为保障公司开业和经营所需货币资金的基本需求，防止非货币财产变现的困难和障碍，借鉴境外公司法立法经验和先例，增加了关于货币出资最低比例的规定，即“全体股东的货币出资金额不得低于有限责任公司注册资本的百分之三十”。2013 年《公司法》修订时将这一货币出资比例的要求取消，其立法目的和价值取向与资本制度的其他改革相同，即都是为了鼓励投资，尽可能地放宽投资条件，降低投资门槛，将资本设定的权利，包括决定资本规模和资本的财产构成的权利，赋予公司。

三、出资的履行

出资的履行就是股东将用于出资的财产交付予公司或向公司履行其他给付义务。由不同出资的特点决定，其履行出资的方式也不同，《公司法》第 28 条和第 83 条对有限责任公司和股份有限公司出资的履行方式作了专门的规定：“股东以货币出资的，应当将货币出资足额存入有限责任公司在银行开设的账户；以非货币财产出资的，应当依法办理其财产权的转移手续。”对于以募集方式设立的股份有限公司的股款缴纳，《公司法》第 88 条规定：“发起人向社会公开募集股份，应当同银行签订代收股款协议。代收股款的银行应当按照协议代收和保存股款，向缴纳股款的认股人出具收款单据，并负有向有关部门出具收款证明的义务。”

货币出资的履行方式最为简单，只需货币的实际交付即可，即将应出资的货币存入设立中的公司在银行开设的账户。

实物的出资是实物所有权从股东向公司的转移，应遵循物权变动的法律原则，动产物权的转移一般以交付为要件，而不动产物权的转移则一般以登记为要件。《民法通则》第 72 条对所有权的转移时间作了规定：“按照合同或其他合法方式取得财产的，财产所有权从财产交付时起转移，法律另有规定或当事人另有约定的除外。”对于土地、房屋等不动产使用权或所有权的转移，各国民法或物权法均规定有专门的法律规则，一般规定为非经办理权属变更登记，不能发生转移的法律效力。同时，对于某些动产，如机动车等，国家实行登记管理并以登记取得权利的，其所有权的转移亦以登记为要件。

知识产权中的专利权和商标权是以权利证书所表彰的特殊民事权利，其出资不仅要求专利技术或商标的实际转移，更重要的是专利或商标在登记管理机关的变更登记以及专利证书或商标证书中权利人的相应变更。非专利技术，因不表现为特定的权利形式，只是当事人的一种特殊利益，其出资方式与一般动产出资类似，只需实际、有效的技术交付即可，此种交付通常采取移交图纸、数据、模型、程序等技术资料和技术人员培训等使公司能有效掌握和利用该项技术的各种必要形式。著作权无固定的权利表现形式，没有特定的权利证书，因而其出资的履行应根据作品的具体情况确定出资的要求，包括书稿、影像资料的交付、作品利用的明确授权等。

四、出资的验资

验资，是法定机构依法对公司股东出资情况进行检验并出具相应证明的行为。验资是既往公司法规定的特别法律程序，是资本制度的组成部分，也是把守资本真实的重要关口。验资制度的作用是通过中立的专业机构和专业人员的执业行为，保障股东出资行为的真实履行和出资财产的货真价实。验资是我国公司法长期实行的制度，2005 年《公司法》第 29 条规定，有限公司"股东缴纳出资后，必须经依法设立的验资机构验资并出具证明"；第 90 条规定，股份有限公司"发行股份的股款缴足后，必须经依法设立的验资机构验资并出具证明"。然而这一实行了几十年的法律制度因其存在的一些积弊而饱受诟病和非议，在 2013 年的资本制度改革中，最终被废弃取消。

验资制度的价值在于保障公司资本的真实，资本真实是公司法的基本要求，也是公司法贯穿始终的法律理念。公司资本制度虽然进行了重大改革，但资本真实的法律要求不应动摇。资本真实包括实缴资本的真实和认缴资本的真实。验资所保障的主要是实缴资本的真实，即股东实际缴纳的出资额与其公示的资本额的一致，不存在虚假出资或出资财产实际价值不足其出资额的情形。取消法定验资的特定程序，决非否定资本真实性的法律要求，而只是改变资本真实的实现方式，资本制度改革只是废止了法定的验资程序和要求，并不排斥当事人自愿的验资安排。

依照既往验资制度的规定，法定验资机构通常由符合条件的注册会计师构成。验资的内容应包括股东出资是否符合法律、行政法规和公司章程的规定，是否存在弄虚作假的行为，非货币出资的评估作价是否公平、合理，货币出资是否已足额存入公司临时账户，非货币出资是否已办理权利移转登记手续等。

验资结束，验资机构应出具验资证明，验资证明必须客观真实，验资机构或验资人员不得提供虚假证明文件，否则，将要承担相应的法律责任。2013 年《公司法》第 207 条规定："承担资产评估、验资或者验证的机构提供虚假材料的，由公司登记机关没收违法所得，处以违法所得一倍以上五倍以下的罚款，并可以由有关主管部门依法责令该机构停业、吊销直接责任人员的资格证书，吊销营业执照。承担资产评估、验资或者验证的机构因过失提供有重大遗漏的报告的，由公司登记机关责令改正，情节较重的，处以所得收入一倍以上五倍以下的罚款，并可以由有关主管部门依法责令该机构停业、吊销直接责任人员的资格证书，吊销营业执照。承担资产评估、验资或者验证的机构因其出具的评估结果、验资或者验证证明不实，给公司债权人造成损失的，除能够证明自己没有过错的外，在其评估或者证明不实的金额范围内承担赔偿责任。"

【本章前沿问题】

□ 关于资本信用与资产信用

公司的信用基础究竟在于公司的资本还是资产，是目前已开始研究的问题。在资本信用的理念和相应的法律制度体系下，资本的作用被神化，人们对资本已经形成了事实上的崇信。随着社会生活的发展，资本信用的弊端已明显暴露，而资本信用本身也并未产生其预期的效果。

事实上，公司资产对公司的信用也许起着更重要的作用，公司对外承担责任的范围取决于其拥有的资产，而不取决于其注册的资本，公司的信用是以公司的资产为基础，而非以公司的资本为基础。

从资本信用到资产信用的转变，其法律意义在于对现行公司法制度的变革，在于取消资本信用决定的、阻碍公司发展的不合理和不必要的制度和约束，改革现行的资本制度和出资制度，从而实现对公司债权人利益的全面和根本性的保护。

□ 我国法定资本制的改革

我国公司法在资本信用的理念下，对公司资本的形成采取了典型的法定资本制，它是建立在资本信用基础上的资本形成制度。为了保证资本信用，我国原公司法不得不容忍法定资本制带来的公司设立难度大、公司资金闲置与浪费、增资程序复杂等弊端。但如果突破了资本信用的束缚，而代之以资产信用，对授权资本制或折中资本制的采纳可能就不存在法律障碍了。从世界各国的情况看，对法定资本制的改革已成为国际趋势，学者们也认为我国改革法定资本制的条件已经成熟，应改采授权资本制或折中资本制。

□ 公司增资中的股东利益冲突与保护

公司增资，不同股东在增资中的立场和态度完全不同，由此引起的股东权益争执和增资纠纷已经出现。

增资只是一种权利，或还是一种义务？一般认为，增资是股东的权利，而不是义务，由于每个股东自身的财产能力和情况不同，不能强求股东向公司追加出资，股东加入公司和原来的出资是自愿的，后来增资时的出资也应是自愿的。

关于增资时原有股东和新股东的权益界定，合理方式应是首先对公司的现有资产进行全面的评估，确定公司的净资产或股东权益的真实价值。盈利状态下高于资本的股东权益应由原有股东享有，亏损状态下新股东相同比例股权的出资也不应该按原有股东的出资额确定。但这并不否定和排斥当事人之间在此基础上，基于对公司各种内外因素和发展预期等的考虑，对增资的商业条件作出安排，并达成自愿协议。

□ 股东出资责任的性质

出资责任是违反出资义务的法律后果。从现实情况分析，股东的出资义务来源于三种根据，一是公司设立协议或发起人协议的约定，二是公司章程的规定，三是公司法的规定。第一种属于约定义务，第三种属于法定义务，第二种即公司章程规定的出资义务则取决于对公司章程性质的理解和界定。股东的出资是章程必须记载的绝对必要事项，而章程的内容必须符合公司法的规定，因此，章程规定的出资义务也可以理解为法定义务。

股东出资义务的性质和相对人的关系决定了股东出资责任的性质，在公司成立之前或在公司设立无效或失败情况下，发生效力的只是公司设立协议，这一阶段产生的出资责任应是股东之间的违约责任。而公司成立之后产生的出资责任，首先是股东对公司的责任，有学者把它定性为违约责任，有学者则把它定性为侵权责任，即股东违反了法定义务而损害或侵犯了公司应有的财产权的责任。其次，如果因股东不履行出资义务损害了其他股东的利益或导致其他股东的财产损失，还会产生股东对股东的违约责任，包括损害赔偿责任等。

□ 信用出资的障碍与挂靠企业的产权认定

信用出资因其价值难以界定、无法有效移转，难以实现债务清偿功能而不被我国《公司法》允许，信用也无法被计入公司的资本。

挂靠企业的产权关系，存在着信用利用与估价的问题。有些挂靠企业纯粹由私人投资，并完全依靠私人的有形投资和私人投资者的经营管理而使资产滚动增值，此种企业应恢复其私营企业的本性并确认私人投资者对企业产权的所有，是企业产权界定无可置疑的原则。

然而，有的挂靠企业虽然资产由私人投入，但资产数额微不足道，却通过由挂靠关系所产生的身份和背景获得了他人所无法获得的经营资源和条件，被挂靠组织由此而取得管理费等名目的收益并进一步主张投资者的权益，而其投资的方式可能正是信用的出资。

【本章思考题】

1. 简述公司资本的法律意义。
2. 简述资本、资产与净资产的区别及各自的法律意义。
3. 简述公司法上的资本确定原则。
4. 简述资本维持原则的要求及其在公司法制度中的体现。
5. 试述法定资本制与授权资本制的比较与取舍。
6. 试述我国新公司法上的资本认缴制度及其法律意义。
7. 股份公开发行的特点、作用与条件是什么？
8. 试述资本变动中的股东保护与债权人保护。
9. 简述股东出资的法律意义。
10. 股东违反出资义务的表现形式及其法律后果是什么？
11. 现有法定出资形式之外的其他出资形式应否得到法律的承认？为什么？
12. 非货币出资履行有什么特殊的法律要求？

第六章　股东与股权

【导语】

公司是以营利为目的的社团法人。公司法历来把最大限度地营利、实现股东利益的最大化作为公司的最高价值取向。甚至可以说,近现代公司法的历史就是一部为保护股东利益而奋斗和努力的历史。股东是成立公司的人的基础,他们的利益如不能得到法律的充分保护,必将动摇公司制度的根基。

本章的学习重点主要在于股东资格的取得和认定、股东的法律地位、股东的权利和义务、股权的概念及法律特征、股权转让的原则和程序等。本章的学习难点在于理解股权的法律性质,掌握股权转让的效力和股权的救济制度。

第一节　股　　东

一、股东的含义与构成

(一) 股东的含义

由于公司的类型、投资人向公司出资的时间以及取得股权的方式等方面的不同,对股东的含义可以有不同的表述。一般而言,有限责任公司的股东,是指因在公司成立时认缴公司资本或在公司存续期间依法继受取得出资而对公司享有权利和承担义务的人;股份有限公司的股东,是指在公司设立时或在公司成立后合法取得公司股份并对公司享有权利和承担义务的人。

(二) 股东的构成

公司可能由下列三种类型的股东构成:

1. 参与公司设立或者认购公司首次发行股份或出资的原始股东。凡是符合公司法规定的条件,为设立公司而签署公司章程、认购出资并履行公司设立职责的发起人,或者认购公司首次发行股份的其他人,均可成为公司的原始股东。需要注意的是,在我国司法实践中,对于冒用他人名义出资并将该他人作为股东在公司登记机关登记的,被冒名登记为股东的人不得认定为公司的股东,公司、其他股东或者公司债权人不得以未履行出资义务为由,请求被冒名登记为股东的人承担补足出资责任或者对公司债务不得清偿部分的赔偿责任。

2. 公司成立后因依法转让、继承、赠与或法院强制执行等原因取得股东地位的继受股东。继受股东是指在公司存续期间依法继受取得出资或股份的人,一般是在公司成立后因依法转让、继承、赠与或法院强制执行等原因取得股东地位的人。

3. 公司成立后因公司增资而加入的新股东。公司增资可以通过向原股东筹集的方式进行,也可向公司股东以外的投资人筹集。如果公司采取后一种方式增资,则原股东以外的投资人自然因其向公司的投资也成为公司的股东。

二、股东资格的取得与限制

（一）股东资格的取得方式

投资人通过认购公司的出资或股份而获得股东资格。根据取得股东资格的时间及原因，可将股东资格的取得方式分为原始取得和继受取得。

1. 原始取得。凡在公司成立时就因创办公司或认购公司首次发行的出资或股份而成为公司股东的，属于股东资格的原始取得，这类股东即为原始股东。在有限责任公司及发起设立的股份有限公司中，原始股东主要包括公司的发起人或创办人；在募集设立的股份有限公司中，还包括其他在公司设立时即认购了公司股份的人。此外，因在公司成立后认购公司新增资本而取得公司股东资格的，也属于股东资格的原始取得。

2. 继受取得。凡因转让、继承、公司合并等概括继承取得公司出资或股份并成为公司股东的，属于股东资格的继受取得，这类股东即为继受股东。继受股东主要包括受让原始股东的出资或股份的人，以及因其他事由继受他人的出资或股份的人。

当事人依法履行出资义务或者依法继受取得股权后，有权要求公司依规定签发出资证明书、记载于股东名册并办理公司登记机关登记。

（二）股东资格的限制

从各国或地区公司立法的规定看，多对股东资格作一些限制性规定。这些限制主要体现为以下方面：

1. 自然人作为发起人应当具备完全行为能力。设立行为属于法律行为，并对发起人直接产生实体上的权利义务关系，因此应适用《民法通则》关于自然人行为能力的规定，无行为能力人和限制行为能力人参与公司设立受到限制。而且，对于一些特殊的行业，发起人还须具备特殊的民事权利能力和民事行为能力。法律所规定的不可设立公司的自然人，当然不可成为公司的股东。

2. 发起人应是法律上不受限制的法人。关于到底哪些法人不能作为公司的发起人，应根据社会经济、政治等因素来确定。比如，我国法律、法规禁止党政机关、军队等经商、办企业，因此党政机关和军队就不能作为公司的发起人。

3. 原则上公司不得自为股东。我国《公司法》第 142 条第 1 款规定："公司不得收购本公司股份，但是，有下列情形之一的除外……"根据该规定，在我国只有例外情形下公司可以购买自己的股份，但这些例外情形实质上只是解决减资、合并等实践中遇到的特殊问题的手段而已，并非旨在使公司最终成为自己的股东。

4. 公司章程约定不得成为股东的人不得为公司的股东。以有限责任公司为例，为保持公司的人合性，公司章程往往对股东资格加以严格限制。在有约定的情形下，应尊重股东的约定，维护公司章程约定内容的效力，除非这种约定违反法律的强制性规定。

5. 对发起人的国籍和住所的限制。为防止发起人利用设立公司来损害广大社会公众的利益，一些国家或地区的公司法对发起人的国籍和住所有一定限制。我国现行立法主要规定了对股份有限公司发起人住所的限制。

（三）股东资格的认定规则

在我国司法实践中，认定股东资格需要注意程序和实体方面的规则。依《公司法司法解释（三）》第 22～29 条的规定，需要注意下列方面：

1. 股东资格诉讼中诉讼主体的确认规则

当事人向人民法院起诉请求确认其股东资格的，应当以公司为被告，与案件争议股权有利害关系的人作为第三人参加诉讼。按照《公司法》的规定，公司有义务为股东出具出资证明，并将其记录于股东名册，因此对股东资格发生争议，实质是对公司履行上述义务提出的异议，故应当将公司列为被告，而利害关系人与裁判结果有利害关系，所以应当将其列为第三人参加诉讼。

2. 股东权属争议的举证责任分配规则

请求确认股权的股东应当承担举证责任，证明其取得股东权益的形式并符合法律规定。具体而言，主张股东权益的一方应该对下列事实之一予以证明：已经依法向公司出资或者认缴出资，且不违反法律、法规的强制性规定；已经受让或者以其他形式继受公司股权，且不违反法律、法规的强制性规定。

3. 隐名投资情形中的股权确认规则

对于隐名投资与名义持股的合法性，以及隐名投资与名义持股中的股权确认，一直存在较大争议。在司法实践中，对于隐名投资与名义持股的法律效力，通常视个案情况而论：如果隐名投资或名义持股是为了规避法律、行政法规的强制性规定，应当认定无效，隐名投资人或名义持股人不具有股东资格。如果隐名投资或名义持股并未违反法律、行政法规之强制性规定，隐名股东或名义持股人只是基于各种原因不愿显名或作为名义持股人而已，则应当认定有效。

在合法有效的情形下，如何认定股权的归属，理论和实务中历来有不同看法。有认为应当采用实质要件标准，以实际出资人为股东；也有认为应当采用形式要件标准，以出资证明书、股东名册、公司章程或工商登记的记载来确认股东。《公司法》采纳了形式要件标准：当处理公司内部股东资格确认纠纷时，以公司股东名册作为确认股权的依据，股东名册变更是股权变动的生效要件；当与公司之外第三人发生纠纷涉及股东资格确认时，以工商登记作为确认股权的依据，即工商登记变更是股权变动的对抗要件。然而，在股权的形式认定和实质认定问题上，公司法以股东名册、工商登记确认股东资格解决的只是股权形式认定问题，是法律从形式上对股东资格作出的推定，这与股权的实质认定并不矛盾。隐名股东完全可以根据协议等证据来证明自己的股东身份，从而要求法院对自己的股东身份作出实质认定，推翻法律形式上的推定，变更股东名册，行使股东权利。而且，在有限责任公司实践中，一直存在隐名的实际出资人虽然不是公司名义上的持股人，但却依据和名义持股人之间的协议，实际享有股东权利和利益的情形。这种情形下双方就容易对股权投资收益的归属发生争议。《公司法司法解释(三)》的公布，为这种形式下股东的认定提供了司法依据。依该解释第 25～27 条的规定，处理实际出资人与名义持股人之间的关系的一个总原则是：隐名实际出资人和名义出资人对于股权归属的争议可以由其双方的合同调整，但实际出资人转为公司股东须经公司其他股东半数以上同意。具体可以归纳为下列三种情形：

(1) 鉴于对合同自由原则的遵循，在实际出资人和名义持股人之间的协议不违反法律强制性规定的情形下，实际出资人与名义持股人之间关于由名义持股人出面行使股权、由实际出资人享受投资权益的合同约定受法律保护，实际出资人可依照合同约定向名义持股人主张相关权益。但是，基于有限责任公司属于人合兼资合的法律属性，以及对交易安全的考虑，在实际出资人未经公司其他股东半数以上同意的情形下，实际出资人无权请求公司变更股东、签发出资证明书、记载于股东名册、记载于公司章程并办理公司登记机关登记，即此时该实际出资人不属于公司的股东，但可以依据其与名义持股人之间的协议享有投资权益。需要注意的是，我国目前仍未明确

"投资权益"的概念及内涵,所以,对于实际出资人享有的权益,在实践中就需要双方在协议中予以明确约定,以避免争议的发生。

(2) 名义持股人虽然是公司的股东,但并不实际享有股东权益,故其未经实际出资人同意的情形下,将登记于其名下的股权转让、质押或者以其他方式处分的,属于无权处分,受让人只有符合善意取得的条件才能取得股权。如果因为受让人善意取得股权而给实际出资人造成损失的,实际出资人有权请求名义持股人承担赔偿责任。

(3) 在享有股东权益的实际出资人没有完全履行出资义务时,公司债权人只能起诉不实际享有股东权益的名义持股人承担,即名义持股人仍应当对外承担股东责任,而不能以其为名义股东作为不承担责任的抗辩理由。也就是说,实际出资人只享有股权收益,不直接对外承担公司债务。这一做法可以有效保障相对人应有的信赖利益,避免因隐名出资行为侵害善意相对人的合法利益。当然,从权利义务的对等性角度,法律也赋予了名义股东对实际出资人的追偿权,即名义股东对外承担赔偿责任后,可以向实际出资人追偿。

三、股东的法律地位

股东的法律地位既体现在股东与公司之间的法律关系中,又体现在股东相互之间的法律关系中。股东的法律地位主要表现在如下两个方面。

(一) 股东享有股权

这是股东与公司之间的法律关系和股东法律地位的集中体现。股东将自己的财产交由公司进行经营,通常按其投资份额对公司享有一定权利并承担一定义务,这种权利和义务的总称就是股权。[①] 股权既是股东法律地位的具体化,又是对股东具体权利义务的抽象概括。

(二) 股东平等原则

股东平等原则,是指在公司中各股东依其所持有的股份比例或拥有的出资额享有平等的权利,负担同等的义务。股东平等原则包括这样两个层面的含义:(1) 只要具有股东身份,不论股东有何个体差异,均可以该身份在公司中享有平等的权利,如参加股东(大)会。从这个意义上说,股东平等原则具有绝对性。(2) 股东平等原则并不排除股权具体内容的不同。恰恰相反,股权不仅有普通股和优先股等划分,股东所拥有的出资额和所持有的股份也有多寡之别,大股东因其股份或出资额占有的多数而拥有更多的控制权。但这绝不是对股东平等原则的违背,更不是对股东平等原则的否定。因为,公司法中的股东平等是一种在资本平等基础上的平等,或者说是一种按比例的平等,它以每一股东所持有的股权或股份的比例作为衡量标准。"一股一表决权"制度就集中体现了这种比例上的平等。

我国《公司法》中有不少体现股东平等原则的规定,如同股同权和同股同利(第 126 条)、一股一表决权(第 103 条)、按出资比例或持有的股份比例分配剩余财产(第 186 条第 2 款)等。

四、股东的权利与义务

(一) 股东的权利

股东的权利通常简称为股东权或股权,是指股东基于其出资在法律上对公司所享有的权利。

---

① 当然,并非所有权利义务均依投资份额来享有和承担,如股东的查阅账簿权。

各国或地区的公司立法一般均不具体列举股东的权利，但一般赋予股东最为核心的权利有表决权、获得信息的权利以及诉讼的权利等。我国《公司法》也没有集中详细地列举股东应享有的权利，但《公司法》第4条对股东权的主要内容作出了概括性的规定，即公司股东依法享有资产收益、参与重大决策和选择管理者等权利。其他关于股东权的规定散见于《公司法》的条文中。总的来看，《公司法》规定的股东权利主要包括：

1. 出席或委托代理人出席股东(大)会行使表决权

股东对由股东(大)会议决的事项有表示同意或者表示不同意的权利，这是股东的固有权利(优先股股东例外)。股东行使表决权的原则有股权平等原则、多数决原则等。

股权平等原则通常情况下体现为"一股一表决权"或者按照出资比例行使表决权。例如，依我国《公司法》第42条规定，除公司章程另有规定外，有限责任公司的股东按照出资比例行使表决权，即股东有多少比例的出资就有多少表决权。多数决原则一般是指形成一项决议需要多数股份出席，并经出席股份多数通过。多数决原则有简单多数和绝对多数之分。通常法律规定一般事项的决议需要简单多数通过即可，特别事项则需要绝对多数通过。

此外，有些情况下法律还会对股东表决权予以限制。这些情形主要有：(1) 在公司持有自己股份的情况下，作为股东的公司往往没有表决权。例如我国《公司法》第103条第1款规定："股东出席股东大会会议，所持每一股份有一表决权。但是，公司持有的本公司股份没有表决权。"(2) 法律也会对利害关系股东的表决权作出限制。例如，依我国《公司法》第16条第2款的规定，当公司为公司股东或者实际控制人提供担保时，必须经股东会或者股东大会决议，这时该股东或者受实际控制人支配的股东不得参加表决。(3) 在相互持股的情况下，法律通常会将表决权的行使限定在一定比例范围之内。

2. 选举权和被选举权

股东有权通过股东(大)会选举公司的董事或者监事，同时，公司的股东只要符合《公司法》规定的公司的董事和监事的任职资格，就可依法定的议事规则被选举为公司的董事或者监事。在选举权的行使方法上，为保护中小股东的利益，我国《公司法》还在股份有限公司中引入了累积投票制，这也改变了传统的投票规则。《公司法》第105条第1款规定："公司股东大会选举董事、监事，可以根据公司章程的规定或者股东大会的决议，实行累积投票制。"所谓累积投票制，是指公司股东大会选举董事或者监事时，有表决权的每一股份拥有与应选董事或者监事人数相同的表决权，股东拥有的表决权可以集中使用。采用累积投票制，可以增加中小股东选出代表其利益的董事、监事的机会，有利于保护其合法权益。

3. 依法转让出资或股份的权利

转让出资或股份，是指公司的股东将自己所持有的出资额或股份转让给他人，使他人成为公司的股东。按照公司资本维持原则，法律禁止股东在向公司出资获得股权后抽逃出资。但是，法律允许股东为了转移投资的风险或者收回本金而转让其出资或股份。

4. 知情权

即股东请求查阅其具有公司股东身份之前或者之后的公司档案材料，获取公司信息、了解公司情况的权利。依我国《公司法》第33条规定，有限责任公司股东有权查阅、复制公司章程、股东会会议记录、董事会会议决议、监事会会议决议和财务会计报告，股东还可以要求查阅公司会计账簿。根据《公司法》第97条的规定，股份有限公司股东有权查阅公司章程、股东名册、公司债券存根、股东大会会议记录、董事会会议决议、监事会会议决议和财务会计报告。上述规定实际上明确了股东知情权的范围。

同时，为了避免股东滥用查阅权而影响公司的正常经营活动，或由于股东泄露公司商业秘密而损害公司的利益，我国《公司法》对股东查阅公司会计账簿作了一定的限制性规定。根据《公司法》第33条第2款的规定，要求查阅的股东应当向公司提出书面请求，说明目的。公司有合理根据认为股东查阅会计账簿有不正当目的，可能损害公司合法利益的，可以拒绝提供查阅，并应当自股东提出书面请求之日起15日内书面答复股东并说明理由。当公司拒绝提供查阅时，股东可以请求人民法院要求公司提供查阅。

5. 建议和质询权

当股东认为某种做法更有利于公司的经营，会给公司带来更大的利润时，可以直接向公司提出自己的意见，建议公司采取某种做法或者放弃原来的做法；当股东对公司的某些行为存有疑问，或者认为公司的经营不善时，可以口头或者书面向负有责任的机构，如董事会、监事会、经理等提出自己的疑问，并要求他们予以解答。根据我国《公司法》第97条和第150条第1款的规定，股份有限公司的股东有权对公司的经营提出建议或者质询；股东会或者股东大会要求董事、监事、高级管理人员列席会议的，董事、监事、高级管理人员应当列席并接受股东的质询。

6. 股利分配请求权

股利分配请求权即股东有权按照出资或股份比例请求分取股利。股东投资的目的就是为了盈利，即通过公司盈余分配获得股利。股利分配请求权实质上是股东对自己的投资期望得到回报的一种权利。因此，股利分配请求权是股东权的核心。

但是，对于公司股东是否可以请求人民法院强制进行利润分配是一个存有争议的问题。有观点主张，如果有限责任公司小股东请求分配利润并提供证据证明公司有盈利但长期不分配的，人民法院应判决公司依照《公司法》或者公司章程的规定分配利润。

7. 新股认购优先权

新股认购优先权，是指赋予公司原有的股东以确定的价格按其持股比例优先购买公司所发行新股的权利。公司发行新股往往会影响到原有股东的利益，如可能构成对原有股东经济利益或者表决权的稀释。赋予原有股东优先认购新股的权利，可以保护原有股东的比例利益，维持原有股东对公司的比例控制权。

需要注意的是，这种优先权利只限于认购上的优先性，而非在发行价格或者其他认购条件上可得到优惠或者特殊的权利。

8. 提议召开临时股东(大)会的权利

作为公司权力机关的股东(大)会无需经常性地召开，这是与其性质相一致的。但是当公司有重大情形出现时，不能及时召开股东(大)会可能又有不妥时，应当允许临时会议的召开。股东作为公司重要的利益相关者，应享有提议召开临时股东(大)会会议的权利。依我国《公司法》第39条第2款和第100条第3项的规定，有限责任公司中代表1/10以上表决权的股东，可以提议召开临时股东会会议；在股份有限公司中，单独或者合计持有公司10%以上股份的股东有权请求召开临时股东大会。

9. 股东(大)会的召集权和主持权

股东(大)会召集权与主持权，是指由相关权利主体具体负责股东会的召集与主持工作的一项程序性权利，它包括决定股东会会议召开的时间、地点，向股东发出通知和作出相关公告，负责相关议案的提交，主持决议的进行，记录会议相关情况等一系列工作。其事关股东会能否正常进行，对于股东权利的维护、公司经营的进行都具有重要的意义。鉴于此，我国《公司法》第 40 条第 3 款和第 101 条第 2 款规定，在有限责任公司中，董事会或者执行董事不能履行或者不履行召集股东会会议职责的，由监事会或者不设监事会的公司的监事召集和主持；监事会或者监事不召集和主持的，代表 1/10 以上表决权的股东可以召集和主持股东会会议；在股份有限公司中，董事会不能履行或者不履行召集股东大会会议职责的，监事会应当及时召集和主持，监事会不召集和主持的，连续 90 日以上，单独或者合计持有公司 10%以上的股东可以自行召集和主持股东大会。

10. 临时提案权

股东提案权，是指股东向股东会提出议题或议案的权利。我国《公司法》第 102 条第 2 款规定，股份有限公司股东有向股东大会提交提案的权利。根据该规定，单独或者合计持有公司 3%以上股份的股东，可以在股东大会召开 10 日前提出临时提案并书面提交董事会；董事会应当在收到提案后 2 日内通知其他股东，并将该临时提案提交股东大会审议。临时提案的内容应当属于股东大会职权范围，并有明确议题和具体决议事项。股东提案权的确立，可以使股东得以将其关心的问题提交股东大会讨论，实现其对公司决策和经营的参与、监督，从而提高股东对股东大会的参与积极性，有助于实现公司治理中的制约平衡。

11. 异议股东股份收买请求权

异议股东股份收买请求权，是指当股东(大)会作出对股东利害关系产生实质影响的决定时，对该决定持有异议的股东有权要求公司以公平的价格回购他们手中的股份，从而退出该公司的权利。根据我国《公司法》第 74 条第 1 款的规定，在有限责任公司中，有下列情形之一时，对股东会该项决议投反对票的股东可以请求公司按合理的价格收购其股权：(1) 公司连续 5 年不向股东分配利润，而公司该 5 年连续盈利，并且符合《公司法》规定的分配利润条件的；(2) 公司合并、分立、转让主要财产的；(3) 公司章程规定的营业期限届满或者章程规定的其他解散事由出现，股东会会议通过决议修改章程使公司存续的。《公司法》第 142 条规定了股份有限公司中异议股东的股份收买请求权，但只限于对股东大会作出的公司合并、分立决议持异议的情形。

12. 特殊情形下申请法院解散公司的权利

例如，依《公司法》第 182 条的规定，公司经营管理发生严重困难，继续存续会使股东利益受到重大损失，通过其他途径不能解决的，持有公司全部股东表决权 10%以上的股东，可以请求人民法院解散公司。再如，《公司法司法解释(二)》第 1 条又增加了股东有权申请法院解散公司的四种情形。

13. 公司终止后对公司剩余财产的分配请求权

公司剩余财产分配请求权的发生，须以公司向其全体债权人清偿债务之后尚有剩余财产为实质要件。公司剩余财产分配请求权是股东向公司得以主张的最后权利。

14. 向人民法院提起诉讼的权利

股东享有诉权，即股东向人民法院起诉和应诉，请求人民法院行使审判权以保护其权益的权利。

股东的诉讼可以分为直接诉讼和代表诉讼两种类型。直接诉讼，是指股东基于股权，为维护自身利益对其权利的侵害人提起诉讼。代表诉讼，也称为派生诉讼，是指当公司权利受到侵犯，而由于各种原因公司不能或怠于行使诉权，股东有权为了公司的利益，代表公司并以股东自己的名义向加害于公司的人提起诉讼。鉴于代表诉讼的内容较丰富，本章在后文列专题阐释。

我国《公司法》规定的股东直接诉讼规则主要体现在下列方面：

（1）股东会或者股东大会、董事会的会议召集程序、表决方式违反法律、行政法规或者公司章程，或者决议内容违反公司章程的，在会议决议形成并至起诉时持续具有公司股东身份，并且与股东会或者股东大会、董事会决议内容有利害关系的股东，可以自决议作出之日起的法定期限内，以公司为被告，请求人民法院撤销股东会或者股东大会、董事会决议，或者直接请求确认股东会或者股东大会、董事会决议无效。

（2）股东要求查阅公司会计账簿，公司拒绝提供查阅的，股东可以请求人民法院要求公司提供查阅。

（3）在法律规定的条件下，对股东会的某些决议投反对票的股东可以请求公司按照合理的价格收购其股权。自股东会会议决议通过之日起的法定期限内，股东与公司不能达成股权收购协议的，股东可以自股东会会议决议通过之日起的法定期限内向人民法院提起诉讼。这一规定实际上是确立了有限责任公司中小股东在特定条件下的退出机制。①

（4）董事、高级管理人员违反法律、行政法规或者公司章程的规定，损害股东利益的，股东可以向人民法院提起诉讼。

（5）股东向公司依法缴纳出资后，公司应当向股东签发出资证明书，并将股东的名称在相关文件上登记记载等。公司未尽上述义务时，股东有权提起诉讼要求公司履行该义务。

（二）股东的义务

权利与义务总是相对的，股东享有权利，也要承担义务。各国或地区的公司立法对股东义务的规定大同小异，基本上共同确认了股东应承担以下主要义务：

1. 遵守公司章程

公司章程对股东有约束力，股东依照公司章程的规定享有权利和承担义务。因此，遵守公司章程应是股东最基本的义务。

2. 向公司缴纳股款

股东认购出资或股份后，就负有缴纳股款的义务，包括按照规定的方式、条件、比例和期限缴纳。股东认购出资或股份后，不履行缴纳股款的义务给公司造成损失的，应当负赔偿责任，包括利息责任。②

3. 对公司所负债务承担责任

这一义务因公司类型不同而有所区别。无限公司及两合公司中的无限责任股东，对公司所负债务承担无限责任，即不以股东的出资额为限。有限责任公司及股份有限公司的股东，对公司

---

① 有些有限责任公司的大股东利用其对公司的控制权，长期不向股东分配利润，权益受损害的中小股东又无法像股份有限公司股东那样可以通过转让股份退出公司，致使中小股东的利益受到严重损害。因此，《公司法》确立了在特定条件下中小股东可以退出公司的规定。

② 可参阅本书“公司资本制度”一章中“股东出资制度”的相关阐释。

的债务则仅以其出资额或认缴的股款为限承担有限责任，此外，不负其他财产责任。

4. 不得抽逃出资

依我国《公司法》第35条、第91条、第200条以及相关司法解释的规定，公司成立后，股东不得抽逃出资；发起人、认股人缴纳股款或者交付抵作股款的出资后，除未按期募足股份、发起人未按期召开创立大会或者创立大会决议不设立公司的情形外，不得抽回其股本。对于抽逃出资的股东，法律规定了相应的民事责任和行政责任。①

5. 填补出资差额

我国公司法规定未出资或出资不足的股东有填补差额的义务。而且，如果未出资或出资不足的股东因为某种原因不能缴纳出资时，公司设立时的其余股东对该股东不能缴纳的部分负连带填补责任。②

（三）控股股东义务与中小股东保护

根据我国公司法的规定，所谓控股股东，是指其股权额占有限责任公司资本总额50%以上或者持有的股份占股份有限公司资本总额50%以上的股东；或者股权额或者持有股份的比例虽然不足50%，但依其股权额或者持有的股份所享有的表决权已足以对股东会、股东大会的决议产生重大影响的股东。

控股股东的义务一般主要有注意义务和忠实义务两个方面。注意义务要求控股股东对公司行使管理和决策权时应怀有善意，应当以适当的方式参与公司管理和决策，以应有的谨慎去履行义务。忠实义务则主要是不得为欺诈行为、限制关联交易以及竞业禁止。

我国《公司法》第21条对控股股东的义务作了明确规定："公司的控股股东、实际控制人、董事、监事、高级管理人员以及其他人不得通过关联关系损害公司利益。违反前款规定，致使公司遭受损害的，应当承担赔偿责任。"这里《公司法》没有使用诚信义务的概念，其规定的控股股东的义务是对公司的义务，而未规定对其他股东负有义务。

由上述规定也可以看出，公司法对控股股东和"实际控制人"的义务同等对待。实际控制人虽不是公司的股东，但通过投资关系、协议或者其他安排，也能够实际支配公司的行为。由于二者都对公司有控制的能力，他们都不应利用其控制关系或能力损害公司利益，否则致使公司遭受损害的，应当承担赔偿责任。

（四）股东权利的限制与解除

为督促股东履行出资义务，遏制抽逃出资行为，我国公司法主要规定了下列限制和解除股东权利的规则：

1. 股份有限公司认股人未按期缴纳股款，经催缴后在合理期间内仍未缴纳，公司发起人可以对股份另行募集，以保证公司资本的形成。同时，公司还有向逾期缴纳股款的认缴人追究违约赔偿责任的权利。这一规则旨在督促股东履行出资义务，实质上是法律允许公司在特定情形下解除认缴行为的法律效力。

2. 股东未履行或者未全面履行出资义务或者抽逃出资，公司根据公司章程或者股东会决议，有权对其利润分配请求权、新股优先认购权、剩余财产分配请求权等股东权利作出相应的合

---

① 可参阅本书"公司资本制度"一章中"股东出资制度"的相关阐释。

② 可参阅本书"公司资本制度"一章中"股东出资制度"的相关阐释。

理限制。这是权利义务对等原则的体现。其中，对于股东会决议表决通过，应当适用《公司法》关于一般事项表决的规定。

3. 有限责任公司的股东未履行出资义务或者抽逃全部出资，经公司催告缴纳或者返还，其在合理期间内仍未缴纳或者返还出资，公司有权以股东会决议解除该股东的股东资格。股东拒不履行出资义务将使股东和公司双方建立法律关系的基础丧失，同时，股东不履行出资义务使公司资本处于不稳定状态，因此法律允许公司对拒不履行出资义务的股东解除其股东资格，以保证公司资本的稳定。理解这一规则需要注意两个方面：一是公司享有这一解除权的事由。对于未全面履行出资义务或抽逃部分出资的行为，公司不得解除股东的股东资格。二是行使解除权的时间，必须是在合理催告后对方仍不履行的，方可行解除权。

五、股东代表诉讼

（一）股东代表诉讼的含义和意义

股东代表诉讼，又称派生诉讼，是指当公司的董事、监事、高级管理人员等主体侵害了公司权益，而公司怠于追究其责任时，符合法定条件的股东可以自己的名义代表公司提起诉讼。在股东代表诉讼中，股东个人的利益没有受到直接损害，而是由于公司的利益受到损害而间接受损，因此，股东是为了公司的利益而以个人的名义直接提起诉讼。相应地，胜诉后的利益归于公司。之所以规定股东代表诉讼，是因为当侵害人为公司的控股股东或者公司的高级管理人员时，因为存在利益关系，公司就可能不追究或者怠于追究上述人员的责任，这样就会导致其他股东的利益受损。在这种情况下，赋予股东诉讼上的救济权利就凸显其重要性。

股东代表诉讼制度的直接目的是为了保护公司利益，但其结果也间接地保护了中小股东的利益。各国和地区公司法中大多有代表诉讼的规定。我国《公司法》第 151 条以法律的形式在我国确立了股东代表诉讼制度，对股东代表诉讼的主体、提起诉讼的理由、诉讼前置程序及其例外等作了规定。

（二）股东代表诉讼原告资格的限制

1. 股东代表诉讼中的原告资格

在股东代表诉讼中，为了防止股东滥诉，各国和地区法律一般都对股东代表诉讼原告的资格从持股期限上进行了限制。我国《公司法》对原告资格作出了较为宽泛的规定，有利于鼓励股东代表诉讼。依《公司法》第 151 条的规定，可以提起股东代表诉讼的适格原告可以分为下列两类：一是有限公司的任一股东；二是股份有限公司中持股时间连续 180 日以上、单独或合计持有公司 1% 以上股份的股东。

2. 股东代表诉讼中公司的法律地位

在股东代表诉讼中，股东是以自己的名义代表公司起诉，因此，在诉讼中公司本身将处于一个微妙的地位。有的国家将公司规定为原告，有的则规定为被告，还有的规定为第三人。

我们认为，公司参与诉讼的目的主要在于为诉讼提供证据，知晓诉讼进程、承受诉讼结果，并防止原告股东的不当诉讼行为。因此，此时公司应为必须参加诉讼的第三人。

（三）股东代表诉讼的被告及可诉行为的范围

1. 股东代表诉讼中被告的范围

由于股东代表诉讼肇始于董事对公司的侵害行为，故而董事会属于各国或者地区股东代表诉讼立法规制的主要对象,但也有例外。例如,美国法中对股东代表诉讼的被告作了更为宽泛的解释,即为所有从事违法行为从而对公司造成损害之人,既包括公司董事在内的公司内部人员,也包括公司外部人员。

依我国《公司法》第 151 条的规定,股东代表诉讼的适格被告为董事、监事、高级管理人员和"他人"。立法虽然没有对"他人"的范围予以明确,但公司的控股股东、其他股东、实际控制人等也应解释为包含在"他人"之中。因此,凡是对公司实施了不正当行为而对公司负有民事责任的人,在公司怠于对其行使诉权的情形下,都可以成为股东代表诉讼的被告。这种宽泛的解释有利于充分发挥股东代表诉讼制度的作用。

2. 股东代表诉讼中可诉行为的范围

根据我国《公司法》的规定,股东代表诉讼的可诉行为为所有损害公司利益的行为,具体包括两种情形:其一,董事、监事、高级管理人员执行公司职务时违反法律、行政法规或者公司章程的规定,给公司造成损失,应当承担赔偿责任的情形。其二,他人侵犯公司合法权益,应当承担赔偿责任的情形。

(四) 股东代表诉讼的前置程序

股东代表诉讼案件,由公司住所地人民法院管辖。由于股东代表诉讼是一种代位诉讼,是对原公司内部监督体制失灵设计的补充救济,因此,其适用的前提是公司内部救济手段的用尽,即股东在公司遭到违法行为损害后,不能立即直接提起诉讼,而必须先向公司监督机关提出由公司出面进行诉讼的请求,只有在请求已落空或者注定落空、救济已失败或者注定失败时,股东才可以代表公司提起诉讼,此为股东代表诉讼的前置程序。

我国《公司法》对股东代表诉讼的前置程序也作了规定:(1) 原告股东需首先书面请求监事会或者监事(有限责任公司不设监事会时)向人民法院提起诉讼;如果是监事侵犯公司权益,则向董事会或者执行董事(有限责任公司不设董事会时)提出上述要求。(2) 监事会、监事、董事会、执行董事收到上述书面请求后拒绝提起诉讼,或者自收到请求之日起 30 日内未提起诉讼。符合上述两个条件时,股东方可提起代表诉讼。但与此同时,为避免前置程序的僵化可能带来的消极影响,法律又规定了前置程序的免除条件,即"情况紧急、不立即提起诉讼将会使公司利益受到难以弥补的损害"时,股东可以不受此前置条件的限制,直接提起代表诉讼。至于何谓"紧急情况",有待于积累司法实践经验作出更加细致并且具有可操作性的规定。

(五) 股东代表诉讼的法律后果

1. 一般原则

在股东代表诉讼中,股东的个人利益并没有受到直接的损害,只是由于公司的利益受到损害而间接受损,股东是为了公司的利益而以个人的名义直接提起诉讼。相应地,胜诉后的利益原则上归于公司。

2. 具体后果

由于股东代表诉讼制度的出发点旨在保护中小股东利益和防止滥诉两者之间寻找平衡点。因此,在诉讼结束后,对于遭受损害一方,法律有必要平衡原告与被告两者的利益,规定给予一定的赔偿或者补偿。各国或者地区对此的立法态度不尽相同,我国《公司法》对此未予明确规定。在各国或者地区的公司法实践中,一般有原告胜诉和原告败诉两种后果。

(1) 原告胜诉。股东代表诉讼中原告胜诉则意味着公司确实遭受到了损害,公司应是被告履行赔偿义务的直接对象，这基本不存在异议。不过，在诉讼中花费了精力和金钱的仅仅是原告股东，因此，各国或者地区法律中多规定此时应对原告股东进行赔偿或者补偿，只不过在补偿的主体上的规定有所不同。

（2）原告败诉。在此情况下，作为被告的董事等自然有向原告获得损害赔偿的权利，各国和地区法律的差别主要在于规定的赔偿前提条件不同。此外，有的国家还规定，在原告败诉的情况下，公司还可以请求原告股东赔偿。

第二节　股　　权

一、股权的类型

股权法律关系实质上是股东基于其地位而与公司之间形成的法律关系。股权依不同标准可划分不同的类型。

1. 自益权和共益权

这是依股权行使的目的和内容为标准进行的划分。凡股东以自己的利益为目的而行使的权利是自益权。凡股东以自己的利益并兼以公司的利益为目的而行使的权利是共益权。自益权与共益权相辅相成，共同构成了股东所享有的完整股权。当然，自益权与共益权间的界限并不是绝对的。

2. 固有权和非固有权

这是依股权的重要程度为标准进行的划分。固有权是公司法赋予股东的、不得以公司章程或股东（大）会决议予以剥夺或限制的权利。非固有权是指依公司章程或股东（大）会决议可剥夺或可限制的权利。将股权分为固有权与非固有权的意义，主要在于让公司发起人和股东明确哪些权利是可依公司章程或决议予以限制的，哪些权利是不得以公司章程或决议予以限制的，从而增强其权利意识。

3. 单独股东权和少数股东权

这是依股权行使方式为标准进行的划分。单独股东权是指可以由股东一人单独行使的权利。这种权利只要普通股股东持有一股即可享有，且每一股东均可依自己的意志单独行使。少数股东权是指持有已发行股份一定比例以上的股东才能行使的权利。设立少数股东权的目的主要是为了防止“资本多数决原则”的滥用。

4. 一般股东权与特别股东权

这是以其权利行使主体为标准进行的划分。一般股东权是指公司的普通股东即可行使的权利；特别股东权则是指专属于股东中特定人的权利，如公司发起人或特别种类的股东（优先股股东、后配股股东）所享有的股东权。

5. 财产权、支配与经营权、救济与附属权

这也是以权利行使的目的为标准进行的划分。其中，财产权与前述自益权相当；支配与经营权是指有关公司经营管理方面的权利，除表决权外，还包括累积投票权等；救济与附属权是指从手段上保障前两种权利得以充分实现的权利，除表决权和累积投票权之外的大多数共益权均属此类。

二、股权的法律性质

（一）主要学说

各国或地区的公司法对股权内容的规定大同小异，但对于股权性质的认识在学理上却大相径庭。在我国法学界对股权性质研讨的过程中，较有影响的观点主要有所有权说、债权说、社员权说、股东地位说、独立民事权利说等。我们认为，对股权这种新型权利的性质进行基本的定性，不仅是必要的，也是可行的。不过，不应从原有法律所规定的传统权利中研究股权的性质，而应以公司这种现代企业制度关于股东财产与公司财产相互分离、股东人格与公司人格彼此独立、股东与公司之间产权分化的实际情况和发展需要为出发点来探讨股权的性质。

（二）股权与公司法人财产权

我国《公司法》第 3 条第 1 款规定："公司是企业法人，有独立的法人财产，享有法人财产权。公司以其全部财产对公司的债务承担责任。"对于公司法人财产权的性质，在理论上有经营权说、结合权说、双重结构说和所有权说四种观点。经营权说认为公司法人财产权是法人经营权；结合权说认为公司法人财产权是经营权与法人制度的结合；双重结构说认为公司法人财产权是双重结构：公司财产由公司享有，公司本身由股东共有；所有权说认为公司法人财产权是具有所有权性质的物权。我们认为，公司财产权是股权与公司法人财产权的结合。

股权与公司法人财产权是公司成立后股东和公司各自享有的法定权利，它们因出资行为的完成和公司的正式成立而同时产生。股权的享有者只能是股东，公司法人财产权的享有者只能是公司，二者在法律和公司章程规定的范围内各自拥有独立的内容和排他的性质。股东为了使公司反映自己的意志，为自己获取更多的经济利益，可以通过行使股权，特别是行使对公司管理者的选择权和对公司重大问题的决策权，来实现对公司的制衡。作为独立于股东的公司，为了按照市场需求自主地组织生产经营、科学地开展管理活动，也可通过行使法人财产权来拒绝股东对公司经营管理活动的直接干涉和对公司的不正当要求。

三、股权的委托行使

一般而言，自然人股东的股权可由其本人亲自行使，本人因故不能亲自行使时，可委托他人代理行使。法人股东的股权除可由法定代表人行使外，一般由指定代理人行使。尤其是在股份有限公司中，由于股东人数众多，加之股东地处分散、投资有限，实际上很少有股东有足够的时间、金钱和兴趣参加股东大会，这使得委托代理人行使股权已经成为股份有限公司股东参与公司决策程序的重要形式。

（一）代理人的资格

我国《公司法》第 106 条规定："股东可以委托代理人出席股东大会，代理人应当向公司提交股东授权委托书，并在授权范围内行使表决权。"目前，我国公司立法未对代理人的资格作限制性规定。结合相关代理理论，应规定凡具有完全民事行为能力者，不论其是否是本公司的股东，均可接受股东的委托作为股东的代理人。当然，如果公司章程约定代理人以本公司股东为限，基于契约自由理论，法律对此约定的效力也应予以肯定。

（二）代理权招揽制度

代理权的招揽，是指股东有偿招揽其他股东行使股权的行为。对此，有的国家或地区立法基于契约自由原则，承认招揽委托书；有的国家或地区因为招揽代理权的结果可能导致分散的小股东的股权最后实质上由一人行使，主张禁止招揽代理权。

在我国，有的学者主张，我国公司法应明文禁止招揽代理权的行为，即使允许股权的代理行使，也应对一人代理股份的总额加以必要限制，以防止代理权招揽行为的发生。对此，我国台湾地区“公司法”即规定：“除信托事业外，一人同时受二人以上股东委托时，其代理的表决权不得超过已发行股份总数表决权的3%，超过部分不予计算。”此规定可资借鉴。

四、股权的救济

（一）救济的必要性

法律所确认的权利与当事人现实享有的权利并不总是一致的。我国《公司法》以保护股东权利作为其立法宗旨。《公司法》第4条明确规定，“公司股东依法享有资产收益、参与重大决策和选择管理者等权利”，这是对股东权利的高度概括。

股权的救济实质上是指在股东的股权无法实现或者其合法权益受到侵犯时，对股东的救济。公司法对股权的救济方式可以分为两大类：一是股东可以通过行使公司法赋予的权利来使自己的股权得以实现；二是在行使上述权利后仍不能得到有效保护时，股东可以寻求司法救济。

（二）股东权利事先预防救济制度体系的配置

各国和地区公司法规定的事先预防救济方式主要有：

1. 限制控股股东表决权制度

对控股股东表决权的限制，是指对持有股份有限公司一定比例以上，能有效地影响，甚至控制股份有限公司决策的股东所持有股份的表决权进行的限制。这种制度的作用主要在于防止大股东操纵股东（大）会，在一定程度上平衡中小股东与大股东之间的利益关系。

我国《公司法》对控股股东的表决权限制虽未作具体规定，但已经注意到控股股东对小股东利益的影响。例如，《公司法》第21条规定：“公司的控股股东、实际控制人、董事、监事、高级管理人员不得利用其关联关系损害公司利益。违反前款规定，给公司造成损失的，应当承担赔偿责任。”

2. 股东表决权排除制度

股东表决权排除，是指当某一股东与股东（大）会讨论的决议事项有特别的利害关系时，该股东或其代理人不得就其持有的股份行使表决权。这一制度在大陆法系国家或地区得到广泛适用，我国《公司法》也确立了这一制度。

依《公司法》第16条的规定，公司为股东提供担保时，被担保股东应表决回避或表决权排除，即“公司为公司股东或者实际控制人提供担保的，必须经股东会或者股东大会决议。前款规定的股东或者受前款规定的实际控制人支配的股东，不得参加前款规定事项的表决。该项表决由出席会议的其他股东所持表决权的过半数通过”。

同时，《公司法》第124条还规定了董事表决权排除制度，依该条规定，上市公司董事与董事会会议决议事项所涉及的企业有关联关系的，不得对该项决议行使表决权，也不得代理其他董事行使表决权。该董事会会议由过半数的无关联关系董事出席即可举行，董事会会议所作决议须经无关联关系董事过半数通过。

3. 股东的特别调查权制度

有的国家规定少数股东有权要求对公司事务进行特别调查，如调查公司财务状况、公司所有权、公司股份交易等。例如,法国《商事公司法》第226条即规定:"代表1/10以上公司资本的一名或若干名股东,可单独或以任何形式组成集体,请求法庭指定一名或若干名专家,负责对一项或若干项经营活动提出一个报告。"

4. 董事解任请求权制度

为及时淘汰那些不为公司和股东谋利益的经营者,并预防经营者滥用其影响力,应当赋予股东以董事解任请求权。而且,对于在执行职务过程中侵害股东利益的不称职监事、经理、清算人也在被请求解任之列。

(三) 股权的司法救济

当股东实体法上的权利受到侵犯时,若不能通过合理的司法程序进行救济,实体权利就是一句空话。所以,股权的救济不仅要注重对股东实体权利的建构,还须对股权的司法救济程序进行设计。

我国《公司法》规定的股东的代表诉讼和直接诉讼制度就是对股权司法救济所作的制度设计。①

第三节 有限责任公司股东的股权

一、股权与出资的概念

我国《公司法》上对出资概念的使用不甚统一,有时是指有限责任公司股东认缴公司资本后所形成的相应出资份额,有时是指股份有限公司股东认购的股份,有时则又泛指各种公司(包括股份有限公司)的股东对公司进行的直接投资。例如,我国《公司法》第32条、第93条、第199条中所称的"出资"即分别指向这三种不同的含义。除非特别指出,本节所称"出资"均指第一种含义,与股份有限公司的股份概念相对应。

我们认为,与股份有限公司的股份相对应的概念,与其用"出资"引起歧义,不如以"股权"来代替。理由主要有:(1) 用"股权"替代"出资"更符合语法上的要求。(2) 在有限责任公司的股东转让股东权利时,法律实务上一般也使用"股权",而且我国《公司法》也采用了这样的称谓。(3) 可以与股份有限公司的股票区别开来。由于股份有限公司通常将公司资产划分为等额股份,有限责任公司则一般不按等额划分,因此两者有必要加以区分。(4) 国外立法例中对不同类型的公司股份大多也加以区别,使用不同的称谓。例如在《日本商法典》及《日本有限责任公司法》中,将股份和出资分别称为"株式"和"持份"。

二、出资证明书

(一) 概述

出资证明书是有限责任公司股东出资的凭证,是有限责任公司成立后应当向股东签发的文件,是一种权利证书。

1. 法律特征

作为有限责任公司股东出资或持股的法律形式,出资证明书的法律特征主要有:

(1) 出资证明书是表彰有限责任公司股东的股权证书。

---

① 参阅本章第一节中"股东的权利"部分的相关内容。

（2）出资证明书是股东出资的证明文书，它不仅证明出资的主体，而且可以证明出资的金额和出资的比例。

（3）出资证明书是要式证书，必须依法定条件制作，必须记载法律规定的事项，并加盖公司印章。

（4）出资证明书不能用于商业交易和流通。

（5）出资证明书必须在公司成立以后才能向股东签发。

2. 出资证明书与股票的区别

（1）票面金额的表现不同。在一般情况下，出资证明书的票面金额不一定相等，而股票的票面金额是相同、统一的。而且，股票还有额面股和无额面股之分，而出资证明书是绝对不可能不记载票面金额的。

（2）出资证明书都是记名的，而股票分类中有记名股票和无记名股票之分。

（3）股票作为有价证券是可以上市交易的，而出资证明书只有在股东依法转让股权时，才可随其股权一同转让。

3. 出资证明书与验资证明书的区别

虽然股东的出资可能在公司成立之前就已经缴纳，但因为出资证明书是确定并记载股东与公司这两个主体之间发生投资与被投资关系的凭证及法律形式，在公司成立之前，公司的主体资格尚未取得，所以，出资证明书必须在公司成立以后才能向股东签发。验资证明书是在股东全部缴纳出资后，由验资机构出具的验资证明。2013 年《公司法》虽然取消了强制验资程序，但不排除当事人间自行安排的验资。

（二）记载事项

我国《公司法》第 31 条规定："出资证明书应当载明下列事项：(一)公司名称；(二)公司登记日期；(三)公司注册资本；(四)股东的姓名或者名称、缴纳的出资额和出资日期；(五)出资证明书的编号和核发日期。"

（三）效力

出资证明书必须加盖公司的印章，并应由董事长签字。在无相反证明的情形下，出资证明书的效力主要表现在以下两个方面：

1. 出资证明书具有证明股东履行出资义务的效力。出资证明书可以表明设立人已履行了所认缴的出资的义务，其持有人已经成为该有限责任公司的股东，理应享有股权。

2. 出资证明书具有证明股东权利范围的效力。依照公司法的规定，某些股东权利（即红利分配权、新股认购权）的享有，并非以股东认缴的出资比例而是以其实际缴纳出资比例为前提的，同时其他股东权利亦可依照公司章程的规定按实缴的出资比例享有。

三、股东名册

股东名册，是指有限责任公司依据公司法的规定必须置备的用以记载股东及其所持股份数量、种类等事宜的簿册。股东名册反映着公司的信誉和集资情况，股东和债权人可以亲自查阅，也可以委托律师或其他人代为查阅。

（一）记载事项

有限责任公司股东名册的记载事项采取法定主义原则。依我国《公司法》第 32 条的规定，有限责任公司的股东名册应记载下列事项:股东的姓名或名称及住所;股东的出资额;出资证明书的编号。

(二) 效力

在无相反证明的情形下,公司股东名册的效力主要表现在以下四个方面:

1. 具有确定股东身份的效力。记载于股东名册的股东,可以依股东名册主张行使股东权利。也就是说,公司只认定记载于股东名册上的股东才享有股东对公司的各项权利。[①]

2. 具有推定股东和公司关系的效力。公司仅以股东名册上当前记载的股东为其股东。因此,即使出资证明书发生转让,但未将受让人的姓名或名称及住所记载于股东名册,则不得以其转让对抗公司。

3. 具有公示的效力。股东名册具有公示的效力。依我国《公司法》第 32 条的规定,公司应当将股东的姓名或者名称及其出资额向公司登记机关登记;登记事项发生变更的,应当办理变更登记。未经登记或者变更登记的,不得对抗第三人。

4. 具有公司免责的效力。股东名册上记载着股东的姓名或者名称和股东的住所,因此,公司依法对股东名册上记载的股东履行了通知、送达、公告、支付股利、分配公司剩余财产等义务后,即可免除其相应的责任。

四、股东与股权登记

依我国《公司法》第 32 条的规定,公司应当将股东的姓名或者名称及其出资额向公司登记机关登记;登记事项发生变更的,应当办理变更登记。未经登记或者变更登记的,不得对抗第三人。这表明,公司登记机关对股东与股权的登记是股权取得和变动的重要形式,具有公示效力。它不是股权取得和变动的生效要件,未经登记不影响股权的取得或变动。但它是股权变动的对抗要件,未经登记不具有对抗善意第三人的效力。第三人依据公司登记机关的登记识别当事人的股东身份、对股权的归属作出判断并由此作出交易的决定时,当事人不得以未登记的股权变动对抗第三人提出的请求。

五、股权的转让

(一) 股权转让的概念和法律特征

股权的转让是指有限责任公司的股东依照一定的程序把自己的股权让与受让人,由受让人取得股权而成为公司的股东。股权转让的法律特征可以概括如下:(1) 股权转让是一种股权买卖行为。对有限责任公司而言,股权是股东出资形成的对公司的一种控制权,股权转让方转让的正是这种控制权。(2) 股权转让不改变公司的法人资格。股权转让完成后,公司股东发生变化,在股权全部转让的情况下,出让方的原股东地位被受让方取代,受让方成为公司的股东。(3) 股权转让是要式行为。这主要表现为股权转让除须符合实体条件外,还应完成法律规定的股权转让的法定程序。

---

① 当然,股东名册只是一种证权文件,不具有创设权利的效力。因此,如果异议者能够成功地举证股东名册上记载的名义股东实质上不具有股东资格,该股东资格就会被否认,公司可随时停止其权利。

（二）股权转让的限制

1. 各国或地区的限制

从各国或地区公司立法的规定看，因公司的性质不同，法律对股东出资转让的限制也有区别。一般而言，各国或地区的公司法对公司内部的出资转让限制较少，对向非股东转让出资予以严格限制，一般要求股东向非股东转让出资须经股东会一定比例以上的股东同意。

2. 我国《公司法》的限制

我国《公司法》第71条、第72条及相关法律对有限责任公司的股权转让的限制作了规定。

（1）除公司章程对股权转让另有规定的应从其规定外，我国《公司法》对在公司内部进行的股权转让采取自由主义原则，对于股东向公司的其他股东转让其全部或者部分股权的，法律没有专门设定任何限制，只要转让方与受让方协商一致，转让即可成立。

（2）除公司章程对股权转让另有规定的应从其规定外，我国《公司法》对向公司外部进行股权转让予以严格限制。这种限制主要体现在下列三个方面：其一，股东向非股东转让股权必须经其他股东过半数同意。其二，股东就其股权转让事项书面通知其他股东征求同意，其他股东自接到书面通知之日起满30日未答复的，视为同意转让。其他股东半数以上不同意转让的，不同意的股东应当购买该转让的股权，不购买的，视为同意转让。其三，经股东同意转让的股权，在同等条件下，其他股东对该股权有优先购买权。

（3）对于人民法院依照法律规定的强制执行程序转让股东股权的情形，我国《公司法》规定应当通知公司及全体股东，其他股东在同等条件下有优先购买权。其他股东自人民法院通知之日起满20日不行使优先购买权的，视为放弃优先购买权。

（三）股权转让的程序

1. 公司内部股东变更登记

股权转让应由出让方和受让方签订股权转让合同。关于有限责任公司的股权转让，依我国《公司法》第73条的规定，股东依法转让其股权后，公司应当注销原股东的出资证明书，向新股东签发出资证明书，并由公司相应修改公司章程和股东名册中有关股东及其出资额的记载，而且对公司章程的该项修改无须再由股东会表决。这就是通常所称的公司内部股东变更登记。

2. 公司登记机关的变更登记

《公司登记管理条例》第34条第1款规定："有限责任公司变更股东的，应当自变更之日起30日内申请变更登记，并应当提交新股东的主体资格证明或者自然人身份证明。"此为通常所称的工商变更登记。一般而言，公司变更登记应由转让方（原股东）向董事会或公司章程规定的公司内部组织机构（以下简称公司内部登记机构）申请股东变更登记，再由公司内部登记机构依《公司法》及公司章程规定进行审核。若转让符合《公司法》及公司章程规定，公司内部登记机构应同意变更并记载于股东名册，然后到工商行政管理部门办理工商变更登记手续。

第四节　股份有限公司股东的股份

一、股份的概念和法律特征

《公司法》第125条第1款规定："股份有限公司的资本划分为股份，每一股的金额相等。"股份是股份有限公司股东持有的、公司资本的基本构成单位，也是划分股东权利义务的基本构成单位。

股份的主要法律特征可以概括如下：

1. 股份是公司资本构成的最小单位，具有不可分性。任何股份有限公司的资本均被划分为股份。资本分为股份，但股份则不可再分。股份的不可分性并不排除某股份为数人所共有。当股份为数人所共有时，股权一般应由共有人推定一人行使，但共有人对股份利润的分享不是对股份本身的分割。

2. 股份是对公司资本的等额划分，具有金额的等额性。我国《公司法》明确规定股份有限公司的每一股的金额相等。当然，股份金额相等并不意味着所有股东获得同种股份的对价在任何情况下都相等。但作为股权平等的体现，法律要求同次发行的股份，每股发行的条件和价格应当相同。

3. 股份是股权的基础，具有权利上的平等性。股份是股东法律地位的表现形式，每一股份所包含的权利义务一律平等。股东权利义务的大小，取决于其拥有股份数额的多少。

4. 股份表现为有价证券，具有可自由转让性。股票是代表股份的一种有价证券。由于股份表示股权，所以股票也是代表股权的有价证券。除法律对特定股份的转让有限制性规定外，股份可以自由转让和流通。

二、股份的表现形式——股票

股份的表现形式是股票。股份与股票形同表里，股票不能离开公司股份而存在。我国《公司法》第 125 条第 2 款规定："公司的股份采取股票的形式。股票是公司签发的证明股东所持股份的凭证。"

股票的主要法律特征可以概括如下：

1. 股票是股份有限公司成立后以公司名义发行的。公司未正式登记成立前，尚无法人资格，无权发行股票。但在公司设立过程中、公司正式登记成立前，却必须发行并认购股份。这说明，股份是在公司正式登记成立前就已经存在了，而当时却并不存在股票。

2. 股票是一种证权证券。设权证券和证权证券相对应。股权并不因股票的发行而创设，而是因股份的认缴而发生，股票只是股份的一种表现形式。只有在应发行的股份全部认购后，才能将股份换成股票。当然，在公司成立以后发行股份，往往同时以股票表示，股份的转让也必须通过股票转让。这时，股份与股票往往结合为一体。

3. 股票是一种有价证券。股票的价值在于股份的价值，即在于该股份所代表的资本金额及股权的大小。股票与一般有价证券的不同之处主要在于它不是单纯的财产权证券，而是多种权利的集合体。凡有价证券，其所代表的权利与对证券的占有一般是不可分离的，证券转移则权利也随之转移。股票也是如此。

4. 股票是一种要式证券。依我国《公司法》的规定，股票采用纸面形式或者国务院证券管理部门规定的其他形式，并应当载明公司法要求的记载事项。

5. 股票是一种流通证券。股票是可以公开发行并自由转让的，即可以在社会上自由流通。

6. 股票是一种永久性证券。股票没有固定期限，除非公司终止，否则它将一直存在。

三、股东名册

股份有限公司特别是募集设立的股份有限公司，股东众多，为了掌握股东的基本情况，保障股东的权益，各国或地区的公司立法一般都规定股份有限公司应置备股东名册。

（一）股东名册的记载事项

我国《公司法》第 130 条规定："公司发行记名股票的，应当置备股东名册，记载下列事项：（一）股东的姓名或者名称及住所；（二）各股东所持股份数；（三）各股东所持股票的编号；（四）各股东取得其股份的日期。""发行无记名股票的，公司应当记载其股票数量、编号及发行日期。"

（二）股东名册的封闭

股东名册的封闭，是指公司为了确定行使股东权的股东而在一定时期停止股东名册的记载。股东名册封闭的意义主要体现在下列方面：

1. 股东名册的封闭有时是因为有必要禁止在特定时期取得股份的人行使股东权利。例如，我国《公司法》第 139 条第 2 款就规定："股东大会召开前二十日内或者公司决定分配股利的基准日前五日内，不得进行前款规定的股东名册的变更登记。"

2. 封闭股东名册后，封闭当时股东名册上的股东就被确定为可以行使股东权的股东。股份有限公司的股份转让频繁，股权随时都有可能发生变动，即使在股东权利的行使过程中，股权仍有可能发生变动。因此，有必要在一定期间停止股东名册的记载，以便公司确定股东权利的行使者。

四、股份的分类

不同种类的股份所享有的权利和承担的义务各不相同。

（一）普通股和特别股

普通股是股份有限公司最基本、最重要的股票种类。普通股的股东一般都享有表决权。普通股的股东在分配股利时，不享有特别利益，均按当营业年度终了时的分配比例参加分配，而且只能在支付了公司的债息和优先股股东权益得到满足后才可参加分配。在公司因破产等原因进行清算时，普通股股东必须排在公司的债权人、优先股股东之后分得公司剩余财产。

特别股是有某种特别权利或者某种特别义务的股份，包括优先股与后配股两类。优先股在享有权利方面较普通股优先，而后配股则逊于普通股。特别股主要有分配公司盈余的特别股、分配公司剩余财产的特别股、行使表决权的特别股、可赎回的特别股以及发起人股等类型。

（二）记名股与无记名股

记名股是在股票票面和股东名册上记载股东姓名的一种股票。否则，即为无记名股。记名股有利于公司对股东状况的掌握，便于公司对股份流通情况的了解，可以有效地防止股票投机行为。而无记名股最显著的优点是便于股份的流通。各国或地区的公司立法一般均对记名股和无记名股的转让方式作不同的规定。

依我国《公司法》第 129 条及国务院的有关规定：(1) 公司向发起人、国家授权投资的机构、法人发行的股票，应当为记名股票，并应当记载该发起人、机构或者法人的名称，不得另立户名或者以代表人姓名记名。(2) 境外上市的外资股也应采取记名股票的形式。(3) 公司向社会公众发行的股票可以记名也可不记名。

（三）面额股和无面额股

面额股是指在股票票面表示一定金额的股份。许多国家或地区的公司法对公司股票的最低票面值均作了规定。我国对股票的面值没有最低限额的规定。

无面额股是指股票票面不表示一定金额，只表示其占公司资本总额一定比例的股份。这种股份的价值依据其所占公司的资本总额的一定比例确定。这种股份的好处主要在于，当公司增资时，无需再发行或增加新的股份，只要实际上增加每股所代表的资本额即可。其弊端主要在于，股份所代表的金额经常处于不确定的状态中，增加了股份转让和交易的难度。

我国《公司法》第 127 条规定："股票发行价格可以按票面金额，也可以超过票面金额，但不得低于票面金额。"第 167 条还规定："股份有限公司以超过股票票面金额的发行价格发行股份所得的溢价款以及国务院财政部门规定列入资本公积金的其他收入，应当列为公司资本公积金。"

（四）其他特殊类型的股份(票)

除上述分类外，在我国市场经济发展过程中，还出现了一些特殊类型的股份。例如，以投资主体为标准可分为国家股、法人股、社会公众股和外资股；以是否可以在股票二级市场上自由转让为标准则可分为流通股和非流通股；以认购股份的货币不同为标准可分为 A 股、B 股、H 股、N 股、S 股等。

五、股份的转让

股份的转让，是指股份有限公司的股东依照一定的程序将自己的股份让与受让人，由受让人取得股份成为公司的股东。

（一）股份转让的意义

股东对自己持有的股份的转让不仅是股东保护其自身利益的有力手段，而且，股东对股份的转让所形成的对公司行为的制约，也促使公司经营管理水平的不断提高。此外，股份依企业的发展状况在不同的生产部门、行业之间的转移，又促进了社会资金在各公司和各行业部门、各地区之间流动，为市场机制"无形之手"调节投资结构和经济结构创造了条件。

（二）股份转让的限制

股份转让以自由为原则是各国或地区公司立法的通例。但为保护公司、股东及公司债权人的整体利益，许多国家或地区的公司法、证券法多对股份转让作出一些必要限制，以便将股份转让可能产生的弊端限制在尽可能小的范围内。依我国《公司法》第 137～145 条的规定，股东持有的股份可以依法公开、公平、公正转让，但要受到下列限制：

1. 对股份转让场所的限制。我国《公司法》第 138 条规定："股东转让其股份，应当在依法设立的证券交易场所进行或者按照国务院规定的其他方式进行。"这里所说的证券交易场所，包括全国性证券集中交易系统、地方性证券交易中心和从事证券柜台交易的机构等。我国的上海证券交易所和深圳证券交易所是最具有代表性的证券交易场所。除了上述证券交易场所外，股东转让其股份也可以按照国务院规定的其他方式进行。

2. 对发起人所持股份的转让限制。由于股份有限公司的发起人对公司的成立及公司成立初期的财产稳定和组织管理具有重要的影响，所以，为了保护其他股东和公众的利益，防止发起人利用设立公司进行投机活动和逃避发起人责任，一般要对发起人所持股份的转让予以一定限制。例如，我国《公司法》第 141 条第 1 款规定："发起人持有的本公司股份，自公司成立之日起一年内不得转让。公司公开发行股份前已发行的股份，自公司股票在证券交易场所上市交易之日起一年内不得转让。”

3. 对公司董事、监事、高级管理人员持有本公司股份的转让限制。对公司的董事、监事及高级管理人员持有本公司股份的转让限制，实际上是对董事、监事及高级管理人员进行利益制约的一种方式。我国《公司法》第141条第2款对此作了具体规定：“公司董事、监事、高级管理人员应当向公司申报所持有的本公司的股份及其变动情况，在任职期间每年转让的股份不得超过其所持有的本公司股份总数的百分之二十五；所持本公司股份自公司股票上市交易之日起一年内不得转让。上述人员离职后半年内，不得转让其所持有的本公司股份。公司章程可以对公司董事、监事、高级管理人员转让其所持有的本公司股份作出其他限制性规定。”

4. 对公司收购自身股份的限制。我国《公司法》第142条第1～3款规定：“公司不得收购本公司股份。但是，有下列情形之一的除外：(一)减少公司注册资本；(二)与持有本公司股份的其他公司合并；(三)将股份奖励给本公司职工；(四)股东因对股东大会作出的公司合并、分立决议持异议，要求公司收购其股份的。”根据该规定，在我国，对公司持有自身股份的态度是原则禁止、例外允许。

5. 对股票质押的限制。我国《公司法》第142条第4款规定：“公司不得接受本公司的股票作为质押权的标的。”公司的股份作为一种权益，股票作为一种特殊的种类物，是这种权利的表征，是可以作为质押物用作质押的。但是，公司法上不允许公司接受本公司的股票作为质押权的标的。一般认为，作此限制的原因主要有：第一，如果公司接受本公司的股票作为质押权的标的，无异于用自己的财产担保自己的债权，显然不妥；第二，当公司的债务人无力清偿到期债务而公司拍卖质押股票所代表的股份又无人应买时，公司自然就成为质押股票的所有人，这又违背了公司不得拥有自身股份的一般原则。

6. 股东在法定的“停止过户期”的时限内不得转让股份。我国《公司法》第139条第2款规定：“股东大会召开前二十日内或者公司决定分配股利的基准日前五日内，不得进行前款规定的股东名册的变更登记。”需要注意的是，所谓在法定的期限内不得进行股票名册的变更登记，并不意味着在此期间不得进行股份转让。也就是说，股份转让仍是自由的，但如果受让人在此期间申请股东名册的变更登记，公司应当拒绝；如果公司接受其申请，并办理过户手续，应属于无效。

(三) 股份转让的方式

1. 记名股的转让。我国《公司法》第139条第1款规定：“记名股票，由股东以背书方式或者法律、行政法规规定的其他方式转让；转让后由公司将受让人的姓名或者名称及住所记载于股东名册。”

2. 无记名股的转让。我国《公司法》第140条规定：“无记名股票的转让，由股东将该股票交付给受让人后即发生转让的效力。”依该规定，无记名股的转让是由股份所有人将股票交付给受让人，只要交付便发生法律效力，不需要背书，也无须过户。

3. 上市股票的转让。我国《公司法》第144条规定：“上市公司的股票，依照有关法律、行政法规及证券交易所交易规则上市交易。”依我国相关立法规定，对于上市股票，通常将股票交由托管，股票买卖的交割通过证券经纪人进行，转让双方并不谋面，证券和资金从账簿上进行划拨。可见，上市股票的转让也无须背书。

六、记名股票被盗、遗失或者灭失的处理

依我国《公司法》第143条的规定，记名股票被盗、遗失或者灭失的，股东可以依照《民事诉讼法》规定的公示催告程序进行处理。

（一）依公示催告程序宣告股票无效

《民事诉讼法》规定的公示催告程序如下：

1. 以背书转让的票据持有人，因票据被盗、遗失或者灭失，可以向票据缴付地的基层人民法院申请公示催告。申请人应当向人民法院递交申请书，写明票面金额、发票人、持票人、背书人等票据的主要内容和申请理由、事实。

2. 人民法院决定受理申请的，应当同时通知支付人停止支付，并在3日内发出公告。这是为了催促利害关系人申报权利。公示催告的期间由人民法院根据情况决定，但不得少于60日。

3. 支付人收到人民法院停止支付的通知后，在公示催告程序终结前应当停止支付。公示催告期间转让该股票的行为无效。

4. 利害关系人应当在公示催告期间向人民法院申报。人民法院收到利害关系人的申报后，应当裁定终结公示催告程序，并通知申请人和支付人。

5. 没有人申报的，人民法院应当根据申请人的申请，作出判决，宣告股票无效。判决应当公告并通知支付人。自判决公告之日起，申请人有权向支付人请求支付。

6. 利害关系人因正当理由不能在判决前向人民法院申报的，自知道或者应当知道判决公告之日起1年内，可以向作出判决的人民法院起诉。

（二）申请补发股票

依照公示催告程序，人民法院宣告该股票无效后，股东可以向公司申请补发股票。

【本章前沿问题】

□ 股权转让行为的效力

民法理论上，将转让标的物的民事行为划分为债权行为和物权行为，其中订立合同设定给付义务的行为属于债权行为，履约交付的行为则为物权行为。其实，股权转让也包含着两种行为：一是股份转让的债权行为，二是股份转让的权利变动行为。前者是当事人之间关于股权转让合同的签订行为，后者则是合同生效后当事人之间为履行合同而实际交付股份的行为。仅仅订立股份转让合同本身并不等于股份的实际交付或变动，一个完整的股份转让行为的完成应同时具备上述两个过程，这一点同商品房买卖比较类似。因此，对一个股权转让行为效力的认识和判断实质上包括两种行为的效力判断，一是对合同行为或债权行为的判断，二是对股份实际变动行为的判断。股权转让合同的有效并不当然表明股份的实际交付或移转，而股份实际移转行为的无效也不意味着转让合同本身的无效。因为法律对不同的行为可能规定有不同的生效要件和无效的原因。参照《物权法》第15条的规定可以得出，股权转让合同的效力不应受股权变动行为效力的影响。

此外，需要注意的是，在股权转让后因未及时办理变更登记而形成名义股东与实际出资人不一致的情形下，如果原股东又将该股权转让，且第三人凭借对既有登记的信赖而受让股权，则该第三人可

因符合善意取得的构成而成为股东。此时原受让股东可以请求原股东承担赔偿责任，还可以请求对未及时办理登记有过错的董事、高级管理人员或者实际控制人承担相应责任。如果原受让股东对于未及时办理变更登记也有过错的，可以适当减轻上述董事、高级管理人员或者实际控制人的责任。

【本章思考题】

1. 公司的股东与公司的发起人的关系如何？
2. 如何理解股东的法律地位和股东平等原则？
3. 股东的主要权利义务有哪些？
4. 股权可以做哪些分类？各种分类的意义是什么？
5. 有限责任公司的出资和股份有限公司的股份有何区别？
6. 有限责任公司的出资证明书和股份有限公司的股票有何区别？
7. 试述公司法关于有限责任公司股权转让的规定。
8. 对股份或股票可以做哪些分类？各种分类的区别有哪些？
9. 试述公司法关于股份有限公司股份转让的规定。
10. 试述公司法限制公司回购自身股份的原因。
11. 试分析隐名实际出资人与名义股东之间的关系。

第七章 公司组织机构

【导语】

公司组织机构是公司存在和运行的制度体现与保障，是公司成为法人组织的必要条件，也是公司实现有效治理的基础。公司组织机构通常由权力机构、决策与代表机构、执行机构、监督机构等构成，每一机构执掌公司不同的权力，从而在合作与制衡中实现公司的运行。

本章的学习重点在于公司组织机构设置的基本原则，股东会、董事会的职权与决议，监事会、经理的职权以及董事、监事、经理的忠实义务、善管义务与民事责任。本章学习的难点在于具体运用公司组织机构设置的基本原则分析各国公司组织机构的种类、权责及运作，分析各种公司组织机构如何在激励与约束中达到权力制衡。

第一节 概 述

一、公司治理与公司的组织机构

公司治理这一概念在20世纪30年代初由美国学者贝利和米恩斯首次提出，但它不是与公司相伴而生的。公司治理的实质价值在于通过合理分配公司的权力资源，不断完善公司管理运营与监督控制的权力配置系统，促进其良性运转，以实现公司的经营目标并最终实现股东利益的最大化。

公司治理与公司组织机构密不可分。公司治理以分权为前提，以公司组织机构为物质基础。公司治理无非是公司各组织机构在贯彻公司经营目标前提下的有效运行，公司的组织机构在行使各自职权时相互制衡，在公司治理中处于核心位置：第一，公司组织机构的设置及其基本权限和职责的分配由公司法加以规定，这种规定带有明确的强制性，是公司企业得以存在和运行的普遍性标准。第二，公司企业具有法人资格，组织机构的存在是法人成立的必要条件，法人的内部事务的处理需要不同的组织机构间的协调运作，外部事务的处理需要明确代表机关。第三，公司治理可能贯彻不同的企业管理理论，彰显单个公司的个性素质，但它无论如何不可能恢复到没有不同的组织机构分权制衡的个体企业经营状态，公司治理从某种角度讲，是对公司权力资源在决策机构和监督机构间分配的安排与调试。第四，从实践层面看，公司治理直接表现为在法律许可的框架内对公司组织机构的改革创新，英美法系国家在董事会中设立独立董事并不断加大其职权和人数比例，大陆法系国家在赋予监事更多的监督职权的同时，借鉴英美法系国家的做法设立独立董事和独立监事。

二、公司组织机构设置的原则

公司组织机构设置的原则，是指在公司法和公司章程的框架下构造公司的组织机构，明确其各自的职权范围，协调相互运作关系，以期实现良好的公司治理所应贯彻的基本精神和规则性要求。它不仅包含传统商法在意思自治理念支配下形成的商法人组织机构产生和活动的某些规则，还体现由公司治理理论在现代企业制度构造实践中创造的一些重要规范。

（一）股东权力原则

该原则是指公司组织机构的设置应重视股东作为公司所有者的地位，使之能够确保股东充分行使权利。该原则具体可分为：

1. 股东（大）会为最高权力机构原则。各国公司法均规定股东（大）会为公司组织机构中的最高权力机构，公司的一切重大事项如公司章程的变更、董事的任免、公司的合并与解散、公司重大经营方针的批准等，都必须由股东（大）会作出决议。

2. 股东的平等对待原则。即公司组织机构的设置应确保所有股东特别是中小股东享有平等的权利，并承担相应的义务。公司法中的同股同权原则、保护中小股东的累积投票制、大股东对关联交易的投票回避制等均体现了该原则。

3. 股东权利救济原则。为了切实保护股东的权利，各国公司法均规定股东权利受到侵害时应得到法律救济。虽然股东诉讼的具体制度各不相同，但各国公司法均确认了当股东大会、董事会的决议违反法律规定，或者董事、监事、经理执行职务时违反法律或公司章程，造成股东或公司损害时，股东有通过诉讼得到法律救济的权利。

（二）激励与约束并举的权力制衡原则

因为公司组织机构中的各方利益主体均为理性的"经济人"，其行为是在成本收益衡量后追求自身利益最大化的结果。但由于公司股东之间、股东与董事、经理之间利益并非完全一致，为了避免公司的各种利益主体在追求自己利益最大化时损害股东及利益相关者的权利，就必须对其进行约束以达到权力的平衡。约束机制主要包括：对大股东的约束、对董事、董事会的约束及对经理的约束。

（三）信息披露与透明度原则

公司治理中出现问题的根源之一在于信息不对称，公司的股东（委托人）无法获得董事、经理等代理人行为的充分信息，从而无法对其行为进行及时、准确的绩效评价和监督。因此，为了提高公司组织机构的效率，就必须加强信息披露、保持公司的透明度，这也是公司组织机构有效运行的基本前提。

（四）利益相关者参与公司治理原则

近年来，随着企业理论的发展，股东以外的利益相关者也逐渐被纳入公司治理主体，虽然各国对利益相关者参与公司治理的程度规定不同，但各国公司法均开始关注利益相关者问题。例如，德国公司法规定在雇员超过一定人数的企业中，公司监事会成员应有一半的比例为雇员监事。

此外，公司组织机构的设置还应当贯彻分权制衡原则、效率原则、经济民主原则等。

三、公司组织机构的基本构成

虽然公司治理模式的差异决定了各国公司组织机构的类型和具体权力职责不尽相同，但是，各国公司治理的组织机构还是存在基本共性。根据公司治理所需的四种职能，公司组织机构一般设立以下四类机关：

1. 权力机关。一般为股东（大）会。股东作为公司的出资者和所有者理应对公司享有最高权力，而股东行使权力的机关即为全体股东组成的股东（大）会。除特殊情形外，各国均将股东

(大)会作为公司的必设机构,并注重保障其权力的有效行使。

2. 决策机关。一般为董事会,董事会是由股东会选举产生的,由董事组成的行使经营决策权和管理权的公司机构。

3. 监督机关。一般为监事会,主要职责是监督董事、董事会和经理的经营行为,对其违法和不当的经营行为和其他可能侵犯公司利益、股东利益的行为进行约束。

4. 执行机关。即经理,是实际上对公司日常经营进行管理的公司机关。

以上四类机关的四种职能在各国的公司组织机构中均有体现,但具体表现有所差异。在美英国家,不设监事会,但在董事制度中规定了独立董事,独立董事实际承担了监督职能。而德国则采用双层委员会制度,股东会选举监事(有一部分监事为雇员监事)成立监督委员会(supervisory board,简称监事会)。监事会职权强大,主要行使监督职能。同时,监事会享有选任理事成立管理委员会(management board,简称理事会)的重要权力,理事会是执行监事会决议并负责公司日常运作的执行机构,与经理共同承担执行职能。

此外,因公司规模和性质的不同,公司基本组织机构的具体表现形式也存在差异。以我国为例,在规模较小的有限责任公司中,董事会和监事会就不是必设机构,而由执行董事和监事行使职权。在国有独资公司中,则不设股东会,由国家授权投资的机构和部门授权董事会行使部分股东会职权。

四、公司组织机构与公司代表机构

公司为法人企业,而法人为法律拟制的"人",其意志和行为都需要有特定的机构来实现和履行。在公司治理结构中,股东会、董事会、监事会、经理均为公司基本组织机构,其职权规定在公司法和公司章程中。但是,这些公司内部运行机构并非均能对外代表公司。公司的对外代表机构只能由一个机构担任,并且这个机构应该是具有决策权的常设机构。在各国公司法中,一般都规定公司的董事会为公司的对外代表机构。我国公司法即规定股份有限公司和有限责任公司的董事长或经理为公司的法定代表人,有限责任公司不设董事会的,执行董事或经理为公司的法定代表人。

公司对外活动中某些重要的事项,其决定权虽属于股东会,但公司对外洽商和签署合同的权力仍属董事会。公司的法定代表人对外代表公司的权限当然不是无限的,按照公司法和普通公司章程的精神理解,其代表权限的边界应为公司的常业。章程或股东会、董事会的特别决议可以对法定代表人的权限作出扩大或缩小的规定,但这种规定显然不具有对抗善意第三人的效力。

公司的经理管理公司的经营活动,其作为经理人自然在不经授权的情况下于公司的正常营业范围内有权代表公司签署合同或实施其他合法行为。法国公司法规定经理在公司正常的业务项下与董事长有同样的代表权,这有利于公司的经营。经理的行为明显超出公司正常营业的范围,如无董事会的单独授权,第三人不能对抗公司。

第二节 股 东 会

一、股东会的概念及其含义

股东会或称为股东大会,是指依法由全体股东组成的公司权力机构。这一定义具有三重含义：

1. 股东会作为公司的组织机构之一，是公司的最高权力机关。它表明了股东会在公司组织机构中的地位。我国《公司法》第36条规定："有限责任公司股东会由全体股东组成，股东会是公司的权力机构，依照本法行使职权。"该法第98条规定："股份有限公司由股东组成股东大会。股东大会是公司的权力机构，依照本法行使职权。"

2. 股东会是公司依法必须设立的公司组织机构。组建为公司形态的企业，股东会的设立受法律强制性的约束。但是，针对特殊类型的公司，公司法有时也会灵活地作出特殊规定，如我国规定外商投资设立的有限责任公司只设立董事会，由董事会代行股东会的权力；国有独资公司也不设股东会，而由国家授权投资的机构和部门授权董事会行使部分股东会职权。

3. 股东会须由全体股东组成。股东会不应排除任何一个股东，哪怕是仅仅持有一股的股东。这里需要区分作为公司机关的股东会与作为股东会议的股东会，虽然习惯上将两者都称为股东会，但是两者内涵并不相同，前者由全体股东组成，是公司的权力机关；后者则是股东行使权力并形成统一意志的方式，分为年会和临时会议，它并不要求全体股东必须出席。

二、股东会会议的种类

由于股东会是由人数众多的全体股东组成，但股东会作为组织机构又必须形成自己统一的意志，所以股东会只能采取会议的方式来形成决议，这也是股东会的表现形式，正是通过这种形式，股东得以行使对公司的控制权。

股东会的会议方式一般分为定期会议和临时会议两类。

（一）定期会议

定期会议（也称普通会议、股东常会、股东年会），是指依据法律和公司章程的规定在一定时间内必须召开的股东会议。定期会议主要决定股东会职权范围内的例行重大事项。

股东会定期会议每两次会议之间的最长间隔期限，各国规定有所不同。我国《公司法》规定每年召开一次。

定期会议具体召开时间由公司章程进行规定，在我国，一般有限责任公司股东会年会于每个会计年度结束之后召开；股份有限公司的股东大会年会一般于会计年度终了后6个月内召开。

（二）临时会议

股东会临时会议，也称特别会议，是指在定期会议以外必要的时候，由于发生法定事由或者根据法定人员、机构的提议而召开的股东会议。

各国公司法一般规定以下情况可以召开临时会议：

1. 持有一定比例股份的股东申请时。我国《公司法》规定：有限责任公司代表1/10以上表决权的股东可以提议召开股东会临时会议；股份有限公司单独或者合计持有公司10%以上股份的股东请求时，应当在两个月内召开临时股东大会。

2. 根据董事提议或在董事会认为必要时。我国《公司法》规定：有限责任公司1/3以上的董事可以提议召开股东会临时会议；股份有限公司董事会认为必要时，应当在两个月内召开临时股东大会。

3. 根据监事提议或在监事会认为必要时。我国《公司法》规定：有限责任公司监事会或者不设监事会的公司的监事可以提议召开股东会临时会议；股份有限公司的监事会提议召开时，应当在两个月内召开临时股东大会。

4. 发生法定事由时。对于法定事由，各国公司法规定内容不一，例如，英国 1967 年公司法规定，凡需要临时撤换一个董事，或任命一位年逾 70 岁的董事，任命一位新的审计员时，均需要召开股东会临时会议。我国《公司法》第 100 条规定，股份有限公司当董事人数不足公司法规定的人数或者公司章程所定人数的 2/3 时，或者当公司未弥补的亏损达实收股本总额 1/3 时，应当在两个月内召开临时股东大会。我国《公司法》对有限责任公司则无此规定。

5. 其他。我国《公司法》规定，当《公司法》和公司章程规定公司转让、受让重大资产或者对外提供担保等事项必须经股东大会作出决议的，董事会应当及时召集股东大会会议。

三、股东会的职权

股东会为公司最高权力机构，因此，股东会行使的职权一般是针对公司的重大事项。股东会有法定职权和章程规定职权两类，公司可以以章程的形式规定股东会拥有除法定职权以外的其他职权。

关于法定职权，各国公司法规定较为相似。在我国《公司法》中，关于有限责任公司股东会的职权规定如下：(1) 决定公司的经营方针和投资计划；(2) 选举和更换非由职工代表担任的董事、监事，决定有关董事、监事的报酬事项；(3) 审议批准董事会的报告；(4) 审议批准监事会或者监事的报告；(5) 审议批准公司的年度财务预算方案、决算方案；(6) 审议批准公司的利润分配方案和弥补亏损方案；(7) 对公司增加或者减少注册资本作出决议；(8) 对发行公司债券作出决议；(9) 对公司合并、分立、变更公司形式、解散和清算等事项作出决议；(10) 修改公司章程；(11) 公司章程规定的其他职权。

我国《公司法》关于股份有限公司股东大会的职权的规定与有限责任公司的规定是相同的。需要注意的是，《公司法》允许公司章程规定股东会拥有其他职权，但这些职权的规定不得与《公司法》规定的法定职权相矛盾，不得违反相关法律、法规的规定，不得剥夺股东的权利，否则无效。

四、股东会的召集

(一) 召集人

各国公司法一般规定股东会议(定期会议、临时会议)由董事会召集。有些国家还规定其他主体在特殊情况下也可以召集股东会。我国《公司法》规定，有限责任公司首次股东会会议由出资最多的股东召集和主持，依照公司法规定行使职权；此外的定期会议和临时会议则由董事会(或执行董事)召集。同时，董事长如果不能履行职务或者不履行职务的，由副董事长主持；副董事长不能履行职务或者不履行职务的，由半数以上董事共同推举一名董事主持。董事会或者执行董事不能履行或者不履行召集股东会会议职责的，由监事会或者不设监事会的公司的监事召集和主持；监事会或者监事不召集和主持的，代表 1/10 以上表决权的股东可以自行召集和主持。

股份有限公司的股东大会会议亦由董事会负责召集。《公司法》第 101 条又对召集人和主持人作了具体的规定：董事长如果不能履行职务或者不履行职务的，由副董事长主持；副董事长不能履行职务或者不履行职务的，由半数以上董事共同推举一名董事主持。董事会不能履行或者不履行召集股东大会会议职责的，监事会应当及时召集和主持；监事会不召集和主持的，连续 90 日以上单独或者合计持有公司 10%以上股份的股东可以自行召集和主持。

（二）召集时间

我国《公司法》规定：有限责任公司股东会定期会议按章程规定时间召集，临时会议应法定人员提议而召集，但未规定具体时间；股份有限公司定期会议亦按章程规定时间召集，但临时会议需要在法律规定情形发生后 2 个月内召集。

（三）召集通知

我国《公司法》规定：有限责任公司召开股东会会议，应当于会议召开 15 日以前通知全体股东，但是，公司章程另有规定或者全体股东另有约定的除外。股份有限公司召开股东大会，应当将会议审议的事项于会议召开 20 日以前通知各股东，临时会议应当于会议召开 15 日前通知各股东；发行无记名股票的，应当于会议召开 30 日前公告会议召开的时间、地点和审议事项。

五、股东会的决议

股东会会议的一系列程序包括通知、登记、提案的审议、投票、计票、表决结果的宣布、会议决议的形成、会议记录及其签署、公告等，而这其中最重要的便是表决程序。为了使股东会形成公平、有效率的决议，提高中小股东参与公司治理的积极性，同时防止大股东利用控股地位侵害中小股东的权利，各国公司法均很重视对表决程序的规范。一个有效的表决决议必须是在法定比例的股东出席前提下，通过法律规定的投票方式，达到符合法定比例要求的支持率的决议。

（一）关于股东法定出席比例

股东法定出席比例是指召开合法有效的股东会，出席会议的股东所代表的公司有表决权的股份数量应满足法定标准。这是由于考虑到如果参加股东会议的股东很少，就不利于公司的决策集思广益，而且有可能导致少数股东操纵股东会损害其他股东利益的因素。因此，各国一般规定参加股东会的股东必须达到法定人数，股东会才能合法召开，通过的决议也才能有效。

我国《公司法》并未规定股东会的法定出席比例，这自然是一种严重的缺失，对健全公司法人治理结构没有好处。1994 年《国务院关于股份有限公司境外募集股份及上市的特别规定》中规定，到境外上市的股份公司，召开股东大会时应有代表有表决权的股份总数 1/2 以上的股东出席。这样的规定非常合理。

（二）投票方式

1. 本人投票制与委托投票制

本人投票制是指股东亲自出席股东会并进行投票。委托投票制是指公司股东委托代理人出席股东大会并进行投票。委托投票制度确实有利于调动中小股东行使投票表决权的积极性，从而有效防止股东大会的“空壳化”。股东可以将投票表决权委托给其他股东，也可以委托给董事会，还可以委托给股票监管人和中介机构，以行使其对公司的控制权。在公司控制权因收购、重组等活动发生移转时，委托投票制会发挥出相当的制约作用。

2. 现场投票制与通信投票制

随着科技的发展，电话、传真、互联网视频等现代便捷通信工具不断涌现，为了降低投票成本，提高中小股东积极性，许多国家立法承认了利用现代通信工具投票的有效性。

3. 直接投票制与累积投票制

直接投票制代表了公司法在公司决策的过程和结果上奉行的传统的多数决原则，贯彻了由大股东控制公司的权利义务对等的理念。凡公司的重要事务，在股东大会讨论并就具体方案进行表决时，除非表决之事项涉及与大股东及其子公司的关联交易，规定大股东回避投票，或因法律或公司章程已对大股东的投票权有所限制，股东大会决议的结果往往与大股东的意见一致。

另一种限制的方式就是累计投票制。我国《公司法》第 105 条对累积投票制作了定义性解释："本法所称累积投票制，是指股东大会选举董事或者监事时，每一股份拥有与应选董事或者监事人数相同的表决权，股东拥有的表决权可以集中使用。"累积投票制诞生于 19 世纪的美国，20 世纪为其他发达国家的公司法所普遍采用。该制度一般仅适用于董事的选举，有利于保证中小股东能将其代言人选进董事会。

(三) 决议通过的法定比例

股东会的决议均采用多数决原则，即决议必须由出席股东会的代表表决权多数的股东通过方为有效。但是，对于不同的决议事项，各国公司法规定了不同的多数决标准。

1. 普通决议

股东会普通决议生效的条件是股东会会议经合法召集，且经出席会议的代表 1/2 以上表决权的股东通过。除特别决议事项外，股东会决议均适用简单多数原则。但是，我国有限责任公司股东会普通决议的产生，《公司法》规定由公司章程规定，如果章程无规定或者规定不明确，应按全体股东所持全部表决权的过半数标准执行。

2. 特别决议

股东会会议合法召集，必须经出席会议的代表绝对多数表决权的股东通过方为有效的决议为特别决议。在我国该绝对多数为 2/3 以上。我国《公司法》规定适用特别决议的事项主要有：(1) 修改公司章程；(2) 增加或减少注册资本；(3) 公司的分立、合并或者变更公司形式；(4) 公司的解散。

(四) 股东会决议的无效与撤销

股东会的决议是根据"资本多数决"的原则作出的，是少数股份服从多数股份的制度，因此，决议内容和程序必须合法、公正。如果决议内容或程序上有瑕疵，其效力就会受到影响。我国《公司法》规定了决议无效与决议撤销两种诉讼方式。

1. 股东会决议的无效

对于决议的内容违反法律、行政法规的，各国立法均将这种决议的效力规定为无效，我国《公司法》第 22 条规定，公司股东会决议内容违反法律、行政法规的，无效。此处的违反法律、行政法规，是指违反法律、行政法规的强制性规定。

(1) 违反公司章程的决议的法律后果。我国《公司法》同样将决议内容违反公司章程规定作为可撤销之诉的理由，这主要是从法律规定决议撤销与无效的效力来考虑的。在法律规定的期间内，没有提起决议撤销之诉，不得再提起决议撤销之诉，以维护决议所涉及的法律关系的稳定性。

(2) 提起无效之诉的条件。我国《公司法》规定，不论股东会决议是否导致股东利益受到侵害，只要决议内容违反法律和行政法规的规定，股东就有权提起无效之诉。

(3) 提起无效之诉的主体。我国《公司法》规定股东有权提起决议无效之诉，这一规定显然是不够的。监事会是公司的监督机构，对于股东会决议的无效之诉，监事会应当有权提起诉讼，这不仅与监事会的监督职责相适应，同时也是维护公司和股东利益的需要。因此，从公司法理论而言，对于股东会决议违反法律、行政法规的，公司股东既可以要求监事会提起诉讼，也可以自己的名义起诉。

(4) 决议无效的法律后果。股东会决议无效,意味着股东会决议自始不发生法律效力,股东会决议无效的确认之诉的判决效力因而具有对世性,即其效力及于第三人,且具有绝对的溯及力。若股东会决议中部分内容无效,倘若决议各项内容不具有可分性,则部分决议事项无效导致整个决议当然无效;倘若决议各项内容具有可分性,则部分决议事项无效并不必然导致决议中的其他事项无效。

另外,公司根据股东会决议已办理变更登记的,人民法院宣告决议无效后,公司应当向公司登记机关申请撤销变更登记。

2. 股东会决议的撤销

我国《公司法》第 22 条还规定了股东会决议的撤销:股东会会议召集程序、表决方式违反法律、行政法规或者公司章程,或者决议内容违反公司章程的,股东可以自决议作出之日起 60 日内,请求人民法院撤销。

(1) 决议撤销的事由。按照我国《公司法》的规定,决议可撤销的事由主要有:①召集程序违反法律、行政法规或公司章程,如由没有召集权的人召集;未向部分股东召集,或通知时间、通知方法不合法,或通知内容不齐全。②表决方式违反法律、行政法规或公司章程,如决议通过的股份数不足法定要求时,或表决权计算违法时,或将特别决议事项以普通决议来表决时。③决议内容违反公司章程,如控制股东滥用表决权,侵害了公司章程赋予公司和小股东的利益。

(2) 撤销之诉的提起。我国《公司法》规定股东可以提起股东会决议的撤销之诉,但如果股东会召集程序或表决方法有瑕疵,参加股东会的股东一致通过了股东会决议,那么参加股东会并在表决中投赞成票的股东是否仍享有股东会决议的撤销诉权?《公司法》并未明确规定。我们认为,应当允许其有权提起撤销之诉,这可以保护那些尽管在表决中同意议案但并不知道召集程序或表决方法有瑕疵的股东的利益,并且也能起到督促公司股东会在召集和表决中严格按照规定进行的作用。另外,从公司法理论而言,公司的监事会同样应当有权提起股东会决议的撤销之诉。

(3) 提起撤销之诉的时间。由于引起决议撤销之诉的事由并非很严重,所以各国通常都对决议撤销之诉的期间加以规定。我国《公司法》规定为 60 日,自决议作出之日起计算。从公司法理论的角度看,这个 60 日应为除斥期间,不存在中止、中断和延长的情形,如果在此期间无人提起股东会决议撤销之诉,则股东会决议成为具有确定法律效力的决议。

(4) 提起撤销之诉的担保。为防止股东滥用决议撤销之诉,图谋不当利益,我国《公司法》就决议撤销之诉规定了原告股东的提供担保的义务:如果公司提出请求,人民法院可以要求股东提供相应担保。立法这一规定,加大了那些没有正当理由而滥用诉权的成本,若原告出于恶意或重大过失而败诉,应对公司负损害赔偿的责任。

(5) 提起撤销之诉的法律后果。按照一般法律行为制度,被撤销的法律行为从行为开始时起无效,因此,决议撤销判决的效力应当溯及决议之时。但对基于撤销前的股东会决议而产生交易关系的善意第三人,从维护法律的稳定和交易的安全角度出发,有必要否定撤销之诉判决的溯及力,以保护善意第三人。

基于被撤销的股东会决议而实施的变更登记事项,在法院撤销决议之诉生效后,公司应当向公司登记机关申请撤销变更登记。

第三节 董 事 会

一、董事会

（一）概念与特点

董事会是指依法由股东会选举产生，代表公司并行使经营决策权的公司常设机关。

从以上定义可见董事会具有以下特点：

1. 董事会成员是由股东会选举产生，董事会对股东会负责，执行股东会的决议。

2. 董事会是公司法定的常设机关。董事会自公司成立之日起一直存在。虽然它的成员可依法随时更换，但董事会本身作为一个组织始终存在，不能更换和撤销。

3. 董事会是公司对外代表机关。董事会的活动具有对外效力，董事长、执行董事或者经理是公司的法定代表人。

4. 董事会是公司的经营决策机关。董事会执行股东会决议，负责公司的经营决策，它有自己独立的职权，在法律和章程规定的范围内对公司的经营管理行使决策权力，并任命经理来执行公司的日常经营事务，经理对董事会负责并报告工作。

5. 由于董事会决策公司事务得由全体董事按一人一票的表决权进行，因而公司的董事会组成人数应当是单数。我国《公司法》规定，有限责任公司的董事会，由 3～13 人组成，规模较小的有限责任公司或者一人有限责任公司可选择不设董事会，但设一人担任执行董事，其职权与董事会相当，执行董事为公司的法人代表，股份有限公司的董事会由 5～19 人组成。

（二）职权

各国立法关于董事会职权的规定方式有所不同，有的国家采取列举式明确授予董事会各项职权；有的国家则采取排除式规定必须由股东会行使的重要权力，除此之外的权力则由董事会行使；有的国家立法未对董事会职权作出具体规定，而将其赋予公司章程去规定。为了提高公司经营运作效率，各国公司法均赋予了董事会比较广泛的职权。

我国《公司法》对董事会的职权采取了列举式的规定。根据《公司法》第 46 条和第 108 条规定，董事会对股东（大）会负责，行使下列职权：

1. 负责召集股东会，并向股东（大）会报告工作。

2. 执行股东（大）会的决议。

3. 决定公司的经营计划和投资方案。

4. 制订公司的年度财务预算方案、决算方案。

5. 制订公司的利润分配方案和弥补亏损方案。

6. 制订公司增加或者减少注册资本以及发行公司债券的方案。

7. 制订公司合并、分立、变更公司形式、解散的方案。

8. 决定公司内部管理机构的设置。

9. 决定聘任或者解聘公司经理（总经理）及其报酬事项，并根据经理的提名，决定聘任或者解聘公司副经理、财务负责人，决定其报酬事项。

10. 制定公司的基本管理制度。

11. 公司章程规定的其他职权。

二、董事

(一) 董事的种类

董事为董事会的成员，董事一般为自然人，但也有国家和地区的法律规定法人亦能成为董事，法人担任董事的应委托自然人为代理人，法国和我国台湾地区的公司法就有此类规定。董事是董事会职权的实际行使者。

关于董事的主要分类为：

1. 内部董事(也称执行董事)

可以同时担任公司其他职务的董事为内部董事。内部董事由于在公司中担任经营管理等职务，故对公司信息掌握全面，有利于董事会作出及时、正确的决策并能较好地协调与经理的关系，从而有利于决策的执行。但是，由于内部董事与经理等管理人员存在直接利益关系(有的甚至兼任公司经理)，其行为不可避免地缺乏独立和客观性。

2. 外部董事(也称非执行董事)

在担任董事职务的公司不可以同时担任公司其他职务的董事为外部董事。外部董事一般由其他公司的经理阶层、社会各界专家和机构投资者的代表担任。在美、英等国家，许多大公司的外部董事比例已经远远超过内部董事。

但是，外部董事不一定就真正独立，在外部董事中具有独立性的则被称为“独立的外部董事”，也就是独立董事。所谓独立董事是指不在公司担任除董事外的其他任何职务，并与其所受聘的公司及其主要股东不存在可能妨碍其进行客观判断的重要关系的董事。

(二) 董事的任职资格

各国《公司法》规定董事任职资格的条件不尽相同，有积极条件，即只有满足某些条件才能成为公司董事；也有消极条件，即规定董事不得具备某些条件。我国《公司法》第 146 条规定，有下列情形之一的，不得担任公司的董事：

1. 无民事行为能力或者限制民事行为能力。

2. 因犯有贪污、贿赂、侵占财产、挪用财产或者破坏社会主义市场经济秩序，被判处刑罚，执行期满未逾 5 年，或者因犯罪被剥夺政治权利，执行期满未逾 5 年。

3. 担任破产清算的公司、企业的董事或者厂长、经理，并对该公司、企业的破产负有个人责任的，自该公司、企业破产清算完结之日起未逾 3 年。

4. 担任因违法被吊销营业执照、责令关闭的公司、企业的法定代表人，并负有个人责任的，自该公司、企业被吊销营业执照之日起未逾 3 年。

5. 个人所负数额较大的债务到期未清偿。

公司违反上述规定选举董事的，该选举无效；董事在任职期间出现上述情形的，公司应当解除其职务。

对于国家公务员能否担任公司的董事，我国 1993 年《公司法》第 58 条规定“国家公务员不得兼任公司的董事、监事、经理”，现行《公司法》将此规定取消，但根据我国 2006 年 1 月 1 日起施行的《公务员法》的规定，公务员不得从事或者参与营利性活动，不得在企业或者其他营利性组织中兼任职务，因此，国家公务员原则上不能担任公司的董事职务。但在国有独资公司和国家控股、参股的公司中，由于其董事会成员由国有资产监督管理机构委派，或者由其他国有投资机构和国有事业单位委派或推选，公务员事实上可以担任这类公司的董事。国家公务人员能否担任国有独资公司的董事，尚需进一步的法律解释和规定。

（三）董事的任免

董事一般均由股东会任免。我国公司法规定，股东会（股东大会）选举和更换董事。外商投资的有限责任公司的董事则按照投资合同的约定由投资各方委派产生，国有独资公司的董事会成员由国有资产监督管理机构委派，但是，国有独资公司董事会成员中应当有职工代表，职工代表的产生或撤换由公司的全体职工民主决定。

三、董事长的地位和职权

董事会设董事长一人，并可以设副董事长，副董事长协助董事长工作。董事长和副董事长由董事会以全体董事的过半数选举产生。

一般情况下，公司由董事长担任公司的法定代表人，对外代表公司。原《公司法》曾规定董事长对内行使下列职权：(1) 主持股东会（股东大会）和召集、主持董事会会议；(2) 检查董事会决议的实施情况；(3) 签署公司股票、公司债券。由于2005年后的《公司法》对法定代表人作了重要修改，公司的法定代表人不再限定于董事长，而可以由董事长、执行董事或者经理中的任何一人担任，因而立法未再规定董事长的具体职权。

四、董事会会议

（一）董事会会议的种类

董事会会议一般可以分为两类，这两类董事会会议的议事方式和表决程序，除法律有规定的以外，均应由公司章程规定。

1. 普通会议。普通会议是在公司章程规定的固定时间召开的例会。我国公司法未对有限责任公司董事会会议召开的次数予以规定，但规定股份有限公司每年度至少召开两次董事会会议。

2. 临时会议。当公司经营中遇到需要董事会及时决策的必要事项时，董事会可以召开临时会议。对于股份有限公司，《公司法》规定，代表1/10以上表决权的股东、1/3以上董事或者监事会，可以提议召开董事会临时会议。对于有限责任公司，《公司法》未规定如何提议召开董事会临时会议，因而可以根据需要随时召开董事会临时会议。

（二）董事会会议的召集和主持

董事会由董事长召集并主持。董事长因特殊原因不能履行职务时，由副董事长召集和主持；副董事长不能履行职务或者不履行职务的，由半数以上董事共同推举一名董事召集和主持。对于股份有限公司董事会临时会议，我国《公司法》规定，董事长应当自接到提议后10日内，召集和主持。对于董事长选出前的第一次董事会会议，习惯上一般由得票数最多的董事召集。但也有国家和地区有其他规定，比如在我国香港地区，董事会会议可以由任何董事直接通知或由秘书通知召集。

在召集董事会会议时，需要履行一定的通知程序。我国《公司法》规定，股份有限公司董事会每次会议应当于会议召开10日以前通知全体董事；如果董事会召开临时会议，则由公司规定召集董事会的通知方式和通知时限。

（三）董事会的决议

我国《公司法》只规定了某些必需的、基本的法定议事程序，而将具体的董事会议事规则赋予公司章程进行规定，《公司法》规定，在股份有限公司中：

1. 董事会会议应由过半数的董事出席方可举行。

2. 董事会会议，应由董事本人出席。董事因故不能出席，可以书面委托其他董事代为出席董事会，委托书中应载明授权范围。

3. 董事会作出决议，必须经全体董事的过半数通过。

4. 董事会应当对会议所议事项的决定作成会议记录，出席会议的董事应当在会议记录上签名。

第四节　监　事　会

一、监事会的概念和特点

监事会是依法产生，对董事和经理的经营管理行为及公司财务进行监督的常设机构。它代表全体股东对公司经营管理进行监督，行使监督职能，是公司的监督机构。

监事会的特点如下：

1. 监事会是由依法产生的监事组成的。监事一般由股东会选举产生。但我国《公司法》还规定，监事会由股东代表和适当比例的公司职工代表组成，因此，监事会中的职工代表应由公司职工民主选举产生。

2. 监事会是对公司事务进行监督的机构。监事会的监督职能一般包括两个方面：一方面是对董事、经理的经营行为进行监督；另一方面是财务监督，也称为专业监督。各国公司法均将财务监督作为监督机构职权的重要部分。

3. 监事会独立行使职权。保持充分的独立性是进行有效监督的重要前提，为此，各国公司法均很重视对监事会行使职权的独立性的保障。

4. 监事个人与监事会并行行使监督职权。董事会是决策机构，需要形成统一的意志，因此它采取的是一种集体议事、少数服从多数的原则。同时，为了充分掌握公司信息，法律规定了监事对公司业务和财务资料有平等的监督检查权，一般情况下并不需要形成集体决议行使职权。我国《公司法》规定的行使监督职权的主体就是监事会或者监事。

二、监事会的设置

虽然各国在公司治理中均设立了行使监督职能的公司机构，但是，与股东会、董事会、经理等公司组织机构相比，各国公司法关于监事会的规定差异最大，变化也较大。主要有美国模式、德国模式、日本模式和法国模式。

我国采纳的公司监督体制基本类似于日本2001年修法前的治理模式。监事会为公司必设机构，是公司的监督机构。但是，近年来，各种公司治理模式之间开始出现相互借鉴的趋势。由于我国的市场经济正在逐步建立、完善，公司（尤其是上市公司）治理频频出现混乱情况，监事会未能有效发挥监督的作用是原因之一。目前，我国公司的监督制度正在经历理论和实践两方面的深刻检讨，非上市公司的监督制度需要在原有体制的基础上进行完善，而上市公司则通过借鉴其他国家模式改造了原有的监督体制，配置了独立董事，公司的监督职能由监事会和独立董事共同行使。

三、监事会的组成

监事会由监事组成。关于监事的组成，我国《公司法》规定监事会由股东代表和适当比例的公司职工代表组成，具体比例由公司章程规定。监事会中的职工代表由公司职工民主选举产生。

关于监事会的监事数目，我国《公司法》规定，有限责任公司，经营规模较大的，设立监事会，其成员不得少于 3 人；股东人数较少和规模较小的，可以设 1～2 名监事。股份有限公司设监事会，其成员不得少于 3 人。

我国《公司法》对监事任职资格的规定与董事相同。此外，《公司法》还规定，董事、经理及财务负责人不得兼任监事。

四、监事会的职权

按照我国《公司法》第 53 条、第 54 条、第 118 条规定，监事会或者监事行使下列职权：

1. 检查公司财务。

2. 对董事、高级管理人员执行公司职务的行为进行监督，对违反法律、法规、公司章程或者股东会决议的董事、高级管理人员提出罢免的建议。

3. 当董事和高级管理人员的行为损害公司的利益时，要求董事和高级管理人员予以纠正。

4. 提议召开临时股东会会议，在董事会不履行公司法规定的召集和主持股东会会议职责时召集和主持股东会会议。

5. 向股东会会议提出提案。

6. 依照《公司法》第 151 条的规定，对董事、高级管理人员提起诉讼。

7. 监事有权列席董事会会议，并对董事会决议事项提出质询或者建议。

8. 监事会、不设监事会的公司的监事发现公司经营情况异常，可以进行调查；必要时，可以聘请会计师事务所等协助其工作，费用由公司承担。

9. 公司章程规定的其他职权。

此外，上市公司的监事会还可要求公司董事、经理及其他高级管理人员、内部及外部审计人员出席监事会会议，回答所关注的问题。

第五节 独立董事制度

一、独立董事的概念和法律特征

独立董事的概念，最早出现在 1992 年的“凯得伯瑞报告”(Cadbury Report)中，它是指不在公司担任除董事职务以外的其他任何职务，并与其所受聘的上市公司及其主要股东不存在可能妨碍其进行独立客观判断的一切关系的特定董事。

独立董事区别于内部董事或者执行董事的最根本的法律特征在于它的独立性。其独立性主要体现在以下三个方面：

1. 法律地位的独立性。独立董事由公司的股东大会选举产生，不是由大股东或者公司高级管理层委派，不是大股东或现有公司高级管理层的代言人。

2. 意思表示的独立性。独立董事与公司没有任何业务关联和物质利益关系，与公司的大股东、董事、高级管理人员没有任何影响其独立性的利益或者亲属关系，所以它可以从公司利益的角度出发，对于董事会的决议作出独立的意思表示。

3. 职能的独立性。独立董事可以就公司董事、高级管理人员的提名、任免、报酬、考核事项以及其认为可能损害中小股东权益的事项发表独立意见；对公司关联交易、聘用或者解聘会计师事务所等重大事项进行审核并发表独立意见。

二、独立董事制度的形成和发展

1. 西方国家独立董事制度的形成和发展

独立董事制度适应了社会经济发展的客观需要，它既是公司内部矛盾激化的结果，也是公司效益原则屈服于民法公平原则的体现。20 世纪六七十年代以后，西方国家尤其是美国各大公众公司的股权越来越分散，董事会逐渐被以首席执行官(CEO)为首的经理人员操纵，以至于对以CEO 为首的经理人员的监督已严重缺乏效率。人们开始从理论上普遍怀疑现有制度安排下的董事会运作的独立性、公正性、透明性和客观性，并引发了对董事会职能、结构和效率的深入研究。在理论研究成果与现实需求的双重推动下，美国立法机构及中介组织自 20 世纪 70 年代以来加速推进独立董事制度的进程，独立董事的设立最终完成。

2. 我国独立董事制度的建立和发展

我国引进独立董事制度的主要原因是股权结构严重不合理、控股股东滥用权利、内部人控制现象严重、监事会形同虚设。我国首部涉及独立董事制度的立法文件是 1997 年 12 月 16 日中国证监会发布的《上市公司章程指引》，它规定："公司根据需要，可以设立独立董事。"2001 年 8 月 16 日，中国证监会正式发布《关于在上市公司建立独立董事的指导意见》，要求在上市公司董事会成员中应当至少包括 1/3 的独立董事。2005 年以后的《公司法》明确规定，上市公司设立独立董事，具体办法由国务院规定，从而将独立董事制度置于更高的立法层面加以规定。

三、独立董事的独立性和职权

为保障独立董事的独立性，中国证监会《关于在上市公司建立独立董事的指导意见》中对影响董事独立性因而不能担任独立董事的"重要关系"作了具体规定，包括：(1) 在上市公司或者其附属企业任职的人员及其直系亲属、主要社会关系(直系亲属是指配偶、父母、子女等，主要社会关系是指兄弟姐妹、岳父母、儿媳女婿、兄弟姐妹的配偶、配偶的兄弟姐妹等)；(2) 直接或间接持有上市公司已发行股份 1%以上或者是上市公司前十名股东中的自然人股东及其直系亲属；(3) 在直接或间接持有上市公司已发行股份 5%以上的股东单位或者在上市公司前五名股东单位任职的人员及其直系亲属；(4) 最近一年内曾经具有前三项所列举情形的人员；(5) 为上市公司或者其附属企业提供财务、法律、咨询等服务的人员；(6) 公司章程规定的其他人员；(7) 中国证监会认定的其他人员。

除法律赋予董事的职权外，为了更好地行使职权，维护公司和中小股东的权益，法律一般还赋予独立董事一些特别的职权。我国独立董事的特别职权包括：(1) 重大关联交易（指上市公司拟与关联人达成的总额高于 300 万元或高于上市公司最近经审计净资产值的 5%的关联交易）应由独立董事认可后，提交董事会讨论，独立董事作出判断前，可以聘请中介机构出具独立财务顾问报告，作为其判断的依据；(2) 向董事会提议聘用或解聘会计师事务所；(3) 向董事会提请召开临时股东大会；(4) 提议召开董事会；(5) 独立聘请外部审计机构和咨询机构；(6) 可以在股东大会召开前公开向股东征集投票权。

此外，独立董事还应当对上市公司任免董事及发生可能损害中小股东权益等重大事项发表独立意见。

第六节 经 理

一、经理的概念和地位

经理是由董事会聘任的、负责组织公司日常经营管理活动的公司常设业务执行机关。与股东会、董事会、监事会不同，经理机关并非会议形式的机关，其行为不需要通过会议以多数原则形成意志和决议，而是以担任总经理的高级管理者的最终意志为准，虽然公司也设副总经理，但其只是由总经理提名协助其工作的辅助人员。

经理的职权虽由公司法规定，但其职务的取得源自于董事会，因此董事会对其职权可作出扩大或缩小的决定。

二、经理的设立

公司经理不同于公司董事、监事，他并非选举产生，而是由董事会聘任产生。各国公司法多规定聘任经理为董事会的职权，董事会通过投票决定公司经理的人选。如果经理违法经营或者其能力、素质不足以管理公司，董事会认为其不适合管理本公司，可以依法在召开的董事会会议中解聘该经理。

三、经理的任职资格

经理是公司日常经营的实际管理者，因此，经理的资格（即具备什么条件的人员才能被选聘为经理）便成为公司运营中的重要问题。经理的资格包括两个方面：一方面为积极条件，即经理应该具备的各种能力和素质，主要包括品质素质、知识素质、管理能力素质、生理和心理素质等；另一方面为消极条件，即担任经理的限制性条件，如因犯罪被剥夺政治权利、执行期满未逾 5 年的人不得担任公司经理等。

因为经理素质等积极条件需要通过考察其学历、品行、业绩、声誉等因素后综合认定，很难有统一标准，完全属于各个公司内部事务，应由董事会自由决定，不应由法律强行干预。因此，各国公司法都主要从消极条件对公司经理的任职资格进行相应规范，我国也是如此。我国《公司法》第 146 条对于经理所作的资格条件限制与董事、监事任职条件限制是一致的。

四、经理的职权

虽然经理由董事会选聘并对董事会负责，不同公司的经理的实际权限并不完全相同，但是为了使公司能有效率地持续运营，从较多的公司运营的实践中总结提炼出经理机关的一般职权范围，在公司法上予以规定是非常必要的。我国《公司法》第 49 条、第 113 条规定经理行使下列职权：

1. 主持公司的生产经营管理工作，组织实施董事会决议。
2. 组织实施公司年度经营计划和投资方案。
3. 拟订公司内部管理机构设置方案。
4. 拟订公司的基本管理制度。
5. 制定公司的具体规章。
6. 提请聘任或者解聘公司副经理、财务负责人。
7. 决定聘任或者解聘除应由董事会聘任或者解聘以外的负责管理人员。
8. 董事会授予的其他职权。

此外，公司章程还可对经理的职权再作出其他规定，并且，经理有权列席董事会会议。

第七节　国有独资公司的组织机构

依照《公司法》及《国有企业监事会暂行条例》等法规的规定，国有独资公司组织机构法律制度的基本特点是，由国务院或者地方人民政府授权本级人民政府国有资产监督管理机构、董事会、经理、监事会分别行使国有独资公司的决策权、经营管理权、业务执行权和监督权。

一、国有资产监督管理机构

我国《公司法》规定，国有独资公司是指国家单独出资、由国务院或者地方人民政府授权本级人民政府国有资产监督管理机构履行出资人职责的有限责任公司。由此，国有独资公司的出资人就是各级政府国有资产监督管理机构，是国有独资公司的唯一股东。但它与一般有限公司股东会不同的是，国有资产监督管理机构可依法授权公司董事会行使股东会的部分职权，决定公司的重大事项。

依照《公司法》关于股东会职权的规定，国有资产监督管理机构应行使下列职权：

1. 制定、修改公司章程或批准由董事会制订、修改的公司章程。
2. 决定公司的经营方针和投资计划。
3. 选派国家股权代表参加国有独资公司的董事会，更换或罢免其委派的董事，并从董事会成员中指定董事长和副董事长；授权董事会行使股东会的部分职权。
4. 决定公司增资、减资和发行公司债券。
5. 决定公司合并、分立、解散。
6. 审议批准董事会、监事会的工作报告。
7. 审议批准公司的年度财务预决算方案、利润分配方案和弥补亏损方案。
8. 公司资产依法转让时，办理其审批和财产权转移手续。

9. 检查公司财务，对董事、经理的行为进行监督，必要时根据部署，向公司派出监事会。

二、董事会

董事会是国有独资公司的常设经营管理机构，而且是必设机关。国有独资公司的董事会成员由两部分人组成：一是由股东委派，即由国有资产监督管理机构按照董事会的任期委派或者更换；二是由公司职工民主选举产生，一般由国有独资公司职工代表大会选举产生，这是国有独资公司董事会组成的一个特点。国有独资公司董事会的职权范围，除了公司法规定的有关有限责任公司董事会的所有职权外，还包括经国有资产监督管理机构授予的股东会的部分职权。

经国有资产监督管理机构同意，国有独资公司的董事可以兼任经理。与一般有限公司不同的是，《公司法》第 69 条对国有独资公司的负责人规定了专任制度："国有独资公司的董事长、副董事长、董事、高级管理人员，未经国有资产监督管理机构同意，不得在其他有限责任公司、股份有限公司或者其他经济组织兼职。"公司法的这种特殊规定，目的在于保证国有独资公司管理层有足够的忠诚度和充分的精力、时间对公司加以管理，以维护国有资产的安全。

三、经理

国有独资公司设经理，负责公司的生产经营管理工作。经理是董事会的辅助机关。经理由董事会聘任或者解聘。经国有资产监督管理机构同意，国有独资公司的董事可以兼任经理。

国有独资公司经理的职权一般与有限责任公司的经理相同。

四、监事会

我国《公司法》对国有独资公司中的监事会的规定较为具体，第 70 条规定：国有独资公司监事会成员不得少于 5 人，其中职工代表的比例不得低于 1/3，具体比例由公司章程规定。监事会成员由国有资产监督管理机构委派；但是，监事会中的职工代表由公司职工代表大会选举产生。监事会主席由国有资产监督管理机构从监事会成员中指定。监事会行使本法第 53 条第(1)项至第(3)项规定的职权和国务院规定的其他职权。

此外，国务院于 2000 年颁布的《国有企业监事会暂行条例》，废止并取代了原《国有企业财产监督管理条例》，《国有企业监事会暂行条例》适用于包括国有独资公司在内的国有重点大型企业和地方国有重点企业。根据《国有企业监事会暂行条例》的规定，国务院派出监事会的企业名单，由国有企业监事会管理机构提出建议，报国务院决定；对国务院不派出监事会的国有企业包括国有独资公司，由省、自治区、直辖市人民政府参照该条例的规定，决定派出监事会；国务院向国有重点金融机构派出监事会，适用《国有重点金融机构监事会暂行条例》。

第八节 董事、监事、经理的义务与民事责任

一、董事、监事和经理的义务

董事、监事和经理分别执掌公司的决策权、监督权、执行权，他们在很大程度上实际控制公司的运营。他们与公司及股东的利益有很大的一致性，并因此被赋予充分的职权，但另一方面，他

们又有各自独立的利益，其利益也有可能与公司和股东相冲突。各国公司法也因此对董事、监事和经理的义务均进行了规定。

（一）忠实义务

忠实义务又称信义义务，指董事、监事、经理管理经营公司业务时，应毫无保留地为公司最大利益努力工作，当自身利益与公司整体利益发生冲突时，应以公司利益为先。我国《公司法》第147条规定："董事、监事、高级管理人员应当遵守法律、行政法规和公司章程，对公司负有忠实和勤勉义务。董事、监事、高级管理人员不得利用职权收受贿赂或者其他非法收入，不得侵占公司的财产。"

但如何判断董事是否履行了忠实义务却十分困难，各国对董事忠实义务的评判标准也是规定不一。大体上可将忠实义务的具体内容概括为以下几类：

1. 自我交易禁止。传统公司法一般对董事、经理与公司间的交易持绝对禁止态度，但现代各国公司法普遍持有条件的许可态度。我国《公司法》第148条规定，董事、高级管理人员不得违反公司章程的规定或者未经股东会、股东大会同意，与本公司订立合同或者进行交易。

2. 利用或篡夺公司机会的禁止。公司机会理论的基本理念就是如果某一商业机会理应属于公司或者为公司所期待，就为公司所有，董事不得为自己获得或抢夺。我国《公司法》第148条规定，董事、高级管理人员未经股东会或者股东大会同意，不得利用职务便利为自己或他人谋取属于公司的商业机会，自营或者为他人经营与所任职公司同类的业务。

3. 竞业禁止义务。竞业禁止义务理论上应从属于忠实义务，在竞业禁止问题上，各国公司法同样有绝对禁止和相对允许之分，我国则采取了相对禁止的态度。《公司法》第148条规定，未经股东会或者股东大会同意，董事、高级管理人员不得自营或者为他人经营与所任职公司同类的业务。其中，为他人经营包括未经股东会或者股东大会认可在与所任职公司存在竞争业务的公司、企业中担任董事、高级管理人员、监事等职务。

（二）善管义务

善管义务也称注意义务，即董事、监事、经理应诚信地履行对公司的职责，尽到普通人在类似情况和地位下如同处理自己的事务那样谨慎的合理注意义务，为实现公司最大利益努力工作。

对于董事违反善管义务所承担的责任而言，既可能是违约责任，也可能是侵权责任，但它们均以公司遭受董事行为之损害和董事有过错为责任构成要件。董事是否有过错，应参考公司的商事性质、公司组织章程、管理的通常程序、董事的人数、经历、知识和经验等因素决定，一旦判定董事有过错，董事即应就其过错行为对公司、股东或第三人承担赔偿责任，其赔偿范围限于上述人员因此所遭受的损害。

与董事的善管义务密切联系并作为善管义务重要补充的另一项规则是美国法院在长期司法实践中逐步发展起来的商业判断原则，这一原则的实质是不能仅因错误的商业决定要求董事承担责任，这一原则确立了经营者的商业决定不受司法干涉的原则。当然，如果董事违反了忠实义务如欺诈、自我交易、重大过失，则不能受到此规则的保护。

我国《公司法》第147条和第148条规定了善管义务，董事、高级管理人员必须遵守诚信原则，谨慎、认真、勤勉地在其职权范围内履行职责，为实现公司利益最大化而尽到合理的注意义务。

二、董事、监事和经理的民事责任

董事、监事、经理作为公司高层人员，可能有滥用权力的倾向。为了增加其违法成本，从而防止不当行为的发生，各国公司法均规定了董事、监事、经理违反法律或违反公司章程行使职务应当对公司或股东承担民事责任。

（一）承担民事责任的方式

1. 确认行为无效。美国公司法称之为“宣告”(declaration)。即当董事、监事、经理违反法律或公司章程作出决议或者进行行为时，如果侵害了公司或股东的权利，公司或者股东有权请求法院确认该行为无效。

2. 停止侵害。美国公司法称之为“禁令”(injunction)。即在董事、监事、经理进行或拟进行违法行为情况下，法院根据权利人的申请有权责令其停止行为。我国《公司法》规定，股东大会、董事会的决议违反法律、行政法规，侵犯股东合法权益的，股东有权向人民法院提起要求停止该违法行为和侵害行为的诉讼。

3. 赔偿损失。如果董事、监事、经理的违法或不当行为给公司或股东造成了损害，则其应该对公司或股东进行赔偿。我国《公司法》规定，董事、监事、高级管理人员执行公司职务时违反法律、行政法规或者公司章程的规定，给公司造成损害的，应当承担赔偿责任。

4. 返还财产。如果公司财产被董事、监事、经理挪为本人或第三人使用，则其负有返还公司财产的责任。

（二）承担民事责任的构成要件

1. 主体。即作出违法决议的董事、监事、经理。如果在对是否实施违法行为进行决议时，有关董事、监事明确提出了反对或保留意见，并记载于会议记录，则其对董事会或监事会作出的会议决定不承担责任。

2. 客观方面。即董事、监事、经理必须实施了或将要实施违反法律或公司章程规定义务的行为。在这里，公司或股东不仅有权对已经发生的行为提起诉讼，而且对于尚未实施但有证据证明将要实施并且其实施将会给公司或股东利益造成重大损害的行为，公司或股东也有权要求其停止该行为。

3. 主观方面。即董事、监事、经理实施行为必须具有重大过失。为了避免对董事、监事、经理苛责过严，窒息其积极性和创造力，各国公司法多规定董事、监事、经理仅在具有重大过失时才承担责任。

4. 免责事由。免责事由主要包括：(1)“商事判断规则”。即如果董事在作出决议时是基于合理的资料进行的合理行为，则即使该决议结果对公司产生损害，董事也不承担责任。(2) 股东会的追认。美英公司法规定董事的有些不当行为可以经股东会作出决议进行追认，从而免除其责任，但是对董事的恶意行为则不能追认。(3) 董事会赦免。这也是美国免除董事责任的重要方式，董事会通过一定程序作出决议对某些董事行为进行追认后，董事责任即可免除。

【本章前沿问题】

□ 我国公司治理结构的现状与问题

我国目前公司治理的现状及问题在内部治理结构层面主要表现为：(1) 股权结构失衡问题严重，国有股一股独大，居绝对控股地位。(2) 董事会独立性较弱，其科学自主决策的功能受到很大限制，这主要表现为内部董事比例过高，独立董事作用有限，董事会决策机制落后，董事会受制于控股股东特征十分明显。(3) 处于从属地位的监事会监督职能虚化，未能真正起到事前监察的作用。(4) 经理层激励机制扭曲，非报酬激励作用大于报酬激励，高级管理人员年度报酬与公司经营绩效相关程度不高。

在公司外部治理层面主要表现为：(1) 经理市场尚不完善，经理等公司管理层的产生主要通过非市场化手段。(2) 公司控制权市场尚不完善。(3) 利益相关者治理机制欠缺，债权人未能在公司治理中发挥应有作用。

□ 独立董事制度的评价与完善

在对独立董事制度的价值功效上，学术界和实务界存在两种截然不同的观点：(1) 肯定说。认为独立董事制度有利于促进董事会的改造，通过独立董事制度增强董事会的监督职能，可有效填补监事会监督的盲区。(2) 否定说。认为大多数独立董事都未能发挥相应的功效，表现为：独立董事往往只得到有限的信息，很少能够有效地指导公司运作；独立董事在履行职责方面投入时间不够；独立董事充其量只是公司治理的装饰品。

尽管对独立董事制度存在各种不同意见，其实际效果也不尽如人意，但完全否定独立董事制度也根据不足。总的来说，由于独立董事的特殊任职要求和享有的特别职权，的确能够发挥一般董事和监事难以发挥的作用。但不能对独立董事制度期望过高，仅仅依靠独立董事制度来彻底解决上市公司所有权与经营权高度分离所产生的“代理问题”是不现实的，上市公司治理的改善不仅依赖于监督机制的建立，激励机制与约束机制的完善也非常重要。

【本章思考题】

1. 简述股东会会议的种类。
2. 股东会的职权是什么？
3. 简述股东会决议的程序要件。
4. 简述董事会的职权。
5. 简述监事会的职权。
6. 简述董事、监事、经理的任职资格。
7. 简述董事、监事、经理的忠实义务。
8. 简述董事、监事、经理的善管义务。
9. 公司法在关于公司组织机构的规定中是如何体现权力制衡原则的？

第八章　公　司　债

【导语】

公司债是一种重要的有价证券，表彰了债券持有人与发行公司之间的债权债务法律关系。围绕公司债券，可能会引发债券持有人、股东和发行公司之间的利益冲突。均衡这些利益主体之间的利益冲突，是公司债法律制度的重要内容和目标。本章主要讲述了公司债的概念和特征、公司债的主要种类、公司债的发行、公司债转让和偿还以及转换制度、公司债持有人保护制度等。

本章的学习重点是公司债的概念和特征、公司债的发行条件、公司债的偿还等内容。本章学习的难点是与可转换公司债相关的法律制度以及债券持有人的保护制度。

第一节　公司债概述

一、公司债的概念和特征

我国《公司法》第153条规定："本法所称公司债券，是指公司依照法定程序发行、约定在一定期限还本付息的有价证券。"可见，公司债就是以公司债券形式表现的公司债务。基于公司债券的发行，在债券持有人和债券的发行公司之间形成了以还本付息为内容的债权债务法律关系。概括地讲，公司债的特征主要表现为以下几个方面：

1. 公司债是以有价证券形式表彰的债权债务法律关系。公司债券具有有价证券的流动性和收益性等固有特征。公司债的投资者是不特定的社会公众，因此，公司债是公司向社会不特定公众负担的债务。发行公司是债务人，债券持有人是债权人。公司债券与同属有价证券的股票在性质上明显不同。

2. 公司债是公司以发行公司债券这一有价证券的形式向公众募集的债务。公司债务的证券化是公司债的标志性特征之一。公司债券是公司债的载体，公司债除了有发行市场即一级市场之外，还有相应的转让市场即二级市场。

3. 公司债是公司所负担的集团债务。同一次发行的公司债的债券持有人所享有的权利是相同的，即公司债券持有人的地位是平等的，区别仅在于所持有的债券的数量多少不同。

4. 公司债的标的以金钱为限，是一种金钱之债。

5. 公司债的期限一般较长。公司债是公司为筹集长期资金而负担的债务，可以用于长期的投资，并使公司的长、短期债务结构合理。

二、公司债与普通公司债务的比较

公司债和普通公司债务的共同之处就是两者都是债权债务法律关系。两者的不同主要表现在以下几方面：

1. 债权债务产生的原因不同。公司债的产生是基于公司债券的发行，这是产生公司债的唯一原因，是合同之债的一种特殊情形；普通公司债务的产生则源于多种原因，可能是合同之债，也可能是侵权之债、不当得利之债、无因管理之债。

2. 债权债务表现的形式不同。公司债以公司债券为表现形式，是一种证券化的公司债务，有相应的发行市场和转让市场，转让便利，易于流通；普通公司债务不以有价证券来表彰，是非证券化的债务，因此不易转让，难以流通，也不会有相应的发行市场和转让市场。

3. 债权人之间的关系和地位不同。公司债是公司所负担的集团债务，同一次发行的公司债债券持有人所享有的权利是相同的，即公司债券持有人的地位是平等的；普通公司债务形成的原因是多元的，即使普通公司债务的债权人人数众多，也可能因债权的数量不同或受偿的优先次序不同等原因，而不能构成一个集团。

4. 管辖的法律规范不尽相同。普通公司债务主要由合同法来调整；公司通过发行公司债券来向不特定的社会公众举债，需要经过复杂的债券发行程序，法律上的管制更为严格，双方的关系主要受公司法、证券法的调整，当然也要受合同法调整。

三、公司债券与股票的比较

公司债券和股票都是有价证券，是公司向社会公众募集资金的两种重要方式，都要受到公司法和证券法等法律规范的调整。两者的不同主要表现为以下几方面：

1. 两者所表彰的法律关系的性质不同。基于公司债券产生的是债权债务法律关系，融入的资金属于公司的负债，不是资本金。在购买了公司债券之后，投资者成为了发行公司的债权人。基于股票发行产生的是股权法律关系，发行新股所筹集的资金成为公司资本金的一部分，投资者在认缴了新股之后，取得了公司股东的身份。

2. 投资者所承担的风险不同。到期还本付息是基于公司债券所产生的债权债务法律关系的特点之一。债券利息一般都是按照事先约定的债券利率计算，是固定的，不受公司经营业绩的影响。然而，股票投资的特点之一是不得抽回投资，即不能要求公司返还股票投资的本金，而且投资回报一般都不能事先约定，无盈不分是基本的原则。所以，债券投资的风险比股票投资要小，当然，相应的投资回报也有可能低于股票。

3. 投资者所享有的权利不同。股票投资者是公司的股东，享有基于股东身份所产生的各种股东权利。公司债券投资者是公司的债权人，在公司债券到期之后，对发行公司享有请求还本付息的权利，一般情况下，没有参与公司经营管理的权利。

4. 发行公司的种类不同。在我国，股票的发行公司只限于股份有限公司。公司债券的发行主体则不限于股份有限公司，符合条件的有限责任公司也可发行公司债券。

此外，发行股票和发行公司债券的法定条件不同，发行价格的管制不同。而且，通过负债的方式进行融资，不仅能够使企业放大销售增长所带来的企业盈利，而且还是企业合理避税的途径之一，这一点不是股权融资方式即发行股票所能实现的。

四、公司债券的经济功能

1. 满足公司的融资需求和投资者的投资需求。在一个成熟的市场经济体制下，对于公司而言，公司债券是融资的金融工具，公司可以通过发行公司债券筹集生产经营资金；对于投资者而言，公司债券是一种风险小于股票的投资工具，投资者购买公司债券可以比较安全地获得相应的投资回报。

2. 有利于健全公司的财务结构，特别是负债结构，使得企业的债务结构中直接融资与间接融资的比例协调、各种期限的债务结构趋于合理。长期以来，我国企业最主要的债务融资途径是向银行贷款，我国大部分企业的负债主要是由银行的贷款构成。这种负债的特点之一是期限短，是一种短期债务，不宜用于企业的长期投资；这种负债的另一个特点是属于间接融资，融资的成本较高。通过发行公司债券在内的各种企业债券，可使企业的负债结构趋于合理，并以此防范由企业经营风险引发的金融风险。

3. 有利于证券市场的发展。在成熟的证券市场中，证券品种应该尽可能的多样化，以满足不同的融资和投资的需求。发行公司债券，不仅可以满足企业越来越多元化的融资要求，而且可以增多证券品种，形成品种结构合理的证券市场，扩大证券市场规模，增加投资者的投资机会，有利于保证证券市场的长期健康发展。

第二节 公司债的主要种类

依据不同的标准进行划分，公司债有许多不同的种类。不同的分类不仅具有理论意义，而且具有实践意义。

一、无担保公司债和有担保公司债

以公司对其所发行的公司债是否提供担保为标准，分为无担保公司债和有担保公司债。

无担保公司债是指公司仅以其信用并无其他财产或财产权利作为担保所发行的公司债。无担保公司债持有人也是公司的债权人，但他们与公司的普通债权人（非因持有公司债的原因而成为公司的债权人）处于同一的地位，发行公司对他们并没有其他特别的义务，他们也不得要求以公司的特定财产作为他们债权的担保。

有担保公司债有广义和狭义之分。广义的有担保公司债是指发行公司以其全部或部分资产，或者由发行公司之外的第三人对偿还公司债的债券本息提供担保而发行的公司债。狭义的有担保公司债仅指附有物上担保的公司债，即发行公司以其资产的全部或部分对偿还公司债的债券本息提供担保而发行的公司债。换言之，广义的有担保公司债是狭义的有担保公司债即附有物上担保的公司债和保证公司债的总称。

二、记名公司债和无记名公司债

以是否记名为标准，分为记名公司债和无记名公司债。

所谓记名公司债是指债券票面载有持有人姓名或者名称的公司债券。无记名公司债则是指债券票面不载明持有人姓名或者名称的公司债券。这种分类的法律意义在于债券持有人行使权利的方式及对债券意外灭失时的保护措施有所不同。这也是多数国家对公司债进行分类的方法之一。在一般情况下，各国的法律均允许公司债券持有人随时将其记名债券转换为无记名债券，或者将其无记名债券转换为记名债券。

我国《公司法》也将公司债券分为记名债券和无记名债券。《公司法》第157条规定：“公司发行公司债券应当置备公司债券存根簿。发行记名公司债券的,应当在公司债券存根簿上载明下列事项:(一)债券持有人的姓名或者名称及住所;(二)债券持有人取得债券的日期及债券的编号;(三)债券总额,债券的票面金额、利率、还本付息的期限和方式;(四)债券的发行日期。发行无记名公司债券的,应当在公司债券存根簿上载明债券总额、利率、偿还期限和方式、发行日期及债券的编号。"记名债券的转让方式、场所及规则与无记名债券不完全相同。

三、可上市的公司债和非上市的公司债

以能否在证券市场公开交易为标准,公司债可以分为可上市的公司债和非上市的公司债两种。所谓可上市的公司债是指发行之后可以在依法设立的证券交易所挂牌交易的公司债券。非上市的公司债券则是指发行之后不在证券交易所挂牌交易的公司债券,持有人虽然也可以转让该债券,但是投资者并不能在证券交易所进行买卖。由于交易的场所不同,这两种债券的交易规则当然也不一样。

四、国内公司债和境外公司债

以发行地及定值货币为标准,分为国内公司债和境外公司债两种。所谓国内公司债是指在本国境内发行并以本国的法定货币定值的公司债。所谓境外公司债是指本国发行人在本国境外发行的以某种外国货币标明面值的或者外国发行人在本国境内以本国货币或某一种外国货币发行的公司债。这两种公司债的最大差异在于管辖的法律不同。

五、可转换公司债和不可转换公司债

以是否可以转换为发行公司的股票或他种证券权利为标准,公司债分为可转换公司债和不可转换公司债。可转换公司债(convertible bonds)是公司债的一种,其含义有广义和狭义之分。狭义的可转换公司债是指债券持有人有权依照约定的条件将所持有的公司债券转换为发行公司股份的公司债。广义的可转换公司债是指赋予了债券持有人转换为他种证券权利的公司债券,转换对象不限于发行公司的股份,例如,可以转换为长期公司债的短期公司债、可以转换为发行公司他种公司债的公司债,都属于广义的可转换公司债。我国《可转换公司债券管理暂行办法》第 3 条规定,"本办法所称可转换公司债券是指发行人依照法定程序发行,在一定期间内依据约定的条件可以转换成股份的公司债券"。根据以上定义,该办法规定的可转换公司债属狭义的可转换公司债。不可转换公司债则是不能转换为公司股份的公司债。

由于可转换公司债券赋予了持有人将债券转换为发行公司股份的权利,所以被认为是一种与股权相联系的债券,属权益证券。可转换公司债券是普通公司债上附加了转换权,所以,可转换公司债的发行价格较高而票面利率较低。与其他未附转换权的普通公司债券相比,可转换公司债是一种投机性较强、风险较大的证券。

一旦可转换公司债券持有人行使了转换权,债券持有人与发行公司之间既有的法律关系的性质就随之而发生变化。可转换公司债券持有人不再是发行公司的债权人,而是公司股东。可见,可转换公司债券不是普通的债务证券,而是债权的潜在股份化,是更进一步的证券化。因此,可转换公司债券既有普通公司债券的特征,还具有股票的某些特征。

第三节 公司债的发行

一、发行主体

允许股份有限责任公司发行公司债是各国的通例。大陆法系国家的公司法中，都有允许股份有限责任公司发行公司债的规定，我国公司法也赋予了股份有限公司发行公司债的主体资格。

关于有限责任公司能否发行公司债券，各国的法律规定并不一致，有些国家禁止有限责任公司发行债券，如意大利、法国、比利时、日本等。有些国家允许有限责任公司发行债券，但同时以不得邀请公众认购其债券作相应的限制，如德国、瑞士、丹麦以及荷兰等。我国1993年《公司法》规定有条件地允许有限责任公司发行公司债券。之前，1993年《公司法》曾对可以发行公司债的有限公司有过限制性规定，2005年修订《公司法》时删除了这一条文，这意味着公司债券的发行主体不再受公司类型的限制。

二、发行条件

为了健全公司的财务结构，大多数国家都规定了公司发行公司债的限额，以防止公司债的泛滥、破坏公司应有的财务结构、不适当地增大公司的经营风险、不适当地降低市场交易的安全性。另外，公司债是社会化、证券化程度很高的金融品种，对于整个证券市场的风险控制、交易安全和证券市场的健康发展都有着十分重要的影响，所以，有必要明确规定公司债券的发行条件。

我国《证券法》第16条规定："公开发行公司债券，应当符合下列条件：(一)股份有限公司的净资产不低于人民币三千万元，有限责任公司的净资产不低于人民币六千万元；(二)累计债券余额不超过公司净资产的百分之四十；(三)最近三年平均可分配利润足以支付公司债券一年的利息；(四)筹集的资金投向符合国家产业政策；(五)债券的利率不超过国务院限定的利率水平；(六)国务院规定的其他条件。公开发行公司债券筹集的资金，必须用于核准的用途，不得用于弥补亏损和非生产性支出。上市公司发行可转换为股票的公司债券，除应当符合第一款规定的条件外，还应当符合本法关于公开发行股票的条件，并报国务院证券监督管理机构核准。"同时，该法第18条还规定："有下列情形之一的，不得再次公开发行公司债券：(一)前一次公开发行的公司债券尚未募足；(二)对已公开发行的公司债券或者其他债务有违约或者延迟支付本息的事实，仍处于继续状态；(三)违反本法规定，改变公开发行公司债券所募资金的用途。"上述规定，既有发行公司债券的积极条件，也有消极条件。

三、发行决定权

关于公司债券发行决定权的归属，世界各国的规定并不完全一致，有的将发行决定权赋予了公司的股东(大)会，有的规定可以由股东(大)会授权于公司的董事会。根据我国《公司法》第37条第(8)项的规定，公司发行公司债券应由作为公司权力机构的股东会或股东大会作出决议。从世界范围来考察，受股东大会中心主义向董事会中心主义变迁思潮的影响，公司债券的发行决定权限在许多国家也经历了由归属于公司的股东大会向归属于董事会发展的变革。

四、发行程序

公司债券是我国证券法明确规定属于其调整的一种有价证券。因此，公司债券的发行应当遵循证券法的基本原则，公开发行公司债券的，必须实行公开、公平、公正的原则；应当遵守自愿、有偿、诚实信用的原则；必须遵守法律、行政法规；禁止欺诈、内幕交易和操纵证券交易市场的行为。

根据《证券法》第 10 条的规定，我国对公司债券的发行采取的是核准制。在这一体制下，结合公司法的有关规定，可以将公司债券的发行程序概括为：

1. 由董事会制订公司发行公司债券的方案。根据《公司法》第 46 条、第 108 条第 4 款的规定，董事会制订公司发行公司债券的方案。

2. 由公司权力机关作出发行公司债券的决议。根据《公司法》第 37 条、第 99 条的规定，股份有限公司、有限责任公司发行公司债券，由股东会或者股东大会作出决议。根据《公司法》第 66 条的规定，国有独资公司发行公司债券，必须由国有资产监督管理机构决定。

3. 依照《公司法》和《证券法》的规定，报经国务院证券监督管理机构或者国务院授权的部门核准。国务院证券监督管理机构或者国务院授权的部门应当自受理证券发行申请文件之日起 3 个月内，依照法定条件和法定程序作出予以核准或者不予核准的决定，发行人根据要求补充、修改发行申请文件的时间不计算在内；不予核准的，应当说明理由。国务院证券监督管理机构或者国务院授权的部门对已作出的核准公司债券发行的决定，发现不符合法定条件或者法定程序，尚未发行公司债券的，应当予以撤销，停止发行。已经发行尚未上市的，撤销发行核准决定，发行人应当按照发行价并加算银行同期存款利息返还公司债券持有人；保荐人应当与发行人承担连带责任，但是能够证明自己没有过错的除外；发行人的控股股东、实际控制人有过错的，应当与发行人承担连带责任。

4. 发行公司债券的申请经国务院授权的部门或者国务院证券监督管理机构核准后，公告公司债券募集办法。《公司法》第 154 条规定："公司债券募集办法中应当载明下列主要事项：(一)公司名称；(二)债券募集资金的用途；(三)债券总额和债券的票面金额；(四)债券利率的确定方式；(五)还本付息的期限和方式；(六)债券担保情况；(七)债券的发行价格、发行的起止日期；(八)公司净资产额；(九)已发行的尚未到期的公司债券总额；(十)公司债券的承销机构。"

5. 公开发行公司债券的，通过有承销资格的证券公司以代销或者包销的方式向社会公开发行。

第四节　公司债转让、偿还与转换制度

一、公司债的转让

(一) 转让的必要性、分类和意义

对于现存的公司债券持有人，转让制度是一种退出机制；对于潜在的投资者，转让制度是一种进入机制；对于发行公司，转让制度则是参与债券市场的一种机制。公司债券的转让，意味着可供投资者选择的投资机会的增多，尤其是公开的证券市场上的转让，可以丰富证券市场的交易

品种。

公司债券的转让可以从不同的角度作不同的分类。以转让价格形成机制的不同，分为协议转让和竞价转让；以转让的具体交易场所不同，分为场内交易和场外交易，前者是指在依法设立的证券交易所进行的转让，后者是指在证券交易所之外的其他依法设立的证券交易场所进行的转让。一般情况下，场外交易多是协议转让，价格形成机制多是非竞争性的，场内交易的价格形成机制是竞争性的。

伴随着公司债券的转让，公司债券所表彰的财产权利也随之转让。公司债债权的转让无须通知作为债务人的发行公司。在将公司债券转让之后，出让人基于持有公司债券对发行公司所享有的到期请求还本付息的请求权也随之转让。出让人不再是公司债债权人，公司债券的受让人成为发行公司的公司债债权人。

(二) 转让的价格、形式及其场所

《公司法》第 159 条明确规定，公司债券可以转让，转让价格由转让人与受让人约定。

公司债券在证券交易所上市交易的，按照证券交易所的交易规则转让。公司债券的转让方式因债券形式的不同而有所区别。《公司法》第 160 条规定，记名公司债券，由债券持有人以背书方式或者法律、行政法规规定的其他方式转让；转让后由公司将受让人的姓名或者名称及住所记载于公司债券存根簿。无记名公司债券的转让，由债券持有人将该债券交付给受让人后即发生转让的效力。

(三) 公司债券的上市交易

公司债券的上市交易就是指根据公司法和证券法的有关规定，公司债券在证券交易所挂牌交易。公司债券在交易所的交易应当采用公开的集中竞价交易方式，应当实行价格优先、时间优先的原则。

1. 上市交易的条件

公司债券与股票的不同之一是公司债券是有期限的，而股票是没有期限的。公司债券在到期之后，伴随债券的风险和利益都已经确定，不再具有继续在公开市场上市交易的意义。同时，在证券交易所上市交易的证券，是典型的公众性投资工具，需要有足够数量的证券来维持，保证交易市场应有的流动性，并防止少数市场交易主体对交易的控制和操纵。因此，《证券法》第 57 条规定："公司申请公司债券上市交易，应当符合下列条件：(一)公司债券的期限为一年以上；(二)公司债券实际发行额不少于人民币五千万元；(三)公司申请债券上市时仍符合法定的公司债券发行条件。"

《证券法》第 48 条规定："申请证券上市交易，应当向证券交易所提出申请，由证券交易所依法审核同意，并由双方签订上市协议。"公司申请其发行的公司债券上市交易，必须报经证券交易所同意。

2. 上市交易的暂停和终止

公司债券上市交易的暂停。《证券法》第 60 条规定："公司债券上市交易后，公司有下列情形之一的，由证券交易所决定暂停其公司债券上市交易：(一)公司有重大违法行为；(二)公司情况发生重大变化不符合公司债券上市条件；(三)发行公司债券所募集的资金不按照核准的用途使用；(四)未按照公司债券募集办法履行义务；(五)公司最近二年连续亏损。"

公司债券上市交易的终止。《证券法》第 61 条规定，公司有《证券法》第 60 条第(1)项、第(4)

项所列情形之一经查实后果严重的,或者有《证券法》第60条第(2)项、第(3)项、第(5)项所列情形之一,在限期内未能消除的,由证券交易所决定终止其公司债券上市交易。公司解散或者被宣告破产的,由证券交易所终止其公司债券上市交易。

对证券交易所作出的不予上市、暂停上市、终止上市决定不服的,可以向证券交易所设立的复核机构申请复核。

3. 上市和交易过程中的信息公开披露

《证券法》第59条规定,公司债券上市交易申请经证券交易所审核同意后,签订上市协议的公司应当在规定的期限内公告公司债券上市文件及有关文件,并将其申请文件置备于指定场所供公众查阅。经国务院授权的部门批准依法发行公司债券,依照《公司法》的规定,应当公告公司债券募集办法、财务会计报告。公司公告的公司债券的发行和上市文件,必须真实、准确、完整,不得有虚假记载、误导性陈述或者重大遗漏。如果存在虚假记载、误导性陈述或者有重大遗漏,致使投资者在证券交易中遭受损失的,发行人、承销的证券公司应当承担赔偿责任,发行人、承销的证券公司的负有责任的董事、监事、经理应当承担连带赔偿责任。

二、公司债的偿还

(一) 公司债偿还的概念

公司债券的偿还,就是指发行公司按照事先约定的时间和利率等条件,将公司债券的本息交付给公司债券持有人的行为。从经济意义上讲,发行公司偿还其发行的公司债券,是债券持有人实现其投资收益的一种形式。从法律意义上讲,公司债的偿还意味着由公司债券发行所引起的债权债务法律关系的消灭。到期偿还公司债券本息是公司债消灭的最基本形式。除此之外,由公司债券表彰的债权债务法律关系,与其他普通公司债务一样,也会因提存、抵销、免除及混同等原因而消灭。

(二) 偿还方式

公司债的偿还方式有到期偿还与提前偿还两种。在正常情况下,公司债券应当到期偿还。但是在特殊情况下,也应当允许有条件的提前偿还。

在发行合同没有明确规定的情况下,发行公司提前偿还发行在外的债券并不符合合同的规定。发行合同没有特别规定的,公司不得强求公司债债权人接受提前偿还公司债。如果发行合同中没有特别约定,债券持有人没有接受发行公司提前偿还的义务。

提前偿还在理论上有两种情形:一种是提前偿还同一次发行的全部公司债券;另一种则是提前偿还同一次发行的部分公司债券,这种情形事实上已经和分期偿还紧密相连。

三、公司债的转换

(一) 公司债转换的概念和转换的法律后果

可转换公司债券的转换是一种法律行为,所产生的法律后果是可转换公司债券的发行公司与持有人之间的债权债务关系的消灭,随着可转换公司债券持有人行使转换权,持有人自身的身份也发生了转换,由原来的发行公司债权人转换为发行公司的股东。持有人身份的变化也就带来了权利和义务内容的变化。作为公司的股东,由债券持有人转换而来的股东与其他股东处于同一的法律地位,享有其他股东所享有的权利、承担其他股东所应承担的义务。

对于可转换公司债券的发行公司而言，在可转换公司债券转换为发行公司的股票之前，发行公司是可转换公司债券持有人的债务人。在可转换公司债券转换为公司的股份之后，债券持有人与发行公司之间原来的债权债务法律关系归于消灭。因可转换公司债券所代表的债权转换为发行公司的股份，发行公司原来承担的还本付息的义务得以免除，发行公司的负债因此而减少、而已发行的股份数目及实收资本则相应地增加。

（二）转换权的行使及保护

我国《公司法》第162条规定："发行可转换为股票的公司债券的，公司应当按照其转换办法向债券持有人换发股票，但债券持有人对转换股票或者不转换股票有选择权。"

转换权是一种形成权。将可转换公司债券持有人的转换权规定为形成权，有利于对债券持有人的保护。转换的请求在送达约定的交付场所时即生效力，请求转换的公司债消灭，可转换公司债券持有人即失去其原有的公司债权人的地位，接受发行公司换发的股份而成为发行公司的股东。原则上，发行公司必须及时向行使转换权的可转换公司债券持有人换发股票。若发行公司拒绝可转换公司债券持有人的转换请求，即构成违约，债权人可以根据民法中有关债务不履行的规定向发行公司请求赔偿。

第五节 公司债持有人保护制度

一、一般制度和方法

1. 债权的保护方式。在公司债券偿还之前，债券持有人与发行公司之间一直维持着已有的债权债务法律关系。在公司债券到期时，公司债券持有人有权要求发行公司还本付息，同时，发行公司也有义务向公司债券持有人支付债券的本息。如果发行公司到期拒不支付或不能支付债券的本息，则属于债的不履行，是一种违约行为，应当依照有关法律的规定和发行合同的约定承担违约责任。

2. 物权的保护方式。所谓物权的保护方式就是指通过在物上设定担保的方式，来保护公司债券持有人所享有的还本付息请求权。当然，可以寻求物权保护的只能是附有担保的公司债券持有人。结合我国《担保法》的规定和公司债券的特点，可供选择的物权担保方式只有抵押、质押这两种形式，即由发行公司提供不动产、动产或者其他财产权利用做抵押或质押担保支付公司债券的本息。

二、特定情形下的公司债券持有人的保护

所谓发行公司发生特定情形主要是指发行公司减少或者增加注册资本、发行公司发生合并或者分立、发行公司变更组织形式等具体情形。上述情形的发生，不得影响债券持有人的合法权益。至于发行公司解散，同样不得影响债券持有人的合法权益，在清算过程中，清算组织负有维护债券持有人合法权益的义务，债券持有人有权参加剩余财产的分配，且在次序上优先于公司股东。如果发行公司出现重整或者破产情形的，则应依照相关规定办理并保护债券持有人的合法利益。

三、公司债券持有人整体利益保护制度

债券持有人本是权利与义务十分相近的利益群体，但是由于分散，与发行公司相比，单个公司债券持有人的自我保护能力是微不足道的。同时，由其分散性特征，决定了单个投资者监督发行公司履行债券发行合同的高成本。从发行公司的角度分析，基于合同原理，对与公司债券有关的事宜进行适当的调整时，需要征求每一位债券持有人的同意，也是一件效率低、成本高、成功概率微乎其微的事情。

鉴于以上原因，为了维护同一次发行的公司债券持有人整体利益，有必要建立债券持有人可以采取集体行动的法律制度。这种法律制度的立法体例在世界上有很大的差异：在大多数大陆法系国家，表现为公司债券持有人会议制度；在大多数英美法系国家，表现为公司债券的信托制度；在部分其他国家，则兼采上述两种制度于一体；还有一些国家，是通过建立公司债券持有人代表制度来保护公司债券持有人利益的。

【本章前沿问题】

□ 公司债券持有人的特殊地位与保护

关于股东和债券持有人在公司中的地位以及二者之间的关系，现代公司理论认为，在现代的资本市场，债务证券与权益证券之间的区别已经变得日益模糊，而且，从经济学的观点来看，公司的股东和公司债券持有人都是公司的证券持有人，只是他们对公司的资产有着不同的要求罢了。传统公司法理论认为，股东是公司的所有者，董事会对股东负有信赖义务，股东的利益可以得到公司法的保护。而债券持有人的权利在很大的程度上是一个债权债务关系问题，属于公司的外部关系。公司的债权人不享有公司经营管理的参与权，这些权利应由股东独占。所以，董事无须对公司债券持有人承担信赖义务，公司内部治理结构中没有保护债券持有人的机制。然而，仅仅凭借债券发行合同并不能保护公司债券持有人的利益。

从法学角度分析，债务证券的持有人以及权益证券的持有人与发行公司之间的法律关系的性质是不同的。投资者买进股票这种权益证券之后就成为了公司的股东，除了担负解散及破产的风险外，其股息红利的分派，均需视公司的盈亏而定。对于债务证券投资者而言，尽管从理论上讲，公司的盈亏并不提高或降低公司债应付利息的利率，然而，公司一经解散或破产，就必然会减弱甚至丧失支付公司债本息的能力。更重要的是，股东有权参加股东会，参与决定公司的重大事项，而多数国家的法律尚没有赋予公司债券持有人这一权利。所以，应当充分考虑如何调剂并平衡公司、股东及公司债权人的利益。

【本章思考题】

1. 比较公司债券与股票、公司债券持有人与股东之间的区别。
2. 比较公司法有关公司债发行条件与股票发行条件。
3. 比较可转换公司债券与普通公司债券的差异。
4. 可转换公司债的发行主体和发行条件的特殊性有哪些？

5. 简述公司债券转让制度的价值。
6. 比较公司法有关公司债券和股票暂停及终止上市的异同。
7. 简述保障公司债券持有人整体利益的必要性及其制度比较与借鉴。
8. 简述公司治理结构与公司债券持有人的保护制度。

第九章　公司财务会计制度

【导语】

公司的财务会计制度是保证真实、完整地揭示公司基本经济信息的重要制度。这些信息对于公司内部管理者、股东、债权人、潜在投资者、潜在交易对象、政府财税部门等利益主体有重要价值。本章的主要内容为公司财务会计制度的概念和立法意义，财务会计报告的主要内容，财务会计报告的编制、验证和公示及公司利益的分配。

本章的学习重点是公司财务会计制度的概念、立法意义和公司利润分配制度。本章的学习难点是股利分配方面对中小股东的保护问题。

第一节　公司财务会计制度概述

一、公司财务会计的概念

公司财务会计是指在会计法规、会计原则或者会计制度的指导下，以货币为主要计量形式，对公司的整个财务活动和经营状况进行记账、算账、报账，为公司管理者和其他利害关系人定期提供公司财务信息的活动。

第一，财务会计活动的基本内容是编制和提供公司财务经营信息，如资产负债表、利润表、现金流量表等，为有关利益主体提供公司财务经营信息。

第二，公司财务会计制度的基本要求是通过会计凭证、账簿、报表等会计资料，系统、真实、准确、全面地反映公司资金运动信息。如实反映公司财务经营状况，是维护公司各方相关主体利益的前提，在保护中小股东和潜在投资者方面尤为重要。

第三，与管理会计以公司内部管理层为服务对象不同，财务会计的服务对象主要是与公司有利害关系的外部人，包括股东、债权人、潜在投资者、潜在交易对方、政府财税机关等。

第四，财务会计报表是在公司内部管理者领导下，由会计人员具体编制的。由于公司管理者与公司外部利益主体之间存在着潜在的利益冲突，会计人员的会计行为很可能顺应公司管理者的意愿，而损害公司外部主体的利益。因此，许多国家的公司法都规定了公司财务会计行为与方法的基本原则。

二、公司财务会计制度的法律意义

公司本身的资合性质决定了资产运营关系到公司债权人、潜在投资者、潜在交易对方、公司职工及其他利益关系主体的利益。这些主体之间的利益分配直接受到会计所提供的财务信息的影响。

第一，对于股东来讲，建立规范化的财务会计制度，保证财务会计信息的真实、准确、完整，就成为股东了解公司财产运营状况，监督公司董事、经理行使职权，保护自身利益的重要途径。

第二，对于债权人来讲，公司的财务报表所提供的与公司财务状况有关的信息有助于债权人更好地评估公司的信用，并采取适当的预防措施避免损失。

第三，对于社会公众来讲，公司的潜在投资者、潜在交易对方等作出投资于公司或与公司进行交易的决定都依赖于公司财务信息，因此，公司法要求向社会募集股份的公司必须公告其财务会计报告。

第四，对于公司管理者来讲，财务会计制度和相应的审计活动有助于确保负责直接运营公司财产的管理者在财务方面谨慎行事，并符合财务纪律的最低标准，从而保护股东、债权人、社会公众、公司职工等主体的基本利益。

第五，对于国家来讲，规范化的财务会计制度使得国家财税部门得以切实监督和检查公司的财产运营状况，掌握公司盈亏情况，确保国家税收的及时足额征收，防止偷税、漏税、避税等现象的发生。

鉴于上述原因，为保护不同主体的利益，法律要求公司内部建立规范的财务会计制度，体现了经济活动社会化带来的不同主体的利益在公司中的交汇和碰撞。

第二节 公司财务会计报告

一、财务会计报告的内容

财务会计报告是反映公司生产经营成果和财务状况的总结性书面文件。它包括公司的会计报表(或会计表册)、会计报表附注和财务情况说明书。《公司法》第 164 条规定，公司应当在每一会计年度终了时编制财务会计报告，并依法经会计师事务所审计。财务会计报告应当依照法律、行政法规和国务院财政部门的规定制作。根据公司组织形式的不同，公司可根据其他法律法规的规定，灵活、科学地制作公司财务会计报告。但是，资产负债表、利润表、财务状况变动表、现金流量表、财务情况说明书和利润分配表等，仍是公司财务会计报告重要的记载事项和评价标准。

(一) 资产负债表

资产负债表是根据“资产＝负债＋股东权益”这一基本平衡公式，依照一定的分类标准和次序，将公司在某一特定日期的资产、负债及股东权益各项目予以适当排列编制而成的报表。资产负债表反映的是公司在某一特定日期静态财务状况，因而学理上又称之为静态会计报表。它是最基本的，也是国际上通行的财务报表。

资产负债表可以提供以下几方面的信息：(1) 反映公司资产的规模和资产构成情况。(2) 反映公司的权益结构。公司的权益结构又称为财务结构，是指公司资金来源中借入资本与自有资本的比例关系。在不同的财务结构下，公司所承受的风险不同。自有资本比例高，说明公司财务基础比较稳固；借入资本比例高，说明公司负债经营程度高，因此风险较大。(3) 通过资产构成与权益结构两方面信息的对比，反映公司的短期偿债能力和支付能力；通过前后期资产负债表的对比，揭示公司财务状况的变化。

(二) 利润表

利润表是反映公司在一定期间的经营成果及其分配情况的报表。利润表反映了公司一定日期内的收入、费用(包括成本)及其盈利或亏损，展示了公司的盈亏账目，凸显了公司利润(或亏损)实现的过程,体现了公司在某一时期动态的业务经营状况,因此,又称之为动态的会计报表。

一般来讲,利润表可以提供以下几个方面的信息:(1) 反映公司经营活动的成果。利润表中的“净利润”数据通常被认为是对公司经营成果的最好揭示。(2) 反映公司长期偿债的能力。公司实现净利润意味着公司中现金、应收账款等流动性资产的增加,这些资产是公司支付能力的有力保证。(3) 反映公司所得税的纳税基础。会计所得是计算应税所得的基础,纳税申报表中的许多项目,如营业收入、营业费用等,都可以在利润表中得到反映。(4) 通过前后各期利润表的对比,可以预测公司未来一定时期的盈利趋势,评估公司的经营管理水平。

(三) 财务状况变动表

财务状况变动表是综合反映一定会计期间内营运资金来源和运用及其增减变动情况的报表。可以向公司管理者、股东、债权人、政府有关部门、潜在投资者等会计报表使用人提供报告期内财务状况变动的全貌,包括报告期内有多少资金可供营运,营运资金的来源和用途,经过营运,期初和期末的相比,资金的增减变动情况。1998 年发布的《股份有限公司会计制度——会计科目和会计报表》用现金流量表取代了财务状况变动表。前者与后者反映的侧重点略有不同。

(四) 财务情况说明书

财务情况说明书是对公司资产负债表、利润表、财务状况变动表以及其他会计报表所列示的资料和未能列示的但对公司财务状况有重大影响的其他重要事项所作出的必要说明。财务情况说明书除必要时附以图表外,通常主要是文字说明,它没有固定格式,公司可根据自己的实际情况制作。但基本内容应包括以下几个方面:(1) 对公司生产经营情况、利润实现和分配情况、资金增减和周转情况、税金缴纳情况、各项财产物资变动情况给予一般性介绍。(2) 对本期或下期财务状况发生重大影响的事项加以说明。(3) 资产负债表编制日后至报出财务报告前发生的对公司财务状况有重大影响的事项的说明。(4) 公司股本结构及财务指标分析等。

(五) 利润分配表

利润分配表是反映公司利润分配情况和年末未分配利润情况的报表,是利润表的附属明细表。利润分配表所显示的利润总额分配走向为四个层次:一是应交所得税;二是当年税后利润;三是可供股东分配的利润;四是公司累计尚未分配的利润。

二、财务会计报告的编制、验证与公示

关于财务会计报告的制作时间,《公司法》及《会计法》都作出了明确规定,即公司在每一会计年度终了时制作财务会计报告。我国《公司法》对会计表册的编制人无明确规定,但根据《公司法》关于组织机构权责的规定,公司财务会计表册应由董事会负责编制,并对其真实性、准确性、完整性负责。

财务会计报告应经依法审查验证。监事会依照《公司法》赋予的“检查公司财务”的职权,审核董事会提交股东会之前的会计报告。监事会认为必要时,可聘请公司之外的注册会计师对会计报告进行审阅,所需费用由公司负担。监事会审核后,以书面形式交于董事会。不论董事会对监事会的审核意见是否持有异议,都应将会计报告连同监事会审核报告一并交股东会。在股东会对会计报告表决前,董事会应将其置备于公司,以便股东查阅。会计报告一经股东会表决承认,会计报告的真实性、准确性、完整性应由公司对其负责。对于公开发行证券的公司,其财务报告还应当依照规定进行审计。

公司财务会计报告必须依法公示。有限责任公司应按章程规定的期限将财务会计报告送交各股东;股份有限公司的财务会计报告应当在召开股东大会年会的20日前置备于本公司,供股东查阅;以募集设立方式成立的股份有限公司必须公告其财务会计报告。

第三节 公司税后利润的分配

税后利润的分配是公司财务会计管理的重要内容,关系到公司、股东、债权人、公司职工和国家等不同利益主体的切身利益。这些不同利益主体之间的利益并不是一致的,甚至是冲突的。所以,利润分配并不是完全由公司自己决定的,也不是可以任意决定的。各国公司法对公司利润分配都有详细规定,我国公司法对可供分配的利润范围、分配原则、分配顺序等也都作了具体而明确的规定,体现了国家为保护上述主体利益而对公司事务的介入和干预。

一、公司税后利润的分配原则及分配顺序

(一) 公司税后利润的概念

依照《企业会计准则》的规定,公司利润是公司在一定期间的经营成果,包括营业利润、投资净收益和营业外收支净额。营业利润是营业收入减去营业成本、期间费用和各种流转税及附加税费的余额。投资净收益是公司对外投资收入减去投资损失后的余额。营业外收支净额是指与公司生产经营没有直接关系的各种营业外收入减营业外支出后的余额。公司税后利润则是指公司当年利润减除应纳所得税的余额。

(二) 公司税后利润的分配原则和顺序

我国《公司法》对公司税后利润分配的规定,严格贯彻了兼顾股东、债权人、公司及社会公众利益的原则,明确规定公司税后利润首先用于弥补公司亏损,其次用于提留公司公积金,最后才能进行股息和红利的分配。

基于上述原则,根据《公司法》第166条、《企业财务通则》第50条的规定,公司税后利润的分配顺序为:第一,被没收财物损失,违反税法规定支付的滞纳金和罚款;第二,弥补公司以前年度亏损;第三,提取法定公积金;第四,经股东(大)会决议提取任意公积金;第五,按股东的出资比例或股东持有的股份比例分配红利。

股东会或董事会违反上述规定,在公司弥补亏损和提取法定公积金、法定公益金之前对股东分配利润的,必须将违反规定分配的利润退还公司。

二、公积金制度

(一) 公积金的概念和意义

公积金又称储备金,是指公司为了增强自身财力,扩大业务范围和预防意外亏损,依照法律和公司章程的规定以及股东会决议而从公司税后利润中提取的累积资金。

公积金作为储备基金,对公司的生存和发展意义重大。一方面,市场充满各种风险,公司盈亏难以预测,因此应将丰年的盈余留做储备,用以弥补亏损年份的空缺。另一方面,必要的公积金储备不但代表着公司的竞争能力,而且还有利于公司捕捉商机。所以,各国公司法几乎无一例外地将公司从税后利润中提取法定公积金作为一项强制性义务规定下来,并规定了提取比例,以

实现上述目的。我国《公司法》同样确立了公积金制度。

（二）公积金的种类及用途

我国《公司法》规定的公积金有两种：法定公积金和任意公积金。

1. 法定公积金

法定公积金又称强制公积金，是公司法规定必须从税后利润中提取的公积金。对法定公积金，公司既不得以其章程或股东会决议予以取消，也不得低于法定的提取比例。

因法定公积金的来源不同，其又分为法定盈余公积金和资本公积金。

法定盈余公积金是按法定比例从公司税后利润中提取的公积金。依照我国《公司法》第166条的规定，法定公积金，应当按税后利润的10%提取。当公积金已达注册资本的50%时可不再提取。

资本公积金是公司非营业活动所产生的收益。资本公积金的来源主要有：一是公司以超过股票票面金额的发行价格发行股份所得的溢价款额；二是处置公司资产所得的收入；三是资产重估价值与账面净值的差额；四是接受捐赠。

法定公积金有专门用途，具体来讲，法定公积金的用途有以下几方面：第一，弥补亏损。依照我国《公司法》第166条和《企业财务通则》第50条的规定，公司发生亏损，首先应当用法定公积金弥补当年亏损；如果法定公积金不足以弥补，则用下一年度的利润弥补；下一年度利润不足弥补的，可以在5年内用所得税前利润延续弥补；延续5年未弥补的亏损，则用缴纳所得税后的利润弥补。在上一年度的公司亏损未能弥补之前，不得提取法定公积金和法定公益金。第二，扩大公司生产经营。第三，增加公司注册资本。对有限责任公司，是按每个股东实缴的出资比例增加其出资额；对股份有限公司，则按股东所持股份比例来增加其出资额。但以法定公积金转增资本时，所留存的该项公积金不得少于转增前公司注册资本的25%。

2. 任意公积金

任意公积金是公司在法定公积金之外，依照公司章程或股东会决议而从税后利润中提取的公积金。与法定公积金一样，任意公积金也来源于公司税后利润，但这项提取不具有法律强制性。

关于任意公积金提取的比例、最低提取额及其用途，我国《公司法》均无规定，应当由公司章程或股东会决议作出明确规定。

三、公益金制度

法定公益金是指公司在法定公积金之外，从税后利润中依法提取的用于公司职工集体福利的款项。同法定公积金相比，法定公益金的用途非常单一，是专门针对保护公司职工利益而设置的，专用于职工福利。但是因为在实际操作中，法定公益金制度难以发挥其在保障职工福利方面的积极作用，所以现《公司法》取消了法定公益金制度。随着我国社会保障体系的建立与完善，加上公司治理结构的完善和社会观念的转变，公司职工乃至全社会的社会保障工作应由全社会通过社会保障体系来承担。

四、股利及其分配

（一）股利的含义

所谓股利，是指公司依照法律或章程的规定，按期以一定的数额和方式分配给股东的利润。

有的学者将股利区分为股息和红利，并将股息定义为股东定期从公司取得的固定比率的利润；红利为股息分配后仍有盈余而另按一定比例分配的利润。我国公司法及会计制度未对股息和红利加以区分，通称股利。

（二）股利分配的原则

从各国公司法来看，在股利分配的规定上，一般贯彻“无盈不分”原则，即公司当年无盈利时，原则上不得分配股利。我国《公司法》为贯彻资本不变原则和资本维持原则，避免因无盈分配而造成公司资本的实质减少，损害公司及债权人的利益和股东的长远利益，明确规定公司只有在弥补亏损、提取法定公积金之后有剩余利润时，才可向股东分配股利。否则，不得分配股利，已分配的要退还公司。

（三）股利分配标准

公司分配股利时，除章程另有规定外，应以出资比例为依据，即有限责任公司按股东的出资比例分配，股份有限公司按股东所持的股份比例分配，并严格按照股东平等、同股同利原则进行。

（四）股利分配形式

从国际上看，各国股利分配形式主要有四种：现金股利、股票股利、财产股利和负债股利。

1. 现金股利。即上市公司分红时向股东分派现金。这种分红方式可以使股东获得直接的现金收益。

2. 股票股利。即上市公司以本公司的股票代替现金作为股利向股东分红的一种形式，又称送红股。所送红股是由红利转增资本或盈余公积金转增资本形成的，属于无偿增资发行股票。

3. 财产股利。即公司以持有的财产代替现金作为股利向股东分红的一种形式。

4. 负债股利。即公司用债券或应付票据代替现金作为股利向股东分红的一种形式。通过这种分红形式，股东虽然没有得到现金收益，但是通过股东对公司所享有的债权，可以获得利息，也可达到股东的投资目的。

【本章前沿问题】

□ 股利分配中的利益冲突与中小股东保护

一般来说，股东投资于公司的主要目的是获取丰厚的回报，在股东权益中，除了剩余财产请求权之外，股利分配请求权是股东获取投资回报的主要手段。

在美国的一个典型判例——道奇诉福特汽车公司案中，法院阐明了对于股息判决的恶意准则：股利的分配基本上是商业判断的事情，只有董事支付或不支付股利的行为是滥用自由裁量权，构成欺诈，或者违反他们对股东所负的善意义务时，法院才会进行干预。此案也表明，根据恶意准则，原告要使法院裁决某一股息政策为不适当，则必须证明受指控的政策没有任何合理的商业目的，或者政策来源于不适当的动机，并损害了公司或某些股东的利益。

股东投资于公司，虽然都是为了获取丰厚的回报，但在获取回报的方式上却有差异。特别是公司控制股东，因在公司中有控制利益，可能通过左右公司股息政策达到损害中小股东利益的目的。当公司股东间的利益存在冲突时，法院以正当商业目的，以及董事对股东、大股东对中小股东所负的诚信义务为标准来调和冲突，无疑是符合法律的公平、正义原则的。

【本章思考题】

1. 公司法规定公司财务会计制度的法律意义何在？
2. 公司财务会计报告包括哪些主要内容？
3. 如何对公司财务会计报告进行编制、审查验证与公示？
4. 公司的税后利润如何进行分配？
5. 简述我国公积金的分类。
6. 公积金和公益金各有何用途？
7. 股利的分配方式有哪些？
8. 试论在股利分配政策中如何保护中小股东的利益。

第十章　公司的合并、分立与组织变更

【导语】

公司的资本运营和公司购并是现代经济社会中的重要现象，而公司的合并、分立和组织变更则是公司资本运营的重要法律形式。本章力图从概念上厘清公司合并、分立和组织变更的法律含义，并将公司合并、分立与相关概念作比较，使学生从公司的人格结构的背景中理解公司合并、分立和组织变更制度的内在机理和本质。

本章的重点和难点在于公司合并、分立的基本概念，吸收合并（兼并）的方式，异议股东股份回购请求权、公司分立后的债务承担等问题。

第一节　公司的合并

一、公司合并概述

（一）公司合并及其相关概念

1. 公司合并的概念和种类

公司合并是指两个或两个以上的公司订立合并协议，依照公司法的规定，不经过清算程序，直接合并为一个公司的法律行为。

公司合并可分为吸收合并和新设合并两种类型。

吸收合并（merger），也称兼并，是指一个公司吸收其他公司，被吸收的公司解散。例如1996年12月美国的世界第一大航空公司波音公司对世界第三大航空公司麦道航空公司的合并，具有76年历史的麦道航空公司在合并之后不再存在。

新设合并（consolidation）是指两个以上公司合并设立一个新的公司，合并各方解散。例如1998年国泰证券公司与君安证券公司的合并，原国泰证券有限公司和原君安证券有限公司不再存在，而成立一个新的公司——国泰君安证券股份有限公司。

2. 公司合并与公司并购

公司并购（merger & acquisition）是指一切涉及公司合并与控制权转移的行为，它包括资产收购（营业转让）、股权收购和公司合并等方式。其中，所谓“并”（merger），即公司合并，主要指吸收合并；所谓“购”（acquisition），即购买股权或资产。

3. 公司合并与资产收购

公司合并不同于公司的资产收购，资产收购是一个公司购买另一个公司的部分或全部资产，收购公司与被收购公司在资产收购行为完成之后仍然存续。公司合并与资产收购的差别在于：

（1）资产转移不同。在公司合并中，资产转移是概括转移，所转移的是解散公司的全部财产，而非部分资产；在资产收购中，所转让的既可以是全部财产，也可以是部分财产。

（2）债务承担不同。在公司合并中，被合并的公司的全部债务转移至存续公司或新设公司；

在资产收购中，除合同中明确约定收购方承担被收购方的债务外，收购方不承担被收购方的债务。

(3) 股东地位不同。在公司合并中，存续公司为继承解散公司的资产而支付的对价如现金或存续公司的股份，直接分配给解散公司的股东，解散公司的股东因此获得现金或成为存续公司的股东；在资产收购中，收购方为资产转让而支付的对价属于出售公司，而与出售公司的股东无直接关系。

(4) 法律后果不同。公司合并必然导致合并一方或双方公司的解散，被解散的公司的全部权利和义务由存续公司或新设公司承受；资产收购则不当然导致一方公司或双方公司的解散。

(5) 法律性质不同。公司合并的本质是公司人格的合并；资产收购的性质是资产买卖行为，不影响公司的人格。

4. 公司合并与股权收购

公司合并也不同于公司的股权收购，公司的股权收购(acquisition)是指一个公司收买另一个公司的股权，以取得控股权，收购公司和被收购公司在股权收购行为完成之后仍然存续。公司合并与股权收购的差异在于：

(1) 主体不同。公司合并的主体是公司；在股权收购中，一方主体是收购公司，而另一方主体则是目标公司的股东。

(2) 内容不同。在公司合并中，存续公司或新设公司承受解散公司的全部权利和义务；在股权收购中，目标公司的股东将其对目标公司的股份转让给收购方。

(3) 法律后果不同。公司合并必然导致合并一方或双方公司的解散，被解散的公司的全部权利和义务由存续公司或新设公司承受；股权收购则不当然导致一方公司或双方公司的解散。

(4) 法律性质不同。公司合并的本质是公司人格的合并；股权收购的本质是股权的买卖行为，不影响公司的人格。

总之，股权收购和资产收购在本质上都是买卖行为，而非公司合并的本质——公司人格的合并。

(二) 公司合并的意义

在公司合并中，有积极合并者，也有消极合并者。

对于积极合并者，公司合并的意义主要在于：通过公司合并扩张公司规模，减少竞争对手，如美国波音公司和麦道公司合并的直接目的就是为了增强美国飞机制造业与欧洲空中客车公司的抗衡。并且，通过合并还可以发展协作和多样化经营。

对于消极合并者，公司合并的意义在于：通过与大企业合并，可以减少风险。此外，在公司无力经营时，可以通过合并，避免破产，避免付出高昂的解散和清算费用，公司财产关系、股东关系概括地转移于存续或新设的公司，原有营业还可以继续进行下去，不至于突然停顿。

(三) 三角合并与反三角合并

在实践中，还存在三角合并与反三角合并的类型。三角合并(triangular merger)是指并购公司首先设立一个全资子公司，然后，以此吸引合并目标公司，目的在于规避目标公司的债务风险。反三角合并(reverse triangular merger)是指并购公司首先设立一个全资子公司，然后，该子公司被目标公司并购，目的在于保留目标公司主体资格，进而保留附着其上的特殊权利，如行政特许权、上市资格等。

二、公司合并的方式

吸收合并(兼并)是最常见的合并类型,这里,我们着重介绍一下吸收合并的内在机理和操作方法。

在吸收合并中,被兼并的公司消灭。公司的要素主要有三个方面:公司的资产、股权和人格。公司的消灭最终表现为公司人格的消灭,而在人格消灭之前,可以先将被吸收公司的资产转移给吸收公司,或将被吸收公司的股权转移给吸收公司,而无论资产转移还是股权转移,吸收公司可以支付的对价一般是现金或者本公司的股份,这样,在逻辑上,就可以划分出两类四种吸收合并的方式:

(一) 资产转移

1. 以现金购买资产的方式。吸收公司以现金购买被吸收公司的全部资产,包括全部权利和义务(债权和债务),被吸收公司失去原有的全部资产,而仅拥有吸收公司所支付的现金。被吸收公司解散时,因债权和债务已全部转移,故无须清算,被吸收公司股东依据其股权分配现金,被吸收公司消灭。

2. 以股份购买资产的方式。吸收公司以自身的股份购买被吸收公司的全部资产,包括全部权利和义务(债权和债务),被吸收公司失去原有的全部资产,而仅拥有吸收公司支付的股份。被吸收公司解散时,因债权和债务已全部转移,故无须清算,被吸收公司的股东分配被吸收公司所持有的吸收公司的股份,并因此成为吸收公司的股东,被吸收公司消灭。

(二) 股权转移

1. 以现金购买股份的方式。吸收公司以现金购买被吸收公司股东的股份,而成为被吸收公司的唯一股东,然后,解散被吸收公司,被吸收公司的全部权利和义务(债权和债务)由吸收公司承受,而无须清算,被吸收公司消灭。

2. 以股份购买股份的方式。吸收公司以自身的股份换取被吸收公司股东所持有的被吸收公司的股份,而使被吸收公司的股东成为吸收公司的股东,吸收公司成为被吸收公司的唯一股东,然后,解散被吸收公司,被吸收公司的全部权利和义务(债权和债务)由吸收公司承受,而无须清算,被吸收公司消灭。

三、公司合并的程序

1. 订立合并协议。《关于外商投资企业合并与分立的规定》对公司合并合同的内容作了具体规定,可以参考。

2. 通过合并协议。公司合并是导致公司资产重新配置的重大法律行为,直接关系股东的权益,是公司的重大事项,所以公司合并的决定权不在董事会,而在股东(大)会,参与合并的各公司必须经各自的股东(大)会以通过特别决议所需要的多数赞成票同意合并协议。

3. 编制资产负债表和财产清单。

4. 通知债权人和公告。《公司法》第 173 条规定,公司合并,应当由合并各方签订合并协议,并编制资产负债表及财产清单。公司应当自作出合并决议之日起 10 日内通知债权人,并于 30 日内在报纸上公告。债权人自接到通知书之日起 30 日内,未接到通知书的自公告之日起 45 日内,可以要求公司清偿债务或者提供相应的担保。

5. 办理公司变更或设立登记。

四、公司合并的法律效果

1. 公司的消灭。公司合并后，必有一方公司或双方公司消灭，消灭的公司应当办理注销登记。由于消灭的公司的全部权利和义务已由存续公司或新设公司概括承受，所以，它的解散与一般公司的解散不同，无须经过清算程序，公司法人人格直接消灭。

2. 公司的变更或设立。在吸收合并中，由于存续公司因承受消灭公司的权利和义务而发生组织变更，如注册资本、章程、(有限责任公司)股东等事项，应办理变更登记。在新设合并中，参与合并的公司全部消灭而产生新的公司，新设公司应办理设立登记。

3. 权利和义务的概括承受。《公司法》第 174 条规定，公司合并后，合并各方的债权、债务，应当由合并后存续的公司或者新设的公司承继。

在合并完成后，存续公司若未办理被吸收公司的注销登记，仍应承担被吸收公司的债务。2002 年 12 月 3 日最高人民法院《关于审理与企业改制相关的民事纠纷案件若干问题的规定》第 34 条对此作出了明确的规定，企业吸收合并或新设合并后，被兼并企业应当办理而未办理工商注销登记，债权人起诉被兼并企业的，人民法院应当根据企业兼并后的具体情况，告知债权人追加责任主体，并判令责任主体承担民事责任。

第二节　公司的分立

一、公司分立概述

（一）公司分立的概念

公司分立是指一个公司通过签订协议，不经过清算程序，分为两个或两个以上的公司的法律行为。1966 年法国公司法首次创立公司分立制度，其后为许多国家公司法所接受。

（二）公司分立与相近概念的区别

1. 公司分立与资产转让(营业转让或资产剥离)的区别

(1) 内容不同。虽然两者存在共同点，即原公司都要将一部分资产分离出去，但是，在资产转让中，转让方将因此获得对价，所以，转让方的资产总额不变，公司资产负债表中的所有者权益(包括股本)也不因此而变动，只是资产内部的科目发生变动；在公司分立中，原公司分离一部分资产后，不会获得对价，资产总额因此减少，所有者权益(包括股本)也因此减少。

(2) 对股东地位的影响不同。资产转让不会影响股东地位，影响的只是买卖双方公司的资产形态。公司分立直接影响股东的地位，在派生分立中，原公司的股东在原公司的股权将减少，但是，相应地获得分立出来的公司的股权，在新设分立中，原公司的股东在原公司的股权因原公司的消灭而消灭，但是，相应地获得分立的公司的股权。

(3) 法律性质不同。公司分立的本质是公司的人格的变化；资产转让的本质是买卖合同。

2. 公司派生分立与转投资的区别

为清晰地说明问题，我们假设：

A 公司以 100 万元现金转投资出资设立 B 公司。

A 公司派生分立出 B 公司，B 公司股本 100 万元。

两者的差别在于：

(1) 对资产负债表的影响不同。在转投资中，A 公司的资产总额不变，变化的只是资产的形态，即资产科目内的现金科目减少，而长期投资增加；在公司派生分立中，A 公司不仅资产总额减少，并且所有者权益(包括股本)也相应减少。

(2) 对股东地位的影响。转投资对于 A 公司的股东没有任何影响，但 A 公司则成为 B 公司的股东；在公司派生分立中，原公司的股东对原公司的股权将减少，但是，相应地获得对分立出来的公司的股权。

二、公司分立的形式

公司分立主要有派生分立和新设分立两种形式。

派生分立，也称存续分立，是指一个公司分离成两个以上公司，本公司继续存在并设立一个以上新的公司。

新设分立，也称解散分立，是指一个公司分解为两个以上公司，本公司解散并设立两个以上新的公司。

还有一种较为复杂的分立形式——合并分立，它指一个公司以其资产的一部分或分成若干份的全部资产，同另一个或几个公司的部分资产共同成立一个或几个公司。例如我国《澳门商法典》第 293 条的规定。

三、公司分立的程序

1. 作出分立决定或决议。公司分立须通过股东(大)会特别决议通过，有限责任公司股东会对公司分立作出决议，必须经代表 2/3 以上表决权的股东通过。其中，国有独资公司的分立由国有资产监督管理机构决定。股份有限公司股东大会对公司分立作出决议，必须经出席会议的股东所持表决权的 2/3 以上通过。

2. 订立分立协议。《公司法》没有规定分立协议的内容，但是《关于外商投资企业合并与分立的规定》对公司合并合同的内容作了具体规定，可以参考。

3. 编制资产负债表和财产清单。

4. 通知债权人。《公司法》第 175 条规定，公司分立，其财产作相应的分割。公司分立，应当编制资产负债表及财产清单。公司应当自作出分立决议之日起 10 日内通知债权人，并于 30 日内在报纸上公告。

5. 办理登记手续。在派生分立中，原公司的登记事项如注册资本等发生变化，应办理变更登记，分立出来的公司应办理设立登记；在新设分立中，原公司解散，应办理注销登记，分立出来的公司应办理设立登记。

四、公司分立的法律效果

(一) 公司的变更、设立和解散

在派生分立中，原公司的登记事项如注册资本等发生变化，并产生新的公司人格——分立出来的公司；在新设分立中，原公司解散，人格消灭，但产生两个或两个以上新的公司(分立出来的公司)。

(二) 股东和股权的变动

公司的分立不仅导致公司资产的分立,而且导致股东和股权的变动。在派生分立中,原公司的股东可以从原公司中分立出来,成为新公司的股东,也可以减少对原公司的股权,而相应地获得对新公司的股权;在新设分立中,股东对原公司的股权因原公司消灭而消灭,但相应地获得对新公司的股权。

(三) 债权、债务的承受

《公司法》《合同法》《最高人民法院关于审理与企业改制相关的民事纠纷案件若干问题的规定》对这一问题作了一系列的规定。归纳起来,处理的一般原则是:

1. 如果分立协议对债务的分配作出规定,按照《公司法》第 176 条规定,公司分立前的债务由分立后的公司承担连带责任。但是,公司在分立前与债权人就债务清偿达成的书面协议另有约定的除外。

2. 如果分立协议对债务的分配没有作出约定,按照《合同法》第 90 条的规定,"当事人订立合同后分立的,除债权人和债务人另有约定的以外,由分立的法人或者其他组织对合同的权利和义务享有连带债权,承担连带债务。"

第三节　公司的组织变更

一、组织变更的概念

公司的变更是指公司设立登记的事项的变更,具体包括名称、住所、法定代表人、注册资本、企业类型(组织形式)、经营范围、营业期限、有限责任公司股东或者股份有限公司发起人的姓名或者名称等。公司的组织变更是公司变更的一种重要形式。

公司的组织变更是指在保持公司法人人格持续性的前提下,将公司从一种形态转变为另一种形态的行为。

二、组织变更的类型

根据大陆法系各国公司法的规定,公司的组织变更一般包括以下类型:

1. 无限公司变更为两合公司。无限公司经全体股东的同意可以变更为两合公司,变更方法有两种,一是将一部分股东变更为有限责任股东,二是另加入有限责任股东。

2. 两合公司变更为无限公司。两合公司变更为无限公司的情形有两种,一是经两合公司全体股东的同意,将有限责任股东改为无限责任股东,二是在两合公司的有限责任股东全部退股时,经全体无限责任股东同意,两合公司可变更为无限公司。①

3. 有限公司变更为股份有限公司。我国《公司法》第 95 条规定,有限责任公司可变更为股份有限公司。

4. 股份有限公司变更为有限责任公司。有些国家和地区的公司法禁止股份有限公司变更

① 参见《韩国商法》第 286 条;我国台湾地区"公司法"第 126 条。

为有限责任公司，但有些国家的公司法允许股份有限公司变更为有限责任公司。

三、组织变更的条件

我们主要介绍我国《公司法》关于有限责任公司变更为股份有限公司的条件的规定。

根据我国《公司法》第 95 条的规定，有限责任公司变更为股份有限公司应当符合以下条件：

1. 公司符合《公司法》规定的股份有限公司的条件。

2. 折合的股份总额应当与公司的净额产额相等。净资产额是指公司资产总额减去负债总额的余额。净资产额代表了股东在公司中财产的价值。有限责任公司在变更为股份有限公司时，原有限责任公司的资产所折合的股份总额应当与公司的净资产额相等，以确保公司资本的真实，防止损害其他股东以及第三人的利益。

3. 为增加资本向社会公开募集股份时，应当依照《公司法》有关向社会公开募集股份的规定办理。

四、组织变更的程序

我们主要介绍有限责任公司变更为股份有限公司的程序。

根据我国《公司法》的规定，有限责任公司变更为股份有限公司，应遵循下列程序：

1. 董事会拟订公司变更的方案。我国《公司法》第 46 条规定，董事会对股东会负责，制订变更公司形式的方案。

2. 股东会决议。变更公司形式将直接影响到股东的权益和责任，所以，变更公司形式的最终决定权在股东会，而不是董事会。《公司法》第 37 条也明确规定，股东会行使对变更公司形式事项作出决议的职权。《公司法》第 43 条规定，变更公司形式的决议，必须经 2/3 以上表决权的股东通过。

3. 办理变更登记。有限责任公司变更为股份有限公司，除公司组织形式变更外，公司的诸多事项如资本、章程等也因此变更，公司应当依法向原登记机关办理变更登记。

五、组织变更的效力

公司的组织变更只是公司的组织形式的变化，而非新设公司，其人格继续存在，变更前公司的权利和义务当然由变更后的公司继续享有和承担。

【本章前沿问题】

□ 公司合并分立中的异议股东回购请求权

为保护中小股东的利益，《公司法》第 74 条和第 142 条规定了异议股东回购请求权。股东对股东(大)会作出的公司合并、分立决议持异议，可以要求公司以合理价格收购其股权。

□ 公司合并中的债权人利益的保护

公司合并中，合并双方财产的混合、公司交付金的支付等都可能引起合并公司财产的直接或间接减少，从而危及公司债权人的利益。综观世界各国的相关立法，一般通过以下规定对公司合并中的债权人利益予以维护：

（1）公司合并的债权人告知程序。即在公司合并中，赋予债权人法定知情权，当债权人收到通知后，如果未能在规定的期限内对公司合并提出异议，则丧失异议权。

（2）赋予债权人以合并异议权。各国在对债权人享有异议权的态度上存在分歧，有的规定异议权的成立无须设定条件，也就是说只要债权人按相应的程序对合并公司提出异议申诉，公司就必须对其为清偿或担保。有的国家立法规定，异议权的行使必须以公司合并对债权人产生危害为前提。有的立法规定由法院对合并是否会对债权人利益产生危害作出判断。债权人异议的法律效力为公司应当对债权人债权进行清偿或提供担保。

（3）未适当履行债权人保护程序时合并的法律后果。如果法律对于未适当履行债权人保护程序的公司合并行为采取默认其合法的态度，则可能会导致在实践中没人愿意再履行债权人保护程序。日本在处理这一问题上的做法是赋予异议债权人在公司合并开始后的6个月内提起合并无效之诉的权利。

□ 公司合并无效之诉

在我国，公司合并的利害关系人可否提起公司合并无效之诉？我们认为，由于公司合并是参与合并的公司基于合并合同而进行的法律行为，如果合并行为存在违反法律和行政法规的强制性规范的事由，利害关系人可以提起请求确认合并合同无效之诉。其法律效果相当于其他国家公司法所规定的公司合并无效之诉制度。当然，在此类诉讼中，还应注意以下问题：

（1）合并无效的原因。公司合并只要违反了法律和行政法规的强制性规范，都可以作为合并无效的原因，其中违反《公司法》第37条和第99条规定，未经股东（大）会决议进行的合并是导致合并无效的常见原因。

（2）无效原因的补正。虽然公司合并存在无效原因，但为保护交易安全，稳定社会关系，在法院判决合并无效之前，应给予当事人以补正的机会。若当事人在法院判决前，补正有关无效原因，合并应确认为有效。

（3）合并无效的法律后果。一是恢复到合并前的法律状态。二是无效判决的溯及力的限制；合并无效的判决只对将来有效，不影响此前存续公司或新设公司以合并有效为前提而产生的法律关系。

□ 股份有限公司变更为有限责任公司的限制

德国、日本、法国公司都允许股份有限公司变更为有限责任公司，我国台湾地区原“公司法”规定，股份有限公司在记名股票股东不满7人而解散时，得经全体股东同意改组为有限公司，1980年修改“公司法”时删除了该项规定，限制股份有限公司变更为有限责任公司。

我们认为，公司组织变更应采严格的法定主义原则，原因有二：一是公司组织形式的变更涉及公司股东、债权人以及其他利害关系人的利益，不可仅由公司股东任意决定；二是公司组织变更程序及其所涉及的法律关系复杂，若无法律规定，则无从操作。

目前在我国内地，有限责任公司可以变更为股份有限公司，股份有限公司却不可变更为有限责任公司。但在实践中，有些股份有限公司在经营中不断衰弱，股东减少，我们认为，在这种情况下，股份有限公司宜变更为有限责任公司。

【本章思考题】

1. 简述公司合并与资产收购的区别。
2. 简述公司合并与股权收购的区别。
3. 简述公司吸收合并的四种方式。
4. 简述公司合并无效的法律后果。
5. 简述公司派生分立与公司转投资的区别。
6. 公司在分立前所产生的债务在公司分立后应如何承担?
7. 简述有限责任公司变更为股份有限公司的条件与程序。

第十一章　公司的终止、重整与清算

【导语】

在完善的市场经济法律体系中，市场主体的退出法律制度不可或缺。公司终止即关于公司退出市场并消灭主体资格的法律制度，公司重整是指公司的挽救制度，公司清算则是公司终止的必备前置程序。本章先对公司终止及破产、解散的概念进行了明确的界定，然后介绍了导致公司终止的两类原因——破产和解散及其法定程序，系统介绍公司重整法律制度，最后并对修改后《公司法》新增的司法解散制度进行了详细介绍。此外，考虑到重整制度和清算程序的重要性，本章设两节对这两部分内容进行介绍。

本章学习的重点为公司终止、破产、解散、重整、清算的概念及具体程序，另外还需要对公司重整的法律程序、解散的原因以及司法解散予以特别的关注。通过本章的学习，学生不仅应该对公司终止制度有一宏观了解，而且应该掌握破产、重整和解散制度的具体程序。

第一节　公司的终止

一、公司终止的概念和特征

公司终止是指公司根据法定程序彻底结束经营活动并使公司的法人资格归于消灭的事实状态和法律程序与结果。它既可以指消灭法人资格的一种最终结果，也可以指消灭法人资格的一系列过程。

公司终止法律制度是公司法律制度的重要组成部分。在市场经济中，必须遵从的一条基本原则便是竞争原则，竞争导致优胜劣汰。此外，公司也可能因为投资者的其他想法和安排而归于消灭，借以体现私权处分自由的原则。因此，企业的进入和退出机制是一个充分竞争市场和尊重当事人选择权的基础制度之一，在一个完善的市场经济法律体系中，市场主体的退出法律制度是不可或缺的。公司终止即关于公司退出市场并消灭主体资格的法律制度。其特征如下：

1. 公司终止的法律意义是使公司的法人资格和市场经营主体资格消灭。

2. 公司终止必须依据法定程序进行。公司作为多种社会经济关系的复杂综合体，它的消灭影响到债权人、公司员工、股东等各方面的利益，因此它的终止不可以随意进行，必须按照法律规定的程序进行。只有在法律没有强制性规定的情况下，才可由公司章程或股东决定。

3. 公司终止必须要经过清算程序，只有在以公司财产对债务进行清偿并对剩余财产分配完毕之后，公司方可消灭。公司是法人企业，而法人为法律拟制的人，不可能具有自然人出生、死亡的自然生理过程，其主体能力由法律赋予，因此，其产生和消灭需要依法律规定程序进行并以法律规定的事由为标准。公司法人的权利能力和行为能力从公司登记成立时产生，至公司终止注销时消灭。因此，公司终止即导致公司的法人资格和市场经营主体资格消灭，原先形成的内外权利义务关系结束。

二、公司终止的原因

关于公司终止的原因概括起来有自愿解散、司法解散、破产、行政机关命令解散等四种情况。其中,自愿解散是指因发生各种事由由公司的权力机关决议终止公司的存在,包括因公司合并、公司分立而发生的终止。司法解散主要是指公司得以继续存在的某种条件已经丧失,虽经努力而不得恢复,由利害关系人向法院申请解散的情况。公司破产是因公司不能清偿到期债务而经法院宣告破产而终止。行政命令解散大多数国家均有规定,是政府为维护社会秩序和公共利益对严重违反法律的公司企业的一种仅次于刑事处罚的最严厉的处罚手段。

根据我国《公司法》的规定,公司终止的原因主要包括:

1. 破产。公司因不能清偿到期债务,被依法宣告破产并对其全部财产强制进行清算分配,最后终止公司。根据申请破产人的不同,破产包括由债权人申请破产和由公司自己申请破产两种。

2. 解散。即公司因发生法律或章程规定的解散事由而停止业务活动,并进行清算,最后使公司终止。根据我国《公司法》第 180 条的规定,解散事由主要包括以下五种情形:(1) 公司章程规定的营业期限届满或者公司章程规定的其他解散事由出现;(2) 股东会或者股东大会决议解散;(3) 因公司合并或者分立需要解散;(4) 依法被吊销营业执照、责令关闭或者被撤销;(5) 人民法院依照《公司法》第 182 条的规定予以解散,即根据股东请求而司法解散。

三、公司的解散

(一) 公司解散的概念

"解散"这一概念在我国的使用比较混乱,在立法和学理上均未形成统一的认识。在立法上,各种法律、行政法规、部委规章、司法解释在涉及行政处罚方式时,通常混用解散、撤销、吊销、关闭、责令停产等词语。有的将解散作为上位概念,即解散包括撤销、吊销等行政处罚;有的则将解散与撤销、吊销、关闭等行政处罚方式并列,列为同位阶概念。根据我国《公司法》的结构,本书将解散定义为公司因发生章程规定或法律规定的除破产以外的解散事由而停止业务活动,并进行清算的状态和过程。

公司解散的特征为:

1. 公司解散的目的和结果是公司永久性停止存在并消灭法人资格和市场经营主体资格。

2. 债权人或有关机关在作出公司解散决定后,公司并未立即终止,其法人资格仍然存在,一直到公司清算完毕并注销后才消灭其主体资格。

3. 公司解散必须经过法定清算程序。为了维护债权人和所有股东的利益,法律规定公司解散时须组成清算组织进行清算,以公平地清偿债务和分配公司财产。但是,在公司因合并或分立而解散时,则不必进行清算。这是因为公司合并或分立必须要对债权人清偿债务或者提供相应的担保,否则公司不得合并、分立。此外,公司合并或分立后仍有债权债务承继者,债权债务关系也不会消灭。

(二) 公司解散的分类与原因

因解散原因的不同,解散可以分为两类:

1. 任意解散。任意解散,也称为自愿解散,是指依公司章程或股东决议而解散。任意解散的具体原因包括：

(1) 公司章程规定的营业期限届满，公司未形成延长营业期限的决议。在我国，经营期限是公司章程任意规定的事项，如果公司章程中规定了经营期限，在此期限届满前，股东会可以形成延长经营期限的决议，如果没有形成此决议，公司即进入解散程序。

但是，在中外合资经营的有限责任公司中，《中外合资经营企业法》规定不同行业、不同情况的合营企业的合营期限应作不同的约定。有的行业的合营企业，应当约定合营期限；有的行业的合营企业，可以约定合营期限，也可以不约定合营期限。约定合营期限的合营企业，合营各方同意延长合营期限的，应在距合营期满6个月前向审查批准机关提出申请。审查批准机关应自接到申请之日起1个月内决定批准或不批准。

(2) 公司章程规定的其他解散事由出现。解散事由一般是公司章程相对必要记载的事项，股东在制定公司章程时，可以预先约定公司的各种解散事由。如果在公司经营中，规定的解散事由出现，股东会可以决议公司解散。

(3) 股东(大)会形成公司解散的决议。有限责任公司经代表2/3以上表决权的股东通过；股份有限公司经出席股东大会的股东所持表决权的2/3通过，股东会或股东大会可以作出解散公司的决议。国有独资公司因不设股东会，其解散的决定应由国有资产监督管理部门作出。中外合资有限责任公司也不设股东会，其董事会可以决议公司解散，如果董事会不能形成决议，则由合资一方向政府机关提出公司解散申请，由政府机关协调处理。

(4) 公司合并或分立。当公司吸收合并时，吸收方存续，被吸收方解散；当公司新设合并时，合并各方均解散。当公司分立时，如果原公司存续，则不存在解散问题；如果原公司分立后不再存在，则原公司应解散。公司的合并、分立决议均应由股东会作出。

2. 强制解散。强制解散是指因政府有关机关决定或法院判决而发生的解散。具体分为：

(1) 行政解散。依据《公司法》第180条第4项规定，公司因依法被吊销营业执照、责令关闭或者被撤销而解散。这种解散属于行政处罚方式，在公司经营严重违反了工商、税收、劳动、市场、环境保护等对公司行为进行规制的法律法规和规章时，为了维护社会秩序，有关违法事项的主管机关可以作出决定以终止其主体资格，使其永久不能进入市场进行经营。在不同的法规、规章中，解散、撤销、吊销、责令停产停业、关闭一般均属于行政解散。例如，《产品质量法》规定在产品中掺杂、掺假，以假充真，以次充好，或者以不合格产品冒充合格产品，情节严重的，吊销营业执照。

(2) 司法解散。司法解散分为命令解散和判决解散。

命令解散是法院应公司利害关系人或检察官之请求，或依职权以危害公共利益为由命令解散公司。该制度是为了纠正因公司设立准则主义而引起了滥设公司的弊端而创设的公司解散制度。我国《公司法》没有规定公司的命令解散，《日本公司法典》则明确规定了公司的命令解散。

判决解散是指公司经营管理发生严重困难，继续存续会使股东利益受到重大损失，通过其他途径不能解决时，法院根据股东的请求而强制解散公司。我国《公司法》第182条增加了公司判决解散的规定，即"公司经营管理发生严重困难，继续存续会使股东利益受到重大损失，通过其他途径不能解决的，持有公司全部股东表决权10%以上的股东，可以请求人民法院解散公司"。这一规定要解决的主要是公司僵局问题，即公司的运行机制完全失灵，公司管理机构无法对公司的任何事项作出任何决议，公司的一切事务陷于瘫痪。此时，赋予股东请求解散公司的权利，就成为公司法保护股东利益的重要途径。

由此，我国公司法上的司法解散就是判决解散，其适用的法律要件是：①公司经营管理发生严重困难，继续存续会使股东利益受到重大损失。②公司经营管理的严重困难通过其他途径无法解决。③须持有公司全部股东表决权 10％以上的股东请求。④司法解散只能由人民法院依判决作出。

第二节 公司的重整

一、公司重整概述

（一）公司重整的概念

公司重整（reorganization），也称为公司整理（rearrangement）或公司更生（regeneration），是指具有一定规模的公司企业出现破产原因或有破产原因出现之虞时，为预防破产，经公司利害关系人申请，在法院干预下对该公司的债权债务关系重新做出安排并对公司实施强制治理，使其复兴的法律制度。由于公司重整制度的宗旨是防止公司的破产，因此也被称为破产保护制度或破产预防制度。公司重整制度与破产法上的和解制度有共同的作用，即调整债务人面临破产时的特定的债权债务关系，谋求减缓债务人面临的支付压力，以使债务人公司获得再生发展的机会。但公司重整制度较和解制度产生晚，它适应了后工业时代政府、社会对大企业经营状况的关注和支持的要求，规定采取比和解制度更强劲的手段挽救处在破产边缘的公司企业，以期稳定社会经济关系，促进经济的发展。

我国 2006 年颁布的《企业破产法》第八章规定了企业法人的重整制度，与和解制度、破产清算制度一起作为我国破产制度的三个组成部分。

（二）公司重整制度的特征

相比于破产清算与和解制度，公司重整制度主要有以下几个方面的特征：

第一，从制度目标和价值来看，公司重整制度旨在积极挽救有重建希望的困境企业，通过使其扭亏为盈和持续经营，来保护社会整体利益。破产清算制度旨在将债务人财产公平清偿给各债权人，和解制度虽然也有避免债务人受破产宣告的目的，但是从其实质上来说与破产清算制度一样重在清偿，债权人并不关心债务人在清偿完债务后是否继续经营，在债务人财产不变情况下，由于和解费用少于破产清算费用，债权人可以获得更多清偿，因而实践中债权人愿意采纳和解方案。

第二，从适用主体来看，各国或地区立法规定不一，美国的适用范围较为宽泛，日本、英国以及我国台湾地区的重整制度只适用于股份有限公司，其中我国台湾地区更是将主体范围限制为公开发行股票或公司债的股份有限公司。重整程序侧重的是对社会大众利益的维护，中小型企业对社会公众利益影响较小，债权规模以及债权人人数不多，有重建希望的中小企业完全可以通过与债权人一一协商或者和解程序就债务关系重新做出安排。

第三，从程序启动的条件来看，公司重整程序的启动条件与破产清算程序、和解程序相比更为宽松。破产清算与和解程序的启动均要求债务人具备破产原因，且破产案已经被正式申请到法院。我国《企业破产法》第 2 条规定了两种破产原因：一是债务人不能清偿到期债务且资产不足以清偿全部债务；二是债务人不能清偿到期债务且明显缺乏清偿能力。而债务人在有明显丧失清偿能力可能的情形即有破产原因出现之虞时，即可直接申请启动重整程序。

第四，从重整手段来看，公司重整手段较为丰富，不仅包括和解制度中债权人对债务人诸如债务减免、延期履行等妥协与让步，还包括剥离、股权出售、合并与分立、股份置换等一切有利于改善公司绩效、带来积极的净现金流量的措施。另外，债务关系重新安排以外的手段对于公司重建来说更为重要，由于这些手段的采取对于财务管理技能和经营管理技能的要求较高，所以公司重整中通常都需要企业管理专家作为重整人主持或者参与。

第五，从重整的参与主体来看，公司的股东与债权人作为利害关系人共同参与公司的重整，而不同于和解、破产清算程序中股东的无所作为。因为当公司出现或者可能出现破产原因时，双方利益都会受损，因而能在重整中相互协作，共担损失并参与重整事务，共谋公司更生。

二、公司重整程序的开始与进行

（一）重整申请人

根据我国《企业破产法》第 2 条、第 7 条和第 70 条的规定，结合重整申请条件，主要有如下三类申请人：

第一，债务人。具体来说又分两种情形：一是债务人不能清偿到期债务，并且资产不足以清偿全部债务或者明显缺乏清偿能力的，或者有明显丧失清偿能力可能的，债务人可以直接向人民法院申请重整；二是债权人申请对债务人进行破产清算的，在人民法院受理破产申请后、宣告债务人破产前，债务人可以向人民法院申请重整。债务人最了解自身经营状况和财务状况，外部债权人得知其不能清偿到期债务的信息时往往具有滞后性，允许债务人提出申请，有利于展现其重整诚意，尽早、及时地开始重整程序，实现挽救企业的目标。

第二，债权人。债务人不能清偿到期债务的，债权人可以直接向人民法院提出对债务人进行重整的申请。依据我国《企业破产法》的规定，凡出现破产原因或有破产原因出现之虞的企业法人均可适用重整制度以期挽救，不能受偿的到期债权的债权人无论持有多少债权额，均可提出申请。

第三，出资额占债务人注册资本 1/10 以上的出资人。债权人申请对债务人进行破产清算的，在人民法院受理破产申请后、宣告债务人破产前，出资额占债务人注册资本 1/10 以上的出资人可以向人民法院申请重整公司。出资人有权提出重整申请，是重整程序与和解、破产清算程序的重大差别，和解和破产清算程序往往只解决债务关系的调整问题或者对债务人财产的分配问题，出资人对此基本处于完全消极被动地位；而在重整程序中，虽然出资人受有限责任保护，但公司陷入困境，其股权价值一落千丈，出资人有足够的激励通过追加投资等方式在重整程序中保存公司、挽回损失，这充分体现出重整制度调动各方积极参与的特点。

（二）重整受理与裁定

法院接到重整申请后，应当依法进行形式审查，形式审查包括如下几个方面的内容：(1) 申请人和被申请人资格；(2) 管辖；(3) 重整申请的形式是否符合法律规定。

认为符合法律规定条件的，法院应当进行实质审查，实质审查包括如下两方面的内容：(1) 重整原因。重整原因前已述及，即债务人出现破产原因，或者有破产原因出现之虞，对此申请人应当负举证责任。(2) 债务人有无挽救之必要与可能。债务人具备重整原因不一定意味着即可开始重整程序，重整是一个对多方权利限制较多、程序复杂、成本较大的制度，破产法立法对此采取了较为宽泛的规定，但是法院在实际适用时应当从严掌握，认真履行审查义务，除非确信债务人有重建之必要与可能，不宜轻易开始重整程序，否则会对债权人等利害关系人造成极大的损害，不当拖延债务人履行义务。

在法院做出受理裁定以前，公司尚未丧失其经营业务及管理处分财产的权利，个别人员已知悉公司财务状况恶化欲施以重整的信息，唯恐自己的权利将受重整的不利影响，极有可能在法院尚未裁定前为自己的利益而采取不利于公司重整的行为。为此，《企业破产法》第 31 条、第 32 条和第 33 条规定了管理人对于自人民法院受理重整案件之日起前 1 年内债务人不当行为和前 6 个月内债务人个别清偿行为的撤销权，并规定债务人隐匿、转移财产以及虚构债务行为自始无效。

法院经审查认为重整申请不符合法律规定条件的，应当裁定不予受理。经实质审查认为重整申请符合法律规定条件的，应当裁定予以受理。法院做出重整裁定的，应当指定管理人，一并予以公告。

（三）重整机关

公司进入重整程序，公司原来的机关——股东大会、董事会、监事会、经理机构等均停止行使职权，而由法院选任或依法组织其他机构在法院监督下管理公司并负责重整事务。

1. 债权人会议

公司正常经营状态下，股东承担着剩余风险，享有剩余收益，公司最终控制权归股东享有；公司破产状态下，股东在公司中已无资产或者资产只占总资产中很小的一部分，原本享有固定合同收益的债权人已经无法通过固定合同保护自身利益，并实际承受着剩余风险，公司最终控制权应当转移给债权人，债权人有权决定如何利用债务人资产并进行合理分配。因此，债权人会议应当成为重整公司的最高权力机关，对重整期间公司的重大事务享有最终决定权，集中体现为通过或者拒绝通过重整计划草案。

债权人会议在重整程序中主要行使如下职权：(1) 核查债权；(2) 申请人民法院更换管理人，审查管理人的费用和报酬；(3) 监督管理人；(4) 选任和更换债权人委员会成员；(5) 通过重整计划；(6) 人民法院认为应当由债权人会议行使的其他职权。

2. 管理人

对于重整事务的代表和管理，各国立法主要有三种模式：第一种是由债务人继续管理公司；第二种是由法院直接指定管理人，如英国的管理令程序；第三种是折中模式，即由债务人在法院指定的管理人的监督下管理公司。

我国采取了管理人自动接管重整公司、债务人经人民法院批准可以重新获得在管理人监督下自行管理公司事务的债务人公司控制模式。根据我国《企业破产法》的规定，人民法院裁定公司重整的，应当同时指定管理人接管债务人财产与营业事务。管理人负责管理财产和营业事务的，可以聘任债务人的经营管理人员负责营业事务；在重整期间，经债务人申请，人民法院批准，债务人可以在管理人的监督下自行管理财产和营业事务，已接管债务人财产和营业事务的管理人应当向债务人移交财产和营业事务。

我国《企业破产法》第 24 条规定，管理人可以由有关部门、机构的人员组成的清算组或者依法设立的律师事务所、会计师事务所、破产清算事务所等社会中介机构担任。人民法院根据债务人的实际情况，可以在征询有关社会中介机构的意见后，指定该机构具备相关专业知识并取得执业资格的人员担任管理人。

（四）重整计划

1. 重整计划的概念与草案制定

完成重整计划的制定是重整程序的核心。重整计划旨在通过对债权债务关系以及出资人权益等做出重新安排，并制定出具有可操作性的经营措施，实现被重整公司的重建与更生。重整计划经草案制定和批准两个程序而生效，生效的重整计划对各利害关系人产生约束力。根据我国《企业破产法》的规定，债务人自行管理财产和营业事务的，由债务人制定重整计划草案；管理人负责管理财产和营业事务的，由管理人制定重整计划草案。

2. 重整计划草案的通过与批准

重整程序对债务人及其利害关系人利益影响甚巨，处于不同顺序清偿地位的债权人会有不同的利益诉求，对待重整的态度也不一：有担保的债权人通常要求对担保财产进行变现以获得债权的立即实现，重整不会给他们带来什么好处，相反如果担保权拖延实现，担保物还有贬值的风险；债务人的职工可能比较欢迎重组，因为至少短期内不会失业；处于清偿顺序末位的普通债权人通常倾向于要求企业重组，因为按照破产清算程序他们得到的份额会很少，企业继续经营并不会使他们损失更多。为了缓和多数决原则可能带来的过分注重效率而损失公平的压力，保证重整计划充分考虑各类利害关系人利益，各国立法对重整计划草案的通过一般采取了分类分组表决机制。

我国《企业破产法》采取了折中的规定：法律明确规定了分组的标准，在必要时人民法院得增设个别表决组。根据该法第 82 条，债权人会议依照下列债权分类分组对重整计划草案进行表决：(1) 对债务人的特定财产享有担保权的债权；(2) 债务人所欠职工的工资和医疗、伤残补助、抚恤费用，所欠的应当划入职工个人账户的基本养老保险、基本医疗保险费用，以及法律、行政法规规定应当支付给职工的补偿金；(3) 债务人所欠税款；(4) 普通债权。人民法院在必要时可以决定在普通债权组中设小额债权组对重整计划草案进行表决。对于上述第(2)项规定以外的社会保险费用，该法明确重整计划不得规定减免欠缴的该项费用，该项债权人的利益不受重整程序的影响，故无需参加重整计划草案的表决。

关于表决规则，我国《企业破产法》第 84 条和第 86 条规定，出席会议的同一表决组的债权人过半数同意重整计划草案，并且其所代表的债权额占该组债权总额的 2/3 以上的，即为该组通过重整计划草案。各表决组均通过重组计划草案时，重整计划即为通过。重整计划草案经债权人会议通过后，只有经过法院裁定批准的，才对债务人和全体债权人有约束力，具备强制执行力。

三、公司重整程序对相关主体权利义务的影响

法院做出受理重整申请的裁定，对债务人企业、债权人和出资人具有约束力。

（一）对公司权利义务的影响

第一，公司财产和营业事务的移交。法院裁定受理重整申请的，公司应当向管理人移交财产和营业事务。至破产程序终结之日，公司的法定代表人或者法院指定的公司财务管理人员和其他经营管理人员需承担相应的法律义务。

第二，公司财产处分行为和受领行为受到限制。自法院裁定受理重整申请后，公司对个别债

权人的债务清偿无效；法院受理重整申请前1年内，公司有无偿转让财产、以明显不合理的价格进行交易、对没有财产担保的债务提供财产担保、对未到期的债务提前清偿以及放弃债权的行为的，管理人有权请求法院予以撤销。

第三，与公司有关的司法程序中止。针对公司财产的保全措施应当解除，执行程序应当中止，因为保全公司财产是公司重建的物质基础；已经开始而尚未终结的有关债务人的民事诉讼或者仲裁应当中止，在管理人接管债务人的财产后，该诉讼或者仲裁继续进行，由管理人代表公司参加诉讼、仲裁或者其他法律程序。

（二）对债权人权利义务的影响

法院做出受理重整申请的裁定以后，债权人应当在法院确定的债权申报期限内向管理人申报债权，职工债权人不必申报，由管理人调查后列出清单并予以公示。未到期的债权，在重整申请受理时视为到期，附条件、附期限的债权，诉讼、仲裁未决的债权，以及受理重整申请后管理人或者债务人依法解除债务人和对方当事人均未履行完毕的合同、对方当事人因此而产生的损害赔偿请求权，债权人均可以申报。债权人在重整期间及在重整计划执行期间不得行使权利。

重整债权人的权利义务受到的影响具体表现在：第一，对有担保的债权人，在重整期间，对债务人的特定财产享有的担保权暂停行使。第二，对普通债权人，与和解及破产清算程序一样，进入集体清偿程序。

（三）对公司出资人权利义务的影响

第一，履行出资义务。法院受理破产申请后，重整公司的出资人尚未完全履行出资义务的，管理人应当要求该出资人缴纳所认缴的出资，而不受出资期限的限制。

第二，资产收益权中止行使。在重整期间，出资人不得请求投资收益分配。

第三，特定身份出资人股权转让受到限制。在重整期间，除经法院同意外，公司的董事、监事、高级管理人员不得向第三人转让其持有的公司的股权。

四、公司重整程序的终止与重整计划的执行

（一）重整程序的终止

自法院裁定债务人重整之日起至重整程序终止，为重整期间。按法律后果的差异，重整程序的终止分为如下两类情形：

第一，法院裁定终止重整程序，并宣告债务人破产，债务人进入破产清算程序。根据我国《企业破产法》第78条的规定，在重整期间，有下列情形之一的，经管理人或者利害关系人请求，人民法院应当裁定终止重整程序，并宣告债务人破产：一是债务人的经营状况和财产状况继续恶化，缺乏挽救的可能性；二是债务人有欺诈、恶意减少债务人财产或者其他显著不利于债权人的行为；三是由于债务人的行为致使管理人无法执行职务。

第二，法院裁定批准重整计划，重整程序终止，进入重整计划的执行阶段。

（二）重整计划的执行

重整计划由债务人负责执行，自法院裁定批准重整计划后，已接管财产和营业事务的管理人应当向债务人移交财产和营业事务。自法院裁定批准重整计划之日起，在重整计划规定的监督期内，由管理人监督重整计划的执行，债务人应当向管理人报告重整计划执行情况和债务人财务状况。监督期届满时，管理人应当向人民法院提交监督报告。

债务人不能执行或者不执行重整计划的，经管理人或者利害关系人请求，法院应当裁定终止重整计划的执行，并宣告债务人破产，转入破产清算程序。

第三节 公司的清算

一、公司清算概述

（一）清算的概念

公司清算是指公司解散或被宣告破产后，依照一定程序了结公司事务，收回债权、清偿债务并分配财产，最终使公司终止的程序。

（二）清算的原因

清算是公司终止的必要步骤。因为：

1. 公司往往并非由一人控制，其股东众多，并且随着所有权与经营权分离，董事、经理开始掌握公司控制权，因此，为了防止实际控制公司的董事、经理或控股股东在公司终止之前私自处分公司财产或不公平地分配公司的财产，从而损害公司债权人和股东的利益，就需要以法定的程序对公司财产进行公平的清算，以保护债权人和股东的利益。

2. 公司的股东对公司承担的是有限责任，以其投资额为限，除此之外，股东不再对公司承担任何责任。公司的债务由公司的财产进行清偿，因而公司财产是公司债权人利益的保障。在公司终止前依法定的清算程序以公司的财产对债权人进行清偿，能够更好地保障债权人的利益和经济秩序的稳定。

3. 公司的终止不仅影响股东和债权人的利益，还会影响许多利益相关人的利益，其中最重要的便是公司职工的利益。为了保障职工的利益，也必须通过法定程序分配公司剩余的财产。

（三）清算的法律意义

在进入清算程序后，公司便进入终止前的特殊阶段，其权利能力和行为能力均出现重大变化。清算的法律意义为：

1. 清算期间，公司仍具有法人资格。公司解散或被宣告破产后，公司法人资格和主体资格并未立即消灭，在清算期间，公司仍为法人，与解散前的公司为同一人格，只是业务活动范围受到限制。

2. 清算期间，公司的代表机构为清算组织。公司的董事会不再依其职责代表公司，公司的财产、印章、财务文件等均由清算组织接管。清算组织负责处理公司未了结的事务，并以公司名义代表公司对外进行诉讼。

3. 清算期间，公司的权利能力、行为能力有所限制。虽然公司仍具有法人资格，但清算前和清算期间的公司的主体能力有很大差异，有些国家将处于清算阶段的公司称为“清算法人”或“清算公司”。在清算期间，公司不得再进行新的经营活动，公司的全部活动应局限于清理公司已经发生但尚未了结的事务，包括清偿债务、实现债权以及处理公司内部事务。

4. 清算期间，公司财产在未按法定程序清偿前，不得分配给股东。公司财产必须先支付清算费用、职工工资和劳动保险费用，缴纳所欠税款，清偿公司债务，之后如果还有剩余财产，才能对股东进行分配。

5. 公司清算的最终结果是导致公司法人资格消灭，公司终止。清算结束后，公司所有事务均已了结，债务清偿完毕，公司财产已全部被分配，这时，清算组织即可向公司登记机关申请公司注销，最终消灭公司全部权利义务关系，公司终止。

二、清算的分类

清算因清算对象、清算原因及清算的复杂程度不同而在立法上有不同的分类。一般而言，清算可作如下分类：

1. 任意清算与法定清算。任意清算是指不需依法律规定的方式、程序，而仅依全体股东的意见或章程规定进行的清算，它只适用于无限公司、两合公司这类结构简单且股东对公司债务负无限责任的公司。但是对于有限责任公司和股份有限公司，由于社会影响面相对广泛，为了保护债权人和相关利害关系人的利益，各国均规定必须按法律规定的程序进行清算。有限责任公司和股份有限公司必须进行法定清算。本章所提公司清算均指法定清算。

2. 破产清算与非破产清算。破产清算（winding-up of bankruptcy），是指公司被宣告破产，依破产程序进行的清算。我国《公司法》第 190 条规定，公司被依法宣告破产的，依照有关企业破产的法律实施破产清算。非破产清算，是指非因破产原因而在破产程序之外进行的清算。

3. 普通清算和特别清算。普通清算是指公司在解散后自行组织清算机构进行清算。特别清算是指公司因某些特殊事由解散后，或者被宣告破产后，或者在普通清算发生显著障碍无法继续时，由政府有关部门或者法院介入而进行的清算。它们都属于法定清算。

我国《公司法》第 183 条规定，公司解散逾期不成立清算组进行清算的，债权人可以申请人民法院指定有关人员组成清算组，进行清算；第 190 条规定，公司被依法宣告破产的，依照有关企业破产的法律实施破产清算。

三、清算组织

清算组织也称清算机构，是清算事务的执行人。公司解散、被宣告破产后，在清算终结前，公司的法人资格仍然存在，其股东会和监事会作为公司机构仍然存在，只是作为公司决策机构和对外代表的董事会以及作为公司执行机构的经理不再履行其职责，而由清算组织替代，负责公司清算期间事务的处理。

我国《企业破产法》引进了企业破产管理人制度，按照该法规定，管理人可以由有关部门、机构的人员组成的清算组或者依法设立的律师事务所、会计师事务所、破产清算事务所等社会中介机构担任，这对充分保障破产债权人的利益有着积极的作用。

【本章前沿问题】

□ 公司解散时利害关系人的清算请求权

当公司出现法定解散事由时，如果股东不履行清算义务，逾期不成立清算组，而债权人也不向人民法院申请清算，则与公司有利害关系的其他主体是否可以向人民法院申请清算？对此问题，我国《公司法》对于第 180 条规定的解散情形只规定由债权人申请法院组织清算组进行清算，排除了其他利害关系人的清算请求权。

其实，由于公司怠于履行清算责任而损害的主体不仅仅限于公司债权人，公司职工、股东，甚至代表国家行政的税务机关均是与公司清算有关的利害关系人，尤其是股东，公司长期不进行清算，则其剩余分配权得不到实现，会对其利益造成重大损害。因此，《公司法》的这种规定，一方面不利于公司股东及其他利益相关者的利益保护；另一方面，使得出现上述清算僵局时单纯依靠债权人的申请，救济手段过于单一。因此，应当对这种有违法律公平正义的做法进行检讨与反思，赋予满足一定条件的股东及其他利害关系人在出现法定解散事由时享有清算请求权。

□ 未经清算而被注销公司的债务处理

《公司法》第191条规定，“有限公司的清算组由股东组成，股份有限公司的清算组由股东大会确定其人选”。由此可见，公司的清算义务是由股东承担的，除破产清算由人民法院组织外，其他情况下，股东必须自行组织清算。在公司被强行注销、法人资格不存在的情况下，股东仍可以其个人名义并作为民事主体履行其清算的义务。在实体上，公司被注销后，其财产当然应分配于公司的股东。事实上，一般情况下，公司的财产也的确被股东所分配或占有。本来通过正常的清算程序，在公司负债大于资产的情况下，股东是不可能获得任何剩余财产的，而由于未进行清算，使得股东只获取了公司的财产，但却未承担任何公司的债务。因此，以股东为被告，要求其承担债务清偿责任，完全合情合理。即使在公司被注销之后，股东并未从公司实际取得任何财产，同样可以要求股东承担相应的责任。

债权人可否以公司的董事长或总经理等管理人员作为被告提起诉讼呢？我们认为，这种诉讼关系很难成立。因为董事长或总经理个人并不当然对其任职的法人的债务对外负责，也不负有清算的法定义务，公司如被注销，法定代表人的代表权当然消失，也就不存在代表公司承担责任的问题。

【本章思考题】

1. 简述公司终止的特征。
2. 公司解散的原因是什么？
3. 简述公司僵局与司法解散的关系。
4. 简述清算的法律意义。
5. 清算组织的职权有哪些？

本编参考文献

[1] 江平．新编公司法教程．北京:法律出版社,1995.
[2] 赵旭东.公司法学.北京:高等教育出版社,2006.
[3] 刘连煜.公司法理论与判决研究.北京:法律出版社,2002.
[4] 赵旭东.新公司法制度设计.北京:法律出版社,2006.
[5] 罗培新.公司法的合同解释.北京:北京大学出版社,2004.
[6] 蒋大兴.公司法的展开和评判.北京:法律出版社,2001.
[7] 江平,孔祥俊.论股权.中国法学,1994(1).
[8] 李建伟.公司制度、公司治理与公司管理.北京:人民法院出版社,2005.
[9] 柯芳枝.公司法要义.台北:三民书局,1993.
[10] 苗壮.美国公司法:判度与判例.北京:法律出版社,2007.
[11] 葛伟军.英国公司法:原理与判例.北京:法律出版社,2007.

【案例研讨】

1. 大昌公司设立纠纷案
2. 鑫荣公司股东会僵局及股权转让纠纷案

(请扫描二维码或访问 http://2d.hep.cn/1322654/3)

第四编

证 券 法

第一章 证券与证券法

【导语】

什么是证券？证券有哪些种类？什么是证券市场？证券市场的形式与主体构成是怎样的？这些有关证券与证券市场方面的知识，是学习和理解证券法律知识的基础和背景，本章将首先对证券方面的知识点作一概略的阐释。同时，着重对证券法的概念、调整对象、基本原则等证券法的基本理论问题作一概述。

学习本章，应重点理解和掌握证券的概念与种类，证券市场的概念与构成，证券法的概念、特征、调整对象，证券法的基本原则，证券法的地位与体系。

第一节 证券与证券市场

一、证券的概念和分类

（一）证券的概念

证券（security）的概念有广义和狭义之分。广义的证券是指以证明或设定权利为目的而做成的凭证，即指各类记载并代表一定权利的法律凭证的统称。它表现为证券持有人或第三人有权取得该证券拥有的特定权益，或证明其曾经发生过的行为。狭义的证券是指以一定书面形式或其他形式记载并代表特定民事权利的书证。

证券的本质是具有财产属性的民事权利。作为特定民事权利的表现形式或物质载体的证券，其本身并无价值可言，它并非权利本身。然而，法律为促进财产性权利流通，使权利与证券相结合，并规定持有证券者推定为证券权利人，可以直接行使证券权利；不持有证券者原则上不能行使证券权利，证券权利的行使与证券持有密不可分。证券必须与某种特定的表现形式相联系，但证券的本质或核心是民事权利，因此，证券的形式可以是多种多样的，而不仅仅是传统证券的纸单形式。

随着社会经济的发展，计算机技术以及网络通信技术的进步，在民商经济领域，出现了两大新趋势：一是民事权利的证券化；二是证券形式的无纸化或电子化、数据化。民事权利的证券化，使得证券的种类更加多样化；证券的电子化或数据化，使传统证券的概念和特征发生了重大变化。传统证券所表彰的民事权利，在现代社会获得了电子化、信息化的表现形式，且电子化形式的证券发行与交易活动更加迅捷，交易范围和交易规模更加扩大。但是，证券的本质并没有改变，其具有的财产属性的民事权利，始终是法律所关注和保护的对象。

（二）证券的分类

证券依照不同的标准，可以作不同的分类。

1. 依照证券本身能否作为财产使用，分为有价证券和无价证券。有价证券是指表示一定财产权利的证券。由于证券上所表示的财产权具有一定的内在价值和外在价格，故称为有价证券，代表一定财产权的证券可以自由转让。有价证券依据其所代表的权利不同，一般又可分为金券、货物证券、货币证券和资本证券。金券，是指券面标明一定金额，只能为一定目的而使用的证券，如邮票、印花。货物证券是指在货物流转中发行的、代表一定量货物请求权的书面凭证，如货物提单、运货单、仓库栈单等。货币证券是指代表对一定量货币的请求权的书面凭证，如汇票、本票、支票等。资本证券是指代表对一定资本所有权和一定利益分配请求权的书面凭证，如股票、债券等。资本证券是证券法所调整的对象。无价证券是指具有证券的某一特定功能，但不能作为财产使用的书面凭证。由于这类证券不能流通，所以不存在流通价值和价格，故称为无价证券。无价证券按照不同的功能，通常分为证据证券和资格证券。证据证券是单纯证明某一特定事实的书面凭证，如借据、收据等。资格证券是表明证券持有人具有行使一定权利资格的书面凭证，如机票、车船票、电影票等。

2. 依照证券形式与证券权利之间的关系，可以将证券分为设权证券和证权证券。设权证券是指具有创设证券权利功能的证券，即证券权利是由证券签发人自行设定的，如票据的面额，支付的日期或期间等，证券一经签发，证券权利随即产生。货币证券一般属于设权证券。证权证券是指旨在证明证券权利的证券，即对既存的财产关系或财产权利予以证明，如股票是公司签发的证明股东所持股份的凭证。债券是债务人发行的证明债权人对债务人拥有债权的证明。证权证券只起证明证券权利的作用，不能创设证券权利。资本证券一般属于证权证券。

3. 依照证券的表现形式，可将证券分为实物券式证券和簿记券式证券。实物券式证券是指按照一定的格式，由国家证券管理部门指定的印刷机构印制的具有实物形态、表现为特定纸张载体的证券。传统意义上的证券大多为实物券式证券。簿记券式证券是指由证券发行人按照法定格式制作的、记载证券权利人的书面名册。簿记券式证券不具有实物形态，它是通过记账方式，将证券持有人的证券品种及数额记载于账册内，以表明证券权利人享有的证券权利。

4. 依照证券是否记名，可将证券分为记名证券和不记名证券。记名证券是指证券票面上记载权利人的姓名或名称的证券。记名证券的转让，需经过背书或法律规定的其他方式，且证券上所记载的权利人姓名或名称应做相应的改变。记名证券遗失或毁损时，可以挂失，并公示催告。不记名证券是指券面不记载权利人姓名或名称的证券。不记名证券流通较为便利，一般以交付或过户方式进行转让，但不记名证券遗失或毁损时，不予挂失，其安全性不及记名证券。

5. 依证券是否在证券交易所挂牌交易，可将证券分为上市证券与非上市证券。这种分类一般只适用于资本证券。上市证券是指经证券监管机关或授权机关批准在证券交易所内挂牌交易的有价证券。该类证券须向证券交易所登记注册，符合上市条件的证券才能登记注册，成为上市证券。非上市证券是指未向证券交易所登记注册的证券。该类证券一般在交易所以外进行交易，或在依法设立的其他场所交易。

二、证券法上的证券及种类

（一）证券法上的证券定义和范围

证券法上的证券主要是指有价证券中的资本证券。由于各国证券法律制度不尽相同，其证券法上的证券定义和范围亦有所差异。美国证券法上的证券定义和范围最为广泛。美国1933年《证券法》第2节，对证券一词作出如下定义："'证券'一词系指任何票据、股票、库存股票、债券、公司信用债券、债务凭证、盈利分享协议下的权益证书或参与证书、以证券作抵押的信用证书，组建前证书或认购书，可转让股票、投资契约、股权信托证，证券存款单、石油、煤气或其他矿产小额利息滚存权，或一般来说，被普遍认为是‘证券’的任何权益和票据，或上述任一种证券的权益或参与证书、暂时或临时证书、收据、担保证书、认股证书或订购权或购买权。”由此可见，美国证券法将与投资利益有关的金融工具证书、证券、契约、权利均归于证券范畴。此外，日本、韩国证券法规定的证券种类亦十分宽泛。

从国外证券立法来看，证券的概念一般都从证券的种类及范围的角度进行界定，由于立法体例的差异以及证券市场的发展程度不同，对证券的种类及范围的界定亦有宽窄之分。但是，随着证券市场的发展变化，该界定一般都有所变动，即证券法上的证券种类和范围实际上是一个变动的概念，它是随着证券市场的发展变化而变化的。

我国1998年颁布的《证券法》对证券种类及范围的规定过窄，为适应证券市场发展的需要，2005年修订的《证券法》第2条第2款和第3款，增加了关于证券投资基金和证券衍生品种的规定，从而使我国证券法所调整的证券种类和范围进一步扩大，并从根本上改变了1998年《证券法》只是作为股票现货交易法的地位。

（二）我国证券法上的证券种类

根据《证券法》的规定，我国证券法上的证券主要是股票、公司债券以及国务院依法认定的其他证券。目前我国证券市场上发行和流通的证券，主要有以下几种：股票、债券、基金、权证以及证券衍生品种。

1. 股票。股票是股份有限公司发行的，用以证明投资者的股东身份和权益，并据以获得股息和红利的可转让书面凭证。股票按照不同的标准，可分为不同的种类：(1) 按照股票所代表的股东权利的不同，分为普通股票和特别股票（优先股票）。我国《公司法》只规定了普通股票，未规定特别股票。(2) 按照股票票面是否记载股东姓名，分为记名股票和无记名股票。记名股票与无记名股票的转让方式及程序不同，记名股票的转让程序和手续较为严格。(3) 按照股票票面是否记载金额，分为有面额股票和无面额股票。根据我国《公司法》和《证券法》的有关规定，公司不得发行无面额股票。(4) 按照购买股票的币种不同，分为A股和B股。在我国A股市场对合格境外投资者开放前，A股股票只允许境内投资人购买，外国及我国港澳台地区的投资者不得购买。而B股市场在对境内个人投资者开放前，B股股票只允许境外机构和个人购买，境内居民个人不得买卖B股。

2. 债券。债券是表示债权债务关系的书面凭证。持券人有按约定的条件向发行人（借款人）取得利息和到期收回本金的权利。债券按照不同的标准，可分为很多不同种类。最主要的分类有：(1) 按照发行主体，分为政府债券、公司债券、企业债券、金融债券。(2) 按照利率规定，分为固定利率债券和浮动利率债券。(3) 按照抵押担保条件，分为抵押债券、担保债券和信用债券。(4) 按照受益方式，分为可转换公司债券、附新股认购权公司债券等。(5) 按照偿还期限，分为短期债券、中期债券、长期债券。

3. 基金。基金又称证券信托投资基金，是一种利益共享、风险共担的集合投资方式，即按照《证券投资基金法》及基金章程规定，通过公开发行收益凭证，募集社会公众投资者的资金，交由专门管理机构营运，用于证券投资并盈利的一种组织形式。基金种类很多，主要分类有：(1) 按照基金份额能否赎回，分为开放型基金和封闭型基金。开放型基金是指基金份额总额不固定，基金份额可以在基金合同约定的时间和场所申购或者赎回的基金。封闭型基金是指经核准的基金份额总额在基金合同期限内固定不变，基金份额可以在依法设立的证券交易场所交易，但基金份额持有人不得申请赎回的基金。(2) 按照基金的组织形式，可分为契约型基金和公司型基金。契约型基金是指以证券投资信托契约募集投资人资金而设立的基金。公司型基金是指以设立公司的方式募集投资人的资金，并集中投资于各种有价证券的基金。

4. 权证。权证是证明持有人拥有特定权利的契约，是标的证券发行人或其以外的第三人发行的，约定持有人在规定期间内或特定到期日，有权按约定价格向发行人购买或出售标的证券，或以现金结算方式收取结算差价的有价证券。权证中约定的证券，通常被称做"标的证券"或"基础证券"，如股票权证的标的为股票。按照权证未来权利的不同，可分为认购权证和认沽权证。认购权证是指标明未来买入权利的权证，即持有认购权证者，可在规定期间内或特定到期日，向发行人购买标的股票。认沽权证是指标明未来卖出权利的权证，即持有认沽权证者可以约定价格卖出标的股票。

5. 证券衍生品种。证券衍生品种是一个类概念，是指在证券基础上衍生出来的各种证券交易品种的总称。例如股票指数、股票权证、股指期货等。证券衍生产品的出现是证券市场风险规避的需要，但同时也带来新的证券交易风险。

三、证券市场

(一) 证券市场的概念与分类

证券市场是证券发行与交易活动场所的总称。它由金融工具、交易场所以及市场参与主体等要素构成，是现代金融市场极其重要的组成部分。

按照不同的标准或角度，可以对证券市场进行不同的分类。

1. 按照证券市场的功能，分为证券发行市场和证券流通市场。证券发行市场又称一级市场或初级市场，是指证券发行主体将新发行和增资发行的股票或债券通过承销商出售给投资者的市场。它由证券发行人、认购人与承销人三者组成。其功能是为资金需求者提供筹集资金服务，为投资者提供投资收益的机会。证券流通市场又称二级市场或次级市场，它是指投资者把在发行市场上认购的证券再次或重复多次投入流通，实现证券在不同投资者之间不断买卖的市场。

2. 按照证券市场的组织形式，分为场内交易市场和场外交易市场。场内交易市场又称集中交易市场，一般为证券交易所设立的交易场所。证券交易所通常采取集中竞价的交易方式，是上市证券的主要交易场所。场外交易市场，是相对于交易所市场而言的，是指证券交易所以外的其他证券交易市场，它是交易所市场的重要补充。例如美国全美证券商协会自动报价系统(NASDAQ，又译纳斯达克)。

3. 按照证券市场交易对象的种类，分为股票市场、债券市场、基金市场和衍生证券市场。股票市场又称股市，是发行和买卖股票的市场，是证券市场最基本的重要组成部分。债券市场又称债市，是发行和买卖债券的市场。由于债券市场有许多交易品种，又可以分为国债市场、企业债券市场、公司债券市场、金融债券市场等。基金市场是基金发行和流通的市场。依照基金特点和性质，基金市场又可分为投资基金市场和产业基金市场。衍生证券市场是指各种衍生证券的上市与交易的市场，包括股指期货市场、权证市场以及其他衍生证券市场。

此外，证券市场还有其他一些分类：按照证券市场的地域标准，可分为国内证券市场和国际证券市场；按照证券市场的性质与特点，可分为主板市场(或称一板市场)、次板市场(或称二板市场)、创业板市场等。

(二) 证券市场的主体

证券市场的主体是指参与证券市场活动的各种法律主体,包括证券发行主体、证券投资主体、证券服务中介机构、证券业自律组织和证券监管机构。

1. 证券发行主体。通常是指证券发行人,一般包括公司、企业、金融机构、基金组织、政府等。

2. 证券投资主体。通常是指证券投资人,一般分为个人投资者和机构投资者。机构投资者一般包括公司、企业、金融机构、基金组织、政府机构等。

3. 证券服务中介机构。通常是指为证券发行与交易提供服务的各种中介机构,一般包括证券交易所、证券登记结算机构、证券公司、证券服务机构。

4. 证券业自律组织。通常是指证券业行业协会,如证券业协会、交易所协会等。

5. 证券监管机构。通常是指依法设置的对证券发行与交易实施监督管理的机构,如中国证监会。

第二节　证券法概述

一、证券法的概念与特征

(一) 证券法的概念

证券法是调整证券市场的参与者在证券的发行、交易、服务、监督管理过程中所发生的社会经济关系的法律规范的总称。

证券法的概念有狭义和广义之分。狭义的证券法,是指一国制定的调整证券关系的专门法律。从证券法的表现形式看,各国做法不尽一致。有的将证券法与证券交易法分别订立,如美国制定有 1933 年《证券法》和 1934 年《证券交易法》;有的是将证券法与证券交易法合并订立,如日本统称为证券交易法,菲律宾称为证券法;有的则无专门的证券法,而是在公司法中加以规定,如英国。从广义上讲,凡是调整证券关系的法律规范都属于证券法范畴。它不仅包括专门的证券法内容,也包括其他法律部门中关于证券方面的规定。例如《公司法》《刑法》以及其他法律、法规关于证券方面的规定。

从证券法的规范层级与效力来看,主要由三方面的规范组成:一是国家立法机关制定的证券法、证券交易法、公司法中与证券相关的法律规定以及其他证券法律规范;二是国家最高行政机关制定的有关证券管理的行政法规;三是有关证券主管机构根据立法机关的授权制定的与证券法相关的规则、规章、办法及其对有关证券法规的解释。此外,证券交易所、证券业协会或其他证券业自律性机构制定的组织章程、交易规则和其他自律规范,虽然不属于法律规范,但具有法律承认的约束力,是证券法的重要补充。

(二) 证券法的特征

证券法作为调整证券法律关系的规范,具有以下特征:

1. 证券法规范主要是强制性规范。证券法的规范既有强制性,也有任意性,但以强制性为主。例如强制发行人公开披露信息,禁止从事内幕交易、操纵市场、欺诈客户、虚假陈述等欺诈行为。证券法的强制性还体现在严格的法律责任上。违反证券法的法律责任，不仅有民事责任，还有行政责任、刑事责任。

2. 证券法具有较强的技术性。证券的发行和交易必须遵守一定的规则，才能保证证券发行和交易的公平、安全、快捷、有效。证券法中包含了大量的技术性操作规则，如证券交易集合竞价规则，持股信息披露规则，上市公司要约收购规则等，均具有较强的技术性。

3. 证券法是公法与私法的结合。一般认为，公法规定的是国家或其他公共团体间的相互关系，以及国家或其他公共团体与私人之间的相互关系，公法保护的是公共利益。私法则是规定私人间或私人团体之间的相互关系，保护的是私人或私人团体利益。私法与公法本是水火不容，但随着社会的发展，二者出现相容之势。证券法既调整证券发行人、证券承销商、证券交易所、投资者之间的平等主体关系，又调整国家证券管理机构与证券市场参与者之间的监督管理关系。

4. 证券法是实体法与程序法的结合。证券法中有关证券发行人、证券商、投资者及其他主体的权利和义务、法律责任等规范属于证券法的实体法规范；证券的发行、上市、交易、收购等程序规定均属于证券法的程序法规范。

5. 证券法是具有一定国际性的法律规范。金融国际化促进了国际证券业的相互合作，证券法的诸多基本概念和基本模式在世界各国大体相同，各国的证券法亦开始兼顾国际上的通行做法。我国的证券立法也在逐步与国际惯例接轨。所以证券法呈现出一定的国际性，如各国证券法规定的证券交易规则趋向一致，公开原则为大多数国家的证券立法所采纳。

二、证券法的调整对象与范围

任何一个法律部门都以特定社会关系作为调整对象，证券法也不例外。证券法的调整对象是证券关系，它包括证券发行关系、证券交易关系、证券服务关系和证券监管关系。从证券法所调整的证券法律关系的性质来看，它既包括平等主体（证券发行人、证券投资人和证券商等主体）之间因证券发行和交易而发生的社会经济关系，也包括证券监管机关与证券市场参与者之间因证券监督管理行为所产生的证券监管关系。需注意的是，实践中，各国证券法的调整对象与范围是有所差异的。

我国《证券法》第 2 条规定："在中华人民共和国境内，股票、公司债券和国务院依法认定的其他证券的发行和交易，适用本法；本法未规定的，适用《中华人民共和国公司法》和其他法律、行政法规的规定。政府债券、证券投资基金份额的上市交易，适用本法；其他法律、行政法规另有规定的，适用其规定。证券衍生品种发行、交易的管理办法，由国务院依照本法的原则规定。"这一规定表明了我国证券法的调整对象和范围，它既调整证券交易关系，也调整证券发行关系。就证券法调整的证券种类而言，包括在中华人民共和国境内发行和交易的股票、公司债券、证券衍生品种、国务院依法认定的其他证券；上市交易的政府债券、证券投资基金。同时，这一规定还明确了我国《证券法》与《公司法》以及其他法律、行政法规的关系，确立了《证券法》作为特别法优先适用的法律地位。

三、证券法的基本原则

证券法的基本原则是证券法的立法精神的体现，是证券发行、证券交易和证券管理活动必须遵循的最基本的准则，它贯穿证券立法、执法和司法活动的始终。

（一）公开原则

公开原则是证券法的核心和精髓所在。公开原则不仅是证券发行和交易活动应遵循的基本原则之一，也是对证券市场进行监管的有效手段。美国大法官路易斯·布兰戴斯有句名言——“阳光是最好的防腐剂，街灯是最好的夜警”，形象地说明了公开原则对于证券市场的重要性。由于证券市场是一个信息不对称的市场，大多数投资者只能依靠从公开渠道所获取的与证券有关的信息作出投资决策判断，只有依法将与证券有关的一切真实信息向公众公开，投资者在从事证券投资时，才能作出准确的判断。因此，信息公开既是投资者作出科学投资决策的前提，也是对证券发行人进行监管的有效方式。

证券法的公开原则所包含的内容是多方面的，凡是与证券和证券市场有关的一切活动与信息都应当公开。既包括与证券发行、交易行为有关的各种信息公开，也包括与证券发行、交易有关的规则公开；既包括证券发行人及其有关的信息公开，也包括市场其他参与者的信息公开，如大股东持股信息、中介机构的承销信息、监管机构的监管行为与信息等。就主体而言，所有证券市场的参与者，包括发行人、中介机构、投资者、监管者都应当遵循公开原则。但主要对象则是上市公司和监管机构。

根据证券法的公开原则，要求公司和有关单位等信息披露义务人所披露的信息必须做到真实、准确、完整、充分、及时和可利用，不得有任何虚假记载、误导性陈述或重大遗漏。从公开的过程来看，包括发行公开、上市公开、上市后其信息持续公开。从公开的内容看，主要是公司招股说明书、公司债券募集办法、财务会计报告及经营状况和其他影响证券交易的重大事件。

（二）公平原则

公平原则是指在证券发行和证券交易中双方当事人的法律地位平等、法律待遇平等、法律保护平等以及所有市场参与者的机会平等。在证券发行和交易活动中，首先，机会平等更为重要，它体现为公平的市场准入和市场规则，每个当事人的机会和条件都应当是相同的。例如证券发行人有公平的筹资机会，证券经营机构有公平的经营机会，证券投资者有公平的交易机会。对所有的证券市场参与者实行公平的市场规则，如证券交易中的竞价规则，实行价格优先和时间优先。其次，平等的主体地位与平等待遇。即在法律上平等地享有权利，平等地承担义务，权利与义务应当一致。不论是投资者还是证券商，不论是个人投资者还是机构投资者，不论是小户、散户还是大户，一律在平等、自愿的基础上按照等价有偿的原则进行交易，任何一方不得凌驾于另一方之上。再次，同等地受法律保护。任何市场主体的权利都要平等地受法律保护，不论谁的权利受到侵害，都要采取相应的法律救济措施。平等的保护不仅是形式的，也是实质上的，对于证券市场的中小投资者而言，实质上的公平，则意味着重点保护。

（三）公正原则

公正原则是指在证券发行和交易中，应制定和遵守公正的规则，证券监管机关和司法机关应公正地适用法律法规，对当事人应公正平等地对待，不偏袒任何一方。公正原则是实现公开、公平原则的保障，与公平原则不同的是，公正原则主要是针对证券市场的立法者、执法者和司法者而言的，强调对其行为进行约束。公正原则的实质在于使不同的证券主体获得公正的对待，禁止任何人在证券发行和交易中以其特权或优势获得不正当的利益，使对方当事人蒙受不公正的损失。此外，公平原则强调实体正义和实质正义，而公正原则则强调程序正义和形式正义。公平的核心是平等,公正的核心则是无私、中立。[①] 因此,根据公正原则,首先要求立法者制定公正的规则,以实现市场各主体之间的利益平衡。其次要求执法者与司法者在法律范围内公正地执行法律,解决利益冲突与纠纷。

(四) 诚信原则

诚信原则也称诚实信用原则,是指民事主体在从事民事活动时,应讲诚实、守信用,以善意的方式履行其义务,不得滥用权利及规避法律或合同规定的义务。它是民法的基本原则,也是证券法应当遵循的最基本原则之一。我国《证券法》第 4 条规定:"证券发行、交易活动的当事人具有平等的法律地位,应当遵守自愿、有偿、诚实信用的原则。"这一规定确立了诚信原则在我国证券法上的基本原则地位。这一原则在证券法中的具体体现,就是要求证券当事人在证券发行和交易活动中不欺不诈,以最大的善意从事证券活动,任何人不得滥用权利,禁止欺诈行为,禁止内幕交易,禁止操纵市场,禁止一切误导、损害他人利益的行为。

诚信原则与公开、公平、公正原则,相互补充,共同构成证券法的基本原则。公开、公平和公正原则强调证券市场行为评价标准的客观性,诚信原则则更多地强调证券市场参与者的主观态度,只有两者的有机结合,才能保障证券市场的健康发展。

(五) 效率与安全兼顾原则

效率原则是商法的基本原则,也是市场经济的必然要求,市场经济的效率体现为社会资源的有效配置和优胜劣汰。证券法上的效率则体现为社会资本资源的有效配置,以及证券发行与交易的顺畅与便捷。效率原则首先体现为市场的效率,因此,应遵循市场经济的规律,发挥市场自身的力量,减少过度的政府干预;其次体现为证券发行与交易程序的简便,控制并减少制度成本;再次体现为效率是证券市场的生命,没有效率,证券市场就失去了存在的价值。在经济全球化进程中,证券市场日益全球化,竞争日趋激烈,证券市场一旦失去了效率,就难以生存和发展。法律制度的架构应当为证券市场提供能够体现市场效率或保障市场活力的规则体系。当然,效率始终是相对的概念,这不仅因为效率的内涵和外延难以界定,还因为在效率与公平、效率与秩序、效率与安全的关系上,始终有一个平衡的问题。在证券市场上,最突出的就是安全问题。

对现代证券市场来说,交易安全以及整个证券市场的安全仍然是重要目标。没有交易安全,不仅投资者利益得不到保障,而且容易产生证券市场的系统风险。证券市场具有很强的投机性和风险性,保障交易安全显得尤为重要。因此,各国证券法律制度愈来愈重视证券登记结算制度以及证券公司风险控制制度的健全与完善,以防范证券交易的风险。

四、证券法的地位与体系

(一) 证券法的地位

证券法的地位,是指证券法在一国法律体系中的地位,以及与其他相关法律之间的关系。由于各国法律体系不同,尤其存在民商分立与民商合一的民商法体系之分,证券法的地位亦有所不同。

1. 证券法是商法特别法

在商法发展之初,证券法尚未形成完整的法律制度,有关证券法的规则多数包含在公司法

---

① 参见徐杰主编:《证券法理论与实务》,首都经济贸易大学出版社 2000 年版,第 25 页。

中，主要在公司法关于股份和公司债的规定中，这种状况一直延续到20世纪初。20世纪30年代，美国爆发股市危机后，证券作为独立的财产形式和流通手段，才受到人们的重视。为解决证券市场各种弊端，尽快恢复投资者信心，单独的证券立法才得以产生。以美国为代表的证券法，是在商法体系以外形成的法律领域，它既有对传统商法内容的借鉴，又有对传统商法的发展和创新。[①]

传统的商法认为，商法是商人法。所谓特别法，是指对人的效力、对事的效力和时间效力皆为特殊规定的法律。在这一意义上，证券法显然有别于商法，因为证券法只调整证券发行与证券交易关系，并不调整其他商事关系或商事行为，具有特殊性。正因为证券法属于商事特别法，故在法律适用上，处于优先适用地位，只有证券法未作规定的才适用其他法律法规。

2. 证券法与公司法

公司法是规范公司组织与行为的法律规范。公司法不仅规范公司的组织形式，也规范公司股份和公司债，这与证券法所规范和调整的证券发行与交易关系存在调整范围的部分交叉。但证券法与公司法在法律调整的对象和范围、立法宗旨以及侧重点等方面均有所不同。证券法的调整范围不仅是公司股票和债券的发行与交易关系，还包括其他证券及其衍生品种的发行与交易关系。就立法宗旨而言，公司法旨在对公司、股东以及债权人利益给予保护，证券法则是以保护投资者利益为核心。就侧重点而言，公司法比较偏向于保护公司利益，证券法偏向于保护投资者利益。

3. 证券法与行政法

证券法有关行政监管方面的规范是行政法的组成部分，它体现了政府对证券市场的适度干预，其主要内容包括证券监管机构对证券市场的监督管理，有关具有行政管理权的政府部门对证券业的税费征管、财务会计的管理和审计监督以及宏观调控等。至于有关证券监管体制的法律规定，包括证券监管机构的性质、法律地位、机构设置、职责权限和法律责任等，证券法与行政法亦互有交叉。

4. 证券法与刑法

证券法有关刑事的法律规范是刑法的特别法。刑法典中对有关证券方面的犯罪行为作出了相应规定，对维护证券市场的秩序是十分重要的，运用刑法打击证券市场中的严重违法犯罪行为，为各国证券立法所重视。但是由于刑法作为基本法律相对稳定，而证券法则随着证券市场的发展变化而变化。在实行罪刑法定主义的前提下，证券法中规定的禁止性违法行为，严重的应当依法追究刑事责任。

（二）证券法的体系

1. 外国证券法体系

证券法与刑法、民法等传统法律部门相比，是一个年轻的法律部门。从世界各国和地区来看，由于各自的历史原因和社会经济背景不同，其证券管理体制以及法律制度不尽一致，由此形成了各具特色的证券法律体系。世界各国和地区证券法律制度可划分为三大体系。

（1）美国证券法体系。该体系对证券及其交易管理单独立法，并注重公开披露原则。美国证券法律主要有1933年《证券法》、1934年《证券交易法》、1935年《公共事业控股公司法》、1939

---

① 参见叶林著：《证券法》，中国人民大学出版社2000年版。

年《信托契约法》、1940 年《投资顾问法》和《投资公司法》、1970 年《证券投资者保护法》等。此外，各州还有各州的评判法（称为“蓝天法”），证券交易所、证券商协会等制定的自律性规则，从而形成联邦立法、州立法和自律性组织规则相结合的、完整的证券法体系。日本、韩国、菲律宾以及我国台湾地区证券法均属美国体系。

（2）大陆证券法体系。大陆证券法体系相当长时间没有专门的证券立法，其内容由公司法、证券交易所法和银行法中的若干制度组成，1994 年德国才制定证券交易法。该体系坚持实质性管理原则。对证券发行资格、发行条件、发行程序及交易资格、交易条件及程序均实行严格的审批和监督管理。但对公开原则的实施低于美、英证券法体系的要求。德国、法国等欧洲大陆国家、拉丁美洲国家及部分亚洲国家的证券法属于该体系。

（3）英国证券法体系。英国证券法体系也没有制定专门的证券法，其内容主要规定在公司法中。同时制定若干单行法规予以补充和完善。例如 1958 年《防止欺诈（投资）法》、1963 年《保护储户法》、1973 年《公平交易法》、1976 年《限制交易措施法》、1985 年《内幕交易法》、1986 年《金融服务法》、2000 年《金融服务与市场法》等。该体系对证券交易所及其会员采取自由放任态度，政府不加干预，以证券的自律管理为主。英国证券交易所内有严格的“自律性”交易规则，有较高水准的专业性评判证券商，采取严格的自律制度和公开制度。属于该体系的国家和地区除英国外，主要是澳大利亚等英联邦国家。

2. 我国证券法体系

我国证券法体系是随着我国证券市场的产生和发展，在总结自己的实践经验的基础上，并借鉴国外的经验和做法，逐渐形成的具有中国特色的证券法体系。我国证券法律规范体系，包括《证券法》《公司法》《证券投资基金法》等法律和一系列行政法、部门规章以及司法解释。此外，还有大量的自律性规范作为法律的补充。在《证券法》出台之前，规范和调整我国证券市场的法律除《公司法》外，是一系列关于证券发行和交易的行政法规和条例以及部门规章。《证券法》的颁布，标志着我国证券法体系的基本框架已经初步确立。当然，我国的证券法体系还不成熟，尚需进一步完善。

【本章前沿问题】

□ 如何认识证券法的基本原则?

关于证券法的基本原则，法学界一直存在不同的认识，各种证券法的学术专著和教科书中存在不同概括与表述。关于证券法的基本原则的认识，分《证券法》颁布前与《证券法》颁布后两个阶段。

《证券法》颁布前，学者们对证券法基本原则的概括和表述，主要有以下几种：一是将其概括为公开、公正和公平三项原则。二是认为还应包括诚实信用原则以及效率原则。三是将其概括为计划性原则、公开性原则、公平诚信原则和核准性原则。四是将证券法原则分为发行原则和交易原则。《证券法》颁布后，学者们又大都依照《证券法》，认为证券法的基本原则应包括“三公”原则，法律地位平等、自愿、有偿、诚实信用原则，守法原则和禁止欺诈原则，分业经营、分业管理原则，集中统一监管原则，国家监管与自律管理原则以及依法审计原则。也有学者将证券法的基本原则概括为：公开原则、公平原则、公正原则、诚信原则、效率与安全原则。

我们认为,对于法律原则的理解和把握,应当区分不同的层次。证券法上的一些原则规定存在不同层级原则的错位,如分业经营、分业管理,集中统一监管,政府管理与自律管理相结合,依法审计等均属于证券法基本原则的下位原则。禁止欺诈原则,则属于诚信原则所派生的原则,不应与其相提并论。而守法原则不应作为证券法的基本原则来界定。

【本章思考题】

1. 试述证券的概念和种类。
2. 什么是股票? 股票分为哪几种?
3. 什么是债券? 债券分为哪几种?
4. 什么是基金? 基金分为哪几种?
5. 试述证券市场的概念、构成与种类。
6. 试述证券法的概念及特征。
7. 证券法的基本原则是什么?
8. 试述证券法的地位与体系。

第二章　证券发行与承销

【导语】

我国的证券发行与承销制度自发端起便印上了计划经济体制的痕迹，并出现了诸多非市场化、非规范化的做法。在1993年以前，证券市场基本上是无法可依，各地政府自行审批证券发行，无统一标准。这种混乱局面直到中国证监会成立，尤其是在《证券法》实施后才得到适度纠正，但发行审核制度仍留有转轨经济时期的特色。2005年对《证券法》的修订，推动了证券发行与承销制度的市场化、国际化进程。本章阐述了证券发行的概念、分类、方式，介绍了股票、公司债券的发行条件和程序，分析了证券发行的保荐制度和审核制度，解析了证券承销及其特征，证券承销的资格、方式和证券承销协议的基本内容。

学习本章应重点掌握证券发行的分类和条件、证券发行审核制度及监管体制、证券承销的方式及承销的法定要求。

第一节　证 券 发 行

一、证券发行概述

（一）证券发行和公开发行的概念

所谓证券发行(issuing of securities)，是指证券发行人依照法定程序将自己的证券出售或交付给投资者的行为。从选择发行对象进行划分，证券发行有“公开发行”与“非公开发行”之区分。证券公开发行是指证券发行人依法向不特定人发出认购证券的要约、要约邀请或单方面表示招募证券的行为。证券非公开发行是指证券发行人依法向特定人发行全部证券。在我国，非公开发行证券，不得采用广告、公开劝诱和变相公开方式。1993年4月22日国务院发布的《股票发行与交易管理暂行条例》(以下简称《股票条例》)第81条对股票“公开发行”作出规定，即“公开发行”是指发行人通过证券经营机构向发行人以外的社会公众就发行人的股票发出的要约邀请、要约或者销售行为。2005年修订之后的《证券法》第10条则规定为：“有下列情形之一的，为公开发行：(一)向不特定对象发行证券的；(二)向特定对象发行证券累计超过二百人的；(三)法律、行政法规规定的其他发行行为。”可见，公开发行的界定主要从三方面判断：一是募集对象的非特定化；二是累计人数超出一定数量，募集对象即使特定，但人数超出一定数量(200人)的也应纳入公开发行的范围；三是方式公开化，即采取广告、公开劝诱或其他变相公开方式等发行手段。因此，从我国《证券法》的立法内容看，证券发行包括非公开发行证券和公开发行证券。证券发行行为包括证券销售行为、认购人的认购行为、缴纳认购款的行为以及交付或获得证券的行为。它自成一体，属于证券市场的组成部分之一，即证券发行市场。证券发行市场又称为证券的初级市场、证券的一级市场。

（二）证券发行方式的分类

1. 依证券种类可分为股票发行和债券发行。股票发行是指发行人以筹集资金或实施股利分配为目的，依照法定程序向投资者或原股东招募股份或无偿供股的行为。股票发行包括初次发行、增发新股、配股和无偿供股。债券发行是指发行人以借贷资金为目的，依照法定程序向投资者出售代表一定债权和兑付条件(如约定在一定期限还本付息)债券的行为。债券发行是证券发行的重要类型。依照债券发行主体和债券性质，债券发行可分为政府债券发行、企业债券发行和公司债券发行等。

2. 依证券发行对象是否特定可分为公募发行和私募发行。公募发行又称公开发行，是指将证券发售给非特定投资者的方式。私募发行又称不公开发行、内部发行、定向发行或私下发行，它是指面向不超过一定数量的特定投资者发行证券的方式。

3. 依证券发行是否协商议价可分为招标发行和非招标发行。招标发行是指证券发行人通过招标来确定证券的投资者(或承销商)和证券的发行条件的方式。非招标发行又称协商议价发行，是指发行人与承销商直接协商发行条件，以便确定适合发行人需要和现行市场状况的方式。

4. 依证券发行是否通过证券承销机构可分为直接发行和间接发行。直接发行又称自办发行，它是指证券发行人不委托专门的证券发行中介机构，而是由自己组织发行工作、办理发行事宜、向投资者直接推销并交付证券的方式。间接发行是指证券发行人通过证券发行中介机构具体办理证券发行事宜并发售证券的方式。

5. 依证券发行目的可分为初次发行和增资发行。初次发行又称首次发行、设立发行，一般是指股份有限公司在公司设立时向发起人或(和)社会公众发行股份的方式。增资发行是指已成立的股份有限公司为追加注册资本而发行股份的方式。

6. 依证券发行价格与证券票面金额或贴现金额的关系可分为平价发行、溢价发行和折价发行。平价发行是指证券的市场发行价格等于证券的票面金额。溢价发行是指证券的市场发行价格高于证券的票面金额。溢价发行高于证券票面金额的部分进入公司的资本公积金。折价发行是指证券的市场发行价格低于证券的票面金额。

7. 其他证券发行方式的分类。依发行地点的不同，证券发行分为国内发行和国外发行；依发行保证的不同，证券发行分为信用担保发行、实物担保发行、证券担保发行和产品担保发行；依发行购买方式的不同，证券发行分为市值配售发行、定向配售发行、认购抽签发行、无限量申请抽签发行和专项存单抽签发行等。

(三) 股票公开发行的方式

1. 上网定价发行方式。上网定价发行方式是指利用证券交易所的交易系统，主承销商作为股票的唯一“卖方”，投资者在指定的时间内，按确定的发行价格买入股票而进行申购的发行方式。投资者应在申购委托前把申购款全额存入与办理该次发行的证券交易所联网的证券营业部指定的账户。主承销商在上网定价发行前，应在证券交易所设立股票发行专户。申购结束后，根据实际到位资金，由交易所主机确认有效申购。在上网申购期内，投资者按委托买入股票的方式，以发行价格委托证券营业部申报。证券交易所在申购期(目前为3个工作日)内集中冻结所有投资者的申购资金。根据中国证监会、财政部《关于在股票、可转债等证券发行中申购冻结资金利息处理问题的通知》，所有申购冻结资金的利息须全部缴存到上海、深圳证券交易所开立的存储专户，作为证券投资者保护基金的来源之一。

2. 向询价对象配售股票的发行方式。发行人的发行申请经中国证监会核准后，发行人应公告招股意向书，开始进行推介和询价。发行人及其保荐人应向参与累计投标询价的询价对象按规定配售股票。保荐人应对询价对象的资格进行核查和确认，对不符合相关规定的投资者，不得配售股票。向询价对象的配售和向一般投资者的上网发行为同一次发行，须按同一价格进行。证券交易所须锁定向询价对象配售的股票，确保其在约定期间内(3个月内)不得上市流通。

3. 其他发行方式。我国股票发行中还曾采取过向二级市场投资者市值配售方式、全额预缴款方式、储蓄存款挂钩方式和上网竞价等方式。前两种股票发行方式都属于网下发行的方式，其中全额预缴款方式又包括"全额预缴款、比例配售、余款即退"方式和"全额预缴款、比例配售、余款转存"两种方式。在我国过去的股票发行实践中曾采用过上网竞价方式。上网竞价方式既是一种定价方式，也是一种发行方式。

二、证券发行审核制度

(一) 证券发行审核制度概述

证券发行审核制度是证券发行制度的重要组成部分之一。为保护投资者利益，维护证券市场的健康发展，各国政府对证券的发行均实行一定方式的监督管理。目前，世界各国对证券发行管理的方式一般可归纳为两种体制，一种是注册制，另一种是核准制。

注册制又称登记制或申报生效制，是指证券发行申请人将拟公开的信息和资料送交证券监督管理机构，证券监督管理机构只对申报文件是否符合法定的信息披露义务要求进行审查的一种证券发行管理体制。该体制的核心是证券监督管理机构以保证注册申请书、招股说明书等法律文件的披露为核心，不对发行申请作任何实质审查。因此，证券监督管理机构在未对申请提出任何异议的情况下，该申请在注册生效等待期满后证券发行注册即为生效。证券注册的目的是向投资者提供据以作出证券投资判断所需的文件和资料，只要发行公开信息完备，投资者的投资风险自负。若证券发行人在信息披露时有虚假、不真实的信息导致投资者损失，投资者有权要求证券发行人承担法律责任。因此，证券注册不能成为投资者免受损失的保护伞。显然，证券发行注册制反映了市场经济的自由性、主体活动的自主性和政府管理经济的规范性与效率性价值取向。证券发行注册制以美国1933年《证券法》为代表。

核准制是指证券发行申请人不仅要符合法律、行政法规和证券监督管理机构规定的条件，依法公开一切与证券发行相关的信息并确保其真实性，而且还要由证券监督管理机构决定是否准予其发行证券的管理体制。由此可见，证券发行核准制遵循的是信息公开披露和合规性管理相结合的原则，其理念是"买者自行小心"和"卖者自行小心"并行。当然，证券监督管理机构对证券发行申请仍拥有最终决定权。证券发行核准制以维护公共利益和交易安全为本位，在很大程度上带有国家干预的特征。

我国证券市场属于新兴的、转轨时期的市场，其尚处于由计划经济向市场经济过渡时期，因而，我国的实际情况决定了证券发行审核制度不能是注册制而是核准制，这一客观情况的反映成就我国《证券法》第10条第1款的规定："公开发行证券，必须符合法律、行政法规规定的条件，并依法报经国务院证券监督管理机构或者国务院授权的部门核准；未经依法核准，任何单位和个人不得公开发行证券。"当然，作为执行证券发行审核制度的国务院证券监督机构或者国务院授权的部门，对证券发行申请所作出的决定，并不表明对发行人所发行证券的投资价值及收益作出实质性判断或者保证。股票依法发行后，发行人经营与收益的变化，由发行人自行负责；由此变化引致的投资风险，由投资者自行负责。

（二）证券发行监管体制的演变

1.《证券法》实施前的审批制

在1998年《证券法》实施之前，我国证券发行体制基本上是依据1993年《公司法》确立的，这可归纳为比核准制更为严格的、政府机关主导的证券发行监管体制，学术界倾向于称之为“审批制”。这种体制是在实质管理的内容中加入计划管理的因素。任何意欲发行证券的申请人，不仅须取得发行额度的许可，而且在发行前还须取得行政管理机关和证券监督管理机构的批准；发行审批部门对于发行人的申请采取实质审查制度。相关立法对于证券发行的审批规定了较严格的程序。例如根据1993年《公司法》及《股票条例》等规定，证券发行审核属审批制。

2. 1998年《证券法》实施后证券发行“审批制与核准制”相结合的体制

根据1998年《证券法》第10条、第11条的规定，股票发行采取核准制，债券发行采取审批制。

3. 2005年修订之后的《证券法》实施证券发行的“核准制”体制

我国《证券法》第10条规定，我国实行证券发行“核准制”的体制；第11条规定，依法实行保荐制度的证券发行人，应当聘请保荐人保荐。

4. 股票发行审核委员会

根据《证券法》第22条的规定，国务院证券监督管理机构设发行审核委员会，依法审核股票发行申请。发行审核委员会由国务院证券监督管理机构的专业人员和所聘请的该机构外的有关专家组成，以投票方式对股票发行申请进行表决，提出审核意见。为了保证在股票发行审核工作中贯彻公开、公平、公正的原则，提高股票发行审核工作的质量和透明度，中国证监会于2006年5月发布、2009年5月修订实施了《中国证券监督管理委员会发行审核委员会办法》。按照该办法的规定，中国证监会设立主板发审委和创业板发审委(以下统称发审委)。发审委审核发行人股票发行申请和可转换公司债券等中国证监会认可的其他证券的发行申请(以下统称股票发行申请)。发审委依照《证券法》《公司法》等法律、行政法规和中国证监会的规定，对发行人的股票发行申请文件和中国证监会有关职能部门的初审报告进行审核。发审委以投票方式对股票发行申请进行表决，提出审核意见。

三、证券发行的条件

（一）股票公开发行的条件

1. 首次公开发行股票的条件

根据我国《证券法》第10条、《公司法》的有关规定和中国证监会2006年5月发布实施的《首次公开发行股票并上市管理办法》的规定，首次公开发行股票的条件主要包括主体资格、独立性、规范运行、财务与会计、募集资金运用等方面，具体内容参见《首次公开发行股票并上市管理办法》的相关规定。

2. 募集设立[①]股份有限公司的股票发行条件

根据《证券法》第12条的规定，设立股份有限公司公开发行股票的，应当符合《公司法》规定

---

① 在实践中，由于中国证监会规定企业须“先改制运行，后公开发行股票”，因而目前暂不允许募集设立股份有限公司的公司设立方式。

的条件和经国务院批准的国务院证券监督管理机构规定的其他条件，向国务院证券监督管理机构报送募股申请和下列文件：(1) 公司章程；(2) 发起人协议；(3) 发起人姓名或者名称，发起人认购的股份数、出资种类及验资证明；(4) 招股说明书；(5) 代收股款银行的名称及地址；(6) 承销机构名称及有关的协议。此外，依照《证券法》规定聘请保荐人的，还应当报送保荐人出具的发行保荐书。法律、行政法规规定设立公司必须报经批准的，还应当提交相应的批准文件。关于《公司法》规定条件的分析，请参阅本书第三编的有关内容。中国证监会至今未对募集设立股份有限公司公开发行股票的其他条件作出规定。

3. 上市公司公开发行新股的条件

上市公司发行新股，可以公开发行，也可以非公开发行。其中上市公司公开发行新股包括向原股东配售股份(即“配股”)和向不特定对象公开募集股份(即“增发”)；上市公司非公开发行新股是指向特定对象发行股票。上市公司申请公开发行新股前，保荐人和上市公司必须首先判断发行主体是否符合公开发行新股的法定条件，这是上市公司成功公开发行新股的基本前提。根据我国《证券法》第 13 条、《公司法》的有关规定和中国证监会 2006 年 5 月发布实施的《上市公司证券发行管理办法》的规定，上市公司发行新股的条件主要包括上市公司的组织机构健全、运行良好，上市公司的盈利能力具有可持续性，上市公司的财务状况良好，上市公司最近 36 个月内财务会计文件无虚假记载，且不存在重大违法行为，上市公司募集资金的数额和使用符合有关规定等方面，具体内容参见《上市公司证券发行管理办法》的相关规定。公司公开发行新股，应当向国务院证券监督管理机构报送募股申请和下列文件：(1) 公司营业执照；(2) 公司章程；(3) 股东大会决议；(4) 招股说明书；(5) 财务会计报告；(6) 代收股款银行的名称及地址；(7) 承销机构名称及有关的协议。依照《证券法》规定聘请保荐人的，还应当报送保荐人出具的发行保荐书。

4. 上市公司非公开发行股票的条件

非公开发行股票，是指上市公司采用非公开方式，向特定对象发行股票的行为。上市公司非公开发行新股，应当符合经国务院批准的国务院证券监督管理机构规定的条件(如《上市公司证券发行管理办法》第 38 条、第 39 条)，并报国务院证券监督管理机构核准。

此外，根据《证券法》第 15 条的规定，上市公司发行新股，还必须满足下列要求：“公司对公开发行股票所募集资金，必须按照招股说明书所列资金用途使用。改变招股说明书所列资金用途，必须经股东大会作出决议。擅自改变用途而未作纠正的，或者未经股东大会认可的，不得公开发行新股。”这是《证券法》对上市公司诚实信用原则要求的体现和再融资的制约。

5. 募集设立股份公司发行境内上市外资股(B 股)和增资发行境内上市外资股的条件

发行境内上市外资股的条件，具体内容参见国务院 1995 年 12 月 25 日发布的《关于股份有限公司境内上市外资股的规定》。

6. 发行境外上市外资股的条件

发行境外上市外资股，除了符合境外上市地国家或地区相关立法或证券交易所的有关规定外，尚需报经中国证监会批准。

(二) 公司债券、企业债券和可转换公司债券的发行条件

1. 公司债券的发行条件

公司债券是指公司依照法定程序发行的、约定在一定期限还本付息的有价证券。根据《证券法》第 16 条的规定，公开发行公司债券，应当符合下列条件：(1) 股份有限公司的净资产额不低于人民币3 000万元，有限责任公司的净资产额不低于人民币6 000万元；(2) 累计债券余额不超过公司净资产的40%；(3) 最近3年平均可分配利润足以支付公司债券1年的利息；(4) 筹集的资金投向符合国家产业政策；(5) 债券的利率不得超过国务院限定的利率水平；(6) 国务院规定的其他条件。

关于募集资金的投向，《证券法》第16条规定，公开发行公司债券筹集的资金，必须用于核准的用途，不得用于弥补亏损和非生产性支出。

此外，根据《证券法》第18条的规定，凡有下列情形之一的，公司不得再次公开发行公司债券：(1) 前一次公开发行的公司债券尚未募足的；(2) 对已公开发行的公司债券或者其他债务有违约或者延迟支付本息的事实，且仍处于继续状态的；(3) 违反《证券法》规定，改变公开发行公司债券所募资金用途的。

2. 企业债券的发行条件

企业债券是指非公司企业依照法定程序发行的、约定在一定的期限内还本付息的有价证券。我国企业债券的发行主体是具有法人资格的企业。根据国务院1993年8月颁布的《企业债券管理条例》第12条的规定，发行债券的企业必须符合下列要求：(1) 企业规模达到国家规定的要求；(2) 企业财务会计制度符合国家规定；(3) 具有偿债能力；(4) 企业经济效益良好，发行企业债券前连续3年盈利；(5) 所筹集资金符合国家产业政策。

3. 可转换公司债券的发行条件

根据中国证监会《上市公司证券发行管理办法》的规定，可转换公司债券是指发行公司依法发行，在一定期间内依据约定的条件可以转换成股份的公司债券。发行可转换公司债券必须报经核准，未经核准，不得发行可转换公司债券。可转换公司债券在转换股份前，其持有人不具有股东的权利和义务。目前，上市公司发行可转换公司债券，其基本条件包括应具备健全的法人治理结构、盈利能力应具有可持续性、财务状况良好、财务会计文件无虚假记载且无重大违法行为、募集资金运用的数额和使用符合有关规定、净资产和净资产收益率符合有关要求等方面，具体内容参见《上市公司证券发行管理办法》的相关规定。

四、证券发行的程序

(一) 股票发行程序

1. 发行人首次申请公开发行股票的，聘请辅导机构辅导。股票发行人聘请的辅导机构应是具有保荐人资格的证券公司或其他证券经营机构(以下统称证券经营机构)。保荐人应勤勉尽责，履行辅导义务。

2. 股东大会批准本次股票发行。股东大会应当就本次发行的数量、定价方式或价格(包括价格区间)、发行对象、募集资金的用途及数额，决议的有效期，对董事会办理本次发行具体事宜的授权等事项进行逐项表决，最后形成有关决议。

3. 保荐人出具发行保荐书。在我国，保荐制度是指有资格的保荐人对申请公开发行股票、可转换为股票的公司债券或者公开发行法律、行政法规规定实行保荐制度的其他证券的公司提供持续性训示、督促、辅导、指导和信用担保的制度。为提高上市公司质量和证券经营机构执业水平，保护投资者的合法权益，促进证券市场健康发展，中国证监会发布实施了《证券发行上市保荐业务管理办法》，对股份有限公司首次公开发行股票和上市公司发行新股、可转换公司债券采用证券发行上市保荐制度。证券经营机构履行保荐职责，应当注册登记为保荐人。保荐人履行保荐职责应当指定保荐代表人具体负责保荐工作。保荐代表人应当为经中国证监会注册登记并列入保荐代表人名单的自然人。《证券法》第 11 条规定，发行人申请公开发行股票、可转换为股票的公司债券，依法采取承销方式的，或者公开发行法律、行政法规规定实行保荐制度的其他证券的，应当聘请具有保荐资格的机构担任保荐人。

4. 中国证监会受理申请文件。中国证监会收到申请、推荐文件后，在 5 个工作日内作出是否受理的决定。

5. 预披露。根据《证券法》第 21 条的规定，发行人申请首次公开发行股票的，在提交申请文件后，发行人应当按照国务院证券监督管理机构的规定预先披露有关申请文件。

6. 初审并由发行审核委员会审核。中国证监会受理申请后，由相关职能部门对发行人的申请文件进行初审，并由发行审核委员会审核。"发审委"以投票方式对发行申请进行表决，提出审核意见。中国证监会在初审过程中，将征求发行人注册地省级人民政府是否同意发行人发行股票的意见，并就发行人的募集资金投资项目是否符合国家产业政策和投资管理的规定征求国家发展和改革委员会(以下简称发改委)的意见。

7. 决定。中国证监会依照法定条件和法定程序对发行人的发行申请作出予以核准或者不予核准的决定，不予核准的，应当说明理由。自受理申请文件之日起到作出决定的期限为 3 个月。但是，发行人根据要求补充、修改发行申请文件的时间不计算在内。

(二) 公司债券发行程序

1. 作出发行公司债券的决议。公司发行公司债券事宜，由股东(大)会依公司章程规定的议事方式和表决程序作出决议；国有独资公司发行公司债券事宜，应由国有资产监督管理机构作出决定，由董事会提出发行申请。

2. 提交申请文件。上市公司和非上市公司债券发行人必须向中国证监会或发改委提交申请文件。

3. 核准。作为证券种类之一的公司债券，其发行核准应遵守《证券法》第 10 条的规定。根据我国《证券法》第 24 条的规定，国务院授权的部门应当自受理公司债券发行申请文件之日起 3 个月内作出决定；不予核准的，应当作出说明。中国证监会或发改委对公司债券发行申请的核准，参照《证券法》第 23 条第 1、2 款的规定执行。

(三) 可转换公司债券的发行程序

根据《上市公司证券发行管理办法》的相关规定，可转换公司债券的发行程序可归纳如下：

1. 董事会决议。上市公司申请发行可转换公司债券，董事会应当依法就下列事项作出决议，并提请股东大会批准：(1) 本次发行方案；(2) 本次募集资金使用的可行性报告；(3) 前次募集资金使用的报告；(4) 其他必须明确的事项。

2. 股东大会决议。股东大会就发行可转换公司债券作出的决定，至少应当包括下列事项：(1) 本次发行的种类和数量；(2) 发行方式、发行对象及向原股东配售的安排；(3) 定价方式或价格区间；(4) 募集资金用途；(5) 决议的有效期；(6) 对董事会办理本次发行具体事宜的授权；(7) 债券利率；(8) 债券期限；(9) 担保事项；(10) 回售条款；(11) 还本付息的期限和方式；(12) 转股期；(13) 转股价格的确定和修正；(14) 其他必须明确的事项。股东大会作出决议，必须经出席会议的股东所持表决权的 2/3 以上通过。向本公司特定的股东及其关联人发行的，股东大会就发行方案进行表决时，关联股东应当回避。上市公司就发行可转换公司债券事项召开股东大会，应当提供网络或者其他方式为股东参加股东大会提供便利。

3. 保荐人保荐。上市公司申请公开发行可转换公司债券，应当由保荐人保荐，并向中国证监会申报。

4. 受理。收到申请文件后，中国证监会应在5个工作日内决定是否受理；未按规定要求制作申请文件的，中国证监会不予受理。

5. 初审。中国证监会受理申请文件后，对申请文件进行初审。

6. 发行审核委员会审核。发行审核委员会审核申请文件。

7. 决定。中国证监会自受理申请文件之日起3个月内作出核准或者不予核准的决定。不予核准的，应当说明理由。

（四）证券发行核准文件的失效与撤销

自中国证监会核准发行之日起，上市公司应在6个月内发行证券；超过6个月未发行的，核准文件失效，须重新经中国证监会核准后方可发行。上市公司发行证券前发生重大事项的，应暂缓发行，并及时报告中国证监会。该事项对本次发行条件构成重大影响的，发行证券的申请应重新经过中国证监会核准。

证券发行申请未获核准的上市公司，自中国证监会作出不予核准的决定之日起6个月后，可再次提出证券发行申请。

我国《证券法》第26条规定，国务院证券监督管理机构或者国务院授权的部门对已作出的核准证券发行的决定，发现不符合法定条件或者法定程序，尚未发行证券的，应当予以撤销，停止发行。已经发行尚未上市的，撤销发行核准决定，发行人应当按照发行价并加算银行同期存款利息返还证券持有人；保荐人应当与发行人承担连带责任，但是能够证明自己没有过错的除外；发行人的控股股东、实际控制人有过错的，应当与发行人承担连带责任。

第二节　证券承销制度

一、证券承销概述

1. 证券承销的概念。证券承销（underwriting of securities）是指证券公司等证券经营机构依照承销协议包销或者代销发行人所发行的股票和债券，并依照法律和合同收取一定比例承销费（佣金）的行为。证券承销是证券间接发行时所采用的发行方式。

2. 证券承销的方式。证券承销方式分为证券代销和证券包销。证券代销是指证券经营机构代理发行人发售证券，在承销期结束后，将未售出的证券全部退还给发行人的承销方式。证券包销是指证券经营机构将发行人的证券按照协议全部购入或者在承销期结束后将售后剩余证券全部自行购入的承销方式。证券包销分为全额包销和余额包销两种形式。全额包销是指证券经营机构以自己拥有的资产一次性全部买进证券发行人发行的证券，再以唯一的销售者身份，以市场价格向公众发售的销售方式。余额包销是指证券经营机构在承销期结束时将售后剩余证券全部自行购入的承销方式。在法律上，证券代销和证券包销的主要区别在于：在代销方式里，发行人与证券承销机构之间是一种委托代理关系，证券经营机构不承担证券销售不出去的风险，它只是根据发行人委托的发行价格销售证券后收取承销费。在包销方式里，证券经营机构是未售出证券的独立购买人。发行人与证券承销机构之间是一种买卖关系，证券经营机构承担证券销售不出去的风险。

3. 证券承销的资格。证券公司、资产管理公司[①]等证券经营机构从事证券承销业务，须按规定取得承销业务资格。承销业务资格分为承销商资格和主承销商资格。证券经营机构履行保荐职责，应当依照有关规定注册登记为保荐机构。保荐机构负责证券发行的主承销工作，依法对公开发行(包括首次公开发行股票和上市公司发行新股、可转换公司债券)募集文件进行核查，向中国证监会出具保荐意见。从事B股承销业务的，必须另外取得中国证监会核准的B股承销业务资格。海外证券经营机构欲担任B股主承销商、副主承销商和国际事务协调人的，也须向中国证监会申请业务资格。从事企业债券承销业务、直接面向广大投资者发行企业债券的金融机构有证券公司、信托投资公司和政策性银行。在全国银行间债券市场上从事企业债券承销业务机构有证券公司、信托投资公司、政策性银行和保险公司。

4. 证券承销协议。发行人应与作为主承销商的证券公司签订代销或包销协议。

二、证券主承销协议

证券主承销协议是指证券公司等证券经营机构担任主承销商或联合主承销商承销证券时，与发行人签订的包销或者代销协议。主承销协议的条款分为必备性条款和任意性条款。根据我国《证券法》第30条的规定，主承销协议的必备条款包括：(1) 当事人的名称、住所及法定代表人的姓名。(2) 包销、代销证券的种类、数量、金额及发行价格。其中的股票发行价格采用溢价发行的，其发行价格由发行人与承销的证券公司协商确定。(3) 包销、代销的期限及起止日期，其中的承销期不得超过90日。(4) 包销、代销的付款方式及日期。(5) 包销、代销的费用和结算办法。(6) 违约责任。(7) 中国证监会规定的其他事项。此外，根据我国《证券法》第35条的规定，股票发行采用代销方式的，在代销期限届满，向投资者出售的股票数量未达到拟公开发行股票数量70%的，为发行失败。此时，发行人应当按照发行价并加算银行同期存款利息返还股票认购人。

此外，主承销商依据主承销协议可与其他一家或一家以上承销机构签订承销证券的承销团协议。根据我国《证券法》第32条规定，向社会公开发行的证券票面总值超过人民币5 000万元的，应当由承销团承销，即由两个以上的证券经营机构组成承销团。承销团应当由主承销商参与的证券公司等证券经营机构组成。参与承销团的承销机构应当与主承销商签订承销团协议，明确各自的权利、义务和责任。

【本章前沿问题】

□ 证券发行与证券募集有无异同?

我国自开放证券市场以来，有关立法并未对证券募集和发行作出明确的区分，但相关立法一直同

---

① 国务院于2000年11月10日，发布的《金融资产管理公司条例》规定，金融资产管理公司可以从事“资产管理范围内公司的上市推荐及债券、股票承销”。

时使用证券募集和发行两个术语。在理论界，学者少有对证券募集的讨论，而对证券发行探讨较多。学界关于证券发行行为的性质有如下三种学说：

1. 契约说。该学说认为证券上的权利，因证券作成人与证券受取人之间订立授受契约（交付契约）开始成立。

2. 单独行为说。该学说认为证券发行为单独法律行为。

3. 折中说。该学说认为证券权利发生的基础是发行人制作完成证券的行为以及发行人与证券受取人之间存在交付契约。

我国一些学者认为证券募集与证券发行的法律性质不同。证券募集是当事人之间的合意行为，证券发行是交付行为，证券募集和发行是相互联系的概念。募集行为是证券发行的前提，证券募集仅是证券发行的一个阶段和组成部分，证券募集是描述资本或资金的形成过程。证券发行是募集的必然结果，它表现为投资者权利证券化的过程。

【本章思考题】

1. 比较证券发行注册制与核准制。简单评价我国的证券发行审核制度。
2. 简述证券承销方式的优劣。

第三章　证券上市与交易

【导语】

证券上市制度包括证券上市的条件与程序、暂停与终止等规范，这些规范构成了证券市场的准入与退出机制。证券交易制度包括证券交易的基本程序与种类、证券交易的各种规则，是证券市场最为复杂，也最为完整的一套证券游戏规则，具有很强的技术性和操作性。就证券法的规定而言，主要是一些强制性规则。正是这些在证券交易活动中经过千百次实践逐渐形成，并上升为法律的规则体系，为证券市场提供了公平、迅捷与安全的重要保障。

学习本章，应掌握证券上市的概念、条件与程序，证券上市的暂停与终止，证券交易的程序与种类以及证券交易的强制性规则等。

第一节　证 券 上 市

证券上市是指公开发行的有价证券，依据法定条件和程序，在证券交易所或其他依法设立的交易市场公开挂牌交易的行为。在证券交易所内买卖的有价证券，称为上市证券，发行上市证券的公司称为上市公司。证券上市制度，是指有关证券上市的标准和程序、上市证券的暂停与终止等一系列规则的总称。

一、证券上市条件

证券上市条件，也称证券上市标准，是指证券交易所制定的、证券发行人获得上市资格的基本条件和要求。为保证证券的流通性和交易的安全性，证券必须符合一定的条件方可挂牌上市。各国证券法对证券上市的条件规定、宽严程度不同，但基本标准大致相同，通常包括上市公司的资本额、资本结构、盈利能力、偿债能力、股权分散状况、公司财务情况、开业时间等。这里主要介绍我国股票和公司债券的上市条件。

（一）股票上市条件

股票上市是指符合条件的上市公司的股票，依据法定条件和程序，在证券交易所进行挂牌交易的行为。根据我国《证券法》第 50 条的规定，股票上市必须具备以下条件：(1) 股票经过国务院证券管理部门批准已向社会公开发行。(2) 公司股本总额不少于人民币 3 000 万元。(3) 公开发行的股份达到公司股份总数的 25%以上；公司股本总额超过人民币 4 亿元的，公开发行股份的比例为 10%以上。(4) 公司最近 3 年无重大违法行为，财务会计报告无虚假记载。考虑到我国建立多层次证券市场的需要，《证券法》规定，经国务院证券监督管理机构批准，证券交易所可以规定高于证券法规定的上市条件。

（二）公司债券上市的条件

根据我国《证券法》第 57 条的规定，公司申请其公司债券上市交易，应当符合下列条件：(1) 公司债券的期限为 1 年以上；(2) 公司债券实际发行额不少于人民币 5 000 万元；(3) 公司申请其债券上市时仍符合法定的公司债券发行条件。上述规定既适用于普通公司债券，也适用于上市公司可转换公司债券。

二、证券上市程序

证券上市程序，是指证券发行人申请证券上市，证券上市的审核机构对其证券上市的条件进行审核，并依法核准该证券在证券交易所公开挂牌交易的步骤。因证券种类不同，其上市程序亦有差别，股票上市程序较公司债券上市程序要复杂些，但主要程序基本相同：两者均须经过申请核准程序，方可安排上市。我国《证券法》规定，申请证券上市交易，应当向证券交易所提出申请，由证券交易所依法审核同意，并由双方签订上市协议。

（一）股票上市程序

1. 申请核准。股份有限公司股票经证券监管部门核准公开发行后，申请上市交易，须经证券交易所审核。《证券法》第 52 条规定，股份有限公司申请其股票上市交易，应当向证券交易所报送下列文件：(1) 上市报告书；(2) 申请股票上市的股东大会决议；(3) 公司章程；(4) 公司营业执照；(5) 依法经会计师事务所审计的公司最近 3 年的财务会计报告；(6) 法律意见书和上市保荐书；(7) 最近一次的招股说明书；(8) 证券交易所上市规则规定的其他文件。经证券交易所依法审核同意的，方可上市交易。

2. 签署上市协议。按照国际惯例，上市公司应与证券交易所签订上市协议，以明确相互权利义务关系。上市公司须承诺接受证券交易所的管理，遵守交易所的规则，履行上市协议中承担的义务。在我国上市协议的签署应符合《证券交易所管理办法》规定的要求。

3. 上市公告。根据我国《证券法》第 53 条、第 54 条的规定，股票上市交易申请经证券交易所审核同意后，签订上市协议的公司应当在规定的期限内公告股票上市的有关文件，并将该文件置备于指定场所供公众查阅。上市公司除公告上市申请文件外，还应公告下列事项：(1) 股票获准在证券交易所交易的日期；(2) 持有公司股份最多的前十名股东的名单和持股数额；(3) 公司的实际控制人；(4) 董事、监事、高级管理人员的姓名及其持有本公司股票和债券的情况。

4. 挂牌交易。挂牌交易是股票上市的最后一道程序。股票在证券交易所挂牌交易，标志着股票正式上市，除法定持股人在持股期限内不得转让股票外，其他持股人均可通过证券交易所转让其股票，转让之后也可再行买入。所有二级市场的投资者均可买卖挂牌交易的股票。

（二）公司债券上市程序

1. 申请核准。根据我国《证券法》第 58 条的规定，公司申请其公司债券上市交易，应当向证券交易所申请核准，并向证券交易所报送下列文件：(1) 上市报告书；(2) 申请公司债券上市的董事会决议；(3) 公司章程；(4) 公司营业执照；(5) 公司债券募集办法；(6) 公司债券的实际发行数额；(7) 证券交易所上市规则规定的其他文件。申请可转换为股票的公司债券上市交易，还应当报送保荐人出具的上市保荐书。

2. 安排上市。公司债券上市交易申请经证券交易所核准后，证券交易所应当及时安排债券上市。公司债券上市的时间或日期，通常由证券交易所与申请人在签订的上市协议中确定。

3. 上市公告。公司债券上市交易申请经证券交易所审核同意后，签订上市协议的公司应当在规定的期限内公告公司债券上市文件及有关文件，并将其申请文件置备于指定场所供公众查阅。

三、证券上市暂停与终止

（一）证券上市暂停与终止的概念

证券上市暂停，是指证券发行人出现了法定原因时，其上市证券暂时停止在证券交易所挂牌交易的情形。暂停的原因消除后，证券可恢复上市。

证券上市终止，是指证券发行人出现了法定原因后，其上市证券被取消上市资格，不能在证券交易所继续挂牌交易的情形。上市证券被终止后，可以在终止上市原因消除后，重新申请证券上市。上市证券依法被证券管理部门决定终止上市后，可继续在依法设立的非集中竞价的交易场所继续交易。

（二）股票上市暂停与终止

1. 股票上市暂停。所谓股票上市暂停，是指上市公司因出现法定情形，而被证券交易所决定暂时停止其股票在证券交易所上市交易的状况。我国《证券法》第 55 条规定，上市公司有下列情形之一的，由证券交易所决定暂停其股票上市交易：(1) 公司股本总额、股权分布等发生变化不再具备上市条件；(2) 公司不按照规定公开其财务状况，或者对财务会计报告作虚假记载，可能误导投资者；(3) 公司有重大违法行为；(4) 公司最近 3 年连续亏损；(5) 证券交易所上市规则规定的其他情形。

2. 股票上市终止。所谓股票上市终止，亦称上市公司退市，是指上市公司因出现法定情形，而被证券交易所决定终止其股票在证券交易所上市交易的状况。即取消其股票在证券交易所挂牌交易的资格。《证券法》第 56 条规定，上市公司有下列情形之一的，由证券交易所决定终止其股票上市交易：(1) 公司股本总额、股权分布等发生变化不再具备上市条件，在证券交易所规定的期限内仍不能达到上市条件；(2) 公司不按照规定公开其财务状况，或者对财务会计报告作虚假记载，且拒绝纠正；(3) 公司最近 3 年连续亏损，在其后一个年度内未能恢复盈利；(4) 公司解散或者被宣告破产；(5) 证券交易所上市规则规定的其他情形。2014 年 10 月 15 日中国证监会发布的《关于改革完善并严格实施上市公司退市制度的若干意见》(2014 年 11 月 16 日起施行)，规定了上市公司主动退市的 7 种情形和强制退市的 20 种情形，其中包括对重大违法公司实施强制退市，这对我国上市公司退市制度的改革与完善有着深远的意义和影响。

（三）公司债券上市暂停与终止

1. 公司债券上市暂停。根据《证券法》第 60 条的规定，公司债券上市交易后，公司有下列情形之一的，由证券交易所决定暂停其公司债券上市交易：(1) 公司有重大违法行为；(2) 公司情况发生重大变化不符合公司债券上市条件；(3) 发行公司债券所募集的资金不按照核准的用途使用；(4) 未按照公司债券募集办法履行义务；(5) 公司最近 2 年连续亏损。公司债券上市暂停的情形消除后，可以恢复上市交易。

2. 公司债券上市终止。根据《证券法》第 61 条的规定，公司有《证券法》第 60 条所规定的第(1)项、第(4)项所列情形之一，经查实后果严重的，或者有第(2)项、第(3)项、第(5)项所列情形之一，在限期内未能消除的，由证券交易所决定终止其公司债券上市交易。公司解散或者被宣告破产的，由证券交易所终止其公司债券上市交易。

第二节　证券交易程序与种类

一、证券交易程序

我国上市证券交易主要通过证券交易所集中交易方式进行，其交易程序主要分为：开户、委托、成交、清算与交割、过户等步骤。

（一）开立证券交易账户

证券交易的第一步是开立证券交易账户。依据我国现行证券交易制度，证券投资者开立的账户分为证券账户和资金账户。证券账户是用于存储投资者已经购买或待售的证券。在开设证券账户时，首先进行名册登记，名册登记分为个人名册登记和法人名册登记两种。个人名册登记应载明登记日期和委托人的基本情况、联系方式，并留存印鉴或签名样式。例如有委托代理人，委托人须留存其书面授权书。法人名册登记应提供法人证明，并载明法定代表人及证券交易执行人的基本情况、留存法定代表人授权证券交易执行人的书面授权书。资金账户主要用于存储投资者的投资资金和卖出股票后收回的价金。开立资金账户的最低资金限额，由证券公司规定。

（二）办理委托手续

投资者在选择证券公司开立证券账户和资金账户时，须与证券公司签订《指定交易协议书》和《委托交易协议书》，与证券公司建立证券托管与交易代理关系。我国证券交易的委托方式有电话委托、刷卡委托、热键自助委托、网上委托等。投资者可以对上市委托方式进行选择，一旦选择某种委托方式，须与证券公司签订相应的委托协议。

（三）委托指令的竞价与成交

投资者在完成开户与委托代理手续后，在资金账户上存入资金的次日，即可下达委托指令，进行证券交易。委托指令的竞价，按照价格优先、时间优先的竞价原则进行。所有报价均通过证券交易所电脑系统自动撮合成交，来完成买卖。证券的竞价分为集合竞价和连续竞价两个阶段。每个交易日上午 9 点 15 分至 9 点 25 分，交易所主机撮合系统对接受的全部有效委托进行一次集中撮合处理的过程称为竞价集合。在集合竞价之后，对投资者申报的委托进行逐笔连续撮合处理的过程称为连续竞价。一经成交，即向证券公司发出通知。

（四）清算与交割

证券清算是指每日交易终止后，成交的各方证券商根据成交单，互相抵消同种证券的买卖数量与金额，然后再计算出应交割的证券与价款净额，再通过清算公司确定每位证券商应收或应付的净额。证券交割是买卖双方交付给对方证券和价款的过程。由于实行无纸化电脑操作和证券集中保管，办理交割时，由清算机构通过证券集中保管库存账户划转完成。接受投资者委托办理证券交易的证券商都是证券交易所的会员，会员不得以投资者违约为由，不履行清算交收义务。会员间的清算交收业务由交易所指定的登记结算机构负责办理。清算交收的具体规则，依照登记结算机构的规定执行。

（五）证券登记过户

证券登记过户是指证券由转让人转移到证券受让人的登记过程。上市的记名证券的过户由证券登记结算公司统一办理。

二、证券交易种类

按照不同的标准分类，证券交易方式可以分为三种类型：一是以时间为标准划分的现货交易与期货交易；二是以是否有选择权为标准划分的期权交易与非期权交易；三是以有无保证金为标准划分的保证金交易与普通交易。上述三种主要分类与证券、股票指数和利率进行不同组合，便出现了多种证券交易种类，如现货证券交易、利率选择权交易、股票选择权交易、股票指数交易、利率期货交易、股票指数期货交易、利率期货选择权交易、股票指数期货选择权交易、保证金交易等。这里简要介绍几种主要的证券交易种类与方式。

1. 股票指数期货交易。股票指数期货交易是证券期货交易的一种。证券期货交易是指证券交易双方在签订的证券期货合约中约定，在该合约规定的日期以约定的价格进行清算交割的证券交易方式。股票指数期货交易是一种目的在于减少市场股票交易风险的保值交易方式。股票的指数是指以一定日期为基期，统计交易所有代表性的若干种股票的成交额加权计算为100，而后根据每日股市成交额的增长或减少计算出的即期变化指标。股票指数期货的价格是：股票指数点数与每点指数的固定价格的乘积。投资者买进或拥有某种股票，为了保值可卖出该种股票指数期货，卖出的期货的总价值与买进的股票总价值大体相等，当在预计的未来时间内，该种股票价格下降时，其指数也相应下降，指数期货的原价减去未来价格的差额，可以弥补股票价格下跌的损失。

2. 股票期权交易。股票期权交易又称股票选择权交易，股票期权交易是证券期权交易的一种。是指证券交易当事人为获得证券市场波动带来的利益，约定在一定期限内，以特定的价格买进或卖出约定的证券，或者放弃买进或卖出约定的证券的交易。证券期权交易依交易的方向不同，分为看涨期权、看跌期权和双向期权交易。股票期权交易的期限有3个月、6个月和9个月不同档次。选择权合约的价格称保险费，由当事人双方商定。

3. 保证金交易。保证金交易也称信用交易，是指客户只出一部分现金或证券，另一部分现金或证券向经纪人借贷来进行的证券交易。这种交易的风险比其他交易方式要大，获得的盈利也比其他交易方式高。保证金证券交易的特点是，客户可以用较少的钱，买进较多的股票，也可以在拥有较少股票，甚至没有股票的情况下，卖出较多的股票，使客户在承担较大风险的情况下，有可能得到较多的利益。保证金证券交易主要有两种：一是保证金买空交易，又称证券融资交易；二是保证金卖空交易，又称融券交易。

第三节 证券交易的强制性规则

从证券交易规则的强制性程度看，有任意性规则和强制性规则。证券法上的所确认的交易规则多为强制性规则。根据我国《证券法》及相关法律法规的规定，证券交易的强制性规则主要有以下方面的内容。

一、对证券交易标的物的规制

为规范证券市场的交易行为，防止证券欺诈，维护金融秩序，《证券法》第37条规定："证券交易当事人依法买卖的证券，必须是依法发行并交付的证券。非依法发行的证券，不得买卖。"这一规定表明，并非任何证券都可以进行交易，证券交易当事人依法买卖的证券必须符合两项条件，即依法发行和依法已交付。凡未依法经过核准，未依照法定程序，擅自公开发行的证券，以及未按照法律法规的规定向特定对象非公开发行的证券，不得进行买卖。根据我国《公司法》第132条的规定，股份有限公司登记成立前不得向股东交付股票。因此，即使已经依法发行的证券，未交付的，亦不得进行买卖。

二、对证券交易场所的规制

《证券法》第39条规定："依法公开发行的股票、公司债券及其他证券，应当在依法设立的证券交易所上市交易或者在国务院批准的其他证券交易场所转让。"这一规定，属于场内交易的限制性规定。由于公开发行的证券涉及的人数众多，影响的范围较广，为了保护投资者的合法权益，维护证券市场的秩序和社会公共利益，证券法规定，依法公开发行的证券，应当在依法设立的证券交易所上市交易或者在国务院批准的其他证券交易场所转让。

三、对证券交易方式的规制

证券交易方式关系到证券交易的公平与效率，采用何种交易方式，对参与证券交易的各方当事人能否得到公平的交易机会与公平的交易价格是至关重要的。证券交易方式既要体现证券法的公平原则，又要体现证券法的效率与安全原则。《证券法》第40条规定："证券在证券交易所上市交易，应当采用公开的集中交易方式或者国务院证券监督管理机构批准的其他方式。"集中交易方式是指在集中交易市场以竞价交易的方式进行的交易。集中竞价又称集合竞价，是指所有参与证券买卖的各方当事人，在证券交易所内公开报价，按照价格优先、时间优先的原则，连续竞价撮合成交的交易。在我国，证券交易所内还有大宗交易方式，大宗交易是指单笔交易规模远大于市场平均单笔交易量的交易。大宗交易由买卖双方达成一致，经交易所确认后成交。证券交易所采用集中交易方式以外的其他方式进行证券交易的，必须经国务院证券监督管理机构批准。

四、对证券交易种类的规制

《证券法》第42条规定："证券交易以现货和国务院规定的其他方式进行交易。"第142条规定："证券公司为客户买卖证券提供融资融券服务，应当按照国务院的规定并经国务院证券监督管理机构批准。"这些规定适应我国证券市场发展的需要，为证券期货交易以及证券信用交易等证券交易种类与方式的发展提供了法律空间。从证券监管的角度看，这些规定是具有强制性的。证券交易以其他方式进行交易的，必须是国务院规定的方式，即任何人不得擅自以国务院没有规定的方式进行证券交易。

五、对特定主体证券转让期限的规制

《证券法》第38条规定："依法发行的股票、公司债券及其他证券，法律对其转让期限有限制性规定的，在限定的期限内不得买卖。"根据《公司法》和《证券法》的有关规定，下列特定主体所持证券在规定期限内，禁止转让或买卖。

1. 发起人所持本公司股份转让的限制。《公司法》第141条第1款规定："发起人持有的本公司股份，自公司成立之日起一年内不得转让。公司公开发行股份前已发行的股份，自公司股票在证券交易所上市交易之日起一年内不得转让。”

2. 股东所持公开发行前的股份转让的限制。《公司法》第 141 条第 1 款规定，公司公开发行股份前已发行的股份，自公司股票在证券交易所上市交易之日起一年内不得转让。

3. 公司董事、监事、高级管理人员所持本公司股份转让的限制。《公司法》第 141 条第 2 款规定：“公司董事、监事、高级管理人员应当向公司申报所持有的本公司的股份及其变动情况，在任职期间每年转让的股份不得超过其所持有本公司股份总数的百分之二十五；所持本公司股份自公司股票上市交易之日起一年内不得转让。上述人员离职后半年内，不得转让其所持有的本公司股份。公司章程可以对公司董事、监事、高级管理人员转让其所持有的本公司股份作出其他限制性规定。”

六、对短线交易的规制

对短线交易的限制，实质是对上市公司董事、监事、高级管理人员和大股东买卖所持本公司股份的限制。目的是防止内幕交易。《证券法》第 47 条规定：“上市公司董事、监事、高级管理人员、持有上市公司股份百分之五以上的股东，将其持有的该公司的股票在买入后六个月内卖出，或者在卖出后六个月内又买入，由此所得收益归该公司所有，公司董事会应当收回其所得收益。但是，证券公司因包销购入售后剩余股票而持有百分之五以上股份的，卖出该股票不受六个月时间限制。”

七、对特定主体买卖股票的规制

1. 证券服务机构和人员买卖股票的限制。《证券法》第 45 条规定：“为股票发行出具审计报告、资产评估报告或者法律意见书等文件的证券服务机构和人员，在该股票承销期内和期满后六个月内，不得买卖该种股票。除前款规定外，为上市公司出具审计报告、资产评估报告或者法律意见书等文件的证券服务机构和人员，自接受上市公司委托之日起至上述文件公开后五日内，不得买卖该种股票。”

2. 收购公司的投资者买卖股票的限制。《证券法》第 86 条规定：“通过证券交易所的证券交易，投资者持有或者通过协议、其他安排与他人共同持有一个上市公司已发行的股份达到百分之五时，应当在该事实发生之日起三日内，向国务院证券监督管理机构、证券交易所作出书面报告，通知该上市公司，并予公告；在上述期限内，不得再行买卖该上市公司的股票。投资者持有或者通过协议、其他安排与他人共同持有一个上市公司已发行的股份达到百分之五后，其所持该上市公司已发行的股份比例每增加或者减少百分之五，应当依照前款规定进行报告和公告。在报告期限内和作出报告、公告后二日内，不得再行买卖该上市公司的股票。”上述规定的目的，在于防止假借收购以操纵证券交易市场的行为，保护中小投资者的利益。

八、对法定人员持股与买卖股票规制

《证券法》第 43 条对下列人员作为法定人员在任职期内或者法定限期内持有股票和买卖股票的有关限制如下：(1) 证券服务机构的从业人员，包括证券交易所、证券公司、证券登记结算机构从业人员；(2) 证券监管机构的工作人员，包括证监会和证券业协会的工作人员；(3) 法律、行政法规禁止参与股票交易的其他人员。

上列人员在任职期限内或法定限期内，不得直接持有、买卖股票，也不得以化名、借他人名义持有、买卖股票；任何人在成为上列人员时，其原已持有的股票，不能继续持有，必须依法转让，否则成为非法持券。无论是以购买或赠与方式获得的证券，还是以其他方式获得的证券，均属被禁止之列。

证券法限制上述人员在一定期限内持有、买卖股票，一方面是因为在任职期间有机会获得内幕信息，如果允许其持有、买卖股票容易产生内幕交易；另一方面，上述人员均须履行其相应的职责，如允许其持有、买卖股票，将影响其职责的履行。

九、对国有企业和国有资产控股的企业买卖股票的规制

我国《证券法》对国有企业和国有资产控股的企业买卖上市交易的股票，经历了从禁止到有条件允许的转变。《证券法》第 83 条规定："国有企业和国有资产控股的企业买卖上市交易的股票，必须遵守国家有关规定。"企业是一个独立的法律主体，拥有独立的法人财产权和经营自主权，完全禁止国有企业和国有资产控股的企业买卖上市交易的股票，既不利于国有企业和国有资产控股的企业实现经营自主权，也不利于国有资产的流通和保值、增值。所以，应当允许国有企业和国有资产控股的企业买卖上市交易的股票，但必须遵守国家有关法律、法规的规定。

【本章前沿问题】

□ 关于证券交易方式的法律规制问题

在我国证券市场发展之初，为了保障证券市场的健康发展，规范和引导投资者的投资行为，防范金融风险，1998 年制定的《证券法》规定，证券交易以现货进行交易。这一规定是我国证券市场成为"单边市"的制度根源。因此，2005 年《证券法》的修改过程中，证券交易方式问题，成为焦点问题之一。

对原《证券法》的规定如何修订？有两种不同意见：一种意见认为，交易方式是一种市场行为，只需证券监管部门进行核准，不必写入证券法，因此建议删除此条；另一种意见认为，现行《证券法》规定我国只允许现货交易，排除其他任何交易方式，不利于证券市场长期稳定健康发展。实践证明国际上通行的证券、股指、期货、期权等交易形式，不但活跃了证券市场，也是一种避险工具。考虑到《国务院关于推进资本市场改革开放和稳定发展的若干意见》的精神，开发新的证券交易品种已成为我国资本市场稳定发展的必要条件，因此证券交易除现货交易外还应允许其他方式进行交易。最终，立法机关综合上述意见，将原《证券法》的规定，修订为"证券交易以现货和国务院规定的其他方式进行交易"。这一修订使我国证券法从仅仅作为现货交易的证券法转化为包括各种品种的证券都可以交易的证券法，适应了我国证券市场发展的需要。

【本章思考题】

1. 简述证券上市的概念与标准。
2. 简述股票上市的条件与程序。
3. 简述公司债券上市的条件与程序。

4. 简述股票上市暂停与终止的情形。
5. 简述公司债券上市暂停与终止的情形。
6. 简述证券交易的基本程序。
7. 什么是股指期货交易?
8. 什么是保证金交易?
9. 我国《证券法》对证券交易做了哪些限制性规定?

第四章　信息披露

【导语】

信息披露是我国证券法律制度的核心内容，它贯穿于证券发行、交易及其监管活动的始终，是揭示证券品质和投资者作出投资价值判断的基础。因此，信息披露义务人必须依照《证券法》《公司法》《刑法》《股票条例》和中国证监会、证券交易所发布的有关文件的要求，真实、完整、准确并及时地进行信息披露。本章阐述了信息披露制度的概念、基本要求、初次信息披露和持续信息披露的方式和内容，提示了信息披露的意义和必要性。

本章的学习重点在于信息披露的基本要求及初次信息披露和持续信息披露的方式和内容。

第一节　信息披露概述

一、信息披露制度的概念与意义

（一）信息披露制度的概念

信息披露（disclosure of information），又称信息公开，是指证券发行人或其他相关负有信息披露义务的人（以下统称为“信息披露义务人”）在证券发行、上市、交易的过程中，按照法定或约定要求将应该向社会公开的财务、经营及其他方面影响证券投资者投资判断的信息向证券监督管理机构和证券交易所报告，并向社会公众公告的活动。信息披露制度（disclosure system of information）是规定信息披露义务人信息披露的时间、方式、原则、内容、程序等一整套行为规范和活动准则的总称。

（二）信息披露制度的意义

信息披露制度是证券发行与交易制度的基础，也是证券市场赖以存在的基石。信息披露是上市证券区别于非上市证券的主要特征之一。可以说，以法律强制性功能做保证的信息披露，是信息披露制度生命之树常青之所在。美国法官路易斯·布兰戴斯（Louis D. Brandeis）在 *Other People's Money* 一书中揭示了信息披露的哲学思想，“阳光是最好的防腐剂，街灯是最好的夜警”。[①] 概而言之，信息披露制度具有如下意义：(1) 能有效地约束证券发行人及其相关人员的行为，防止信息滥用和证券欺诈行为。(2) 有助于投资者作出投资价值判断。(3) 有助于规范证券中介机构和人员的行为，提高其社会形象。(4) 便于证券市场的监管机构加强管理，督促检查信息披露义务人披露的信息达到法定的要求。例如《证券法》第 71 条“国务院证券监督管理机构对上市公司年度报告、中期报告、临时报告以及公告的情况进行监督，对上市公司分派或者配售新股的情况进行监督，对上市公司控股股东及其他信息披露义务人的行为进行监督。证券监督管理机构、证券交易所、保荐人、承销的证券公司及有关人员，对公司依照法律、行政法规规定必

---

① Louis D. Brandeis，*Other People's Money*，Harper Torchbooks，1967，p. 67.

须作出的公告，在公告前不得泄露其内容”的规定，就是信息披露的价值所在。

二、信息披露的基本要求

根据我国《证券法》《公司法》《首次公开发行股票并上市管理办法》《上市公司证券发行管理办法》《上市公司信息披露管理办法》《证券发行与承销管理办法》《上市公司收购管理办法》和其他相关部门规章等的规定，依法披露的信息，必须真实、准确、完整，不得有虚假记载、误导性陈述或者重大遗漏。违反以上规定致使投资者在证券交易中遭受损失的，发行人应当承担赔偿责任；发行人的董事、监事、高级管理人员和其他直接责任人员以及保荐人、承销的证券公司，应当与发行人承担连带赔偿责任，但是能够证明自己没有过错的除外；发行人的控股股东、实际控制人有过错的，应当与发行人、上市公司承担连带赔偿责任。概而言之，信息披露的基本要求是真实性、准确性、完整性、公正性和及时性。

（一）真实性

真实性是指信息披露义务人所公开的信息必须信赖可靠，不得有虚假记载或误导性陈述，必须与自身的客观实际相符。信息披露是否达到真实性的要求，可从客观性和一致性两个方面进行判断。客观性是指信息披露义务人所公开的信息和所反映的事实必须是证券发行人运作过程中实际发生的，而不是为了影响证券市场价格而编造的；一致性是指信息披露义务人所公开的信息和所反映的事实之间具有同一性。真实性要求的反面便是虚假记载。虚假记载是指将不实的重要事项记载于文件的行为，它是指招股说明书、上市公告书、定期报告、临时报告等文件对证券发行人重大情况的介绍、分析与事实不符，致使有关文件严重失实的行为。信息披露义务人有义务保证自己所发布的非正式信息与正式信息的一致性，对于不是信息披露义务人发布的但与其有关的信息，如足以影响投资者的投资判断，信息披露义务人也负有说明的义务。因此，信息披露义务人在信息披露中所描述的事实应有充分、客观的依据。真实性处于信息披露要求的首要地位，可以说，信息披露义务人如果披露的信息不真实，那么，准确、完整、公正和及时的要求都将失去基础。

（二）准确性

准确性是指信息披露义务人披露的信息必须尽可能详尽、具体，没有遗漏。因此，信息披露义务人在披露信息时必须确切表明其含义，其内容不得使人产生重大误解。由于信息披露义务人披露信息主要是通过语言文字的表述来实现的，而语言内容的多义性与语言文字表达方式的多样性，使得证券法在规范信息披露义务人信息披露时，应坚持准确性要求。违背准确性要求的行为是误导性陈述。所谓误导性陈述，是指陈述的事项虽然真实，但是由于陈述存在缺陷，易为投资者所误解，投资者难以通过其陈述获得准确的信息。信息披露义务人信息披露的准确性要求不只是强调已披露信息与信息所反映的客观事实之间的一致性，而更强调信息披露者与信息接受者之间对同一信息在理解上的一致性。任何与证券价格波动相关的信息，都应当将所有的投资者作为整体进行公布，而不能将部分信息对全部投资者披露或者将全部信息对部分投资者披露。

（三）完整性

信息披露的完整性是指凡是供投资者判断证券投资价值和影响证券市场价格的重大信息，信息披露义务人必须全部披露，不得故意隐瞒或有重大遗漏。要完整地披露信息，信息披露义务人至少应该做到:(1) 对披露信息的各个方面要进行完整的描述,不能存在重大遗漏;(2) 通过格式指引的方式来保证信息披露的完整性;(3) 网络披露方式是实现信息披露完整性的重要手段。一般说来,信息披露的完整性要求包括质和量两方面。首先,在性质上,披露的信息必须是重大信息。所谓重大信息是指能够影响证券市场价格的信息。其次,在数量上,披露的信息能够使投资者有足够的投资判断依据,不得有重大遗漏。所谓重大遗漏就是将法定事项部分或者全部不予记载,或者未予披露的行为。在理论上,信息披露义务人披露的全部信息可分为陈述客观事实的描述性信息、发布人主观判断的评价性信息和对公司未来经营状况的预测性信息(如盈利预测)。

(四) 公正性

公正性是指信息披露义务人在信息披露的场合和途径方面,对所有投资者获得和利用信息应同等对待而无差别且不设置障碍。这可以从两方面来理解:一方面是所有投资者均有平等获得和利用信息的机会,信息披露义务人不能只向某一部分投资者提供信息;另一方面,对欲获取信息披露义务人信息的投资者而言,取得信息的场合和途径是不存在任何障碍的。在证券市场中,公正的要求表现为对信息披露义务人权利的约束,表现为社会对市场行为的评价,即市场行为的社会公正性。由此可见,公正主要在于为社会提供一个监督信息披露义务人行为、防止权力滥用的机制。

(五) 及时性

信息披露的及时性又称为时效性或者最新性,是指凡是与证券市场价格有关的重大信息应依照法定时间及时向投资者作出公告,确保重要信息利用的平等性,防止内幕交易。及时性要求信息披露义务人公告信息的时间不超过法定期限。在理论上,投资者是根据信息披露义务人披露的信息作出投资价值判断。影响证券市场价格的重要信息,如果是在其发生相当长时间后才得以披露,披露的信息作为判断依据的价值将不复存在。

三、信息披露的方式和事务管理

(一) 信息披露的方式

信息披露的方式可以以披露的途径、使用的语言和目的为标准分为三类。

1. 从披露的途径角度,信息披露的方式可分为公布或公开、备案、置备和章程约定的其他方式。

(1) 公布或公开。公布或公开方式主要包括:报刊登载、网站和只读存储器即光盘(CD-ROM)公开。报刊登载方式是目前使用最为普遍的信息披露方式,其次是网站和光盘的信息披露方式。

(2) 备案。备案是指将披露的信息报送中国证监会和证券交易所备用、备查和存档。按照《证券法》和《股票条例》的规定,信息披露义务人在报刊披露的信息,应同时将其报中国证监会和证券交易所备案。值得注意的是,由于备案文件不易被股东及社会公众查阅,因而不能将文件备案方式作为单独运用的信息披露方式。

(3) 置备。置备是指将披露的信息在指定的场所存放。根据我国《证券法》第 25 条、第 53 条和第 70 条的规定,依法必须披露的信息,应当在国务院证券监督管理机构指定的媒体发布,同时将其置备于公司住所、证券交易所,供社会公众查阅。置备文件方式是将信息制作完毕后存放在公司所在地和证券交易所，以备公众查阅的信息披露方式。按规定，置备文件必须同时以指定报刊等媒体登载方式进行披露，而不能只采取置备文件方式进行披露。

（4）章程约定的其他方式。此外，信息披露义务人可以与投资者在章程中约定其他披露方式，如答复咨询或查阅、复制公开披露的信息资料方式。

2. 从披露使用的语言角度，信息披露的方式可分为中文表述的披露方式和英文表述的披露方式。公开披露的信息应当用中文表述。向境外投资者发行有价证券的公司公开披露信息，如有必要，还应当用英文表述。英译文本的字义和词义与中文文本有差异时，应以中文文本为准。凡涉及外资股的上市公司，其信息披露时还应注意将信息译成英文，登载在中国证监会指定的外文报刊或网站上。

3. 从披露的目的角度，信息披露的方式可分为初次信息披露和持续信息披露。初次披露又称首次公开发行证券的信息披露，是证券发行人公开发行证券时依法所承担的信息披露义务。持续披露(continual disclosure)，又称继续披露，是指证券在上市交易期间，信息披露义务人披露与证券价格波动有关的一切重大信息。

（二）信息披露的事务管理

信息披露事务十分复杂，上市公司对此应引起重视。根据证券交易所的规定，信息披露的事务管理应符合如下要求：

1. 公司应当指定专人(2名授权代表)负责信息披露事务。

2. 在公司指定的2名授权代表中，应有1名是公司董事会秘书。

3. 公司除在信息披露指定报刊和网站上披露信息外，还可以根据需要在其他报刊和网站上披露信息，但必须保证：(1) 指定报刊和网站不晚于非指定报刊和网站披露信息。(2) 在不同报刊和网站上披露同一信息的内容一致。

第二节　初次信息披露

初次信息披露主要包括首次公开发行股票和公司债券的信息披露。发行的证券品种不同，所承担的信息披露义务也不同。

一、首次公开发行股票公司的信息披露

在首次公开发行股票并申请上市时，公司披露的文件主要包括：(1) 招股说明书及其附录和备查文件；(2) 招股说明书摘要；(3) 发行公告；(4) 上市公告书。下面主要分析招股说明书的相关内容。

1. 招股说明书的基本内容

股票发行最为基本的法律文件是招股说明书。招股说明书(prospectus)又称招股章程，是由发行人制定、中国证监会核准，向社会公众公开披露公司主要事项及招股情况的专门文件。招股说明书的制作和公开必须符合规定的格式、内容和程序。凡是公开发行股票的公司必须向证监会报送招股说明书，在经证监会核准之后，发行股票的公司应当按照规定公布招股说明书等有关信息。招股说明书包括封面、目录、正文、附录和备查文件五个组成部分。

2. 招股说明书的编制

拟申请在中华人民共和国境内首次公开发行股票并在主板、创业板上市的公司(以下简称发行人),应分别按中国证监会发布的《公开发行证券的公司信息披露内容与格式准则第1号或第28号——招股说明书》的要求编制和披露招股说明书及其摘要。招股说明书的封面应当载明:"发行人保证招股说明书的内容真实、准确、完整。政府及国家证券管理部门对本次发行所作出的任何决定,均不表明其对发行人所发行的股票的价值或者投资人的收益作出实质性判断或者保证。"

3. 招股说明书及其摘要的披露。

发行人应在发行前2~5个工作日内,将招股说明书摘要刊登于至少一种由中国证监会指定的报刊上,同时将招股说明书全文刊登于中国证监会指定的网站,并将招股说明书全文文本及备查文件置备于发行人住所、拟上市证券交易所、保荐人、主承销商和其他承销机构的住所,以备查阅。

4. 招股说明书的保证和有效期

发行人及其全体董事、监事和高级管理人员应当在招股说明书上签字、盖章,保证招股说明书的内容真实、准确、完整。保荐人及其保荐代表人应当对招股说明书的真实性、准确性、完整性进行核查,并在核查意见上签字、盖章。发行人在招股说明书及其摘要中披露的财务会计资料应有充分的依据,所引用的发行人的财务报表、盈利预测报告(如有)应由具有证券期货相关业务资格的会计师事务所审计或审核。为发行人出具文件的注册会计师及其所在事务所、专业评估人员及其所在机构、律师及其所在事务所,在履行职责时,应当按照本行业公认的业务标准和道德规范,对其出具文件内容的真实性、准确性、完整性进行核查和验证。招股说明书的有效期为6个月,自中国证监会核准发行申请前招股说明书最后一次签署之日起计算。预先披露的招股说明书(申报稿)不是发行人发行股票的正式文件,不能含有价格信息,发行人不得据此发行股票。招股说明书失效后,股票发行必须立即停止。

二、公司债券发行与上市的信息披露

目前,公司债券发行人等相关主体根据《公司法》《证券法》《企业债券管理条例》①规定和中国证监会、国家发改委的基本要求,编制公开发行企业债券(或公司债券)申报材料。下面我们结合《公司法》《证券法》等规定分析公司债券发行与上市的信息披露制度。

1. 公告公司债券募集办法

公司债券募集办法是公司债券的发行人依据有关规定的要求制作的、记载与公司债券发行相关的实质性重大信息的一种法律文件。公司债券募集办法亦称为债券公开说明书或募资说明书。《公司法》第154条规定:"发行公司债券的申请经国务院授权的部门核准后,应当公告公司债券募集办法。公司债券募集办法中应当载明下列主要事项:(一)公司名称;(二)债券募集资金的用途;(三)债券总额和债券的票面金额;(四)债券利率的确定方式;(五)还本付息的期限和方式;(六)债券担保情况;(七)债券的发行价格、发行的起止日期;(八)公司净资产额;(九)已发行的尚未到期的公司债券总额;(十)公司债券的承销机构。"《证券法》第17条规定:"申请公开发行公司债券,应当向国务院授权的部门或者国务院证券监督管理机构报送下列文件:(一)公司营业

① 国务院1993年8月发布。

执照;(二)公司章程;(三)公司债券募集办法;(四)资产评估报告和验资报告;(五)国务院授权的部门或者国务院证券监督管理机构规定的其他文件。”此外,依照《证券法》规定必须聘请保荐人的,还应当报送保荐人出具的发行保荐书。

2. 公告公司债券上市文件

根据我国《证券法》第 59 条的规定,公司债券上市交易申请经证券交易所审核同意后,签订上市协议的公司应当在规定的期限内公告公司债券上市文件及有关文件,并将其申请文件置备于指定场所供公众查阅。根据证券交易所的规定,发行人应当在公司债券上市交易的 5 日前公告公司债券上市报告、核准文件及有关上市申请文件。《证券法》关于公司债券信息披露的规定,目的是为投资者提供判断公司债券投资价值的完整性信息。

第三节 持续信息披露

一、持续信息披露的特点、意义和形式

持续信息披露(continual disclosure of information),又称持续信息公开,是指发行人、上市公司、公司主要股东等信息披露义务人在证券上市交易后,依照《证券法》《公司法》等法律、法规和证券监督管理机构的有关规定向社会公众继续公开一切与证券交易和证券价格有关的重要信息的行为。依照《证券法》第 63 条的规定,发行人、上市公司依法披露的信息,必须真实、准确、完整,不得有虚假记载、误导性陈述或者重大遗漏。

(一) 持续信息披露的特点

在证券上市交易后,信息披露义务人承担持续性披露义务。这一制度有如下特点:

1. 持续信息披露义务是信息披露义务人法定的强制性义务。

2. 应披露信息的种类和范围是由法律规定的。上市公司的哪些信息应当披露,是由法律直接规定的。目前,我国规定上市公司信息披露义务的法律条款主要是《公司法》第 134 条“公司经国务院证券监督管理机构核准公开发行新股时,必须公告新股招股说明书和财务会计报告,并制作认股书”和《证券法》第 64 条“经国务院证券监督管理机构核准依法公开发行股票,或者经国务院授权的部门核准依法公开发行公司债券,应当公告招股说明书、公司债券募集办法。依法公开发行新股或者公司债券的,还应当公告财务会计报告”。此外,证券交易所业务规则关于信息披露的具体要求,也是信息披露义务人必须严格遵守的。

3. 应披露的信息范围越来越广。证券投资具有很高的风险性,投资者有权得到与该种证券有关的法定应予披露的各种信息。持续信息披露的内容包括中期报告、年度报告、临时报告及其他公告。

4. 持续信息披露逐渐成为完整的系统性制度。目前,中国证监会颁布的公开发行证券的公司信息披露的规章制度分为四个层次,依次为:《公开发行证券的公司信息披露内容与格式准则》(共 18 项)、《公开发行证券的公司信息披露编报规则》(共 17 项)、《公开发行证券的公司信息披露规范问答》(共 6 项)、个案意见与案例分析。上海、深圳证券交易所发布的有:《证券交易所股票上市规则》、《临时报告披露指引》(共 14 项)。可以说,我国证券市场信息披露体系完整,其重要性绝不亚于公司的经营活动。

5. 持续信息披露与证券上市交易的一致性。持续信息披露是指证券持续挂牌交易期间所进行的信息披露行为，这一期间一般与证券作为上市证券相伴而生，即只要它是上市证券，与该证券有关的信息披露义务人就要自始至终依法履行信息披露义务。

(二) 持续信息披露的意义

持续信息披露义务是使证券法公开原则得以贯彻的最重要保证。持续信息披露具有以下重要意义：

1. 是投资者作出投资价值判断的基本条件。投资者远离公司的管理，只有依靠上市公司提供的信息才能作出投资于何种证券的抉择。

2. 是防止证券欺诈的重要条件。证券欺诈是证券法上的一种严重违法行为，它不仅破坏证券市场秩序，侵害公共利益，也损害众多中小投资者的利益，甚至引发经济危机。实践中，证券欺诈常伴随公司信息的隐匿而存在和发展，公司信息愈是披露得不够，公司信息就愈易被少数人垄断。投资者不能及时获取公司信息，则证券欺诈行为就极容易发生。

3. 能够促使信息披露义务人加强内部管理。持续信息披露制度要求信息披露义务人必须定期和不定期地披露其经营状况和财务状况等重要信息，以及内幕人员的交易、股权结构变化等情况，这种压力必然会促使信息披露义务人大力加强内部管理，规范运作，以维护信息披露义务人在证券市场上的良好声誉。

4. 有助于提高公众对资本市场的信心。如前所述，持续信息披露为投资者的投资决策提供了信息条件，进而使证券有可能在完整、准确信息的基础上形成合理的价格，形成证券市场良好的秩序。这有助于提高公众对资本市场的信心。

(三) 持续信息披露的形式

持续信息披露主要有两种形式：定期报告和临时报告。

1. 定期报告(periodical reports)

所谓定期报告，是指信息披露义务人在法定期限内制作完毕并公告的信息披露文件。它分为年度报告与中期报告。

所谓年度报告(annual reports)，是指在每个会计年度结束时，由信息披露义务人依法制作并提交的、反映信息披露义务人本会计年度基本经营情况、财务情况等重大信息的法律文件。根据《证券法》第 66 条的规定，股票或者公司债券上市交易的公司，应当在每一会计年度结束之日起 4 个月内，向国务院证券监督管理机构和证券交易所提交年度报告。

所谓中期报告(medium-term reports)，是指在每个会计年度的上半年结束之时，由信息披露义务人依法制作并提交的、反映信息披露义务人一年中前 6 个月的基本经营情况、财务情况等重大信息的法律文件。中期报告包括半年度报告(semi-annual reports)和季度报告(quarterly reports)。根据《证券法》第 65 条的规定，股票或者公司债券上市交易的公司，应当在每一会计年度的上半年结束之日起两个月内，向国务院证券监督管理机构和证券交易所提交中期报告(实质为半年度报告)。季度报告是指在每个会计年度的上半年结束之时，由信息披露义务人依法制作并提交的、反映信息披露义务人在会计年度前 3 个月、9 个月的基本经营情况、财务情况等重大信息的法律文件。从会计学角度，中期报告包括半年度报告和季度报告。

2. 临时报告(temporary reports)

所谓临时报告，是指信息披露义务人就发生可能对证券交易价格产生较大影响，而投资者尚未得知的重大事件而发布的公告。根据《证券法》第67条的规定，发生可能对上市公司股票交易价格产生较大影响、而投资者尚未得知的重大事件时，上市公司应当立即将有关该重大事件的情况向国务院证券监督管理机构和证券交易所提交临时报告，并予公告，说明事件的实质。我国《证券法》第67条列举的重大事件包括：(1) 公司的经营方针和经营范围的重大变化；(2) 公司的重大投资行为和重大的购置财产的决定；(3) 公司订立重要合同，可能对公司的资产、负债、权益和经营成果产生重要影响；(4) 公司发生重大债务和未能清偿到期重大债务的违约情况；(5) 公司发生重大亏损或者重大损失；(6) 公司生产经营的外部条件发生的重大变化；(7) 公司的董事、1/3以上监事或者经理发生变动；(8) 持有公司5%以上股份的股东或者实际控制人，其持有股份或者控制公司的情况发生较大变化；(9) 公司减资、合并、分立、解散及申请破产的决定；(10) 涉及公司的重大诉讼，股东大会、董事会决议被依法撤销或者宣告无效；(11) 公司涉嫌犯罪被司法机关立案调查，公司董事、监事、高级管理人员涉嫌犯罪被司法机关采取强制措施；(12) 国务院证券监督管理机构规定的其他事项。

二、上市公司再融资的持续信息披露

（一）增发申请过程中的信息披露

1. 公告董事会决议。

2. 公告召开股东大会的通知。召开股东大会的通知应当于股东大会开会20日前公告。

3. 公告股东大会决议。股东大会通过本次发行议案后，公司应当在2个工作日内公布股东大会决议，公告中应当载明“该方案尚须报中国证券监督管理委员会核准”的字样。

（二）增发新股过程中的信息披露

增发新股过程中的信息披露，是指发行人从刊登招股意向书开始到股票上市为止，通过证监会指定报刊向社会公众发布的有关发行、定价及上市情况的各项公告。一般包括《招股意向书》《网上、网下发行公告》《网上或网下路演公告》《发行提示性公告》《网上、网下询价公告》《发行结果公告》以及《上市公告》等。

（三）上市公司发行新股《招股说明书》的编制和披露

这里的《招股说明书》与前面曾提到的上市公司发行新股时的《招股意向书》的区别，简单来说就是，《招股意向书》是缺少发行价格和数量的《招股说明书》，除此之外二者在编制方法和内容要求上没有区别，也不应当有区别。《公开发行证券的公司信息披露内容与格式准则第11号——上市公司发行新股招股说明书》规定了对上市公司发行新股《招股说明书》的编制和披露的要求。其大部分与首次公开发行时编制招股说明书的要求一致，只是更加强调了上市公司前次募集资金的运用情况。

（四）上市公司发行可转换公司债券的信息披露

根据《上市公司发行可转换公司债券实施办法》，发行人应及时披露任何对投资可转换公司债券有重大影响的任何信息。可转换债券的信息披露文件包括发行前的董事会和股东大会公告、募集说明书、上市公告书以及持续的信息披露文件（包括定期报告、临时报告等）。发行人应及时披露任何对投资可转换债券有重大影响的任何信息。可转换债券募集说明书、上市公告书应按中国证监会的有关规定编制和披露。根据中国证监会《公开发行证券的公司信息披露内容与格式准则第13号——可转换公司债券募集说明书》，申请发行可转换公司债券的上市公司，应按照此准则的要求制作和披露募集说明书，编制募集说明书摘要，作为向中国证监会申请发行可转换公司债券的必备法律文件，经中国证监会核准后，按规定披露。

【本章前沿问题】

□ **招股说明书的性质**

关于招股说明书的性质，主要有要约说和要约邀请说两种观点。

要约说认为，招股说明书是以股票发行人为一方向公众投资者为另一方发出的募集资金的意思表示，属于要约。要约邀请说认为，在招股说明书披露时，尚无法确定众多投资者未来的持股数量。招股说明书仅是向社会公众作出准备发行股票的意思表示，其关于投资者的内容并未具体确定，不符合法律规定的要约条件，其目的在于唤起社会公众向发行人发出要约，发行人作出承诺。因而招股说明书只是一种要约引诱、要约邀请。比较而言，要约邀请说更具有说服力。

与一般商事活动中的要约邀请相比，招股说明书有以下特点：(1) 招股说明书记载的事项具有要式性，必须符合中国证监会的规定。(2) 招股说明书的签署人不得作出假定前提的陈述，也不得声明免除其法定责任，各证券服务机构在各自专业范围内，须对相关文件的真实性、准确性和完整性承担法律责任。(3) 招股说明书虽非要约文件，但其应全面揭示与股票发行有关的各种信息，且所披露信息应准确、真实、完整，不得存在虚假、误导性陈述或者重大遗漏。

【本章思考题】

1. 如何理解信息披露的基本要求？
2. 如何理解招股说明书的性质？
3. 是否应该建立强制性信息披露制度？

第五章　上市公司收购制度

【导语】

上市公司收购是各国证券市场发展过程中的必然现象。它是公司并购的一种重要形式，也是实现公司间兼并控制的重要手段。尽管各国对上市公司收购的态度与政策取向不同，但立法宗旨却基本相同，即追求公正、透明和效率，保护投资者利益，维护公平竞争的市场环境，反对市场垄断，促进资源的有效配置。

学习本章，应掌握上市公司收购的概念、特征与种类，上市公司收购的基本原则，上市公司收购人资格，要约收购和协议收购的基本规则。

第一节　上市公司收购概述

一、上市公司收购的概念、特征与分类

（一）上市公司收购的概念及特征

上市公司收购是指收购人通过法定方式，取得上市公司一定比例的发行在外的股份，以实现对该上市公司控股或者合并的行为。它是公司并购的一种重要形式，也是实现公司间兼并控制的重要手段。在公司收购过程中，采取主动的一方称为收购人，而被动的一方则称为被收购公司或目标公司。

上市公司收购与一般收购相比，具有以下特征：

1. 上市公司收购的收购主体是投资者。投资者既可以是法人，也可以是自然人。投资者通过取得股份的方式成为一个上市公司的控股股东，或者通过投资关系、协议、其他安排的途径成为一个上市公司的实际控制人，均视为收购主体。

2. 上市公司收购无需经过目标公司经营者的同意。上市公司收购主体是收购人和目标公司股东，目标公司的经营者不是收购任何一方的当事人。收购人进行收购，只需与目标公司股东达成协议即可，无需征得目标公司经营者的同意。这是上市公司收购区别于其他并购形式的重要特征之一。

3. 上市公司收购的标的是目标公司发行在外的股份。上市公司收购并不是直接购买目标公司的资产，或以目标公司本身为交易对象实施吸收合并，而是在企业资产完全证券化的条件下，通过收购目标公司的股份来获取目标公司的控制权。公司预留的股票或未出售的股票，以及公司以自己的名义持有的本公司发行在外的股票，不属于收购的对象。公司债券亦不属于公司收购的对象。

4. 上市公司收购的目的主要在于获得对上市公司的控制权或对其实施兼并。由于股东对公司的控制是通过在股东大会上行使投票权来实现的，一个股东能否真正实现对公司的控制权取决于其所掌握的股东大会的投票权能否左右公司董事会的人选。而投票权和股份是不可分离

的，只有拥有股份达到一定数量才可以获得公司的控制权。

5. 上市公司的收购必须依法进行。上市公司的收购行为与一般交易行为不同，只要达到法律所界定的收购行为，就必须按照收购规则进行，无论是要约收购，还是协议收购、间接收购以及集中竞价收购，均须受上市公司收购制度的规范与约束。

（二）上市公司收购的分类

1. 按照收购方式，可分为要约收购、协议收购、间接收购和集中竞价收购。要约收购是指收购人通过向目标公司的股东发出收购要约的方式进行的收购。协议收购是指收购人通过与目标公司的股份持有人达成收购协议的方式进行的收购。间接收购是指收购人通过投资关系、协议、其他安排的途径，使其拥有权益的股份达到一个上市公司已发行股份的一定比例，从而成为上市公司实际控制人的收购。集中竞价收购是收购人通过证券交易所集中竞价交易的方式对目标公司进行的收购。我国《证券法》规定，投资者可以采取要约收购、协议收购及其他合法方式收购上市公司。

2. 按照收购人与目标公司是否合作，可分为敌意收购和友好收购。敌意收购是指收购人在收购开始前未与目标公司沟通，在目标公司毫无准备并予以抵制的情况下实施的收购。因此，敌意收购一旦公开，通常会遭到目标公司的反收购，即目标公司为抵制收购人的收购将采取各种反收购措施。友好收购是收购人与目标公司在收购开始前已相互沟通过，收购人在得到目标公司同意的情况下实施的收购。友好收购一般通过协议收购的方式来进行。

3. 按照收购是否构成法律义务，可分为自愿收购与强制收购。强制收购是指收购人在持有某一公司股份达到一定比例时，必须承担法律的强制性义务，而向该公司所有股东发出要约的收购。强制收购以外的收购均为自愿收购。

4. 依据收购目标公司股份的比例和数量，分为部分收购和全部收购，或称控股收购和合并收购。部分收购也称控股收购，是指收购人只收购上市公司发行在外的一定比例或数量的股票，以获得对上市公司的相对控制权的收购。全部收购也称合并收购，是指收购人收购上市公司发行在外的全部股票，以获得对上市公司的绝对控制权。全部收购以持有上市公司全部股票为结束标志，且目标公司一般为收购公司所兼并。

二、上市公司收购人

（一）上市公司收购人的概念

上市公司收购人是指意图通过取得股份的方式成为一个上市公司的控股股东，或通过投资关系、协议、其他安排的途径成为一个上市公司的实际控制人的投资者及其一致行动人。所谓控股股东，是指其出资额占有限责任公司资本总额50%以上或者其持有的股份占股份有限公司股本总额50%以上的股东；出资额或者持有股份的比例虽然不足50%，但依其出资额或者持有的股份所享有的表决权已足以对董事会成员的选任、股东大会的决议产生重大影响的股东。所谓实际控制人，是指虽不是公司的股东，但通过投资关系、协议或者其他安排，能够实际支配公司行为的人。

上市公司收购人包括投资者和一致行动人。所谓一致行动人是指在上市公司的收购及相关股份权益变动活动中有一致行动情形的投资者，且互为一致行动人。所谓一致行动是指投资者通过协议、其他安排，与其他投资者共同扩大其所能够支配的一个上市公司股份表决权数量的行为或者事实。我国2006年通过施行、2014年修订的《上市公司收购管理办法》第83条第2款，对投资者为一致行动人的情形作出了具体规定。

（二）上市公司收购人的资格

《上市公司收购管理办法》总结我国证券市场以往的经验教训，针对我国上市公司收购中存在的虚假收购和恶意收购，以及收购人无实力、不诚信，甚至掏空上市公司的问题，对收购人的主体资格予以规范，将存在证券市场失信行为、无实力、与上市公司存在利益冲突的收购人排除在外。规定有下列情形之一的，不得收购上市公司：(1) 收购人负有数额较大债务，到期未清偿，且处于持续状态；(2) 收购人最近3年有重大违法行为或者涉嫌有重大违法行为；(3) 收购人最近3年有严重的证券市场失信行为；(4) 收购人为自然人的，存在《公司法》第146条规定情形；(5) 法律、行政法规规定以及中国证监会认定的不得收购上市公司的其他情形。上述规定有利于防止收购人利用上市公司收购侵害上市公司及其股东的合法权益。

（三）上市公司收购人的法定义务

1. 公告义务。收购人实施要约收购，必须事先公告上市公司收购报告书。要约收购行为完成后，收购人应当在15日内公告收购情况。以协议方式收购上市公司时，达成协议后，收购人必须在3日内将该收购协议予以公告。在公告前不得履行收购协议。

2. 禁售义务。收购人在要约收购期限内，不得卖出被收购公司的股票。这是为了防止收购人利用上市公司收购，操纵上市公司的股价而实施假收购。

3. 守约义务。在收购要约确定的承诺期限内，收购人不得撤销其收购要约。收购人需要变更收购要约的，必须及时公告，载明具体变更事项。

4. 平等对待义务。收购要约中提出的各项收购条件，适用于被收购公司所有的股东。收购人在收购要约期限内，不得采取要约规定以外的形式和超出要约的条件买入被收购公司的股票。被收购的上市公司股东承诺出售的股份数额超过预定收购的股份数额的，收购人按比例进行收购。

5. 锁定义务。在上市公司收购中，收购人持有的被收购的上市公司的股票，在收购行为完成后的12个月内不得转让。

6. 报告义务。收购人发出收购要约，应当事先将上市公司收购报告书提交证券交易所。要约收购行为完成后，收购人应当在15日内将收购情况报告国务院证券监督管理机构和证券交易所。以协议方式收购上市公司时，达成协议后，收购人必须在3日内将该收购协议向国务院证券监督管理机构及证券交易所作出书面报告。

三、上市公司收购的基本原则

（一）目标公司股东待遇平等原则

目标公司股东待遇平等原则，是指在上市公司收购中，目标公司的所有股东均应获得平等待遇，即所有股东，不论大小，也不论持股的先后，他们在信息的获得、条件的适用、价格的提高以及出售股份的机会等方面均应被一视同仁。

目标公司股东待遇平等原则包括两方面的内容：一是目标公司股东有平等参与收购的权利，即“全体持有规则”与“按比例接纳规则”。所谓全体持有规则，是指在公开要约收购的情况下，收购人必须向所有持有其要约所欲购买股份的股东发出收购要约。所谓按比例接纳规则，是指收购人采取部分收购的情况下，目标公司股东承诺出售的股票数量超过其计划购买的数量时，收购人必须按比例购买所有同意出卖股份的股东的股票，而不论目标公司股东作出同意出卖其股份的意思表示的先后。我国《证券法》第 92 条规定："收购要约中提出的各项收购条件，适用于被收购公司所有的股东。"这一规定应视为全体持有人规则。《证券法》第 88 条第 2 款规定："收购上市公司部分股份的收购要约应当约定，被收购公司股东承诺出售的股份数额超过预定收购的股份数额的，收购人按比例进行收购。"这是对按比例接纳规则的法律确认。二是目标公司股东有权获得平等的收购条件，即"最好价格规则"。目标公司股东在收购中平等地享有收购人向任何股东提出的最高价要约，这是股东待遇平等原则最具实质意义的内容。如果收购人在要约期间内提高收购价格，那么该价格也必须适用于所有的受要约人。

（二）充分披露原则

充分披露原则又称透明原则，即与收购有关的重要信息均应充分披露，使面临收购的目标公司股东能够自行作出有依据的决定。这一原则有助于解决上市公司收购中的信息不对称问题，防止内幕交易和证券欺诈行为的发生，从而保护所有投资者的合法权益。

充分披露原则包含三方面的内容：一是大额持股信息披露。所谓大额持股信息披露，也称大股东持股信息披露，是指股东在持股达到一定比例时，有报告并披露其股份增减状况和持股意图的义务，并在持股达法定比例时，有要约收购的义务。大额持股信息披露使广大投资者对公司股份集中可能引起公司控股的变动情势有足够的警觉，同时也提醒投资者对所持有股票的真正价值重新加以评估，并在充分掌握信息的基础上，自主地作出投资判断，防止大股东以逐步收购的方式形成事实上的信息垄断和对股价的操纵。我国《上市公司收购管理办法》设专章对大股东的权益披露进行规范。二是收购人应将收购意图、收购要约以及与收购有关的信息予以充分披露。收购人收购要约的具体内容和收购意图是目标公司股东作出投资判断（持有或卖出）的主要依据。充分披露这方面的信息，有助于防止某些人利用公司收购内幕信息进行内幕交易。三是目标公司管理部门应对要约收购发表意见并公告，以供股东参考。目标公司管理部门还应披露存在的利益冲突。这是防止目标公司董事会成员谋取私利的一种有效措施，也是对董事会成员的一种有效监督方式。

（三）保护社会公众投资者利益原则

这一原则主要体现在上市公司收购人慢走规则中。我国《证券法》第 86 条规定，投资者通过证券交易所的证券交易持有或者通过协议、其他安排与他人共同持有一个上市公司已发行的股份达到 5%时，应当在该事实发生之日起 3 日内，向国务院证券监督管理机构、证券交易所作出书面报告，通知该上市公司，并予公告；在上述期限内，不得再行买卖该上市公司的股票。投资者持有或者通过协议、其他安排与他人共同持有一个上市公司已发行的股份达到 5%后，其所持该上市公司已发行的股份比例每增加或者减少 5%，应当依照规定进行报告和公告。在报告期限内和作出报告、公告后 2 日内，不得再行买卖该上市公司的股票。收购人在报告期限内和作出报告、公告后 2 日内暂停买卖上市公司股票，这有利于社会公众投资者作出证券投资决策，由于证券法对收购人采取慢走规则，社会公众投资者不仅有一定的时间考虑是否买卖被收购公司的股票，而且有一定的时间可能进行买卖。

（四）保护中小股东利益原则

保护中小股东的利益是各国证券立法的重点之一，在上市公司收购制度中也不例外。由于上市公司收购活动中目标公司的中小股东处于弱者地位，因此，各国的收购立法都对中小股东的利益给予了特别的关注。

保护中小股东利益主要体现在两方面：一是强制要约收购；二是强制购买剩余股票。强制要约收购，是指当收购人收购目标公司股份达法定比例后继续收购时，必须向目标公司的剩余股份持有者发出收购要约。其目的在于防止收购人凭借其控股地位压迫中小股东，而损害他们的合法权益，法律通过设置强制要约收购，为中小股东提供退出选择机制。强制购买剩余股票，是指当要约期满，要约收购人持有股份达到目标公司股份总数的绝对优势比例时（根据我国《证券法》的规定，达到75％以上），目标公司的其余股东有权以同等条件向收购要约人强制出售其股票，其目的与强制要约收购制度相同，旨在给中小股东以最后选择的权利，以显示法律的公平。

第二节 上市公司的要约收购

要约收购（tender offer，takeover bid），是指收购人通过向目标公司的股东发出收购要约的方式进行的收购。要约收购依据法律的强制性又分为自愿要约收购和强制要约收购。所谓自愿要约收购是指基于收购人的自愿而非法律的强制而进行的要约收购。强制要约收购是基于法律的强制规定而进行的要约收购。

一、要约收购适用条件与要约收购程序

（一）要约收购适用条件

要约收购的适用条件主要有两个：一是持股比例，二是继续进行收购。

1. 持股比例。根据《证券法》第88条规定，通过证券交易所的证券交易，投资者持有或者通过协议、其他安排与他人共同持有一个上市公司已发行的股份达到30％时，这里既包括直接持股，也包括间接持股。间接持股是指有控股关系的投资者所持有的股份，间接持股与直接持股应当合并计算。

2. 继续进行收购。这一条件是在前一个条件基础上产生的。这两个条件必须同时具备，才适用要约收购。即投资者通过证券交易所的证券交易持有，或者通过协议、其他安排与他人共同持有一个上市公司已发行的股份达到30％时，继续进行收购的，应当依法向该上市公司所有股东发出收购上市公司全部或者部分股份的要约。

根据《上市公司收购管理办法》的规定，以要约方式收购一个上市公司股份的，其预定收购的股份比例不得低于该上市公司已发行股份的5％。

（二）要约收购程序

根据我国《证券法》以及《上市公司收购管理办法》等法律、法规的规定，要约收购的程序，主要包括：

1. 编制并报送要约收购报告书。根据我国《上市公司收购管理办法》第28条的规定，以要约方式收购上市公司股份的，收购人应当编制要约收购报告书，聘请财务顾问，通知被收购公司，同时对要约收购报告书摘要作出提示性公告。本次收购依法应当取得相关部门批准的，收购人应当在要约收购报告书摘要中作出特别提示，并在取得批准后公告要约收购报告书。收购人还应当将要约收购报告书同时提交证券交易所。

2. 公告要约收购报告书。我国《证券法》第 89 条规定，收购人发出收购要约，必须事先公告上市公司收购报告书。根据《上市公司收购管理办法》第 29 条的规定，要约收购报告书应当载明下列事项：(1) 收购人的姓名、住所；收购人为法人的，其名称、注册地及法定代表人，与其控股股东、实际控制人之间的股权控制关系结构图；(2) 收购人关于收购的决定及收购目的，是否拟在未来 12 个月内继续增持；(3) 上市公司的名称、收购股份的种类；(4) 预定收购股份的数量和比例；(5) 收购价格；(6) 收购所需资金金额、资金来源及资金保证，或者其他支付安排；(7) 收购要约约定的条件；(8) 收购期限；(9) 公告收购报告书时持有被收购公司的股份数量、比例；(10) 本次收购对上市公司的影响分析，包括收购人及其关联方所从事的业务与上市公司的业务是否存在同业竞争或者潜在的同业竞争，是否存在持续关联交易；存在同业竞争或者持续关联交易的，收购人是否已作出相应的安排，确保收购人及其关联方与上市公司之间避免同业竞争以及保持上市公司的独立性；(11) 未来 12 个月内对上市公司资产、业务、人员、组织结构、公司章程等进行调整的后续计划；(12) 前 24 个月内收购人及其关联方与上市公司之间的重大交易；(13) 前 6 个月内通过证券交易所的证券交易买卖被收购公司股票的情况；(14) 中国证监会要求披露的其他内容。收购要约的期限不得少于 30 日，并不得超过 60 日。但是出现竞争要约的除外。

3. 预受与收购。预受是指受要约人同意接受要约的初步意思表示，在要约收购期限内不可撤回之前不构成承诺。根据我国《上市公司收购管理办法》的规定，在要约收购期限届满 3 个交易日前，预受股东可以委托证券公司办理撤回预受要约的手续，证券登记结算机构根据预受要约股东的撤回申请解除对预受要约股票的临时保管。在要约收购期限届满前 3 个交易日内，预受股东不得撤回其对要约的接受。

收购期限届满，发出部分要约的收购人应当按照收购要约约定的条件购买被收购公司股东预受的股份，预受要约股份的数量超过预定收购数量时，收购人应当按照同等比例收购预受要约的股份；以终止被收购公司上市地位为目的的，收购人应当按照收购要约约定的条件购买被收购公司股东预受的全部股份；未取得中国证监会豁免而发出全面要约的收购人应当购买被收购公司股东预受的全部股份。

收购期限届满后 3 个交易日内，接受委托的证券公司应当向证券登记结算机构申请办理股份转让结算、过户登记手续，解除对超过预定收购比例的股票的临时保管。

4. 收购结束报告与公告。收购上市公司的行为结束后，收购人应当在 15 日内将收购情况报告国务院证券监督管理机构和证券交易所，并予以公告。

二、要约的效力与要约收购的后果

（一）要约的效力

1. 在收购要约确定的承诺期限内，收购人不得撤销其收购要约。与一般要约不同，由于收购要约是一种向社会公众投资者发出的意思表示，如果允许发出要约的收购人随意撤销自己的要约，会使要约处于不稳定状态，这不仅对相对人即广大的投资者来说是不合理的，也不利于收购行为的正常进行。

2. 在收购要约确定的承诺期限内，不得随意变更收购要约中的事项。根据我国《证券法》第 91 条的规定，在收购要约确定的承诺期限内，收购人不得撤销其收购要约。收购人需要变更收购要约的，必须及时公告，载明具体变更事项。

3. 收购要约中提出的各项收购条件，适用于被收购公司所有的股东。即收购人收购股票时，对上市公司所有的股东，均应按照收购要约中约定的收购价格、期限、支付形式等条件统一执行。

4. 收购人在收购要约期限内，不得采取要约规定以外的形式和超出要约的条件买卖被收购公司的股票。我国《证券法》第 93 条的规定，是对收购人在收购要约期限内，买卖被收购公司股票的限制性规定。收购要约一经公告发出，就产生法律上的效力，不仅排除了要约以外的其他收购形式，也排除了以超出要约的条件买入被收购公司的股票。

（二）要约收购的法律后果

1. 维持上市资格。收购要约的期限届满，收购人持有的被收购公司的股份数未达到该公司已发行的股份总数 75%以上的，不影响该上市公司股票在证券交易所继续上市交易。收购人所持有的被收购的上市公司的股票，在收购行为完成后的 12 个月内不得转让。

2. 终止上市交易。《证券法》第 97 条规定，收购期限届满，被收购公司股权分布不符合上市条件的，该上市公司的股票应当由证券交易所依法终止上市交易。即收购期限届满，收购人持有的被收购公司的股份数达到该公司已发行的股份总数 75%以上的，该上市公司的股票应当在证券交易所终止上市交易。

3. 强制受让。根据《证券法》第 97 条的规定，收购期限届满，被收购公司股权分布不符合上市条件依法应当终止上市交易的，其余仍持有被收购公司股票的股东，有权向收购人以收购要约的同等条件出售其股票，收购人应当收购。

4. 变更企业形式。根据《证券法》第 97 条第 2 款的规定，收购行为完成后，被收购公司不再具备股份有限公司条件的，应当依法变更企业形式。

5. 更换股票、注销公司。根据《证券法》第 99 条的规定，收购行为完成后，收购人与被收购公司合并，并将该公司解散的，被解散公司的原有股票由收购人依法更换。公司合并后，应当注销被解散的公司。

第三节　上市公司的协议收购

一、协议收购的概念与特征

协议收购是指收购人在证券交易所之外，通过与目标公司股东协商一致达成协议，受让其持有的股份而进行的上市公司收购。协议收购的主要优点是收购成本较低，对股市冲击较小，但是它在信息公开、机会均等、交易公正方面具有很大的局限性。协议收购具有如下特征：

1. 协议收购的主体具有特定性。协议收购的出让方为目标公司的特定股东，受让方为收购人。而要约收购方式和集中竞价交易方式的出让方都是不特定的。

2. 协议收购具有场外交易的部分属性。与要约收购必须在证券交易所内公开进行不同，协议收购的特点是谈判不公开、价格不透明、时间不确定，其交易一般采取协议转让的方式，或采用大宗交易的方式，不采取场内竞价交易的方式，所以，协议收购具有场外交易的部分属性，一般需采取特殊的监管方式。

3. 协议收购交易便捷、成本低。协议收购与要约收购相比，其交易程序和法律规制相对简单,交易手续费低廉,可以迅速取得对目标公司的控制权。因此,协议收购在效率性上要优于要约收购,但公平性难以保障;要约收购在公平性上要优于协议收购,但在实践中难以取得预期的效果。①

二、协议收购的程序

1. 谈判并拟定收购协议草案。协议收购多属于善意收购,是收购双方或多方的自愿行为。因此,协议收购首先要进行谈判,即双方或各方对股权转让中的一系列问题进行磋商,并在协商一致的基础上,拟定收购协议草案。

2. 经协议双方或各方有关机构批准。大宗股份转让、受让一般均须经买卖各方当事人的股东会或董事会批准。涉及国家授权机构持有的股份的转让,或者须经行政审批方可进行的股份转让,协议收购相关当事人应当获得有关主管部门批准。

3. 签订收购协议。收购协议草案经双方或各方当事人的有关机构批准后,双方或各方当事人正式签订收购协议。

4. 报告与公告。《证券法》第 94 条第 2 款和第 3 款规定,以协议方式收购上市公司时,达成协议后,收购人必须在 3 日内将该收购协议向国务院证券监督管理机构及证券交易所作出书面报告,并予公告。在公告前不得履行收购协议。根据《上市公司收购管理办法》第 50 条的规定,收购人公告上市公司收购报告书时,应当提交相关的备查文件。

5. 委托中介机构保存股票与存放资金。采取协议收购方式的,协议收购的相关当事人应当向证券登记结算机构申请办理拟转让股份的临时保管手续,并将用于支付的现金存放于证券登记结算机构指定的银行账户。

6. 过户。收购报告书公告后,协议收购相关当事人应当按照证券交易所和证券登记结算机构的业务规则和要求,申请办理股份转让和过户登记手续。未按照规定履行报告、公告义务或者未按照规定提出申请的,证券交易所和证券登记结算机构不予办理股份转让和过户登记手续。

收购人在收购报告书公告后 30 日内仍未完成相关股份过户手续的,应当立即作出公告,说明理由;在未完成相关股份过户期间,应当每隔 30 日公告相关股份过户办理进展情况。

7. 收购结束报告与公告。按照《证券法》第 100 条的规定,收购上市公司的行为结束后,收购人应当在 15 日内将收购情况报告国务院证券监督管理机构和证券交易所,并予公告。

三、协议收购的法律后果

协议收购,除了会导致与要约收购相同的实体性法律后果外,还可能会引发以下收购程序性法律后果。

根据我国《证券法》第 96 条的规定,采取协议收购方式的,收购人收购或者通过协议、其他安排与他人共同收购一个上市公司已发行的股份达到 30%时,继续进行收购的,应当向该上市公司所有股东发出收购上市公司全部或者部分股份的要约。但是,经国务院证券监督管理机构免除发出要约的除外。

未取得豁免的,投资者及其一致行动人应当在收到中国证监会通知之日起 30 日内将其或者

---

① 程兴华:《我国上市公司协议收购与要约收购制度比较:基于公平与效率的视角》,载《财经论丛》2005 年第 7 期。

其控制的股东所持有的被收购公司股份减持到30%或者30%以下;拟以要约以外的方式继续增持股份的,应当发出全面要约。

【本章前沿问题】

□ 上市公司收购中反收购的法律问题

关于上市公司收购中反收购的问题,我国《证券法》未作规定。自我国第一起敌意收购事件——"宝安收购延中案"发生以来,类似事件时有发生,实践中被收购公司的反收购已见端倪。随着我国证券市场的发展,尤其是加入WTO后大量外资和外资企业的涌入,以及我国证券市场股权分置改革完成之后,股票全流通时代的到来,敌意收购和反收购行为将更为活跃,因此,国内学者也越来越多地关注并呼吁,完善我国上市公司收购中反收购的法律制度。

关于法律是否应赋予被收购公司以反收购权,在国外先后出现了否认被收购公司拥有反收购权和赋予被收购公司反收购权的两种不同的理论认识。一种是"公司控制权市场理论",即从股东利益最大化出发,肯定公司收购的价值,不主张反收购立法,反对授予被收购公司以反收购权。另一种是"利益相关者理论",即从维护公司的长远利益和公司利益相关者的共同利益出发,主张赋予被收购公司反收购权。被收购公司不能把维护股东利益最大化作为唯一目标,而应综合考虑公司利益相关者的共同利益、社会福利及其社会责任。面对敌意收购,可以采取相应的反收购措施,应当赋予被收购公司一定的反收购权。

中国证监会发布的《上市公司收购管理办法》(2014年最新修订),对反收购作出了适度限制。考虑到《证券法》的修改和全流通的市场环境,收购人通过要约、二级市场等多种方式进行敌意收购取得上市公司的控制权将成为可能,因此,《上市公司收购管理办法》并不禁止被收购公司董事会针对收购作出决策及采取措施,只是对反收购活动作出原则性规定,要求被收购公司董事会针对收购所作出的决策及采取的措施,应当有利于维护本公司及其股东的利益,不得滥用职权对收购设置不适当的障碍。如《上市公司收购管理办法》第33条规定:"收购人作出提示性公告后至要约收购完成前,被收购公司除继续从事正常的经营活动或者执行股东大会已经作出的决议外,未经股东大会批准,被收购公司董事会不得通过处置公司资产、对外投资、调整公司主要业务、担保、贷款等方式,对公司的资产、负债、权益或者经营成果造成重大影响。"这是我国对于被收购公司管理部门所采取的反收购措施,以部门规章的形式所作的法律应对。

【本章思考题】

1. 上市公司收购的概念及特征。
2. 上市公司收购的分类。
3. 上市公司收购应遵循的基本原则。
4. 要约收购的概念及特征。
5. 要约收购的基本程序和条件。
6. 收购要约的法律效力。
7. 协议收购的概念及特征。
8. 协议收购的基本程序。

【案例研讨】

南钢股份要约收购案例

（请扫描二维码或访问 http://2d.hep.cn/1322654/4）

第六章　证券市场主体

【导语】

证券市场主体是证券市场的参与者，除证券发行人之外，主要是指提供集中交易场所的证券交易所和为证券活动提供各种服务的证券机构或中介机构，它们是筹资者与投资者之间的桥梁，对证券市场的发展具有举足轻重的作用。本章以《证券法》为依据，阐述证券市场主体的设立、性质、相关职责、证券业务资格、行为规范等内容，并对证券登记结算机构和证券公司的法律地位问题作了初步分析。

本章的学习重点在于各种证券市场主体的性质、组织形式、权利、义务及行为规范。

第一节　证券交易所

一、证券交易所的性质与组织形式

（一）证券交易所的性质

证券交易所（stock exchange）是指依照法定条件设立的，为证券集中交易提供场所、设施，并依法履行相应职责，实行自律性管理的法人。按照其组织形式，通常分为会员制的证券交易所和公司制的证券交易所。按照其是否以营利为目的，分为营利性证券交易所和非营利性证券交易所。

关于我国证券交易所的性质，《证券法》第 102 条规定，证券交易所是为证券集中交易提供场所和设施，组织和监督证券交易，实行自律管理的法人。根据这一规定，我国证券交易所的性质具体体现为以下几方面：

1. 证券交易所是依法设立的法人组织。根据《证券法》规定，证券交易所的设立必须经国务院批准。证券交易所应有自己的资本、办公及交易场所和设施、交易所章程、组织机构和管理制度等，具备法人资格。

2. 证券交易所是为证券集中交易提供设施和服务的固定场所。证券交易场所分为场内交易场所和场外交易场所，证券交易所属于场内交易场所，是各国证券市场的典型组织形式。与场外交易场所相比，证券交易所提供完善的交易设施、市场行情揭示服务和严密的管理制度，从而保障证券交易的公平、合理、快捷、安全。

3. 证券交易所是实行自律性管理的法人。自律性管理是指证券交易所对其会员、上市公司和证券交易活动自律规则的监管。这种监管的强制性体现在，会员或上市公司一旦违反自律性规则，将受到自律性组织章程或规则的制裁，严重者甚至会被取消会员或上市公司资格。但证券交易所自身不是政府的职能部门，其内部依照交易所章程进行管理。

（二）证券交易所的组织形式

证券交易所的组织形式通常分为两种类型：一是会员制，二是公司制。会员制证券交易所是由证券公司会员或其他会员依法自愿设立的，旨在提供证券集中交易服务的非营利法人。参加证券交易所的会员是证券自营商和证券经纪商。目前，我国上海证券交易所和深圳证券交易所也都采取会员制的组织形式。但从我国《证券法》第105条的规定“实行会员制的证券交易所的财产积累归会员所有，其权益由会员共同享有，在其存续期间，不得将其财产积累分配给会员”来看，我国不排除设立公司制证券交易所的可能。公司制证券交易所是依照公司法和证券法等规定设立，由股东出资设立，并以其出资额为限对外承担有限责任。它以“有限公司”或“股份公司”命名，旨在提供证券集中交易服务的营利性法人组织。

二、证券交易所的职能与组织机构

（一）证券交易所的职能

监管和服务是证券交易所的两大职能。具体来说，证券交易所的职能可归纳如下：

1. 对证券交易的监管和服务。证券交易所对证券交易方面的监管和服务主要有：(1) 制定证券交易规则。《证券法》第118条规定，证券交易所依照证券法律、行政法规制定上市规则、交易规则、会员管理规则和其他有关规则，并报国务院证券监督管理机构批准。(2) 对证券交易进行实时监控。《证券法》第115条第1款规定，证券交易所对证券交易实行实时监控，并按照国务院证券监督管理机构的要求，对异常的交易情况提出报告。(3) 对异常证券交易进行限制。《证券法》第115条第3款规定，证券交易所根据需要，可以对出现重大异常交易情况的证券账户限制交易，并报国务院证券监督管理机构备案。(4) 依法使用技术性停牌和临时停市措施。《证券法》第114条规定，因突发性事件而影响证券交易的正常进行时，证券交易所可以采取技术性停牌的措施；因不可抗力的突发性事件或者为维护证券交易的正常秩序，证券交易所可以决定临时停市。证券交易所采取技术性停牌或者决定临时停市，必须及时报告国务院证券监督管理机构。(5) 公开证券交易信息。《证券法》第113条规定，证券交易所应当为组织公平的集中交易提供保障，公布证券交易即时行情，并按交易日制作证券市场行情表，予以公布。未经证券交易所许可，任何单位和个人不得发布证券交易即时行情。证券交易所对证券交易即时行情拥有知识产权。

2. 对证券公司和上市公司的监管和服务。这主要包括对证券公司市场准入和对上市公司信息披露的监管和服务。例如《证券法》第110条、第121条的规定。在证券交易所内从事证券交易的人员，违反证券交易所有关交易规则的，由证券交易所给予纪律处分；对情节严重的，撤销其资格，禁止其入场进行证券交易。

（二）证券交易所的组织机构

会员制证券交易所的组织机构通常由会员大会、理事会、总经理和专门委员会组成。会员大会为证券交易所的最高权力机构。理事会是证券交易所的决策机构，其地位类似于公司制证券交易所的董事会。理事会由会员理事和非会员理事组成。一般来说，总经理是理事会的辅助执行机构，在理事会领导下负责证券交易所的日常管理工作，通常由理事会聘任。但我国《证券法》第107条规定，证券交易所设总经理一人，由国务院证券监督管理机构任免。

三、证券交易所的设立和解散

证券交易所的设立有三种类型：一是特许制，即证券交易所的设立须经证券主管部门的批准。该制度以日本等国为代表。二是登记制,即证券交易所的设立须向证券主管部门登记。该制度以美国为代表。三是承认制,即证券交易所的管理以自律为原则,政府主管部门予以承认。该制度以英国为代表。我国证券交易所的设立属于特许制。根据我国《证券法》第102条的规定,证券交易所的设立,由国务院决定。

证券交易所的解散有两种情形:一是自愿解散,即出现章程规定的解散事由,由会员大会决议解散,报经证券主管部门批准。二是强制解散,即因违法行为而被证券主管部门作出解散的决定。我国《证券法》第102条规定,证券交易所的解散,由国务院决定。

四、证券交易所的行为规则

1. 不得以营利为目的。目前,我国的证券交易所不得以营利为目的,证券交易所可以自行支配的各项费用收入,应当首先用于保证其证券交易场所和设施的正常运行并逐步改善。

2. 会员代理交易制。进入证券交易所参与集中交易的,必须是证券交易所的会员。投资者应当与证券公司签订证券交易委托协议,并在证券公司开立证券交易账户,以书面、电话以及其他方式,委托该证券公司代其买卖证券。

3. 设立风险基金。《证券法》第116条规定,证券交易所应当从其收取的交易费用和会员费、席位费中提取一定比例的金额设立风险基金。风险基金由证券交易所理事会管理。证券交易所设立风险基金,主要是用于弥补证券交易所因不可抗力或重大事故而产生的损失,以确保交易所能正常运转。风险基金是来源于证券交易所收取的交易费用、会员费、席位费。

4. 风险基金管理制度。证券交易所应当将收存的风险基金存入开户银行专门账户,不得擅自使用。此项风险基金不属于证券交易所财产,而属于风险基金缴纳者的合法财产。

5. 回避制度。证券交易所的负责人和其他从业人员在执行与证券交易有关的职务时,与其本人或者其亲属有利害关系的,应当回避。

6. 不得改变交易结果。按照依法制定的交易规则进行的交易,不得改变其交易结果。对交易中违规交易者应负的民事责任不得免除。

第二节 证券登记结算机构

一、证券登记结算机构的概念和性质

(一) 证券登记结算机构的概念

在我国,证券登记结算机构(securities registration and clearing institution)是指经中国证监会批准设立,为证券交易提供集中登记、存管与结算服务的不以营利为目的的法人。证券登记结算机构作为一个法人,具有民事权利能力和民事行为能力,依法独立享有民事权利和承担义务。

中国证券登记结算有限责任公司是经中国证监会批准、在工商登记机关登记注册的法人组织。目前,上海、深圳证券交易所内的证券公开发行与买卖、登记、存管和结算服务等业务,均通过中国证券登记结算有限责任公司上海、深圳分公司进行。

(二) 证券登记结算机构的性质

关于证券登记结算机构的设立,国外有两种模式,即财团法人制和公司制。财团法人是为一

定的目的而设立，并由专门委任的人按规定目的使用的各种财产，称为财产的组合。公司制证券登记结算机构是为营利目的而设立、为股东获取利润的法人组织。我国现有的证券登记结算机构虽然以“公司”命名，但其不以营利为目的、不向其结算会员分配利润，因而在性质上依然属于非营利法人。所谓“不以营利为目的”，是相对以营利为目的而言的，是指不从事生产经营活动、不为设立人获取利润。

二、证券登记结算机构的设立条件

根据《证券法》第 156 条的规定，设立证券登记结算机构必须具备以下条件：

1. 资金条件。证券登记结算机构的自有资金不少于人民币 2 亿元。

2. 场所和设备条件。固定经营场所是任何一个法人组织开展活动的前提，证券登记结算机构也应具有与其提供服务所必需的经营场所。证券登记结算机构应该具有证券登记、存管与结算服务所必需的设施，如先进的电脑设备、通讯设备，有完整的数据安全保护和数据备份措施等，以防范并减少证券交易登记和清算的风险。

3. 人员条件。证券登记结算机构的主要管理人员和从业人员必须具有证券从业资格。

4. 有合法确定的名称。证券登记结算机构应标明“证券登记结算”字样，其他任何单位均不能标明该名称。

5. 国务院证券监督管理机构规定的其他条件。

三、证券登记结算机构的职能

证券登记结算机构的职能是指证券登记结算机构的业务范围。根据《证券法》第 157 条的规定，证券登记结算机构的职能主要包括：

1. 证券账户、结算账户的设立。证券账户是由证券登记结算机构为证券投资者开出的、记载其证券持有及变更的权利凭证。除国家法律、法规禁止开设账户的自然人和法人外，其他自然人和法人可以凭有效证件，到证券登记结算机构申请设立证券账户，发给证券账户卡。禁止法人以个人名义开立账户。结算账户是指用于结算证券交易业务的钱券交割而在证券登记结算机构开立的账户。通过它，证券登记结算机构可以进行证券交易所上市证券交易的结算和交收。《证券法》第 166 条规定，投资者委托证券公司进行证券交易，应当申请开立证券账户。证券登记结算机构应当按照规定以投资者本人的名义为投资者开立证券账户。投资者申请开立账户，必须持有证明中国公民身份或者中国法人资格的合法证件。国家另有规定的除外。

2. 证券的存管和过户。存管是指由证券登记结算公司代为保管投资者拥有的实物证券；在证券无纸化情况下，存管则是指保存证券的电子记录。证券存管有利于防止违法卖空行为的发生，同时也可保证证券的及时登记过户。投资者在证券市场上买进证券并成交以后，证券登记结算机构自动为其办理变更所有人名册手续，这种办理所有权变更的手续称为过户。

3. 证券持有人名册登记。证券登记结算机构根据证券交易中结算、交收、过户的结果，进行证券持有人名册集中登记。证券登记结算机构制作的名册具有权利证明效力。

4. 证券交易所上市证券交易的清算与交收。清算是指证券登记结算机构通过与证券交易所、清算银行和结算会员单位（主要是证券公司）之间的联网，对各会员证券买卖成交后彼此之间应转移的资金或证券的具体数量分别予以抵消，以净额结算方式完成证券和资金的收付。交收是指投资者与接受委托的证券公司之间完成证券和资金交付的过程。

5. 受证券发行人委托派发证券权益。证券发行人委托证券登记结算机构依据登记名册派发证券权益。

6. 办理与上述业务有关的查询。上述业务均属于为投资者、证券发行人及证券公司提供服务的范畴，与此业务服务性质相适应，规定证券登记结算机构承担相关业务的查询，这是证券登记结算机构登记、存管、过户、结算、交收等基本业务之延伸业务。

7. 国务院证券监管机构批准的其他业务。

四、证券登记结算机构的权利义务

根据《证券法》和《证券交易所管理办法》的规定，证券登记结算机构的主要权利和义务如下。

（一）证券登记结算机构的权利

1. 有权拒绝他人随意查询证券持有人名册以及相关资料。证券登记结算机构与证券持有人（投资者）之间基于委托保管合同关系，其作为保管人有义务妥善保管寄存的财产，不得使其遭受损失或被第三人不当使用，并对投资者负有保密的义务。因此，除证券持有人本人或者其授权的受托人、证券发行人、中国证监会及其派出机构、人民法院、人民检察院以及公安机关依照法律、法规的规定和程序进行的查询外，证券登记机构有权拒绝其他单位和个人查询证券持有人名册以及相关证券资料。

2. 有权要求结算会员缴纳结算风险基金。证券登记结算机构基于结算风险的存在，可以要求结算会员即证券公司按照证券交易业务量的一定比例缴纳结算风险基金。证券结算风险基金应当存入指定银行的专门账户，实行专项管理。

3. 有追偿的权利。证券结算风险基金是一种化解证券市场风险的基金，当出现《证券法》所规定的“因技术故障、操作失误等原因造成的损失”而由证券登记结算机构用风险基金作出先行赔偿后，如果属于“他人”责任造成的损失，则证券登记结算机构应当向“他人”进行追偿。即《证券法》第 164 条第 2 款规定，证券登记结算机构以证券风险基金赔偿后，应当向有关责任人追偿。

（二）证券登记结算机构的义务

1. 证券法定保管义务。《证券法》第 159 条规定：“证券持有人持有的证券，在上市交易前，应当全部存管在证券登记结算机构。证券登记结算机构不得挪用客户的证券。”

2. 资料善管和提供义务。证券登记结算机构作为专业型服务机构，应依照证券行业通行的规则和标准，以善良管理人的标准从事有关资料管理和提供义务。

3. 保证业务正常进行的义务。为保证证券登记结算业务的正常进行，确保证券市场的稳定，证券登记结算机构应当采取下列措施：(1) 具有必备的服务设备和完善的数据安全保护措施。(2) 建立健全的业务、财务和安全防范等管理制度。(3) 建立完善的风险管理系统。

4. 建立证券结算风险基金的义务。证券结算风险基金是指用于垫付或者弥补证券登记结算公司因违约交收、技术故障、操作失误、不可抗力造成的证券登记结算机构的损失，以及防范与证券结算业务相关的重大风险事故而设立的专项基金。《证券法》将使用基金的条件限定为违约交收、技术故障、操作失误和不可抗力四种原因，证券登记结算机构不得将基金用于改善设备、提高集体福利等其他目的。

5. 结算资金和证券专项管理义务。我国《证券交易所管理办法》第 72 条规定，证券交易所的会员为参加证券交易所而缴存的清算头寸、清算交割准备金，应当由证券登记结算机构专项储存。证券登记结算机构应当在业务规则中明确上述资金的用途和收取标准，并对上述资金严格管理，严禁透支，不得挪作他用。《证券法》第168条对此也作出规定，证券登记结算机构按照业务规则收取的各类结算资金和证券，必须存放于专门的清算交收账户，只能按业务规则用于已成交的证券交易的清算交收，不得被强制执行。

6. 提供净额结算服务。证券登记结算机构为证券交易提供净额结算服务时，应当要求结算参与人按照货银对付的原则，足额交付证券和资金，并提供交收担保。在交收完成之前，任何人不得动用用于交收的证券、资金和担保物。结算参与人未按时履行交收义务的，证券登记结算机构有权按照其业务规则处理上述财产。

第三节　证券公司

一、证券公司的概念及法律地位

（一）证券公司的概念

在我国，证券公司(securities corporation)是指经中国证监会批准设立的、从事证券经营业务的有限责任公司或股份有限公司。为了使证券公司能有效地以自己的名义开展各种经营活动，我国《证券法》第126条要求证券公司名称中必须写明“证券有限责任公司”或者“证券股份有限公司”字样，否则，就不会获准成立。

（二）证券公司的法律地位

在证券市场上，为什么除了证券发行人、投资者以及提供集中交易服务的证券交易所和提供证券登记结算业务的证券登记结算机构外，还需要证券公司的存在？这是因为，证券发行人、投资者和证券交易所不可能自动地完成证券的发行和交易工作，需要通过证券公司这一重要桥梁才能完成。证券（尤其是股票和公司债券）的发行与交易，一般都要通过证券公司来完成。可以说，证券公司是沟通证券发行与交易的重要中间环节。它的存在，有利于推动证券市场的高效运转，降低社会融资成本。因此，证券公司的经营范围和组织形式决定了其法律地位。这种法律地位表现为它既区别于证券发行人、投资者，也区别于证券交易所。

二、证券公司业务范围

在国外，证券公司又称证券商(securities trader)。根据证券商业务性质的不同，把证券商一般分为证券承销商、证券自营商、证券经纪商和证券综合商四种。我国《证券法》第125条规定：“经国务院证券监督管理机构批准，证券公司可以经营下列部分或者全部业务：(一)证券经纪；(二)证券投资咨询；(三)与证券交易、证券投资活动有关的财务顾问；(四)证券承销与保荐；(五)证券自营；(六)证券资产管理；(七)其他证券业务。”

下面对证券公司的业务范围作一分析：

1. 证券经纪。证券经纪业务是指证券公司根据投资者的证券买卖指令，以自己的名义和账户代理证券的买卖、还本付息、分红派息、证券代保管、鉴证和代理登记开户等业务活动。

2. 证券投资咨询。证券投资咨询业务是指证券公司及其业务人员向客户提供相关的投资分析、建议和服务等业务。证券投资咨询的含义极其宽泛。

3. 与证券交易、证券投资活动有关的财务顾问。与证券交易、证券投资活动有关的财务顾问业务是指证券公司为客户提供与证券交易、证券投资活动有关的、有特定要求的方案设计和研究等业务。

4. 证券承销与保荐。[①] 证券承销业务，是证券公司以证券承销商身份，根据证券发行人委托，为证券发行人销售股票或公司债券的业务。保荐是指有资格的保荐人对所推荐的公司公开发行股票、可转换为股票的公司债券所提供的持续性训示、督促、辅导和信用担保服务。

5. 证券自营。证券自营业务即证券的自营买卖，即证券公司以自己的名义、以自有资金、为了自己的利益从事的证券买卖业务。证券公司办理自营业务，应当专门开设自营账户，自营账户应当与经纪业务账户分开管理，不得混合操作。

6. 证券资产管理。证券资产管理是指证券公司作为受托方，在一定期限内受客户的委托、以委托人的名义、在委托人的账户上为其办理资产或者财产估价、管理、运用、处置、变现、买卖等事务，由此导致的投资风险由客户承担。这类似于基金资产的管理业务。

7. 其他证券业务。这是指经中国证监会批准的其他证券业务，如融资融券业务。

此外，证券公司不得超出核定的业务范围经营证券业务和其他业务。

三、证券公司的设立、变更与终止

(一) 证券公司的设立条件

关于证券公司的设立，我国《证券法》第 122 条规定："设立证券公司，必须经国务院证券监督管理机构审查批准。未经国务院证券监督管理机构批准，任何单位和个人不得经营证券业务。"按照这一条的规定，我国对证券公司的设立实行审批制(许可制)。同样，我国证券公司设立分支机构必须经中国证监会审核批准。成立证券公司，除《公司法》规定公司成立的一般条件外，还要符合《证券法》第 124 条和中国证监会的有关规定。具体包括：

1. 有符合法律、行政法规规定的公司章程。关于公司章程的要求，可参阅本书第三编"公司法"中的有关内容。

2. 股东资格要求。证券公司的股东除应当符合《公司法》规定的一般条件外，还应当符合如下条件：主要股东具有持续盈利能力，信誉良好，最近 3 年无重大违法违规记录，净资产不低于人民币 2 亿元；证券公司的股东有虚假出资、抽逃出资行为的，中国证监会应当责令其限期改正，并可责令其转让所持证券公司的股权。在股东按照要求改正违法行为、转让所持证券公司的股权前，中国证监会可以限制其股东权利。

3. 注册资本的要求。证券公司经营《证券法》第 125 条规定的"证券经纪、证券投资咨询、与证券交易、证券投资活动有关的财务顾问"业务的，注册资本最低限额为人民币 5 000 万元；经营"证券承销与保荐、证券自营、证券资产管理和其他证券业务之一"的，注册资本最低限额为人民币 1 亿元；经营"证券承销与保荐、证券自营、证券资产管理和其他证券业务中两项以上"的，注册资本最低限额为人民币 5 亿元。证券公司的注册资本应当是实缴资本。国务院证券监督管理机构根据审慎监管原则和各项业务的风险程度，可以调整注册资本最低限额，但不得少于上述

---

① 关于证券承销与保荐业务，请参阅本书第四编第二章"证券发行与承销"的有关内容。

限额。

4. 主要管理人员和业务人员资格要求。证券公司的董事、监事、高级管理人员应具备任职资格，从业人员应具有证券从业资格。根据《证券法》第131条的规定，证券公司的董事、监事、高级管理人员，应当正直诚实，品行良好，熟悉证券法律、行政法规，具有履行职责所需的经营管理能力，并在任职前取得中国证监会核准的任职资格。

有《公司法》第146条规定的情形或者下列情形之一的，不得担任证券公司的董事、监事、高级管理人员：(1) 因违法行为或者违纪行为被解除职务的证券交易所、证券登记结算机构的负责人或者证券公司的董事、监事、高级管理人员，自被解除职务之日起未逾5年；(2) 因违法行为或者违纪行为被撤销资格的律师、注册会计师或者投资咨询机构、财务顾问机构、资信评级机构、资产评估机构、验证机构的专业人员，自被撤销资格之日起未逾5年。证券公司的董事、监事、高级管理人员未能勤勉尽责，致使证券公司存在重大违法违规行为或者重大风险的，中国证监会可以撤销其任职资格，并责令公司予以更换。

根据《证券法》第132条、第133条的规定，因违法行为或者违纪行为被开除的证券交易所、证券登记结算机构、证券服务机构、证券公司的从业人员和被开除的国家机关工作人员，不得招聘为证券公司的从业人员。国家机关工作人员和法律、行政法规规定的禁止在公司中兼职的其他人员，不得在证券公司中兼任职务。

5. 有完善的风险管理与内部控制制度。证券公司应当建立健全内部控制制度，采取有效隔离措施，防范公司与客户之间、不同客户之间的利益冲突。证券公司必须将其证券经纪业务、证券承销业务、证券自营业务和证券资产管理业务分开办理，不得混合操作。

6. 有合格的经营场所和业务设施。合格的经营场所和业务设施可以是公司自行购买、股东入股或向他人租赁使用等三种形式之一。

7. 法律、行政法规规定的和经国务院批准的中国证监会规定的其他条件。

（二）证券公司设立的程序

1. 申请。凡具备《证券法》《公司法》等规定关于证券公司设立条件者，均可向中国证监会提出证券公司设立申请。证券公司申请报批前，应当依法办理公司名称预先核准。

2. 审批。中国证监会应当自受理证券公司设立申请之日起6个月内，依照法定条件和法定程序并根据审慎监管原则进行审查，作出批准或者不予批准的决定，并通知申请人；不予批准的，应当说明理由。筹建申请人完成筹建工作并经中国证监会验收合格后，方可申请开业。

3. 公司设立登记。证券公司设立申请获得批准的，申请人应根据《公司登记管理条例》的规定、在规定的期限内向公司登记机关申请设立登记，领取营业执照。证券公司应当自领取营业执照之日起15日内，向国务院证券监督管理机构申请经营证券业务许可证。

（三）证券公司登记事项的变更

《证券法》第129条规定，证券公司设立、收购或者撤销分支机构，变更业务范围或者注册资本，变更持有5%以上股权的股东、实际控制人，变更公司章程中的重要条款，合并、分立、变更公司形式、停业、解散、破产，必须经国务院证券监督管理机构批准。

（四）证券公司的终止

证券公司的终止，是指已获准成立的证券公司，因一定事由的发生而丧失其民事主体资格，不再具有民事权利能力与行为能力的状态。导致证券公司终止的事由有以下三种情形：

1. 自行解散。证券公司可因其章程规定的解散事由出现而决定自行解散。当然，证券公司自行解散必须经中国证监会批准。

2. 中国证监会依法予以撤销。在证券公司存续期间，如发生严重违法行为，中国证监会可以取消其经营证券业务资格。

3. 依法被宣告破产。如果证券公司的资产不能清偿到期债务，人民法院可根据债权人或债务人的申请，依法宣告其破产。

四、证券公司及其从业人员的管理

（一）证券从业人员任职管理

根据中国证监会发布的《证券业从业人员资格管理办法》的规定，证券公司中从事自营、经纪、承销、投资咨询、受托投资管理等业务的专业人员，包括相关业务部门的管理人员都属从事证券业务的专业人员，必须具有证券从业资格。证券经营机构不得聘用未取得执业证书的人员对外开展证券业务。

（二）证券公司的风险管理

1. 净资本与负债比例的管理。为强化证券公司的财务基础及偿债能力，稳定证券市场秩序，对证券公司的净资本与负债总额作出一定的限制是非常必要的。我国《证券法》第 130 条对此作了原则性规定。为此，证券公司不得为其股东或者股东的关联人提供融资或者担保。证券公司的净资本或者其他风险控制指标不符合规定的，中国证监会应当责令其限期改正；逾期未改正，或者其行为严重危及该证券公司的稳健运行、损害客户合法权益的，中国证监会可以区别情形，对其采取下列措施：(1) 限制业务活动，责令暂停部分业务，停止批准新业务；(2) 停止批准增设、收购营业性分支机构；(3) 限制分配红利，限制向董事、监事、高级管理人员支付报酬、提供福利；(4) 限制转让财产或者在财产上设定其他权利；(5) 责令更换董事、监事、高级管理人员或者限制其权利；(6) 责令控股股东转让股权或者限制有关股东行使股东权利；(7) 撤销有关业务许可。证券公司整改后，应当向中国证监会提交报告。中国证监会经验收，符合有关风险控制指标的，应当自验收完毕之日起 3 日内解除对其采取的有关措施。

2. 交易风险准备金的管理。交易风险准备金，又称营业保证金，是依证券公司营业风险程序，由证券公司依照法定标准或者比例提取缴纳的，以备承担法律责任的准备金。我国《证券法》规定，证券公司从每年的税后利润中提取交易风险准备金，用于弥补证券交易的损失。

3. 交易结算资金的管理。证券公司客户的交易结算资金应当存放在商业银行，以每个客户的名义单独立户管理。具体办法和实施步骤由国务院规定。证券公司不得将客户的交易结算资金和证券归入其自有财产。禁止任何单位或者个人以任何形式挪用客户的交易结算资金和证券。证券公司破产或者清算时，客户的交易结算资金和证券不属于其破产财产或者清算财产。非因客户本身的债务或者法律规定的其他情形，不得查封、冻结、扣划或者强制执行客户的交易结算资金和证券。

4. 证券公司融资、融券交易的管理。《证券法》第 142 条规定，证券公司为客户买卖证券提供融资融券服务，应当按照国务院的规定并经国务院证券监督管理机构批准。

5. 证券公司报送信息和资料的管理。证券公司应当按照规定向中国证监会报送业务、财务等经营管理信息和资料。

6. 证券公司重大风险处置和管理。(1) 限制股东行使权利。(2) 撤销董事、监事、高级管理人员的任职资格。(3) 责令停业整顿，指定其他机构托管、接管或者撤销。(4) 对该证券公司直接负责的董事、监事、高级管理人员和其他直接责任人员采取措施：通知出境管理机关依法阻止其出境；申请司法机关禁止其转移、转让或者以其他方式处分财产，或者在财产上设定其他权利。

（三）证券公司的禁止行为

1. 证券公司不得接受投资者的全权委托。全权委托是指投资者向证券公司作出的、由证券公司决定证券买卖、选择证券品种、决定买卖数量或者买卖价格的委托指令。

2. 证券公司不得对投资者利益作出非法承诺。在证券经纪业务中，证券公司只是代客买卖证券，客户作为投资者应承担证券交易的风险。证券公司不得以任何方式对客户证券买卖的收益或者赔偿证券买卖的损失作出承诺。

3. 证券公司不得私下接受委托。证券交易是在指定营业场所进行的阳光下交易，因此，证券公司及其从业人员不得未经过其依法设立的营业场所私下接受客户委托买卖证券。

第四节　证券服务机构

一、证券服务机构的概念与种类

证券服务机构是指为证券的发行、交易和相关投资活动提供专业服务的中介机构。这些中介机构包括证券投资咨询机构、财务顾问机构、资信评级机构、律师事务所、会计师事务所、资产评估机构和土地评估事务所等其他证券服务机构。

投资咨询机构、财务顾问机构、资信评级机构、资产评估机构、会计师事务所从事证券服务业务，必须经中国证监会和有关主管部门批准。前三种机构从事证券服务业务的人员，必须具备证券专业知识和从事证券业务或者证券服务业务二年以上经验。

二、证券投资咨询公司的义务和责任

1. 证券投资咨询公司的概念。证券投资咨询公司，又称证券投资顾问公司，是指对普通证券投资者、证券发行人和证券交易者筹资活动、投资交易提供咨询服务的专业公司。

2. 证券投资咨询公司的义务和责任。

证券投资咨询公司及其从业人员从事证券服务业务不得从事下列行为：(1) 代理委托人从事证券投资；(2) 与委托人约定分配证券投资收益或者分担证券投资损失；(3) 买卖本咨询机构提供服务的上市公司的股票；(4) 利用传播媒介或者通过其他方式提供传播虚假或者误导投资者的信息；(5) 法律、行政法规禁止的其他行为。

证券投资咨询机构及其从业人员有上述行为之一，给投资者造成损失的，依法承担赔偿责任。

三、其他证券服务机构的义务和责任

根据《证券法》第 173 条的规定，证券服务机构为证券的发行、上市、交易等证券业务活动制作、出具审计报告、资产评估报告、财务顾问报告、资信评级报告或者法律意见书等文件，应当勤

勉尽责,对所依据的文件资料内容的真实性、准确性、完整性进行核查和验证。其制作、出具的文件有虚假记载、误导性陈述或者重大遗漏,给他人造成损失的,应当与发行人、上市公司承担连带赔偿责任,但是能够证明自己没有过错的除外。

第五节 证券业协会

一、证券业协会的性质与职责

证券业协会是证券业的自律性组织,它是依法设立的对证券行业进行自律性管理的具有法人资格的社会团体组织。其性质属于自律性社会团体法人。我国证券业协会组织为中国证券业协会,成立于1991年8月28日,是全国证券业自律性管理的组织,具有社团法人资格。我国《证券法》第176条规定了证券业协会的职责。

二、证券业协会的会员

根据《中国证券业协会章程》规定,协会的会员分为团体会员与个人会员。凡依法批准设立的证券交易所、专门经营证券业务的证券公司和兼营证券业务的金融机构及团体,承认协会章程、遵守协会的各项规则,均可申请加入协会,成为协会的团体会员。协会根据需要吸收证券市场管理部门有关领导及从事证券研究及业务工作的专家、学者为协会的个人会员。但我国《证券法》规定,证券公司应当加入证券业协会。

三、证券业协会的组织机构

证券业协会作为社会团体法人应当有自己的组织机构,其组织机构一般由会员大会、理事会、监事会三部分组成。

1. 会员大会。证券业协会的权力机构为全体会员组成的会员大会。证券业协会章程由会员大会制定,并报国务院证券监督管理机构备案。

2. 理事会。证券业协会设理事会,是协会的执行机构,理事会成员依章程的规定由选举产生。

3. 监事会。证券业协会的监事会由会员大会选举产生的监事组成。

【本章前沿问题】

□ 如何理解证券公司与证券交易客户之间的关系性质

关于证券公司与证券交易客户的关系,理论界主要有两种观点:代理说和行纪说。

一些学者认为,证券公司受客户委托进行证券交易,证券交易的风险和法律后果由客户承担,二者之间应当是代理人与委托人的关系。

另一些学者则认为,证券公司以自己的名义实施证券交易行为,行为的法律后果转由委托人承担,这符合行纪的特征,且行纪人一般为依法设立的从事特定行业的经济组织,因而,二者间的关系应当是行纪关系。

【本章思考题】

1. 证券交易所的基本职能是什么？
2. 为什么要建立全国统一的证券登记结算机构？如何认识证券登记结算机构的性质？
3. 如何理解证券经纪法律关系的性质？

第七章　证券监管制度

【导语】

证券监管制度的基本问题是监管目标和原则的确立，而核心问题则是监管体制的确立与运行，即证券监管机构的职责与权限划分及其相互协调。如何建立适合我国证券市场发展的科学、合理、高效的证券监管体系与监管制度，是我国证券监管有待进一步解决的重大理论与实践课题。

学习本章，应了解并掌握证券监管的目标、原则，证券监管体制的概念及类型，我国证券监管体制以及证券监督管理机构的职责范围。

第一节　证券监管概述

证券监管也称证券市场的监管，是指监管机构依据证券法规，对证券发行、交易和服务活动实施的监督与管理，是金融监管的重要组成部分。证券监管制度就是关于证券监管机构对证券发行、交易与服务活动实施监督管理的一系列规范的总称。它包括证券监管的目标和原则、证券监管体制、证券监管机构的性质、职责权限、法律责任以及证券监管的国际合作等内容。证券监管制度是证券法律制度的重要内容，也是金融监管制度的重要组成部分。

一、证券监管的目标

证券监管目标是指证券监管机构对证券市场实施监督管理所要达到的宏观或具体的目的。它既是证券监管的出发点，又是证券监管的落脚点。

1. 保护投资者。保护投资者利益是证券立法的基本宗旨，也是证券监管的最基本目标。实现这一监管目标，首先是加强信息披露，完善信息披露制度，这是对投资者进行保护的最基本的、也是最有效的方式。其次是加强对中介机构的监督管理。投资者买卖证券需要通过中介机构提供代理，以及其他中介机构提供各种服务，但同时投资者也往往容易受到中介机构的欺诈，因此，需要建立一套全面的关于检查、监督证券中介机构的制度，以防止中介机构侵害投资者利益。最后是建立对投资者进行法律救济的机制以及保护措施，包括建立赔偿基金、成立专门的证券仲裁机构，完善证券诉讼机制等。

2. 确保市场的公正、透明和有效。公正、透明和有效是证券市场赖以存在和发展的基础。这三者之间相互联系、相互作用。公正、透明的市场，才能产生有效的市场，有效的市场，必然是公正和透明的，只有透明才能保证市场的公正和有效。要确保市场的公正、透明和有效，首先应当保证规则的公正。公正的规则有助于市场的公正，证券监管应确保证券交易所制定的交易规则具有公正性，对所有的投资者应当是一视同仁，不应当使交易规则向某些投资者倾斜。其次应当确保市场透明。要防止不正当、不公平交易的发生，一个重要的方式，就是确保证券市场的透明度。将一切与证券发行和交易有关的信息，真实、全面、及时地向社会公众投资者公开，以便投资者作投资决策时参考。最后应当提高市场效率。证券监管应确保投资者享有平等的交易机会,平等地了解市场及价格信息,使市场成为充分体现价格机制的场所。

3. 维护证券市场的安全与稳定。维护证券市场的安全与稳定,减少系统风险,这是证券监管的重要目标之一。证券市场充满各种风险,包括证券市场自身面临的系统风险,如证券市场崩溃、证券机构连锁倒闭等。证券市场一旦出现系统风险,将危及整个国民经济的发展。尽管我们不能期待监管机构能够防止市场中介机构的倒闭,但监管应能减少其倒闭的风险。证券监管应当旨在减少系统风险。应制定市场中介机构最低的入场标准,要求中介机构保护客户利益。应建立处理市场中介机构破产的程序,以便把对投资者造成的破坏和损失降至最低限度,并控制系统风险。应加强对证券交易市场的持续监管,促进交易的透明度,阻止不公平交易行为,妥善控制大额风险、违规风险和市场崩溃,同时还应加强对证券交易的清算、结算系统的监管。

二、证券监管的原则

证券监管原则是指证券监管活动本身应当遵循的基本准则。它贯穿于证券监管活动的始终,对证券监管行为具有指导性作用,有助于保障证券监管目标的实现。

1. 依法监管原则。依法监管原则是指证券监管机构的监管行为应当依法进行,受法律保障,亦受法律制约。首先,证券监管机构的监管行为必须有法律的授权,受法律的保障,享有执法的权力和手段,才能使监管行为具有权威性和实效性。其次,监管机构及其监管行为必须受法律的约束。即监管者自身也应受到法律监管。对监管者实施监管,是规范证券市场监管行为、保证监管措施行为的合法、合规,提高监管效率的重要手段。

2. 适度监管原则。适度监管原则,是指证券监管应当采取与市场发展相适应的适度监管方式与政策,既不要过度干预市场,也不要放任市场失灵。当今世界没有政府不监管证券市场的,关键是如何监管,采取什么样的监管政策与思路。转轨时期的中国经济发展,经常出现"一管就死,一放就乱"的怪圈。因此,处理好监管与市场的关系尤为重要。应采取适度的监管,而不是无限制的监管。

3. 效率原则。效率原则是指证券监管的实施必须进行成本效益分析,以成本最小化获取收益最大化,从而提高监管的有效性。故效率原则也称为成本最小化与收益最大化原则。证券市场监管是有成本的,一是政府监管本身要耗费大量的人力、物力和财力;二是不合理的监管行为,如监管不足,监管过度或监管权滥用,都会对证券市场的规范发展造成重大的损害。这两方面的成本就构成监管制度及其机制的运行成本。因此,应合理地设计证券市场监管组织体系的结构,制定行之有效的监管制度,建立一支精通证券市场专业技术知识和具有高度敬业精神及职业道德的高级监管队伍,这是充分发挥和提高证券市场监管机制的功能和效率、降低证券市场监管机制的运行成本的必要条件。①

4. 自律管理与政府监管相结合原则。所谓自律管理,也称自我管理,是指行业中的企业按照一致的意愿,自行对各成员进行管理,以促进行业的公平、有序发展。自律管理具有不可替代的地位,相对于政府监管,具有显著的比较优势和特殊作用。首先,自律管理具有专业性。自律组织来自市场、接近市场、了解市场,拥有直接的市场经验,并储备了大量的专业人士,在自律管

① 参见金哲、徐长明:《建立我国证券市场监管新体制之构想》,载《东北财经大学学报》1999年第3期。

理中能够发挥专业优势。其次，自律管理具有灵活性。自律管理可以随证券市场的发展变化，采取灵活的管理方式和措施。最后，自律管理与行政监管具有互补性。因此，应当重视行业自律，发挥市场参与者的自律作用，自律组织与政府监管应该互为依存，相互补充。

第二节 证券监管体制

一、证券监管体制的概念与类型

证券监管体制即证券监督管理体制的简称，是指一个国家通过立法设立或认可的对该国证券进行监督、管理、控制与协调的整个体系与职责权限划分的制度。它包括组织机构体系、目标体系、功能体系以及运行机制。从组织体系看，它既包括国家授权监管机构，也包括自律性组织机构。

证券监管体制的类型，按照不同的标准可以进行不同的分类。

按照政府监管与证券市场自律的关系，证券监管体制通常可分为三种类型：一是市场主导的自律型监管体制，其特点是，证券市场的管理主要由证券交易所和证券商协会等组织进行自律管理，除了必要的国家立法外，政府较少干预证券市场，证券监管以市场为主导。这一监管体制的典型代表是英国。二是政府主导的他律型监管体制，其特点是，证券市场的管理主要由政府负责，国家通过立法设立全国性的证券监督管理机构，并制定专门的证券法和配套的管理法规，对证券市场实行集中统一的管理，如美国、日本等国家。三是中间型监管体制，其特点是，以政府的实质性管理与金融业自律管理相结合为特色，是介于市场主导的自律型管理与政府主导的他律型管理之间的一种独立类型的证券监管体制，如德国、法国、意大利等欧洲大陆国家。

二、我国证券监管体制

我国的证券市场是随着经济体制改革的不断深入而产生发展起来的，其监管体制则是随着证券市场的发展不断变化的，经历了从地方监管到中央监管，从分散监管到集中监管的发展过程。这一发展过程大致经历了四个阶段：财政部独立管理阶段（1981 年—1985 年）；主要由中国人民银行主管阶段（1986 年—1992 年 9 月）；国务院证券委员会主管阶段（1992 年 10 月—1998 年 7 月）；中国证券监督管理委员会统一监管（1998 年 8 月至今）。

1998 年 8 月，国务院批准《证券监管机构体制改革方案》，决定逐步建立与社会主义市场经济相适应的证券监管体制，理顺中央与地方监管部门的关系，实行集中统一领导的管理体制，根据各地区证券业发展的实际情况，在部分中心城市设立证监会派出机构。1998 年 12 月，《证券法》以法律的形式确认了国务院证券监督管理机构对全国证券市场实行集中统一监督管理的体制，从此，我国证券监管体制进入集中统一监管阶段。《证券法》第 7 条规定："国务院证券监督管理机构依法对全国证券市场实行集中统一监督管理。国务院证券监督管理机构根据需要可以设立派出机构，按照授权履行监督管理职责。"第 8 条规定："在国家对证券发行、交易活动实行集中统一监督管理的前提下，依法设立证券业协会，实行自律性管理。"这些规定表明，我国的证券监督管理体制的特点是以政府监管为主，并与证券业自律性管理相结合。

第三节　证券监督管理机构

一、证券监管机构的职责范围

由于各国和地区的证券监管体制不同，证券监管机构的职责范围亦有所不同。例如美国联邦证券交易委员会的职责范围非常广泛，它负责制定和调整有关证券活动的管理决策，负责制定和解释证券市场的各种规章制度，管理全国范围内的场内外证券发行与交易活动，维护市场秩序，调查处理各种不法的证券发行与交易行为，组织并监督证券市场收集和传输各种有关证券发行与交易的信息等。我国证券监管机构的职责范围也较为广泛，根据《证券法》第 179 条的规定，主要包括以下几方面：

1. 依法制定有关证券市场监督管理的规章、规则。证券市场要规范化、法制化，仅有狭义的证券法是不够的，还需要一系列配套的行政法规和部门规章，以及各种规则。且证券监管机构要依法监督管理证券市场，也必须通过制定规章和准则来实现，但前提是必须依法制定，不能超越立法权限。

2. 依法行使审批或者核准权。根据《证券法》的规定，证券公司设立、收购或者撤销分支机构，变更业务范围，增加注册资本且股权结构发生重大调整，减少注册资本，变更持有 5％以上股权的股东、实际控制人，变更公司章程中的重要条款，合并、分立、停业、解散、破产，必须经国务院证券监督管理机构批准。公开发行证券，必须报经国务院证券监督管理机构或者国务院授权的部门核准；未经依法核准，任何单位和个人不得公开发行证券。

3. 依法对证券的发行、交易、登记、存管、结算进行监督管理。《证券法》对证券的发行、交易、登记、存管、结算等环节均有详尽的规定，为保证证券法的实施，维护证券市场的秩序，《证券法》赋予证券监管机构在证券发行与交易诸环节中的监管职责。

4. 依法对证券发行人、上市公司、证券公司、证券投资基金管理公司、证券服务机构、证券交易所、证券登记结算机构的证券业务活动进行监督管理。证券发行人、上市公司以及各种证券中介机构，是证券市场的重要参与主体，对证券市场的稳定和发展有重要影响，国务院证券监督管理机构应当依法对其加强监管。

5. 依法制定从事证券业务人员的资格标准和行为准则并监督实施。从事证券业务的人员应当达到一定的业务水准，具备相应的业务资格，并遵守一定的行为准则，才能保障证券市场高效有序运行。国务院证券监督管理机构职责之一，就是依法制定从事证券业务人员的资格标准和行为准则，并监督其实施。

6. 依法监督检查证券发行、上市和交易的信息公开情况。信息公开有利于提高证券市场的透明度，从而有利于保护证券投资者。为保证证券发行、上市、交易的信息公开做到及时、真实、准确，使投资者得到平等的信息获取机会和交易机会，国务院证券监督管理机构负有依法监督检查证券发行、上市和交易的信息公开情况的职责。

7. 依法对证券业协会的活动进行指导和监督。证券业协会属于自律性组织。根据《证券法》的规定，在国家对证券发行、交易活动实行集中统一监督管理的前提下，依法设立证券业协会，实行自律管理。为了更好地发挥证券业协会的自律作用，促使其合法、有效地履行其职责，国务院证券监督管理机构应依法对其进行指导和监督。

8. 依法对违反证券市场监督管理法律、行政法规的行为进行查处。查处违反证券市场监督管理法律、行政法规的行为,是证券监管机构的一项重要职责。没有对证券市场违法行为的严肃查处和严格执法,证券市场的秩序就难以维持。

9. 法律、行政法规规定的其他职责。《证券法》以概括性条款,对证券监管机构的职责范围作了弹性规定。这对加强证券市场的监管,保持证券监管机构对证券市场的适应性,是十分必要的。

此外,随着我国证券市场的对外开放,证券监管的国际合作问题日益突出。根据《证券法》的规定,国务院证券监督管理机构可以和其他国家或者地区的证券监督管理机构建立监督管理合作机制,实施跨境监督管理。

二、证券监管机构的执法权

证券监管机构的执法权属于法定执法权。证券监管机构既不能超越职权,也不能滥用职权。根据我国《证券法》第 180 条的规定,国务院证券监督管理机构依法履行职责,并享有下列相应的执法权或采取相应措施的权力。

1. 现场检查权。国务院证券监督管理机构有权对证券发行人、上市公司、证券公司、证券投资基金管理公司、证券服务机构、证券交易所、证券登记结算机构进行现场检查。

2. 调查取证权。即有权进入涉嫌违法行为发生场所调查取证。《证券法》规定,国务院证券监督管理机构有权进入涉嫌违法行为发生场所调查取证。被调查单位和个人应当予以配合,如实提供有关文件和资料,不得拒绝、阻碍和隐瞒。

3. 询问权。即有权询问当事人和与被调查事件有关的单位和个人,要求其对与被调查事件有关的事项作出说明。被询问的当事人和与被调查事件有关的单位和个人应当予以配合。

4. 查阅、复制和封存权。即有权查阅、复制当事人和与被调查事件有关的单位和个人的证券交易记录、登记过户记录、财务会计数据及其他相关文件和数据;对可能被转移或者隐匿的文件和数据,可以予以封存。被封存的文件和资料,有关人员不得自行处理。

5. 账户查询权与冻结权。即有权查询当事人和与被调查事件有关的单位和个人的资金账户、证券账户和银行账户;对有证据证明已经或者可能转移或者隐匿违法资金、证券等涉案财产或者隐匿、伪造、毁损重要证据的,经国务院证券监督管理机构主要负责人批准,对其可以冻结或者查封。

6. 限制证券买卖。在调查操纵证券市场、内幕交易等重大证券违法行为时,经国务院证券监督管理机构主要负责人批准,可以限制被调查事件当事人的证券买卖,但限制的期限不得超过 15 个交易日;案情复杂的,可以延长 15 个交易日。

三、证券监管机构及其工作人员的行为准则

为了从制度上防止在对证券市场运行监管过程中滥用权力情况的发生,我国《证券法》对证券监管机构及其工作人员的行为进行了严格的规范,规定了证券监管机构及其工作人员应遵守的行为准则和法定义务。

1. 公开义务。证券监管机构及其工作人员的行为是一种行政执法行为,应当受到社会公众

的监督，以防止职权被滥用。根据《证券法》第 184 条的规定，公开义务包括两方面：一是国务院证券监督管理机构依法制定的规章、规则和监督管理工作制度应当公开。二是国务院证券监督管理机构依据调查结果，对证券违法行为作出的处罚决定，应当公开。

2. 移送义务。证券监管机构只有对证券一般违法行为实施行政处罚的权力，对证券犯罪行为没有惩处的权力，为打击证券犯罪行为，《证券法》第 186 条规定，国务院证券监督管理机构依法履行职责，发现证券违法行为涉嫌犯罪的，应当将案件移送司法机关处理。这一规定包含两层含义：一是证券监管机构不能以行政处罚代替刑事处罚；二是证券监管机构既不能越权查处证券犯罪行为，也不能渎职纵容证券犯罪行为，发现证券违法行为涉嫌犯罪的，有义务将案件移送司法机关处理。

3. 出示合法证件和监督检查、调查通知书义务。证券监管机构的工作人员的行为是代表国家机构的，其行为应当受法律约束。《证券法》第 181 条规定，国务院证券监督管理机构依法履行职责，进行监督检查或者调查，其监督检查、调查的人员不得少于 2 人，并应当出示合法证件和监督检查、调查通知书。监督检查、调查的人员少于 2 人或者未出示合法证件和监督检查、调查通知书的，被检查、调查的单位有权拒绝。这有助于社会公众对证券监管机构工作人员进行监督。

4. 忠于职守义务。根据《证券法》第 182 条的规定，证券监管机构工作人员必须忠于职守，依法办事，公正廉洁，不得利用自己的职务便利牟取不正当利益。

5. 兼职禁止义务。为确保证券监管机构工作人员依法履行职责，保证监管工作的公正与公平，《证券法》第 187 条规定，国务院证券监督管理机构的人员不得在被监管的机构中任职。

6. 保密义务。根据《证券法》第 182 条的规定，证券监管机构工作人员依法履行职责，进行监督检查或者调查时，对知悉的有关单位和个人的商业秘密负有保密的义务。

【本章前沿问题】

□ 分业经营还是混业经营？

分业经营还是混业经营，是金融界一直有争议的问题。我国 1998 年《证券法》第 6 条规定："证券业和银行业、信托业、保险业分业经营、分业管理。证券公司与银行信托、保险业务机构分别设立。"这一规定，是基于立法时的国内国际金融环境，尤其是"东南亚金融危机"这一国际背景，为了防范金融风险，同时也是从我国金融业发展的实际出发，确立了证券业和银行业、信托业、保险业分业经营、分业管理的原则。

在 2005 年《证券法》的修订过程中，对这一条款的修订有两种不同意见：一种意见认为，金融业的分业经营和管理的格局基本没有变化，因此这条不需要修订。另一种意见认为随着金融改革不断深化，过去实行严格分业经营的做法在实践中已经开始被突破，目前已经出现在集团控股下分设银行、证券、保险机构的模式，而且国务院已经批准商业银行设立基金管理公司试点，批准保险资金按一定比例直接进入资本市场，这些做法都已突破分业经营的限制。根据实践的需要，法律上应该开一个口子，一方面对既成事实提供法律依据，另一方面也为今后我国金融改革留下法律空间。

2005 年修订的《证券法》在原条款不动的基础上，增加了"国家另有规定的除外"。这一修改，为我国金融改革中出现的混业经营提供了法律支撑，更重要的意义是为银行资金间接进入证券市场准备了条件，由此也成为 2005 年《证券法》修订的重大内容之一。

【本章思考题】

1. 证券监管的目标是什么？
2. 证券监管应遵循哪些原则？
3. 证券监管体制有哪些类型？
4. 试述我国证券监管机构的职责范围。
5. 我国证券监管机构享有哪些执法权？
6. 证券监管机构及其工作人员的行为准则有哪些？
7. 如何完善我国证券监管制度？

第八章　证券违法行为与法律责任

【导语】

证券违法行为可以归纳为两类：一般的违法行为和严重的违法行为（即犯罪行为）。对于一般的违法行为，应由当事人通过行政或民事诉讼程序，采取诉讼、仲裁或行政处理的方式解决。对于构成证券犯罪的行为，应由司法机关依照《刑法》《刑事诉讼法》的规定追究行为人的刑事责任。因此，民事、行政和刑事三种法律责任共同构成证券法的责任体系。根据行为的性质进行区分，证券违法行为可以分为内幕交易、虚假陈述、操纵市场、欺诈客户等行为和其他证券违法行为。

本章的学习重点在于掌握内幕交易、虚假陈述、操纵市场、欺诈客户行为及其法律责任等问题。

第一节　证券违法行为概述

一、我国有关证券违法行为和法律责任的立法

近十多年来，我国已陆续颁布了一系列有关证券违法行为的法律、法规和规章，如《证券法》《公司法》《刑法》《股票条例》《注册会计师法》《律师法》《会计法》《禁止证券欺诈行为暂行办法》等及全国人大常委会的相关决定和最高人民法院《关于受理证券市场因虚假陈述引发的民事侵权纠纷案件有关问题的通知》《关于审理证券市场因虚假陈述引发的民事赔偿案件的若干规定》（以下简称《规定》）的司法解释。这些证券违法行为的立法构成了我国相对完整的证券违法行为和法律责任的法律体系。

二、证券违法行为的特点和种类

证券违法行为是指行为人具有违反证券法律、法规的行为。本书所指的证券违法行为是指股票、公司债券和国务院依法认定的其他证券发行与交易过程中的各类违法行为和犯罪行为。

（一）证券违法行为的特点

1. 证券违法行为在主观上大都属于当事人的故意行为。

2. 证券违法行为在客观上具有违法性。

3. 证券违法行为的主体包括自然人、法人和其他组织。

4. 证券违法行为所侵害的客体是双重客体。一方面它扰乱和破坏了国家对证券市场的管理秩序，另一方面它损害了其他投资者的合法权益。

（二）证券违法行为的主要种类

证券违法行为的种类包括证券犯罪和一般证券违法行为。根据行为的性质进行区分，证券违法行为可以分为内幕交易、虚假陈述、操纵证券交易价格、欺诈客户等行为和其他证券违法行

为。其他证券违法行为包括不具备从业资格或者未经法定程序批准而从事证券发行、交易以及相关活动的行为、超越法定权限的证券违法行为、滥用职权的行为。这其中，只有情节严重的违法行为才构成犯罪。

三、证券法律责任

证券法律责任，即违反证券法律或合同的法律责任，是指证券法律关系的主体违反证券法律、法规或者不履行合同约定的义务，侵害国家、法人和个人的合法权益，应当依法承担的法律后果。证券法所调整的证券法律关系既可以单独适用某一种责任，也可以同时并用民事、行政、刑事三种责任。

（一）证券民事责任

证券民事责任，是指证券法律关系的主体因违反证券立法或者合同上的义务而产生的民事上必须承担的法律后果。民事责任以补偿受害当事人的损失为目的，它是一种补偿性的财产责任。在我国，承担证券民事责任的方式有：返还财产（返还本金及同期银行存款利息）、停止侵害，赔偿损失（损害赔偿）和支付违约金。我国《证券法》第 232 条和《刑法》第 36 条第 2 款规定了民事责任优先的原则，即违法行为者应当承担民事赔偿责任和缴纳罚款、罚金，同时被判处刑罚，或者被判处没收财产的，其财产不足以同时支付时，先承担民事赔偿责任。可见，我国在设计证券法责任体系时遵循的原则是：民事赔偿为一般，行政或刑事惩罚为例外；赔偿为主，惩罚为辅。

（二）证券行政责任

证券行政责任，是指证券法律关系的主体因违反法律和行政法规而产生的行政上必须承担的法律后果。在我国，行政责任包括行政处分和行政处罚。行政处分的种类主要有警告、记过、记大过、降级、降职、撤职、留用察看、开除等。行政处罚包括责令改正、责令限期出售、罚款、没收违法所得、限制或暂停证券业务、暂停或取消发行、上市资格、责令停业整顿、撤销证券业务许可、吊销执照、吊销违法人员资格证书、市场禁入等。我国证券法对证券违法行为的行政责任作了较为具体的规定。这充分反映了其证券行业管理法的本质。

（三）证券刑事责任

证券刑事责任，是指证券法律关系的主体因违反刑事法律规范，并已构成犯罪所应承担的法律后果。在我国，刑事责任包括主刑和附加刑。主刑有管制、拘役、有期徒刑、无期徒刑和死刑。附加刑有罚金、剥夺政治权利、没收财产。

第二节 虚假陈述及其法律责任

一、虚假陈述的概念、特征和类型

（一）虚假陈述的概念

虚假陈述（misrepresentation）是指信息披露义务人违反证券法律、法规的规定，在证券发行和交易过程中，对证券发行与交易的事实、性质、前景、法律等事项作出虚假记载、误导性陈述或者在披露信息时发生重大遗漏、任何形式的与事实或法律要求不相符合的表示行为或者诱导，致使投资者在不了解事实真相的情况下作出证券投资决定的一种证券违法行为。虚假陈述是证券违法行为的重要表现形式。

（二）虚假陈述的特征

1. 虚假陈述是特定主体实施的行为。特定主体主要是指依照信息披露制度承担信息披露义务的法人和自然人，包括证券发行人、上市公司、保荐人、主承销商、为证券发行和交易出具专业文件的证券服务机构及其从业人员。

2. 虚假陈述是违反信息披露义务的行为。对与证券发行与交易有关的事项，信息披露义务人应按法律规定的要求向社会公众进行披露。否则，在披露文件中作出虚假记载、误导性陈述或重大遗漏的，即属于违反信息披露义务的行为，构成虚假陈述。

3. 虚假陈述包括积极的作为和消极的不作为。积极方式的作为形式包括主观上的虚假记载、误导性陈述，作出背离事实真相的陈述和记载，如捏造、虚构或篡改行为；不作为形式的表现是遗漏行为，即对依法应作陈述和记载的事项而未作记载和陈述。

（三）虚假陈述的类型

根据虚假陈述表现形态的不同，可分类为虚假记载、误导性陈述、重大遗漏和不当披露。虚假记载又叫不实陈述，是指行为人在信息披露的文件上虚构、捏造与事实真相不符的记载，是一种积极的虚假陈述行为。误导性陈述是指行为人公开披露文件的内容虽然没有背离事实真相，但其表述存在显著的缺陷或不当，致使投资者无法进行客观的、完整的、准确的理解和判断，并容易导致投资者形成不符合客观情况的误解和误信。重大遗漏是指行为人在信息披露文件中，未记载与证券发行、交易及相关活动有关的关键性信息，以及依法应当记载的事项或为避免文件不致被误解所必须记载的重大事项。不当披露是指行为人未按照法律、行政法规和监管部门的规章规定的时间和方式披露信息，或对可能导致证券价格变化并影响投资决策的重大信息未适时按法定方式披露。

二、虚假陈述的法律责任

（一）虚假陈述的民事责任

1. 虚假陈述民事责任的构成要件

虚假陈述民事责任主要是民事赔偿责任。其构成要件如下：

（1）主观上存在过错。过错，是指行为人的主观故意和过失状态。在证券市场中，由于受害人对侵权人的主观过错难以举证证明，因此证券立法一般规定以过错推定和无过错责作为虚假陈述责任人的归责原则。如果他们能够证明其已勤勉尽责，则可以免除责任。

（2）客观上有虚假陈述行为。虚假陈述行为人在客观上作出了虚假陈述行为。关于虚假陈述行为的认定，应当以人民法院、中国证监会和财政部的处罚认定为准。

（3）损害后果。民事赔偿以存在损害为前提。如果不存在可以补救和计算的损失，则虚假陈述不能产生赔偿责任。投资者对所受到的损害，应承担举证责任。

（4）因果关系。在民事责任中，因果关系是联系违法行为与损害之间的重要纽带。我国《证券法》第 69 条和第 223 条规定了因果关系的内容。

2. 虚假陈述民事责任的主体和责任认定方式

（1）虚假陈述民事责任的主体。虚假陈述民事责任的主体包括：公司发起人、控股股东等实际控制人；证券发行人或者上市公司；保荐人、主承销商；会计师事务所、律师事务所、资产评估机构等证券服务机构；发行人或者上市公司、保荐人、主承销商中负有责任的董事、监事和经理等高级管理人员以及会计师事务所、律师事务所、资产评估机构等专业服务机构的直接责任人；其他作出虚假陈述的机构或者自然人。

（2）虚假陈述民事责任的认定方式主要包括：

① 无过错责任。根据我国《证券法》第 20 条、第 63 条、第 69 条以及《股票条例》第 16 条、第 17 条的规定，只要发行和上市文件中出现了虚假记载、误导性陈述或者重大遗漏而致投资者受到损害，发行人、上市公司就必须承担侵权损害赔偿责任。

② 过错推定责任。根据我国《证券法》第 69 条的规定，发行人、上市公司的董事、监事、高级管理人员和其他直接责任人以及保荐人、承销的证券公司，如果能够证明其恪尽职守进行核查，没有过错的，则可免责。最高人民法院《规定》第 21 条第 1 款规定："发起人、发行人或者上市公司对其虚假陈述给投资人造成损失承担民事赔偿责任。"该《规定》第 21 条、第 23 条规定，发行人、上市公司负有责任的董事、监事和经理等高级管理人员对前款的损失承担连带责任。但有证据证明无过错的，应予免责。

③ 过错责任。根据我国《证券法》第 69 条、第 173 条和最高人民法院《规定》第 24 条的规定，发行人、上市公司的控股股东、实际控制人有过错的，应当与发行人、上市公司承担连带赔偿责任。证券服务机构为证券的发行、上市、交易等证券业务活动制作、出具审计报告、资产评估报告、财务顾问报告、资信评级报告或者法律意见书等文件，应当勤勉尽责，对所制作、出具的文件内容的真实性、准确性、完整性进行核查和验证。其制作、出具的文件有虚假记载、误导性陈述或者重大遗漏，给他人造成损失的，应当与发行人、上市公司承担连带赔偿责任，但是能够证明自己没有过错的除外。

（二）虚假陈述的行政责任

1. 初次披露虚假陈述的行政责任

见我国《证券法》第 188 条的规定。

2. 持续披露虚假陈述的行政责任

见我国《证券法》第 193 条的规定。

3. 提供虚假证明文件的证券服务机构的行政责任

见我国《证券法》第 223 条的规定。

（三）虚假陈述的刑事责任

1. 欺诈发行股票、债券罪

见我国《刑法》第 160 条的规定。

2. 提供虚假财务报告罪

见我国《刑法》第 161 条的规定。

3. 编造并传播证券交易虚假信息罪

见我国《刑法》第 181 条的规定。

4. 证券服务机构人员提供虚假证明文件罪

见我国《刑法》第 292 条的规定。

第三节　内幕交易及其法律责任

一、内幕交易概述

（一）内幕交易、内幕人和内幕信息的概念

1. 内幕交易的概念

内幕交易(insider trading)，是指知悉证券交易内幕信息的知情人和非法获取内幕信息的人，以获取利益或减少经济损失为目的，买卖或者建议他人买卖与该内幕信息相关的证券，或者向他人泄露该内幕信息的行为。

2. 内幕人的概念

内幕人，是指能够合法地获得、接触或者非法获取内幕信息的人。根据《证券法》第73条和第74条的规定，内幕人包括知悉证券交易内幕信息的知情人和非法获取内幕信息的人。其中内幕信息的知情人包括：(1) 发行人的董事、监事、高级管理人员；(2) 持有公司5%以上股份的股东及其董事、监事、高级管理人员，公司的实际控制人及其董事、监事、高级管理人员；(3) 发行人控股的公司及其董事、监事、高级管理人员；(4) 由于所任公司职务可以获取公司有关内幕信息的人；(5) 证券监督管理机构工作人员以及由于法定职责对证券的发行、交易进行管理的其他人员；(6) 保荐人、承销的证券公司、证券交易所、证券登记结算机构、证券服务机构的有关人员；(7) 国务院证券监督管理机构规定的其他人员。

3. 内幕信息的概念

内幕信息是指在证券交易活动中，为内幕人所知晓的，涉及公司的经营、财务或者对该公司证券的市场价格有重大影响的尚未公开的信息。我国《证券法》第75条第2款规定下列各项信息皆属内幕信息：(1)《证券法》第67条第2款所列重大事件；(2) 公司分配股利或者增资的计划；(3) 公司股权结构的重大变化；(4) 公司债务担保的重大变更；(5) 公司营业用主要资产的抵押、出售或者报废一次超过该资产的30%；(6) 公司的董事、监事、高级管理人员的行为可能依法承担重大损害赔偿责任；(7) 上市公司收购的有关方案；(8) 国务院证券监督管理机构认定的对证券交易价格有显著影响的其他重要信息。

（二）内幕交易的特征

1. 内幕交易的主体是知悉证券交易内幕信息的知情人和非法获取内幕信息的人。

2. 内幕交易所利用的信息是禁止使用的尚未公开的重大信息。

3. 内幕人利用内幕信息进行了内幕交易，它是一种主观故意行为。

4. 客观上出现了内幕人追求的获取利益和减少损失的状态。

5. 内幕人的行为方式表现为两种形式，即直接交易和间接交易。前者是指内幕人自己利用内幕信息买入或者卖出证券；后者则是内幕人泄露内幕信息或者建议他人买卖证券。

（三）内幕人的义务

1. 禁止买卖证券的义务。即内幕人不得买进或卖出与所知悉内幕信息有关的证券。

2. 禁止泄露内幕信息义务。即禁止内幕人不得将所知悉的内幕信息泄露给他人。

3. 禁止建议他人买卖证券的义务。即内幕人不得建议他人买卖证券。

二、内幕交易的法律责任

1. 内幕交易的民事责任。我国《证券法》第 76 条第 3 款规定，内幕交易行为给投资者造成损失的，行为人应当依法承担赔偿责任。

2. 内幕交易的行政责任。见我国《证券法》第 202 条的规定。

3. 内幕交易的刑事责任。见我国《刑法》第 180 条的规定。

第四节 操纵市场及其法律责任

一、操纵市场的概念、特点和行为方式

（一）操纵市场的概念和特点

我国《证券法》未对操纵市场行为做统一解释。操纵市场（manipulating market），又称为操纵证券交易价格，是指单位或者个人以获取利益、减少损失或转嫁风险为目的，利用资金优势、持股优势或信息优势，人为地拉高、压低或维持股价，诱使投资者买卖证券，损害投资者利益，扰乱证券市场秩序的行为。从操纵市场的概念可知，操纵市场的特点可概括为：

1. 操纵市场者利用了其优势地位。即其拥有影响证券交易价格的力量，包括资金优势、持股优势或信息的利用。

2. 操纵市场者具有主观故意。操纵市场者的目的是为了获取利益、减少损失或转嫁风险。

3. 操纵市场者追求的客观后果是影响证券交易价格或者证券交易量。

（二）操纵市场的行为方式

我国《证券法》第 77 条规定，禁止任何人以下列手段操纵证券市场：(1) 单独或者通过合谋，集中资金优势、持股优势或者利用信息优势联合或者连续买卖，操纵证券交易价格或者证券交易量；(2) 与他人串通，以事先约定的时间、价格和方式相互进行证券交易，影响证券交易价格或者证券交易量；(3) 在自己实际控制的账户之间进行证券交易，影响证券交易价格或者证券交易量；(4) 以其他手段操纵证券市场。

由此可见，操纵市场行为表现形式有如下五种：

1. 联合操纵。联合操纵是指两个或两个以上的人通过合谋，集中资金优势、持股优势或者利用信息优势，共同操纵证券交易价格的行为。

2. 相对委托。又称合谋买卖。它是指为操纵证券市场行情，行为人与他人合谋（串通），以各自事先约定的交易券种、时间、价格和方式向相同或不同的证券公司发出交易委托指令并达成交易，以此影响证券市场行情的行为。

3. 自买自卖。又称冲洗买卖、虚售、洗售。它是指为了人为影响证券交易价格，使他人对证券交易数量和价格发生误解，而在自己实际控制的账户之间进行证券交易。

4. 连续买卖。连续买卖是指行为人为了抬高、压低或维持证券的交易价格，通过单独或者合谋，连续高价买入或者连续低价卖出该证券的行为。

5. 以其他手段操纵证券市场的行为。其他操纵市场行为，一般指通过散布谣言等方法，影响证券市场的行为。例如我国《证券法》第 78 条的规定。

二、操纵市场的法律责任

1. 操纵证券市场的民事责任。我国《证券法》第 77 条第 2 款规定，操纵证券市场行为给投资者造成损失的，行为人应当依法承担赔偿责任。

2. 操纵证券市场的行政责任。见我国《证券法》第 203 条的规定。

3. 操纵证券市场的刑事责任。见我国《刑法》第 182 条的规定。

第五节　欺诈客户及其法律责任

一、欺诈客户的概念、特征和方式

（一）欺诈客户的概念

欺诈客户（fraud on the customer）是指行为人利用其证券经纪人（或受托人、管理人或代理人）地位，故意隐瞒或者故意作出虚假陈述而企图由此获取经济利益或不忠实履行职责，致使客户作出错误的意思表示，从而损害客户利益的行为。

（二）欺诈客户的特征

1. 在主观上，欺诈客户为一种故意行为。过失不构成欺诈客户行为。

2. 行为主体十分广泛。欺诈客户的行为人范围不仅包括证券公司及其工作人，而且还包括证券发行人、证券登记结算机构乃至证券服务机构。

3. 行为的广泛性。欺诈客户的行为不仅可以发生在证券发行过程中，也可以发生在证券交易过程中。《禁止证券欺诈行为暂行办法》和《证券法》规定的欺诈客户行为范围广泛，可对欺诈客户者“一网打尽”。

（三）欺诈客户行为的主要方式

1. 混合操作。所谓混合操作是指证券公司将其自营业务与经纪业务混合操作。在证券交易中，证券公司既是投资者的受托人，又是投资者的相对人。在混合操作中，证券公司以双重身份从事同一证券交易，使自己处于利益冲突之中，这极易使证券公司为了自己的利益而损害委托人（客户）的利益。

2. 违背指令。违背指令是指证券公司违背客户的交易指令为其买入或卖出证券。

3. 不当劝诱。不当劝诱是指证券公司利用欺骗或误导性手段诱导客户进行证券交易。

4. 过量交易。过量交易是指证券公司以多获取佣金为目的，诱导客户进行徒劳无益的证券交易，或者在客户的账户上翻炒证券的行为。

5. 其他欺诈客户的行为。除上述行为外，欺诈客户的行为还有：不在规定时间内向客户提供交易的书面确认文件；挪用客户所委托买卖的证券或者客户账户上的资金；利用传播媒介或者通过其他方式提供、传播虚假或者误导投资者的信息；假借客户的名义买卖证券等。

二、欺诈客户的法律责任

（一）欺诈客户的民事责任

《证券法》第 79 条第 2 款规定，欺诈客户行为给客户造成损失的，行为人应当依法承担赔偿责任;第 210 条规定,证券公司违背客户的委托买卖证券、办理交易事项,或者违背客户真实意思表示,办理交易以外的其他事项的,责令改正,处以 1 万元以上 10 万元以下的罚款。给客户造成损失的,依法承担赔偿责任。依此,证券公司对客户欺诈赔偿责任的构成要件如下:

1. 证券公司主观上须有欺诈的故意。证券公司主观上的故意是指明知其行为会造成对被欺诈人(客户)损害却仍然实施该行为,或者放纵加害结果的发生。

2. 证券公司客观上须有违法行为。证券公司违背客户委托办理交易事项以及违背真实意思办理其他事项,如混合操作、不当劝诱等,属于违法、违约行为。

3. 损害事实。民事赔偿须以请求权人遭受利益损害为前提。因此,客户遭受证券公司损害才可赔偿,无损害则无赔偿。

4. 因果关系。在法律上,客户所受损害须由证券公司欺诈行为所致,即证券公司欺诈行为与客户的损害之间应当具有必然的因果关系。

(二) 欺诈客户的行政责任

我国《证券法》第 210 条、第 211 条、第 212 条和第 220 条规定了证券公司欺诈客户应承担的行政责任。

(三) 欺诈客户的刑事责任

欺诈客户的刑事责任体现在我国《刑法》第 181 条的规定中。

【本章前沿问题】

□ 证券市场虚假陈述民事赔偿责任的性质

对于虚假陈述民事责任的性质,我国民商法理论界与实务界莫衷一是,众说纷纭。主要的观点有以下几种:

1. 区分说。认为对于虚假陈述民事责任的性质应当区分发行市场与交易市场两个不同阶段以及证券市场中不同责任主体而分别加以界定。在证券法中,有两种性质不同的虚假陈述行为:一种是证券发行中的虚假陈述行为,另一种是违反持续性信息披露义务的虚假陈述行为。

2. 合同责任说。认为发行人对其虚假陈述造成的损失应当承担合同责任,其依据是发行人和投资者之间存在合同关系。发行人的虚假陈述是对约定义务的违反,其承担责任的性质当然是合同责任。

3. 侵权责任说。认为有关人员承担责任的依据是对法定义务的违反,而不是对约定义务的违反,信息披露义务表现了很多非约定义务。而且由于合同的相对性,承担合同责任的主体只能是合同关系的相对人,而被侵权人不仅可以要求与投资者存在合同关系的发行人承担责任,而且可以要求有责任的发行人的高级管理人员、证券服务机构及其负有责任的高级管理人等主体承担责任。

4. 违约责任与侵权责任竞合说。认为虚假陈述民事责任在一定条件下是侵权责任与违约责任的竞合。既然两者可以竞合,则不妨考虑侵权责任和违约责任相结合,法定责任和约定责任相结合。

5. 法定责任说。认为虚假陈述民事责任属于一种法定责任,即通过立法方式明确规定虚假陈述承担民事责任的具体制度,而不再属于合同法或侵权法的一般责任。

【本章思考题】

1. 简述证券法律责任的特点。
2. 我国立法有无必要禁止内幕交易？
3. 如何认定内幕交易行为和操纵市场行为给投资者造成的损失？

本编参考文献

[1] 杨志华.证券法律制度研究.北京:中国政法大学出版社,1995.
[2] 叶林.证券法.北京:中国人民大学出版社,2006.
[3] 高如星,王敏祥.美国证券法.北京:法律出版社,2000.
[4] 梅慎实.现代公司治理结构规范运作论.北京:中国法制出版社,2002.
[5] 李飞.中华人民共和国证券法(修订)释义.北京:法律出版社,2005.

第五编

票　据　法

第一章 票据法总论

【导语】

票据是商业活动中广泛使用的一种重要的支付工具，同时，它又有信用的功能，成为重要的信用工具。由于票据的广泛使用性，必然需要用法律调整票据当事人之间的票据利益关系，这种调整票据关系的法律就是票据法。

票据法的规则分为总则和分则，与此相对应，票据法理论也分为总论和分论，总论研究票据的概念、分类、票据关系、票据行为、票据权利、票据债务人的抗辩权、失票的救济等，分论研究汇票、本票、支票等具体票据的出票、背书、承兑、保证、付款、追索等。

第一节 票据概述

一、票据的概念

票据是出票人签发的、约定由自己或者自己委托的人无条件支付确定的金额给持票人的有价证券。此定义表明：

1. 票据是一种有价证券。有价证券是代表一定财产权的格式化凭证。[①] 票据具备有价证券的一般特征，在类型上属于有价证券。但是，票据又是一种特殊的有价证券，因其用途和使用规则不同于其他证券，故在法律和法理上受到专门的对待，经济发达国家都有票据立法，而有关债券、股票等证券的法律就不能适用于票据。在国际经济活动中，还有日内瓦《统一汇票和本票法》《统一支票法》[②]，规范缔约国之间发生的票据行为。

2. 票据以无条件支付一定金额为内容。持票人于到期日或规定时间内凭票请求付款时，票据上记载的付款人应当"无条件支付"票面金额。例如我国《票据法》第 19 条规定，汇票是出票人签发的，委托付款人在见票时或者在指定日期"无条件支付"确定的金额给持票人的票据。《统一汇票和本票法》第 1 条，《统一支票法》第 1 条以及德、法、日、英、美等国的票据立法，我国台湾、香港、澳门地区现行的票据制度，都有相同的规定。

3. 票据是出票人依照票据法签发的有价证券。这表现了票据同其他证券的区别。第一，票

---

① 有价证券一词，渊于德国，意指权利的"化体"，为 1861 年德国商法典所采用，大陆法系许多国家吸纳了这个概念，日本学者对其定义为"表彰具有财产价值的私权之证券"，我国从日本引进后广为使用。英美法中无完全相同之概念，美国虽有"流通证券"(negotiable instilments)、"商业证券"(commercial paper)与之等同，但含义上却与狭义之票据相近似(参见谢怀栻：《票据法概论》，法律出版社 1990 年版，第 8～10 页)。在私法上，表彰私权的书面凭证，还有其他种类，如表彰夫妻身份的结婚证书等，因此种凭证无财产价值，惯称"证书"，有别于有价证券。

② 日内瓦《统一汇票和本票法》《统一支票法》，英文分别为 Uniform Law on Bills of Exchange and Promissory Notes，Uniform Law on Cheques，我国有两种译法，如金振龙、姚念慈主编的《国外票据法》中(上海社会科学院出版社 1991 年版)，就译为《汇票和本票统一法》《支票统一法》。

据只能依照票据法的具体规定而不能根据其他任何法律来签发。第二,票据由出票人在票面上记载应当记载的事项,包括金额、付款人、出票日、出票人等,其他证券如债券、股票等,都不存在这种情况。第三,出票人必须严格按照票据法的规定签发票据,否则,填写的文字或数字无效,甚至导致票据无效。

4. 票据是出票人与持票人约定,以自己或者自己委托的人作为付款人的有价证券。票据有三种类型:出票人委托他人于将来一定日期付款,且目的在于往异地汇兑金钱,付款人是银行或商业单位的,名曰汇票。出票人委托自己的存款银行为付款人且见票即付的,称为支票。出票人本人是付款人的,为本票。

二、票据的用途

从总体上看,票据在经济生活中的作用是代替货币进行结算支付和融通资金,方便贸易,促进经济发展。具体讲,票据有以下用途:

1. 担当支付工具。在交易中以票据代替货币,不但可用于同城或异地贸易,在国际贸易中,更是普遍使用。这样,减少甚至杜绝了大量使用货币带来的不方便和不安全因素。由此,票据成为一种独立的支付工具。

2. 用作汇兑工具。异地贸易中如果用货币支付,需要运送、携带货币,这样不但费时费力,而且极不安全,一旦发生事故,损失将无法挽回。大额货币的运送,更是如此。相反,使用票据,携带一纸汇票,就避免了运送、携带现金的不方便和不安全,而且,在异地能够凭借汇票在付款人处兑取货币,或者向他人进行各种支付。显然,票据发挥着汇兑的作用。

3. 充任信用工具。票据法上的信用,是指当事人凭借一定的资金信誉,以签发票据的形式,把将来可以取得的货币,作为现在的货币使用。买方可凭借自己的资金信誉或有关人的资金信誉,签发票据,约定期限,另为付款或由他人代为付款。在此场合,实现了人的资金信用票据化,票据即成为信用工具。

4. 抵销债务。债权人可以签发票据,指定自己的债务人向自己的债权人无条件支付一定金额,由此消灭相互之间的债权债务。这样,各方的债权不但都得以实现,而且简便迅速。

5. 融通资金。票据可以有偿转让,实现资金周转。持票人急需现金时,可持票向银行请求贴现,也可以背书方式将票据卖给他人,以满足需要。

6. 减少货币使用量。使用票据,国家可以减少货币发行量,为发展经济带来好处。使用票据而把货币用于其他急需方面,既减少了货币的使用量,又利于集中资金办急事。

三、票据的分类

为了揭示和说明各种票据的特点,票据法学对票据有一些学理上的分类。

1. 依照付款人是出票人还是出票人委托的人,将票据分为自付证券和委托证券。自付证券是出票人本人向持票人无条件支付一定金额的票据,本票属之。委托证券是出票人委托他人向持票人无条件支付一定金额的票据,汇票和支票均属之。

2. 依照票据作用上的主要差别,将票据分为信用证券和支付证券。支票的作用,重在支付,其有效期短,不具有汇票和本票的信用功能,属于支付证券。汇票和本票虽亦有支付功效,但因其有效期远比支票长,信用之职能较为突出,故属于信用证券。

3. 依照出票时是否记载收款人名称，将票据分为记名式票据和不记名式票据。出票时记载收款人名称的是记名式票据。出票时不记载收款人名称的是不记名式票据。票据上未记载收款人名称而载有“请付来人”之类文字的，属于无记名票据，叫做“付来人式票据”。记名或不记名仅指出票时是否记载收款人名称，持票人向付款人提示承兑或者提示付款时，票据上必须载有收款人名称。

四、票据的性质

1. 票据是金钱债权证券。票据所代表的财产权利，是金钱给付请求权，属于债权，持票人只能请求票据债务人给付票面记载的金钱。

2. 票据是设权证券。设权，是与“证权”相对而言。有价证券中的提单、仓单、记名股票等，属于证权证券；票据则是为持票人创设了一个新的金钱债权，而不是证明原有之债权。票据签发前，当事人之间虽可有债权债务，但是，出票人签发票据，为持票人设定了一个请求票据上载明的债务人“无条件支付一定金额”的权利，此种权利，与签发票据前的债权债务彻底独立，是“新生之权”。

3. 票据是文义证券。票据上的权利义务、票据债权人与债务人、票据权利有效期等，均由票据上依法记载的文字的含义来确定，任何人都不得以票据文义之外的因素认定或改变票据权利义务及票据债权人、债务人。

4. 票据是要式证券。票据必须具备法定格式才能有效。除票据法另有规定者外，不具备法定格式的，不发生票据的效力。法定的必须记载的事项不齐备且又为票据法所不容许的，票据无效；票据用纸、书写等不符合规定的，票据无效。

5. 票据是流通证券。票据可以按照票据法规定的方式自由流通，而且其流通的法定方式简捷便利，能够迅速完成，加之转让次数越多，票据信用度越高，可靠性愈强，因而比其他一般有价证券的流通性要强。允许并保护票据流通，是国家发展经济的重要手段之一。各国票据法都规定票据的可流通性和流通手段的便利性、迅速性，以鼓励人们使用票据。

6. 票据是完全有价证券。所谓完全有价证券，是指权利完全证券化、权利与证券融为一体不可分离的一类证券。证券上的权利的存在、行使和移转，都与证券分不开。各国票据法都规定，票据所表明的金钱债权，以票据为其表现形式，票据上的权利不能脱离票据而独立存在。作成票据，票据权利始得发生；持有票据，就有票据上的权利；行使票据权利，以提示票据为必要；转让票据上的权利，须转让票据；票据毁损灭失的，不可以其他凭证主张票据上的权利，经法定程序方得救济，防止利益受损。简言之，票据是票据上的权利的唯一象征和代表，无票据即无票据上的权利。

7. 票据是无因证券。所谓无因，又称“不要因”，是指证券效力与作成证券的原因完全分离，证券权利的存在和行使，不以作成证券的原因为要件。各类证券自有其作成的原因，如因为买卖、借贷或者赠与等，这种作成证券的原因，可能合法有效，也可能不合法并无效。这样，就会存在证券的效力是否受证券作成原因的影响的问题。证券作成原因无效，证券也因之当然无效，是一种情况；证券作成原因无效，证券本身仍有效，则是另外一种情况。属于前一种情况的，叫做“有因证券”或“要因证券”，也就是以作成原因的有效性为证券有效的必要条件的证券。在各类证券中，提单、仓单等就属于有因证券。相反，为第二种情况的，称为“无因证券”。由于票据是金钱债权证券、流通证券，在一定程度上有着货币的作用。为保障票据的可靠性，使人们愿意并放心地使用票据，票据法规定，票据的效力与签发票据的原因彻底分离，只要票据具备法定形式，即生效力，即使签发原因不合法或不存在，票据仍然有效；持票人行使票据权利，以提示票据为要件，不须另行证明票据的原因；票据债务人无义务也无权利了解票据原因，只需验看票据是否真实、合法，在票据无瑕疵或者持票人不属恶意取得时，就应当无条件支付票面金额，而且，即使发生错付，也不承担履行不当的赔偿责任。

8. 票据是提示证券。票据权利人主张票据权利、行使票据权利，必须向票据债务人提示票据，将票据交债务人验看，否则，票据债务人有权拒绝。所以，票据为提示证券。提示，分提示承兑和提示付款。本票和支票属见票即付之票据，不必为提示承兑，只有提示付款。汇票属委付证券，票据上记载的付款人是否按票据文义负责，全在该人是否同意出票人之付款委托，而持票人能否得知出票人记载的付款人是否承诺按票据文义付款，必须持票据向该人要求承兑。持票人向票据上记载的付款人提示票据，要求承诺兑付票面金额，即为提示承兑。汇票，除另有规定者外，须经提示承兑，才可提示付款。①

9. 票据是缴回证券。持票人为付款提示行为从付款人处取得票面金额时，必须将票据交付付款人，转移票据所有权，否则，票据债务人有权拒绝付款。在此意义上，票据属缴回证券。我国《票据法》第 55 条规定，持票人获得付款的，应当在汇票上签收，并将汇票交给付款人。

10. 票据是特殊的动产。票据代表一定的金钱债权，因而是一种财产。票据这种财产，任意移动而无损其用途和价值，所以属民法中的动产。

五、票据的起源及发展

（一）我国票据的起源及发展

我国在唐代出现了一种名为“飞钱”的票券，②学者们多认为“飞钱”是我国现代汇票的嚆矢。③ 到宋代，出现了“便钱”和“交子”。“便钱”类似现代的“见票即付”的汇票。④ “交子”与现代的本票相似。⑤

唐代，使用过一种叫“帖”的票券，有学者认为，“帖”可为我国支票的起源。⑥

明朝末年（公元 17 世纪），山西地区商业发达，商人设立“票号”（又叫票庄、汇兑庄），在各地设立分号，经营汇兑业务以及存放款业务。名为汇券、汇兑票、汇条、庄票、期票等的金钱票券大

---

① 我国《票据法》第 40 条第 3 款规定，“见票即付的汇票无需提示承兑”。

② 《新唐书·食货志》载：宪宗以钱少，复禁用铜器，时商贾至京师，委托诸道进奏院及诸军、诸使、富户以轻装趋四方，合券乃取之，号曰飞钱。

③ 张国键著：《商事法论》，三民书局 1980 年版，第 363 页。刘家琛主编：《票据法原理与法律适用》，人民法院出版社 1996 年版，第 25 页。唐宪宗（公元 806—820 年）时期，各地茶商交易往来频繁，但交通不便，携带款项困难。为方便起见，创制了飞钱。商人在京城长安（今西安）把现金支付给地方（各道）驻京的进奏院及各军各使等机关，或者在各地方设有联号的富商，由他们发给半联票券，另半联票券则及时送往有关的院、号，持券的商人到目的地时，凭半联票券与地方的有关院、号进行“合券”，然后支取现金。当时，飞钱只是一种运输、支取现金的工具，不是通用的货币。

④ 谢怀栻著：《票据法概论》，法律出版社 1990 年版，第 19 页；张国键著：《商事法论》，三民书局 1980 年版，第 363 页。

⑤ 张国键著：《商事法论》，三民书局 1980 年版，第 364 页。宋太祖开宝三年（公元 970 年），官府设官号“便钱务”，商人向“便钱务”纳付现金，请求发给“便钱”，商人持“便钱”到目的地向地方官府提示付款时，地方官府应当日付款，不得停滞。宋真宗时期，蜀地（今四川）出现“交子”，地方富户联办“交子铺”，发行称为“交子”的票券，供作异地运送现款之工具。后来，官府设“交子务”专办此事，发行“官交子”。

⑥ 张国键著：《商事法论》，三民书局 1980 年版，第 364 页。

为流行，票号逐渐演变，叫做“钱庄”，19 世纪中叶进入盛期。票号签发的这些票券，类似现代的汇票和本票。

清朝末年，西方银行业进入我国，钱庄逐渐衰落。我国固有的票据规则终被外来票据制度取代。1929 年，国民政府制定票据法，规定票据为汇票、本票和支票，与西方国家票据制度接轨，我国原有的各种票据遂被淘汰。

（二）外国票据的起源及发展

票据的起源，应属 12 世纪意大利兑换商发行的“兑换证书”。当时，意大利贸易极盛，商人云集，货币兑换十分重要，兑换商不仅从事即时兑换货币业务，而且兼营汇款。甲地兑换商收受商人货币后，向商人签发兑换证书，商人持此证书，向兑换商在乙地的分店或者代理店请求支付款项，支取乙地通用的货币。这种兑换证书，相当于现代的异地付款的本票，被认为是欧洲国家本票的起源。汇票的胚胎是 12 世纪中叶意大利兑换商发行的“付款委托书”。兑换商向其他商人发行异地付款证书时，附带一种付款委托证书，持证人请求付款时，必须同时向付款人提示两种证书，否则不予付款。13 世纪以后，付款委托证书逐渐独立发生付款证书的效力，始脱胎而成汇票，发展至今。支票最早产生于荷兰，17 世纪传到英国，19 世纪中叶后，再由英国传至法国、德国，逐渐被各资本主义国家采用。

第二节 票据法概述

一、票据法的概念

票据法是调整票据关系的法律规范的总称。这个定义有两层含义：

1. 票据法以票据关系为调整对象。票据关系是因为票据的签发、转让、承兑、保证等形成的以金钱利益为内容的财产关系。

2. 票据法是调整票据关系的法律规范的总括性称谓。票据法有广义、狭义之分。狭义的票据法，又称“形式票据法”，指由国家立法机关按照一定体系编制颁行的名为票据法的法律。例如我国《票据法》、德国《票据法》等。广义的票据法，又称“实质票据法”，指一切有关票据的法律规范。

二、票据法的特点

1. 强制性。票据是金钱债权证券，有支付功能、信用功能，而且为流通之物。为安全、便捷起见，票据法在票据权利义务的形成（实质）方面尊奉私法自治，在票据行为（形式）方面则采用强制规范之规则，构成强制性规范体系。票据法的各项规定都不允许当事人违反或者变通。在票据活动中，凡是不适法之举措或疏忽之过失，就不能发生预期的票据法律效果，其结果，或是票据无效，或是行为人承担不利之后果，断无协商解决之可能。例如我国《票据法》第 8 条规定，票据金额以中文大写和数码同时记载，二者必须一致，二者不一致的，票据无效。

2. 技术性。依法律规范的立法原旨是为维护伦理道德还是授予行为技术，可以分为道德性规范和技术性规范。票据法的主要内容，是规定如何实施票据行为，怎样行使、保全、保护票据权利，从立法意图上讲，侧重于规定票据使用、流通和保全票据权利的方法，相对而言，属技术性规范。

3. 实行“严格的形式主义”。票据法注重票据和票据行为的形式，只要票据和票据行为的形式符合票据法，就受票据法的保护，相反，如果形式不符合票据法的规定，即使作成票据的原因是合法有效的，票据和票据行为也属无效。

三、票据法的发展概况

（一）大陆法系国家票据法的发展

1673 年，法国路易十四颁布商事条例，其中第五章、第六章是关于票据的规定。这些规定，被公认为票据立法的开端。1807 年，法国颁布商法法典，在第八章规定了汇票与本票制度，后来，又于 1865 年颁布了支票法。

德国于 1847 年由埃赫里特为首的 20 名法学家和 10 名实业界人士起草票据条例 100 条，为大多数的邦所采用。德国统一后，于 1871 年正式公布成文票据法，1908 年颁布支票法。

1930 年、1931 年，日内瓦国际票据法统一会议分别产生《统一汇票和本票法》《统一支票法》，大陆法系国家大多数都按照这两个统一法修订了本国的票据法，形成了日内瓦统一法系。票据法虽为国内法，而法的内容、格局却大同小异，这一法系所包括的 20 多个国家，呈现统一局面。

（二）英美法系国家票据法的发展

英国于 1882 年公布票据法，1957 年又另定支票法。美国于 1896 年由纽约州律师克罗福特起草统一流通证券法，1897 年纽约州率先施行，其他州陆续采用，1952 年制定统一商法典，其中第三编为“商业票据”，即票据立法。

（三）票据法的三大法系

在 1930 年至 1931 年的国际票据法统一会议之前，世界各国的票据法可以分为三大法系。

1. 法国法系。法国于 1807 年颁布商法典，内容仅含汇票与本票，1865 年颁布的支票法，不在商法典以内。从立法特点上看，法国票据法：(1) 规定票据为输送现金的工具，申言之，可谓重在支付和汇兑，轻于信用和流通。(2) 票据关系与其基础关系不能截然分开，甚而认为资金关系为票据关系之一。以此点，可从其规定票据为有因证券。(3) 票据仅汇票、本票两种，支票为另一种证券。从立法形式讲，属“分立主义”。荷兰、比利时、西班牙、葡萄牙、希腊以及拉丁美洲各国的旧票据法，仿照法国。这些国家的票据法，形成了法国法系。

2. 德国法系。德国票据法颁行后，影响到奥地利、瑞士、意大利、匈牙利、丹麦、瑞典、挪威、日本等国，形成了德国法系。德国票据法有以下特点：(1) 立法形式上，采“分立主义”。此点与法国法相同。(2) 认为票据是支付、信用、流通证券，即票据不仅为输送现金，且重在信用和流通。(3) 规定了严格形式主义，注重票据形式之合法性。(4) 将票据关系与其原因关系完全分离，使票据成为无因证券。

3. 英国法系。英国票据法对美国、加拿大、印度、澳洲及英国殖民地国家的票据立法有绝对影响，形成了英国法系。英国票据法的特点与德国票据法相似，但在形式和手续的规定上，比德国法简便自由，如国内汇票的持票人行使追索权无须作成拒绝证书，承认恩惠日，[①]承认分期付

---

① 恩惠日，即宽限日。《英国票据法》第 92 条规定，办理某票据事务的时限少于 3 日的，在计算时间时，不包括非营业日。非营业日指：(a)星期日、耶稣罹难日、圣诞节；(b)按 1881 年《银行假日法》或其修正条例所规定的银行假日；(c)王室公布的公共斋戒日或感恩节。

款的票据等。当然，与德国法相比，还有许多不同之特点，如采取“合并主义”立法模式，认为支票是汇票之一，区分国内汇票与国外汇票等。

（四）票据法的统一与融合

为促进国际贸易，协调票据法律，促使票据立法遵循国际贸易的一般规则，走国际统一的道路，欧洲国家首先开始票据法国际统一工作，同时吸引英美国家参加这项活动。

20 世纪以来，统一票据法的国际活动主要有三次：

1. 海牙会议。1910 年及 1912 年，荷兰政府两次召集票据法统一会议，在海牙开会，讨论制定统一票据法和支票法。①

2. 日内瓦国际票据法统一会议。在国际联盟理事会主持下，1930 年、1931 年两次在日内瓦举行国际会议，解决统一票据法问题。②

3. 联合国国际票据法统一会议。大陆法系与英美法系在票据立法上的差异，对国际贸易的安全性有负面影响。第二次世界大战结束后，联合国国际贸易法规委员会为求得两大法系的沟通与统一，开展了国际票据法统一工作。1968 年，推举埃及、法国、印度、墨西哥、苏联、英国、美国等国代表，成立工作小组，起草了《国际汇票与国际本票公约草案》《国际支票公约草案》，并于 1973 年起草了《国际汇票与国际本票统一法草案》。后来，几经修订，自 1988 年 12 月 9 日定稿，定名为《联合国国际汇票和国际本票公约》，共 9 章 90 条。该公约现在没有法律效力。

（五）我国的票据立法

中华人民共和国成立后，在较长时间内没有统一的票据法。党的十一届三中全会以后，经济体制改革不断发展，逐步深化，市场经济体制开始建立，在这种形势下，对票据的需求日益迫切。

1995 年 5 月 10 日，第八届全国人民代表大会常务委员会第十三次会议通过了《中华人民共和国票据法》，同日公布，自 1996 年 1 月 1 日起施行。

《票据法》、最高人民法院《关于审理票据纠纷案件若干问题的规定》、中国人民银行《支付结算办法》③等，形成一整套较完备的票据规则体系。

---

① 前一次会议有 31 个参加国，拟定统一汇票和本票法草案 88 条。后一次会议有 37 个国家参加，当时的中国政府也派代表参会。后一次会议，对前一次会议形成的公约和票据法草案进行了讨论修订，制定统一票据规则共 12 章 80 条，统一支票规则草案 34 条。参会国家除英、美两国声明有保留的加入、日本代表未签字外，均承认统一票据规则，不过尚待政府批准。后因第一次世界大战爆发，各国政府批准工作未及完成，这一次的票据统一法活动旋告终止。

② 1930 年的第一次会议，产生了三个公约：(1)《统一汇票和本票法》(附有第一附属书、第二附属书。第一附属书即《统一汇票和本票法》，第二附属书是有关保留事项的规定)。(2)《解决汇票本票法律抵触事项公约》。(3)《汇票本票印花税法公约》。在前两个公约上签字的有 22 个国家，在第三个公约上签字的有 23 个国家。

1931 年的第二次会议，专门解决支票统一问题，通过了三个公约：(1)《统一支票法》(附有第一附属书，即统一支票法；第二附属书则是有关保留事项的规定)；(2)《解决支票法律抵触事项公约》；(3)《支票印花税法公约》。

英、美两国虽然参加了这两次会议，但没有参加公约。事实上，日内瓦国际票据法统一会议，仅实现了欧洲大陆上的票据法统一。日内瓦《统一汇票和本票法》《统一支票法》对公约参加国的票据法发生了巨大的影响，各国以这两个统一法为蓝本，纷纷修订本国的票据法，如 1932 年奥地利票据法，1933 年德国票据法及支票法、意大利支票法，1934 年日本票据法、支票法、意大利支票法，1935 年法国票据法，1936 年瑞士票据法等。可以说，参加《统一汇票和本票法》和《统一支票法》的国家，票据立法与《统一汇票和本票法》《统一支票法》大同小异，无实质性差别。

到目前为止，世界各国的票据法大体分为三类：第一类，日内瓦统一法系国家的票据法。第二类，英美法系国家的票据法。第三类，未参加日内瓦公约，仍然保留法国旧票据法特点的票据法，如伊朗、约旦等国的票据法。

在这三个法律系统中，前两大法系有着重大的影响。

③ 《支付结算办法》由中国人民银行发布并于 1997 年 12 月 1 日实施，其中对实施《票据法》有具体的规范性要求。

第三节 票据关系及其基础关系

一、票据关系

票据关系，是指票据当事人之间基于票据行为所发生的票据权利义务关系。这一定义揭示了票据关系的性质：

1. 票据关系是票据权利义务关系。票据关系当事人为票据权利义务而实施票据行为，票据权利义务成为票据关系的内容，因此该法律关系是票据权利义务关系。票据法上还有所谓"非票据关系"，如票据上的正当权利人对于因恶意或重大过失而取得票据的人行使票据返还请求权所发生的关系等，因其不是票据行为所发生，关系之内容也不是票据金钱债权债务，所以不是票据关系，被称为"非票据关系"。

2. 票据关系是票据行为所生权利义务关系。票据行为是票据法规定的能够发生票据关系的法律行为，包括出票、背书、承兑、保证、参加承兑等。票据行为之外的行为，不是发生票据关系的法律事实，无论其是否合法，票据法上即使有规定，也不能发生票据权利义务。

3. 票据关系是与其基础关系相分离的无因性法律关系，具有抽象性。票据关系中，票据债务人负担无条件支付票面金额的义务，自有其原因或说是基础，比如买方为支付价金向卖方出票，银行因出票人在银行有存款而向出票人指定的人无条件付款等，其中的"为支付价金""有存款"就是付款的原因或基础，进而言之，买卖关系、存款关系就是票据关系的基础关系。

本来，基础关系同票据关系联系紧密，但是，票据法为鼓励人们使用票据，最大限度地保障票据的安全性、可信度，把票据关系与其基础关系之间的联系一刀切断，使票据关系成为独立于基础关系的法律关系，而且，只要票据关系无瑕疵，基础关系纵然无效，票据权利仍然有效。

二、票据关系的种类

按照票据名称区分，有三种票据关系。

1. 汇票关系。因汇票的出票、背书转让、保证、承兑等票据行为发生的汇票权利义务关系，是汇票关系。汇票关系最基本的当事人有三方：出票人、持票人、出票人委托的付款人。其中，付款人是第一顺位的债务人，出票人是第二顺位的债务人。票据发生转让时，会增加新的一方当事人，而且，每转让一次，就会增加新的当事人。

2. 本票关系。因为本票的出票、背书转让、保证等票据行为发生的本票权利义务关系，是本票关系。它在当事人方面与汇票不同，基本当事人有两方，即出票人和持票人。出票人为票据债务人亦是付款人。本票的持票人在付款日到来时持票直接请求出票人无条件付款，出票人收回本票支付票面金额，本票关系消灭。

3. 支票关系。因为支票的出票、背书转让等票据行为发生的票据关系是支票关系。基本当事人有三方：出票人、持票人、出票人委托的付款银行。支票属见票即付的票据，无须承兑，付款银行付款后，凭收回的支票与出票人结清债权债务。

以上是从票据关系基本当事人方面讲的，当存在背书、保证、参加承兑等票据行为时，当事人数量就相应增加，而且相互之间的权利义务也变得复杂。

按照发生票据关系的票据行为的不同区分，票据关系有：出票发生的"票据发行关系"，背书发生的"背书转让关系""背书设质关系"和"背书委托取款关系"，承兑发生的"承兑关系"，以及"保证关系""付款关系"等。

三、票据关系的基础关系

（一）概念

票据关系的基础关系，是票据当事人借以实施票据行为、发生票据关系的民法上的债权关系。包括票据授受当事人之间的原因关系、出票人与付款人之间的资金关系、票据预约关系。

票据关系虽为无因关系或抽象关系，但总有其发生的事实关系，进一步说，当事人实施出票、背书、承兑、保证等票据行为，总有一定的权利义务关系已经存在，票据关系在这些已有权利义务关系的基础上，通过这些权利义务关系当事人的票据行为，始得发生。因此，基础关系属于事实关系。基础关系之内容为民法上的权利义务，故基础关系均属民法上的权利义务关系，其虽与票据关系有密切联系，但票据法并不对它进行规范，只能适用民法上一般债权的制度。

（二）票据原因关系

票据原因是当事人之间授受票据的原因。票据原因主要有：(1) 支付价金或劳务费或者其他费用；(2) 借贷；(3) 交付定金；(4) 票据本身的买卖；(5) 债权担保；(6) 赠与；(7) 委托取款等。当事人之间授受票据的原因所形成的权利义务关系，就是票据原因关系。

票据原因关系都是民法上的权利义务关系，本身不具票据权利义务之内容。也叫"原因关系"。

票据原因关系可分有对价的和无对价的两种类型。《票据法》第 10 条是关于有对价原因关系的规定，按照该条，票据的签发、取得和转让，应当遵循诚实信用的原则，具有真实的交易关系和债权债务关系；票据的取得，必须给付对价，即应当给付票据双方当事人认可的相对应的代价。《票据法》第 11 条规定了无对价的原因关系，依据该条，因税收、继承、赠与可以依法无偿取得票据的，不受给付对价的限制。

票据原因关系与票据关系之间，存在着"一般情况下分离，特殊场合中牵连"的关系。

一般情况下分离，是指票据关系虽源于原因关系，但为鼓励人们使用票据，保障票据的安全、便捷，票据法确认票据为无因证券，票据关系为无因关系，票据关系一经成立，就与其原因关系相分离，两种关系各自独立存在，分属不同的法律制度规范，原因关系的存在与否、效力如何，对票据关系没有影响。特殊场合中牵连，是指原因关系一般不影响票据关系，但是，在法律规定的某些事实存在时，票据关系的效力，受原因关系的影响。通常有以下几种情况：

1. 票据关系的当事人在原因关系中为当事人的，票据债务人可根据原因关系，对票据债权人行使抗辩权，然须承担举证责任，证明原因关系中的抗辩事由。这种情况，发生在票据授受的直接当事人之间。例如，买方向卖方签发票据用以付款，卖方受票后不予交货反持票请求付款，此时票据债务人（买方）即可以票据债权人（卖方）不履行原因关系中的债务为抗辩事由，对票据债权人行使抗辩权。

2. 对不法取得票据的持票人，票据债务人得以其取得票据之原因关系有瑕疵而抗辩。《票据法》第 12 条规定，以欺诈、偷盗或者胁迫等手段取得票据的，或者明知有前列情形，出于恶意取得票据的，不得享有票据权利；持票人因重大过失取得不符合《票据法》规定的票据的，也不得享有票据权利。这里的所谓“重大过失”是指持票人取得票据时应当知道所取之票据不符合《票据法》的规定，但未予应有之注意。例如甲将伪造的十分拙劣的票据转让给乙，乙稍加注意即可发现，但却毫未注意地收取票据，即构成重大过失。

3. 在原因关系中无对价或无相当对价取得票据者，不能有优于前手的票据权利。《票据法》第 11 条规定，因税收、继承、赠与等无偿取得票据的，所享有的票据权利不得优于其前手的权利。例如，持票人甲与出票人乙之间有抗辩事由，乙对甲得行使抗辩权，如果甲将票据转让给丙，那么，丙不知情且以相当对价取得票据时，不但完整地取得了票据权利，而且，乙不得以其与甲之间的抗辩事由，对抗丙的权利；相反，丙若无对价或无相当对价取得票据，就要继受甲的地位，享有与甲相同的票据权利，乙得以对甲之抗辩事由对抗丙。

4. 为支付而授受票据时，原因关系中的债务不因票据授受而消灭，与票据债务同时并存，票据权利实现，原因关系中的债务随之消灭。票据虽为支付工具，但不是通货，不具有强制通用力，取得票据并不完全等同于取得货币，不获付款之票据常常发生。一般来说，当事人之间无特别约定者，均应推定为“为支付而授受票据”。在此场合，只有将原因关系中债务清偿与票据债务的履行联结在一起，才能保证债权人的利益。

5. 为担保债务而授受票据时，被担保之债权未受清偿，票据关系存在；一旦被担保之债权得到清偿，为担保而成立的票据关系即告消灭。票据设质人应向票据质权人收回票据。

（三）票据资金关系

票据资金关系是汇票和支票的出票人与付款人之间存在的金钱、实物、信用关系和其他财产性债权关系，又称“票据资金”或“资金关系”。

汇票和支票都是委托证券，票面上记载的付款人是受托人。但是，付款人一般不会毫无缘由地接受付款义务，通常，付款人与出票人之间有下列情事之一的，才会按照票据接受付款委托：(1) 出票人在付款人处存有资金。例如出票人在银行开立资金账户存有资金而开出支票，付款人自应向持票人付款。(2) 付款人对出票人负有财产给付性债务。例如甲欠乙 100 万元货款未还，乙为向丙清偿债务而签发汇票，指定甲向乙付款。此为债权之转让，出票人的票据，实际上就是债权转让的通知，债务人向持票人付款收回票据，就是清偿了对自己债权人的债务。(3) 出票人同付款人之间有信用合同关系，付款人事先承诺为出票人签发的票据付款。在此种情况下，付款人收取票据后再向出票人请求清偿。

此外，付款人也可出于无因管理而为付款行为，还可因为与出票人之间有交互计算合同、继续供应合同等关系而为付款行为。

本票是自付证券，不存在受委托付款人。例外的是，本票上记载由第三人充当“担当付款人”的，出票人与担当付款人之间应有资金关系，学者对这种关系称为“准资金关系”。此外，汇票承兑人与其指定的担当付款人之间的关系，参加付款人与被参加人之间的关系，票据保证人与被保证人之间的关系，都是“准资金关系”。

资金关系中，出票人和其他供给资金的人称资金义务人。资金关系与票据关系相分离，但在特殊场合亦有相当牵连，对票据关系有一定影响。

1. 资金关系与票据关系的分离

（1）汇票关系中，资金关系虽然存在，付款人拒绝承兑时，不负担付款义务，承兑之后，方成为票据债务人。相反，资金关系不存在，付款人按汇票上的记载，应持票人的请求付款的，出票人对付款人有偿还义务。支票的出票人，应当与付款人有关于该支票票面金额的资金关系，①但因资金关系不存在所签发的支票，其本身仍为有效票据。②

（2）资金关系不存在而签发票据或予以承兑时，出票行为或承兑仍为有效。出票者，承担出票之责任，包括担保承兑和担保付款的责任，即在持票人不获承兑或不获付款时被追索的责任。承兑者，应就承兑之汇票承担付款义务。在此情形下，票据关系和资金关系彻底分离，互不牵连，毫不影响。

2. 资金关系与票据关系的牵连

（1）汇票承兑人与出票人无资金关系者，不得以资金关系不存在对抗出票人之外的善意持票人，因其已为承兑之票据法律行为，依票据行为之效力，承兑人应履行付款义务。《票据法》第44条规定，付款人承兑汇票后，应当承担到期付款的责任。例外的是，持票人为出票人的，承兑人得以资金关系不存在而抗辩。此种例外，即属资金关系对票据关系的影响。③

（2）支票的付款人对出票人存款足以支付或在与出卖人信用合同所定数额内的支票，应当无条件支付。就支票而言，无资金关系者，付款人有权拒付，由持票人向前手或出票人追索，而有资金关系者，付款人应无条件支付，一正一反，均显现资金关系对票据关系之影响力。

（四）票据预约关系

票据预约关系是当事人之间预先约定使用票据的合同关系，简称“预约关系”或“票据预约”。

原因关系发生时，当事人是否使用票据，使用何种票据，一般要预先约定，并具体商定票据种类、金额、到期日、付款地等，然后再出票，授受票据。此种关于使用票据的预先约定，与票据行为有关，同票据关系则无涉。换言之，原因关系发生时，因有票据预约，才得为票据行为；有票据行为，才生票据关系。票据预约是民法上之预约合同，依民法上的债权合同制度办理，票据法不作规定。票据预约是否成立，票据行为是否按预约实施，对票据关系毫无影响。

票据行为实施，票据关系发生，票据预约消灭。

第四节　票 据 行 为

一、票据行为的概念

票据行为，是指以发生票据权利义务为目的而依照票据法所实施的法律行为。这个定义表明：

---

① 我国《票据法》第88条规定，支票的出票人所签发的支票金额不得超过其付款时在付款人处实有的存款金额。日内瓦《统一支票法》第3条规定，支票必须对持有出票人存款的银行开出，并须符合出票人有权以支票方式处理该款之明示或默示之协议。但如不符合这些规定，所开票据作为支票仍然有效。

② 在此场合，确认支票有效，方可使持票人对前手或出票人行使追索权。

③ 持票人为出票人的，汇票的出票人向受系人签发票据时，已取得对价，之后，票据再转让时，出让人总会收取对价，一旦发生出票人又从别人手中取得票据之情形，出票人成为持票人，但仅是将最初取得之对价交付前手，此时，如再向无资金关系之付款人请求付款，便会使付款人无端受损，或先付款，再向该出票人请求偿还。

1. 票据行为是一种法律行为。票据行为具备法律行为的一般性质，属于一种法律行为。然而法律行为有多种类型，不同的法律行为分别由不同法律来规范，不可混同。票据行为只能适用票据法，是票据法上的法律行为。

2. 票据行为以发生票据权利义务为内容。不同的法律行为有不同的内容，票据法上，行为人实施票据行为，其意思表示中所含效果意思只能是发生票据权利义务，不能是其他目的（例外的是，委托取款背书是为持票人设授票据代理权，并不转移票据权利义务）。如果以发生他种权利义务为目的而为法律行为，不能产生票据行为的效果。

3. 票据行为是依照票据法实施的要式行为。首先，票据行为是要式行为。按照票据法的规定：(1) 票据行为须为书面形式；(2) 票据行为须在票据上实施，否则不发生票据效力；[①](3) 特定票据行为，须在法定之特别位置实施。例如背书行为，只可在票据背面书写特定文字并签名，假使在正面进行，就不构成背书。

同时，票据行为是法定要式行为。行为人不得以约定改变法定之要式。

票据法实行严格的票据行为要式原则，凡行为不符合法定要式者，为绝对无效。[②] 相反，只要具备法定要式，即使其他条件欠缺，票据也可有效。

二、票据行为的种类

票据行为有广义和狭义之分，狭义之票据行为，含出票、背书、承兑、参加承兑、保证五种。广义之票据行为，除上述五种外，尚有付款、(支票的)划线、参加付款、(本票的)见票、(支票的)保付等行为。票据法上通用狭义，将其他行为称为"准票据行为"，本书从之。

五种票据行为中，出票、背书为各种票据共有行为，承兑、参加承兑是汇票特有行为，保证是汇票、本票都有的行为。

票据法学上将这五种行为分为两类，一类是"主票据行为"或"基本的票据行为"，主要指出票，它是其他各种票据行为的基点。另一类是"从票据行为"或"附属的票据行为"，包括背书、承兑、参加承兑、保证四种行为，它们以出票行为为前提，只能在已经签发的票据上实施。两类票据行为虽有主从之分，但各自独立发生效力。然而，由于出票行为是创造票据的行为，出票行为有效的，票据才有效存在，其他票据才有实施基础。如果出票行为无效，票据即无效，而且这种无效是自始、当然、确定地不生效力，当事人事后追认也不能改变无效状态，在此情形下，出票后的其他附属的票据行为亦随之无效。

三、票据行为的性质和特点

(一) 票据行为的性质

关于票据行为的性质，在票据法学上有"契约行为说"和"单方行为说"。

1. 契约行为说。该说主张，票据债务人之所以负担票据上的债务，是与票据权利人缔结契

---

① 我国《票据法》第 109 条规定，汇票、本票、支票的格式应当统一。票据凭证的格式和印制管理办法，依《票据管理实施办法》第 5 条和第 35 条及《支付结算办法》第 9 条的规定，由中国人民银行统一规定。

② 大如绝对必要记载事项欠缺，小如金额大写汉字错误，均可使票据无效。

约的结果。[①]

2. 单方行为说。此说认为,票据行为,由行为人单方行为而成立,无须合意。出票人、背书人、承兑人等均因自己在票据上签名这种单方行为,对持票人负担票据义务。[②] 单方行为说既无契约行为说的缺点,合理说明了票据行为人与其直接后手之外的票据权利人的关系,又与"票据行为独立原则"脉络相连。多数学者均主张此说。

(二) 票据行为的特点

1. 票据行为是法定要式行为。一般法律行为,可为要式,或可为约定要式,票据行为则非为法定要式不生效力。票据行为的法定形式具体化为"票据记载事项"。各种票据行为具有其法定记载事项,记载事项之总和即为票据行为之款式。符合法定形式的才发生票据行为的效力。

2. 票据行为属无因性行为。票据行为仅以签名加交付为成立要件,实施票据行为的原因对票据行为毫无影响。此为票据行为的"抽象性"。

3. 票据行为以文义确定行为内容。票据行为的内容,仅依票据文义确定,票据法上规定签名人须按票据上记载的事项承担责任,即表明此特点。

4. 票据行为是独立生效的法律行为。票据上有数个票据行为的,各个票据行为独立生效,互不影响,一行为的无效,不致使其他有效行为变为无效,有效行为的行为人仍须就票据文义负其责任。此点为票据行为的"独立性",体现了"票据行为独立原则"。

票据行为独立原则,是票据法上一个有重大价值的原则,其宗旨是为保护票据权利人特别是善意取得票据的第三人,保障票据的安全可靠,促使人们使用票据,以加强票据流通。票据行为独立原则,主要表现在以下三个方面:

(1) 民事行为能力欠缺者实施的票据签名虽无效,但其他人的签名仍为有效。我国《票据法》第 6 条规定,无民事行为能力人或者限制民事行为能力人在票据上签章的,其签章无效,但是不影响其他签章的效力。

(2) 票据有伪造、变造的,伪造、变造行为不影响其他真实签名的效力。伪造、变造票据,都属不法行为,不过,伪造是全部虚假,包括签名虚假,变造则为持票人擅自变更票据所记载的事项。伪造和变造本无票据行为效力可言,但为保护善意第三人之利益,票据行为独立原则使该类行为与同票据上其他有效票据行为截然分开,各具其应有效果。《票据法》第 14 条第 1 款规定,票据上的记载事项应当真实,不得伪造、变造。伪造、变造票据上的签章和其他记载事项的,应当

---

① "契约行为说"由德国商法学家杜尔(Thol)提倡。参见张国键著:《商事法论》,三民书局 1980 年版,第 383 页。此说又分成"单数契约说"和"复数契约说"。(1) 单数契约说。这一学说认为,一票据行为是一个契约。单数契约说又衍生出"继承说""第三人契约说""提示说"等。"继承说"主张,票据债务人与其直接当事人之间的票据权利义务,依合同发生,因背书而由后手继承权利。"第三人契约说"认为,票据契约不仅在直接当事人之间发生票据权利义务,对第三人即票据行为人的后手,也可发生票据权利义务。"提示说"则提出,持票人在未提示其票据前,票据权利义务尚未确定,票据行为是行为人对提示人作出的负担票据债务的意思表示,提示票据后权利义务得以确定,提示人是真正的票据权利人。(2) 复数契约说。此观点认为票据债务人之所以对各个票据权利人负担票据债务,是因他对各票据权利人分别有契约。

② 单方行为说又有五种观点:(1) 发行说。该学说主张,票据行为因票据行为人的单方行为而成立,但是,票据行为由行为人在票据上签名和将票据交付受票人这两个要素构成。(2) 创造说。认为票据行为实为创造票据权利的单方行为,只要在票据上签名,他人取得该票据,就发生票据权利义务关系,至于取得是否善意,不影响票据权利。(3) 人格说。主张票据就是票据债权人,有人格,持票人是票据人格的代表人,所以,出票人签名,票据行为成立,票据债务形成。(4) 所有权取得说。认为持票人如果取得票据的所有权,就取得票据权利。(5) 善意占有说。认为持票人如果是善意取得票据,就取得票据权利。

承担法律责任。此为伪造与变造对不法行为人的效果。该条第 2 款又规定，票据上有伪造、变造的签章，不影响其他真实签章效力。这是伪造与变造对票据上其他有效票据行为的效果。

(3) 票据债务人之保证人，就其在票据上的签名和记载事项负担保证责任，保证行为不因被保证债务的无效而无效。《票据法》第 49 条规定，保证人对合法取得汇票的持票人所享有的汇票权利，承担保证责任。但是，被保证人的债务因汇票记载事项欠缺而无效的除外。所谓“合法取得汇票的持票人”，当然包括善意取得汇票的持票人，在汇票本身无瑕疵的条件下，无论被保证债务效力如何，保证人的保证责任始终存在。

四、票据行为构成要件

票据行为的要件，是指构成票据行为并使其发生票据权利义务的必要条件。它分为一般要件和特别要件。

(一) 一般要件

包括行为人有民事行为能力、意思表示真实两个要件。民法上一般法律行为所需“行为内容不违反法律或者社会公共利益”之要件，不应作为票据行为的要件。[①]

1. 行为人须有民事行为能力。票据行为是设定票据权利义务的法律行为，行为人之行为后果，是为自己设定票据债务而给对方设定票据债权。依民法一般规定，行为能力欠缺者无责任能力，不能为负担义务之行为，故无行为能力人、限制行为能力人不能为票据行为。

2. 意思表示真实。票据行为之意思表示，原则上适用民法上关于意思表示的一般规定，然而，为促进票据的使用和流通，保护善意第三人，票据法重在外观形式，实行“外观解释原则”[②]，也叫“表示主义”[③]，其意为，行为如果具备票据法所要求的形式要件，票据记载事项与真正事实二者是否相符，对于票据行为的效力不生影响。从意思表示角度讲，就是以票据上记载的事项为行为人的真实意思，除票据授受直接当事人外，不得以票据记载事项之外的文字，证明其票据意思，纵然因事实上的意思表示有瑕疵在直接当事人发生无效票据行为，也只对直接当事人有法律约束力，对善意第三人的票据权利没有影响。

我国票据法采用的就是“表示主义”。

(二) 特别要件

票据行为的特别要件，是指票据法规定的使得票据权利发生的必要条件。它包括票据必要事项的记载和票据交付两个条件。

1. 票据必要事项的记载。我国《票据法》第 9 条规定，票据上的记载事项必须符合《票据法》

---

① 谢怀栻先生就认为，票据行为本身并不具有实质内容，因而就不发生违反社会公共利益问题，如果说票据行为违反法律，只是指票据行为违反法定方式。参见谢怀栻著：《票据法概论》，法律出版社 1990 年版，第 48 页。

② 票据行为的解释，通用三个原则：(1) 票据外观解释的原则。其意为，票据行为，重在外观形式，行为如果具备法律所要求的形式要件，即不问记载事项与真正事实是否相符，对该行为的效力没有影响。(2) 票据客观解释的原则。其意为，票据行为，应依据票据上所记载文义，加以客观的解释，不得以票据以外的事实或证据，任意变更或补充。(3) 票据有效解释的原则。其意为，解释票据行为，应在其文义基础上，认定其为有效。

③ 民法上关于意思表示的一般规定，除性质不适合于票据或票据法另有规定外，均可适用于票据行为。但是，民法上一般法律行为，发生于特定人之间，为公平合理起见，在探求行为人真意时，采意思主义，即以行为人真实意思为准；票据行为，因票据辗转流通于多数人之间，不得不注重票据行为的外观，采取(意思)表示主义。

的规定。所谓“记载事项”，就是票据意思的文字化。它分为“绝对必要记载事项”“相对必要记载事项”“任意记载事项”，此外还有“禁止记载事项”。

绝对必要记载事项，是票据法规定票据上必须记载，否则票据不能生效的事项。包括：(1) 票据文句。即表明票据种类、名称的字样。例如“汇票”“本票”“支票”；(2) 无条件支付的委托（在本票上，则是无条件支付的承诺）；(3) 确定的金额；(4) 付款人名称（本票为己付证券，出票人即为付款人，不必另记这一事项）；(5) 收款人名称（在支票，可依第 87 条的规定，出票时不记载）；(6) 出票日期；(7) 出票人签章。我国《票据法》为确立这些事项之绝对必要性，一方面规定“必须”记载之，另一方面又明确告知：未记载这些事项之一的，票据无效。可见，这些事项是票据权利的构成要素。在绝对必要记载事项中，签名具有极其重要的作用。票据法定有“票据上签名者须就票据文义负担票据责任”之规则，各国相同。

相对必要记载事项，是指票据法规定应当记载，但如果不记载时，法律另行拟制，推定效果，不致票据无效的事项。我国《票据法》第 23 条、第 76 条、第 86 条关于票据上应记载而未记载及如何确定其效果的事项，就属相对必要记载事项。从性质上讲，这些事项不是构成票据权利的因素，而是持票人行使票据权利所需要的时间、地点等方面的条件。相对必要记载事项绝不是可有可无的，如付款日期，如果允许不存在，则持票人行使票据权利请求付款就无时间保障，结果必然对票据债务人有利而于票据债权人有害。为防止损害票据债权人之情况，票据法对不记载这些事项的，作了有利票据债权人的推定。这里，以《票据法》第 23 条为例，该条第 2 款、第 3 款分别规定：“汇票上未记载付款日期的，为见票即付。”这样，为持票人及早实现票据权利、获得付款，提供了最有利的条件。“汇票上未记载付款地的，付款人的营业场所、住所或者经常居住地为付款地。”这样，就减少了票据当事人在确定付款地方面的麻烦，避免了当事人之间因付款地不明确而可能发生的分歧。

任意记载事项是指票据法允许当事人按其意思记载或者不记载，但一经记载亦发生票据上效力的事项。我国《票据法》第 27 条第 2 款规定，出票人能够在汇票上记载“不得转让”字样，禁止汇票的转让。这里的“不得转让”事项，就是任意记载事项。第 34 条规定的“背书人在汇票上记载‘不得转让’字样，其后手再背书转让的，原背书人对后手的被背书人不承担保证责任”，就属任意记载事项记载于票据后发生的效力。任意记载事项，一般由当事人特别约定，记载于票据后，对直接当事人、第三人均有效。

禁止记载事项，是指票据法禁止记载于票据上，如果记载了也不发生票据效力或者使票据无效的事项，也称“不得记载事项”。例如《票据法》第 48 条规定，保证不得附有条件，如果附有条件，不影响对汇票的保证责任。

2. 票据交付。票据行为的成立和生效，除应在票据上为合法记载之外，还必须将票据交付对方。例如，出票，应将票据交付收款人；背书，背书人完成背书应将票据交付被背书人等。不交付票据的，票据行为尚未完成。

五、票据行为的代理

（一）概念

票据行为的代理，是指由他人按照本人的授权，代本人为票据行为的行为，简称“票据代理”。我国《票据法》第 5 条规定，票据当事人可以委托其代理人在票据上签章，并应当在票据上表明代理关系。

(二) 票据代理的发生条件

票据代理的发生,以票据当事人的委托授权为必要条件。无授权的代理,属无权代理。[①] 票据代理的委托授权,票据法上不作另外规定,适用民法上代理权授予的规则,票据法上只要求载明代理关系。对此种委托和授权,不认为是票据代理的必要记载事项。我国《票据法》第5条第1款的规定,体现了这一点。

(三) 票据代理的记载事项

按照《票据法》第5条第1款、第7条第2款的规定,票据代理本身所必要的记载事项共有两个。票据法学上称之为"票据代理的形式要件"[②]。

1. 表明代理关系的文字。票据代理,适用"严格显名主义"。代理人应当在票据上载明自己为代理人,委托授权人为被代理人,并明示被代理人姓名或名称。

2. 签章。代理人应当在票据上签章,否则,票据代理因缺少绝对必要记载事项而无效。

(四) 无权代理、越权代理及其法律后果

无权代理,是指票据签名者未得本人授权而以本人为被代理人、以自己为代理人所实施的票据行为。无权代理有以下构成要件:(1) 行为人以代理人名义实施的票据行为,形式要件齐备,票据有效。如果行为人签章之票据未能生效,票据权利义务不发生,签章之人、票据上记载的被代理人都无票据责任,自然不生无权代理问题。(2) 行为人以代理人名义实施的代理行为,具备票据代理的形式要件。不具备票据代理形式要件的,不发生票据代理的法律后果,票据债务不能归于签名者之外的其他人,自然亦无无权代理可言。(3) 行为人无代理权。行为人若有代理权,自属有权代理,无代理权的,才负担无权代理的后果。

越权代理,是指有权代理人超越其代理权限进行的票据代理。

《民法通则》第66条将越权代理与自始没有代理权的代理规定在一起,施以相同的规则。《票据法》第5条第2款也将它们并列规定,即:"没有代理权而以代理人名义在票据上签章的,应当由签章人承担票据责任;代理人超越代理权限的,应当就其超越权限的部分承担票据责任。"

第五节 票 据 权 利

一、票据权利的概念和特点

(一) 票据权利的概念

票据权利,是指持票人享有的能够请求票据债务人支付票据金额的权利,包括付款请求权和追索权。对这个定义,应作如下理解:

---

① 代理权是票据代理的实质要件。民法代理制度中的代理权可源自被代理人的授权、法律规定。我国票据法仅认"委托授权"之票据代理,故本章权采此说。

② 学者们认为,票据代理有三项形式要件:(1) 被代理人本人的姓名或名称;(2) 代理人的签章;(3) 代理意旨。参见王保树主编:《中国商事法》,人民法院出版社1996年版,第382页;钱玉林:《关于票据代理的两项特别法则》,载《山东法学》1996年第1期;谢石松:《试论票据代理中的法律问题》,载《中国法学》1996年第1期;刘家琛主编:《票据法原理与法律适用》,人民法院出版社1996年版,第80~82页。

1. 票据权利是票据金额给付请求权。票据上文义所表明的权利，是票据金额给付请求权，持票人占有票据，不等同于占有票面记载的金钱，只有经过请求票据债务人付款，票据债务人满足此请求，兑付票面金额，将票面金额交付持票人，持票人才取得金钱。

2. 票据权利享有者，是合法持票人。凡因出票、背书等票据行为和继承等合法方式取得票据者，均为合法持票人，依票据之持有而享有票据权利。不法取得票据者，不得享有票据权利。

3. 票据权利相对之义务，是票据责任。票据责任，是指票据债务人负担的应当向持票人支付票据金额的义务。票据债务人，是在票据上签章的人。具体讲，有出票人、背书人、保证人、承兑人、支票的付款人。在外国票据法上，还有参加人（包括参加承兑人、参加付款人）、预备付款人等。我国大陆的票据法规定的票据债务人的种类较少，但在我国台湾地区、香港地区、澳门地区的票据制度中，票据债务人范围与国际票据规则基本相同。

4. 票据权利是含有付款请求权和追索权的债权。持票人得请求票据上记载的付款人支付票面金额。当付款请求权不能实现时，持票人得向背书人、出票人等票据债务人追索票面金额及有关费用。

（二）票据权利的特点

1. 票据权利是特种金钱债权，其标的以票面金额的给付为限。票据权利只能以票面金额之给付为标的，绝不可以有任何变通。

2. 票据权利为无因金钱债权。票据权利具有无因性，只依合法形式之票据，不问票据权利之成因。持票人以票据文义或票据法规定证明自己为票据权利人的，票据债务人须无条件支付票面金额。

3. 票据权利是单纯的金钱给付请求权。一方面，持票人仅得请求票据债务人给付票面金额，不得为其他请求；另一方面，持票人实现票据权利不负任何对价义务，票据债务人单方负担无对价给付的义务。之所以如此，是因为在票据原因关系中，票据权利人已履行对价义务或负担对价义务。

4. 票据权利有付款请求权和追索权双重权能。例如前文票据意义中所述，持票人有付款请求权，付款请求权不能实现时，可行使追索权。票据法学上，把付款请求权叫做"第一次请求权"，把追索权叫做"第二次请求权"，这两个请求权，是票据权利本身之功能。民法上的一般债权，是一次性的请求权，没有追索权效能。

5. 票据权利与票据一体化。票据权利的行使，以票据提示为唯一必要条件。票据为完全证券、提示证券，票据权利自然有此特点。普通债权是民法赋予一般意定之债或法定之债的权利人的债权，它的行使，以债的存在为要件。

票据法上，除票据权利之外，还规定有"利益返还请求权""票据真正权利人对恶意取得票据者的票据返还请求权"等，这些权利，虽与票据有关且由票据法规定，但都不是票据权利。因此，不能把票据法上规定的各种权利都当做票据权利。

二、票据法学上对票据权利的分类

票据法理论上，除将票据权利分为付款请求权和追索权之外，还有主票据权利、副票据权利、辅助性票据权利的分类。了解这种分类，有助于掌握票据权利的特点。

所谓主票据权利，就是付款请求权。所谓副票据权利，就是追索权和再追索权。辅助性票据权利，指与支付票面金额的目的直接相关但起辅助作用的权利，例如持票人对参加承兑人、参加付款人的付款请求权等。

三、票据权利的取得

（一）原始取得

因出票行为取得票据或具备善意之要件而从无票据处分权人手中取得票据的，是原始取得。分为下述两种情况：

1. 依出票行为取得票据。出票行为是创设票据权利的票据行为，在此行为之前，当事人之间原无票据权利，出票人将依法作成的票据交付持票人，持票人即最初地取得票据权利，所以，因出票行为取得票据的，属于票据权利的原始取得。

2. 善意受让票据。善意受让是指持票人从无票据处分权人手中无过失地受让票据，得依法定条件取得票据权利的法律事实，又称"善意取得"。善意取得是票据权利取得制度中的特殊规则。

善意取得事关当事人利害，票据法对其规定有构成要件。我国《票据法》之第 10 条、第 11 条、第 12 条、第 13 条、第 31 条、第 32 条、第 87 条，共同构成善意取得制度，依这些法律规定，我国票据善意取得的构成要件包括：

（1）须受让人从无票据处分权人手中取得票据。如果是从有票据处分权人手中取得票据，属于继受取得票据权利，不必以善意取得对待。无票据处分权人，可为不法取得票据而不享有票据权利的人，如以欺诈、胁迫、偷盗、恶意、重大过失等取得票据者；也可为合法占有票据但没有票据处分权的人，如票据拾得者、票据保管者等。受让人自无处分权人手中取得之票据，须为有效，如果票据形式不合法，不生票据权利，亦无从论及善意取得。

（2）须依照票据法规定的转让方式取得票据。票据法上规定的票据转让方式，限为"背书""交付"两种，既有不同的转让方式，又有特定的适用对象。

背书转让方式，指持票人在票据背面或者粘单上记载转让票据之事项并将票据交付受让人的行为。记名式票据的转让，应当采取这种方式。我国《票据法》只认可无记名支票，规定汇票和本票必须记载收款人名称，因此，汇票和本票的转让，只能采取这种方式。

票据交付，指持票人以转让票据为目的而将票据占有转移给受让人的行为。无记名式票据，适用这种转让方式。我国《票据法》仅规定支票可为无记名，因此，只有无记名的支票才能适用这种方式。出票人签发支票时记载收款人名称的，不能以此方式转让，须背书转让。

应当注意的是，在票据法上，除票据转让外，继承也发生票据权利的转移，在法人制度中，法人的合并也有票据取得现象。但是，按照善意取得制度，持票人无处分权而转让票据的，才有发生善意取得的可能，继承为无偿取得遗产，法人合并之财产，适用普通债权转让制度，不合善意取得之适用条件。

（3）取得票据之时须无恶意或重大过失。所谓恶意，是指受让人受让票据时明知出让人无票据处分权而予收受的不良心态。所谓重大过失，是指稍加注意即可知晓出让人无票据处分权，但未给予应有之关注而收受票据的心态。恶意或重大过失仅限于取得票据之时，取得票据之后知晓或者应当知晓出让人无处分权的，不构成恶意或重大过失。

（二）继受取得

继受取得，是指受让人从票据权利人手中以法定方式取得票据，从而取得票据权利。包括因票据权利人背书转让、无记名票据的交付、票据赠与、继承、公司合并等取得票据权利的方式。这种取得，适用法律行为的规则。

四、票据权利的行使和保全

（一）票据权利的行使

票据权利的行使，是指票据权利人向票据债务人提示票据请求，履行票据债务的行为。

票据权利的行使有狭义与广义之分，狭义的票据权利行使，指请求付款（行使付款请求权）、进行追索（行使追索权）。广义的票据权利行使，还包括请求承兑、请求定期付款。有学者指出，请求承兑和请求定期付款，不是权利的行使，是行使权利的准备工作。[①]

（二）票据权利的保全

票据权利人为防止票据权利消灭所进行的行为，称为票据权利的保全。

票据权利属于债权，适用时效制度，票据权利人在一定时间不行使权利，将会导致权利消灭。例如，票据上记载的付款人拒绝承兑，或付款人拒绝付款时，持票人如果不在法定期间内作成拒绝证明，票据权利就会因时效期间届满而消灭。为防止票据权利因时效期间届满而消灭，就应当采取必要行为，保全权利。

保全行为有提示票据、作成拒绝证明、起诉等。提示票据，是持票人为防止票据权利消灭而向票据债务人出示票据，主张权利。作成拒绝证明，是持票人向票据上记载的承兑人或付款人提示票据请求承兑或请求付款，遭到拒绝时，请求拒绝之人出具拒绝承兑或拒绝付款的书面证明。起诉，是持票人为防止票据权利消灭而请求法院保护。

（三）票据权利行使和保全的处所与时间

《票据法》第 16 条规定，持票人对票据债务人行使票据权利，或者保全票据权利，应当在票据当事人的营业场所和营业时间内进行，票据当事人无营业场所的，应当在其住所进行。该条明确了票据权利行使和保全的处所与时间。

五、票据权利的消灭

（一）概念

票据权利的消灭，是指票据上的付款请求权或者追索权因法定事由的出现而归消灭。

根据被消灭权利的不同，有付款请求权消灭和追索权消灭的区别。

按照被消灭的仅是付款请求权还是追索权亦被消灭，有部分消灭和完全消灭的差异。仅为付款请求权消灭的，持票人得行使追索权；追索权也消灭的，票据权利彻底完结，票据成为毫无票据权利内容的东西，具备法定条件时，持票人得依票据法上“利益返还请求权”制度，受到保护。

（二）票据权利消灭的法定事由

按照《票据法》第 60 条、第 72 条、第 17 条、第 18 条，下列事由使票据权利消灭：

1. 付款。票据债务人付款之时，持票人将票据交付付款人，票据关系终止，票据权利自然终止。我国《票据法》第 60 条规定，付款人依法足额付款后，全体汇票债务人的责任解除。

---

① 谢怀栻：《票据法概论》，法律出版社 1990 年版，第 62 页。

2. 被追索人清偿票据债务及追索费用。持票人遇有不获承兑、不获付款时，得向背书前手或者出票人及其他有被追索义务的人行使追索权，请求偿还票面金额、利息及为追索所支付的费用，被追索人清偿相应债务后取得票据，原有票据权利即归消灭。这种情况，与付款而使票据权利消灭有所不同。被追索而为清偿之人若为出票人的，票据关系完全消灭，票据权利也荡然无存；被追索而为清偿之人若是尚有其前手的背书人，或者保证人的，为清偿行为而取得票据的背书人、保证人得行使再追索权，此时，票据权利仍未彻底消灭。对这种情况，称为“票据权利的相对消灭”。

3. 票据时效期间届满。持票人不行使票据权利的事实持续到票据时效期间届满，其付款请求权或追索权即消灭。

4. 票据记载事项欠缺。《票据法》第 18 条规定，因票据记载事项欠缺的，丧失票据权利，享有利益返还请求权。此条所称票据记载事项，应为绝对必要记载事项，依《票据法》第 22 条、第 75 条、第 84 条，绝对必要记载事项欠缺的，票据无效。

5. 保全手续欠缺。持票人为保全票据权利，应完成保全手续，手续欠缺的，不生保全效力，票据权利仍行消灭。在此场合，消灭的是追索权。《票据法》第 65 条规定，持票人不能出示拒绝证明、退票理由书或者未按照规定期限提供其他合法证明的，丧失对其前手的追索权。

除以上事由外，票据毁灭也使票据权利消灭，民法上一般债权消灭的事由如抵销、混同、提存、免除等也可使票据权利消灭。

第六节 票据的伪造与变造

一、票据的伪造

（一）票据伪造的概念

票据的伪造，是指假冒他人名义为票据行为的不法行为。它有广义与狭义之分。狭义的票据伪造，指假冒他人名义为出票行为。广义的票据伪造，指假冒他人名义而为的各种票据行为，包括出票、背书、承兑、保证等票据行为的伪造。

（二）票据伪造的构成要件

1. 行为人实施了假冒行为。假冒他人名义出票或在票据上签章，是票据伪造的前提条件。伪造的具体做法，可以是盗用他人印章，仿制他人印章或制作并无其人之印章而签章等各种假冒手段。

2. 伪造行为符合票据行为的形式要件。伪造行为符合票据行为的法定形式，才能产生票据行为的外观效果，如果不具备票据行为的合法形式，就不能构成票据行为，亦无从形成票据伪造。

3. 伪造行为人目的是骗取财物。票据是金钱债券，持有票据能够获得票面金额，伪造票据的，因票据具备合法之形式要件，伪造者可以从付款人处骗取金钱。伪造人实施伪造行为，主观上正是为达到骗取他人财物之目的。

4. 伪造人将伪造之票据转手。伪造人将伪造的票据转手，才能取得票据利益，实现其骗取财物的目的，如果伪造之票据不转手，其伪造行为便不生损害他人之效果，也难以认定其有无伪造行为。

（三）票据伪造的种类

票据的伪造，分为两种：

1. 全部伪造，是指假冒他人名义出票。因出票是基本票据行为，全部伪造也叫基本票据的伪造或者出票的伪造。全部伪造的票据，根本的特点是出票人是虚假的，票据上的出票人的签章，是伪造行为人假冒的或虚拟的。

2. 部分伪造，是指部分票据行为是真实的，部分票据行为是伪造的。例如，真实出票的票据，伪造人进行背书伪造，或者承兑伪造；再如，出票伪造的票据，善意受让人以合法方式转让给他人，受让人伪造保证，又以合法方式转让另外的人。部分伪造是出票行为之外的伪造，也叫附属票据行为的伪造或签名的伪造，包括背书伪造、承兑伪造、保证伪造等。

部分伪造又分为两种情况：(1) 伪造在先，如背书伪造后以合法方式将票据转让善意受让人，善意受让人又以真实之背书将票据转让他人。(2) 伪造在后，如背书真实，持票人伪造承兑而将票据转让他人。

（四）票据伪造的法律后果

票据伪造是不法行为，不能发生票据行为的效力，即不能像真实票据行为那样，发生票据权利义务。但是，这种不法行为，能够发生票据法上规定的其他效果。

1. 伪造人无票据责任，但负其他法律责任。伪造行为人未在票据上签章，因而不能依票据文义承担票据责任。依照《票据法》第 102 条、第 103 条、第 106 条，伪造人的法律责任，分为刑事责任、行政责任、民事责任。伪造人的民事责任，是侵权赔偿责任，应向善意持票人赔偿。

2. 被伪造人无票据责任而有追究伪造人责任的权利。被伪造之人，未在票据上签章，也未授权别人代理票据行为，自然不应负担票据责任。反而可依《票据法》第 106 条的规定，要求伪造人对自己承担赔偿损失等民事责任。

3. 票据上真实签章人，就票据文义负责，对伪造人有赔偿请求权。《票据法》第 14 条第 2 款规定，票据上的伪造的签章，不影响其他真实签章效力，这一规定，使得真实签章人必须就票据文义负责。票据上真实签章人，无论其签章在伪造前还是伪造后，都要就票据文义负责。在其被持票人追索而清偿票据债务后，有权要求伪造人赔偿损失。

4. 善意持票人对伪造人有赔偿请求权，对真实签章人有追索权。恶意取得票据者，不能享有票据权利，在出票伪造或签章伪造的场合亦是如此。善意持票人受善意取得制度之特别保护，在票据形式合法的条件下，能够享有票据权利，但是，在票据伪造的场合，被伪造人得行使特定债务人的对物抗辩权，善意持票人亦不能幸免。此时，善意持票人的合法利益受到伪造行为的损害。

为保护善意持票人，票据法规定：(1) 善意持票人直接从伪造人手中取得伪造之票据的，对伪造人有民法上的赔偿请求权。(2) 善意持票人间接取得伪造的票据的，即从真实签章人手中取得票据的，对真实签章直接前手和其他真实签章前手，得行使追索权。直接从伪造人手中取得伪造票据的真实签章人，在被追索而清偿票据债务后，有权要求伪造人赔偿损失。

5. 付款人依法履行了审查票据义务而付款的，没有责任；恶意或者有重大过失而付款的，应当承担损失。付款人有审查票据的义务，该项义务分为三个方面：(1) 付款人处存有出票人预留印鉴的，应审查票据上的出票人签章与其预留印鉴是否一致。一致的，可排除出票伪造；不一致的，就应拒付，否则即构成恶意或者重大过失的付款。(2) 付款人应审查背书是否连续，不连续而付款的，构成恶意或者重大过失的付款。(3) 付款人应当审查提示付款人的合法身份证明或者有效证件。请求付款的人身份证明或者证件不合法，或者与票据上记载的票据权利人不是同一人的，应当拒绝付款，否则，构成恶意或者重大过失付款，自行承担不利后果。

《票据法》第57条第2款中的“恶意”，是指付款人或代理付款人明知持票人采取欺诈、偷盗或胁迫等手段取得票据，或明知接受该票据将对票据债务人的合法权益造成损害而付款；“重大过失”，是指付款人或代理付款人在付款时对票据疏于审查，或者应当知道付款将对票据债务人的合法权益造成损害而付款。

(五) 票据伪造的举证责任

提出票据伪造主张并请求他人负伪造责任的票据当事人，负担举证责任。

二、票据的变造

(一) 票据变造的概念和特点

票据的变造，是指无更改权的人不法变更票据上签章之外的事项的行为。例如持票人擅自改写到期日等。

票据变造有以下特点：(1) 行为人是无票据更改权的人。原记载人之外的人擅自更改票据上的记载事项的，属无权行为，构成票据的变造。(2) 行为人改变的是签章之外的票据记载事项。变造人的目的，不是为了假冒他人名义，而是意在改变票据文义所表示的票据权利义务，如将票据金额改变加大，将到期日变造提前等。如果有假冒他人名义、改变票据上签章的行为，应以票据伪造对待。

(二) 票据变造的法律后果

《票据法》第14条、第102条、第106条及《刑法》有关条文，规定了票据变造的法律后果：

1. 变造人应当承担法律责任。变造属违反法律的行为，《票据法》对行为人科以刑事责任、行政责任、民事责任。变造人的刑事责任，依《刑法》第177条之规定论处，民事责任，则依民法上侵权行为的制度确定。

2. 变造后的票据仍然有效，变造人对变造之后的记载事项负责。《票据法》第14条第3款规定，票据上签章以外的记载事项被变造的，在变造之前的签章人，对原记载事项负责；在变造之后的签章人，对变造之后的记载事项负责。

3. 变造人未签章，不负票据责任，应承担赔偿损失的民事责任。依票据法上“签章者就票据文义负责”的规则，变造人未在票据上签章，不能负担票据责任，但其变造行为给其他票据当事人造成损失的，应由其向受损失的当事人负赔偿责任。

4. 变造前的签章人，对变造前的记载事项负票据责任。

5. 不能辨别是在变造前还是变造后签章，视同在变造前签章。视同在变造前签章，签章人就变造前记载事项负责，对签章人有利。票据法作这样的规定，一是促使票据受让人严格履行其注意义务，使变造的票据不易流通；二是防止持票人的欺诈，维护票据债务人的合法利益。对明知票据变造而使用的，法律上也科以刑事的、行政的法律责任，以示惩戒。

(三) 票据变造的举证责任

持票人主张票据债务人是变造后签章的，应对其主张负证明责任；票据债务人主张自己是变造前签章的，自负其证明责任。

第七节　票据抗辩权

一、票据抗辩权的概念

票据抗辩权，是指票据债务人依据票据法享有的、因法定事由的存在而得对抗持票人，拒绝履行票据债务的权利。

票据抗辩权是与票据权利对立存在的一种权利，它的权利人是票据债务人，持票人无此种权利；它的作用是对抗持票人，拒绝履行票据债务；它的权源是票据法的规定，与票据持有无涉；它的行使以票据法规定的抗辩事由的存在为要件。

二、票据抗辩权的行使条件

有下列事由之一的，票据债务人得行使抗辩权：一是票据行为不合法或者票据权利不存在。二是持票人的票据权利无合法基础。这两个条件，分别叫做对物抗辩权的行使条件、对人抗辩权的行使条件。

（一）对物抗辩权的行使条件

对物抗辩权，是票据债务人因票据行为不合法或者票据权利不存在，得对任何持票人行使的抗辩权。分为“任何票据债务人可对任何持票人的抗辩权”“特定票据债务人可对任何持票人的抗辩权”，也分别叫做“任何票据债务人的对物抗辩权”“特定票据债务人的对物抗辩权”。下面分述其行使条件，也就是抗辩事由。

1. 任何票据债务人的对物抗辩权

凡有下列情事之一的，任何票据债务人得对任何持票人行使抗辩权：

（1）票据上的记载事项不符合票据法的规定。根据《票据法》第 4 条、第 7 条、第 8 条、第 9 条、第 22 条、第 75 条、第 84 条，记载事项不合法而致无效的票据，有下述五种：第一种，票据上无签章。第二种，票据上的签章不合法定条件。第三种，票据金额记载不合法。第四种，票据上有不合法之更改。第五种，票据上欠缺绝对必要记载事项。

（2）定期票据未到期。票据，除见票即付者外，还有定期日或定期限的，如我国《票据法》第 25 条规定，票据付款日可以记载为：见票即付，定日付款，出票后定期付款，见票后定期付款。付款日就是票据到期日，票据到期日届至，持票人才能提示票据，请求票据债务人履行票据债务，如果未到票据上记载的到期日，持票人提前行使票据权利，票据债务人自然得以未到期为由，行使其抗辩权。

（3）票据权利已经消灭。有以下三种具体情况：第一种，票据权利因票据债务人付款而消灭。第二种，票据权利因票面金额的提存而消灭。第三种，票据权利因除权判决而消灭。

2. 特定票据债务人的对物抗辩权

票据有效，但某一票据行为不合法的，受其不利影响的直接当事人依法不负票据责任，得以此作为抗辩事由，对抗任何持票人。不是该不合法行为直接相对人的其他票据债务人，不得主张这种抗辩权。所谓特定票据债务人，就是有效票据上某一不合法行为的直接相对人。

有下列情形之一的，特定的票据债务人得行使对物抗辩权：

(1) 无权代理和越权代理。被代理人得以此抗辩。

(2) 签章人为民事行为能力欠缺者。签章人及其法定代理人得以此抗辩。

(3) 票据伪造、变造。被仿造的人,因其签章系伪造,事实上并未签章,故不负票据责任,得对抗任何持票人。票据上有变造的,在变造前签章,对变造后的文义不负责任,可对抗任何持票人。

(4) 票据权利行使和保全手续欠缺。持票人行使追索权而欠缺拒绝证明或退票理由书或其他有效证明的,依我国《票据法》第65条之规定,丧失对其前手的追索权,被追索人得以其追索权因保全手续欠缺而消灭为事由,进行抗辩。

(5) 票据权利因时效期间届满而消灭。付款请求权时效期间届满的,被请求的付款人得对任何持票人行使物的抗辩权;追索权因时效期间届满消灭的,背书人或未因票据受有利益的票据债务人可为抗辩,不受追索。

(6) 对不得转让的票据背书转让。持票人将载有"不得转让"字样的票据再转让他人的,第三人持票向原背书人行使权利时,原背书人得依票据上"不得转让"之文义,行使抗辩权。

(二) 对人抗辩权的行使条件

对人抗辩权,是指票据债务人因特定持票人的票据权利无合法基础,得对抗其请求而不履行债务的权利。

这类抗辩权的特点是,票据债务人仅能对特定的持票人抗辩。一旦发生票据易手,票据债务人即不得以与原应受抗辩的持票人之间的抗辩事由,对抗善意受让票据之人。

1. 任何票据债务人的对人抗辩权的行使条件

有下列条件之一的,任何被请求的票据债务人均可对请求付款的票据债权人抗辩:

(1) 票据债权人丧失受偿能力。例如,法人为票据债权人而受破产宣告,票据债务人即可以其民事权利能力和民事行为能力终止而为抗辩。再如,自然人被宣告为无民事行为能力人,持票请求付款的,被请求的票据债务人便得因其民事行为能力有欠缺而拒付,但其监护人请求的除外。还有,票据债权被依法冻结,票据债务人也可抗辩。

(2) 持票人取得票据欠缺合法形式,不具备受领资格。持票人以合法形式取得票据的,才有形式上的受领资格。[①] 票据法上规定,以背书转让的票据,背书应当连续,持票人以背书的连续,证明其票据权利,也就是持票人必须以票据上的转让背书人与受让票据的被背书人的签章依次前后衔接,证明自己是依背书取得票据权利。能证明的,就有形式的受领资格,不能证明的,在取得票据的形式上就欠缺合法性,没有形式的受领资格,进一步说,就不是合法持票人,没有票据权利,被请求的任何票据债务人均可对其抗辩。

(3) 持票人不是真正票据权利人,不具备实质的受领资格。持票人虽可在形式上证明自己有受领资格,但实质上不是真正票据权利人的,为欠缺实质受领资格。例如,拾得未记载收款人名称的空白授权票据,冒填收款人而骗取票面金额的,虽有形式合法的必要记载事项,但持票人并无实质受领资格。

---

① 票据法学上,有将持票人的受领资格分为形式受领资格和实质受领资格的做法,具备合法取得形式的,为有形式的受领资格;真正的票据权利享有者的,是有实质的受领资格。参见前引刘家琛主编:《票据法原理与法律适用》,人民法院出版社1996年版,第154~155页;张龙文著:《票据法实务研究》,汉林出版社1976年版,第20~21页。

2. 特定票据债务人的对人抗辩权的行使条件

有下列条件之一的，特定票据债务人均可对请求付款的票据债权人抗辩：

(1) 直接当事人之间的原因关系无效。票据授受之直接当事人之间的票据原因关系无效的，授票之票据债务人得向受票之持票人进行人的抗辩。

(2) 直接当事人之间的票据行为无效。持票人与被请求之债务人原有票据授受行为，持票人取得票据时有胁迫、欺诈行为，或以偷盗、拾得等方式取得票据的，被请求的票据债务人得对该持票人抗辩，但不能以与该直接当事人之间的抗辩事由，对抗善意第三人。

(3) 持票人从被请求的票据债务人手中无对价或以不相当之代价取得票据。因有偿行为而授受票据的，取得票据者未给付双方当事人认可的相对应的代价的，授予票据而未获应有代价的票据债务人，得对受票人进行抗辩。例如，甲、乙订立租赁合同，甲向乙授票而为预付租金，乙受票后不提供出租物仍要甲付款，甲对乙可进行抗辩。

(4) 持票人无偿地从未付对价的前手受取票据。依《票据法》第 11 条，因税收、继承、赠与等无偿取得票据的，所享有的票据权利不得优于其前手的权利，如果持票人的前手因未付对价或代价不相当而应受抗辩，持票人即应继受其前手的权利瑕疵，即使持票人不知情，未收得对价的票据债务人得向无偿取得之持票人抗辩。

(5) 直接当事人之间有特约而违反特约的。例如票据债务人与持票人有延期付款之特别约定，持票人违反特约请求付款，该债务人可为抗辩。再如，出票人与持票人曾特别约定，出票为持票人融通资金提供信用，不向持票人付款，持票人违反特约请求付款的，出票人得拒绝。票据债务人之此项抗辩权，严格限于直接当事人之间，对第三人毫无效力。

(6) 当事人之间的票据债务已因清偿、抵销、免除等而消灭，但因故未记载于票据上。

(7) 持票人恶意取得票据的。依《票据法》第 12 条第 1 款之规定，明知前手是以欺诈、偷盗或者胁迫等手段取得票据，出于恶意取得票据的，不得享有票据权利。该受欺诈、受胁迫或被偷盗的票据债务人，不仅可向欺诈者、胁迫者、偷盗者抗辩，而且可以对抗明知而恶意取得票据的持票人。因重大过失取得不合票据法规定的票据的，不属恶意取得，其直接前手不得对其抗辩。

三、票据抗辩权的限制

票据抗辩权的限制，是指票据法规定的票据债务人对特定持票人不得抗辩的限制，又称"抗辩的切断"。

票据抗辩权限制的基本原理，就是将抗辩事由限定在票据债务人与其直接相对人之间，善意受让票据的持票人，不受票据债务人与其直接相对人之间的抗辩事由的影响。

《票据法》第 13 条规定，票据债务人不得以自己与出票人或者与持票人的前手之间的抗辩事由，对抗持票人。但是，持票人明知存在抗辩事由而取得票据的除外。此即抗辩限制的规定，具体而言：

第一，票据债务人不得以自己与出票人之间的抗辩事由，对抗善意持票人。例如，A 公司向 B 公司签发汇票一张，委托与其有资金关系的 C 银行为付款人，C 向 B 承兑后，A 始终不向 C 提供资金，B 于付款到期日请求付款时，C 不得以 A 未供给资金而拒绝付款。在此例中，C 与 A 因资金关系发生直接当事人之间的抗辩事由，这一抗辩事由，被法律切断而仅在 A、C 之间有效，持票人 B 不继受 A 的被抗辩事由，C 的抗辩权受到限制。

第二，票据债务人不得以自己与持票人的前手之间的抗辩事由，对抗善意持票人。例如，甲为向乙购货，签发本票给乙，约定1个月后交货，不料到时乙不交货，反而为取得票面金额，将本票背书转让给不知情的丙，丙于票据到期日向甲请求付款时，甲不得以乙未交货这一抗辩事由，对抗丙的请求权。

四、票据抗辩权限制制度的除外规定

《票据法》第13条第1款一方面规定票据债务人不得以自己与出票人或者与持票人的前手之间的抗辩事由，对抗持票人，同时又规定持票人明知有抗辩事由而受票者除外。《票据法》第11条规定的无对价取得票据者，不能享有优于其前手的权利，也属票据抗辩权限制的除外情况。由此可见，有下列情事之一的，票据抗辩权不受限制：

第一，持票人明知票据债务人与出票人或者与自己的前手之间有抗辩事由，仍受取票据的。对这种持票人，票据债务人得拒绝其请求而不履行票据债务。这里的明知，是指受让票据时已经知道有抗辩事由；取得票据时不知，后来才知道的，不构成"明知存在抗辩事由而取得票据"。票据法学上把对这种持票人的抗辩，叫做"知情抗辩"，属于"恶意抗辩"之一种。

第二，持票人无对价取得票据的。无对价取得票据者，继受其前手之权利瑕疵，票据债务人与该持票人前手之间的抗辩事由，不但未被"切断"，反而转移至持票人，故持票人请求付款时，被请求的债务人应以无对价取得为由，行使抗辩权，拒绝其请求。学理上称这种抗辩为"无对价抗辩"。

第八节 票据时效

一、票据时效的概念

票据时效，是指票据权利人在法定期间内不行使其票据权利，该权利即行消灭的法律制度。

票据权利属于债权，因此，有适用时效之必要。又因票据贵在流通，其权利的行使和实现以迅速为宜，为督促权利人及时行使票据权利，票据法规定的时效期间，短于民法上的一般时效。

二、票据时效的效力

票据时效的效力，是指票据法规定的时效期间届满后所发生的法律后果。票据权利包括付款请求权和追索权，票据时效自然对这两种权利发生效力。

《票据法》第17条规定，票据权利在法定的期限内不行使的，归于消灭。可见，我国的票据时效属于消灭时效。

根据《票据法》第17条和第18条的规定，票据时效的效力是：(1) 持票人未在法定期间内行使付款请求权的，付款请求权消灭；未在法定期间内行使追索权的，追索权消灭。(2) 票据权利消灭后，权利人可依法行使利益返还请求权，请求出票人或者承兑人返还其与本支付的票据金额相当的利益。

《票据法》第18条规定，持票人因超过票据权利时效或者因票据记载事项欠缺而丧失票据权利的，仍享有民事权利，可以请求出票人或者承兑人返还其与未支付的票据金额相当的利益。这

一法条，规定了利益返还请求权的性质、行使条件和效力等。利益返还请求权是票据法上的权利，不是票据权利。也就是所谓"票据法上的非票据权利"，《票据法》定其为"民事权利"。利益返还请求权是持票人因票据时效或者票据记载事项欠缺丧失票据权利时，得以行使的救济权。

当票据权利存在时，持票人凭借票据权利，便可取得票面金额，无需其他救济权利。相反，当票据权利因时效或票据记载事项欠缺而丧失时，持票人既无付款请求权，又无追索权，票据利益即有损失之危险，而出票人或受有票据利益的承兑人则有因不再付款而无代价获得利益的可能。这种情况，显然是不公平的。设定利益返还请求权，使未付代价而获得利益的出票人或者承兑人向持票人返还利益，使持票人获得法定权利之救济，便可消除这种不公平现象，实现票据流通的安全性。

《票据法》第 18 条规定，持票人可以请求出票人或者承兑人"返还其与未支付的票据金额相当的利益"。这一规定，界定了利益返还请求权的效力范围。

三、票据时效的期间

（一）我国票据法规定的票据时效期间

《票据法》第 17 条规定，我国票据时效的期间分为三种：2 年、6 个月和 3 个月。这三种期间，分别适用于不同的票据权利。

1. 期间为 2 年的时效，适用于以下三种情况：

（1）汇票的持票人对出票人的权利。汇票的出票人，对持票人负有保证承兑和保证付款的义务，持票人在汇票得不到承兑或者付款时，在 2 年内对出票人得行使追索权（《票据法》第 26 条）。

（2）汇票的持票人对承兑人的权利。承兑人承兑汇票后，承担到期付款的责任（《票据法》第 44 条），因此，持票人对承兑人有付款请求权。当不获付款时，持票人在 2 年内对承兑人有追索权。

（3）本票的持票人对出票人的权利。本票是自付证券，出票人在持票人提示见票时，必须承担付款的责任（《票据法》第 77 条），持票人未按照本票上规定的期限提示见票请求付款的，丧失对其前手的追索权，在时效期间内对出票人有追索权（《票据法》第 79 条）。本票持票人对出票人的权利，适用 2 年的时效期间。

2. 期间为 6 个月的时效，适用于以下两种情况：

（1）支票的持票人对出票人的权利。支票是委托证券，出票人对持票人承担保证从付款人处获得付款的责任（《票据法》第 89 条），在支票不获付款时，持票人对出票人有追索权。《票据法》第 17 条第 1 款第 2 项所指持票人对支票出票人的权利，为追索权，时效期间为出票日起 6 个月。

（2）持票人对前手的追索权。票据以背书转让方式进入流通状态之后，背书人与被背书人之间、最初背书人（也叫"第一背书人"）和他之后的任何背书人、被背书人或者持票人之间，形成"前手、后手"关系，持票人对其前手行使追索权的，应当自被拒绝承兑或者被拒绝付款之日起 6 个月内进行，超过 6 个月时效期间的，追索权消灭。

3. 期间为 3 个月的时效，仅适用于再追索权。持票人对其前手的再追索权，应当自清偿日或者被提起诉讼之日起 3 个月内行使。再追索权，是经其他票据权利人追索而清偿了票据债务的票据债务人，取得票据后得行使的向其前手再为追索的权利。

(二) 票据时效期间的计算

《票据法》第 17 条规定，票据权利在下列期限内不行使而消灭：

1. 持票人对票据的出票人和承兑人的权利，自票据到期日起 2 年。见票即付的汇票、本票，自出票日起 2 年。

2. 持票人对支票出票人的权利，自出票日起 6 个月。

3. 持票人对前手的追索权，自被拒绝承兑或者被拒绝付款之日起 6 个月。

4. 持票人对前手的再追索权，自清偿日或者被提起诉讼之日起 3 个月。

票据法是民法的特别法，民法关于期间的规定，适用于票据时效期间。《票据法》第 107 条明确规定，《票据法》规定的各项期限的计算，适用《民法通则》关于期间计算的规定。《民法通则》第 154 条规定，民法所称的期间按照公历年、月、日、小时计算，规定按照日、月、年计算期间的，开始的当天不算入，从下一天开始计算。

据此，《票据法》第 17 条规定的期间，应从票据到期日、出票日的第二天开始计算。

(三) 民法上时效的中止、中断规定对票据时效的适用

票据法中一般不系统规定票据时效制度，由于票据法是民法的特别法，所以，在票据法没有规定的情况下，应当适用民法上的有关规定。

票据时效期间为 2 年的，适用民法上的时效中止、中断制度；票据时效期间为 6 个月或 3 个月的，适用民法上的时效中断制度。

第九节 票据丧失后的救济

一、票据丧失的概念和法律后果

(一) 票据丧失的概念

票据的丧失，是指持票人因票据灭失、遗失、被盗、被抢等失去了票据占有，简称失票，分为绝对丧失和相对丧失。因票据灭失而失去票据占有的是绝对丧失，因票据被盗、遗失、被抢等失去票据占有的，是相对丧失。不同的丧失，在法律后果方面有所差异。

(二) 票据丧失的法律后果

1. 失票人因失去了票据，不能行使票据权利。票据是完全证券，是票据权利的象征，离开票据就无法主张票据权利。

2. 失票人能够采取法定救济方法，防止损失。票据法为维持票据的安全性，维护票据权利人的合法利益，保障和促进票据的使用，特别规定了票据丧失后的救济制度。这一制度，专门解决票据丧失所发生的权利义务，使失票人有最后的但是十分可靠的法律保护条件。按照这一制度，失票人只要及时采取法定救济方法，就可免受损失。

3. 失票人未及时采取法定救济方法，票据款项被他人冒领而无法查明或善意第三人取得票据的，失票人承担损失。票据绝对丧失的，任何人都无法占有原有的票据，也就不能发生意外情况。票据相对丧失的，因票据被他人占有，就有可能出现付款人无过失而被冒领、善意第三人取得票据的现象。这两种场合下，失票人都将处于很不利的境地：

（1）失票人不得要求无过失的付款人承担责任，只能按民法上侵权行为法的规定，要求冒领者退款。如果冒领者无法查明，失票人即要自负损失之后果。《票据法》第 92 条规定，付款人依法支付支票金额的，对出票人不再承担受委托付款的责任，对持票人不再承担付款的责任，但是，付款人以恶意或者有重大过失付款的除外。

（2）失票人不得请求善意取得人返还票据。善意取得人因票据法上“善意取得制度”的保护，已成为票据权利人。同时，失票人也无权要求票据债务人对善意取得人拒绝履行票据债务，善意取得人既然为票据权利人，持有票据，票据债务人不能因原持票人的失票，对抗善意取得人的票据权利。

二、我国的失票救济制度

我国的失票救济方法共有三种：（1）失票人通知付款人挂失止付；（2）失票人向人民法院申请公示催告；（3）失票人与票据利害关系人进行诉讼。下面分别阐述。

（一）挂失止付

挂失止付，是指失票人将失票情况及时通知付款人，请求付款人停止支付所失票据上的款项，付款人在未被冒领时满足失票人请求的失票救济方法。

所谓“及时”通知，《票据法》未作具体的时间限制，失票人在失票后应立即采取挂失措施。

由于我国各种票据均由银行或其他金融机构完成付款义务，所以，挂失止付中的付款人，是所失票据上记载的付款银行或其他金融机构。

关于挂失止付的效力，根据《票据法》第 15 条第 2 款规定，收到挂失止付通知的付款人，应当暂停支付。

（二）公示催告

公示催告，是指法院依据可背书转让票据失票人的申请，以公示方法，催告利害关系人于一定期限内，向法院申报权利；到期无人申报，法院即作出所失票据无效的判决，失票人得依判决请求付款人支付原票据款额的制度。

《票据法》第 15 条第 3 款规定，失票人应当在通知挂失止付后 3 日内，也可以在票据丧失后，依法向人民法院申请公示催告，《民事诉讼法》上系统地规定了公示催告程序。

1. 公示催告的适用范围。《民事诉讼法》第 193 条规定，按照规定可以背书转让的票据持有人，因票据被盗、遗失或者灭失，可以向票据支付地的基层人民法院申请公示催告。

2. 公示催告的管辖法院。依照《民事诉讼法》第 193 条，票据支付地的基层人民法院受理公示催告申请，依法公示催告。

3. 公示催告的效力。公示催告的效力，是指人民法院依法公示催告所产生的效果。它主要有以下几点：

（1）预防发生第三人善意取得。

（2）使付款人停止支付，防止冒领和其他损害失票人合法利益现象的发生。《民事诉讼法》第 194 条、第 195 条规定，人民法院受理公示催告申请时，应同时通知支付人停止支付，支付人收到人民法院停止支付的通知，应当停止支付，至公示催告程序终结。

（3）催促利害关系人向受理法院申报权利。受理法院发出公告之后，利害关系人应当在公示催告期间向受理法院申报权利。超过法定期限未申报的，人民法院便作出判决，宣告所失票据无效。依据《民事诉讼法》第 194 条的规定，公示催告的期间，由人民法院根据情况决定，但不得少于 60 日。有利害关系人申报权利的，人民法院以裁定方式终结公示催告程序，并通知申请人和支付人。申请人或者申报人可以向人民法院起诉。利害关系人因正当理由不能在除权判决之前向人民法院申报的，自知道或者应当知道判决公告之日起 1 年内，可以向作出判决的人民法院起诉。

（4）失票人得依法院的除权判决，不必提示票据而请求付款人付款，付款人应当付款。公示催告期间届满而无利害关系人申报的，申请人应自期间届满的次日起 1 个月内申请人民法院作出判决，逾期不申请的，法院终结公示催告程序。申请人申请判决的，受理法院依法作出所失票据的除权判决。所谓除权判决，是人民法院在无利害关系人于公示催告期间内申报权利时，应失票人的申请，以公告形式宣告丧失的票据无效的判决。

（三）诉讼

因失票发生的票据权利争议，当事人有权通过民事诉讼的方法，由人民法院依法确认票据权利的归属。对此，《票据法》第 15 条第 3 款有一般性规定，《民事诉讼法》第 27 条、第 197 条、第 198 条有比较具体的规定。

【本章前沿问题】

□ 票据无因性

票据无因性是票据法学上一个具有较大理论意义的问题。

所谓票据的无因性，是指票据仅以法定的形式要件为生效条件，其效力不以票据原因为必要条件的特性。

票据是流通证券，在票据转让时，受让人能否安全取得票据权利，事关受让人的重大利益。票据的签发或者转让总有其原因，而原因是否对票据权利产生影响，会影响到人们对票据的使用是采取肯定还是否定的选择。如果认为票据原因直接影响票据权利，票据原因不合法票据就无效，第三人会因为无法了解先前的票据原因是否合法而产生顾忌，不愿意接受票据，票据的流通性将丧失殆尽，不利于社会经济发展；如果认为票据权利不受票据原因的影响，第三人就不会有此顾忌，票据的流通性将得到保持。然而，如果认为在任何条件下，比如在票据授受直接当事人之间，也同样是票据权利不受票据原因的影响，则有鼓励不法行为之嫌疑，缺乏社会正当性，肯定为法理所不容。

因此，对票据无因性问题，应当是认可票据有无因性，但又不是绝对的无因。

我国学者多对《票据法》第 10 条的内容持反对意见，认为该条规定的票据的签发和转让应当有真实的交易和债权债务，违反了票据法理，否定了票据无因性，建议在适当的时候修订法律，删除这条规定。最高人民法院《关于审理票据纠纷案件若干问题的规定》第 14 条规定，票据债务人以《票据法》第 10 条、第 21 条的规定为由，对业经背书转让票据的持票人进行抗辩的，人民法院不予支持，实际上对该条的不合理性作出了适当的补正。

【本章思考题】

1. 票据权利和普通债权有什么区别？

2. 如何理解票据善意取得？
3. 如何理解票据无因性？
4. 票据的对人抗辩权有哪些类型？
5. 票据的“外观解释主义”是什么意思？其价值判断是什么？

第二章　汇票制度

【导语】

汇票制度是票据制度的基本组成部分。汇票由出票行为产生，并由出票行为派生出保证、承兑、背书、付款和追索等行为，其内容几乎涉及全部票据制度。汇票的付款、流通、担保和融资功能齐全，是运用效益最好的票据。汇票法律规范和理论是票据法律和理论中最具代表性的部分，掌握了汇票的相关内容也就基本上掌握了票据制度的主要内容。

第一节　汇票概述

一、汇票的法律性质

我国《票据法》第19条规定："汇票是出票人签发的，委托付款人在见票时或者在指定日期无条件支付确定的金额给收款人或者持票人的票据。"这个概念较准确地反映了汇票的特征和作用。

汇票与其他票据的差别主要在于有无远期信用，以及在全国甚而世界范围内的流通功能。因此，汇票的特征是相对于本票和支票而言的。

1. 汇票是不同于其他票据的金融工具。持票人在出票时须标明"汇票"的字样，以便于使用者和其他利害关系人了解。日内瓦《统一汇票和本票法》第1条规定，汇票应有"汇票"的字样，我国现行的汇票，票面上均印刷有"银行汇票""银行承兑汇票""商业承兑汇票"的字样。

2. 汇票是委托证券，以出票人之外的人付款为特征。银行汇票由出票银行或者其委托的代理付款银行付款，银行承兑汇票由承兑行保证付款，商业承兑汇票由买卖合同的买方保证付款，这些付款都是无条件的，付款人如果在付款时提出任何条件都被视为拒绝付款。其中商业承兑汇票是一种委托付款证券，付款人与收款人之间另有其他交易关系，出票人可以是付款人，也可以是收款人，出票人的作用只是在汇票上记载事项而已，商业承兑汇票须经买方承兑才有法律意义。因此，商业活动中应给付金钱的一方以汇票的形式委托他人支付时，为体现自己的信用能力，汇票上须以无条件支付的委托为其流通的前提。

3. 汇票是具有融资功能的金融工具。由于出票人可以选择汇票作为远期付款的工具，在汇票付款的期限未到之前，持票人可以通过转让汇票取得现款，[①]取得现款的性质实际上是借款。商业汇票具有远期付款功能，人们可以利用汇票进行融资，开出远期汇票，然后贴现给银行。持

---

① 汇票的收款人或者持票人对未到期的汇票可以采取背书转让、背书贴现和背书质押的方式提前行使票据权利，这些方式详见本章第四节"汇票转让"的内容。提前行使票据权利在票据期满时，最后持票人如果得到付款，则消灭该票据法律关系，如果得不到付款，则可行使追索权，向其前手追索，原转让人因为是以票据能够保证得到付款为前提而提前行使票据权利，所以在持票人不能实现票据权利时，须无条件地履行付款义务。

票人利用商业汇票远期支付的时间差融资，可以较低的利息成本得到借款，而银行贷款的风险则通过无条件付款的保证措施而最大限度地减少。

二、汇票当事人

（一）汇票当事人的概念

在汇票法律关系中享有票据权利和承担票据责任者，称为汇票当事人。其中，享有票据权利者称为汇票权利人，承担汇票责任的称为汇票债务人。汇票权利人只能有一个人，原始汇票权利人是收款人，汇票转让后的权利人是最后一个被背书人，也就是最后的持票人。汇票债务人包括汇票上记载的付款人（不包括受托付款人）、承兑人、所有的背书人和保证人。

（二）汇票的基本当事人

汇票的基本当事人是指基于最初的汇票行为而明确的当事人，包括出票人、收款人和（受托）付款人，其姓名或名称均记载于汇票的正面。

1. 汇票的出票人。汇票的出票人，是指开出汇票的银行和企业。我国《票据法》第 20 条规定："出票是指出票人签发票据并将其交付给收款人的票据行为。"既然出票是一种票据行为，行为人的资格就必须符合法律的规定，因此具有行为能力是签发票据的必要条件，无行为能力者的出票行为由其法定代理人或监护人代理。根据不同的汇票的出票条件，出票人的身份也构成开出汇票的条件，如银行汇票只能由银行签发，商业汇票的出票人只能是企业法人，除此之外的个体工商户、农村承包经营户、个人和未在银行开设账户的法人，均不得成为商业汇票的出票人。

2. 汇票的收款人。汇票的收款人，是指汇票上记载的收款人。任何人都可以是银行汇票的收款人，但不是任何人都可以担当商业汇票的收款人。《支付结算办法》规定，在银行开立账户的法人及其他组织之间必须具有真实的交易关系或债权债务关系，才能使用商业汇票，所以收款人在通常情况下是买卖合同中的卖方当事人。[①]

3. 汇票的付款人。汇票的付款人，是指履行汇票付款责任者。一般情况下为受托付款人。银行汇票的付款人是银行，当其确认该票据真实时，须无条件付款；银行承兑汇票的付款人是与买卖合同的买方签订承担协议的承兑银行，在票据到期时无论买方的账户存款足够与否，都得无条件付款，即使以自己的款项支付也不得拒绝付款责任；商业承兑汇票的付款人是买卖合同中的买方，由其开户行受托付款，如果买方账户存款不足，受托付款人不承担付款责任，只是将汇票还给持票人或者通过持票人的开户银行还给持票人而已。

4. 汇票的承兑人。传统的票据法理论认为，银行承兑汇票的承兑人（银行）是非基本当事人，承兑人在出票后才产生票据关系，所以才有收款人和被背书人申请承兑的情况。在市场信用

---

① 实践中商业汇票的收款人都是买卖合同中的卖方，因为我国的票据法规定出票须有真实的交易关系或者其他债权债务关系，而作为出票人的相对人的收款人就必然是该真实的交易关系或者债权债务关系的当事人，由于商业汇票除了具有远期付款的信用外，还有担保和融资的功能，一旦需要当事人兑现担保责任，必然要以真实的资金支付，在市场行为中通常只有买卖合同可以使交易的财产增值，所以《支付结算办法》第 83 条规定，银行在与出票人或者持票人签订传动带协议之前，须审查出票人的资格、资信、购销合同和汇票记载的内容进行认真审查，必要时可由出票人提供担保。由此可见商业汇票的收款人须是买卖合同中的卖方的规定，是立法时从远期信用和融资角度安全考虑的，当前市场交易形式多有变化，只要不涉及担保和融资的即期汇票，用于非买卖合同应当合理，实践中也一定会出现。

较好情况下，由收款人和被背书人申请承兑是符合交易逻辑的，但在市场信用不佳的情况下，收款人不相信未承兑的票据，只接受已承兑后的票据。实践中的银行承兑汇票也是出票人申请银行承兑后再交付给收款人，承兑关系实际上发生在交付票据之前，在形成汇票关系时承兑人就存在了，所以实践中也可将其列为基本当事人。

（三）汇票的非基本当事人

1. 被背书人。被背书人是指受让票据后取得票据权利者，在票据签发时与票据无关，通过被背书受让成为汇票权利人。背书受让包括背书转让、背书质押和背书贴现三种方式，被背书人可作为背书人再次转让汇票，转让后便丧失权利人的地位，并且成为新的连带债务人，在汇票得到付款之前须准备承受持票人的追索。

2. 保证人。保证人是指为了保证收款人或者持票人能够得到付款，而承担担保付款的连带责任者，在签发票据时作保证人是为出票人作担保，在承兑时作保证人是为承兑人作担保（这两种保证都是为主债务人所作的保证），在背书环节作保证人是为背书人作担保，保证人在票据上不记载被保证人时视为对主债务人作保证。由于保证人是在出票后加盟，所以成为票据的非基本当事人。

第二节 汇票的种类

一、汇票种类的划分

1. 汇票种类划分的意义。划分汇票种类的意义在于说明持票人的票据权利和出票人、承兑人和其他连带债务人的票据责任。不同种类的汇票代表不同的信用，有不同的权利义务行使方式，也有不同的权利行使时间，所以在商事活动中选择适合自己需要的汇票具有较强的实用意义。

2. 即期汇票和远期汇票。即期汇票和远期汇票的划分是按汇票付款时间的不同而定的。即期汇票是指以持票人提示日为到期日，持票人持票到银行或其他委托付款人的营业点，后者见票必须付款的一种汇票，即期汇票权利人可以随时行使自己票据权利，在此之前无须提前通知付款人准备履行义务。远期汇票是指约定一定的期日付款的汇票，可分为定日付款汇票，出票后定期付款汇票，见票后定期付款等三种形式。

3. 记名汇票与无记名汇票。记名汇票是指在票据上记载收款人的姓名或名称的汇票，无记名汇票是指在票据上不记载收款人的姓名，凡持票人都可以享有票据权利，直接向付款人请求承兑和请求付款的汇票。汇票作此分类是为了交易的方便，记名式汇票有利于票据的安全，但是在票据流通时会耽搁时间，以致影响票据的流通速度和流通次数。

4. 光单汇票和跟单汇票。银行汇票基本上是光单汇票。跟单汇票是指附带货运单据和纳税凭证的汇票。我国国内的汇票均是光单汇票，只是银行承兑汇票在承兑时，应当交验买卖合同、增值税发票等单据，以利银行判断该笔业务是否真实可靠，只有真实的交易才能承兑，也只有真实的交易为基础，承兑申请人届期才有足够的付款能力。

5. 汇票的其他划分法。汇票除了上述分类外，还可按签发地点和支付地点的不同，分为国内汇票和涉外汇票；按使用货币的不同分为本国货币汇票和外国货币汇票等。汇票的这些分类，并不等于当事人只可在这些汇票之中选择之一，而是根据需要同时选择几种汇票的类型，综合在一张汇票上。

二、银行汇票

1. 银行汇票的基本内容。银行汇票(bank draft)是指汇款人将确定的款项交存所选定的银行，由银行签发给汇款人持往异地办理转账结算或提取现金的票据。在银行汇票制度中，银行是票据的出票人，出票的条件是汇款人须将款项预先存在银行，在存款之后或存款的同时通知银行将一定的款项转往指定的地点，银行依约将汇票交给汇款人，后者持票往指定银行或者自己选定的银行办理转账或提取现金。持票人作为买方往往是在仓库、车站、码头验货合格后再将汇票交付卖方，体现了"一手交钱、一手交货"的古老交易惯例。

2. 银行汇票的使用。银行汇票一律为记名汇票，由参加"全国联行往来"的银行签发，在不能签发银行汇票的银行开户的客户，需要使用银行汇票时，该银行应将汇票款项转交给有代理关系的"全国联行往来"成员行办理。汇票金额的起点为500元，付款期限为1个月，带有活期存款利息，所有的银行均可办理银行汇票的兑付。持票人须向兑付银行同时提交银行汇票和解讫通知，兑付银行在审核无误后付款，并通过联行划付出票行，收回垫款。

三、商业汇票

1. 商业汇票的概念。我国《支付结算办法》第72条规定，"商业汇票是由出票人签发的，委托付款人在指定日期无条件支付确定的金额给收款人或者持票人的票据。按承兑人的不同，分为商业承兑汇票和银行承兑汇票。"出于对交易安全和成本的考虑，人们首选商业汇票作为实现合同对价的工具，因为银行汇票要先存款后出票然后才付款，存款和贷款之间的利息差便是买方的资金损失，而商业汇票是先给票后付款甚至远期付款，没有利息损失的机会。商业汇票既能达到付款目的，又没有提前占用资金的损失，在远期票据的情况下还可作担保和融资。

2. 银行承兑汇票。银行承兑汇票是指银行担保付款的一种汇票，其主要内容是买卖合同中的买方出票，由买方自己或者收款人、持票人，向买方的开户银行申请，银行经审查认为该票据的基础原因真实可靠，并且买方的生产经营正常，信用历史记录良好，遂与买方签订承兑协议，并在票据的正面加盖承兑章，银行就成为票据付款的主债务人。"承"在汉语上的意思是接受、承诺，转引意义是保证，"兑"在汉语上的意思是兑现，转引意义是将票据这种抽象财产变为具体的现款。所以，票据法上的承兑就是指保证付款的意思。

3. 商业承兑汇票。商业承兑汇票是指由买卖合同中的买方或者卖方签发，经付款人(买方)承兑，或由付款人签发并承兑的汇票。根据合同约定买方应当支付价款，因此商业承兑汇票是在买卖合同中由买方自己承兑的一种汇票，是买方自己保证自己信用的行为。银行只承担受托付款的责任，一旦出现买方账户资金不足支付时，银行就退回票据，持票人的票据权利便不能实现。所以商业承兑汇票是一种信用程度比较低的票据。

第三节 汇票的出票

一、出票行为

(一) 出票记载的法律性质

出票(come out bill)是指出票人依照票据法的要求,记载汇票所必须记载的事项,签署自己的姓名,加盖单位公章(或者与银行约定的财务章),然后交付给收款人的票据行为。

1. 出票人须在汇票上表明"汇票"的字样。我国的汇票单据均是统一格式,当事人不得自行印制汇票单据。《票据法》要求汇票上有表明"汇票"的字样,实际上是要求出票人必须使用经中国人民银行备案的由商业银行总行统一印制的汇票单据,分为银行汇票、银行承兑汇票和商业承兑汇票三种。不同种类的汇票代表不同程度的信用,当事人在订立合同协商给付条件时对汇票种类必有选择,表明"汇票"字样实际上就是选择合同给付方式的一个表现。

2. 汇票上须有无条件支付的承诺。票据是以信用为基础的支付工具,汇票上记载无条件支付的委托字样是为了使收款人和被背书人得到付款人的承诺,这是汇票与借贷合同或其他支付合同的一个重要的差别。如果汇票上记载有"收款人交付货物后汇票照付"或"出票人资金到达后付款"等字样的,则构成有条件支付,票据法规定有条件支付的票据无效,受托付款人不得付款。

(二) 多余记载和有害记载

1. 汇票的多余记载。票据法总结实践交易经验,规定当事人在票据上记载的事项,除了允许事项之外其余的事项视为多余记载。多余记载不影响记载人应当承担的票据责任,所记载条件也不生效。《票据法》第33条规定:"背书不得附有条件。背书附有条件的,所附条件不具有汇票上的效力。"又如《票据法》第48条规定:"保证不得附有条件;附有条件的,不影响汇票的保证责任。"

2. 汇票的有害记载。出票人在签发汇票时,以及承兑人、背书人在票据记载事项时,不得附加任何条件,否则即构成行为的无效,甚至导致票据的无效。例如承兑人在承兑时附有条件的,视为拒绝承兑;背书人在背书转让票据时将其转让给两个或者两个以上的被背书人时,构成票据无效。

二、汇票的记载事项

(一) 汇票的金额

1. 出票须确定货币的种类。我国的货币管理制度规定,国内各种交易活动一律以人民币计价结算。需要以外汇结算的,应当符合有关外汇管理制度,包括取得外汇管理部门的批准证书和办妥有关手续。

2. 出票须确定货币的金额。《票据法》第8条规定,票据金额以中文大写和阿拉伯数字同时记载,二者必须一致,不一致的,票据无效。

3. 出票数字模糊的汇票无效。在填写资金数额时不得作选择性、浮动性的记载,如有这些情况,汇票无效。

4. 出票所记载金额数字大小写不一致的处置。日内瓦《统一汇票和本票法》第6条规定,汇票金额同时以文字及数字记载者,于二者有差异时,文字记载的数额为付款数额。汇票金额以文字或数字记载一次以上,而先后不符时,其较小数额为付款数额。在国际贸易中有关汇票的实务有可能适用《统一汇票和本票法》的规定。而在国内的票据适用中，须按照我国《票据法》的规定，票据所记载金额的大小写不一致的，票据无效。

（二）付款人

按汇票种类的不同，付款人有以下三种：

1. 银行汇票的付款人。银行汇票的付款人是出票行，通常由其代理行代为付款，然后通过全国联行往来系统要求出票行还款，并收取一定的手续费。

2. 银行承兑汇票的付款人。银行承兑汇票的付款人是承兑人，承兑人承兑汇票后就成为该票据的主债务人，对出票人负有无条件付款的责任，即使出票人的账户上没有足够的存款用以支付，承兑行也得根据票据法的规定无条件付款，不得以任何理由拒绝支付。

3. 商业承兑汇票的付款人。商业承兑汇票的付款人是承兑人，也就是买卖合同中的买方。商业承兑汇票的出票人可以是买方，也可以是卖方，但卖方所出的汇票仅仅是对买方应当付款的一种提示而已，在承兑前并无票据法上的意义，所以，商业承兑汇票须经买方承兑然后生效。

（三）收款人

1. 银行汇票的收款人。银行汇票的收款人由出票行根据申请人的要求填写。

2. 商业汇票的收款人。商业汇票的收款人，通常是买卖合同的卖方。

3. 传统的票据法理论将收款人分为来人式和记名式两种，来人式汇票的收款人可以是任何合法持有票据的人，记名式汇票的收款人须为票据上记载的权利人。

（四）出票日期

出票日期是指票面上所记载的公历年、月、日，出票日期必须使用中文大写，年份要写四位数，月和日为个位数的之前要加写“零”字，不按照规定填写的，银行不予受理，银行受理的应自行承担由此可能发生的损失后果。

出票日期的法律意义是：

第一，确定出票人主体资格的基准日，在出票的当日出票人是否已经具备行为能力，没有行为能力的主体的出票行为无效。

第二，对出票后定期付款的汇票，出票日就是计算汇票到期日的基准日。

第三，对见票后定期付款的汇票，出票日为计算提示承兑日的基准日。

第四，对见票即付的汇票，出票日即可作提示付款日。

第五，出票日是决定保证是否成立的基准日。

（五）票据的签章

1. 出票人签章的意义：第一，出票人一人签章即有效，如果有二人以上签章的，所有签章者为共同出票人，对汇票上的记载事项负连带责任。第二，必须以本名签章，不得以化名或笔名签章。第三，法人为出票人的，其签章为法人的票据专用章或法人公章，以及法定代表人或其授权的代理人的个人印章或签名。第四，银行本票的出票人以及银行承兑汇票的承兑人在票据上未加盖规定的专用章而加盖该银行的公章，票据签章有效，签章人应当承担票据责任。

2. 商业汇票上的出票人的签章，为该法人或者该单位的财务专用章或者公章加其法定代表人、单位负责人或者其授权的代理人的签名或者盖章。

3. 银行汇票上的出票人的签章和银行承兑汇票的承兑人的签章，为该银行汇票专用章加其法定代表人或者其授权的代理人的签名或者盖章。

（六）票据支付地

票据支付地是债务人承诺当票据到期时向收款人或者持票人支付票据确定金额的地点，收款人或者持票人届期到该地点请求付款就可实现自己的票据权利。因此，付款地对明确收款人和持票人的票据权利具有积极的意义，可以减少寻找付款地的不必要费用。

三、汇票未记载事项的法律救济

1. 汇票上未记载付款日期的救济。未记载付款日期的汇票付款日期为见票即付，因汇票是信用支付工具，为了保障持票人的票据权利和提高出票人（包括商业汇票的承兑人）的权利意识，票据法规定汇票上无记载付款日期的，为见票即付。

2. 汇票未记载付款地的法律救济。汇票上未记载付款地的，付款人的营业场所、住所或者经常居住地为付款地。付款地是持票请求付款地，以及在受到拒绝支付时，要求付款人提供拒绝证书之地，在国际汇票使用中，付款地是确定货币种类的根据。如果当事人因汇票争议发生诉讼时，付款地是决定法院管辖地的依据。

3. 汇票未记载出票地的法律救济。汇票上未记载出票地的，出票人的营业场所、住所或者经常居住地为出票地。

四、出票时付款日期的确定

（一）付款日期

我国《票据法》规定汇票有四种付款日期，即见票即付、定日付款、出票后定期付款和见票后定期付款。

1. 见票即付，是指付款人对此汇票必须见到汇票原件后无条件地支付，不得以任何理由拒绝付款。

2. 定日付款，是指在汇票上记载一个明确的日期作为付款到期日，至该日持票人可向付款人提示付款，有关逾期付款的利息、保证责任和汇票的追索权、诉讼权均从此日开始计算。

3. 出票后定期付款，是指自出票日后经过一定的期间再付款，一般是供方给需方延期 1 个月至 6 个月付款的信用。

4. 见票后定期付款，是指银行承兑汇票自银行承兑后经约定的 1 个月至 6 个月后付款的汇票，见票的目的是为了承兑人有时间核实汇票的真伪及可靠程度。

（二）付款日期的记载

付款日期由出票人根据需要选择一种在汇票上记载。收款人开出的商业汇票上已经记载付款日期的，承兑时付款人须审查该付款日期是否符合原交易合同的约定。例如，原合同没有约定，则要看此日期是否在交付货物的日期之后，是否适合自己的资金使用计划等，承兑之后，就表示承认汇票上的付款日期，不得再作更改。

五、出票的法律性质及后果

（一）出票的法律性质

出票具有法律约束力，《票据法》第 26 条规定："出票人签发汇票后，即承担保证该汇票承兑和付款的责任。出票人在汇票得不到承兑或者付款时，应当向持票人清偿本法第七十条、第七十一条规定的金额和费用。”

(二) 出票的法律后果

1. 出票即表示届期无条件付款。汇票经签发后,即代表一定的资金数额。由于汇票是一种票据,其功能主要可作支付工具和融资工具,所以该汇票可作为通货在市场上流通(转让和贴现),并可为持票人融资提供(质押)担保。

2. 出票至交付时产生权利和责任。出票人须将汇票交付收款人才算签发(收款人出票则由付款人承兑后才算签发),收款人收取汇票后即享有票据权利,可以依法处分,包括背书转让、贴现、质押等。

3. 出票的责任及连带责任。汇票经签发后,付款人承担的票据责任是按时付款,如果付款人不能按时承兑或付款的,出票人要受到追索,偿还汇票上的金额、利息及有关费用。

4. 出票责任的例外。具有下列情形之一的票据,未经背书转让的,票据债务人不承担票据责任;已经背书转让的,票据无效不影响其他真实签章的效力:第一,出票人签章不真实的;第二,出票人为无民事行为能力的;第三,出票人为限制民事行为能力的。

第四节 汇票的转让、担保和贴现

一、汇票转让概述

(一) 汇票转让的法律性质

汇票转让是票据权利人依照票据法把自己的票据转让给他人的法律行为。

汇票转让是持票人的法律行为,无需债务人同意。

汇票转让是要式行为。转让人不但要遵循票据法和中国人民银行支付结算办法规定的格式(例如必须在票据的背面签章,并注明被背书人的姓名或名称),而且其处分权也要受到一定限制,包括不得转让部分票据权利、不得将票据转让给两个被背书人、在转让时不得附加条件等。

(二) 汇票转让的连带责任

汇票转让产生连带责任。

汇票转让后,背书人就成为汇票的连带债务人之一,对持票人负有担保承兑与担保付款之责,直至付款人完全清偿为止。这种转让与非票据债权转让不同,普通债权转让后,转让人就与该债脱离关系,今后发生的任何事情均与己无关;票据的转让,所有在票据上签名的人在该票据未获完全清偿之前,均不能免除债务人的身份。

(三) 汇票转让切断抗辩事由

汇票转让后,根据票据法的规定,原来存在于付款人与持票人之间的抗辩事由即告切断,付款人不得以对抗背书人的抗辩事由对抗善意受让人(被背书人)。例如付款人与原持票人之间的合同纠纷和其他利害关系都不能转向新持票人主张。

二、汇票背书转让

(一) 背书概述

1. 背书的含义。背书是指持票人以转让票据权利为目的在汇票上签章并作必要的记载的一种附属票据行为。《票据法》第 27 条规定了背书的定义。背书是指在票据背面或者粘单上记载有关事项并签章的票据行为。转让人称为背书人,受让人称为被背书人。

2. 背书的要求。汇票以背书转让或者以背书将一定的汇票权利授予他人行使时,必须记载被背书人的名称,个人须记本名,单位须记载注册登记的全称,交付票据是背书转让票据行为的结果。

3. 背书的次数。票据凭证不能满足背书人记载事项的需要时,可以加附粘单,粘附于票据凭证之上。粘单上的第一记载人,应当在汇票和粘单的粘接处签章,相当于多页重要法律文件装订时的骑缝章。

4. 票据被拒绝承兑、被拒绝付款或者超过提示付款期限时的背书。根据最高人民法院《关于审理票据纠纷案件若干问题的规定》第 58 条的规定,依照《票据法》第 36 条的规定,票据被拒绝承兑、被拒绝付款或者超过提示付款期限,票据持有人背书转让的,背书人应当承担票据责任。

(二) 背书的法律后果

1. 权利的取得。被背书人因为不是收款人,其取得汇票并行使汇票权利时,须按《票据法》第 31 条的规定证实自己的身份,即以背书转让的汇票,背书应当连续。持票人以背书的连续,证明其汇票权利;非经背书转让,而以其他合法方式取得汇票的,须依法举证,如因继承取得的票据,须持有被继承人死亡证书和继承票据公证书,以证明自己的票据权利;因破产取得票据的,须持有法院的破产裁定书和清算凭证等,以证明自己的票据权利。

2. 背书须连续。票据法规定的背书连续是指在票据转让中,转让汇票的背书人与受让汇票的被背书人在汇票上的签章依前后次序衔接。如果背书有签章不相连的情形,即构成空白背书,而我国《票据法》是不承认汇票空白背书的,[①]结果将导致汇票权利的不能行使。

3. 被背书人的责任。以背书转让的汇票,后手应当对其直接前手背书的真实性负责。后手是指受让票据人,其直接前手是指转让票据人。《票据法》作此规定是为了使被背书人证实自己的票据权利是从前手中受让而来,来路清晰,不存在背书不连续的瑕疵。

4. 背书人的连带责任。背书人背书转让汇票后,即承担保证其后手所持汇票承兑和付款的责任,背书人在汇票得不到承兑或者付款时,应当向持票人清偿《票据法》第 70 条和第 71 条规定的金额和费用。此规定是为了保证汇票流通信用的可靠性,保障持票人的利益的连带责任措施。

(三) 汇票背书转让的限制

付款人或其他债务人为了保证汇票的安全性,可以对持票人的范围和资格作出限制:

1. 依法不得背书转让。出票人在汇票上记载"不得转让"字样的,汇票不得转让;否则出票人及付款人将有权对非收款人的持票人拒绝承兑或拒绝付款。最高人民法院《关于审理票据纠纷案件若干问题的规定》第 48 条规定,依照《票据法》第 27 条的规定,票据的出票人在票据上记载"不得转让"字样,票据持有人背书转让的,背书行为无效。

2. 擅自转让的后果。背书人在汇票上记载"不得转让"字样的,其后手再次背书转让的,原背书人对后手的被背书人不承担保证责任,对被背书人提示付款或委托收款的票据,受托付款的

---

① 票据法第 86～87 条对欠缺某些记载事项的支票"网开一面",第 86 条规定:"支票上的金额可以由出票人授权补记,未补记前的支票,不得使用。"第 87 条第 1 款规定:"支票上未记载收款人名称的,经出票人授权,可以补记。"

银行不予受理。此处的保证责任就是保证承兑和保证付款的义务，也就意味着书写“不得转让”字样的背书人免除了其间接后手的追索权。

3. 擅自转让后的付款责任。根据最高人民法院《关于审理票据纠纷案件若干问题的规定》第 51 条的规定，背书人在票据上记载“不得转让”“委托收款”及“质押”等字样，其后手再背书转让、委托收款或者质押的，原背书人对后手的被背书人不承担票据责任，但不影响出票人、承兑人以及原背书人之前手的票据责任。

4. 票据权利不得分割。汇票须完整转让，将汇票金额的一部分转让的背书，或将同一张汇票金额分别转让给二人以上的，背书无效。

5. 背书不得附有条件。票据法规定，背书附有条件的，所附条件不具有汇票上的效力。背书人所记载的任何条件都将被视为无记载，持票人不得请求付款人按此条件承兑或付款，也不得将此条件作为再背书转让的优惠吸引他人接受让与。

6. 背书授权。背书记载“委托收款”字样的，被背书人有权代背书人行使被委托的汇票权利。我国票据法规定背书记载“委托收款”字样的汇票，受托人的票据权利也应限于为受托事项而背书，在此情况下，他不用承担背书后的票据责任；如果付款人仍然付款的，即构成票据法上规定的重大过错付款，付款人须承担相应的法律责任。

7. 不得转让的情形。汇票被拒绝承兑、被拒绝付款或者超过付款提示期限的，不得背书转让；背书转让的，背书人应当承担汇票责任。《票据法》第 36 条作此规定，是为了促使受到拒绝承兑（付款）者尽快向有关责任者提出追索，而不是转嫁损失，将汇票转让于他人。

三、汇票担保

（一）汇票担保的概念和法律性质

1. 汇票担保的概念。汇票担保是指债务人以未到期汇票上的金额为质押担保债务的履行，将汇票原件交付债权人（质权人）保管，若不能按时依约（依法）履行债务时，就由质权人依法行使票据权利，并以提示付款所得金额优先受偿的一种法律制度。我国《票据法》第 35 条第 2 款规定，汇票可以设定质押，质押时应当以背书记载“质押”字样。

2. 汇票担保的法律性质。质押是担保的一种形式，指债务人以其所有的动产交付给债权人，担保自己能够按时履行义务，如果不能按时履行义务的，就由质权人将质押物处分，并以处分所得款项优先受偿。汇票代表确定的货币是一种财产权利，属于担保法和票据法规定可以用作质押的权利。

（二）汇票担保的内容

1. 汇票担保时必要的记载事项。背书人在质押汇票时，须在汇票上注明“质押”字样，表明质权人（被背书人）的身份，质权人在依法实现担保权之前，不得以自己的名义享有该汇票权利。按一般票据法理，享有汇票担保权者只能以代理人的名义处分汇票。日内瓦《统一汇票和本票法》第 19 条规定，凡背书载有“担保有效”“保证有效”或其他类似的字句表示一种担保者，执票人得行使汇票上发生的一切权利，但其背书只有代理人背书的效力。

2. 汇票担保时不当记载的后果。依照《票据法》第 35 条第 2 款的规定，以汇票设定质押时，出质人在汇票上记载了“质押”字样未在票据上签章的，或者出质人未在汇票上、粘单上记载“质押”而另行签订质押合同、质押条款的，不构成票据质押，而只属于担保法上的质押。

3. 汇票担保的例外。依照《票据法》第 57 条第 2 款的规定，贷款人恶意或者有重大过失从事票据质押贷款的，人民法院应当认定质押行为无效。

4. 汇票担保的优先权。汇票质押中，履行债务的期限先于汇票付款期限届满，债务人未能履行债务时，质权人继续保留汇票的占有权，直至汇票付款期至，将提示付款的金额用于清偿债务，多退少补。

5. 质权人须按时提示付款。汇票质押中，汇票付款的期限先于履行债务的期限届至，质权人有义务准时提示付款，并将该款存入银行，当债务履行期限届至前债务人履行了债务，质权人将汇票本金和利息返还给质押人；当债务人不能履行债务时，质权人有权以该存款优先受偿，多退少补。

四、汇票贴现

（一）汇票贴现的概念和法律性质

1. 汇票贴现的概念。贴现是一种票据转让方式，是指持票人以未到期的商业汇票，向银行申请贴现，银行经审查认为该汇票出票人的信用历史记录良好、生产经营状态正常、汇票付款可靠，在扣除未到期利息后，将票面余款借给申请人，在汇票付款期至时银行能够得到付款，则消灭汇票法律关系，如果不能得到付款的，银行可行使追索权，也可将汇票金额从付款期至日起转为逾期借款，行使普通债权。

2. 贴现的法律性质。贴现是银行的一项资产业务，汇票的付款人对银行负债，银行实际上与付款人有一种特殊贷款关系。贴现虽然是银行的授信业务，但是与一般的贷款不同，贴现既是一种票据转让行为，也是一种银行授信行为，可以视为银行通过接受汇票给持票人短期质押担保贷款。如果汇票付款期满，银行能收回汇票资金的，该贷款就自动冲销；如果银行不能得到汇票付款，则可以将此贷款转为逾期贷款，或者向汇票付款人和连带债务人追索。

（二）汇票贴现的条件

1. 申请贴现人必须是在银行开立存款账户的企业法人以及其他组织。

2. 申请贴现人与出票人或者直接前手之间具有真实的商品交易关系，银行须审查反映此交易关系的合同，以及某些情况下必须具备的许可证、批准文件等。

3. 申请贴现人提供与其直接前手之间的增值税发票和商品发运单据复印件。

4. 申请贴现人须提供 50%或者按央行规定比例的保证金存入银行专户，保证金在汇票付款前应处于冻结状态。

（三）汇票贴现的程序

1. 持票人以背书方式将汇票转让给银行，银行根据具体情况，可要求申请人提供保证人，也可以按照票据保证手续办理，因为贴现是银行的信用业务，所以同时要满足一定的银行信贷手续。

2. 计算贴现值，贴现值是指票据贴现时，银行扣除到期利息后付给贴现人的余额。

3. 贴现值的计算方法，计算贴现利息，其公式为：

贴现利息＝票面金额×银行贴现利率×贴现期

贴现期＝票据天数－贴现人持票期（即贴现日到票据到期日的天数）

贴现值＝到期值－贴现利息

(四) 再贴现和转贴现

再贴现,是指贴现行向中央银行再转让汇票,中央银行是银行的银行,有责任按照既定的货币政策对商业银行给予再贴现的资金支持。再贴现的主要业务流程是由商业银行向其开户的中国人民银行申请再贴现商业承兑汇票和银行承兑汇票,中国人民银行对不同的商业银行有不同的再贴现额度,在核定的额度内,商业银行可以将已贴现的商业汇票办理再贴现,或者按时间顺序择优办理再贴现。再贴现汇票到期后,中国人民银行从申请再贴现的商业银行存款户内划拨到期的汇票再贴现款,然后将汇票交还给商业银行,由后者向承兑申请人或承兑银行自行收回贴现款。

转贴现,是指贴现行向其他商业银行转让已经贴现的汇票。贴现是以汇票作质押担保的贷款,本属商业银行比较优质的资产业务,贴现出去的是银行库存现金,贴现多了银行的现金流就会不足,为保持资产必要的流动性,应将部分信贷资产转换为现金资产,通常是将贴现汇票转贴现给资金有富余的其他商业银行,后者在汇票到期时提示付款,如果得不到付款时可行使追索权,该追索权与普通持票人的票据权利相同。

第五节 汇票的承兑和保证

一、汇票承兑概述

(一) 承兑的概念

承兑(accept)是指汇票付款人承诺在到期日支付汇票金额的票据行为。我国票据法规定的三种票据中只有商业汇票才有承兑制度,目的是明确出票人在汇票中所记载的事项是否为付款人所承认,如果同意承兑,在票据的正面加盖"承兑"印章并签章后,就成为该汇票的主债务人。

(二) 承兑的法律性质

承兑是一种附属票据行为,须先有出票,然后才有承兑,并且要以汇票原件为行为对象,持票人凭商业汇票原件提示承兑,付款人须在该票上签章作出承兑。如果行为人只是口头方式或以其他的书面方式表示承兑的,该行为只构成承兑的意向,并不构成承兑事实,付款人并不承担无条件付款的票据责任,持票人的承兑权利尚未实现。

(三) 提示承兑

1. 提示承兑的概念。提示承兑,是指持票人向付款人出示汇票,并要求付款人承诺付款的行为。我国《票据法》第 39 条规定:"定日付款或者出票后定期付款的汇票,持票人应当在汇票到期日前向付款人提示承兑。"定日付款和出票后定期付款都是远期汇票,持票人不能立即行使票据权利,而提示承兑便成为行使请求付款权的前提,此程序是为付款人保障付款资金安全而设立。

2. 提示承兑的期间。《票据法》第 40 条规定:"见票后定期付款的汇票,持票人应当自出票日起 1 个月内向付款人提示承兑。汇票未按照规定期限提示承兑的,持票人丧失对其前手的追索权。"见票后定期付款是指汇票经承兑后,按照申请承兑人和承兑行达成的承兑协议中约定的日期付款。

3. 提示承兑的例外。见票即付的汇票无须承兑，在银行承兑汇票法律关系中，银行只是受托付款人，只要出票人的账上有足够的存款就必须无条件付款，票据法规定须在持票人提示付款的当日付款，不得以该汇票未经承兑而拒绝立即付款，否则就构成拒绝付款，不但有损银行信用，而且应承担由拒付导致的财产责任和相关的行政责任。

(四) 汇票承兑的程序

1. 承兑的意思表示。承兑申请人应当及时作出意思表示。我国《票据法》第41条规定："付款人对向其承兑的汇票，应当在收到提示承兑的汇票之日起3日内承兑或拒绝承兑。付款人收到持票人提示承兑的汇票时，应当向持票人签发收到汇票的回单。回单上应当记明汇票提示承兑的日期并签章。"此处的付款人是指银行，但是银行必须在承兑后才作为付款人，提示承兑者称为申请承兑人，二者之间在发生承兑关系之前须订立承兑服务合同，银行认为该客户信用可靠，遂售给银行承兑汇票，用做买卖合同中的付款工具。

2. 银行承兑汇票的条件。银行承兑汇票须注意以下几个问题：

(1) 承兑的基本条件。出票人①提示承兑时，银行的信贷部门按照票据法和中国人民银行关于支付结算的规定和审批程序，对出票人的资格、资信、购销合同、增值税发票和汇票记载的内容进行审查，在形式上认为可靠后，再要求出票人提供一定比例的保证金。

(2) 承兑的记载事项。付款人承兑汇票的，应当在汇票正面记载"承兑"字样和承兑日期并签章；见票后定期付款的汇票，应当在承兑时记载付款日期。汇票上未记载承兑日期的，以付款人收到提示承兑的汇票之日起第3日起为承兑日期。

(3) 拒绝承兑。付款人承兑汇票不得附有条件，承兑附有条件的，或者以其他方法变更汇票上的记载事项的，视为拒绝承兑。申请承兑人有权请求付款人作成拒绝承兑书，以作为行使追索权的凭证。

二、汇票的保证

(一) 汇票保证及其法律效力

1. 汇票保证的概念。汇票保证(bill guarantee)，是指汇票除主债务人及连带债务人以外的第三人以承担无条件付款为目的，在汇票上签章及记载必要事项的票据行为。其中担保汇票付款者称为保证人，被担保的汇票债务人称被保证人。汇票保证以担保汇票付款增强信用为目的，有利于保障交易安全。

2. 汇票保证的效力。保证人在汇票上签章即构成保证责任，保证人应当与被保证人对持票人承担连带责任，汇票到期后，被保证人为主债务人的不能付款时，持票人有权向保证人请求付款，保证人应当无条件付款；当汇票被付款人拒付，持票人向连带债务人追索，为被追索的连带债务人担保的保证人承担连带无条件付款责任。保证人清偿汇票债务后，代替被追索的债务人取得汇票权利，可以行使持票人对被保证人及其前手的追索权。

3. 汇票连带保证。保证人为二人以上的，保证人之间承担连带责任。各保证人相互之间不得推诿，对外部不分第一保证人和第二保证人，也不分担保份额，持票人可以向任何一个保证人

---

① 我国近十余年来的实践表明，银行承兑汇票基本都由出票人申请承兑，极少发生收款人或持票人向银行申请承兑的情况。持票人提示承兑的情况是票据法的传统规定，多发生在国外的票据行为中。

或全体保证人请求付款。

4. 汇票保证主体的限制。国家机关、以公益为目的的事业单位、社会团体、企业法人的分支机构和职能部门作为票据保证人的，票据保证无效，但经国务院批准为使用外国政府或者国际经济组织贷款进行转贷，国家机关提供票据保证的，以及企业法人的分支机构在法人书面授权范围内提供票据保证的具有法律效力。

5. 汇票保证的除外。根据《票据法》第 49 条的规定，被保证人的债务因汇票记载事项欠缺而无效的，保证人不承担保证责任。这是因为保证是一种附属票据行为，是建立在有效的汇票债权债务关系上的担保关系，当主票据行为(例如有汇票必要记载事项欠缺、作了有害记载、记载事项违法等原因)不能生效时，作为保证的从票据行为自然也就失效，持票人不得向保证人行使追索权。

(二) 汇票保证记载事项

1. 表明"保证"的字样。此记载不属于汇票出票时其他的记载事项，表明该票据上设定了一个保证担保，意指保证人承诺一旦主债务人不能付款，将与被保证人承担连带付款的票据责任。保证人为出票人、承兑人保证的，须将保证事项记载在票据的正面；保证人为背书人保证的，须将保证事项记载在票据的背面或粘单上。

2. 保证人的名称和住所。其中保证人为个人的须记载身份证上的本名和身份证号码，保证人为机构的用其工商企业注册登记全称。

3. 被保证人的名称。被保证人的名称属于任意记载事项，保证人可以记载，也可以不记载，但是不记载将有可能加重其保证责任。依据我国《票据法》第 47 条的规定，保证人在汇票或粘单上未记载被保证人名称的，已承兑的汇票，承兑人为被保证人；未承兑的汇票，出票人为被保证人。由此可见保证人不记载被保证人名称则被推定为为主债务人保证。

4. 保证日期。保证人在汇票或者粘单上未记载保证日期的，出票日期为保证日期，此记载为任意记载事项，保证人未在汇票上记载的不影响保证的效力。

5. 保证人签章。保证人签章与票据上所有的签章的要求都相同。

6. 保证不得附有条件。《票据法》第 48 条规定："保证不得附有条件，附有条件的，不影响对汇票承担的保证责任。"由于票据不得解释，所以票据不承认附条件记载的效力。保证人附条件的，属于多余记载，所附条件无效，但是保证有效，保证人不得以保证行为属于附成就条件为由否定票据保证的效力。

(三) 无效票据保证

1. 票据保证无效的，票据的保证人应当承担与其过错相应的民事责任。例如，保证人因不具有相应的民事权利能力或民事行为能力而在票据上签章的，票据保证无效，但是该保证人的法定代理人或者监护人以及法人保证人应当承担过错赔偿责任，责任的大小一般与票据金额相同，适用损害赔偿法律规定。

2. 保证人未在票据或者粘单上记载"保证"字样而另行签订保证合同或者保证条款的，不构成票据保证，只能构成合同意义上的保证，应当适用担保法的有关规定处理争议，持票人在行使追索权时不得向没有在票据上记载保证事项的保证人主张追索。票据法上的此项规定提示人们在寻求票据保证时，必须使保证记载在票据原件之上，否则便没有票据效力。如果记载在其他文件上，具备合同保证条件的，保证人须承担担保合同义务，持票人有权向其主张合同权利。

第六节 付 款

一、付款的概念和法律意义

付款(payment)是债务人将票面金额无条件付给持票人的票据行为,是持票人实现经济利益的行为。在法律上付款是指消灭票据法律关系的事实,主债务人的义务就此结束,在票据上留有签章的所有连带债务人的义务也告结束,所以付款是票据的终结行为。《票据法》第 60 条规定:“付款人依法足额付款后,全体汇票债务人的责任解除。”

二、付款的程序

(一) 付款的时间

1. 付款期限的种类。《票据法》第 53 条规定:“持票人应当按照下列期限提示付款:见票即付的汇票,自出票日起一个月内向付款人提示付款;定日付款、出票后定期付款或者见票后定期付款的汇票,自到期日起十日内向承兑人提示付款。”其中定日付款的汇票付款期限自出票日起计算,并在汇票上记载具体的到期日;出票后定期付款的汇票付款期限自出票日起按月计算,并在汇票上记载;见票后定期付款的汇票付款期限自承兑或拒绝承兑日起按月计算,并在汇票上记载,拒绝承兑日是指持票人可以凭票行使追索权的计算时间。

2. 逾期提示付款的效力。持票人未按照前款规定期限提示付款的,在作出说明后,承兑人或者付款人仍应当继续对持票人承担付款责任。《票据法》所称的“作出说明”并无实际上可以否决的意思,持票人无论出于何种原因,只要其不放弃汇票权利,即使超过提示付款期,但未超过票据权利期限的,也仍然有权请求付款。

3. 付款人的责任。承兑人或者付款人依照《票据法》第 53 条的规定,对逾期提示付款的持票人付款与按照规定的期限付款具有同等法律义务。

(二) 提示付款

1. 提示付款的行为。持票人行使票据权利的表现就是提示付款,提示付款人包括持票人和受托提示付款人。我国《票据法》第 53 条第 3 款规定的通过委托收款银行或者通过票据交换系统向付款人提示付款的,视同持票人提示付款,由此发生的全部法律后果均由持票人承受。

2. 付款的通知。商业承兑汇票的付款人开户银行收到通过委托收款寄来的商业承兑汇票,即予留存,同时通知付款人,付款人接到付款通知后,应立即通知银行付款,付款人接到通知后的次日起 3 日内(法定节假日顺延)未通知银行付款的,视为付款人承诺付款,银行应于付款人接到通知日的次日起第 4 日(法定节假日顺延)上午开始营业时,将票款划给持票人。

3. 银行承兑汇票的无条件付款。银行承兑汇票的出票人应于汇票到期前将票款足额交存其开户银行,承兑行应在汇票到期日或者到期后的见票当日支付票款。出票人于汇票到期日未能足额交存票款时,承兑行除凭票向持票人无条件付款外,对出票人尚未支付的汇票金额按照中国人民银行的规定每天计收利息。

4. 商业承兑汇票拒绝付款证明。银行在办理商业承兑汇票划款时，付款人存款账户不足支付的，应填制付款人未付票款通知书，连同商业承兑汇票邮寄持票人开户银行转交持票人。商业承兑汇票的付款人存在合法抗辩事由拒绝支付的，应自接到通知日的次日起 3 日内，做成拒绝付款证明交送开户银行，银行将拒绝付款证明和商业承兑汇票邮寄持票人开户银行转交持票人。

5. 商业汇票拒绝付款证明。承兑行存在合法抗辩事由拒绝支付的，应自接到商业汇票的次日起 3 日内，作成拒绝付款证明，连同银行承兑汇票邮寄持票人开户银行转交持票人。

（三）付款程序

1. 凭票付款。持票人请求付款的，应当提交票据原件，付款人必须当日无条件足额付款，否则就会影响付款人或银行的信用，并且还应承担相应的财产责任。

2. 外汇汇票的特别规定。汇票金额为外币的，按照付款日的市场汇价，以人民币支付，也可根据外汇管理法规的规定，应持票人的要求，按经常性项目给付外汇。汇票的当事人对汇票支付的货币种类另有约定的，从其约定，但不得与我国外汇管理法的规定相冲突。

3. 背书签收。持票人获得付款的，应当在汇票背面签收，并将汇票交给付款人。持票人委托银行收款的，受委托的银行将代收的汇票金额转入持票人账户，视同签收。持票人实现汇票权利，汇票债务人的责任全部解除。

4. 受托付款行的责任。持票人委托的收款银行的责任，限于按照汇票上记载的事项将汇票金额转入持票人账户；付款人委托的付款银行的责任，限于按照汇票上记载事项从付款人账户支付汇票金额给持票人。

5. 审查汇票。付款人及其代理付款人付款时，应当审查汇票背书的连续，并审查提示付款人的合法身份证明或者有效证件。

6. 拒绝付款。付款人及其代理人在发现票据有瑕疵时不得付款，票据瑕疵常见于票据的金额大小写不一致，票据的收款人、出票日期、票面金额等记载事项有涂改等情形。

（四）付款损失

1. 付款损失的概念。付款损失，指由于付款人自己的原因，造成支付了票据金额后，尚不能解除或者不能完全解除付款责任的情况。主要有付款损失和利息损失两种。

2. 付款损失的种类。《票据法》第 57 条第 2 款规定：“付款人及其代理付款人以恶意或者重大过失付款的，应当自行承担责任。”根据最高人民法院《关于审理票据纠纷案件若干问题的规定》第 70 条的规定，付款人或者代理付款人有下列情形之一的，应当自行承担责任：第一，未依照《票据法》第 57 条的规定对提示付款人的合法身份证明或者有效证件以及汇票背书的连续性履行审查义务而错误付款的；第二，公示催告期间对公示催告的票据付款的；第三，收到人民法院的止付通知后付款的；第四，其他以恶意或者重大过失付款的。

3. 利息损失的处置。《票据法》第 58 条规定：“对定日付款、出票后定期付款或者见票后定期付款的汇票，付款人在到期日前付款的，由付款人自行承担所产生的责任。”此规定是指因提前付款发生的利息损失由付款人承担责任，付款人不得对持票人提出不当得利返还请求。

第七节 追 索 权

一、汇票追索权概述

(一) 汇票追索权的法律性质

汇票到期被拒绝承兑或拒绝付款的,持票人可以对背书人、出票人、保证人以及汇票的其他债务人行使追索权。追索权(recourse)是持票人在第一次请求付款受到拒绝后,按顺序行使的第二次请求权。第一次请求权是请求主债务人付款,这是持票人的基本票据权利,在主债务人拒绝付款或无力付款时,持票人可行使第二次请求权,要求所有在汇票上签名的人中的一人、数人或全体人员,偿付汇票金额。

(二) 汇票追索权产生的原因

1. 拒绝付款或附加条件。汇票到期被拒付的,或者虽然付款人表示可以付款,但是要附加一定的条件的,均构成汇票追索的原因。因为票据法明确规定付款附加条件的,视为拒绝付款。

2. 汇票被拒绝承兑。被拒绝承兑的汇票必须是形式上符合票据法规定,没有缺少必要的记载事项,而且持票人的票据身份没有缺陷。汇票被拒绝承兑主要发生在银行承兑汇票,银行对信用不可靠的出票人拒绝承担付款担保,商业承兑汇票在实践中罕有不承兑就交付汇票的情况,也就罕有被拒绝承兑的情况。

3. 承兑人或付款人死亡、逃匿。承兑人或付款人具有死亡、逃匿情形的,承兑人及付款人是汇票的债务人,负有期满偿还汇票金额的义务。如果其在承兑前或付款前就失去主体资格或者主体消失的,持票人的请求付款权实际上不能行使,所以有权提前行使追索权。

4. 承兑人或付款人被依法宣告破产或责令终止业务活动。承兑人或付款人被依法宣告破产的,或者因违法被责令终止业务活动,持票人的请求付款权也不能行使。在此情况下有两种选择:第一种是行使追索权,请求连带债务人履行汇票义务;第二种是放弃追索权,以汇票金额向破产清算组提出破产债权申报。

二、追索权的行使

1. 追索权行使的条件。《票据法》第 62 条规定:“持票人行使追索权时,应当提供被拒绝承兑或者被拒绝付款的有关证明。”付款请求权是持票人享有的第一顺序权利,追索权是持票人享有的第二顺序权利,这种权利的行使必须具备汇票原件以及下列任意一个证明文件,包括承兑人出具的拒绝承兑证明、承兑人或付款人出具的退票理由书、医疗机构出具的死亡证书、司法机关出具的通缉令、法院作出的破产裁定书。只有票据原件和拒绝证明同时具备才能行使追索权。

2. 拒绝证明的效力。拒绝证明是持票人行使追索权的法律根据之一,没有拒绝证明就不能向除承兑人或付款人以外的连带债务人请求偿还汇票金额。因此持票人在承兑或付款被拒绝时,应当注意以下两点:其一,要求承兑人或付款人出具拒绝证明或者退票理由书。其二,承兑人或者付款人不出具拒绝证明或者退票理由书的,应当承担由此产生的民事责任,包括无条件付款的责任。

3. 通知前手。通知是指持票人承兑汇票或请求付款被拒绝时,或者具有其他不能行使请求付款权的情形时，在行使追索权前，将不能行使请求付款权的事实书面告诉其前手及所有汇票债务人的一种票据行为，其内容应当记明汇票的主要记载事项，并说明该汇票已经不能得到付款的情况。《票据法》第 66 条规定："持票人应当自收到被拒绝承兑或者被拒绝付款的有关证明之日起 3 日内，将被拒绝事由书面通知其前手；其前手应当自收到通知之日起 3 日内书面通知其再前手。持票人也可以同时向各汇票债务人发出书面通知。"以使汇票连带债务人及时掌握情况。

三、追索与再追索

（一）追索对象

《票据法》第 68 条第 1 款规定："汇票的出票人、背书人、承兑人和保证人对持票人承担连带责任。"上述人员对持票人受到拒绝承兑或拒绝付款承担无条件地给付汇票全部金额的责任，持票人可以按《票据法》第 68 条第 2 款、第 3 款的规定，[①]自由选择对自己有利的追索对象。

（二）再追索

1. 再追索的成因。再追索是汇票制度中的一部分内容，当被追索人清偿债务时，应收取持票人提示的汇票原件和有关拒绝证明，并出具所收到已经支付利息和费用的收据。被追索者清偿债务后，与持票人享有同一（追索）权利，如果还有前手的，依法再向其前手债务人行使追索权。依此顺序，直至该汇票的债权债务关系因履行或其他法定原因消灭为止。

2. 再追索的内容。包括已清偿的全部金额，该金额自清偿日起至再追索清偿日止，按照中国人民银行规定的同期贷款利率计算的利息和发出通知的费用，以及其他必要的费用。

（三）追索的例外

1. 持票人为出票人的，对其前手无追索权。在此，汇票的出票人就是主债务人，银行汇票的主债务人是出票行，商业汇票的主债务人是买卖合同中的买方，根据票据的基础关系，出票人应当承担付款的责任，在他将汇票交付给收款人时即意味着届期要无条件付款，如果收款人背书转让，被背书人也进行了背书转让后，又转让给出票人时，出票人只有第一次票据权利请求付款权，没有向其后手追索的第二次票据权利。

2. 持票人为背书人的，对其后手无追索权。这是因为背书人的后手是被背书人，其汇票权利自背书人手中取得，该汇票对背书人来说应当具有充分的汇票权利，当汇票经过若干次转让，又转回背书人手中时，他仍然不能否认自己曾经对该汇票作过的真实性的保证。所以，在行使追索权时应当以其在票据上第一次签章记载确定其前后手位置，不得以最后一次记载的位置行使追索权。

（四）汇票追索的内容

1. 请求被追索人偿还本金。持票人要求债务人偿还被拒绝付款的汇票金额，须是同一货币的金额，如外币金额的汇票，应当按照追索付款当日人民币与外汇比率的牌价折合成人民币给付。

2. 请求被追索人偿还利息。持票人有权请求债务人偿还汇票金额到期日或者提示付款日

---

① 我国《票据法》第 68 条第 2 款规定："持票人可以不按照汇票债务人的先后顺序，对其中任何一人、数人或者全体行使追索权。"第 3 款规定："持票人对债务人中的一人或者数人已经进行追索的，对其他汇票债务人也可以行使追索权。被追索人清偿债务后，与持票人享有同一权利。"

起至清偿日止，按照中国人民银行规定的企业同期贷款利率计算的利息。此利息是一次性计算，不计复利，但是可以按照中国人民银行有关利息调整的规定分段计息。

3. 请求被追索人补偿其他费用。“其他费用”是指取得有关拒绝证明和发出通知的费用，包括通讯费、差旅费和必要的人工费。

4. 请求被追索人承担合理的律师费用以及已发生的诉讼费用。

【本章思考题】

1. 商业汇票与银行汇票有何异同?
2. 简述银行汇票的法律性质及其在市场中的作用。
3. 分析商业汇票的担保作用和融资作用。
4. 试析远期商业汇票中承兑和付款的关系。

【案例研讨】

1. 商业承兑汇票贴现合同纠纷案
2. 银行承兑汇票协议纠纷案

(请扫描二维码或访问 http://2d.hep.cn/1322654/5)

第三章　本　　票

【导语】

本票是出票人本人于票据到期日向持票人无条件支付票面金额的票据。本章简要讲解本票的概念、特点，本票的出票、见票，汇票法律规范对本票的适用规则等理论。其中，见票是本票的特有制度，在学习和研究票据法的时候，应当对此多加注意。

学习本章应重点掌握本票的特点、见票、汇票规范对本票的适用等。

第一节　本票概述

一、本票的概念

本票，是指出票人签发的，承诺自己在见票时无条件支付确定的金额给持票人的票据。该概念具有以下含义：

1. 本票是一种票据。本票有票据的共同属性和特点，同时又有自身特有的性质和表征，以区别于汇票和支票，不能用其他票据替代它。

2. 本票是出票人直接向持票人支付票面金额的票据。这一点表现了本票与汇票、支票的根本区别。本票的付款人就是出票人。[①] 从票据名称方面讲，本票之“本”，即为“付款人是出票人本人”之义。

3. 本票是出票人承诺于见票时无条件付款的票据。本票由出票人付款，根源于出票人的自付承诺，即出票人记载于本票上的自己到期无条件付款的意思表示。

本票的出票人为付款人，故无须承兑。出票人签发本票之后，负有到期无条件付款的责任。因本票有出票人于到期日无条件付款的性质，故亦称为“期票”。

二、本票的特点

1. 本票是自付证券。本票由出票人承担付款责任，基本法律关系的当事人仅为出票人和持票人两方，票据权利义务关系相对较为简明，票据权利的行使，也简便一些。例如，不需第三人即付款人承兑即可直接请求付款，无须担心票据不获承兑等。

2. 本票以出票人为当然的主债务人。本票出票人对持票人负无条件付款责任。我国《票据法》一方面在本票的定义中指明了出票人的付款，是无条件支付；另一方面在第 74 条规定出票人必须“保证支付”，在第 77 条规定出票人在持票人提示见票时“必须承担付款的责任”。

3. 本票为预约支付证券。本票的出票人承诺于到期日由自己无条件支付票据金额，属于一

---

① 有些票据立法允许由“担当付款人”代出票人付款，但是，这是本票的特殊现象，一般规则是由出票人为付款人；我国票据法不承认本票担当付款人制度。

种“预约支付”，因此本票是预约支付证券。

4. 本票是无需承兑但有“见票”的票据。本票不需承兑，但见票后定期付款的本票，以“见票”为必要程序。我国《票据法》第79条规定，本票的持票人未按照规定的期限提示见票的，丧失对出票人以外的前手的追索权。

5. 本票的出票人仅负付款责任而无承兑担保责任。本票无需承兑，出票人没有承兑担保责任。

6. 本票的背书人负有担保付款责任。本票依背书转让的，背书人对被背书人负有担保付款的责任，持票人到期不获付款时，有权利保全手续的，对前手得行使追索权。

三、本票的种类

（一）票据法学上对本票的分类

在票据法学上，按照不同的标准，将本票划分为多种类型。

1. 记名式本票、指示式本票和无记名式本票。这是按照本票上是否记载本票权利人名称所作的分类。这一分类的各种本票，意义与汇票中同一分类相同，仅是票种票名不同。例如记名式本票与记名式汇票的相同处在于均为记名式票据。

2. 见票即付的本票、定日付款的本票、出票后定期付款的本票、见票后定期付款的本票。这种分类的标准与含义，与汇票的同一分类相同。明显差异之处是，见票后定期付款的本票，适用“见票”制度。

3. 银行本票和商业本票。这种分类的标准与含义，与汇票的同一分类相同。

4. 国内本票和国外本票。这是英美票据法上，根据签发和付款地是否为本国所作的分类。凡是在本国境内签发并付款的，是国内本票，其他的是国外本票。国外本票遭拒绝的，无需作成拒绝证书。国内本票，是否作成拒绝证书，由持票人选择。

（二）我国票据制度中的本票种类

我国《票据法》第73条第2款所称本票，是指银行本票，从而排除了商业本票。第75条规定，本票必须记载收款人名称，未记载的，本票无效，否定了无记名式本票。因此，我国票据制度中的本票，必须是“记名式银行本票”。

《票据法》没有对银行本票下定义。《支付结算办法》中将银行本票定义为：银行本票是银行签发的，承诺自己在见票时无条件支付确定的金额给收款人或者持票人的票据。

银行本票和商业本票的区别之一，是前者以银行的信用，后者以银行之外的出票人的信用，作为票据的担保。

按照《票据法》和《支付结算办法》的规定，银行本票的付款期为2个月。

第二节 出票和见票

一、出票

本票的出票，也分为两个环节：一是出票人依照票据法的规定作成本票，即在本票凭证上记载有关记载事项并签章；二是将作成的本票交付收款人。

我国本票的出票人只能是银行，由于《票据法》不认可商业本票，银行之外的法人、自然人均不得签发本票。

(一) 出票的效力

1. 持票人取得本票权利，对出票人有付款请求权和追索权。本票权利是票据权利，自然包括付款请求权和追索权。

2. 出票人负有直接无条件付款的责任。出票人因出票行为，对持票人负担了直接付款、无条件付款的票据责任。

(二) 出票的记载事项

1. 绝对必要记载事项。我国《票据法》第 75 条规定，本票必须记载下列事项：(1) 表明“本票”的字样；(2) 无条件支付的承诺；(3) 确定的金额；(4) 收款人名称；(5) 出票日期；(6) 出票人签章。缺少任何一项，本票无效。

2. 相对必要记载事项。依《票据法》第 76 条的规定，本票的相对必要记载事项有二：一是付款地，二是出票地。

3. 任意记载事项。本票上可以记载《票据法》第 75 条、第 76 条规定的事项之外的其他出票事项。

4. 不得记载的事项。出票人不得在本票上记载任何限制票据权利或有害票据权利的事项；如有记载的，该记载无效，视为未记载。

5. 本票到期日。我国《票据法》未把本票到期日规定为本票的必要记载事项，在第 78 条规定，本票自出票日起，付款期限最长不得超过 2 个月，在第 77 条规定，本票的出票人在持票人提示见票时，必须承担付款的责任。依这两个条文的含义，本票的持票人自出票日起，到出票日后 2 个月的期限内，随时可以向出票人提示见票，请求付款，而出票人则须于见票时予以付款。显而易见，银行本票是“见票即付”的票据，我国《票据法》仅认可这一种本票到期日。

二、见票

(一) 见票的概念

见票，是指本票的出票人，因持票人的提示，为确定见票后定期付款的本票的到期日，在本票上记载“见票”字样及日期，并且签名的行为。

虽然见票发生法律效果，即到期日得以确定的效果，但是出票人在见票之前就负有无条件付款的义务和见票的义务，见票只是把履行付款义务的日期确定化而已。

(二) 见票的效力

见票的效力表现在两个方面：(1) 确定到期日。(2) 保全追索权。持票人提示见票，见票人可能予以“签见”，也可能拒绝见票。签见的，发生到期日确定之效果；拒绝见票的，持票人得在规定的期限内作成拒绝证书，以便行使追索权，如果持票人未在规定期限内提示见票的，丧失对前手的追索权。

(三) 我国《票据法》上见票的意义和效力

我国《票据法》不承认见票后定期付款的本票，本无“见票制度”可言，但该法第 73 条、第 77 条、第 79 条三条中，均有“见票”字样，为准确理解法条含义，辨析如下。

1. 见票二字，有两种意义：(1) 指票据债务人经持票人提示票据，验看审查票据的行为。例如持票人向付款人提示“见票即付”的票据，请求付款，付款人见票即应足额付款。此处之“见票”，即属这种意义。(2) 特指见票后定期付款的本票的出票人，经持票人提示本票请求确定到期日，验看审查本票，在本票上“签见”，签名并载明见票日期，然后将本票交还持票人的行为。这种意义上的见票，还可以理解成一种程序，即“见票程序”；又可以看做一种制度，即“见票制度”。从程序和制度的角度讲，它为本票所特有，又为“见票后定期付款的本票”所仅有，其他票据，则不必适用这一制度。

2. 我国《票据法》中的“见票”，是指请求付款，没有确定本票到期日的作用。《票据法》仅认可“见票即付”本票，这种本票，持票人向出票人提示本票，就是请求付款，因其为见票即付，不需要见票程序来确定到期日。因此，可以对上述三个条文中的“见票”二字，理解为持票人请求付款。

第三节 汇票规范对本票的适用

一、汇票规范对本票适用的概念

汇票规范对本票的适用，是指票据立法因本票与汇票的若干相同，为避免重复立法，在不违反本票性质的前提下，规定本票适用汇票的有关规定。票据法学上也叫做汇票规范的准用。

二、我国《票据法》对本票准用汇票规范的规定

《票据法》第 80 条规定：“本票的背书、保证、付款行为和追索权的行使，除本章规定外，适用本法第二章有关汇票的规定。本票的出票行为，除本章规定外，适用本法第二十四条关于汇票的规定。”下面对这个规定作简要析解。

1. 我国《票据法》对汇票规范之准用，采用“概括式”和“列举式”相结合的立法方式。[①] 从上述第 80 条的内容可见此特点，无须赘言。

2. 本票的出票，仅适用《票据法》第 24 条一个条文。《票据法》第三章关于本票的规定，自第 73 条至第 80 条，共 8 个条文，其中：第 73 条规定本票仅限银行本票，由此决定了这种本票只能由银行签发；第 74 条关于出票人资金来源的规定，虽然涉及本票基础关系，反映出立法对本票诈欺的警惕和告诫，终与出票有关；第 75 条、第 76 条分别为本票的绝对必要记载事项和相对必要记载事项，与出票的密切关系自不待言；第 78 条为本票付款期限之规定，出票时必须奉行；第 80 条第 2 款，是出票准用第 24 条汇票“可以记载但不生票据上效力之事项”的规范。据此，本票出票准用的汇票规范，仅第 24 条。

3. 本票的背书和保证，完全适用汇票的有关规定。

4. 本票的付款，除《票据法》第 73 条第 1 款、第 76～78 条的规定外，适用汇票付款的有关规定。适用于本票付款的有汇票付款规定中的第 53 条第 2 款、第 3 款，第 54 条至第 57 条、第 59 条、第 60 条。

5. 本票的提示付款，不适用第 53 条第 1 款第 1 项关于见票即付汇票提示付款的规定。

---

① 我国《票据法》第 94 条关于支票准用汇票规范的规定，也是采取这种做法。

6. 本票追索权的行使，适用第79条和汇票追索权的有关规定。

但这些规定中与本票性质不合者，如有关承兑的规定等，不得适用。

【本章前沿问题】

□ 我国票据法应否承认商业本票

我国《票据法》只规定了银行本票，不承认商业本票。这种做法，不能完全适应社会主义市场经济发展的需要。商业活动中，公司法人能不能依照法律的规定签发商业本票，不仅仅是金融管理方面的问题，还牵涉公司的信用权利能力、公司在市场上的融资条件等。因此，立法不承认商业本票，绝不是个小问题。但是，由于我国市场经济发育还不是十分健全，法律体系和信用机制也有很多缺陷，承认商业本票固然有有利的一面，不可避免地也会有不利的影响。在理论研究中，如何既承认商业本票又防止其消极影响，具有一定难度。

【本章思考题】

1. 如何理解见票的意义？
2. 本票的见票有哪些规则？
3. 为什么本票准用汇票的规范？

第四章　支　　票

【导语】

支票是出票人委托银行从自己的存款账户内向持票人无条件支付票面金额的票据。支票的有效期很短，因此信用的功能较汇票和本票弱得多，主要是用于支付。本章主要讲解支票的意义、种类、出票、汇票规范对支票的适用等。其中，重要的问题是“空白支票”。

学习本章应重点掌握支票的特点、出票、汇票规范对支票的适用。

第一节　支票概述

一、支票的概念

支票，是指出票人签发的，委托办理支票存款业务的银行或者其他金融机构在见票时无条件支付确定的金额给收款人或者持票人的票据。

从支票的概念可以看出，支票有如下含义：

1. 支票是一种票据。支票与汇票、本票一样，是以无条件支付一定金额为内容的有价证券，具有票据的所有性质。

2. 支票是出票人委托办理支票存款业务的银行或者其他金融机构付款的票据。

（1）支票是委托证券。这一点与汇票同而与本票异，英国《票据法》正是因为这一点，认定支票为一种汇票，该法第 73 条规定，支票是以银行为付款人的凭票即付之汇票。支票的基本法律关系当事人，包括出票人、持票人、付款人三方，出票人以出票记载事项中的委托文句，委托付款人付款。

（2）支票的付款人有资格限制。各国票据法上，支票的付款人均限定为银行或其他金融机构。这一点与汇票和本票均不相同，汇票和本票的付款人没有资格之限制。

（3）支票的出票人与委托的付款人之间，须有资金关系。其一，出票人须为委托付款人的存款账户开立人，即在付款人处有存款账户。反过来说，就是“付款人须为出票人的开户银行”。其二，出票人在付款人处开立的存款账户中，须有足以支付支票金额的存款金额，否则，付款人得以“空头支票”之法律规范为依据，不予付款。我国《票据法》第 87 条规定，支票的出票人所签发的支票金额，不得超过其付款时在付款人处实有的存款金额；出票人签发的支票，金额超过其付款时在付款人处实有的存款金额的，为空头支票，禁止签发空头支票。

3. 支票为见票即付的票据。支票的效能在于满足快速付款之需要，信用价值不大，因此，其付款时间越短越好，见票即付足可达到这个目的。我国《票据法》第 91 条虽然规定支票的持票人应当自出票日起 10 日内提示付款，但这不是到期日，而是提示付款的期限，在出票日至提示付款期限届满之间的任何一日，持票人都有权提示付款，《票据法》第 90 条规定，支票限于见票即付；第 89 条第 2 款规定，出票人在付款人处的存款足以支付支票金额时，付款人应当在当日足额付款。

二、支票的特点

与汇票、本票相比较，支票有下列特点：

1. 付款人资格有限制。支票的付款人，限于出票人开立存款账户的银行和其他金融机构。

2. 支票的出票人与付款人之间须有资金关系。汇票的出票人与付款人之间，不必先有资金关系。本票是出票人付款，无资金关系可言。

3. 支票的出票人与付款人之间先有支付委托合同。只有在银行开户，与开户行订有支付委托合同的存款人，才能从开户行或信用社买得空白支票凭证，在使用支票时签发。

4. 支票为见票即付的票据。

5. 支票无需承兑或见票，提示票据就是请求付款。

6. 支票的主债务人是出票人。

7. 支票的出票人承担付款保证责任。

8. 支票无需保证。

9. 支票可为空白授权出票。依我国《票据法》第 85 条、第 86 条的规定，支票出票时，金额、收款人名称，均可空白，由出票人授权持票人补记。汇票和本票则不得签发空白票据。

10. 支票有无记名式。我国《票据法》不允许汇票和本票以无记名方式签发，却认可支票可为无记名方式。在《统一汇票和本票法》和《统一支票法》中，也是如此。

11. 支票有划线制度。在支票法中，有划线支票的规定，划线支票的收款人仅限于银行或付款人的客户，安全性较强。汇票和本票均不得划线。

12. 支票信用作用弱而支付功能强。按照我国《票据法》第 91 条的规定，除异地使用的支票由中国人民银行另定外，同城使用的支票，提示付款的期限为自出票日起 10 日内。由于付款提示期限短，出票人自收款人处得到信用的时间就很短，支票的信用功能就很弱。

13. 支票有"存根"，存根只供出票人留存备查和记账使用，不是支票的复本或誊本。

三、支票的种类

1. 记名支票和无记名支票。支票依出票时是否记载收款人名称，分为记名式和无记名式两种。记载收款人名称的，是记名支票；不记载收款人名称的，是无记名支票。

2. 现金支票、转账支票和普通支票。这是按照支票支付方式上的不同所进行的划分。现金支票是只能用于支取现金的支票。转账支票是只能用于转账，不能支取现金的支票。既可支取现金，又可转账的，是普通支票。

3. 一般支票和变式支票。按照支票当事人有无资格兼充，可将支票分为一般支票和变式支票。一般支票，是出票人委托自己的存款银行或其他金融机构于见票时向持票人无条件支付票面金额的支票。它的当事人为三方，没有身兼两种当事人资格的现象。变式支票，是指有当事人兼充两种当事人资格的支票。包括以下三种：(1) 指己支票，即出票人记载自己为收款人的支票。(2) 对己支票，即出票人载明自己为付款人的支票。(3) 受付支票，即付款人兼为收款人的支票。我国《票据法》第 86 条第 4 款认可了"指己支票"。

4. 保付支票和划线支票。保付支票，是付款人在支票上为保证付款之记载，负担绝对付款责任的支票。划线支票，是指出票人、背书人、持票人在支票正面画平行线两道，将收款人限定于银行、其他金融机构或它们的客户的支票，也叫做平行线支票。划线支票共有两种形式：(1) 普通划线支票，其形式为，在支票正面划两条平行线，两线之间不记载文字或记载“银行”二字。这种支票付款人只能向银行付款或向银行的客户付款。(2) 特别划线支票，即在两条平行线之间记载特定银行名称的支票。这种支票付款人只能向平行线内记载的银行付款。划线支票较一般支票更具安全性，而特别划线支票比普通划线支票的安全性更大。

5. 即期支票和远期支票。即期支票是指支票上记载的出票日与实际出票日一致，可即时提示付款的支票。远期支票，是指把未来的一个日期记载为出票日的支票。我国《票据法》未认可远期支票。

第二节 支票的出票

一、支票出票的概念和效力

(一) 支票出票的概念

支票的出票，是指在银行或者其他金融机构开立支票存款账户的人，依照票据法的规定作成支票并交付收款人的票据行为。

(二) 支票出票的效力

1. 对收款人或者说是持票人，发生取得票据权利的效果。

2. 对出票人，发生担保付款责任。

3. 对付款人，发生依支票文义付款的权利。

二、支票的记载事项

1. 绝对必要记载事项。(1) 表明“支票”的字样；(2) 无条件支付的委托；(3) 确定的金额；(4) 付款人名称；(5) 出票日期；(6) 出票人签章。

2. 相对必要记载事项。《票据法》第 86 条规定了支票的三个相对必要记载事项，即收款人名称、付款地、出票地。我国《票据法》允许出票时不记载收款人名称，签发无记名支票。第 87 条第 1 款规定，支票上未记载收款人名称的，经出票人授权，“可以”补记。收款人名称成为支票的相对必要记载事项，支票上不记载的，推定持票人为收款人。

3. 可以记载但不生票据上效力的记载事项。支票上可以记载《票据法》第 84 条、第 85 条规定的事项以外的其他出票事项，但是这种记载事项不具有支票上的效力。

4. 不得记载的事项。凡有悖支票性质和有害支票权利的事项，均不得记载于支票上。若有此种记载，皆为无效记载。《票据法》第 90 条特别规定，支票限于见票即付，不得另行记载付款日期。另行记载付款日期的，该记载无效。

三、空白授权票据的出票

(一) 空白授权票据的概念

空白授权票据，是指出票人签名于票据之上，将票据其他应记载事项的一部或者全部，授权持票人补充的票据。

（二）空白授权票据的效力

1. 持票人获得补充权。持票人的补充权是形成权。持票人有权以自己认为适当的文义加以补充。依照与出票人的约定补充的，自无争议。出票人对补充记载事项有异议的，不得对抗补充后善意取得票据的持票人。对越权补充者，出票人则有权要求赔偿损失，但应负举证责任。

2. 票据债务人不得以票据有补充记载而对抗持票人，补充记载事项的票据效力与完全出票相同。

3. 未补充完整的票据不具有票据效力。不发生效力的空白授权票据，持票人不能行使票据权利，也不存在权利保全、公示催告和除权判决等问题。失票人可以挂失止付方式保护自己。失票人对不法占有空白授权票据的人，有民法上的原物返还请求权。

4. 票据债务人对恶意或重大过失取得越权补充的票据的持票人，可行使抗辩权。

第三节　汇票规范对支票的适用

《票据法》第 93 条规定："支票的背书、付款行为和追索权的行使，除本章规定外，适用本法第二章有关汇票的规定。支票的出票行为，除本章规定外，适用本法第二十四条、第二十六条关于汇票的规定。"

对这一规定，略作解析如下。

一、关于支票出票准用的汇票规范

依《票据法》第 93 条第 2 款规定，支票的出票行为，有两个适用条文，即《票据法》第 24 条和第 26 条。前条为票据上"可以记载但不生票据上效力的记载事项"的规定，后条为出票人担保责任之规定。

二、关于支票背书准用的汇票规范

我国《票据法》规定，支票背书完整适用汇票背书之规定。

三、关于支票付款准用的汇票规范

《票据法》第 93 条规定，"除本章规定外"，方可适用汇票有关规定。《票据法》第四章关于支票付款的有：第 83 条，支票支付方式与付款直接有关，付款人应按支票种类支现或转账；第 86 条，付款人应向持票人付款，在付款人营业场所付款；第 87 条，不得对"空头支票"付款；第 88 条，不得对与出票人预留本名的签名式样或印鉴不符的支票付款；第 89 条第 2 款，出票人于提示期限内提示付款的，出票人在付款处的存款足以支付时，付款人应当在当日足额付款；第 91 条，持票人应在规定的提示付款期限内提示付款，逾期的，付款人可以不予付款，付款人不予付款的，出票人仍应当对持票人承担票据责任[①]；第 93 条，关于付款效果的规定，付款人依法付款后，对出票人、持票人再无责任，但是，以恶意或者有重大过失而错付的，应适用第 57 条第 2 款规定。

---

① 此项责任，依法则为被追索的清偿责任，应依照第 26 条、第 70 条、第 71 条规定进行处理，但在实务中，不妨由出票人收回已过期之支票，另签发一同金额之支票，亦可息事。

除此之外，可以适用的汇票规定有：第 53 条第 3 款，第 55 条，第 56 条，第 57 条，第 59 条，第 60 条。

四、关于支票追索权行使准用的汇票规范

支票不获付款的追索，除本应适用《票据法》第 91 条的规定外，还准用第 61 条至第 72 条的规定，对这些条文中与支票性质不合者，如承兑、保证等规定，则应予排除。

【本章前沿问题】

□ 空白支票的法律问题

空白支票问题是困扰社会和票据法学的问题。我国《票据法》允许签发、转让空白支票，极大地方便了交易，但是，在空白支票的流通过程中，有些持票人由于没有在支票上签名，退出了票据关系，最后的持票人在请求付款时不能向这些"曾经的持票人"行使票据追索权。因此，一旦遭到银行拒付而出票人又没有支付能力的时候，持票人就会蒙受损失。如何防止"空白支票"带来的这个负面影响，是票据立法和理论研究的一个难点。

【本章思考题】

1. 支票与见票即付的汇票有什么重要区别？
2. 同记名支票相比，空白支票有何利弊？

第五章　涉外票据的法律适用

【导语】

目前还没有全球普遍适用的票据法律，各个国家在贸易中发生的票据关系，或适用日内瓦统一法，或适用英美法，还有一些不属于这些法系的国家，则适用其他的票据法律。这就给涉外票据造成法律适用方面的麻烦。我国虽然加入了世贸组织，但是，票据法律却不同于其他国家。我国发生的涉外票据，当然涉及复杂的法律适用问题。本章的内容，简约地讲解了有关规则和理论。

在学习和理解本章内容时，应当重点掌握我国涉外票据的法律适用的原则。

一、涉外票据的概念

涉外票据，是指出票、背书、承兑、保证、付款等行为中，既有发生在我国境内又有发生在我国境外的票据。

从这个定义可以看出，涉外票据不是以持票人是外国人为标准而界定，而是以具体票据行为在我国境内和境外发生的事实来确定的。

由于国际贸易的发展，不同国家之间，票据往来成为普遍现象。不同国家的票据制度有所不同，各国之间的票据关系的法律适用，难免发生冲突。解决冲突的办法是确定票据行为的准据法，即涉外票据的适用法律。我国与外国的经济往来，不可避免地发生涉外票据及其法律适用的问题。即在出票人行为能力、票据行为方式及效力、追索权的行使等方面，我国法律与有关其他国家的法律规定不一致时，应该以何法为准的问题。易言之，即票据法发生冲突时，如何确定准据法。《票据法》第五章就此作了规定。

二、涉外票据法律适用的原则

《票据法》第 96 条规定了涉外票据的法律适用的原则，具体是：

1. 我国缔结或参加的国际条约优先适用的原则。凡缔结或参加国际条约的国家，均采取“国际条约优先适用”原则，规定在国内法与缔结或参加的国际条约规定不一致的条件下，除保留条款外，优先适用该国际条约。我国亦不例外。《票据法》第 95 条第 1 款即规定：“中华人民共和国缔结或者参加的国际条约同本法有不同规定的，适用国际条约的规定。但是，中华人民共和国声明保留的条款除外。”到目前为止，我国还没有参加专门性的票据国际条约。当然，不排除将来参加的可能性。

2. 保留条款除外的原则。我国对缔结或参加的国际条约的某些规定，声明保留条款的，不适用“国际条约优先”原则，而以本国法为准。

3. 国际惯例补充适用原则。《票据法》第 95 条第 2 款规定：“本法和中华人民共和国缔结或者参加的国际条约没有规定的，可以适用国际惯例。”

三、涉外票据法律适用的具体规定

我国《票据法》第 96 条至第 101 条，对涉外票据的民事行为能力、记载事项、附属的票据行为、追索权行使期限和有关条件、票据丧失后的票据权利保全程序等，作出了法律适用方面的规定。

(一) 关于票据债务人的民事行为能力

票据债务人的民事行为能力，适用其本国法律。但是，票据债务人的民事行为能力，依其本国法为无民事行为能力或者限制民事行为能力而依行为地法为完全民事行为能力的，适用行为地法律(《票据法》第 96 条)。

涉外票据中如何认定票据债务人的民事行为能力，国际上有三种立法：

1. 依票据债务人本国法，即“本国法主义”。欧洲大陆一些国家采用此立法。

2. 依行为地法，即“行为地法主义”。英美等国如此规定。

3. 一般适用其本国法，但本国法认为其民事行为能力有欠缺而行为地法认为其为完全民事行为能力的，依行为地法。此为“折中主义立法”。

(二) 关于票据行为的方式

票据行为方式的法律适用，涉及出票的记载事项、背书、承兑、保证、付款等应适用何国法律的问题。

统一法系国家的一般做法是，基本上适用行为地法，但有极少的例外。英美法国家也大体如此。

我国《票据法》第 97 条、第 98 条规定了票据行为方式的法律适用。按其规定，汇票和本票的出票记载事项，适用出票地法律；支票的出票记载事项，适用出票地法律，但经当事人协议适用付款地法律的，依照协议。涉外票据的背书、承兑、付款、保证等行为，一体适用行为地法律。

(三) 关于追索权的行使和保全

追索权的行使和保全手续密不可分，票据权利保全手续欠缺，是追索权丧失的原因，而票据权利保全手续，应在付款人所在地作成，这样，就必须涉及付款地法律。

我国《票据法》第 100 条规定，票据的提示期限、有关拒绝证明的方式、出具拒绝证明的期限，适用付款地法律。

追索权的行使期限，即追索权的时效，事关背书人、保证人、出票人等多方票据债务人。而这些人有可能不同属一国，适用付款地和其他地方的法律，对追索权的行使均为不妥或不便。适用出票地法律，则要好得多。我国《票据法》第 100 条规定，追索权的行使期限，适用出票地法律。

(四) 关于失票后票据权利保全程序

票据丧失时，失票人请求保全票据权利的程序，适用付款地法律。

【本章思考题】

1. 涉外票据包括哪些票据？

2. 我国涉外票据的法律适用的原则有哪些？

本编参考文献

［1］谢怀栻．票据法概论．北京：法律出版社，1990．

［2］王保树．中国商事法．北京：人民法院出版社，1996．

［3］刘心稳．票据法．北京：中国政法大学出版社，2002．

［4］王小能．中国票据法律制度研究．北京：北京大学出版社，1999．

［5］余振龙，姚念慈．国外票据法．上海：上海社会科学院出版社，1991．

［6］张国键．商事法论．台北：三民书局，1980．

第六编

保　险　法

第一章 保险制度概述

【导语】

保险是一种经济工具,可以使被保险人在未来遭受风险时获得保障。保险的原理是集合大众,分摊损失。保险制度是依据大数法则,以公平合理的原则,集合千千万万的人,每个人缴纳少许的保险费,由保险公司汇集成为庞大的资金,对其中少数由于意外事故遭受财产损失或人身损害的人依据保险合同给予经济补偿或救助的办法。所以有人说保险是“我为人人,人人为我”的制度。

本章学习的重点,在于保险的概念、要素和特征。本章学习的难点是保险的种类。学习本章,应掌握保险的概念和特征,理解保险的分类方法,并能够在实践中分析保险的种类及适用法律、特别规定等。此外,对于保险的职能和作用、保险制度的沿革和发展,应有一般的了解。

第一节 保险及其制度分析

一、保险的概念与要素

(一) 保险的概念

从经济关系的角度来看,保险是一种分散危险、消化损失的经济补偿制度。

从法律角度看,保险是指投保人根据合同约定,向保险人支付保险费,保险人对于因合同约定的事故发生所造成的财产损失承担赔偿保险金责任,或者当被保险人死亡、伤残、疾病,或者达到合同约定的年龄、期限时承担给付保险金责任的商业保险行为。

(二) 保险的要素

1. 以存在不确定的危险为前提。所谓危险,是指在将来遭遇自然灾害或意外事故以致造成财产损失或人身伤亡的可能性。保险制度的功能在于分散危险,转移风险,因此,保险以危险为经营对象。但是,并非所有的危险都可成为保险的对象,只有具备不确定性的危险,才是可投保的危险。不确定的危险分以下三种情形:(1) 危险发生与否不能确定,即危险的因素是客观存在的,但是否发生却不能确定。(2) 危险发生的时间不能确定,即危险肯定会发生,但是于何时发生是不能确定的。例如人的死亡,一定会发生,但无法确定发生的时间,因而死亡是保险人承保的危险。(3) 危险所导致的后果不能确定,即某一自然灾害或者意外事故是否会造成损失以及造成的损失有多大是无法确定的。

2. 以多数人的互助共济为基础。保险制度的产生,是为了弥补单个人抵御风险能力的不足,集合众人的力量,从而形成了一套经济上合理、操作上规范的制度。通过这个制度,负担同类危险的人分别缴纳一定的保险费给保险人,建立保险基金,当个别投保人因为遭遇保险危险而遭受损失时,由保险人弥补他的损失,从而实现保险风险的转移和分散。保险的这种社会互助共济性,要求必须有尽可能多的人参加,参加保险的人越多,保险基金的积累就越多,保险人的偿付能力也就越强，或者说投保人获得保障的程度也就越高。

3. 以对危险事故所致损失进行补偿为目的。保险的目的并不是阻止事故的发生，而是对危险事故造成的损失给予经济补偿。订立保险合同的最终目的在于以经济上的补偿来分担当事人所遭受的损害。虽然在人寿保险当中，人的生命和健康的损失不是经济性损失，也是不能用金钱来弥补的，但是，制度可以救济的手段有限，因而只能用保险金给付的方式慰藉被保险人、受益人或其继承人。唯不同者，在损失补偿性的保险，给付保险金的数额以被保险人的损失来计算，而在人寿保险当中，给付保险金的数额则以双方当事人订立合同时的约定来确定。

二、保险的特征

1. 保险是一种商事法律行为。首先，保险是一种法律行为。保险是以保险人与投保人之间的契约为基础而产生的法律关系，是当事人意思表示一致的结果，因而，其无疑是法律行为之一种。其次，保险关系中的保险人是商事主体。保险人与投保人之间、保险人与被保险人之间的保险法律关系，是基于保险人这一特定的商事主体所进行的营利性的经营活动而缔结的。最后，保险是有对价的、以营利为目的的商事法律行为。保险企业按照商业经营原则从事保险业务经营活动，其实质是特殊商品——风险的交易关系。在这种特殊的商品交易中，投保人支付了保险费，作为对价，保险人负担危险，并在保险事故发生后向被保险人支付保险金。因此，在法律性质上，保险是一种商事法律行为。

2. 保险是一种经济补偿制度。这种制度的目的，是为了使参加保险者因危险的发生而致损失时，以得到金钱或实物作为补偿。保险的补偿是有条件的，一方面，必须有保险事故的发生，并且被保险人因此而遭受损失或损害。如果有保险事故发生，但被保险人并不是实际遭受损害的人，那么也不能获得保险赔偿。另一方面，发生的必须是属于保险责任范围内的保险事故。如果保险合同是就财产保险利益投保，而被保险人所遭受的是人身伤害，则其不能获得保险金请求权。

3. 保险关系是一种合同法律关系。在这种关系当中，当事人双方根据约定，一方支付保险费，另一方担负风险的责任。因此，保险合同是一种双务有偿合同。

保险合同的双务性与一般的民事合同法律关系有所不同，其特殊性表现在保险人与被保险人的权利义务不对等。就单个的保险合同来看，保险合同在履行过程中，投保人交付了保险费，但因未发生保险事故而得不到补偿，而保险人因此获得了保险费收入。也有的保险合同在履行过程中，投保人获得了远远大于保险费的补偿。另外，保险合同不得为无偿合同，这是由它的互助共济的机制决定的。

三、保险的分类

（一）根据保险标的的不同来区分

保险标的是指作为保险对象的财产及其利益或者人的寿命和身体。根据保险标的不同，可将保险分为人身保险和财产保险，将保险合同分为人身保险合同和财产保险合同。

人身保险是以人的寿命和身体为保险标的的保险，包括人寿保险、健康保险、意外伤害保险等。当人们遭受不幸事故或因疾病、年老以致丧失工作能力、伤残、死亡或年老退休后，根据保险合同的规定，保险人对被保险人或受益人给付保险金或年金，以解决病、残、老、死所造成的经济困难。

财产保险是以财产及其相关利益为保险标的的保险,包括财产损失保险、责任保险、信用保险、保证保险等。

(二) 根据保险利益的基本分类来区分

保险利益是保险合同法的核心,而对保险利益的最基本分类,是将它分为具体性保险利益和抽象性保险利益。以此为基础,保险合同可分为损失补偿性保险合同和定额给付性保险合同。

以具体性保险利益投保而订立的保险合同是损失补偿性保险合同。在当事人没有特别约定的情况下,所有财产保险合同和人身保险合同中有关医疗费用、丧葬费用、债务保证的保险,都属于损失补偿性保险,在这种保险当中,保险人只负责赔偿被保险人实际遭受的损失,而不是按照签订合同时合同中约定的保险金额进行赔偿。它的理论基础是:保险制度只是一种社会共担风险的机制,给任何一个被保险人多于其损失的赔偿,都可能违背大数法则的精算结果,削弱保险人对其他被保险人的赔付能力。将被保险人受到赔偿的范围限定于其所遭受的损失,是为了保证整个保险制度的发展。

以抽象性保险利益投保而订立保险合同,并在保险合同中约定保险赔偿的范围,这种保险被称为定额给付性保险。一般的人寿保险合同都属于定额给付性保险合同。

(三) 根据保险的实施形式不同来区分

根据保险的实施形式分类,可将保险分为自愿保险和强制保险。

自愿保险,是投保人与保险人在自愿的原则下,根据保险合同而形成的保险关系。

强制保险,又称为法定保险,是以国家颁布法律、法规的形式来实施的。

(四) 根据保险人承担责任的次序不同来区分

根据保险人承担责任的次序不同,可将保险分为原保险与再保险。

原保险,是指由保险人直接承保业务并与投保人签订保险合同,对于被保险人因保险事故所造成的损失,承担直接的原始赔偿责任的保险。

再保险,是指对原保险的保险责任再予以承保的保险。具体地说,再保险是保险人通过订立合同,将自己已承保的风险,全部或部分地转移给一个或几个保险人,以降低自己所面临的风险的保险行为,其中分出自己承保业务的保险人被称为原保险人,接受再保险业务的保险人被称为再保险人。

(五) 根据保险的目的和功能不同来区分

根据保险的目的和功能的不同来区分,保险分为商业保险、社会保险和政策性保险。

商业保险,是指保险公司按照商业经营的原则所经营的各种保险。商业保险以营利为目的,进行独立经济核算。

社会保险,是国家为实现某种社会政策或保障公民利益而采取的一种经济补偿手段。它是在既定的社会政策下,由国家通过立法手段对全体公民强制征缴保险费,形成保险基金,用以对其中因年老、疾病、生育、伤残死亡和失业而导致丧失劳动能力或失去工作机会的成员提供基本生活保障的一种社会保障制度。对象为全体公民,目的在于保障社会成员的基本生活,而非营利。社会保险不以营利为目的,运行中若出现赤字,国家财政将给予支持。

政策性保险,是国家为了体现一定的国家政策,如产业政策、国际贸易等,通常会以国家财政为后盾,举办一些不以营利为目的的保险。常见的政策性保险有出口信用保险、投资保险等。

此外,根据保险保障的主体不同,保险可分为个人保险和团体保险;根据保险标的的价值确定方式不同,保险可分为定值保险和不定值保险;根据承保同一风险的保险人的人数不同,保险可分为单保险和复保险。

四、保险的职能和作用

(一) 保险的职能

就单个保险行为来说,它的职能是补偿被保险人所遭受的损失,但是若把保险放在整个社会条件下,从保险制度的整体机制来看,保险的职能在于共担风险,保险人只是把社会上的风险集中起来进行管理而已。而在现代社会中,人们通过人寿保险不仅可以把生命、健康以及随着年龄增长收入降低的风险转移给保险人,而且可以在保险到期后取得保险费的累积及收益,所以,人寿保险具有投资的功能,还有的保险具有担保的功能,可以说,现代保险的职能更加广泛了。保险的职能可分为基本职能和派生职能两大类。

1. 基本职能——经济补偿职能。从微观的角度来看,就单个个体而言,保险可使其在遭受保险危险后,就其所受的损失请求补偿,这是其经济补偿职能的重要表现形式。从宏观的角度来看,保险制度的主要作用是稳定社会经济,安定人民生活;增加生产性资金,使社会生产或经营得以扩大;促进防灾减损,促进国际经济交流,增加外汇收入。

2. 派生职能——融资职能、防灾减损职能、投资职能。保险适用大数法则,通过集合投资人缴纳的保险费,建立保险基金,因而保险具有融资职能。尽管保险存在以风险为前提,但保险本身就是进行风险管理,负担防灾减损职能。具体体现为保险人在承保到理赔的过程中承担社会责任;保险人应以谨慎合理的注意,防止保险标的发生意外。保险人可以运用资金,从事银行存款、买卖政府债券、金融债券等投资行为。

(二) 保险的作用

保险的作用是指保险的职能在具体实践中所产生的客观效果。具体而言,保险具有如下作用:

1. 转移风险。购买保险就是把自己的风险转移出去,而接受风险的机构就是保险公司。保险公司接受风险转移是因为可保风险还是有规律可循的。通过研究风险的偶然性去寻找其必然性,掌握风险发生的规律,为众多有危险顾虑的人提供了保险保障。

2. 均摊损失。转移风险并非灾害事故真正离开了被保险人,而是保险人借助众人的财力,给遭灾受损的被保险人补偿经济损失,为其排忧解难。保险人以收取保险费用和支付赔款的形式,将少数人的巨额损失分散给众多的被保险人,从而使个人难以承受的损失,变成多数人可以共同承担的损失,这实际上是把损失均摊给有相同风险的投保人。所以,保险只有均摊损失的功能,而没有减少损失的功能。

3. 实施补偿。分摊损失是实施补偿的前提和手段,实施补偿是分摊损失的目的。其补偿的范围主要有以下几个方面:(1) 被保险人因灾害事故所遭受的财产损失;(2) 被保险人因灾害事故使自己身体遭受的伤亡或保险期满应享有的保险金;(3) 被保险人因灾害事故依法对他人应付的经济赔偿;(4) 被保险人因他方当事人不履行合同所蒙受的经济损失;(5) 灾害事故发生后,投保人或被保险人因施救保险标的所发生的一切费用。

4. 质押贷款和投资收益。保险法中明确规定了人寿保险合同"现金价值不丧失条款",虽然投保人与保险公司签订合同，但投保人有权中止这个合同，并得到退保金额。有的保险合同中也规定投保人资金紧缺时可申请退保金的90%作为贷款。如果急需资金，又一时筹措不到，投保人或被保险人便可以将保险单质押在保险公司，从保险公司取得相应数额的贷款。一些人寿保险产品不仅具有保险功能，而且具有一定的投资价值，就是说如果在保险期间没有发生保险事故，那么在到达给付期时，被保险人所得到的保险金不仅会超过已经缴纳的保险费，而且还有本金以外的其他收益。由此可以看出，保险既是一种保障，又兼有投资收益。

第二节　保险制度的发展

一、保险的起源

保险最初是人类在与大自然搏斗中产生的防范和减少风险的一种互助活动，之后发展成博弈性质的转移风险的商事活动和协助安排私人财务和私人投资的活动。保险最初因互助产生。例如，公元前20世纪，古巴比伦国王命令僧侣、市长和法官等管理者向民众征收赋金，以备救济火灾及其他天灾损失之用；公元前10世纪以色列国王所罗门对航运贸易的商人征收特别税金，作为补偿海上灾难等贸易损失的基金。此外，古埃及的石匠有集体互助的方法，古希腊同一宗教信仰的人或同一行业的工匠有救济受难者的方法，古巴勒斯坦牧民分摊牲畜被盗和被野兽掠食的损失。这种古代历史上的保险往往是人们无代价的互助行为和带有强烈行政色彩的行政（强制）保险行为。

二、保险业的形成

商业保险约公元14世纪在海运贸易比较发达的意大利沿海城市产生，船舶在海上航行经常会遇到狂风恶浪险滩暗礁和海盗袭击，人货损失严重，商人们为了避免这些损失，想出由参与贸易的众人分摊损失的办法。但是参加分摊损失的人仍然是船舶和货物所有人，避免损失的方法只有转移风险，通过支付一定的费用将海上人货风险转移给愿意承接者，后者将承接风险视为赌博，如果发生风险就按约定赔偿损失，如果没有发生风险，所收取费用便成为利润。此后，因规避和转移风险的动机产生了各种互助会、互保会、互保基金等合作性组织，这些组织随着贸易量和经济活动中风险的增加，逐步发展成专门承接风险的保险组织，随着法人制度的确立和法人治理结构的完备，原来的保险组织便顺理成章地过渡到公司的形式。当时保险公司普遍有皇家或政府特许经营的背景，形成事实上的垄断，不思进取和发展缓慢本是垄断的副产品，不利于自由经济的发展。因此，英国的个人保险商为开辟更多的市场和应付更多的风险，1688年组织起劳埃德保险社（Llod's），交换海运情报，接洽航运和保险业务，逐步发展成英国海上保险业中心，1871年英国制定了《劳合社法》，劳合社（The Corporation of Lloyd's）正式注册成为法人，选举产生管理委员会，在当时就建立了比较完善的法人治理结构，使劳合社持续发展壮大，在保险理论和保险实务方面不断完善创新。

三、保险规则的产生

在缺少统一的法律规范的情况下，转移风险和承接风险的博弈性交易数量多了，就自然产生一些纠纷，例如当事人在如何认定损失、如何赔偿损失、有哪些损失不在赔偿范围之列、如何收取费用等方面会有不同的看法，这些看法不是学理问题，而是涉及实际利益大小的问题。运用已有的民法理论已经不能完全解决保险活动争议，于是解决纠纷的习惯在沿海贸易中逐渐产生。又由于各贸易中心的习惯不尽相同，为解决不同区域不同习惯的冲突，商人将积累的解决纠纷的经验，通过商会和协会等自律组织形成交易规则，将承接风险者称为保险人，将转移风险者称为投保人，将转移风险的交易称为保险，将交易费用称为保险费，对涉及保险合同的订立、履行、变更和解除等制度不断作出修订和完善，现代的保险法律制度就是从这些保险规则发展而来的。

四、我国近代保险业的兴起

（一）我国近代保险业的产生

1801年广州作为当时唯一的通商口岸由外国商人成立了一个临时保险协会，1805年成立了广州保险社，是外商在中国开设的第一个保险机构，至鸦片战争前，外商保险事宜均委托洋行代理。1842年后，帝国主义列强迫使清廷打开国门，除广州外，新开辟厦门、福州、宁波和上海为通商口岸，上海因地理位置优越，进出口贸易量飞速增长，洋货如潮涌来，洋行中心也大量扎堆上海，现代保险制度随之进入，洋行大力发展代理保险业务，之后更直取其利，外商直接在华设立保险公司或分公司。由于租界和治外法权对外资公司的偏袒性眷顾，外资保险公司在华顺利开辟市场，形成了以英国资本为主的外商保险公司垄断中国保险市场的格局。

（二）华商保险业的兴起

由于中国长江及沿海水运船只多为沙帆船，无动力，抗风浪性能差，鸦片战争后，面临外国机械动力船只的竞争，很快产生全行业危机，加之外资保险公司不给沙帆船承保，民族行业岌岌可危。1865年第一家华商保险机构——上海义和公司保险行成立。1872年清政府成立轮船招商局，由于被外资保险公司索取高达10%的保险费，加大了公司经营成本，导致其竞争力日渐式微。时任北洋大臣的李鸿章认为在与外资公司竞争中，“须华商自立公司，自建行栈，自筹保险”。于是在1875年筹建了轮船招商总局保险招商局，合理的保险费和比较合理的保险合同受到华商欢迎，公司业务蒸蒸日上。1876年成立仁和保险公司（经营水险），1878年成立济和船栈保险局，1886年保险招商局、仁和保险公司与济和船栈保险局合并为仁济和水火险公司。

（三）我国近代的保险立法

中国近代史第一部保险法是清宣统二年（1910年）修订法律馆制定的《保险业章程草案》，共7章105条，其以简练的文字规定了保险事业的定义、保险组织形态、[①]保险专营原则、物产保险和生命保险分业经营原则以及保险合同的订立、变更、解除、履行等内容。清宣统三年（1911年）修订法律馆又制定了《大清商律草案》，其中第七章为损害保险营业，共50条，分为3节，第一节总则，第二节火灾保险营业，第三节运送保险营业；第八章为生命保险营业，共11条。[②]《大清商律草案》虽然没有发展成法律，但是为我国的商事立法首开先河，其后的商法立法和商法研究无

---

① 《保险业章程草案》第3条规定“凡非股份保险公司或相互保险公会不准经营保险事业”。参见周华孚、颜鹏飞主编：《中国保险法规暨章程大全》（1865—1953），上海人民出版社1992年版，第37页。该草案文献摘自清农工商部卷。

② 参见周华孚、颜鹏飞主编：《中国保险法规暨章程大全》（1865—1953），上海人民出版社1992年版，第37～53页。该草案文献摘自修订法律馆编《法律草案汇编》（1926年版）。

不由此找到历史渊源。

【本章前沿问题】

□ **关于保险中的道德风险**

所谓道德风险是投保人、被保险人、受益人为谋取保险金而故意制造保险事故，致使保险标的受到损害或在保险标的受到损失时不采取减轻损失的有效措施，故意扩大保险标的损失程度的风险。道德风险通常表现为不道德或者违法的行为，具体而言，有故意隐瞒事实、不履行告知义务的；故意制造保险事故的；编造虚伪事故原因或夸大损失程度；危险增加而未履行通知义务；故意造成被保险人死亡、伤残或疾病等。

道德风险的存在使保险人无法运用正当的风险管理、风险分析等技术手段测算出保险事故发生的几率，导致了保险人的利益无法得到保障，并有损社会公序良俗，且影响了正常的社会经济秩序。这种现象既违背了保险制度的大数法则，同时又与保险制度的最大诚信原则、损失补偿原则相悖。因而道德风险不属于保险事故的范畴，保险人对此不承担保险责任。

【本章思考题】

1. 简述保险的特征。
2. 试述保险的要素。
3. 试述保险的职能和作用。
4. 试述保险的基本分类。

第二章　保险法概述

【导语】

保险法归属于商法，是民法的特别法，因此，其概念、性质、内容及适用，均与民商法的一般规则和方法相统一。但另一方面，保险法又具有其不同于其他商事法律部门的、独有的特征，而这些特征在推动保险法发展和完善的过程中，进一步演变出了几项独特的基本原则——最大诚信原则、保险利益原则、损失补偿原则和近因原则等。[①]

本章的重点，在于保险法的性质、特性等理论基础以及保险法的四项基本原则。本章的难点是除损害补偿原则外的保险法的其他三项原则。学习本章，应当掌握保险法的概念、性质和特性，理解保险法的适用及在民商法体系中的地位，熟悉保险法的基本原则。

第一节　保险法的概念、体系和立法体例

一、保险法的概念

保险法是调整保险关系的一切法律规范的总称，包括调整保险人与投保人、被保险人以及受益人之间因保险合同的订立、变更、转让、履行、解除及承担法律责任过程中产生的各种权利义务关系，规范保险业主体的设立、变更、消灭过程中产生的各种权利义务关系，以及规范保险业主体内外组织活动过程中产生的各种权利义务的法律规范。

保险法有广义和狭义之分。我国广义的保险法所调整的对象是一切社会保障关系，包括保险业法、社会保险法以及保险合同法和保险特别法等在内；狭义的保险法即形式意义上的保险法，专指以保险法命名的法律法规。

二、保险法的性质

保险法是以保险关系和保险组织为调整对象的商法。具体来讲，可分三个层次：

1. 保险法是商法的一部分。保险法是由行为法和组织法两部分组成的，和公司法、票据法、证券法等其他商法部门法一样，无论是采取民商合一的立法模式还是民商分立的立法模式，保险法始终是商法的一部分。

2. 保险法是以保险关系为调整对象的商法规范。保险关系是一种私主体间的商事法律关系，保险法以这种关系为调整对象，保险法当中大部分是调整商事交易行为的行为规范，因此，保险法是民商法领域的特别法。

3. 保险法也是以保险组织为调整对象的商法规范。我国的保险法由保险合同法和保险业

---

① 实质上，这几项基本原则都只是保险合同法的基本原则，足见保险制度的基础，仍是保险合同，保险法律的主体，乃保险私法。

法两部分构成，其中保险业法以保险组织为调整对象，属于公司法的特别法，因而也是民商事领域的特别法。

三、保险法的适用

《中华人民共和国保险法》是基本法律，辅之涉及保险的其他法律、行政法规和最高人民法院的司法解释，形成一个自成体系的法群。保险法由保险合同法和保险组织法两部分内容构成，在调整具体保险合同行为时，先适用保险合同法，此法没有规定时，适用《合同法》的规定，当《合同法》也没有规定时，再适用《民法通则》的规定；在调整保险业主体的设立、成立、变更和终止，以及主体内部关系和外部监管关系时先适用《保险法》的规定，当《保险法》没有规定时，再适用《公司法》和其他的法律规定。

四、保险法的特性

保险法是以保险作为调整对象，基于保险的特点，保险法亦表现出与其他商法特别法不同的特性，主要表现在：

1. 社会性。保险是全体社会成员为分散危险而协力共济的经济制度。这就决定了保险法具有两方面的社会性：一方面，保险涉及社会大众的生活，保险制度的正常运行关系到国民经济的发展和社会的安定，因此，常常需要政府从行政上对保险业进行经常的经营监督，以保护保险参加者的利益；另一方面，在保险关系中，社会大众与保险组织相比，对保险专门知识缺乏掌握，交易的双方处于不平等的交易地位，因此，各国的保险法多从保护社会公众利益出发，对保险组织的成立从资本、人员、财务、经营、再保险、合同解释等各方面加以控制，以保护处于弱势地位的社会公众的利益。

2. 强制性。由于保险法具有社会性，所以保险法中设有较多的强制性规范。例如，根据保险合同法的规定，没有保险利益，保险合同无效，并不因双方当事人意思表示真实而承认其合同的效力。此外，保险合同当事人的有些权利也是不能放弃的，比如保险人收取保险费的权利，不能像一般债权那样按自己的意愿放弃，这是为了保障参加保险的其他被保险人的利益。当然，保险法当中强制保险的规定，更显著地体现了保险法的强制性。

3. 技术性。保险是以数理计算为基础形成的一种经济补偿制度，因此保险法中有较多的技术性规定。例如在保险业法中，保险基金的建立、保险金额的确定、保险费率的计算、保险企业承保危险责任的限制等，保险合同法当中的再保险制度也是此类规范。

4. 伦理性。保险合同是射幸合同，所以必须善意为之，否则极易构成赌博或诱发道德风险。在保险合同法中，保险利益制度、保险人代位权制度、重复保险分摊规则和超额保险赔偿限制等制度，都是为避免被保险人和受益人不当谋求超出其损失的利益，或为防范其道德风险而设计的。这是保险法之伦理性的体现，亦是保险制度持续良性发展的要求。

五、保险法的体系

（一）商业保险法和社会保险法

商业保险，就其制度而言，是风险的转移和管理，是社会财富再分配的一种形式。从法律的角度来看，商业保险是一种契约关系。投保人或被保险人对其具有可保利益的标的向保险人投保，并按照保险合同的规定承诺或支付合同对价——保险费，保险人接受投保并承诺按照保险合同的规定对承保危险在承保期间所造成的承保损失对被保险人或受益人承担赔偿责任。就单个的商业保险行为而言，法律需要规范保险合同双方当事人的权利和义务，保障双方当事人的合法利益，在某些情况下还要保障有关第三方的利益。

社会保险则是国家通过立法建立起的一种社会保障制度，其目的是使劳动者在由于生、老、病、死、伤、残等原因丧失劳动能力和因失业中断劳动，本人和家庭失去生活收入时，从社会获得必要的物质帮助。

社会保险和商业保险的区别在于：第一，保险的性质不同。社会保险是国家为保证劳动者基本生活需要而建立的一项社会保障制度，实现以国家社会政策为宗旨，通过国家立法强制执行；商业保险则是营业性保险，由保险者与被保险者双方按自愿原则签订契约来实现，商业保险作为一种金融事业，具有以营利为目的的性质。第二，保险的对象不同。社会保险以社会劳动者为保险对象，在经济条件和管理水平具备的条件下，可以扩大到全体社会成员，其保险对象是国家法律强制规定的；商业保险的保险对象可以是自然人，也可以是特定物，由保险双方自行约定。第三，权利义务关系不同。社会保险的保险费通过国民收入再分配来实现，通常由国家、单位和个人共同负担，形成社会保险基金后，统一调剂使用，使所有需要保险的劳动者均能得到保障，并有利于低收入者；商业保险的权利义务关系则完全建立在契约的基础上，保险金完全由投保人承担，保险人对被保险人实行"多投多保、少投少保"的原则。第四，给付标准不同。社会保险从保障劳动者基本生活出发，考虑劳动者原有生活水平、社会平均消费水平、物价水平、财政能力等多种因素确定待遇水平，给付标准不完全取决于缴纳多少保费，而主要取决于保障需要；商业保险则按投保人所缴保险费的多少来确定赔偿数额。第五，管理体制不同。社会保险一般由国家设立专门的社会保险机构统一管理，国家统一立法规定保险项目、费率和给付标准等，国家对社会保险基金不征税。商业保险是由自主经营的保险公司自行经营，独立核算，自负盈亏。它属于金融性企业，国家对其经营收入征税。

针对社会保险和商业保险两种不同类型的保险，建立了社会保险法和商业保险法两种不同的、并存的规则体系。

（二）保险业法和保险合同法

虽然各国的法律体系、社会制度、历史背景和经济发展不同，保险法的立法时间有先有后，保险法律法规不尽相同，但直接规范商业保险行为的法律按照不同的规范对象，大致可划分为两大类：保险业法和保险合同法。前者是以商业保险的经营者作为规范的对象，后者则是以保险合同当事人的行为作为规范的对象。保险业法通常包括保险组织法、保险经营法、保险监管法以及保险中介人法等。保险合同法按照保险标的或风险的不同，一般有人身保险法、海上保险法、财产保险法等。除此之外，出于维护某些公共利益的需要，某些社会或经济活动的组织经营者必须为这些活动的参与者提供法律规定的保险保障，即强制保险。有关强制保险的法律法规通常并不以单独的立法形式出现，而是出现在其他相关法律之中。强制保险法既不是以商业保险的经营者为规范对象，也不是以保险合同当事人的行为为规范对象，而是以相关社会经济活动及其组织经营者为规范对象。强制保险法不像保险业法和保险合同法可以自成独立的体系。强制保险法的一部分属于强制商业保险，例如汽车所有人的第三者责任险，仍属于商业保险法调整的范围；另一部分则属于社会保险。社会保险法是独立于商业保险法的一个法律部门。

六、保险法的立法体例

保险法是各国法律体系中的重要组成部分,但由于各国保险立法受不同因素的影响,因而在形式上有着较大的差别。英美法系的保险法中成文法的规定全部为单行法,同时一向以判例法为其重要表现形式。大陆法系中保险法的立法体例,可分为以下三类:

1. 制定单行保险法律。这种立法例以德国为代表,1731 年颁布的汉堡保险及海损条款是德国最早的海上保险立法。1908 年德国又颁布了保险契约法。在保险业法方面,德国于 1901 年制定了民营保险业法,1913 年颁布了再保险条例,1931 年颁布了《私营保险公司和住房建造储蓄协会监督法》等。实行这种立法例的国家还有瑞士、丹麦、挪威、瑞典等。

2. 将保险法列入商法典中。这种立法例以法国为代表,法国早在 1898 年颁布的商法典中,就对海上保险的原则作了规定,补充了 1681 年的《海事条例》,而法国的保险合同法则仅见于民法典债编中的"射幸契约"一节。此后,法国虽于 1905 年颁布了《人寿保险事业监督法》,1930 年颁布施行了《保险契约法》,但就其保险立法的体系而言,仍是将保险法归入商法典的典型。采此种体例的还有比利时、西班牙、日本等。

3. 将保险法作为民法债编的一章。这种立法以意大利民法为代表,旨在从私法的关系出发对保险法进行定位,由于保险事业的不断发展,保险规范内容的扩充,这种形式的立法往往还需要单行法的补充。

第二节 保险法的基本原则

一、最大诚信原则

民法中的诚信原则,其本意是自觉按照市场制度中对待的互惠性原则办事。[①] 从其作用来看,它是正义理念在民商法中的具体化,是指在遵循交易道德的基础上,公正地估量当事人利益及当事人利益与社会利益,以求取得这些利益的平衡。[②] 诚信原则的功能,主要在于两个方面:一是为当事人从事民事活动提供了一般准则;二是弥补法律具体性规定的漏洞,赋予法官自由裁量权,因此,诚信原则又被称为克服成文法局限的重要工具。

保险法中的诚信原则,又称为最大诚信原则(Principle of the Utmost Good Faith)。最大诚信原则运用于保险活动的历史,可追溯到海上保险的初起时代。当时通讯工具十分落后,承保人在签订合同时,往往远离船、货所在地,对保险财产难以实地查勘或委请他人查勘,仅能凭投保人提供的资料,决定其是否承保及如何承保,所以特别要求投保人诚实可靠。首先确定最大诚信原则的保险立法是英国 1906 年《海上保险法》,该法第 17 条规定:"海上保险契约为基于最大诚信的契约,如果双方当事人中任何一方不遵守诚信规定,另一方可宣布合同无效。"后来该原则从海上保险扩展到所有保险,而且对诚信的要求不仅局限于定约前和定约时,也应扩及整个保险合同的有效期。

---

① 张俊浩主编:《民法学原理》,中国政法大学出版社 1991 年版,第 25 页。

② 尹田主编:《中国保险市场的法律调整》,社会科学文献出版社 2000 年版,第 112 页。

最大诚信原则最初多用于限制投保人，因为投保人掌握保险标的，其对标的危险因素、危险程度等重要事实的了解大于保险人，保险人决定是否承保及保险费率的大小取决于投保人的告知与保证。后来该原则扩展适用于保险人，因为多数保险合同属于附合合同，合同的格式、内容都由保险人制定，投保人对该事先制定的保险单只能同意或不同意，因而保险人对合同的具体内容的了解要多于投保人，所以保险费率、免责条件是否合理，承保条件及赔偿方式是否苛刻等均取决于保险人的诚意。最大诚信原则在投保人一方体现为投保人的如实告知、保证、通知义务等制度，在保险人一方体现在说明义务、免责条款的特别说明义务、弃权、禁止反言等制度。有学者认为，保险法中的保险利益原则、损失补偿原则和近因原则均系最大诚信原则孕育产生。①

二、保险利益原则

为区别保险和赌博，确定损失补偿性保险的赔偿范围、防止不当得利和道德风险，各国保险法均确立了保险利益原则(Principle of Insurable Interest)，将保险利益视为保险合同的法定生效要件。我国《保险法》规定，人身保险的投保人在保险合同订立时，对被保险人应当具有保险利益。不具有保险利益的，合同无效。而财产保险的被保险人在保险事故发生时，对保险标的应当具有保险利益。不具有保险利益的，不得向保险人请求赔偿保险金。

(一) 保险利益的概念

保险利益，又称可保利益，是指投保人或者被保险人对保险标的具有的法律上承认的利益。根据该利益可否以金钱计算，又区分为抽象保险利益和具体保险利益。

(二) 保险利益的要件

财产保险和人身保险中的保险利益，其构成要件有所不同。

1. 财产保险的保险利益

财产保险的保险利益，是指被保险人对保险标的所具有的某种确定的、合法的经济利益，包括现有利益、基于现有利益而产生的期待利益和基于某一法律上的权利基础而产生的期待利益三种。其构成要件有如下三个：

(1) 须为合法性利益。保险合同是民事法律行为之一，所以除保险法有特别规定外，应适用一般有关法律行为的规定，不得违反强制性或禁止性法律规定，不得有悖社会公共秩序和善良风俗。故对诸如走私货物、盗赃物的利益，皆不成立保险利益。

(2) 须为确定性利益。在同一个保险标的上，可能存在数个利益，例如在特定的一栋房屋上可能存在所有利益、担保利益、使用利益等数个利益。且该数个保险利益，可能归属于同一人，也可能分别归属于不同的数人。因此被保险人对保险标的所具有的利益，应为已经确定的或是可以确定的利益。

(3) 财产保险合同的保险利益须为经济性利益。

2. 人身保险的保险利益

人身保险的保险利益，是指投保人对于被保险人的生命或身体所具有的利害关系，即投保人对于被保险人将因保险事故的发生而遭受损失，因保险事故的不发生而维持原有的利益。一般

---

① 尹田主编:《中国保险市场的法律调整》，社会科学文献出版社 2000 年版，第 115 页。

认为，人身保险的保险利益，应取决于具有法定的关系或被保险人的同意。

（三）保险利益的种类

1. 财产保险中保险利益的种类

财产保险，均为损失补偿性保险，有为投保人或被保险人现有利益或可得利益保险者，也有为投保人或被保险人对第三人之责任保险者，前者所欲弥补之损害为投保人或保险人的积极经济利益，后者所欲弥补之损害为投保人或保险人的消极经济利益。因此，依保险法上损害的性质划分，保险利益可分为积极保险利益和消极保险利益。

（1）积极保险利益。积极保险利益，是指某一特定的人对某一特定积极财产具有积极肯定有利的经济利益。简单地说，就是享有权利或期待利益。当此种权利或期待利益遭受毁损灭失或发生其他保险事故，被保险人将蒙受损失，造成被保险人原有利益的减损。积极保险利益主要包括：所有权人保险利益、抵押权保险利益、请求权保险利益、信用保险利益、期待利益保险利益、增值保险利益、保管保险利益、占有保险利益、股权保险利益、代理保险利益等。

（2）消极保险利益。消极保险利益，是指某一不利情形的发生，使特定人产生财产上的损失。消极保险利益和积极保险利益的主要区别，在于前者是为防止任何因法律规定、合同义务或事实上的必要费用而产生的被保险人财产上的负担，后者保护的对象是已存在或将来可得的利益。消极保险利益，一般指责任利益。我国《保险法》第 65 条第 4 款规定："责任保险是指以被保险人对第三者依法应负的赔偿责任为保险标的的保险。"

2. 人身保险中保险利益的种类

（1）人身上的经济利益。一些人身保险，虽然是就被保险人人身投保，所要保障的利益，是对被保险人人身所具有的经济利益，仍是损失补偿性保险。例如某人的人身遭受特定的损害，会导致其费用的支出，即为人身上的经济利益。再如合伙人之间、债权人和债务人之间的利益等。

（2）法定关系。人身保险的保险利益中，以弥补抽象性损害为目的的人身保险合同，基于法定关系投保，不需有经济上之利益，保险赔偿金也不以投保人或被保险人实际遭受的损失为限，称为法定关系保险利益。纯粹的法定关系仅包括本人、配偶、子女、父母。由于上述具有法定人身关系的人，负有监护、赡养、抚养、扶养等法定义务，各国立法均直接规定这些人互相有保险利益，理论上也仅以法定权利义务概括其理由，而不进一步讨论此类利益的具体状况。

（3）被保险人同意。人身保险中的被保险人同意原则来源于德国保险契约法的规定，从大陆法系国家保险契约法的立法条文来看，此原则实际上只适用于以死亡为保险事故的保险。而我国《保险法》第 31 条第 2 款对此作了扩大解释，认为除法定关系外，被保险人同意投保人为其订立合同的，视为投保人对被保险人具有保险利益。

三、损失补偿原则

（一）概念

损失补偿原则（Principle of Indemnity）是指当保险事故的发生使投保人或被保险人遭受损失时，保险人必须在责任范围内对投保人或被保险人所受的实际损失进行补偿。损失补偿原则的目的在于保护投保人或被保险人的合法权益，弥补受害人的损失，禁止被保险人或受益人因保险合同的存在而获得超出其损失的利益。

(二) 损失补偿原则的含义

损失补偿原则具体包括以下两个含义:(1) 保险合同订立后,在合同期内一旦发生保险责任范围内的损失,被保险人有权按保险合同的约定,获得全面、充分的赔偿;(2) 保险人对被保险人的赔偿恰好使保险标的恢复到保险事故发生之前的状况。

理解损失补偿原则的含义,应与民法上的民事损害赔偿相区别:(1) 保险的损失补偿依据保险合同的约定,并以约定的赔偿金额为限;民事损害赔偿是因违约或侵权行为的产生,由债务人赔偿全部损失。(2) 保险赔偿的最高限额为保险事故造成的实际损失,与保险金额相等;民事损害赔偿除补偿实际损失外,还可有惩罚性赔偿及赔偿精神损失等。

(三) 保险损失补偿的范围

保险损失补偿的范围包括三个部分:

一是保险事故发生时,保险标的的实际价值。需注意,在财产保险中,以保险合同约定保险金额为最高赔偿限额;在人身保险中,则以约定保险金额为最高赔偿限额。

二是必要、合理的施救费用。保险人所承担的施救费用数额在保险标的的损失赔偿金额以外另行计算,最高不超过保险金额的数额。

三是其他费用。主要指为确定保险责任范围内的损失所支付的查勘、检验、估价等费用以及法定应由保险人承担的仲裁和诉讼费用等。

四、近因原则

(一) 近因的概念

近因原因(Principle of Proximate Cause)中的所谓近因,并非指时间上最接近损失的原因,而是指直接促成结果的原因,效果上有支配力或有效的原因,也即必要原因。

(二) 近因原则的适用规则

1. 单一原因造成的损失。造成损失的单一原因如果属于保险事故,该原因即为近因,保险人就应该承担赔偿责任,反之,保险人就不负赔偿责任。

2. 多种原因造成的损失。(1) 多种原因同时发生,如同时发生的原因都是保险事故,保险人应赔偿所有原因造成的损失,反之则不赔。例如多种原因既有保险危险,又有不保危险,保险人只赔付保险事故造成的损失,对非保险事故造成的损失不赔。(2) 多种原因连续发生,两个以上灾难事故连续发生所造成的损失,一般以最近的、有效的(后因)为近因。(3) 当多种原因间断发生,若新的独立原因为保险危险,即使发生在不保危险之后,由保险危险所造成的损失仍须由保险人赔偿。若新的独立原因为不保危险,即使发生在保险危险之后,由不保危险造成的损失,保险人不负赔偿责任。但对以前保险危险造成的损失,保险人仍应赔偿。

(三) 近因原则的意义

保险合同作为射幸合同,其以机会利益为交易对象,当事人义务的履行,取决于不确定事件的发生或不发生,在保险期限内若发生保险事故,被保险人或受益人能取得数倍于保险费的保险金,致使保险合同具有对价悬殊的特征。为维系保险合同当事人及关系人之间的利益平衡,保险法有针对保险人的公平归责机制,近因原则就是其中之一。近因原则的意义,一方面在于克服漫无边际地对保险人滥施责任,另一方面也可有效地避免保险人推卸责任。

【本章前沿问题】

□ 保险法最大诚信原则与投保人的如实告知义务

诚信原则是一切合同当事人都应当遵守的原则，但基于保险关系的特殊性，法律对于保险活动诚信的要求远远超过其他合同，因而称之为最大诚信原则。保险人应尽的说明义务以及投保人负担的告知义务都是保险法有关该原则的具体的制度设计。

告知应当客观、真实，是对保险标的的重要情况、危险程度或者被保险人的个人情况等重要事项所作的说明或陈述。所谓重要事项以是否直接影响到保险人测定和估计危险以及决定是否承保，影响到保险人对保险费率的选择为判断标准来确定。告知以保险人询问的事项为限，若投保人、被保险人对此事项并不知悉，则没有告知的义务。如实告知只是对投保人主观上的要求，并不要求告知的情况必须与客观事实完全吻合，除非存在投保人的故意或过失。

若投保人违反最大诚信原则，错误告知、隐瞒或过失遗漏重要事项的，保险人可以因此解除合同，并不承担赔偿或给付保险金的责任。

□ 保险利益的移转

理论上来讲，保险利益为特定人对特定保险标的所具有的利益，并不存在保险利益移转的问题，但基于经济因素考虑，可通过法律规定，将其效力延至受让人，以免去前一合同解除、后一合同订立的麻烦和浪费。保险利益移转的法定情形可分为以下三种：一是继承，即被保险人死亡时，除保险合同中另有约定或保险利益标的丧失外，保险利益在原则上因继承而移转于继承人。二是转让，即在财产保险方面，保险客体所有权的转移，除保险合同中另有约定外，保险利益随之同时移转，亦即保险合同仍为受让人之利益而存在。三是破产，即在投保人破产时，保险合同为破产债权人的利益而继续存在。除上述法定情形外，也有约定保险利益移转的情形，经保险人同意，在投保人或被保险人丧失保险利益后，对新的有保险利益的人，保险合同效力仍可继续存在。

【本章思考题】

1. 简述保险法的概念和特性。
2. 简述保险利益原则。
3. 简述近因原则的适用规则。

第三章　保 险 合 同

【导语】

保险合同是私法上的合同，它以民事合同法的一般理论为基础，同时也要符合保险制度的特殊要求。本章内容正是从一般和特殊两个方面，讨论了保险合同所涉及的理论问题，同时也兼顾了保险合同实务操作中的程序问题。

本章学习的重点，在于保险合同的法律特征、保险合同当事人等内容。本章学习的难点是超额保险和重复保险等制度。学习本章，应掌握保险合同的法律特征，能够分辨保险合同的分类、保险合同的当事人，理解超额保险、重复保险、再保险等特殊的保险制度，并能够在实践中运用上述理论知识分析保险合同在各种情形下的效力。

第一节　保险合同概述

一、保险合同的含义和法律特征

（一）保险合同的含义

保险合同是指投保人支付规定的保险费，保险人对于承保标的因保险事故所造成的损失，在保险金额范围内承担补偿责任，或者在合同约定期限届满时，承担给付保险金义务的协议。

保险合同属于债法中合同之债的一种，因此债法、合同法当中的一般规定也适用于保险合同，如行为能力、要约与承诺的约束力、格式合同等，但因保险合同所产生的债属于特种之债，所以学理上称之为“特种合同”，以示和一般合同的不同。

（二）保险合同的法律特征

1. 保险合同是双务合同。保险合同的一方当事人投保人负有支付保险费的义务，而另一方当事人保险人负有危险负担的义务，即保险事故发生或保险合同到期后给付保险金的义务。合同的双方当事人互负义务，因此该合同为双务合同。

2. 保险合同是有偿合同。保险合同当事人互负对价关系的给付义务，因而保险合同既是双务合同，亦是有偿合同。保险合同不得为无偿合同，是由保险制度之特性所决定的。保险制度乃危险共同团体共同承担风险的制度，因而保险合同中当事人之意思表示并非绝对自由，若保险合同可以为无偿，则危险共同团体筹集资金不足，最终会危及其他投保人利益及整个社会公共利益，因此保险合同不得以无偿形式订立。

3. 保险合同是诺成合同。根据我国《保险法》第 13 条规定，“投保人提出保险要求，经保险人同意承保，保险合同成立。”由此看来，我国《保险法》确定保险合同属诺成性合同，只要双方当事人意思表示一致，保险合同即可成立生效。

4. 保险合同是最大诚信的合同。因保险的宗旨在于互助共济，当事人在订立保险合同时，保险标的通常为投保人所掌握，保险人对于保险标的的状况较难进行详细调查，往往依赖于投保人的告知而决定其所负担的责任。此外,保险事故发生与否与投保人是否尽到告知义务密切相关,所以,保险合同对诚信的要求高于一般合同。

5. 保险合同是射幸合同。射幸合同是指当事人一方或双方的给付义务,取决于合同成立后偶然事件的发生。保险合同的目的在于使保险人在特定不可预料或不可抗力的事故发生时,对被保险人履行给付义务,所以也是射幸合同的一种。

6. 保险合同是附合合同。附合合同又称为格式合同,指合同一方当事人拟好合同条款,另一方当事人只能考虑订立或不订立,对合同条款的内容没有太大的协商余地。保险合同的基本条款及费率是由保险人拟定并经保险监督管理部门备案的。除特殊险种外,投保人如同意投保,就必须接受这些基本条款。保险合同的这一特征是由保险业的迅速发展所决定的,保险人所承保的风险越来越复杂,同时保险人每年签发的保险合同数以千万计,因而不得不简化手续,使保险合同逐渐走向技术化、定型化和标准化。正是由于保险合同附合性的特征,因而需适用附合合同的特殊解释规则。

二、保险合同的主体

(一) 保险合同的当事人

1. 保险人(insurer)。亦称承保人,是与投保人订立保险合同,并根据保险合同收取保险费,在保险事故发生时承担赔偿或者给付保险金责任的人。保险人是合同的一方当事人,也是经营保险业务的人。

2. 投保人(applicant)。亦称要保人,是与保险人订立保险合同并按照保险合同负有支付保险费义务的人。投保人是保险合同的一方当事人。

(二) 保险合同的关系人

1. 被保险人(insured)。被保险人是其财产或者人身受保险合同保障,享有保险金请求权的人。被保险人可以是投保人,但在以下几种情况下,投保人与被保险人并非同一人:(1) 为他人利益订立保险合同的。如果投保人为他人的利益订立保险合同,那么合同上的保险赔偿请求权应归于此他人,此他人被称为被保险人。(2) 保险利益转移后,受让人及继承人可以是被保险人。(3) 责任保险合同的受害人。责任保险是为了保护投保人自己的利益而创设的制度,因此最初受侵害的第三人对保险人并无直接请求给付保险赔偿的权利。但随着保险制度的发展,责任保险同时逐渐具有社会利他思想的内涵。为了保护受侵害的第三人,多数外国立法例规定受侵害的第三人可以直接向保险人请求赔偿,无须投保人(被保险人)的通知。甚至规定,在强制责任保险中,保险人不可以其对抗被保险人的事由对抗第三人,只有在赔偿第三人后,才能向被保险人行使追偿权。此种情形下,保险法虽仍承认投保人的被保险人地位,亦未明文改变受害人的法律地位,但此时受害人才是法律上受到保险保障,享有保险金请求权之人,应为实质上的被保险人。

2. 受益人(beneficiary)。受益人是由被保险人或投保人在保险合同中指定的享有保险金请求权的人。受益人的受益权具有以下特点:(1) 受益人由被保险人或投保人指定,但投保人指定受益人必须征得被保险人同意。(2) 受益人本身具有不确定性。(3) 受益人享受的受益权是一种期待利益,只有在保险事故发生后才能享受,所以在国外又称为等待权。(4) 受益权不能继承,受益人可以放弃受益权但不能行使出售、转让等任何处分的权利。这是由受益权的不确定性决定的。(5) 被保险人或投保人可变更受益人,但投保人变更受益人须征得被保险人同意而无须征得保险人同意,只要通知保险人即可。(6) 受益权只能由受益人独享,具有排他性,其他人都无权剥夺或分享受益人的受益权。受益人领取的保险金不是遗产,无需交遗产税,不用抵偿被保险人生前债务。(7) 当受益人先于被保险人死亡、受益人放弃或丧失受益权且无其他受益人时,保险金可依法作为被保险人的遗产处理。

(三) 保险合同的辅助人

保险合同的辅助人是协助保险合同当事人办理保险合同有关事项的人。保险合同的辅助人一般包括:

1. 保险代理人(insurance agent)。保险代理人是根据保险代理合同或授权书,向保险人收取保险代理手续费,并以保险人的名义代为办理保险业务的人。依目前大陆法系保险法的观念,保险代理人虽大都为独立营业的法人,但保险人聘用的代理人也可视为保险代理人,并且不论代理人是专业还是兼业,佣金式还是薪水式,独家代理还是多家代理。更有甚者,在保护被保险人目的范围内,经总代理授权的复代理人,虽未直接由保险人授权,也适用代理效果归属原则。对保险代理人的含义可理解为:(1) 既可以是法人,也可以是自然人。(2) 要有保险人的委托授权,其授权形式一般采用书面授权即委托授权书的形式,有明示授权、默示授权、追认。(3) 以保险人的名义办理保险业务,而不是以自己的名义。(4) 向保险人收取代理手续费。(5) 代理行为所产生的权利和义务的后果直接由保险人承担。

2. 保险经纪人(insurance broker)。保险经纪人是基于投保人的利益,为投保人与保险人订立保险合同时提供中介服务,并依法收取佣金的人。

3. 保险公估人(insurance surveyor)。保险公估人是指专门从事保险标的的查验、评估及保险事故的认定、估损、理算等业务,并据此向当事人委托方收取合理费用的机构或个人。保险公估人作为一种特殊的中介机构,发挥着专业技术服务功能、保险信息沟通功能和风险管理咨询功能。保险公估人与保险代理人、保险经纪人不一样。保险代理人以保险公司的名义对外展业,签发保险单、收取保险费,直接代表保险人,与被保险人订立保险合同。保险经纪人作为投保人的代理人,依其丰富的经验代投保人订约,并且借助代理大量投保人的优势与保险人谈判,推动保险人和投保人及被保险人之间的平衡。而保险公估人一般受保险公司委托开展工作,虽然它应保持独立、公正的行业经营原则,但除少数专门受被保险人委托的公估人外,只对保险公司负责。其出具的公估报告书,一般是作为理赔的参考依据,其本身并不具有法律权威性。

三、保险合同的种类

(一) 财产保险合同与人身保险合同

以保险合同所保护的内容而言,可将保险合同分为财产保险合同和人身保险合同,这也是保险法上的基本分类。

财产保险以补偿被保险人的财产利益的损失为目的。该财产利益损失不仅可因被保险人的财物或无形利益直接受到损害而发生,也可因被保险人对第三人负有的损害赔偿责任而发生。财产保险的目的在于满足被保险人因损害发生而产生的需要,所以也被称为“损害保险”或“损失补偿性保险”。

人身保险的目的是在被保险人生命、身体的完整性受到侵害或损失时,对其损失以金钱方式予以弥补，如人寿保险、健康保险或意外伤害保险等。基于生命、身体的无价性，除医疗费用保险及丧葬费用保险等就具体性损失投保的保险合同外，绝大多数人身保险合同的当事人可自由约定保险金额，在保险事故发生时，直接以保险合同约定的金额作为赔偿额。因此，人寿保险合同又被称为"定额保险"或"定额给付性保险"。

（二）足额保险合同、不足额保险合同和超额保险合同

以保险金额与保险价值的关系为准，可以将保险合同分为足额保险合同、不足额保险合同和超额保险合同。此种分类方法仅适用于损失补偿性保险合同。

足额保险合同，又称全额保险合同，是指保险金额与保险价值完全相等的保险合同。当保险标的因保险事故的发生而遭受全部损失时，保险人按保险价值进行赔偿，标的物如有损余，保险人享有物上代位权，也可折价归被保险人并在保险赔款项下扣除；如保险标的遭受部分损失，保险人按实际损失计算赔偿。

不足额保险合同，又称低额保险合同，是指保险金额低于保险价值的保险合同。当保险标的因保险事故的发生遭受全部损失时，保险人按保险金额赔偿，其与保险价值的差额部分，由被保险人自己承担；保险标的遭受部分损失的，由保险人和被保险人对保险客体的损失按比例分摊。例如，一栋房屋价值人民币10万元，但保险合同中约定的保险金额为人民币8万元，当该房屋全部损失时，保险人应向被保险人按全部保险金额人民币8万元给付保险金。若该房屋仅遭受一半损失，则保险人向被保险人按保险金额的50%——人民币4万元给付保险金。

超额保险合同，是指保险金额高于保险价值的保险合同。它包括因投保人超额投保而订立的保险合同，或因保险人超额承保所订立的保险合同，也有因保险客体价值变化而产生的保险价值降低等情况。

（三）定值保险合同和不定值保险合同

以保险价值是否事先在保险合同中约定为准，可以将保险合同分为定值保险合同和不定值保险合同。只有损失补偿性保险合同才有定值和不定值的区分，定额给付性保险合同只有保险金额的约定，而无保险标的的价值确定。

定值保险合同，是指双方当事人事先约定保险利益的价值并在保险单中载明的保险合同。当事人订立定值保险合同的，当保险事故发生导致保险利益的损失时，保险人只需根据保险利益的实际损失情况，在保险金额内按合同载明的保险价值全额赔偿即可。定值保险能够使保险人及时履行义务，减少纠纷，但它也容易使投保人故意抬高保险标的的价值，进行保险欺诈，所以其使用范围受到一定的限制。一般情况下，海洋货物运输保险大多采用定值保险合同。此外，船舶保险合同以及保险利益的价值不易确定的财产保险合同有时也采用这种合同。

不定值保险合同，是指双方当事人对于保险利益的价值事先不约定，也不在保险单中载明的合同。在保险合同中仅仅对保险金额加以规定，并以保险金额为最高限额，保险事故发生后，保险合同的当事人首先需要对保险标的的损失进行核定，然后决定赔偿保险金的数额，但保险赔偿额最高不能超过保险金额。

（四）原保险合同和再保险合同

以保险合同保障的业务对象为准，可以将保险合同分为原保险合同和再保险合同。

原保险合同，就是投保人与保险人订立的保险合同。它是针对再保险合同而言的，因而原保险合同的称谓只有在再保险合同出现后才能出现。通常所说的主保险合同，就是指原保险合同。

再保险合同，是指原保险人与再保险人订立的保险合同。即原保险人直接承保了业务后，为把自己承担的保险责任的一部分转让给再保险人承担而与其订立的保险合同。原保险合同与再保险合同是两个相互独立的合同，原保险合同的被保险人、受益人对再保险人无索赔请求权；再保险人无权向原保险合同的投保人请求保险费的给付；原保险人不得以再保险人不履行保险金额给付义务为理由，拒绝履行或延迟履行对被保险人的赔偿或支付保险金的义务。

第二节 保险合同的订立

一、保险合同的形式

投保人提出投保要求，经保险人同意承保，并就合同的条款达成协议，保险合同成立。保险人应当及时向投保人签发保险单或其他保险凭证，并在保险单或其他保险凭证中载明当事人双方约定的合同内容。经投保人和保险人协商同意，也可以采取前款规定以外的其他书面形式订立保险合同。

我国保险合同的书面形式，主要包括投保单、暂保单、保险单和保险凭证。

（一）投保单(application form)

投保单是投保人向保险人申请订立保险合同的书面要约。

投保单的主要内容包括：(1) 投保人、被保险人的姓名、名称和住所；(2) 保险标的的名称及存放地点；(3) 保险险别；(4) 保险责任的起讫；(5) 保险价值和保险金额等。此外，保险单还应载明保险客体的危险程度或状态等。投保单本身并非正式合同文本，一经保险人接受，即成为保险合同的一部分。

（二）暂保单(binding slip)

暂保单是保险人或其代理人在正式保险单签发之前出具给被保险人的临时保险凭证。暂保单内容比较简单，只载明被保险人的姓名或名称、承保危险的种类、保险标的等重要事项。

暂保单的使用范围：(1) 保险代理人在争取到业务而尚未向保险人办妥保险单手续前，给投保人开出的证明；(2) 保险公司的分支机构在接受投保后、获得总公司批准前，先出具的保险证明；(3) 保险人与被保险人就标准保险单记载事项所涉及的特定条款未完全协商一致，但保险人原则上先予以承保时由保险人出具的保险证明。人寿保险一般不使用暂保单。

（三）保险单(insurance policy)

保险单是保险人与投保人之间订立的保险合同的正式书面凭证，由保险人制作、签章并交付给投保人。应载明保险人责任和双方当事人权利、义务在内的保险合同的全部内容。保险单内容主要表现为保险合同的基本条款。

（四）保险凭证(insurance certificate)

保险凭证是保险人出具给被保险人以证明保险合同已有效成立的文件。保险凭证是一种简化的保险单，与保险单具有相同的效力。

保险凭证的使用范围：(1) 保险人承揽团体保险业务时，一般对团体中每个成员签发保险凭证，作为参加保险的证明；(2) 在货物运输保险中，保险人与投保人订立保险合同明确总保险的责任和范围，然后再对每笔运输货物单独出具保险凭证；(3) 在机动车辆及第三人责任保险中，为便于被保险人随身携带,保险人通常出具保险凭证。

二、保险合同的订立程序

1. 投保。投保是投保人向保险人提出订立保险合同的请求。

2. 承保。承保是保险人承诺投保人的保险要约的行为。承保为保险人的单方面法律行为,保险要约一经承诺,保险合同即告成立。

三、保险合同的成立

(一) 保险合同成立的含义

依据合同法的理论,所谓合同的成立,是指合同因符合一定的要件而客观存在,其具体表现就是将要约人单方面的意思表示转化为双方一致的意思表示。

(二) 保险合同成立的要件

我国《保险法》第13条第1款规定:“投保人提出保险要求,经保险人同意承保,保险合同成立。”依照这一规定,保险合同的一般成立要件有二:其一,投保人提出保险要求;其二,保险人同意承保。这两个要件,实质上仍是合同法所规定的要约和承诺的过程。因此,保险合同原则上应当在当事人通过要约和承诺的方式达成意思表示一致时即告成立。

(三) 保险合同成立不需要具备的要件

由于保险合同为诺成性合同,为避免误解,应注意:

1. 保险合同的成立不应以保险单或保险凭证的交付为要件。

2. 保险合同的成立不应以保险费的交付为要件。

四、保险合同的生效

(一) 保险合同生效的含义

保险合同的“生效”与“成立”是两个不同的概念。保险合同的成立,是指合同当事人就保险合同的主要条款达成一致协议;保险合同的生效,指合同条款对当事人双方已发生法律上的效力。保险合同的成立与生效的关系有两种:一是合同一经成立即生效,双方便开始享有权利,承担义务;二是合同成立后不立即生效,而是等到合同生效所附的条件成就或所附的期限到达后才生效。

(二) 保险合同生效的要件

我国《民法通则》第55条规定:“民事法律行为应当具备下列条件:(一)行为人具有相应的民事行为能力;(二)意思表示真实;(三)不违反法律或者社会公共利益。”《合同法》第9条规定:“当事人订立合同,应当具有相应的民事权利能力和民事行为能力。”因而,保险合同若要有效订立,当事人必须具备相应的缔约能力,并在保险合同内容不违背法律的强制性规定和社会公共利益的基础上意思表示真实。

(三) 保险合同的无效

保险合同的无效是指因法定原因或者约定原因,保险合同的全部或部分内容不产生法律约束力。保险合同可因以下原因归于无效:

1. 因具备保险法上的无效原因而无效

(1) 超额保险。超额保险是保险金额高于保险价值的保险合同,各国保险立法均认同,对于损失补偿性保险合同，因受损失补偿原则的制约，需防止被保险人获不当得利而引发道德风险，所以，当保险金额超过保险价值时，超过的部分无效，被保险人不得就该部分主张保险金请求权。

（2）无保险利益。我国《保险法》第 31 条第 3 款规定："订立合同时，投保人对被保险人不具有保险利益的，合同无效。"可见，我国保险法将保险利益作为人身保险合同的一个效力要件。

（3）以死亡为保险事故的人身保险合同，未经被保险人书面同意无效。根据《保险法》第 34 条第 1 款规定："以死亡为给付保险金条件的合同，未经被保险人同意并认可保险金额的，合同无效。"如果投保人未经被保险人同意而为之订立以死亡为保险金给付条件的人身保险合同，则该合同无效。父母为其未成年子女投保的人身保险，不受此限。

2. 因其他的法定无效原因而无效

保险合同作为民事合同，应当符合《合同法》所规定的合同的一般生效要件，同样，《合同法》当中有关合同无效的规定，同样适用于保险合同。因此，在以下几种情况下，保险合同为无效合同。

（1）内容违反法律、行政法规的强制性规定的。凡是内容违反法律、行政法规的强制性规定的合同，均为无效合同，其中既包括《保险法》中的强制性规定，也包括其他法律法规中的强制性规定。

（2）无权代理。《合同法》将无权代理所订立的合同定性为效力待定的合同，但可以肯定的是，无权代理行为若未经追认，所订立的合同为无效合同。另需注意的是，代理人虽无代理权，但足以导致第三人误认的，构成表见代理，无权代理人与第三人所订立的保险合同仍然有效，由被代理人向第三人承担合同责任。

（3）损害国家利益和社会公共利益。所谓"损害国家利益和社会公共利益"是指订立合同的目的或者履行合同的后果，严重损害了国家利益或社会公共利益。例如，保险合同的承保范围包含某些犯罪行为、妨害社会公共安全以及危害国家安全和社会公共利益的行为。

3. 因合同当事人约定的原因而无效

当事人对于合同效力的约定，可分三种情况：约定解除合同、约定合同不生效和约定合同失效。保险合同因当事人约定无效一般是指后两种情况：一种情况是保险合同附生效条件，当事人约定合同在一定情况下生效，生效条件未成就时为无效。另一种情况是保险合同约定合同失效条件，发生某种特定事由可使合同归于无效。

保险合同无效的，在发生保险合同约定的保险事故时，保险人不承担保险责任。保险合同被确认无效后，当事人因无效合同取得的财产应返还给受损失的一方；有过错的一方应赔偿对方因此所遭受的损失，双方都有过错的，应当各自承担相应的责任；双方恶意串通、订立无效合同损害国家、集体或第三人利益的，应当追缴双方所得的财产，收归国家、集体所有或者返还第三人。

第三节 保险合同的主要内容

一、保险合同的条款

（一）保险条款

保险条款（clause）是保险单列明的反映保险合同内容的文件，是保险人履行保险责任的依据。保险条款主要包括：

1. 基本条款。基本条款是标准保险单的背面印就的保险合同文本的基本内容，即保险合同的法定记载事项，也称保险合同的要素，主要明示保险人和被保险人的基本权利和义务，以及依据有关法律规定的保险行为成立所必需的各种事项和要求。

2. 附加条款。它是对基本条款的补充性条款，是对基本责任范围内不予承保而经过约定在承保基本责任范围的基础上予以扩展的条款。

3. 法定条款。它是法律规定合同必须列出的条款。

4. 保证条款。它是保险人要求被保险人必须履行某项规定所制定的条款。

（二）基本条款的主要内容

1. 当事人和关系人的名称和住所。
2. 保险标的。
3. 保险金额。
4. 保险费及其支付办法。
5. 保险责任和责任免除。
6. 保险期间和保险责任开始时间。
7. 保险金赔偿或者给付方法。
8. 违约责任和争议处理。
9. 订立合同的年、月、日。

此外，在合同的基本条款之外，当事人可以另外约定具有某些特定内容的条款，以使基本条款中具有伸缩性的条款所涉及的权利与义务更为明确。

二、保险合同条款的解释

保险合同条款的解释必须遵守合同的一般解释原则。保险合同是一种附合合同，合同条款多为保险人事先制订，因此，对保险合同的解释，在遵守普通的合同解释原则的同时，又要根据其自身的特殊性，进行公平、合理的解释。

（一）文义解释原则

文义解释原则是指按保险条款的通常含义解释。运用文义解释，应尊重保险合同条款所用词句的文义，所作解释不能超出保险合同所用词句的可能的文义范围。

（二）意图解释原则

意图解释，是指在保险合同的条款文义不清或者有歧义时，通过判断合同当事人订约时的真实意图，以阐明保险合同条款的内容。运用意图解释，要根据保险合同条款所用文字、订约时间、客观情况推测当事人订约时所采用条款的真实意图。虽然对保险合同解释时应尽量揭示当事人的真实意思，但一般应以书面的客观标准为基础。因此，进行意图解释时一般遵循以下规则：(1) 当书面约定内容与口头约定不一致时，应当以书面内容为准；(2) 当投保单或其他合同文件上规定的内容与保险单中规定的内容不一致时，应以保险单中规定的内容为准；(3) 在保险单中如果特约条款与其他条款的内容不一致时，应以特约条款为准；(4) 当保险合同的内容以不同方式记载且内容相抵触时，打字的优于印刷的，手写的优于打字的。因此，一般认为，手写的内容更能表达当事人的真实意思。

（三）有利于被保险人和受益人解释的原则

有利于被保险人和受益人解释的原则，是指当保险人和投保人、被保险人或受益人对保险合同中的格式条款内容有争议时，应当按照通常理解予以解释。如果对合同条款有两种以上解释的，应当对保险合同所用的文字或条款作有利于被保险人和受益人的解释。该解释方法适用的条件是：(1) 双方争议的条款，应是保险人所拟定的格式条款。保险人在制定条文时，往往偏重自身利益，为避免保险人订立的保险条款含义不清，损害投保人的利益，应从有利于被保险人和受益人利益的角度进行解释。(2) 运用文义解释和意图解释的方法不能消除歧义。

第四节 保险合同的履行

一、保险人的义务

（一）保险人的主要义务

1. 赔偿和给付保险金的义务。保险人的首要义务是依照保险合同的规定对被保险人的损失予以赔偿，或向受益人支付保险金。保险公司赔偿或给付须满足以下条件：(1) 必须是保险标的受到损失；(2) 财产损失或人身灾害必须是在保险合同中约定的危险引起的；(3) 财产保险损失的赔偿最高不能超过保险金额；(4) 财产损失应当发生在合同约定的地点或范围；(5) 人身保险中保险金的给付以保险金额为准；(6) 保险人须承担投保人或被保险人为减少保险标的的损失而付出的施救费用、诉讼费用和理赔费用。

2. 及时签单的义务。

3. 保密义务。保险人对在办理保险业务中知悉的投保人、被保险人的业务和财务情况，负有保密的义务。

（二）弃权制度的内容

1. 弃权的概念。弃权特指保险人放弃解约权和抗辩权。在投保人和被保险人的投保或履行如实告知义务行为有违反保险法的规定时，保险人依法可以行使解约权和抗辩权，即解除保险合同或者不承担赔付责任，但是保险人以明示或者默示的方式放弃解约权和抗辩权，称之为弃权。

2. 弃权的法律性质。弃权的外部形式为保险人原谅投保人或者被保险人的违法或者违约行为，其实质内容是保险人主动扩张投保人或者被保险人的权利。其目的是为了维持和扩大保险业务，而对投保人或者被保险人采取宽容措施，当然也包含保险人工作的失误，造成不当弃权的情况，无论是何种情形导致的弃权，都发生法律效力，保险人不得反悔，这也是诚信原则的具体表现。

3. 弃权的条件。构成弃权须同时具备两个条件：第一，保险人须有明示或者默示的意思表示；第二，保险人在弃权前须明知自己能够行使解约权或者抗辩权。

4. 弃权的主要表现情形。(1) 为维持合同效力而弃权。保险人愿意收取投保人逾期缴纳的保险费，或者明知投保人有违约行为仍然收取其保险费，证明保险人有维持合同效力的意思表示，依法可以行使的解约权和抗辩权便视为放弃，事后则不得主张投保人有违约行为而解除合同或者不予赔付。(2)对有抗辩理由的赔付予以赔付。被保险人在发生保险事故后，提出赔付请求的，保险人明知请求不在保险合同约定的保险事故范围内或者属于免责范围内，但是仍然赔付的，当属放弃赔付抗辩权，该赔付不属不当得利，不得请求返还。(3)受理逾期赔付请求。被保险人逾期提出赔付请求，保险人本可依法拒绝，但是没有拒绝，反而受理赔付请求的，证明具有承担赔付责任的意思表示，当属放弃逾期赔付抗辩权，该赔付不得请求返还。

二、投保人、被保险人的义务

（一）缴纳保险费的义务

保险合同成立后，投保人须按合同约定的时间缴纳保险费；保险人按合同约定的期限承担保险责任。保险人对非人寿保险的保险费可诉请支付，对人寿保险的保险费不得以诉讼方式请求投保人支付。约定分期缴纳保险费的人身保险的投保人不能按期支付后续保险费的，一般经催告期或宽限期后，合同效力中止，或者由保险人按照合同约定的条件减少保险金额。合同因此效力中止的，经保险人与投保人协商达成协议，在投保人补交保险费后，合同效力恢复。

（二）危险增加的通知义务

危险增加的通知义务，是指在保险合同的有效期内，保险标的危险程度显著增加的，被保险人应依照合同规定及时通知保险人。诚信原则要求被保险人对已经保险的财物应尽谨慎照看义务，发现原来的环境发生变化时，应当判断该变化是否会对保险标的造成危险增加，例如保险标的周边的易燃易爆和外力撞击的可能性增加时，应当及时通知保险人。保险人有权要求增加保险费或者解除合同，以使风险责任与风险收益相适应。如果被保险人未履行危险增加通知义务，因保险标的的危险程度显著增加而发生的保险事故，保险人不承担赔偿保险金的责任。

（三）出险通知义务

出险通知义务，是指投保人、被保险人或者受益人知道保险事故发生后，应当及时通知保险人，以利后者及时勘查现场、收集证据和确定事故性质，因而及时赔付。

出险通知义务履行迟延的，保险人有权对投保人或被保险人因出险通知义务履行迟延而扩大的损失拒赔，但不能解除保险合同。如果出险通知义务未在规定期限内履行，致使损失无法确定的，保险人的保险责任可以免除。

（四）出险施救义务

出险施救义务，是指保险事故发生时，投保人或被保险人有责任尽力采取必要的措施，防止或减少损失。如果被保险人无动于衷没有采取措施防止损失的扩大，保险人可主张赔付抗辩权。双方有争议的，由保险公估人认定在实施抢救措施后保险标的可能发生的损失，被保险人无权就超过保险公估人认定的部分损失请求赔偿。

三、保险人代位权

（一）保险人代位权的定义和意义

1. 保险人代位权的定义。所谓保险人代位权，是指财产保险当中，由于第三方的过失或错误等导致保险标的发生保险责任范围内的损失，保险人按照保险合同的约定支付保险赔偿后，可以在其赔偿金额范围内代位行使被保险人对第三方的损害赔偿请求权。

2. 保险人代位权的意义。保险法上保险人代位权的法理，是在损失补偿原则之下，达到以下三个目的，以维护法律的公平正义：第一，维持第三人的损害赔偿义务，使第三人不会因保险人的赔偿而免除民法上的赔偿责任；第二，确定保险人的保险赔偿义务，使保险人不因被保险人可向第三人请求损害赔偿而免除或减少其保险赔偿义务；第三，防止被保险人不当得利，使被保险人不得因同时拥有损害赔偿请求权和保险金请求权而获得双重赔偿。

（二）保险人代位权的立法

对保险人代位权，世界各国保险立法有不同主张，归纳起来不外乎两种：一种是当然代位主义，即保险代位权为保险人享有的法定权利，不论保险合同是否有所约定，保险人均可依法行使该项权利。保险人的代位权基于法律规定当然取得，随同保险合同的订立而发生，在保险事故发生时，当然归属于保险人，保险人在给付保险金额后，得以自己的名义行使被保险人对第三人的求偿权；不论保险人和被保险人在保险合同中是否约定有保险代位权，也不论被保险人和第三人在其交易中是否约定有保险代位权，保险人均自动取得代位请求权。另一种是请求代位主义，即保险人向被保险人赔偿后，并不能取得求偿权，还须有被保险人将其享有的对第三人的损害赔偿请求权让与或转让给保险人的这一行为。

我国《保险法》第 60 条第 1 款规定："因第三者对保险标的的损害而造成保险事故的，保险人自向被保险人赔偿保险金之日起，在赔偿金额范围内代位行使被保险人对第三者请求赔偿的权利。"从上述规定来看，我国采用的是当然代位主义，即只要保险人支付了保险赔偿金，就相应取得了向第三人请求赔偿的权利，而无须被保险人确认。

（三）保险人代位权与被保险人对第三人的损害赔偿请求权的冲突规则

被保险人同时享有保险金请求权和对第三人的损害赔偿请求权，这两种权利的共同行使，将会使保险人代位权与被保险人对第三人的损害赔偿请求权产生一定的冲突：如果被保险人放弃对第三人之损害赔偿请求权，则保险人无法行使代位权，可能危害保险人的利益。而若被保险人同时行使此两项权利，则有被保险人获得超额赔偿的可能，违反保险法的损失补偿原则。因此，法律一般会规定如下两方面的冲突规范：

1. 在保险人支付保险金之前，有两种情况：第一，如果被保险人免除第三人的赔偿责任的，保险人在被保险人免除第三人责任的范围内免责；第二，如果被保险人已经从第三人处受领部分赔偿的，保险人可以在保险金总额中扣除被保险人已经获得赔偿的部分。

2. 在保险人支付保险金之后，有两种情况：第一，如果被保险人获得保险金后，免除第三人的赔偿责任，则该免除无效，不影响保险人代位权的行使；第二，如果被保险人获得保险金后，又从第三人处受领赔偿的，保险人可以向被保险人请求返还已支付的保险金。由于我国立法未注意到保险人代位权的当然获得并不导致被保险人对第三人赔偿请求权的丧失，因而对于保险人给付保险金后发生的第二种情况，未予规定。此点应予修正，因为被保险人已获保险赔偿之事实，第三人未必尽知，若保险人未及时行使保险代位权，被保险人获得超额赔偿的可能毕竟存在。虽然在诉讼程序中，保险人可以有独立请求权第三人的身份参加诉讼，但被保险人获得赔偿不一定通过诉讼途径，而保险人也没有对每一诉讼程序都知晓的能力，因此，保险人的返还请求权有必要在立法中加以规定。

四、保险索赔和理赔

（一）索赔

1. 出险通知。投保人、被保险人或者受益人知道保险事故或者保险事项发生后，应当及时通知保险人。

2. 提供证明。保险事故发生后,依照保险合同请求保险人赔偿或者给付保险金时,投保人、被保险人或者受益人应当向保险人提供其所能提供的与确认保险事故的性质、原因、损失程度等有关的证明和资料。保险人按照合同的约定,认为有关的证明和资料不完整的,应当及时一次性通知投保人、被保险人或者受益人补充提供。

(二) 理赔

1. 查勘定损。保险人收到被保险人或者受益人的赔偿或者给付保险金的请求后,应当及时作出核定,并将核定的结果通知被保险人或受益人。情形复杂的,应当在30日内作出核定,但合同另有约定的除外。

2. 赔偿给付。保险人经查勘核定,对属于保险责任的,在与被保险人或者受益人达成有关赔偿或者给付保险金的协议后10日内,履行赔偿或者给付保险金义务。保险合同对赔偿或者给付期限有约定的,保险人应当依照保险合同的约定,履行赔偿或者给付保险金的义务。

3. 先行赔付。保险人自收到赔偿或者给付保险金的请求和有关证明、资料之日起60日内,对其赔偿或者给付保险金的数额不能确定的,应当根据已有证明和资料可以确定的数额先予支付;待保险人最终确定赔偿或者给付保险金的数额后,应当及时支付相应的差额。

第五节 保险合同的变更、解除和终止

一、保险合同的变更

保险合同的变更可以分为合同的主体、客体和内容的变更三种情况。

(一) 主体变更

保险合同的主体不同,变更所涉及的法律程序规定也不相同。

1. 被保险人的变更,属于合同的转让或者保险单的转让,只能发生在财产保险合同中。例如在转移财产所有权或者经营管理权的同时将保险合同一并转让给新的财产受让人。《保险法》第49条第1款规定:"保险标的转让的,保险标的的受让人承继被保险人的权利和义务。"在人身保险合同中,保险标的即被保险人的生命或身体,这是保险关系确立的基础,是不能变更的。

2. 投保人的变更。投保人是合同当事人,负有交付保险费之义务,所以变更投保人须经保险人同意。例如在长期人身保险中,变更投保人则意味着新投保人将负担以后交纳保险费的义务。

3. 受益人的变更,根据《保险法》第41条规定:"被保险人或者投保人可以变更受益人并书面通知保险人。保险人收到变更受益人的书面通知后,应当在保险单或者其他保险凭证上批注或者附贴批单。投保人变更受益人时须经被保险人同意。"

(二) 内容变更

保险合同内容的变更指保险合同中规定的各事项的变更。《保险法》第20条规定:"投保人和保险人可以协商变更合同内容。变更保险合同的,应当由保险人在保险单或者其他保险凭证上批注或者附贴批单,或者由投保人和保险人订立变更的书面协议。"这一规定是内容变更的总原则,即须双方协商同意后由保险人批注或者附贴批单或者双方订立变更的书面协议。但是,由

于此条的变更，须经保险人同意，容易出现保险人故意或是无意拖延的情况，为求实际便利和保险关系的确定，有些国家规定在一定情况下，经一定期间如保险人并无反对之意即视为同意。

保险合同内容的变更包括保险费的变更及其他内容的变更，主要是保险费的变更。保险合同内容的变更有两类情况：一是因一定法定情形的发生，保险合同一方依法定情形提出变更，另一方亦不得拒绝变更。二是投保人因自己的实际需要提出变更。

1. 法定情形的变更。(1) 保险费的增加。投保人、被保险人未按照约定履行其对保险标的安全应尽的责任的，保险人有权要求增加保险费或者解除保险合同；保险标的危险程度显著增加的，被保险人按照合同约定应当及时通知保险人，保险人有权要求增加保险费或者解除合同；投保人申报的被保险人年龄不真实，致使投保人支付的保险费少于应付保险费的，保险人有权更正并要求投保人补交保险费，或者在给付保险金时按照实付保险费与应付保险费的比例支付。(2) 保险费的减少。据以确定保险费率的有关情况发生变化，保险标的危险程度明显减少，或是保险标的的保险价值明显减少的，除合同另有约定外，保险人应当降低保险费，并按日计算退还相应的保险费。

2. 投保人提出的变更。投保人因自己的实际需要提出变更请求，主要是因变更保险金额而变更保险费。(1) 保险金额的增加。例如保险价值因市场价格上涨，投保人可提出按照或者不按照保险价值的增加比例增加保险金额，当然亦需增加保险费；投保人亦可在保险价值并无增加的情况下，在保险价值限度内提出增加保险金额的请求。(2) 保险金额的减少。例如因有保险价值减少的情况或者虽无减少的情况，投保人亦可提出减少保险金额的请求，只是有些保单规定保险人并不受理保险金额减少的请求，此种多为人寿保险保单。

二、保险合同的解除

(一) 保险合同解除的含义

保险合同的解除是在保险合同期限届满前，合同一方当事人依照法律或约定行使解除权，提前终止合同效力的法律行为。

(二) 解除的形式

保险合同的解除，一般分为法定解除和约定解除两种形式。

1. 法定解除。法定解除是指当法律规定的情形出现时，保险合同当事人一方可依法对保险合同行使解除权。法定解除的情形通常在法律中被直接规定出来。但是，不同的主体有所不同，如：

对投保人而言：(1) 除保险法另有规定或者保险合同另有约定外，保险合同成立后，投保人可以解除合同。(2) 货物运输保险合同和运输工具航程保险合同，保险责任开始后，投保人不得解除合同。

对保险人而言，法律的要求则相对严格，即保险人必须在发生法律规定的解除事项时方有权解除合同，在我国，这些法定解除事项主要有：(1) 投保人、被保险人未履行如实告知义务。(2) 在保险合同有效期内，保险标的的危险程度显著增加。投保人或被保险人有义务将保险标的的危险程度增加的情况通知保险人，保险人可根据具体情况要求增加保险费，或者在考虑其承保能力的情况下解除合同。(3) 在分期支付保险费的人身保险合同中，当未有另外约定时，投保人超过规定的期限 60 日未支付当期保险费的，导致保险合同中止。保险合同被中止后的 2 年内,双方当事人未就合同达成协议,保险人有权解除合同。(4)投保方实施保险欺诈行为,故意制造保险事故或谎称发生保险事故。(5)投保人申报被保险人年龄不实,且不符合约定的年龄限制。(6)投保方未履行维护标的安全的义务。应当注意的是,当可行使解除权的原因发生后,并不自然发生解除的效力,而是必须由保险合同一方或双方当事人行使合同解除权后,合同的效力方可消灭。

2. 约定解除。约定解除分两种情况:一种是保险合同双方当事人在合同中约定解除事由,在合同有效期内发生约定情况时,一方或双方当事人有权行使解除权。另一种是在合同有效期内,因某种情况的发生,保险合同双方当事人另行约定解除合同。

三、保险合同的终止

保险合同的终止是保险合同成立后因法定的或约定的事由发生,法律效力完全消灭的法律事实。保险合同终止的原因主要有以下几个方面:

(一) 自然终止

自然终止是指已经生效的保险合同因发生法定或约定事由导致合同的法律效力当然地不复存在的情况。

(二) 因保险合同得到履行导致终止

因保险合同得到履行而终止是指在保险合同的有效期内,约定的保险事故已发生,保险人按照保险合同承担了给付全部保险金的责任,保险合同即告结束。保险合同约定,保险人的赔偿责任不仅有期限的限制,也有约定的数额限制,即保险金额是保险人承担赔偿或给付责任的最高限额。按照赔偿或给付金额是否累加,履约终止可分为以下两种不同的情况:

1. 在普通的保险合同中,无论一次还是多次赔偿或给付保险金,只要保险人历次赔偿或给付的保险金总数达到保险合同约定的保险金额时,即使保险期限尚未届满,保险合同均终止。

2. 在某些机动车辆保险和船舶保险合同中,保险人在保险有效期间赔付的保险金不进行累加,只有当某一次保险事故的赔偿金额达到保险金额时保险合同才终止。否则,无论一次还是多次赔偿保险金,只要保险人每次赔偿的保险金数目少于保险合同约定的保险金额,并且保险期限尚未届满,保险合同继续有效且保险金额不变。例如定期船舶保险。

第六节 重复保险和超额保险

一、重复保险

(一) 重复保险的定义及要件

1. 重复保险的定义。重复保险是指投保人对同一保险标的、同一保险利益、同一保险事故,分别与两个以上保险人订立保险合同,且保险金额总和超过保险价值的保险。

2. 重复保险的要件。(1)投保人与数个保险人同时订立数个保险合同,被保险人为同一人。此外,保险人应为多数,如果投保人就同一保险事故、同一保险利益、在同一保险期间向同一保险人订立数个保险契约的,则应适用超额保险的规定。(2)同一保险事故。被承保的保险事故,也就是保险责任范围。即使同一保险利益,与保险人约定不同保险责任范围,仍然是不同的保险合同,不发生重复保险的问题。例如就一辆汽车的所有权利益,分别向不同保险人投保财产损失险和盗窃险,就不构成重复保险。(3) 同一保险利益。重复保险最重要的要件,是同一保险利益。因为一个保险标的上,可能存在多个保险利益,如对保险利益不作区分,只考查保险标的是否为同一个,即可能造成对重复保险的误认。就同一保险标的、同一保险事故投保,只要是以不同的保险利益投保,也不构成重复保险。例如,汽车的所有权人就其所有权利益和对第三人的责任利益分别投保,就不构成重复保险的问题。(4) 同一保险期间。重复保险必须存在于同一个保险期间,但并不要求全部重复,只要保险期间发生重叠,就有可能构成重复保险。但是,考查是否为重复保险,最重要的不是考查合同期间是否一致或发生重叠,而是保险事故发生时间是否在数份保险合同的保险期间内。(5) 数个保险合同的保险金额总和超过保险价值。重复保险的目的在于以化整为零的方式,达到超额保险、不当得利的目的。如果数个保险合同的保险金额总和没有超过保险价值,保险人就其所承保金额依约负赔偿责任后,被保险人没有不当得利之可能,也就不是法律上所禁止的重复保险。我国《保险法》第 56 条第 2 款规定:"重复保险的各保险人赔偿保险金的总和不得超过保险价值。除合同另有约定外,各保险人按照其保险金额与保险金额总和的比例承担赔偿保险金的责任。"由此规定可见,保险金额总和超过保险价值为我国《保险法》上重复保险的一个要件。

(二) 重复保险的适用和效力

1. 重复保险的适用范围。重复保险是损失补偿原则下的概念,其出发点在于禁止被保险人不当得利。因此,重复保险制度仅适用于损失补偿性保险,而不适用于定额给付性保险,也就是说,所有的财产保险合同和以损失补偿为目的的人身保险合同均须适用重复保险的规定,而人身保险当中以抽象性保险利益投保的定额给付性保险合同不适用重复保险的规定。

2. 重复保险的效力。关于重复保险的效力,各国所采方法不同,我国《保险法》第 56 条规定了比例分摊的赔偿规则,即各保险人就其保险金额与保险金额之总和的比例,负分担赔偿的责任。但是,《保险法》没有具体规定重复保险的被保险人如何进行索赔、重复保险是否应做善意、恶意之分等具体问题。

二、超额保险

(一) 超额保险的定义及分类

1. 超额保险的定义。超额保险是指保险金额高于保险价值的保险。我国《保险法》第 55 条第 3 款规定:"保险金额不得超过保险价值;超过保险价值的,超过部分无效,保险人应当退还相应的保险费。"这一规定是基于损失补偿原则,即被保险人只能在保险标的发生损失时得到相应的补偿,而不能因为购买保险从中获取超出保险损失的收益。

2. 超额保险的分类。(1) 依超额保险发生的原因不同,可划分为真正超额保险与非真正超额保险。真正超额保险是指保险合同订立之时,保险金额即超过保险价值的保险。非真正超额保险,指保险合同订立时,保险金额在保险价值之下或相等,但事后却因市场的变化,导致保险价值大幅下降,使保险金额产生超出保险价值的情形所构成的超额保险。因为此种情形发生的原因不是合同当事人所能控制的,故称之为非真正超额保险。(2) 依当事人对于超额保险的产生是否具有恶意,可划分为善意超额保险和恶意超额保险。超额保险当事人无诈欺者,为善意超额保险。善意超额保险的发生,通常只可能出现于不定值保险,主要有两种情况:一种是保险合同订立时,对于保险价值错误估计,或因过失而未查明市价,致使保险金额超过保险价值。另一种是保险合同订立后,因保险利益价值下降,致使保险金额超过保险价值。根据保险法上的损失补偿原则,超额保险的效果为"仅限于保险价值限度内有效",以防止被保险人获不当得利的可能。由于善意超额保险合同的效力仅限于保险价值之内,依对价平衡原则,以保险金额为计算基础的保险费亦应因此减少。恶意超额保险指超额保险的产生,是由于当事人诈欺行为所致,故应对相关当事人实施惩罚。我国《保险法》对超额保险未做善意、恶意的区分,有诱发恶意超额保险之虞。

(二) 超额保险的适用和效力

1. 超额保险的适用范围。和重复保险制度一样,超额保险仅适用于损失补偿性保险合同。此外,在超额保险的制度中,一个重要的区分是定值保险和不定值保险。定值保险是指在订立合同时即已确定保险价值的保险,海上保险大多如此。不定值保险是指在损害发生时估算保险价值的保险。大部分财产险都是不定值保险。对于定值保险,保险合同订立时保险价值既已确定,超额保险的规定并无多大意义。而对于不定值保险,在保险事故发生时,在"损失补偿原则"下,被保险人行使赔偿请求权仅以实际所受损害为限。因此,只有在损失补偿性保险中的不定值保险,才发生保险金额超过实际损失的问题,受超额保险制度的调整。

2. 超额保险的效力。我国《保险法》对超额保险的规定,未区分善意超额保险和恶意超额保险,对于超额保险的法律效力,只是规定超额部分无效。对超额保险的规定,应做善意超额保险和恶意超额保险的区分,对于善意超额保险,基于保险的目的在于补偿被保险人损失的原则,超额保险的效果为"仅限于保险价值的限度内有效",超额部分无效,以防止被保险人不当得利的可能,此无争议。但善意超额保险的,超额部分无效,保险金额和保险费应予扣减,并且立即生效。

对于恶意超额保险的效果,应包括合同效力和恶意人惩戒两个方面。首先,无论善意保险还是恶意保险,超额部分无效是基本规则。在恶意人惩戒方面,超额保险应依投保人恶意与保险人恶意而有所区分。投保人恶意成立之超额保险,保险人得解除合同,所收保险费不予退还。保险人若未主张解除合同的,超额部分无效,保险人仅对保险价值范围内的损失予以赔偿。对保险人恶意成立的超额保险,投保人可解除合同,并得请求赔偿损失。投保人若未主张解除合同的,超额部分无效,投保人可主张保险金额和保险费的扣减。

第七节 再 保 险

一、再保险的概念

再保险是指保险人为了分散风险而将原承保的部分保险业务转移给另一个保险人的保险。

在再保险中,转移风险责任的一方或分出保险业务的公司称为原保险人或分出公司,承受风险责任的一方或接受分保业务的公司称为再保险人或分入公司。

二、原保险和再保险的区别

1. 合同当事人不同。原保险合同的双方当事人是投保人和保险人;再保险合同的双方当事人都是保险人,即分出人与分入人,与原投保人无关。

2. 保险标的不同。原保险合同的保险标的是被保险人的财产及有关利益或者被保险人的寿命和身体;再保险合同的保险标的是原保险人分出的责任,分出人将原保险的保险业务部分地转移给分入人。

3. 保险合同的性质不同。原保险合同具有经济补偿性或者保险金给付性;再保险合同具有责任分摊性,或补充性。其直接目的是对原保险人的承保责任进行分摊。

4. 保险费支付不同。在原保险合同中,是单向付费的,即投保人向保险人支付保险费;在再保险合同中,原保险人须向再保险人支付分保险费,再保险人须向原保险人支付分保佣金,为双向付费。

三、再保险合同的种类

再保险合同可以根据不同的标准进行分类。

1. 按再保险的方式分为比例再保险合同和非比例再保险合同。前者是以保险金额为计算基础的再保险合同,后者是以赔款金额为计算基础的再保险合同。

2. 按不同的分保安排可以分为临时再保险合同和合约再保险合同。临时再保险合同是根据业务需要临时选择分保接受人,经协商达成协议,逐笔成交的分保合同。对于临时再保险的业务,分保接受人没有义务必须接受。合约再保险合同是由分出人和分入人以预先签订合同的方式确定双方的权利义务关系,约定在一定时期内将分出人承担的保险业务部分向分入人办理再保险。

四、再保险合同的主要内容

再保险合同的常用条款一般包括:

1. 共同利益条款。是关于双方共同权利的规定,即原保险人与再保险人在保险费的获得、向第三者追偿、保险金赔付、保险仲裁或诉讼等方面对被保险人或受益人而言有着共同的利益。

2. 过失或疏忽条款。是指在保险期限内保险事故发生以及原保险人在执行再保险合同条款时,由于原保险人的过失或疏忽而非故意造成的损失,再保险人仍应承担相应的赔偿责任。

3. 双方权利保障条款。是指原保险人与再保险人应保证对方享有其权利,以使合法利益得到保护。原保险人应赋予对方查校账册以及保单、保险费、报表、赔案卷宗等业务文件的权利;再保险人则赋予原保险人选择承保标的、制定费率和处理赔款的权利。

4. 其他条款。是指保险合同应具有的共同条款,包括:缔约当事人的名称、地址;保险期限;再保险的险种和方式;保险费的计算和支付方式;保险责任的分担及除外责任;争议处理,包括仲裁和诉讼条款;赔款规定等。

【本章前沿问题】

□ 保险合同的成立要件与生效要件

依据我国《保险法》第 13 条的规定,投保人提出保险要求,经保险人同意承保,保险合同成立。因此,保险合同是诺成合同,不以费用及单证的交付为要件。尽管保险人有义务向保险人签发保险单或者保险凭证,但这并非合同成立的要件。

保险合同成立并不意味着保险合同生效。通常情况下,依法成立的保险合同,自成立时生效。但投保人和保险人可以对合同的效力约定附条件或者附期限。同时,合同双方还可约定保险人开始承担保险责任的时间,也就是说,保险人承担保险责任的期间,可以与保险合同生效的期间不一致。

□ **保险代位权对人身保险合同的适用**

保险代位权的基本功能之一就是贯彻保险法的损失补偿原则,因此,保险代位权的范围应限于损失补偿性保险。财产保险合同以补偿被保险人因发生保险事故所遭受的财产损失为唯一目的,是典型的损失补偿性保险,因此保险代位权原则上适用于财产保险。通常认为人身保险的保险标的为被保险人的寿命和身体,不能用金钱衡量其价值,被保险人、受益人请求保险人支付保险金,并非适用损失补偿原则,保险人不可因此行使保险代位权。

人身保险有人寿保险、健康保险、意外伤害保险等类型,后两者在一定程度上具有损失补偿性保险的特征,保险人应可行使代位权。例如被保险人因疾病或者意外伤害而支出的医疗费用,保险人对于该部分支出的补偿,可以向负有责任的第三人进行代位追偿。我国《保险法》对此没有区分规定,是立法的缺漏。事实上,《保险法》中的诸多条文已经充分体现了三种类型人身保险合同的不同,如在保险公司分业经营中,允许经营财产保险业务的保险公司经核定后,经营短期健康保险和意外伤害保险业务;人寿保险以外的其他保险的保险金给付请求权诉讼时效为2年,但人寿保险的保险金给付请求权的诉讼时效为5年。

【本章思考题】

1. 简述保险合同的法律特征。
2. 试述保险合同的种类。
3. 试述保险关系的当事人及其权利义务。
4. 试述保险合同的成立与生效。
5. 试述重复保险和超额保险的效力。
6. 简述再保险和原保险的区别。

第四章　保险业法

【导语】

保险业法，是调整国家对保险市场及市场主体组织和经营活动进行监管关系的法律规范的总和。因此，保险业法的本质属性是管理法或监管法，保险监管是贯穿保险业法的灵魂。本章以监管法的视角阐述了我国保险监管的体制和方式，以及我国保险组织监管、保险经营监管和保险中介人监管法律制度的具体内容。

本章的学习重点是保险公司的设立和终止制度、保险公司偿付能力监管制度、保险公司资金运用监管制度。学习难点主要集中在保险经营监管部分。学习本章，应当掌握保险业法的概念和内容体系，了解我国保险监管的体制和方式，熟练掌握上述的重点和难点问题。

第一节　保险业法与保险监管

一、保险业法的概念和性质

（一）保险业法的概念

保险业法，是调整国家对保险市场以及市场主体的组织和经营活动进行监管关系的法律规范的总和。从各国的保险业立法来看，一般都涉及保险机构的组织和经营规则以及国家保险监管体制和监管形式等内容，而这些内容往往是保险行业特有或具有保险行业特点的，并带有鲜明的国家干预色彩的"行规"。因此，所谓保险业法，实为保险行业法或保险行业管理法，是保险企业组织法、保险企业经营法和保险市场管理法的有机结合。

保险业法主要调整国家与保险市场以及市场主体之间的关系。具体而言，其调整对象一般包括：

1. 调整国家保险监管活动诸构成要素及其相互关系，即保险监管体制和方式。包括国家保险监管的主体及其职权、保险监管对象、保险监管方式及其相互关系。

2. 国家对保险企业组织活动的监管关系，即保险组织监管。包括对保险企业组织形式以及保险企业的设立、变更和终止的监管关系，也包括对保险企业内部组织机构和管理活动的监管关系。

3. 国家对保险企业经营活动的监管关系，即保险经营监管。包括对保险企业经营范围、偿付能力、经营风险、资金运用以及保险市场行为的监管关系。

4. 国家对保险中介人的监管关系。包括对保险代理人、保险经纪人、保险公估人等保险中介人的主体资格和市场行为的监管关系。

（二）保险业法的性质

对于保险业法的性质，可以从以下三个方面来认识：

1. 保险业法的本质属性是管理法。按公法、私法划分的标准，大体上凡规范国家或公共团体为其双方或一方主体者之法律关系，以权力服从关系为其基础者为公法；仅规范私人间或私人团体之间相互关系，以平等关系为其基础者为私法。因此，从这一角度看，保险业法具有公法性质。

而综观我国保险业法，虽然包含有保险企业组织法、保险企业经营法等市场主体和市场行为法之内容，但均已不仅限于"公法化了的私法"，而体现出强烈的国家干预的色彩，且绝大多数之规范为强制性规范。因此，单就保险业法而言，其本质为体现国家干预的管理法或监管法。在监管法的视角，保险企业组织监管、保险企业经营监管构成了保险监管的主要内容。

2. 保险业法属于保险法范畴。尽管在有的国家，保险业法采单独立法模式，[①]但我们通常仍将其与保险合同法一并视为保险法不可舍弃的两大主要构成部分。我国现行的保险业法是与保险合同法一并被置于《保险法》中的，是《保险法》的组成部分。

3. 保险业法可归于商法范畴。单论保险业法的规范形式，是管理法，似属经济法范畴。如果从其内容来看，保险业法规范的主要内容是保险企业的组织和经营规则，当属特殊的商事主体法。而就其行业性质而论，保险业法又常常被金融界视为与银行业法、证券业法并列的"三驾马车"之一，被纳入金融法范畴。在不同的视角，保险业法似乎有着不同的归属和身份。

在商法立场上来看，保险业法是保险法不可分割的一部分，而保险法又是传统商法体系中的必然部分。虽然传统商法体系中的保险法是以保险合同法为主的，但将保险业法与保险合同法割裂开来且排除于保险法乃至商法体系之外仍有失妥当；在现代市场经济条件下，国家的"适度干预"无处不在，而国家干预程度的强弱，并不应成为法的归属或判断法的性质的必然标准；在现代社会商事保险活动仍是一种重要的商事行为，保险企业仍是一种重要的商事主体，因此，保险业法仍应为现代商法的组成部分。

二、保险业法的立法宗旨和内容体系

（一）保险业法的立法宗旨

保险素有"社会稳定器"之称，随着市场经济的高度发展，保险已渗透于社会经济生活的各个领域。保险业的组织和经营活动是否规范，直接关系到整个社会经济秩序的稳定和人民生活的安定。因此，制定保险业法，用法律手段来保证对保险业进行监督管理，意义重大。保险业法的立法宗旨通常表现为以下四个方面：

1. 保证保险人的偿付能力，维护被保险人的合法权益。保险人承保的风险往往涉及社会的各个领域，但保险人能否真正承担起未来的偿付责任，则取决于其是否具有足够的偿付能力。所以各国保险业法通常均以保证保险人的偿付能力为首要任务，这也是对被保险人权益的最大保障。

2. 维护保险业的公平竞争。保险的机制在于，依据概率由投保方合理分担各种风险，而保险费便是投保方的分担额。因此，保险市场的竞争当为非价格竞争，否则必将违背保险的本义。

---

① 各国保险业法的立法体例主要有两种模式：一是单行法律法规，即直接以"保险业法""保险公司法""保险业监督管理法"等冠名，与保险合同法分别制定的法律法规。我国原保险业立法即属此例，1985 年 3 月国务院颁布的《保险企业管理暂行条例》，是当时我国唯一对保险企业进行专门规制的立法。二是统一保险法典，即将保险业法和保险合同法作为保险法的重要内容一并规定在保险法典中，通常以"保险法"命名。我国现行的《中华人民共和国保险法》即属此例。

有鉴于此，各国法律都对保险人之间的竞争进行严格的限制，以维护竞争的公平性。这较之法律对于一般行业竞争的规制，具有特别的意义。

3. 促进保险业经营管理的科学化。保险业是具有较强技术性的、影响范围广泛的行业，对于经济发展、科技进步、社会稳定等均有重要意义，而保险业的经营管理水平对保险职能和作用的发挥会产生直接的影响。因此，保险业法应发挥其引导和保障功能，弥补企业自控和行业自律的不足，促进保险业经营管理的科学化。

4. 提高保险业的社会效益。现代保险较之传统保险，承担了更多的社会职能，它要求商业保险不能单纯追求经济效益，同时也要顾求社会效益，如果没有法律规制是难以实现的。

（二）保险业法的内容体系

保险业法内容丰富，主要由以下四个部分构成：

1. 保险监管法，主要规定保险监管体制、监管内容、监管方式等。

2. 保险组织法，也称保险企业法，主要规定保险企业的组织形式以及设立、变更、终止的条件和程序等方面的内容。

3. 保险经营法，即保险企业的经营规则，主要规定保险企业的业务范围、偿付能力、经营风险、资金运用和行为规范等方面的内容。

4. 保险中介人法，也称保险辅助人法，主要规定保险代理人、保险经纪人和保险公估人的种类、资格及其行为规则等方面的内容。

三、保险监管的概念和保险监管体制

（一）保险监管的概念

对于保险监管的含义，依据监管主体范围的不同，可以有广义和狭义两种理解。广义的保险监管是指政府保险监管机构、保险行业自律组织、保险企业内部的监督部门以及社会力量对保险市场及市场主体组织和经营活动的监督或管理。狭义的保险监管一般专指政府保险监管机构依法对保险市场及保险市场主体组织和经营活动的监督和管理。在严格意义上，保险监管主要指狭义上的保险监管，即政府保险监管。①

（二）保险监管体制

所谓保险监管体制是指保险监管活动主体及其职权的制度体系。1998 年 11 月 18 日，为了适应保险业发展的需要以及金融业分业经营的客观要求，中国保险监督管理委员会（简称“中国保监会”）成立。中国保监会是我国保险监督管理机构，是保险监管活动主体，是全国商业保险的主管部门，为国务院直属事业单位，根据国务院授权履行行政管理职能，依照法律、法规统一监督管理全国保险市场，维护保险业的合法、稳健运行。中国保监会还在全国各省、直辖市、自治区、计划单列市设有派出机构——保监局，保监会与保监局依法共同行使政府保险监管职能。

四、保险监管方式

（一）保险监管方式概述

保险监管方式是指保险监管的方法和形式，既包括一国保险监管的原则是严格还是宽松，也

---

① 本书中所指保险监管，如无特别说明，均指政府保险监管，也可称为国家保险监管。

包括监管活动所采用的具体手段和技术。在不同的历史时期,不同的国家曾采用过不同的监管方式,大体经历过公示方式、准则方式和实体方式三个阶段。

1. 公示方式,是旨在通过政府定期公示保险人的营业结果以社会公众自行评判和择优投保的方式来敦促保险人合法、勤勉地经营的一种最为宽松的监管方式。保险业自律能力较强的英国在1964年以前的保险公司法中曾采用此种方式。这种方式对处于信息不利一方的社会公众的保险专业知识和鉴别能力以及保险人的慎独诚信品质均提出了严峻考验,实践上极易损害被保险人的利益,故现已被放弃。

2. 准则方式,是旨在通过要求保险人遵守政府制定的保险经营基本准则来规范保险人的经营活动的一种监管方式。德国早期对私营疾病基金的监管曾采用过此种方式,但由于保险技术复杂以及保险人个性丰富,这些基本准则只能从形式出发,最终也难免流于形式,故此种方式现也被放弃。

3. 实体方式,是一种由政府保险监管机构依据法律的授权和法定的保险监管规则对保险市场及市场主体的组织和经营活动实行全面深入的监管方式。其监管范围大体包括市场准入、市场行为和市场退出三个部分。现今各国保险监管多采用实体监管方式。

在实体监管方式框架下,各国基于保险市场环境的不同,保险监管立法模式又有严格和宽松之分。严格监管模式和宽松监管模式是相对的概念,宽松监管模式相对于严格监管模式的全面实体监管而言,重点强调监管保险人的偿付能力,相应地放松对保险市场准入、保险险种、保险费率、保险人业务行为等方面的监管。在成熟的保险市场环境下,宽松监管模式既可保障被保险人的利益,又可提高保险监管效率,促进保险业的发展。目前发达国家多采用宽松监管模式,英国是典型代表,其发达的保险同业公会的自律管理对政府监管起到了较强的补充甚或替代的作用。但发达的美国仍执守着严格监管模式。发展中国家一般采用严格监管模式。

(二)我国保险监管的具体方式

我国保险监管采用的是实体监管方式,对保险业实施严格监管,具体体现为以下三个方面的制度:

1. 市场准入的监管方式——审批。我国保险法严格规定了设立保险公司等保险机构的条件和程序,规定了保险公司等保险机构的高级管理人员及各种保险市场活动辅助人的任职资格,并且严格限制非依法成立的保险公司或其他保险组织不得从事商业保险业务。任何保险市场主体的设立,必须经过保险监管机构的审批。审批这种监管方式,条件明确,程序严谨,是一种事前监管。其功能在于保证特定市场主体资格的适法性,为以后的监管减少隐患,是较为有效的监管方式。

2. 市场经营行为的监管方式——检查。仅有市场准入制度是不够的,还必须在保险公司运作过程中进行实质性的检查。检查是最为常用的一种监管方式,是一种事中监管。检查的内容主要是保险公司业务状况、财务状况和资金运用状况。我国政府保险监管机构及其派出机构对保险公司及其分支机构的经营活动依法分级对口进行日常和年度检查。保险公司必须聘用经保险监管机构认可的精算专业人员,建立精算报告制度。保险公司必须聘用专业人员,建立合规报告制度。保险公司应按规定完整、真实、准确、及时地向中国保监会报送偿付能力报告、财务会计报告、精算报告、合规报告及其他有关报告、报表、文件和资料,这些报送材料必须如实记录保险业务事项，不得有虚假记载、误导性陈述和重大遗漏。保险公司应当妥善保管有关业务经营活动的完整账簿、原始凭证及有关资料，保管期限自保险合同终止之日起计算，保险期间在一年以下的不得少于5年，保险期间超过一年的不得少于10年。

3. 市场退出前的拯救性监管方式——整顿和接管。保险公司有违法经营行为，可能影响其偿付能力的，保险监管机构可视具体情况依法对其实行整顿或接管。相对于审批和检查监管方式，整顿和接管可视为事后监管。

（1）整顿是指政府保险监管机构为纠正保险公司违法经营行为而采取的监督指导经营的强制措施。整顿的适用对象是保险公司未按照保险法的规定提取或结转各项准备金，或者未按照保险法的规定办理再保险，或者严重违反保险法关于保险资金运用的规定，经政府保险监管机构责令限期改正而在期限内未予改正的保险公司。整顿的目的是纠正保险公司违法经营行为，使其恢复正常经营。

整顿的程序：①组成整顿组。保险公司符合整顿条件的，保险监管机构应作出整顿决定，并选派保险专业人员和指定该保险公司的有关人员，组成整顿组，对该保险公司进行整顿。整顿组的职权是在整顿过程中监督被整顿的保险公司的日常业务以及该保险公司的负责人及有关管理人员行使职权的情况。②发布整顿决定。保险监管机构的整顿决定应当载明被整顿保险公司的名称、整顿理由、整顿组成员和整顿期限，并予以公告。③实施整顿措施。在整顿过程中，保险公司的原有业务继续进行，但要接受整顿组的监督。保险监管机构有权根据需要停止开展新的业务或者停止部分业务，调整资金运用。④整顿结束。被整顿的保险公司经整顿已纠正其违法行为，恢复正常经营状况的，由整顿组提出报告，经保险监管机构批准，整顿结束。

（2）接管是指政府保险监管机构对违反保险法规定，损害社会公共利益，可能严重危及保险公司偿付能力的保险公司采取的强制改组、接替经营管理的强制措施。接管与整顿相比，是一种更为严厉的监管方式。接管的适用对象是没有按照保险法规定提取或者结转各项准备金，或者没有依法办理再保险，可能严重危及或者已经危及保险公司偿付能力的；严重违反资金运用规定，致使资金周转困难，无法履行到期债务的；发生严重损害被保险人利益和社会公共利益情况的。接管的目的是对被接管的保险公司采取必要措施，恢复保险公司的正常经营，以保护被保险人的利益和社会公共利益。

接管的程序：①组成接管组织。其组成由保险监管机构决定。②公告接管决定。保险监管机构的接管决定一般应当载明被接管保险公司的名称、接管理由、接管组织、接管措施和接管期限等内容，并予以公告。③实施接管措施。接管措施由保险监管机构根据实际情势决定。一般是由接管组织代行保险公司的经营管理权，但被接管的保险公司的法人资格和保险业务经营资格不发生变化，其债权债务关系也不因接管而发生变化。④接管终止。接管终止有两种情况：其一，接管期限届满，被接管的保险公司已恢复正常经营能力的，由保险监管机构决定，可以终止接管。如果接管期限届满，保险公司未能恢复正常的经营能力，经保险监管机构决定，可以延期，但接管期限最长不得超过2年。其二，被接管的保险公司符合我国《企业破产法》第2条所规定的破产原因的，保险监管机构可以依法向人民法院申请对该保险公司进行重整或者破产清算。

第二节 保险组织监管

一、保险组织形式

(一) 保险组织形式的概念和种类

所谓保险组织形式,是指保险人以怎样的机构来经营保险业务,实为保险人的组织类型。各国保险人的组织类型不尽相同,综合而言,主要有保险股份有限公司、相互保险组织、个人保险组织以及政府保险组织等形式。

1. 保险股份有限公司。这是当今世界主要的一种保险组织形式。采用股份有限公司经营保险的优点在于:(1) 产权明晰,运营效率高。(2) 股东责任有限,利于募集巨额资本,可以开展大规模保险经营,广泛分散风险,为被保险人提供更好的保障。(3) 采用现代公司治理结构,可以吸收众多专业人才,提高保险公司的经营管理水平,促进保险业的竞争与发展。采用股份有限公司经营保险的缺点主要是:(1) 以营利为目的,排斥公益性保险险种。(2) 保险费率相对偏高。

2. 相互保险组织。又称合作保险组织①,即由社会上需要某种保险的人或单位共同组织起来,采取合作的方式组成一个团体,共同承担风险、分摊损失。相互保险组织大体有四种形式和名称:相互保险社、相互保险公司、交互保险社、保险合作社。(1) 相互保险社是保险组织的原始形态,规模一般很小,但在当今欧美各国及日本仍相当普遍。例如英国的友爱社、美国的兄弟社、日本的县级农业共济组织等。(2) 相互保险公司是保险业特有的公司组织形态,它由相互保险社演变而来。其经营原理与相互保险社一样,不同之处在于相互保险公司为法人组织,而相互保险社往往为非法人团体。相互保险公司在人寿保险方面较股份公司更有优势,如美国 110 余家相互保险公司占据寿险市场的 40%的份额;②日本生命保险公司有 2/3 是相互保险公司。相互保险公司为大多数国家保险业法所承认,如日本、德国、瑞士、意大利、美国、英国等,③并具有重大影响。2004 年经国务院特批,我国第一家相互保险公司"阳光农业相互保险公司"成立,主要经营与农业相关的保险。(3) 交互保险社是美国特有的一种非法人型的合作保险组织形态,与一般相互保险组织的具体经营方式有所不同,主要集中在汽车保险和火灾保险方面。(4) 保险合作社与相互保险社几乎是一样的。我国习惯上将相互保险组织概称为保险合作社。相对保险股份公司而言,相互保险的优点是被保险人与保险人利益一致,保险费支出较少;缺点是由于其成员数量相对较少,作为保险数理基础的大数法则往往不能发挥作用,保险保障不充分。

3. 个人保险组织。即个人保险商的一种社团组织,其代表首推英国伦敦劳合社。劳合社在保险业中具有特殊的地位,它既是世界上历史最悠久、最大的保险交易市场,又是个人保险商的行业自律组织。劳合社只为其社员提供保险交易场所和相关服务,如制定交易规则、仲裁纠纷、开发新险种、协助理赔等,其本身并不接受保险业务,保险责任均由承保社员个人或联合承担。

---

① 有学者在比较相互保险组织和合作保险组织细节上的不同后认为二者是不同的,笔者认为这种区分并无必要。

② 参见张洪涛、郑功成主编:《保险学》,中国人民大学出版社 2000 年版,第 211 页。

③ 参考邓成明等著:《中外保险法律制度比较研究》,知识产权出版社 2002 年版,第十章。

劳合社之所以享誉世界数百年，源于其无所不包的经营险种、严格的交易自律机制、完备的财务制度和良好的信用。随着现代保险风险的加大，个人资本已难当重任，故而目前除英国劳合社以外的其他个人保险组织已基本退出保险舞台，如美国劳合社，其势力已经微乎其微。

4. 政府保险组织。也称国有保险组织，是由政府投资经营的保险机构，通常采取国有独资公司形式。设立政府保险组织，一般出于两种目的：一是提供一般商业保险人不愿或不能提供而社会又急需的险种，如：地震、洪水等大范围自然灾害保险，失业、工伤、养老、医疗等社会保障性保险等；二是从国家利益或国民经济政策出发，垄断经营保险业或某些保险险种。因此从原理上讲，政府保险组织应为政策性经营机构，通常采取行政式的管理体制，一般不以营利为目的，而是为给整个社会经济生活提供保障。政府保险的特点表现为：资金雄厚，多为大规模经营，风险分散广泛，业务稳定，注重社会效益等。

（二）我国保险组织形式

公司的组织形式决定着公司的成立条件、设立程序、资金的募集方式以及公司的组织机构等。从各国保险立法来看，商业保险组织一般都采用股份有限公司或者相互保险公司的形式。基于我国目前保险业的基本情况，并借鉴国外保险业监管的经验，我国《保险法》第 6 条规定，除依法设立的保险公司以及其他保险组织外，其他单位和个人不得经营商业保险业务。这为保险机构组织形式多样化留出了空间。也就是说，我国的保险组织形式包括股份有限公司、有限责任公司、国有独资公司、相互保险公司甚至公司以外的其他组织形式。

我国现有的保险公司多是股份有限公司。例如平安保险（集团）股份有限公司、太平洋保险（集团）股份有限公司、华泰财产保险股份有限公司、华安财产保险股份有限公司、泰康人寿保险股份有限公司、新华人寿保险股份有限公司、天安保险股份有限公司等。采用有限责任公司形式的有太平人寿保险有限公司、太平保险有限公司、中宏人寿保险有限公司（合资）等。采用国有独资公司形式的是中国出口信用保险公司。

（三）我国保险公司的分支机构

1. 保险公司分支机构的含义及种类。保险公司的分支机构是指保险公司依法设立的，以总公司名义进行保险经营活动，其经营后果由总公司承受的营业性机构，包括分公司、中心支公司、支公司、营业部、营销服务部以及各类专属机构。保险公司和保险公司分支机构在我国相关的法律法规中，一般被统称为保险机构。

2. 保险公司分支机构的法律地位。虽然保险公司分支机构有自己的营业场所和设施，有一定的运营资金，但在法律上仍然是总公司的一个组成部分。保险公司分支机构不具有法人资格，其民事责任由总公司承担，但是分支机构可以在总公司的授权范围内独立参加民事诉讼活动。

二、保险公司设立

保险公司设立，是指为成立保险公司而依法定程序进行的一系列行为的总称。保险公司设立是保险公司成立的必要前提，保险公司成立是保险公司设立的结果。

各国保险立法对于保险公司设立往往都规定了较一般工商企业更为严格的条件和程序，且往往需经政府保险监管机构的审批。这是由保险业的性质和特点决定的。因此，对保险公司设立的监管，是保险组织监管的重要方面，也是保险市场准入监管的核心内容。

我国《保险法》第 67 条规定："设立保险公司，应当经国务院保险监督管理机构批准。"由此可见,我国保险公司设立采取的是核准主义原则,设立保险公司及其分支机构须经中国保监会批准。未经保监会批准,任何单位、个人不得在中国境内经营或变相经营商业保险业务。

(一)保险公司设立的条件

保险公司设立的条件,也就是设立保险公司必须具备的实质性要件。根据我国《保险法》第68条的规定,设立保险公司必须同时具备以下条件:

1. 主要股东具有持续盈利能力,信誉良好,最近3年内无重大违法违规记录,净资产不低于人民币2亿元。主要股东的经济实力、经营能力以及诚信品质对于保险公司的管理模式、经营的安全性影响很大,因此,主要股东的资质也是设立保险公司的条件之一。

2. 有符合保险法和公司法规定的章程。保险公司章程是保险公司组织活动和经营行为的基本准则,也是公司设立所不可缺少的法律文件。公司章程必须依法记载公司名称和住所、经营范围、设立方式、注册资本和资本构成、发起人名称、组织机构设置和议事规则、法定代表人、公司利润分配办法等基本事项。

3. 有符合保险法规定的注册资本。各国保险法对于保险公司设立都规定了较之一般工商企业更高的资本金标准,以便在基础层面上保证保险公司的最低偿付能力,这充分体现了保险法侧重保护被保险人利益的立法宗旨。我国《保险法》第69条规定:"设立保险公司,其注册资本的最低限额为人民币二亿元。国务院保险监督管理机构根据保险公司业务范围、经营规模,可以调整其注册资本的最低限额,但不得低于第一款规定的限额。保险公司注册资本必须为实缴货币资本。"

4. 有具备任职专业知识和业务工作经验的董事、监事和高级管理人员。对保险公司董事、监事和高级管理人员任职资格的规定是因为保险公司的运作有很强的专业技术性,诸如保险费率的厘定、新险种的开发、保险资金的运用等,均要求董事、监事和高级管理人员有很强的专业知识和丰富的业务工作经验。所谓保险公司高级管理人员,是指对保险机构经营管理活动和风险控制具有决策权或者重大影响的人员,具体包括总公司、分公司、中心支公司总经理、副总经理、总经理助理;以及总公司董事会秘书、合规负责人、总精算师、财务负责人和审计责任人;支公司、营业部经理;与上述高级管理人员具有相同职权的管理人员。①

保险机构董事、监事和高级管理人员,应当在任职前取得中国保监会核准的任职资格。保险公司董事、监事和高级管理人员,应当品行良好,熟悉与保险相关的法律、行政法规,具有履行职责所需的经营管理能力。

5. 有健全的组织机构和管理制度。保险公司应有健全的组织机构和完备的管理制度,这是公司得以正常运转的前提和基础。

6. 有符合要求的营业场所和与业务有关的其他设施。这是保险公司作为一个合法实体存在和运作的客观物质基础,也是一切法人所必需的共同要件。

(二)保险公司设立的程序

保险公司设立的程序较一般行业公司要严格和复杂,一般需经过设立申请、筹建、开业申请、工商登记等程序。

1. 设立申请。按照《保险法》第70条的规定,申请设立保险公司,应当提交下列文件、资料:

---

① 参见中国保监会2010年1月8日颁布的《保险公司董事、监事和高级管理人员任职资格管理规定》第4条。

(1) 设立申请书,申请书应当载明拟设立的保险公司的名称、注册资本、业务范围等;(2) 可行性研究报告;(3) 筹建方案;(4) 投资人的营业执照或者其他背景资料,经会计师事务所审计的上一年度财务会计报告;(5) 投资人认可的筹备组负责人和拟任董事长、经理名单及本人认可证明;(6) 国务院保险监督管理机构规定的其他材料。

2. 筹建。设立保险公司的申请经初步审查批准后,申请人应当自收到批准筹建通知之日起一年内完成筹建工作。筹建期间不得从事保险经营活动。

3. 开业申请。经筹建已经具备《保险法》第 68 条规定的设立条件的,申请人可以向保险监管机构提出开业申请。保险监管机构应当自受理开业申请之日起 60 日内,作出批准或者不批准开业的决定。决定批准的,颁发经营保险业务许可证。

4. 工商登记。经批准设立的保险公司,凭经营保险业务许可证向工商行政管理机关办理登记,领取营业执照。保险公司自取得许可证之日起 6 个月内无正当理由未办理公司设立登记的,其许可证失效。

(三) 保险公司分支机构的设立

保险公司可以根据业务发展需要申请设立分支机构。我国《保险法》第 74 条第 1 款规定:“保险公司在中华人民共和国境内设立分支机构,应当经保险监督管理机构批准。”第 79 条规定:“保险公司在中华人民共和国境外设立子公司、分支机构、代表机构,应当经国务院保险监督管理机构批准。”

保险公司设立分支机构须向保险监管机构提交书面设立申请,经审查批准取得分支机构经营保险业务许可证,并凭许可证向工商行政管理机关办理登记,领取营业执照。

三、保险公司变更和终止

(一) 保险公司变更

1. 变更的事项。我国《保险法》第 84 条规定,保险公司有下列变更事项之一的,须经保险监督管理机构批准:(1) 变更名称;(2) 变更注册资本;(3) 变更公司或者分支机构的营业场所;(4) 撤销分支机构;(5) 公司分立或者合并;(6) 修改公司章程;(7) 变更出资额占有限责任公司资本总额 5%以上的股东,或者变更持有股份有限公司股份 5%以上的股东;(8) 保险监督管理机构规定的其他变更事项。

2. 变更的程序。我国保险立法对保险公司设立的原则采用核准主义,即保险公司设立须经政府保险监管部门的审核批准,因此,保险公司变更也应采取核准主义。在理论和逻辑上,凡涉及保险公司设立时须经审核批准的事项,应推论其为重要事项,如需变更,也须报中国保监会审核批准。否则,立法意图便不能贯彻始终。

(二) 保险公司终止

依据我国《保险法》的规定,保险公司终止的原因包括解散和破产两种情况。

1. 保险公司解散。是指保险公司因其章程或法律规定的事由出现而终止公司业务经营活动并消灭其法人资格。《保险法》第 89 条规定:“保险公司因分立、合并需要解散,或者股东会、股东大会决议解散,或者公司章程规定的解散事由出现,经国务院保险监督管理机构批准后解散。经营有人寿保险业务的保险公司,除因分立、合并或者被依法撤销外,不得解散。”可见,保险公司解散的法定事由包括:(1) 保险公司分立或合并。(2) 保险公司章程规定的解散事由出现。

(3) 股东会或股东大会决议解散。(4) 保险公司被依法撤销。

需要注意:其一,对于经营寿险业务的保险公司解散,《保险法》明确规定了限制条件。即经营人寿保险业务的保险公司,除因分立、合并或者被依法撤销外,不得以章程约定或者股东会、股东大会决议为由自行解散。其二,无论何种原因,保险公司解散都必须经过保险监督管理机构批准,未经批准,保险公司不可自行解散。其三,保险公司解散,应当依法成立清算组进行清算。

2. 保险公司破产。是指保险公司不能支付到期债务,经保险监督管理机构同意或申请,由人民法院依法宣告破产,而终止公司业务经营活动并消灭其法人资格。《保险法》第 90 条规定:“保险公司有《中华人民共和国企业破产法》第二条规定情形的,经国务院保险监管机构同意,保险公司或者其债权人可以依法向人民法院申请重整、和解或者破产清算;国务院保险监督管理机构也可以依法向人民法院申请对该保险公司进行重整或者破产清算。”若和解或者重整成功,保险公司自可避免被宣告破产,否则,将进入破产清算程序,最终致其法人资格消灭。可见,保险公司破产,首先要经过保险监督管理机构同意,方可由人民法院宣告。保险法以保险监督管理机构同意为保险公司破产的先决条件,充分体现了保护被保险人利益的立法宗旨。

需要注意,保险公司的破产清偿顺序具有一定特殊性。《保险法》第 91 条规定:“破产财产在优先清偿破产费用和共益债务后,按照下列顺序清偿:(一)所欠职工工资和医疗、伤残补助、抚恤费用,所欠应当划入职工个人账户的基本养老保险、基本医疗保险费用,以及法律、行政法规规定应当支付给职工的补偿金;(二)赔偿或者给付保险金;(三)保险公司欠缴的除第(一)项规定以外的社会保险费用和所欠税款;(四)普通破产债权。破产财产不足以清偿同一顺序的清偿要求的,按照比例分配。”这条规定与一般工商企业破产财产清偿顺序相比,其特殊性在于将保险金置于所欠税款和公司债务之前优先受偿。虽然在保险原理上将保险金视为保险公司对投保方的负债,但保险法却未将其当做保险公司的一般债务来对待,这也体现了保险法对被保险人利益的特别保护。

无论保险公司因何种原因而终止,必须经过法定清算程序。清算程序依据《保险法》《公司法》《企业破产法》《民事诉讼法》的有关规定进行。

清算完结,清算组或者破产管理人应到工商行政管理机关办理保险公司注销登记,使其法人资格即时消灭,保险公司终止。

在保险公司终止中应注意的是人寿保险合同及准备金的转让问题。《保险法》第 92 条规定:“经营有人寿保险业务的保险公司被依法撤销或者被依法宣告破产的,其持有的人寿保险合同及责任准备金,必须转让给其他经营有人寿保险业务的保险公司;不能同其他保险公司达成转让协议的,由国务院保险监督管理机构指定经营有人寿保险业务的保险公司接受转让。转让或者由国务院保险监督管理机构指定接受转让前款规定的人寿保险合同及责任准备金的,应当维护被保险人、受益人的合法权益。”

该条规定充分体现了保障被保险人和受益人利益的立法意图,但在保险公司破产的情况下,一般而言公司资产和负债的缺口可能会极为巨大,而法律规定由保险监管机构指定其他保险公司接受保险合同的做法并无足够的正当性理由。因此,保险法规定,在保险公司被撤销或者被宣告破产时,应当统筹使用保险保障基金,向依法接受其人寿保险合同的保险公司提供救济。

第三节 保险经营监管

一、保险公司业务范围监管

(一) 保险公司业务范围及种类

所谓保险公司业务范围，是指法律规定对保险公司承保险种的明确限制和界定。

我国保险公司业务范围主要包括以下保险业务：

1. 财产保险业务。具体包括财产损失保险、责任保险、信用保险、保证保险等保险业务。在我国，海上保险主要适用海商法的规定。

2. 人身保险业务。具体包括人寿保险、健康保险、意外伤害保险等保险业务。

3. 再保险业务。具体包括两个方面：一是分出保险业务，即保险公司将所承保的业务的一部分分给其他保险公司承保的业务；二是分入保险业务，即保险公司接受其他保险公司分来的业务。保险公司经营再保险业务，需经保险监管机构批准。

4. 与保险有关的其他业务。经保险监管机构批准，保险公司还可以经营与保险有关的其他业务。诸如开展企业年金受托管理业务、失地农民养老保险业务等。

(二) 保险公司业务范围的限定原则

各国对保险公司业务范围的限制和界定，主要是指法律对保险公司“兼营”“兼业”和“专营”三个方面的规定。

1. 禁止保险兼营原则。也称保险分业经营原则，是指同一保险公司不得同时兼营财产保险业务和人身保险业务。财产保险公司以经营财产保险业务为限；人身保险公司以经营人身保险业务为限；同一保险公司只能经营财产保险或者人身保险其中一种业务，不得同时兼营。

考虑财产保险和人寿保险具有不同的特点，在保险标的、保险期限、保险风险等方面均有不同，且二者保险经营技术如保费厘定、保险赔付等方面也存在很多差异，如果同一保险公司同时经营财产保险和人寿保险难免顾此失彼，容易造成寿险准备金被占用，影响偿付能力，所以许多国家禁止保险公司兼营，实行分业经营原则。分业经营，不仅有利于保险业经营的稳健，而且有利于保险监管机构实施有效的管理。

我国保险法也确立了分业经营原则，《保险法》第 95 条第 2 款明确规定：“保险人不得兼营人身保险业务和财产保险业务。但是，经营财产保险业务的保险公司经国务院保险监督管理机构批准，可以经营短期健康保险业务和意外伤害保险业务。”

2. 禁止保险兼业原则。是指保险公司只能在保险监管机构批准的业务范围内从事经营活动，不得经营法定经营范围以外的业务。

对于保险兼业，很多国家均立法予以禁止。禁止保险兼业原则的确立及适用，其目的和意义在于，既可以避免保险公司力量分散，承担更多的非保险业务的经营风险，又有利于政府监管，可以更好地保护被保险人的利益。但禁止兼业可能会影响到本国金融机构的国际竞争力，因此，在 21 世纪初，英、日、美等发达国家逐步放开金融业间的经营壁垒，并对我国金融立法和金融体制产生了影响。我国《保险法》第 8 条规定，保险业和银行业、证券业、信托业实行分业经营、分业管理，保险公司与银行、证券、信托业务机构分别设立。国家另有规定的除外。这为金融业综合经营留出了法律空间。《保险法》还规定保险公司经批准可以经营与保险有关的其他业务，还可以设立保险资产管理公司等，意味着我国“禁止保险兼业”已动摇。

3. 保险专营原则。是指保险业务只能由依保险法设立的商业保险公司经营，非保险业者均不得经营保险或类似保险的业务。保险业以风险为经营对象，专业技术性强，社会影响广泛，因此，各国保险立法大多有保险专营的规定，以保护保险交易的安全、维护社会经济的稳定。

我国《保险法》也确立了保险专营原则，其第 6 条规定：“保险业务由依照本法设立的保险公司以及法律、行政法规规定的其他保险组织经营，其他单位和个人不得经营保险业务。”

二、保险条款和保险费率监管

我国现在对保险条款和保险费率的监管，不是直接参与制定和修订，而是针对不同险种，视其作用分别实行审批制和备案制。

我国《保险法》第 135 条规定，关系社会公众利益的保险险种、依法实行强制保险的险种和新开发的人寿保险险种等的保险条款和保险费率，应当报保险监督管理机构批准。保险监督管理机构审批时，应当遵循保护社会公众利益和防止不正当竞争的原则。其他保险险种的保险条款和保险费率，应当报保险监督管理机构备案。保险条款和保险费率审批、备案的具体办法，由保险监督管理机构制定。

三、保险公司偿付能力监管

所谓保险公司偿付能力，简言之，即保险公司履行赔偿或给付责任的能力。它体现了保险公司资金力量与其所承担的赔偿责任之间的对比关系，是保险公司对保险合同责任的资金保障程度的指标。广义来讲，对于保险公司偿付能力的监管主要表现为保险法对于保险公司资本金、营业保证金、公积金的规定以及对保险责任准备金和保险保障基金的制度安排，也包括保险监管机构对于保险公司偿付能力额度的监管等。以下分别予以说明：[①]

（一）提取保险责任准备金

保险责任准备金，是保险公司为保证其如约履行保险赔偿或给付义务而提取的与其所承担保险责任相对应的资金，主要包括未到期责任准备金和未决赔款准备金。

1. 未到期责任准备金。因为保险公司会计年度与保单期间不同，在会计年终决算时，必然有虽已收取但应属于为下一个年度承担保险责任的保险费，这部分保险费不应列为当年收入而应转为下一年度的收入。因此，以当年的视角，这部分保险费就是承担着未到期保险责任的准备金。

提取未到期责任准备金的原因在于：(1) 保险公司对保险合同的剩余期限仍负有承保责任；(2) 当保险合同期满前被依法解除时，其未到期部分的保险费一般应退还给投保人。如果严格遵照未到期责任准备金的本义即一单一提，虽然准确，但工作量太大，难以操作。所以实践中一般采取近似计算方法来计提未到期责任准备金，如采用年平均估算法或月平均估算法等。

2. 未决赔款准备金。是指在会计年度决算以前已经发生保险事故但尚未确定应否赔偿或

---

① 因为对于保险公司设立资本金和营业保证金问题在前文已有说明，保险公司公积金的提取遵照《公司法》等相关法律的规定，故此处均不再赘述。但规定高额的设立资本金、缴纳营业保证金、提取公积金都是保障保险公司偿付能力的措施。

给付保险金及其确切数额,则保险公司应当在当年收入的保险费中提取出来的赔款准备资金。未决赔款准备金与未到期责任准备金一样,都是保险公司为了承担将来可能发生的赔偿或给付责任而从保险费收入中提取的一种资金准备。但二者的提取方法和提取数额比例有所不同,因为未决赔款准备金在提取时保险事故已经发生,需要确认的往往只是损失的多少,所以一般需足额或基本足额提取。根据不同的保险业务特点,其提取方法一般采用个案估算法、平均值法或赔付率法等。

计提未决赔款准备金的原因在于:在保险公司会计年度内发生的赔案中,总有一部分在当年未能结案。保险公司对于这些已经发生的赔案,应依法提取未决赔款准备金计入当年的营业支出,以免虚增利润。

(二)提存保险保障基金

保险保障基金,即保险行业风险救助基金,是指根据法律规定,由保险公司缴纳形成,在保险公司被撤销、被宣告破产或在保险公司遇到重大危机等特定情况下,用于向投保方或者保单受让公司等提供救济的法定基金。保险保障基金由专门设立的保险保障基金公司依法负责筹集、管理和使用。[①]

保险公司提存保险保障基金的原因在于:(1)保险公司在经营过程中,不可回避地要面对较长周期可能发生的巨灾赔款,这必然会对保险公司的财务稳定性造成巨大冲击,给保险公司的偿付能力带来重大威胁,甚至会危及整个保险行业的存续和发展。而未到期责任准备金、未决赔款准备金以及再保险机制往往都难以解决保险公司在业务上可能出现的这种年度波动,难以解决巨灾危险的分摊问题。(2)市场经济中的任何主体,包括保险公司,都有可能因为经营不善等原因而导致被撤销或破产,这必将严重影响投保方对保险的期待利益,甚或引发社会问题。(3)保险的本义和职能要求政府监管机构要采取必要的措施,来保证保险行业经营的稳定性,最终维护被保险人的利益,而建立保险保障基金是一种较为有效的制度安排。

(三)偿付能力额度监管

1. 偿付能力额度。也可称为偿付能力标准,是指保险公司偿付能力的指标化和量化。偿付能力是保险公司履行赔偿或给付责任的能力。但这是一个抽象的概念,不能揭示保险公司具体的偿付能力程度。而偿付能力额度则通过运用科学公式和指标体系以及具体的计算,在量上直观地显现保险公司的偿付能力。

偿付能力额度,在运用上主要有两个核心概念:一是最低偿付能力额度,是保险监管机构规定的保险公司所应具有的偿付能力的最低标准;二是实际偿付能力额度,是按照保险监管机构的规定计算出的保险公司所实际具有的偿付能力的额度。国家对保险公司偿付能力最直接有效的监管手段,就是规定法定最低偿付能力额度,并监督各保险公司的实际偿付能力额度不能低于这个标准。如果保险公司的实际偿付能力额度低于法定最低偿付能力额度时,政府保险监管机构就要对该保险公司采取相应的监管措施。

2. 最低偿付能力额度。我国《保险法》第101条规定,保险公司应当具有与其业务规模相适应的最低偿付能力。保险公司的认可资产减去认可负债的差额不得低于保险监督管理机构规定

---

① 中国保监会、国家财政部、中国人民银行于2008年9月11日颁布《保险保障基金管理办法》,共7章36条,详细规定了保险保障基金的筹集、使用、管理和监督等有关问题。

的数额;低于规定数额的,应当按照保险监督管理机构的要求采取相应措施达到规定的数额。[①]

3. 对实际偿付能力额度低于最低偿付能力额度的保险公司的监管。中国保监会对实际偿付能力额度低于最低偿付能力额度的保险公司,一般是根据该保险公司的偿付能力充足率情况决定采取何种监管措施。偿付能力充足率等于实际偿付能力额度除以最低偿付能力额度。对偿付能力充足率低于100%的保险公司,中国保监会可将该公司列为重点监管对象,根据具体情况采取责令增加资本金或者限制向股东分红、限制资金运用渠道、接管等一项或多项监管措施。

四、保险公司经营风险监管

保险业是经营风险的特殊行业,因此,加强对保险公司经营风险的监管,对于保障保险业的稳定和发展以及维护被保险人的利益也十分重要。我国《保险法》对于保险公司经营风险的监管,主要表现为对保险公司自留保险费总额和单一承保责任两个方面的限制,并规定保险公司应按照保险监管机构的规定办理再保险。

(一) 自留保险费总额的限制

我国《保险法》第102条规定:"经营财产保险业务的保险公司当年自留保险费,不得超过其实有资本金加公积金总和的四倍。"限制财险公司承担过大风险的一个基本方法就是限制其自留保险费的数额,可以说,保险公司的承保能力要受其资产规模的制约。

(二) 单一承保责任的限制

如果保险公司承保的一个危险单位的保险标的数额过大,一旦这些保单出现理赔,保险公司就可能会因此陷入财务危机。所以,现代保险法为了保障保险公司稳健经营,大都对保险公司单一承保责任予以限制。

我国《保险法》第103条规定:"保险公司对每一危险单位,即对一次保险事故可能造成的最大损失范围所承担的责任,不得超过其实有资本金加公积金总和的百分之十;超过的部分应当办理再保险。"也就是说,保险公司可以接受大额保单,但其自留责任最多不得超过其资本金加公积金总和的10%,其余部分应办理分保。这是以一个危险单位所发生的赔款额为限来划分自留风险和分保风险的。

需要说明,"危险单位"的标准是由保险公司来定的,不同的标准,其结果可能差异很大。如果任由保险公司自己来计算危险单位,则容易发生故意缩小危险单位、盲目扩大业务的现象。因此,我国《保险法》第104条规定:"保险公司对危险单位的划分方法和巨灾风险安排方案,应当报国务院保险监督管理机构备案。"

五、保险公司资金运用监管

(一) 保险公司资金运用及监管的意义

保险公司资金运用,也称保险投资,是指保险公司在经营过程中,将积聚的部分保险资金用于投资或融资,使其收益增值的活动。而保险公司资金运用监管是指政府保险监管机构依法对保险公司资金运用活动的监督和管理,也就是保险监管机构通过法律和行政手段对保险公司投

① 中国保监会于2008年7月10日颁布了《保险公司偿付能力管理规定》,规定了偿付能力监管的具体办法。

资的规范和限制,以保证保险公司偿付能力,保护被保险人利益。

保险公司的运营机制,就是集合危险,收取保费,建立保险基金,然后用保险基金对投保方的保险损失进行补偿。这种机制决定了在收取保费与支付保险金之间存在一个时间差,而这个时间差就使得保险公司一直掌握一笔与其经营规模相适应的稳定的保险基金。对于这一大笔相对稳定的保险基金,如果任其闲置则是浪费。保险公司掌握的雄厚资本和巨额保险基金使得投资不仅可能而且必要。目前,无论是发达国家还是发展中国家,保险公司都已把资金运用作为其重要业务之一,其收益已是保险公司的一项重要收入来源,资金运用也已成为整个保险经营活动不可分割的有机组成部分。

尽管如此,但投资必然存有风险,资金运用不当必会危及保险公司的偿付能力,损及投保方甚至公共利益,影响保险职能的发挥。因此,保险公司资金运用监管也十分必要。

(二) 保险公司资金运用的原则

我国《保险法》第106条第1款对保险公司资金运用规定了总的要求和基本原则:"保险公司的资金运用必须稳健,遵循安全性原则。"具体而言,应坚持以下四项原则:

1. 安全性原则。对于投资来讲,就是要保值。安全性原则,就是要求保险公司资金运用,不能冒险逐利,而必须要坚持安全返回的原则,这是保险公司资金运用的最基本原则。

2. 效益性原则。所谓效益性,就是要追求经济利益,即要增值。效益性原则体现了保险公司资金运用的直接目的,即在保证安全的前提下,还要追求保险投资资金的增值。不追求增值,便无资金运用之必要。但是,按照投资学的基本原理:风险越大,收益越高;风险越小,收益越低。这就要求保险公司资金运用,必须要在安全性和效益性之间选择一种最理想的搭配。

3. 流动性原则。所谓流动性,也称变现性,就是在不损失价值的情况下,把资产及时变成现金的能力。这个概念有两个前提要求:其一,在资产变现时不能明显损失价值;其二,应在短时内变现。符合这两个前提条件的投资,称为具有流动性。为了满足随时可能发生的保险赔付的需要,运用中的保险资金必须保持足够的流动性。需要注意,不同的保险业务,对资金流动性的要求不尽相同。在理论上,财险一般期限较短,且损失发生较不规则,因此对资金运用的流动性要求较高;寿险一般期限较长,保险责任发生相对较有规律,因此对资金运用的流动性要求较低。

4. 多样性原则。这一原则是安全性、效益性和流动性原则的要求在保险投资领域的综合体现。所谓多样性,包括两个方面的含义:一是指投资范围应广泛化。保险公司资金运用不宜集中在一个行业、一个地区、一个部门或一个项目上,而应该在广泛的领域分散投资,以避免风险集中,一损俱损。二是指投资方式应多样化。保险公司资金运用的形式要多种多样,取长补短,互相搭配,以在总体上兼顾安全、效益和流动性。因此,多样性原则,就是要求保险公司在资金运用中,要科学地采用多种多样的投资方式,在广泛的领域分散投资。

以上四项原则,既相互联系又相互制约,各项原则要兼顾。效益性是保险公司资金运用的目标,安全性是前提,流动性是基础,多样性是手段。因此,在保险公司资金运用中,稳健的经营不是先追求效益,而是先要保证资金的安全。只有采用多种多样的方式分散投资,在可以随时变现的基础上再努力提高投资的效益才是最佳的资金运用途径。

(三) 保险公司资金运用的限制

对保险投资活动的监管主要是对投资的范围和形式的监管。我国《保险法》第106条规定,保险公司的资金运用,限于银行存款,买卖债券、股票、证券投资基金份额等有价证券,投资不动产以及国务院规定的其他资金运用形式。

近年来,我国保险公司资金运用范围不断拓宽,形式不断多样化。中国保监会根据国务院的决定和保险业发展的需要,先后出台了一系列规章和规范性文件,允许保险公司投资可转换债券,发行次级债,直接投资股票市场等领域,在一定程度上解决了保险公司资金运用多元化的问题。

保险公司资金运用模式主要有内设投资部门投资模式、委托外部机构投资模式、专业化控股投资模式等。我国保险法规定,保险公司可以设立保险资产管理公司,从事证券投资活动。

尽管放松保险公司资金运用限制有利于保险业的发展,但仍应坚持严格的风险防范,保险监管的重点应放在保险公司投资比例和额度方面,加强保险资金运用的调控和指引,实行资金运用的分类监管和深度控制,确保保险资金的安全。

六、保险公司市场行为监管

(一) 对保险市场竞争行为的限制

随着保险市场的发展与完善,保险业务竞争不可避免。竞争是市场经济的内在要求,但应当有规则地进行。

保险市场的不正当竞争,其主要手段有两种:一是不适当地降低保险费率;二是给予保险合同规定以外的保险费回扣或其他利益。大而言之,可归于产品倾销和商业贿赂问题,而这两个问题,究其本质,均为商品价格问题。因为保险是一种特殊商品,其“价格”有其特殊规律,所以保险业的竞争主要应是非价格的竞争,采取过度降低保费的方法争夺保户,往往会危及保险公司的偿付能力。

我国保险法规对保险商品“价格”问题也有限制性的规定,保险机构不得擅自降低或变相降低保险费率,或者扩大保险责任范围开展保险业务,进行恶性竞争。保险机构也不得向投保人、被保险人、受益人及其利害关系人提供或承诺提供保险费回扣或违法、违规的其他利益。

另外,我国保险法对于政府垄断以及其他形式的不正当竞争行为也予以限制。诸如规定:保险机构不得利用政府部门及其所属部门、垄断性企业或组织,排挤、阻碍其他保险机构开展保险业务;保险机构不得捏造、散布虚伪事实,损害其他保险机构的信誉;保险机构不得劝诱投保人或被保险人解除与其他保险公司的保险合同等。

(二) 对保险业务行为的限制

对保险业务行为的限制主要是防止保险公司和保险中介机构的欺诈行为,如保险公司的不真实宣传和虚假广告行为,通过对保单歪曲说明或错误陈述诱骗投保行为,保险公司恶意拒赔行为等。这些行为有悖合同诚信原则,有损投保方的利益,需要监管规制。

我国《保险法》第116条明确规定了保险公司及其工作人员的从业禁止行为:(1) 欺骗投保人、被保险人或者受益人;(2) 对投保人隐瞒与保险合同有关的重要情况;(3) 阻碍投保人履行本法规定的如实告知义务,或者诱导其不履行本法规定的如实告知义务;(4) 给予或者承诺给予投保人、被保险人、受益人保险合同约定以外的保险费回扣或者其他利益;(5) 拒不依法履行保险合同约定的赔偿或者给付保险金义务;(6) 故意编造未曾发生的保险事故、虚构保险合同或者故意夸大已经发生的保险事故的损失程度进行虚假理赔,骗取保险金或者牟取其他不正当利益;(7) 挪用、截留、侵占保险费;(8) 委托未取得合法资格的机构从事保险销售活动;(9) 利用开展保险业务为其他机构或者个人牟取不正当利益;(10) 利用保险代理人、保险经纪人或者保险评估机构,从事以虚构保险中介业务或者编造退保等方式套取费用等违法活动;(11) 以捏造、散布虚假事实等方式损害竞争对手的商业信誉,或者以其他不正当竞争行为扰乱保险市场秩序;(12) 泄露在业务活动中知悉的投保人、被保险人的商业秘密;(13) 违反法律、行政法规和国务院保险监督管理机构规定的其他行为。

第四节 保险中介人监管

一、保险中介人及其监管概述

保险中介人,也称保险市场辅助人或保险辅助人,是指与保险合同的订立或履行有一定中介或辅助关系的人。

保险中介人主要包括保险代理人、保险经纪人和保险公估人。我国《保险法》第 5 章是对保险代理人和保险经纪人的专门规定,但未涉及保险公估人。中国保监会对保险中介人实施监管的依据主要是保监会颁布的《保险专业代理机构监管规定》《保险经纪机构监管规定》和《保险公估机构监管规定》。中国保监会依法对我国境内的保险中介人实施监督管理,在我国境内经营保险中介业务的机构必须经中国保监会批准。本书为避免重复叙述,除非必要,将保险代理人、保险经纪人和保险公估人统称为保险中介人或保险中介机构。

(一) 保险代理人

我国《保险法》第 117 条规定:"保险代理人是根据保险人的委托,向保险人收取佣金,并在保险人授权的范围内代为办理保险业务的机构或者个人。"

保险代理制度究其本质,当属于民事代理制度,故完全适用民法关于民事代理的规定。具体而言,保险代理人与被代理人的法律关系主要表现为:保险人委托保险代理人代为办理保险业务的,应当与保险代理人签订委托代理协议,依法约定双方的权利和义务及其他代理事项。保险代理人根据保险人的授权代为办理保险业务的行为,由保险人承担责任。保险代理人没有代理权、超越代理权或者代理权终止后以保险人名义订立合同,使投保人有理由相信其有代理权的,该代理行为有效。保险人可以依法追究越权的保险代理人的责任。

基于理论或实践的需要,保险代理人依据不同标准可有不同分类:

1. 依据代理人的主体特征,可分为单位保险代理人和个人保险代理人。单位保险代理人一般是独立于保险公司以外的保险代理机构,广义理解,既包括专门从事保险代理业务的专业保险代理机构,也包括兼业从事某方面保险代理业务的单位。个人保险代理人,一般是指与保险公司有委托代理关系的保险营销员。按照我国《保险法》的规定,个人保险代理人在代为办理人寿保险业务时,不得同时接受两个以上保险人的委托。

2. 依据代理人的职业特征,可分为兼业保险代理人和专业保险代理人。兼业保险代理人是指受保险人委托,在从事自身业务之外,兼营保险代理业务的单位。兼业保险代理人可以通过代理与其主营业务相关的保险产品,方便投保人投保。我国目前常见的兼业保险代理主要有银行代理、航空铁路等特种行业代理、企业特种险种代理以及群众团体特种险种代理等形式。专业保险代理人是指受保险人委托,专职从事保险代理业务的单位,在我国一般称作保险专业代理机构。所谓保险专业代理机构是指具备保险监督管理机构规定的资格条件，取得经营保险代理业务许可证，根据保险人的委托，向保险人收取佣金，在保险人授权的范围内代为办理保险业务的机构，包括保险专业代理公司及其分支机构。

3. 依据代理人的经营职责，可分为保险展业代理人和保险理赔代理人。保险展业代理人的主要经营职责是进行保险宣传，推销保险产品。保险理赔代理人则是专门代理保险人进行现场查勘、检验、定损、赔付等理赔工作。

在我国保险市场上，保险中介人中起步较早、规模较大、业务份额较高的当数保险代理人。尤其在一些业务量较小、业务面较广的分散险种上，保险代理人发挥着独特的优势。

（二）保险经纪人

我国《保险法》第 118 条规定："保险经纪人是基于投保人的利益，为投保人与保险人订立保险合同提供中介服务，并依法收取佣金的机构。"保险经纪人在我国一般称为保险经纪机构，其法律地位与一般商业居间人大致相同。

对于投保方来说，保险经纪人的专业知识和业务经验尤为重要。保险经纪人可以帮助被保险人以最低的保费获得最优承保，在保险索赔时，则有可能使被保险人在保险范围内得到最大限度的补偿。对于保险人来说，保险经纪人对其同样有益。现在，世界上大部分保险业务都是通过保险经纪人来完成的。

当然，保险经纪人的作用也有消极的一面。如果对保险经纪人缺乏规制，就可能会导致经纪人在经纪活动中，假中介之名，行欺诈之实，扰乱市场秩序。因此，对保险经纪行业的依法监管也十分必要。

保险经纪包括直接保险经纪和再保险经纪。直接保险经纪是指保险经纪公司与投保人签订委托合同，基于投保人或被保险人的利益，为投保人与保险人订立保险合同提供中介服务，并按约定收取中介费用的经纪行为。再保险经纪是指保险经纪公司为原保险人与再保险人提供业务中介服务，并按约定收取中介费用的经纪行为。

保险经纪人从事保险经纪活动应当遵循合法、自愿、诚实信用和公平竞争原则。因保险经纪人在办理保险业务中的过错，给投保人、被保险人造成损失的，由保险经纪人承担赔偿责任。

（三）保险公估人

保险公估人，是指接受委托专门从事保险标的或者保险事故的评估、勘验、鉴定、估损、估损理算等业务，并按约定收取报酬的人。保险公估人在我国一般被称作保险公估机构。保险公估机构从事保险公估业务应当遵循合法、独立、客观、公正、公平的原则，其行为后果由其自己承担。

综上，保险中介人是保险公司与投保方之间的市场活动媒介，大多数的保险业务都是通过保险中介进行或完成的，发达的保险中介市场对促进保险业的发展具有重要意义。对保险中介机构的监管，其目的在于规范保险中介机构经营行为，保护投保人、被保险人的合法权益，维护公平竞争的市场秩序，促进保险业健康发展。

在我国，保险中介人监管的主体是中国保监会，中国保监会根据《保险法》和国务院授权，对保险中介人履行监管职责，主要对保险中介人市场准入和经营活动实施监管。

二、保险中介机构组织监管

保险中介机构主要包括保险专业代理机构、保险经纪机构和保险公估机构。保险中介机构一般可以采取有限责任公司、股份有限公司组织形式，保险公估机构还可以采取合伙企业组织形式。保险中介机构的名称中，应包含反映其业务类别的“保险代理”“保险经纪”或“保险公估”的字样。

设立保险中介机构除应满足法律法规对相应组织形态的一般要求外，通常还需满足保险法律法规对投资主体资格、高级管理人员和从业人员资格的要求，如学历、相关工作或任职经历、执业资格等。经营保险中介业务，应申请取得由中国保监会颁发的经营保险中介业务许可证和工商行政管理部门颁发的营业执照。

保险中介机构分立、合并、变更组织形式，设立分支机构或者解散的，应当经保险监督管理机构批准。

三、保险中介机构经营监管

（一）保险中介机构的业务范围

保险专业代理机构可以经营下列业务：(1) 代理销售保险产品。(2) 代理收取保险费。(3) 代理相关业务的损失勘查和理赔。(4) 办理保险公司委托的其他业务。

保险经纪机构可以经营下列业务：(1) 为投保人拟订投保方案、选择保险人、办理投保手续。(2) 协助被保险人或受益人进行索赔。(3) 再保险经纪业务。(4) 为委托人提供防灾、防损或风险评估、风险管理咨询服务。(5) 中国保监会批准的其他业务。

保险公估机构可以经营下列业务：(1) 保险标的承保前或承保后的检验、估价及风险评估。(2) 对保险标的出险后的查勘、检验、估损理算及出险保险标的残值处理。(3) 风险管理咨询。(4) 中国保监会批准的其他业务。

（二）保险中介机构业务规则

1. 保险中介机构应按其注册资本或出资额的一定比例缴存营业保证金，或按中国保监会的规定购买职业责任保险。

2. 保险中介机构应依法与其委托人订立书面委托合同。

3. 保险中介机构业务人员在开展业务过程中，应明确告知客户有关保险中介机构的名称、住所、业务范围、联系方式、法律责任等事项。

4. 保险中介机构应保守在经营过程中知悉的当事人的商业秘密。

5. 保险中介机构应按规定按时向保险监管机构报送营业报告、财务会计报告及有关报表和资料。

此外，保险中介机构根据中国保监会的规定，应对其从业人员进行保险业务知识的培训，还应建立详细的业务记录并妥善保管业务资料。

（三）保险中介机构的业务禁止行为

我国《保险法》第 131 条规定：保险代理人、保险经纪人及其从业人员在办理保险业务活动中不得有下列行为：(1) 欺骗保险人、投保人、被保险人或者受益人；(2) 隐瞒与保险合同有关的重要情况；(3) 阻碍投保人履行本法规定的如实告知义务，或者诱导其不履行本法规定的如实告知义务；(4) 给予或者承诺给予投保人、被保险人或者受益人保险合同约定以外的利益；(5) 利用行政权力、职务或者职业便利以及其他不正当手段强迫、引诱或者限制投保人订立保险合同；(6) 伪造、擅自变更保险合同，或者为保险合同当事人提供虚假证明材料；(7) 挪用、截留、侵占保险费或者保险金；(8) 利用业务便利为其他机构或者个人牟取不正当利益；(9) 串通投保人、被保险人或者受益人,骗取保险金;(10)泄露在业务活动中知悉的保险人、投保人、被保险人的商业秘密。

【本章前沿问题】

□ 混业经营的发展对我国保险业的启示

我国保险业,虽说已在现行分业经营的制度框架内,与银行、证券等诸行业之间建构起多种形式的业务合作关系。但总体上说,其依旧缺乏应有的制度基础。

转型时期的我国银、证、保业务合作,应在下述几方面进一步展开:一是客户资源共享;二是建立客户理财中心;三是相互代理产品销售、建立金融超市;四是共同创新金融产品。此外,还应使金融资本在现行分业经营的制度框架内,通过金融控股公司这一组织形式,发挥金融企业集团综合经营的优势,形成协同作战和整体效应,为银、证、保三业的业务合作夯实制度基础。

鉴于当今金融一体化的发展不断加速,我国的金融业除应继续强化已有的业务合作关系,使银、证、保三业形成合力之外,加快金融体制改革,尽快实现真正的金融混业经营,可谓一种必然选择。

□ 保险资金的运用问题

国外保险公司资金运用模式主要有:通过全资或控股子公司运作、内设投资机构运作、委托专业化投资机构运作等。

国外保险公司保险资金运用的特点如下:(1)保险投资方式比较灵活,不同保险公司可根据自身的特点选择投资方式,将盈利性大、流动性强和安全性高的不同投资方式进行有效的投资组合。(2)在规定投资方式的同时规定投资比例,从而为控制投资风险提供保障。(3)证券投资是保险投资的主要组成部分。(4)保险投资的结构比重因产、寿险不同而不同。产险业投资要求的流动性高于寿险业,而寿险业投资要求的盈利性和安全性高于产险业。

相比之下,我国保险资金的运用渠道还显得非常狭窄,投资方式还不够灵活,显然这与我国目前保险业发展的现状是不相匹配的,亟需加快保险资金运用政策调整的步伐。

【本章思考题】

1. 试述保险业法的性质和内容体系。
2. 简述整顿与接管的区别。
3. 简述保险公司的组织形式。
4. 简述保险公司终止的原因。
5. 试述保险公司业务范围及其限定原则。
6. 试述我国保险公司偿付能力监管法律制度的内容。
7. 简述保险公司资金运用的原则。
8. 简述保险代理人和保险经纪人的区别。

本编参考文献

[1] 邹海林. 保险法. 北京:人民法院出版社,1998.

[2] 秦道夫. 保险法论. 北京:机械工业出版社,2000.

[3] 周玉华. 保险合同与保险索赔理赔. 北京:人民法院出版社,2001.

[4] 李玉泉. 保险法(第二版). 北京:法律出版社,2003.

[5] 温世扬. 保险法. 北京:法律出版社,2003.

[6] 覃有土,樊启荣. 保险法学. 北京:高等教育出版社,2003.

[7] 江朝国.保险法基础理论.北京:中国政法大学出版社,2002.

[8] 王萍. 保险利益研究. 北京:机械工业出版社,2004.

[9] 郭宏彬. 保险监管法律制度研究. 长春:吉林人民出版社,2004.

[10] 史学瀛,郭宏彬. 保险法前沿问题案例研究. 北京:中国经济出版社,2001.

[11] 尹田.中国保险市场的法律调整.北京:社会科学文献出版社,2000.

[12] 邓成明.中外保险法律制度比较研究.北京:知识产权出版社,2002.

[13] 邓洪涛,郑功成. 保险学. 北京:中国人民大学出版社,2000.

【案例研讨】

1. 车损险“无责免赔”条款的法律效力
2. 谢母诉信诚人寿保险公司案

(请扫描二维码或访问 http://2d.hep.cn/1322654/6)

第七编

破　产　法

第一章　破产法概述

【导语】

破产是商品经济社会发展到一定阶段必然出现的法律现象。破产法是商品经济社会法律体系的重要组成部分。学习破产法首先应研习破产的概念与破产法的性质和意义，以及破产法的立法准则、历史沿革，并了解我国破产法的立法状况和一般规则。

本章的学习重点在于破产与破产法的概念、破产法的性质和意义以及破产法的立法准则。

第一节　破产和破产法

一、破产的概念

破产既是一种事实状态，也是一种法律程序。前者是指债务人不能清偿到期债务的客观事实状态；后者则是指在债务人无力偿债的情况下公平清理债务的法律程序。

传统破产法上，债务人无力偿债必然导致倒闭清算的结局。因此，破产程序主要以破产清算为核心展开。清算的目的是强制将债务人的财产加以变卖并在债权人中间进行公平分配。

现代破产法下，债务人无力偿债并不必然导致破产清算程序的发生。因此，在法律程序的意义上，“破产”也不再与“破产清算”相等同。破产程序不仅包括以变价、分配为目标的清算制度，还包括以企业再建为目标的重整及和解制度。

可见，在破产法上，“破产”一词有多重含义，而且其内涵也随着破产法的演进而不断丰富和发展。对于破产概念的理解，需要注意以下几点：

1. 传统破产概念与现代破产概念。传统的破产概念以破产为法律事件，把倒闭清算作为债务人无力偿债的必然结果。而现代的破产概念则以破产为事实状态，在这种事实状态下存在着多种不同的处理方式和可能的结果。现代破产法尤其注重通过某种拯救程序使企业复兴的法律政策。

2. 作为事实状态的破产概念与作为法律程序的破产概念。按照现代破产概念，无力偿债的事实状态只是适用破产程序的必要原因（破产原因）。没有破产原因就没有破产程序的适用，但破产原因的存在并不必然导致破产程序的适用。在无力偿债的事实状态下，人们可以运用司法上的破产程序来清理债务，也可以采用法庭外的适当程序或方法来处理债务人的债务清偿问题。

3. 广义的破产程序与狭义的破产程序。就破产程序而论，有广义与狭义之分。广义的破产程序包括破产法上的各种债务清理程序，无论再建型的程序还是清算型的程序。狭义的破产程序仅指破产清算程序，它实际上是传统破产概念的延续。

二、破产法的性质

（一）债务清偿法与企业法

1. 破产法是债务清偿法。市场经济条件下的破产法首先是债务清偿法。从破产法的角度讲，破产就是在债务人无力清偿到期债务时，依法在债务人现有财产的范围内，实现多数债权人之间的公平清偿。破产法的首要任务是在债务人无力偿债的特殊情况下建立债务清偿的公平秩序。

2. 破产法是企业法。现代的商事主体主要为企业。现代企业，尤其是公司，是产权社会化、交易集合化和财产人格化的产物。在现代社会的经济活动中，企业是最重要的资源拥有者和交易主体。从本质上讲，企业是有组织财产的集合体，企业的生命系于其财产。当一个企业陷入不能清偿到期债务的财务困境时，按照债务清偿秩序的要求，它的全部财产就应当成为债权人集体受偿的标的。而一旦企业(尤其是公司)失去其赖以生存的财产，它的法律人格即无法存续。一般说来，破产法可以淘汰技术落后或者经营不善的企业，同时通过清算变价和分配使破产企业的财产转移到能够更有效利用这些资源的企业手里，从而实现产业结构和资源配置的优化。所以，从企业法的角度讲，破产法是一种企业优胜劣汰的机制。

但是，在某些情况下，企业陷入困境不一定是因为其技术落后或经营不善，外来的因素如市场波动、经济萧条或其他意外风险也可能使一些优良的企业陷入债务困境。另外，当这些企业被清算时，往往会伴随着巨大的财产流失。为此，现代破产法设立了重整、和解等制度，以帮助企业恢复生机。所以，从企业法的角度看，破产法也是一种企业解困复兴的机制。

3. 破产法是债务清偿法与企业法的结合。就企业破产而论，破产法担负着双重任务：公平清理债务和治理困境企业。总的来说，这两个任务是相辅相成的。一方面，通过重整、和解等企业拯救制度，使债务人得以复兴，从而为债权人的权利实现提供较为有利的条件；另一方面，通过破产清算，淘汰那些无法挽救的企业，从而将其现有财产用于对债权人的公平分配。破产法应当尽可能求得债务清偿法目标与企业法目标之间的统一。

(二) 实体法与程序法

1. 破产法的实体法规范。处理债务人无力偿债事件，总是会涉及债权债务、物权、法律关系主体的法律人格和法律责任问题。这些都属于实体法规范的对象。而处理这类事件所适用的实体法规范，又可分为两类。一类是普通实体规范，即在破产案件和非破产案件中均得适用的实体法律规范，如物权法、债与合同法、担保法、公司法、合伙法、票据法、保险法、劳动法、税法等法律中的有关规定。另一类是特殊实体规范，即仅适用于破产案件的实体性规范，如：有关破产财产、破产债权、破产无效行为、破产撤销权、破产取回权、破产抵销权、别除权、破产免责、破产违法行为的法律责任等制度和规则。这些特殊实体规范，构成了破产法的重要组成部分。

2. 破产法的程序法规范。破产法以债务清偿为首要任务。从债务清偿的角度讲，破产程序属于执行程序的范畴。因为，破产程序要解决的不是民事权利的争议，而是既定民事权利的实现。破产程序是全体债权人集体受偿的程序，属于一般执行程序。集体受偿是破产程序的一个显著特征，也是破产法的一项基本原则。

3. 破产法是实体法与程序法的结合。破产制度是在债务人无力偿债情况下，通过一定法律程序，运用一系列涉及当事人权利义务的调整手段，实现公平债务清理和治理困境企业的综合性方案。在这一方案中，调整实体权利义务的法律政策和规则对于实现债务清理和企业治理的制度目标起着决定性的作用，而程序则为这种清理和治理的过程提供了秩序保障。

(三) 私法与公法

在破产程序中，同时存在着国家干预和当事人自由意志的空间，但它们有各自不同的活动范围。例如，法院的裁定是国家司法权力的体现，而债权人会议的决议则是当事人自由意志的表现。破产法应当对需要由法院裁定的事项和需要由债权人会议决定的事项作出明确的规定。

当事人自治在破产法上集中体现在两个方面：一是债权人自治原则。按照这一原则，法院在破产程序中主要决定程序问题，而有关债权人实体权利的问题，主要由债权人自己决定。在多数情况下，债权人是通过债权人会议集体地表达意志和行使权利的。二是法律并不强行规定必须通过司法程序处理无力偿债事件。破产法给了债权人和债务人以协商解决的广阔空间。

综上，可以对破产法的性质总结如下：

1. 破产法的规范类型具有综合性。破产法所要解决的债务人无力偿债的问题，是一个涉及多种社会关系和多方利益诉求，同时又关系到社会的经济发展和政治安定的问题，因此，它具有多重的目标，需要运用多种法律机制进行综合调整。破产法规范类型的综合性，决定了其作用的多重性。

2. 破产法是特别法。破产法是以无力偿债事件为对象，依据特定的政策目标而制定的法律规范。破产法与普通的民法、商事法和民事诉讼法之间既有联系也有区别。破产法的规则在基本原则和法律概念上，应当尽可能与普通法律保持一致，以实现规范协同。另外，破产法又有一系列不同于普通法律的特殊规则。所以，在处理破产案件时，破产法规则总是处于优先适用的地位。

三、破产法的意义

1. 对债权人来说，通过破产程序，可以使他们的债权请求得到公正的待遇，避免了在缺乏公平清偿秩序的情况下可能受到的损害。

2. 对债务人企业来说，破产制度可以起到两种作用，一是淘汰落后，二是起死回生。对于破产自然人，破产制度还为他们提供了重新开始的机会。

3. 对社会来说，破产制度的意义有三。首先，通过规范破产行为，维护正常的债务清偿秩序。其次，妥善处理破产事件，减少其消极影响，维护社会安定。最后，通过优胜劣汰机制，实现资源优化组合，促进经济发展。

第二节 破产法的立法准则

在不同的国家和不同的历史时期，对于破产法的若干法律问题，存在着不同的立法范例。从这些立法范例中，可以归纳出各种立法准则。这些不同的立法准则，反映了破产法在不同社会历史条件下的差异性和变异性。

一、商人破产主义与一般破产主义

关于破产法的适用范围，存在着商人破产主义和一般破产主义两种立法准则。商人破产主义主张破产法仅适用于商人破产。该立法准则曾为法国、意大利、比利时等法国法系国家所采用。一般破产主义则主张破产法适用于一切破产事件，无论是商人破产还是非商人破产。该立法准则为德国、奥地利、日本等德国法系国家以及英美法系国家所采用。目前，绝大多数国家采用一般破产主义。

二、清算主义与再建主义

关于破产程序的目的，存在着清算主义和再建主义两种立法体例。清算主义主张，破产程序的目的是将债务人的全部财产用于清偿全部负债。再建主义主张在保全债务人资产和营业的基础上，通过一定的偿债安排，使债务人企业得以拯救与复兴，并使债权人得到清偿。这种区分是在 20 世纪 70 年代以后的全球性破产法改革运动中被提出的。

当今破产法改革的趋势是强调再建主义，但并不否定清算程序。不过，各国在再建程序和清算程序的适用顺序问题上，有前置主义和并列主义两种体例。前者将再建程序置于优先适用的地位，只有当再建程序不能奏效时才转为清算程序。后者将两类程序并列，当事人对适用何种程序有选择的自由。法国 1985 年《困境企业司法重整及清算法》(已于 2001 年编入商法典第 6 卷《困境企业》)是前置主义的代表。当前多数国家的破产立法实行并列主义。

三、惩罚主义与非惩罚主义

在自然人破产的情况下，对破产人的人身权利，存在着惩罚主义和非惩罚主义两种立法准则。惩罚主义以限制或剥夺破产人的人身自由和具有人身性质的权利为破产程序的必然结果。破产人被限制或剥夺的自由和权利，必须在破产程序终结以后，依照法定复权条件恢复，故含有惩罚之意。非惩罚主义不以破产人人身自由的拘束为破产程序的结果，或者仅以这种拘束为破产程序的辅助条件，其目的在于保证破产程序的进行，而一旦破产程序完成即自行解除，并无惩罚之意。

现代各国破产法在自然人破产问题上的基本政策是给予债务人重新开始的机会，故一般采用非惩罚主义。但是，对于有破产欺诈等违法行为者，以及有渎职行为的企业负责人，仍予以制裁。

四、免责主义与不免责主义

在自然人破产的情况下，对于在程序终结后的债务清偿责任，存在着免责主义和不免责主义两种立法准则。免责主义主张于破产程序终结后免除债务人在破产程序中无法清偿的债务，使其得以解脱。不免责主义则主张，在破产程序终结后，债务未清偿的部分依然存续，债务人于日后恢复偿债能力时，仍须负清偿之责。不免责主义注重对债权人的保护，但对债务人过于严酷。使债务人长期甚至终身陷于债务牢笼的政策，既不人道，也不利于经济发展和社会安宁。早期的破产法实行不免责主义。免责主义源于英国，进而扩及英美法系，最后扩及大陆法系，现为各国破产法所普遍采用。

五、属地主义与普及主义

关于破产程序的域外效力，存在着属地主义与普及主义两种立法体例。属地主义主张，域内的破产程序不对债务人位于域外的财产直接发生效力，同样，域外的破产程序也不对债务人位于域内的财产直接发生效力。普及主义则主张，承认域内破产程序的域外效力和域外破产程序的域内效力，即一内国法院所作的破产宣告，不仅及于破产人在宣告国的财产，而且及于其在国外的财产，以便使债权人得到更充分的保护。迄今为止，只有少数国家有处理跨国界破产的普及主义法律框架。但是,近年来,国际上推动各国破产法转向普及主义的潮流正变得越来越强劲。一个显著的例证就是 1997 年联合国贸易法委员会通过的《跨国界破产示范法》(Model Law on Cross-Border Insolvency)。

第三节 破产法的历史沿革

一、大陆法系

(一) 罗马法时期

早期罗马法,在债务执行方面采用人身执行制度。随着社会文明的进步,罗马法的债务执行制度逐渐由人身执行转变为财产执行。先后出现了"法定财产委付""协议财产委付"等债务人以交付财产免于人身拘押的制度,以及"财产扣押"和"已决案诉讼中的扣押"等财产执行方式。

(二) 中世纪

中世纪前期盛行私力救济。债权人可以自行扣押债务人财产,用于抵偿或变价清偿所欠债务。随着社会文明的发展和公权的壮大,破产清偿逐渐由私力救济转向公力救济,即债权人须通过官署(主要是通过法庭)扣押和执行债务人的财产。公元 13—15 世纪,意大利一些城市共和国曾制定条例,效法罗马法的财产管理令制度,建立商人破产的处理规则。其中,对潜逃和有欺诈行为的债务人予以重罚并对其财产加以清算的法律,以及以债务人停止支付为破产原因的规定,对西欧诸国有很大影响。1667 年,受罗马法和意大利法的影响,里昂颁布了法国第一部成文的破产法律。该法实行惩罚主义。到 17、18 世纪,法国破产法以国王法令的形式得以进一步发展,如 1673 年,法国国王路易十四颁布的《商事敕令》,其中就包含了破产制度。这一时期的法国破产法强调债权人自治,有相对完善的撤销权制度,别除权不纳入破产程序,也允许强制和解。该法实行非惩罚主义(欺诈破产者除外)。

(三) 近现代

19 世纪为近代破产法的兴盛时期。法国 1807 年颁布商法典,其第 3 卷为破产编,实行商人破产主义和不免责主义,同样由债权人主导,破产原因包括不能履行到期债务和严重资不抵债,对于后者,债务人通常要承担刑事责任。1838 年破产法从商法典中独立出来。1883 年比利时商法采用支付迟延制度,即承认债务人因法定事由可以申请法院准予在一定期间内终止支付。1887 年颁布《司法和解法》,创立现代和解制度。德国从中世纪到 15、16 世纪,主要实行"执行优先、权利优先"原则,并没有真正意义上的破产法。但从 17 世纪至 19 世纪上半叶,受罗马法与意大利商法的影响,德国各邦纷纷制定破产法,如普鲁士 1722 年的《抵押与破产法》和 1855 年的《破产法》、汉堡 1753 年的《破产法》等,其中最有影响的是 1855 年普鲁士《破产法》,它首创了在破产财产不足以清偿破产费用时不启动破产程序的制度,并引入了破产管理人制度。1871 年德国统一后,以 1855 年普鲁士《破产法》为蓝本编纂了 1877 年联邦破产法典(《帝国破产法》),该法适用了一百多年,直至 1999 年新破产法颁布。意大利于 1865 年颁布统一破产法,1883 年制定商法典,其中第 3 编为破产法。日本于 1881 年以德国法为蓝本,起草商法典,其第 3 编为破产法。该法典于 1890 年颁布,1893 年施行。1899 年颁布新商法典时,原破产编未列入,作为单行的破产法继续有效。

20世纪后,预防破产清算逐渐成为各国破产立法的重点。意大利于1903年制定《破产预防法》和《小破产法》,增设以预防破产为目的的和解制度和适用于小商人的简易清算程序。法国于1984年制定84-148号法律,修改公司法的有关规定,设立了内部预警程序以及和解清理程序,前者旨在使企业及时发现财务危机的预兆并采取措施防止事态恶化,后者旨在使企业与主要债权人达成延期偿还和削减债务的协议。这是法国再建主义立法的开端。1985年颁布85-98号法律《困境企业司法重整与清算法》,全面修改破产法,建立了以重整前置主义为特征的再建型债务清理法律体系。在此基础上,于1994年颁布94-475号法律,即《企业困境防治法》。该法总结以往的经验,修改了此前的和解清理制度,加大了早期治理企业困境的力度,并加强对债权人的保护。德国虽然在1916年和1935年两度制定和解法,以后多次修订,但其拯救困境企业的效果仍不尽如人意。于是1994年,德国颁布新破产法并于1999年1月1日起生效至今,该法增加了重整程序和债务免除的规定。日本于1922年颁布新破产法(《破产清算法》)后,同年颁布《和解法》。受英国影响,于1938年修正商法典时,又特别规定了公司整理和特别清算制度。第二次世界大战以后,引进美国立法例,于1952年颁布《公司更生法》适用于股份公司的重整。1999年又颁布《民事再生法》取代了原有的《和解法》,扩大了企业重整程序的适用范围并加强了对债务人企业的拯救力度。从此日本形成了主要由《破产清算法》《公司更生法》和《民事再生法》构成的现行破产立法体系。

进入21世纪以来,全球破产法改革浪潮再次兴起。大陆法系国家也纷纷修改其破产法。日本分别于2002年和2004年颁布新的《公司更生法》和《破产清算法》。2001年法国将1985年的《困境企业司法重整与清算法》的基本原则进行修改和完善后,编入商法典新增第6卷《困境企业》。此后又多次进行重要修改。值得一提的是2005年通过《企业保护法案》(2006年1月1日生效)对破产法所作的修改。修改后的破产法除引入"即将无支付能力"的概念外,以"调解程序"取代了原来的和解程序,修改了"司法重整程序",并增加了一个被称之"保护程序"(又译"维持程序")的新程序。新的规定允许企业在陷入困境、若不行动则将无力支付时即可向法庭申请保护程序。德国对其1999年生效的破产法也进行了多次修改,其中最为重要的是两次:一是2001年通过《破产法修改法案》,增加了允许自然人债务人延期支付诉讼费的规定;二是2003年通过《国际破产法新规定法案》,解决破产程序中涉及的跨国破产问题。

二、英美法系

英美破产法长期以来以成文法为基础。

(一) 英国破产法

在1896年破产法颁布以前,英国破产法的显著特征是采取个人破产和公司破产的双轨制。"bankruptcy"一词仅仅适用于个人破产,而其他主体的破产,尤其是公司破产,则用"insolvency"一词。

英国的个人破产法史最早可追溯至1542年亨利八世颁布的《破产条例》。该法采用一般破产主义,并实行破产有罪主义。凡不能清偿债务而有欺诈行为者,无论是否商人,皆适用该法,立法侧重于对债务人财产的清收而非分配。1570年,新破产法案取代原破产法,采用商人破产主义(非商人破产适用其他法律),该法包括了取消欺诈性财产转让的规定。1705年破产法首次引进了剩余债务免责制度(以诚实的商人为限),并首次允许债务人保留部分财产。但与此同时,对犯有欺诈罪的人的惩戒措施则更加严格(引入死刑)。1732 年又颁布《防止破产人欺诈法》。直到 18 世纪中期,不能清偿债务都被看做一种犯罪行为,债务人常常被监禁。

1849 年破产法以诚实程度为准将债务人按过错分为三等(即无过错、部分过错、完全过错,分别对应品行好的破产人、不幸的破产人和挥霍型的破产人三种类型),颁发不同的免责证书。1861 年破产法改革,扩张适用于非商人群体。1831 年,布鲁厄姆(Broufham's)破产法引进了官方受托人的概念,他们是隶属于伦敦破产法院的官员,负责管理破产财产。但 1869 年在商界坚持认为债权人管理破产财产会更加经济的情况下,破产财产的管理权从官方受托人转移至债权人手中,由债权人会议自行选举破产受托人。及至 1883 年,破产法改革又将破产置于商务部监督之下,规定破产开始时必须由商务部委派财产接管人。

1914 年,国会对 1883 年破产法加以整合并适时修订,于 1915 年 1 月 1 日颁布。该法仅适用于自然人破产,法人破产则适用公司法的规定。英国的公司破产规则奠基于 1844 年公司法。该法首次确立了有限责任原则。由于自然人不对公司债务承担责任,传统的破产法难以对公司适用,需要建立新的法律制度来处理公司无力偿债问题。于是,英国在 1855 年有限责任法和 1862 年公司法的基础上,形成了独立的公司破产制度。1862 年公司法含有详细的公司清算条款,为此后的公司清算奠定了基础,为债务人自愿清算、法院清算和法院监督下的清算提供了可能。1890 年公司(清算)法延续了 1883 年破产立法关于官方接管人负责调查公司的规定,该法与董事责任法组成了针对有欺诈行为和不诚实的公司发起人和管理者的一套立法。1908 年、1929 年(引进了债务人自愿清算的概念)、1947 至 1948 年三次对公司法进行修改时,对调整企业破产方面的法律条款加以修订。至此,破产法的两个分支显现出来,公司清算和个人破产分别由不同的法院根据不同的程序规则进行。个人破产法(bankruptcy law)和公司资不抵债法(corporate insolvency law)的规则相近但又有实质的区别。

1986 年英国颁布破产法,将原破产法中的自然人破产与 1985 年公司法中关于公司清算和接管的部分内容合为一体,并引进了自愿整理程序和公司管理令程序,从而建立了个人与公司的拯救制度。英国现行破产立法即由 1986 年破产法和有关破产法的一些修正案(其中最重要的是 2000 年破产法的修改,以及 2002 年颁布的企业法),以及附属立法(主要指 1986 年破产规则)共同组成。调整合伙破产的法律则是根据 1986 年破产法制定的 1994 年合伙破产指令。英国 1986 年的破产法改革,也对英联邦国家的破产法改革产生了重大的影响。

(二) 美国破产法

美国破产法直接继受于英国。1800 年颁布第一部联邦破产法。该法仿照当时的英国破产法制定,仅适用于商人,并实行惩罚主义。但该法公布后,大量债务人身陷囹圄,遂于 1803 年废止。1841 年颁布第二部联邦破产法,建立非商人的破产程序,并采用保护债务人的立法政策。该法因过分善待债务人,于 1843 年废止。1867 年颁布第三部联邦破产法,设自愿申请和非自愿申请两种程序,并设立和解制度和破产财产管理制度。1898 年颁布第四部联邦破产法,从此美国破产法被正式固定下来,并成为目前为止美国历史上存在时间最长的联邦破产法,该法于 1932 年增设第 8 章,为债务人规定救助条件。1938 年,国会通过“钱德勒法案(Chandler Act)”,对破产法进行了全面修订。该法案确立了破产受托人制度,强调破产受托人的独立,规定在重整时由破产受托人接管债务人企业和起草重整计划。尤其引人注目的是修订后形成的由第 10 章“公司重整”和第 11 章“偿债安排”组成的一般企业重整制度。美国现行破产法是 1978 年颁布的

《破产改革法》，被称为《美国破产法典》。

美国现行破产法属于联邦成文法，共9章。其中第1、3、5章为通则，其他各章则调整不同的破产程序。第7章为清算程序，第9章为市政机构的债务整理，第11章为重整程序，第12章为农场主破产，第13章为个人债务调整程序，第15章规定了破产的私法规则。美国破产法上的程序主要分为清算和重整两类。第7章清算程序适用范围广泛，几乎所有类型的债务人均可适用，在清算程序中，债务人须将其全部非豁免财产交由破产管理人管理。第11章重整程序则适用于从事商事经营的企业或那些为逃避不动产被强制执行的个人，但不适用于铁路的重整，也不适用于股票经纪人、期货经纪人。重整程序开始后，债务人可取得120日的重整保护期，在重整程序中，重整营业事务通常采取债务人自行管理的模式（debtor in possession，即"占有中的债务人"）。美国破产法第11章所建立的重整制度，对其他国家的破产立法产生了广泛而深远的影响。自1978年后，美国破产法已经进行了多次重大修改。自1998年破产法修正案开始，防止对破产程序的滥用就成为破产法修改的主要议题。2005年美国国会对破产法进行了自1978年以来最大规模的修订，通过了《2005年防止破产程序滥用和消费者保护法案》，其中针对企业破产重整程序，作出了重大的、实质性的修改。

三、中国

（一）古代中国的债务执行

中国古代律法未见有破产清偿程序的规定。对欠债不还者，有官吏收捕监押的实例，但法无明文。故对于债务人的人身强制，听任官衙斟酌决定。私债必偿、父债子还，是历代法律和民间习惯公认的准则，故古代中国不存在破产免责的概念。但是，在特殊情况下的债务免除还是存在的。自魏晋南北朝起，皇帝因重大庆典或荒歉之岁而下诏赦免民间债务几成常例。私人债主自愿焚券免债的事例亦十分常见。清律规定，贫民欠官府之债，如果债务人人亡产绝，可请求豁免。

（二）近代中国的破产习惯和破产立法

1. 近代中国有关破产还债的商事习惯。古代中国由于商业不发达，加上政府的重农抑商政策，破产法制进步缓慢。但民间习惯，因受儒家文化浸润，在债务清理方式上仍不失人道精神。及至近代，又受商业文明熏染，破产还债的做法在民间渐露端倪。例如民国初年湖北地区"摊账"的做法。"债务人负债过巨，以所有财产摊还债务，谓之摊账。"摊还时，允许债务人"酌留财产，以资养赡"。摊账完毕，"至清算则席清"，债务从此了结。[①]

2. 近代中国的破产立法。我国近代破产立法始于1906年清朝政府起草的《大清破产律》，这是中国第一部破产法。该律体例上分9节，共69条，采商人破产主义，程序自始至终由地方官主持，商会协助。该律已经初步包含一些现代破产法上的制度，如债权人会议的议事规则、待履行双务合同、抵销、取回等制度，甚至包含了重整的雏形。但此律施行后适用效果不佳。中华民国成立后，1915年，北京法律修订馆受政府之命，以德国破产法和日本破产法为蓝本，拟定破产法草案，内容分为实体法、程序法和罚则3编，共337条。此草案因错误缺失较多，未能公布施行，此间所发生的破产事件，均依习惯及法理处理。1934年，司法行政部曾拟订《破产法草案》，分实体法、程序法、复权和罚则4编，共333条。内容多取材于德国和日本的破产法，但并未提交

---

① 法政学社，《中国民事习惯大全》（影印本），台湾文星书店1962年版，第43页。

立法院审议。为弥补破产法的空缺，同年，司法行政部和实业部联合起草了《商人债务清理暂行条例》，建立强制和解制度，和解不成时则以清理程序迅速了结债务。该条例仅限商人适用。1935 年 4 月，立法院民法委员会开始起草破产法。当时，国际经济动荡，国内农业衰退，工商倒闭频仍，个人无力偿债现象大量出现。为解燃眉之急，立法院于 1935 年 7 月颁布《破产法》和《破产实施法》，同年 10 月 1 日施行。该法与《大清破产律》相比，改商人破产主义为一般破产主义，其体例和内容均与当时各国破产法相似，分四章，即总则、和解、破产和罚则。该法先后经过多次修订，目前是我国台湾地区的现行“破产法”。2007 年台湾地区又通过了“消费者债务清理条例”，构建了台湾地区的消费者破产制度。

四、全球化背景下的国际破产法改革

随着经济全球化时代的到来，特别是在 1997—1998 年的亚洲金融危机和国际金融动荡后，加强破产立法的国际协调成为各国的共识，也成为相关国际组织的迫切任务。1997 年，联合国贸易法委员会通过了《跨国界破产示范法》，为各国关于处理跨国破产问题的立法提供了一个被称为“有限普及主义”的示范性框架。目前，这个示范法已经被 100 多个国家采用。在此基础上 2009 年又通过了《跨国界破产合作实务指南》。1999 年，国际货币基金组织推出了《有序和有效的破产程序：关键问题》的报告，提出了破产程序的两大目标：(1) 以可预见、公平和透明的方式在市场经济参与者当中分配风险。(2) 最大限度地保护企业价值以有利于全体利害关系人和社会经济。该报告还从清算程序、重整程序、机构与参与者、跨国界破产四个方面具体阐述了破产立法需要解决的关键性问题。

2000 年，国际破产从业者协会发表了题为《关于多方债权人协商解决的全球性方法的原则陈述》的报告，阐述了实现多方债权人与无力偿债的债务人之间协商解决的 8 项原则。2001 年，世界银行发表了《有效的破产和债权人权利制度的原则和准则》(2005 年发表修改草案)，从“执行制度的作用”“债权人权利的法律框架”“企业破产的法律框架”和“破产制度的实施”四个方面提出了 35 项原则。2004 年，联合国贸易法委员会通过了《破产法立法指南》，旨在建立一个高效和有效力的法律框架，以解决债务人的财务困境，并让各国在制定新的破产法律或者审查现行破产法律时作为参考。2010 年和 2013 年又先后通过了《贸易法委员会破产法立法指南，第三部分：破产企业集团对待办法》《贸易法委员会破产法立法指南，第四部分：临近破产期间董事的义务》。

第四节 新中国破产法的立法概况

一、20 世纪 50 年代处理破产问题的规范性文件

20 世纪 50 年代，中国虽然没有破产法，但在城市私营经济的范围内，仍有一定数量的破产案件被提交司法机关处理。为此，最高人民法院和司法部曾经对私营企业的破产问题颁布过一些规范性文件。[①] 这些文件明确了某些破产程序规则，如工资优先受偿、无限公司股东或合伙人

---

① 例如：1955 年 10 月最高人民法院、司法部《关于私营企业破产还债程序中两个问题的批复》，1956 年 1 月最高人民法院《关于私营企业破产还债中的问题的批复》，1957 年 1 月最高人民法院《关于破产清偿的几个问题的复函》等。

负连带无限清偿责任等。此外,“未参加公私合营或合作社的行商、摊贩、市民、小作坊等,因产不抵债而停业时”,也可以申请破产。[①]

在大规模废除债务的社会氛围下,银行的债权受到了一定的影响。当时,曾有法院以“人民欠国家的钱没有关系”为由,拒绝保护银行向私人提出的还债请求。1951 年 4 月,最高人民法院和司法部发布《关于保护国家银行债权的通报》,对法院加强对银行债权的保护作出了若干具体规定。

二、1986 年《企业破产法(试行)》及其司法解释

1978 年改革开放以后,随着企业亏损和不能偿还债务的情况日益突出,亟需一套完整的法律机制来加以处理。于是,制定破产法的任务便提上了议事日程。

1985 年 9 月,企业破产法起草小组拟出《企业破产法征求意见稿》。在广泛征求意见的基础上,形成《企业破产法(草案)》。1986 年 12 月 2 日,第六届全国人大常委会第十八次会议通过了《中华人民共和国企业破产法(试行)》(以下简称为《企业破产法(试行)》)。该法分为 6 章,共 43 条。其适用对象仅为全民所有制企业法人。

1991 年全国人大在对《民事诉讼法》。修改时,专设了第 19 章“企业法人破产还债程序”,适用于非全民所有制的企业法人破产案件。

《企业破产法(试行)》和《民事诉讼法》第 19 章的颁布实施,适应了当时经济体制改革的需要,对维护经济秩序,促进企业自主经营、自负盈亏,建立企业优胜劣汰的竞争机制,规范企业破产行为,保护债权人、债务人的合法权益,发挥了积极作用。

1991 年至 2002 年,最高人民法院先后颁布《关于贯彻执行〈中华人民共和国企业破产法(试行)〉若干问题的意见》(1991 年)、《关于适用〈中华人民共和国民事诉讼法〉若干问题的意见》(1992 年,其中涉及了对破产程序的解释)、《关于审理企业破产案件若干问题的规定》(2002 年)等破产法司法解释,对破产事项做出了进一步规范。

三、2006 年《企业破产法》及其司法解释

尽管《企业破产法(试行)》的颁布和施行对冲破国有企业不能破产的旧观念,建立企业优胜劣汰的竞争机制起了促进作用,但是,由于受“有计划商品经济”的认识局限和缺乏破产实践经验等主客观条件限制,该法从指导思想到具体内容已不适应建立社会主义市场经济体制的需要。而《民事诉讼法》第 19 章仅有 8 条原则性规定,难以解决破产案件中复杂的程序和实体问题。因此提出了完善破产立法特别是建立企业拯救制度的迫切要求。

2006 年 8 月 27 日第十届全国人大常委会第二十三次会议通过了《中华人民共和国企业破产法》(以下简称《企业破产法》或破产法),并于 2007 年 6 月 1 日起施行。自《企业破产法》施行之日起,《企业破产法(试行)》同时废止。2007 年 10 月 28 日,第十届全国人大常委会第三十次会议作出《关于修改〈中华人民共和国民事诉讼法〉的决定》,删除了《民事诉讼法》第 19 章“企业法人破产还债程序”,自此破产问题统一由《企业破产法》调整。

在《企业破产法》施行前,最高人民法院根据《企业破产法》的规定出台了《关于设立企业破产

---

① 参见 1957 年 1 月最高人民法院《关于破产清偿的几个问题的复函》第 2 条。

案件指定管理人的规定》(法释[2007]8号)、《关于设立企业破产案件确定管理人报酬的规定》(法释[2007]9号)和《关于〈中华人民共和国企业破产法〉施行前尚未审结的企业破产案件适用法律若干问题的规定》(法释[2007]10号)。《企业破产法》施行后,又陆续发布了一系列司法解释,包括《关于债权人对下落不明或者财产状况不清的债务人申请破产清算案件如何处理的批复》(2008)、《关于适用〈中华人民共和国企业破产法〉若干问题的规定(一)》(法释[2011]22号,以下简称《破产法规定一》)和《关于适用〈中华人民共和国企业破产法〉若干问题的规定(二)》(法释[2013]22号,以下简称《破产法规定二》)、《关于个人独资企业清算是否可以参照适用企业破产法规定的破产程序的批复》(2012)、《关于设立上市公司破产重整案件工作座谈会纪要》(2012)等。此外,其他有关破产法的配套制度立法也纷纷出台,如《证券公司风险处置条例》《保险保证基金管理办法》《存款保险条例》等,使我国企业破产法律制度进一步完善。

第五节　我国《企业破产法》的一般规则

一、《企业破产法》的适用范围

破产程序的适用范围,涉及破产的能力问题。

(一) 直接适用范围

根据《企业破产法》第2条的规定,破产法直接适用于企业法人。因此,我国破产法在适用范围上,采取的是有限制的商人破产主义。同时,破产法对于一些特殊企业法人的适用作了特殊规定。包括:(1) 国有企业的政策性破产。《企业破产法》第133条规定:"在本法施行前国务院规定的期限和范围内的国有企业实施破产的特殊事宜,按照国务院有关规定办理。"(2) 金融机构的破产。金融机构的破产一般应适用于该法规定的程序。但鉴于其特殊性,《企业破产法》第134条第2款规定,商业银行、证券公司、保险公司等金融机构实施破产的,国务院可以依据该法和其他有关法律的规定制定实施办法。

(二) 参照适用范围

根据《企业破产法》第135条的规定,其他法律规定的企业法人以外的组织的清算,属于破产清算的,参照适用该法规定的程序。目前对破产问题有明确规定的主要有以下法律和司法解释:(1)《合伙企业法》第92条规定:"合伙企业不能清偿到期债务的,债权人可以依法向人民法院提出破产申请。"(2)《农民专业合作社法》第48条规定:"农民专业合作社破产适用企业破产法的有关规定。但是,破产财产在清偿破产费用和共益债务后,应当优先清偿破产前与农民成员已发生交易但尚未结清的款项。"(3) 2012年最高人民法院《关于个人独资企业清算是否可以参照适用企业破产法规定的破产程序的批复》规定:"根据《中华人民共和国企业破产法》第一百三十五条的规定,在个人独资企业不能清偿到期债务,并且资产不足以清偿全部债务或者明显缺乏清偿能力的情况下,可以参照适用企业破产法规定的破产清算程序进行清算。"(4) 2010年最高人民法院《关于对因资不抵债无法继续办学被终止的民办学校如何组织清算问题的批复》规定:"人民法院组织民办学校破产清算,参照适用《中华人民共和国企业破产法》规定的程序"。据此,合伙企业、农民专业合作社、个人独资企业和民办学校的破产清算可以参照适用《企业破产法》规定的程序。

二、破产案件的适用程序

破产案件，是指通过司法程序处理的无力偿债事件。通过法律程序处理破产事件，旨在公平清理债务。我国《企业破产法》设立了和解、重整和破产清算三种程序，并承认当事人对三种程序有一定程度的选择自由，即只要债务人符合程序开始的条件，当事人可以直接申请进入某一程序。同时规定三种程序之间存在一定的可转换性。具体而言：(1) 债务人在提出破产申请时可以选择适用重整、和解或者破产清算程序，债权人在提出破产申请时可以选择适用重整或者破产清算程序。(2) 债权人申请对债务人破产清算的，在破产宣告前，债务人可以申请和解，债务人或者出资人可以申请重整。(3) 债务人申请适用破产清算的案件，在破产宣告前，债务人可以申请和解。(4) 债务人进入重整程序或者和解程序后，可以在具备破产法规定的特定事由时，经破产宣告转入破产清算程序。(5) 债务人一旦经破产宣告进入破产清算程序，则不得转入重整或和解程序。

三、破产原因

破产原因是适用破产程序所依据的特定法律事实，是破产程序开始的前提，也是法院进行破产案件受理的实质要件和破产宣告的重要依据。其特点是：第一，它必须是实际存在的事实状态；第二，它必须是符合法律规定的事实状态。

作为破产原因的法律事实，可以是单一的，也可以是复合的。单一破产原因是指以债务人不能清偿到期债务为破产的唯一原因；复合破产原因则是指在债务人不能清偿到期债务之外附加其他条件。目前国际通行的做法是采用单一破产原因。

我国《企业破产法》第 2 条对破产原因进行了规定："企业法人不能清偿到期债务，并且资产不足以清偿全部债务或者明显缺乏清偿能力的，依照本法规定清理债务。企业法人有前款规定情形，或者有明显丧失清偿能力可能的，可以依照本法规定进行重整。"我国《企业破产法》上的破产原因包括：(1) 不能清偿到期债务且资不抵债；(2) 不能清偿到期债务且明显缺乏清偿能力；(3) 有明显丧失清偿能力的可能。由此可见，我国对破产原因采用复合规定和单一规定并存的方式。

对于三种程序的共同破产原因，采用复合规定，即破产原因由两项事实构成：其一，"债务人不能清偿到期债务"；其二，"资产不足以清偿全部债务或者明显缺乏清偿能力"。换言之，在"债务人不能清偿到期债务"作为主要破产原因的同时，规定"资产不足以清偿债务或者明显缺乏清偿能力"为辅助破产原因。

对于破产重整的原因，则同时也采用了单一规定，即除上述复合原因外，企业法人的重整原因可以由"有明显丧失清偿能力的可能"一项事实构成。

此外，在我国现行法律中，《商业银行法》关于商业银行破产的原因、《合伙企业法》关于合伙企业破产的原因，以及《公司法》关于清算中公司破产的原因，也采用了单一规定。例如《商业银行法》第 71 条第 1 款规定："商业银行不能支付到期债务，经国务院银行监督管理机构同意，由人民法院依法宣告其破产。"《公司法》第 187 条规定："清算组在清理公司财产、编制资产负债表和财产清单后，发现公司财产不足清偿债务的，应当依法向人民法院申请宣告破产。"

至于如何判断债务人不能清偿到期债务？国际上采用的标准主要有：现金流量标准、资产负债表标准、现金流量标准和资产负债表标准相结合的标准。其中最广泛被采用的是现金流量标准。

为正确适用《企业破产法》关于破产原因的规定，最高人民法院司法解释作出了进一步规定。根据《破产法规定一》第2条，认定不能清偿到期债务，应当同时具备三个要件：第一，债权债务关系依法成立；第二，债务履行期限已经届满；第三，债务人未完全清偿债务。根据《破产法规定一》第3条，在认定资不抵债时，债务人的资产负债表、审计报告或资产评估报告等均可作为判断依据。当债务人的资产负债表、审计报告或资产评估报告等显示其全部资产不足以偿付全部负债的，人民法院应当认定债务人资产不足以清偿全部债务，除非有相反证据足以证明债务人资产能够偿付全部负债。根据《破产法规定一》第4条，对于明显缺乏清偿能力的认定，则采取了列举主要情形的方式，即"债务人账面资产虽大于负债，但存在下列情形之一的，人民法院应当认定其明显缺乏清偿能力：(一)因资金严重不足或者财产不能变现等原因，无法清偿债务；(二)法定代表人下落不明且无其他人员负责管理财产，无法清偿债务；(三)经人民法院强制执行，无法清偿债务；(四)长期亏损且经营扭亏困难，无法清偿债务；(五)导致债务人丧失清偿能力的其他情形"。

四、破产程序的域外效力

我国《企业破产法》关于域外效力采取有限度的普及主义。即依照我国破产法开始的破产程序，对债务人在我国领域外的财产发生效力。对外国法院作出的发生法律效力的破产案件的判决、裁定，涉及债务人在我国领域内的财产，申请或请求人民法院承认和执行的，人民法院经过审查后，予以承认和执行。人民法院审查时依照我国缔结或者参加的国际条约，或者按照互惠原则进行。

【本章思考题】

1. 简述破产的概念。
2. 如何理解破产法的性质和意义？
3. 简述我国破产法上的破产原因。

第二章　破产程序的开始

【导语】

破产案件的申请和受理是破产程序中的重要阶段。在我国，破产程序的启动采取破产申请主义，若无当事人的申请，法院不能依职权主动启动破产程序。破产程序的开始，则以破产案件的受理为标志。因此，破产申请的条件的准确设定直接关系到债权人、债务人的利益的保护。

学习本章应重点理解和掌握债权人和债务人申请破产的不同条件和程序，以及破产案件受理的程序及法律效力。

第一节　破产申请

一、概述

作为破产程序开始的形式要件，破产申请是指依法享有申请权的当事人请求法院宣告债务人破产的意思表示。

纵观各国破产法，有权提出破产申请的，一般为债权人和债务人。我国《企业破产法》第 7 条规定："债务人有本法第二条规定的情形，可以向人民法院提出重整、和解或者破产清算申请。债务人不能清偿到期债务，债权人可以向人民法院提出对债务人进行重整或者破产清算的申请。企业法人已解散但未清算或者未清算完毕，资产不足以清偿债务的，依法负有清算责任的人应当向人民法院申请破产清算。"第 70 条第 2 款规定："债权人申请对债务人进行破产清算的，在人民法院受理破产申请后、宣告债务人破产前，债务人或者出资额占债务人注册资本十分之一以上的出资人，可以向人民法院申请重整。"据此，可以主动开始一项破产程序申请的人包括债务人、债权人和清算义务人，可以后续申请破产重整的人除债务人外，还包括符合法定条件的出资人。

二、债权人申请破产

（一）债权人申请破产的条件

1. 债务人不能清偿到期债务。《企业破产法》第 7 条第 2 款明确将"债务人不能清偿到期债务"作为债权人申请破产的前提条件。

与破产宣告不同，破产申请只需债务人出现不能清偿到期债务的情况即可，而破产宣告必须具备破产原因。这样规定体现了对债权人利益的保护和倾斜。通常情况下，债权人很难知悉债务人的财务状况，更难以准确地判断债务人是否亏损。[①] 因此，如果一定要债权人在掌握了充分证据证明债务人已资不抵债后，才能申请债务人破产，则债权人高昂的信息搜集成本将导致破产

---

① 例外的情况是上市公司，《公司法》和《证券法》都明确要求上司公司定期公开其财务信息，但是对于众多中小企业来说，了解其内部财务状况仍十分困难。

法的应用价值大大降低。所以,采用"债务人不能清偿到期债务"这一较为客观的标准,将使得债权人可以较为便利地行使破产申请权,更好地维护自身的合法权益。因此,债权人申请债务人破产的,只需提交债务人不能清偿到期债务的有关证据即可。

2. 债权人的债权是财产上的请求权。因为破产程序是对债务人的财产进行清理的程序,所以只有享有财产上的请求权的债权人才可以通过破产程序获得清偿,从而法律赋予其申请开始破产程序的权利才有实际意义。相反,没有财产请求权的债权人通过破产程序不能获得满足,法律赋予其申请开始破产程序的权利没有任何意义。因此,基于物权或人身权提出的无给付内容的请求不能在破产程序中提出。例如:排除妨害、赔礼道歉、消除影响等。

3. 债权人的债权应是已到期的债权。债权人的债权必须是可以行使的,即该债权已到期,且未受清偿。债权人享有的债权如果是附期限的,必须是期限已经到来;如果是附条件的,必须是条件已经成就。但是,在破产程序开始后,未到期债权视为已到期。也就是说,未到期债权的请求人虽无申请破产的资格,却享有参加破产程序的权利。

4. 债权人的债权是没有超过诉讼时效的债权。① 超过诉讼时效的债权债务属于自然之债,债权人不再享有胜诉权,即不能通过司法强制执行手段满足其债权。破产程序即是以司法强制执行的手段满足债权人的债权,自然之债自然无法适用。

(二) 债权人申请破产的程序和举证责任

根据《企业破产法》第 8 条和有关司法解释的规定,债权人申请破产应当向有管辖权的人民法院提交破产申请书和有关证据,破产申请书应当载明下列事项:(1) 申请人、被申请人的基本情况;(2) 申请目的;(3) 申请的事实和理由;(4) 人民法院认为应当载明的其他事项。债权人提交的有关证据则是指用以证明债务人不能清偿到期债务的有关证据。受理破产申请后,人民法院应当责令债务人依法提交其财产状况说明、债务清册、债权清册、财务会计报告等有关材料,债务人拒不提交的,人民法院可以对债务人的直接责任人员采取罚款等强制措施。

三、债务人申请破产

(一) 债务人提出申请的条件

企业法人不能清偿到期债务,并且资产不足以清偿全部债务或者明显缺乏清偿能力的,债务人可以向人民法院提出重整、和解或者破产清算申请。

(二) 债务人申请破产的程序和举证责任

根据《企业破产法》第 8 条的规定,债务人申请破产应当向有管辖权的人民法院提交破产申请书和有关证据,还应当向人民法院提交财产状况说明、债务清册、债权清册、有关财务会计报告、职工安置预案以及职工工资的支付和社会保险费用的缴纳情况。②

四、破产申请的撤回

普通民事诉讼中,法院是允许原告撤回起诉的,因为撤回起诉是原告对自身权利的一种处分,法律不应禁止。然而由于破产程序是集体受偿程序,关乎多方债权人的利益,而非单独保护

---

① 对此法学界也有争论,详见李永军:《破产法律制度》,中国法制出版社 2000 年版,第 72 页。

② 债务人申请破产时应当向人民法院提交的文件,详见最高人民法院《关于审理企业破产案件若干问题的规定》第 6 条。

申请人的利益，故是否准许申请人基于其个人意思请求撤回申请，由法院依照破产申请的具体情况自由裁量，以避免当事人为实现自身利益的最大化而滥用破产申请权。由此可见，破产程序中的个人意思，其自治的范围依从于对多数债权人的利益保护的需要。

第二节 破产案件的受理

一、概述

破产案件的受理，又称立案，是指人民法院在收到破产案件申请后，认为申请符合法定条件而予以接受，并由此开始破产程序的司法行为。

破产案件的受理具有以下特征：

1. 受理是人民法院收到破产申请后依职权进行的司法行为，而不是主动发起的司法行为。
2. 受理是人民法院对破产案件是否符合破产条件进行审查的必经程序。
3. 受理是破产程序开始的标志。

二、破产案件受理的程序

（一）审查

根据《破产法规定一》，人民法院收到破产申请后应当及时对申请人的主体资格、债务人的主体资格和破产原因以及有关材料和证据等进行审查，并依据《企业破产法》第 10 条的规定作出是否受理的裁定。人民法院认为申请人应当补充、补正相关材料的，应当自收到破产申请之日起 5 日内告知申请人。当事人补充、补正相关材料的期间不计入《企业破产法》第 10 条规定的期限。人民法院在受理阶段的审查包括形式审查和实质审查两个方面。

1. 形式审查。（1）接受申请的法院是否有管辖权。根据最高人民法院《关于审理企业破产案件若干问题的规定》①第 1 条至第 3 条的规定，企业法人破产案件由债务人住所地核准其登记注册的工商行政管理机关的同级人民法院管辖。其中地市级以上工商行政管理机关核准登记的企业的破产案件一律由债务人住所地的中级人民法院管辖。对于需要移送管辖的破产案件按照《民事诉讼法》办理。（2）申请人是否有破产申请权。适格的破产申请人是债务人、债权人。债务人申请破产的，还要审查其是否为企业法人，是否持有股东会的决议。申请破产的债权人是自然人的，要求其具有完全的民事行为能力；是法人的，要求其具有法定代表人的身份证明，代理申请人应当提交委托人的身份证明及授权委托书。在多个债权人共同提出破产申请时，只要其中有一人适格即可，人民法院不得以部分申请人不适格为由驳回破产申请。（3）破产申请书及相关材料是否齐备。对于上文提到的债权人和债务人申请破产时应提交的相关材料，法院应当进行形式审查。如果材料有欠缺，人民法院认为需要更正、补充的，可以责令申请人限期更正、补充。

2. 实质审查。（1）债务人有无破产能力。根据我国《企业破产法》和相关法律、司法解释的

---

① 《关于审理企业破产案件若干问题的规定》，于 2002 年 7 月 18 日最高人民法院审判委员会第 1232 次会议通过，2002 年 7 月 30 日公布，自 2002 年 9 月 1 日起施行。目前该规定未明确规定被废止。

规定，目前只有企业法人、农民专业合作社、合伙企业、个人独资企业、民办学校具有破产能力，而自然人、个体工商户、农村承包经营户、个人合伙和法律没有允许参照适用《企业破产法》规定的其他组织尚不具有破产能力。[①] (2) 债务人是否已达破产界限。破产界限是判断债务人是否具备破产原因的标准。由于在破产案件受理阶段人民法院无法对债务人的情况进行深入的调查，所以，法院对于这一内容仍然以初步审查为限。实践中，人民法院只需对债权人或债务人提供的不能清偿到期债务的证据进行初步审查，如果证据不够充分且又不能补足的，法院应当驳回破产申请。人民法院也可以依职权主动收集相关证据，以确定债务人是否达到破产界限。

（二）决定

《企业破产法》第 10 条规定，债权人提出破产申请的，人民法院应当自收到申请之日起 5 日内通知债务人。债务人对申请有异议的，应当自收到人民法院的通知之日起 7 日内向人民法院提出。人民法院应当自异议期满之日起 10 日内裁定是否受理。除前款规定的情形外，人民法院应当自收到破产申请之日起 15 日内裁定是否受理。有特殊情况需要延长前两款规定的裁定受理期限的，经上一级人民法院批准，可以延长 15 日。

为防止法院拖延受理破产案件，《破产法规定一》第 7 条规定：人民法院收到破产申请时，应当向申请人出具收到申请及所附证据的书面凭证。据此规定，人民法院收到申请人的申请后，负有及时向申请人出具收到申请及所附证据的书面凭证的义务，并按照应当出具收据的日期开始计算受理破产案件申请的法定期限。同时，《破产法规定一》第 9 条对法院未依法履行破产案件受理程序的审判监督作出明确规定：如申请人有证据证明法院不接受其破产申请和有关材料，或者未向其出具收到申请及所附证据的书面凭证，或在法定期限内未作出是否受理裁定的，可以直接向上一级人民法院提出破产申请。上一级人民法院接到破产申请后，应当责令下级法院依法审查并及时作出是否受理的裁定；下级法院仍不作出是否受理裁定的，上一级人民法院可以径行作出裁定。上一级人民法院裁定受理破产申请的，可以同时指令下级人民法院审理该案件。

根据《企业破产法》和相关司法解释的规定，人民法院对破产申请的处理主要有以下四种情况：

1. 经审查认为破产申请符合有关规定的，应当作出受理破产申请的裁定，并自裁定作出之日起 5 日内送达申请人。债权人提出申请的，应当自裁定作出之日起 5 日内送达债务人。

2. 经审查认为申请人应当补充、补正相关材料的，应自收到破产申请之日起 5 日内告知申请人限期补充、补正；逾期未予补充、补正的，视为撤回申请。

3. 经审查发现不符合法律规定的受理条件的，裁定不予受理，并应自裁定作出之日起 5 日内送达申请人并说明理由。申请人对不予受理的裁定不服的，可以自裁定送达之日起 10 日内向上一级人民法院提起上诉。

4. 人民法院受理破产申请后至破产宣告前，经审查发现债务人不符合《企业破产法》第 2 条

---

① 需注意的是，《企业破产法》第 135 条规定："其他法律规定企业法人以外的组织的清算，属于破产清算的，参照本法规定的程序。"2006 年颁布的《合伙企业法》第 92 条规定："合伙企业不能清偿到期债务的，债权人可以依法向人民法院提出破产清算申请，也可以要求普通合伙人清偿。合伙企业依法被宣告清算的，普通合伙人对合伙企业债务仍应承担无限连带责任。"据此，合伙企业也具有破产能力。但是，《合伙企业法》并未规定合伙企业可以主动提出破产申请。因此，合伙企业的破产能力受到一定的限制。

规定的申请破产的条件的，可以裁定驳回申请。申请人对裁定不服的，可以自裁定送达之日起10日内向上一级法院提起上诉。

（三）组成合议庭

法院受理破产案件后，应当组成合议庭进行审查，并依法处理该破产案件的相关问题。

（四）通知和公告

法院受理破产申请后，应当及时通知债务人和破产申请人并发布公告。

受理阶段的通知主要有以下两方面内容：(1) 法院受理破产案件后，应当在5日内通知债务人，要求债务人自收到通知之日起15日内，提交财产状况说明、债务清册、债权清册、有关财务会计报告以及职工工资的支付和社会保险费用的缴纳情况。(2) 受理案件25日内通知已知债权人，并予以公告。

公告的方式应当包括：(1) 在法院公告栏上发布。(2) 在国家、地方有影响的报纸上刊登。

三、破产申请受理的法律效力

在我国，破产申请的受理标志破产程序的开始，因而破产申请受理对相关的债务人、债权人等将产生一系列法律效果。

（一）对债务人的法律效力

自破产案件受理之日起，债务人及其法定代表人承担以下义务：

1. 财产保全、说明、提交义务。自法院受理破产申请的裁定送达债务人之日起至破产程序终结之日，债务人的有关人员承担下列义务：(1) 妥善保管其占有和管理的财产、印章和账簿、文书等资料；(2) 根据法院、管理人的要求进行工作，并如实回答询问；(3) 列席债权人会议并如实回答债权人的询问；(4) 未经法院许可，不得离开住所地；(5) 不得新任其他企业的董事、监事、高级管理人员。其中的"有关人员"，是指企业的法定代表人；经法院决定，可以包括企业的财务管理人员和其他经营管理人员。

2. 不对个别债权人进行清偿。启动破产程序的目的之一是通过对债务人财产的概括执行，使得全体债权人受到公平保护。如果允许债务人对个别债权人进行清偿，将使上述目的无法实现。因此，破产申请一经受理，债务人即丧失对其财产的处分权。未经人民法院允许，债务人不得对个别债权人清偿。违法清偿的，人民法院应当裁定清偿无效，追回所给付的财产。同时，人民法院还应当及时通知债务人的开户银行停止办理债务人清偿债务的结算业务。

（二）对债权人的法律效力

1. 未到期债权视为到期。依一般民事执行程序，债权未到期时，债权人无权请求债务人履行清偿义务。但在破产程序中，需要对所有债权人的债权概括执行，因而使得未到期债权加速到期，即在破产程序开始时，尚未到期的债权的债权人也有权申报债权。只是在计算债权额时，应扣除期限利益。

2. 债权人不得接受债务人的个别清偿。人民法院受理破产申请后，债权人不得接受债务人的个别清偿，也不得再向人民法院对破产程序中的债务人提起满足其债权的民事诉讼。所有债权人应服从破产程序，通过破产程序行使债权。

（三）对相关的民事程序的影响

1. 中止有关债务人的民事诉讼或仲裁案件。人民法院受理破产申请后，已经开始而尚未终结的有关债务人的民事诉讼或者仲裁应当中止;在管理人接管债务人的财产后,该诉讼或者仲裁继续进行。中止此类案件的审理的目的在于避免债务人恶意放弃财产或权利而损害债权人利益。

2. 中止对债务人财产的民事执行程序。(1) 人民法院受理破产申请后,有关债务人财产的执行程序应当中止。申请执行人可将生效判决书上需执行的清偿数额作为破产债权进行申报。(2) 人民法院受理破产申请后,有关债务人财产的原有保全措施应当解除,解除保全措施的债务人的财产则被纳入破产财产。(3) 对债务人财产保全的恢复。人民法院受理破产申请后至破产宣告前裁定驳回破产申请,或者依据《企业破产法》的规定裁定终结破产程序的,应当及时通知原已采取保全措施并已依法解除保全措施的单位按照原保全顺位恢复相关保全措施。在已依法解除保全的单位恢复保全措施或者表示不再恢复之前,受理破产申请的人民法院不得解除对债务人财产的保全措施。(4) 对债务人财产的保全。为顺利实现破产申请受理后的原保全措施的解除,避免在解除保全和财产接管中债务人财产的不当流失,《破产法规定二》第 6 条规定:"破产申请受理后,对于可能因有关利益相关人的行为或者其他原因,影响破产程序依法进行的,受理破产申请的人民法院可以根据管理人的申请或者依职权,对债务人的全部或者部分财产采取保全措施。"

3. 以债务人为原告的其他民事纠纷案件,区分两种不同情况处理:(1) 案件尚在一审程序的,受诉人民法院应当将案件移送受理破产案件的人民法院。(2) 案件已进行到二审程序的,受诉人民法院应当继续审理。

(四) 对其他人的效力

1. 对债务人的债务人和财产持有人。债务人的债务人和财产持有人应当而且只能向管理人清偿债务或者交付财产。因为自人民法院受理破产申请后,债务人就丧失了对其财产的经营权和管理权,当然也就无权接受其债务人的债务清偿和财产持有人的财产交付。

2. 对债务人享有权利的人。破产人占有的属于他人的财产,其权利人享有物权法意义上的物上返还请求权,有权通过破产管理人取回。债权人在破产申请受理前对债务人负有债务的,可以向管理人主张抵销。

3. 对债务人合同的相对人。人民法院受理破产申请后,管理人对破产申请受理前成立而债务人和对方当事人均未履行完毕的合同有权决定解除或者继续履行,并通知对方当事人。管理人自破产申请受理之日起 2 个月内未通知对方当事人,或者自收到对方当事人催告之日起 30 日内未答复的,视为解除合同。

管理人决定继续履行合同的,对方当事人应当履行。但是,对方当事人有权要求管理人提供担保。管理人不提供担保的,视为合同解除。

【本章思考题】

1. 简述破产申请的条件和程序。
2. 简述破产案件受理的程序。
3. 简述破产受理的法律效力。

第三章　债务人财产的管理

【导语】

破产法的首要目标在于实现债务人财产在全体债权人之间的公平清偿，因此，如何界定债务人财产的范围，如何在破产分配前保护、管理好债务人的财产就成为破产法首先应当予以明确规定的问题。

需要说明的是，尽管我国《企业破产法》使用了“债务人财产”与“破产财产”两个概念，但鉴于两者仅为区分破产程序中不同阶段债务人财产的不同称谓，从财产意义上并无本质区别，故本书在使用“债务人财产”的同时，也采用在理论上通用、惯用的广义的“破产财产”概念，在未特别说明时，与“债务人财产”具有同一含义。

本章的学习重点为破产财产的范围、破产管理人的职权以及破产费用和共益债务的范围。

第一节　债务人财产

一、债务人财产的概念

债务人财产，是指破产案件受理时属于债务人的全部财产与财产权利，以及破产案件受理后至破产程序终结前债务人取得的财产及财产权利。债务人财产在破产宣告后，被称为破产财产。

二、债务人财产的构成条件

根据我国的法律规定，债务人财产必须具备以下条件。

（一）必须是债务人可以独立支配的财产

从民法意义上说，债务人财产必须是债务人享有完全处分权的财产。

就会计制度而言，债务人的资产包括所有者权益和负债。所有者权益包括投资者的投资、留在企业内的公积金以及未分配的利润，其对应的财产是债务人可以独立支配的；与负债对应的财产，若为金钱或其他可消耗物的具体形态，则应属于可支配财产。

（二）必须是破产程序终结前属于破产企业的财产

此要件包含两层含义：

1. 以破产申请受理为时间界限，在此之前已经合法处分的财产或财产权利不能列入债务人财产的范围。

2. 破产申请受理后至破产程序终结前取得的财产和财产权利，也属于债务人财产，如在破产程序中债务人的债务人清偿的债务、债务人获得的投资收益等。

（三）必须是可以依破产程序强制清偿的财产

此要件也包含两层含义：

1. 这些财产必须是用于清偿全部债务的财产。包括已经依法设定了担保物权的特定财产。

2. 这些财产依其性质必须是可以强制执行的，即可以由法院依法扣押、查封、冻结、变卖。对于国家明确规定的禁止流通物，不得强制执行，因而不得列入债务人财产，如枪支弹药等。

三、债务人财产的范围和表现形态

依据《企业破产法》第 30 条和《破产法规定二》的规定，债务人财产包括如下两项。

1. 债务人在破产申请受理时所有的或者经营管理的全部财产，包括已经依法设定担保物权的特定财产、债务人在共有财产中的份额或相应财产权利(包括按份享有所有权的共有财产的份额、共同享有所有权的共有财产的相应财产权利以及依法分割共有财产所得部分)、破产申请受理后依法执行回转的财产。

必须说明的是，对于已经依法设定担保物权的特定财产是否属于债务人财产，我国《企业破产法》和原《企业破产法(试行)》的规定截然不同，《企业破产法(试行)》第 28 条第 2 款规定，已作为担保物的财产不属于破产财产，担保物的价款超过其所担保的债务数额的，超过部分属于破产财产。而《企业破产法》第 30 条的规定并未明确将作为担保物的财产排除在债务人财产之外。但鉴于实践中仍有不同的认识，《破产法规定二》第 3 条对此特别作出明确规定："债务人已依法设定担保物权的特定财产，人民法院应当认定为债务人财产。"同时强调担保债权人依法享有的优先受偿权不受影响，即："对债务人的特定财产在担保物权消灭或者实现担保物权后的剩余部分，在破产程序中可用以清偿破产费用、共益债务和其他破产债权。"此外需要说明的是，国有企业对于其经营管理的财产并无所有权，但根据《全民所有制工业企业法》的规定，由国家授权企业享有处分权的资产也属于破产财产。因此，我国法律规定的破产财产并不局限于破产人享有所有权的财产。

2. 债务人在破产申请受理后、破产程序终结前取得的财产。这在立法上被称为"膨胀主义"，此种立法例因扩大了破产财产的范围而对破产债权人的清偿利益提供了较为充分的保障。与"膨胀主义"相对的"固定主义"立法例将破产财产局限于破产人在破产宣告时所拥有的财产，而将债务人在破产宣告后至破产程序终结前取得的财产排除在破产财产之外。

债务人财产在形态上应涵盖所有财产种类，包括属于债务人的货币、实物，其依法享有的可以用货币估价并可以依法转让的债权、股权、知识产权、用益物权等财产和财产权益。

四、债务人财产的除外规定

根据《企业破产法》和《破产法规定二》的规定，下列四类财产不属于债务人财产的范围：

1. 债务人占有但所有权由他人享有的财产。根据破产法的相关规定，这类财产的真正所有权人在债务人破产时，可以行使取回权，而不受破产程序的约束。这类财产在实践中主要表现为债务人基于仓储、保管、承揽、代销、借用、寄存、租赁等合同或者其他法律关系占有、使用的他人财产。

2. 债务人在所有权保留买卖中尚未取得所有权的财产。在所有权保留买卖合同中，实际上发生了所有权和占有的分离，并将这种分离作为对买方履约的担保。在买方破产时，卖方基于保留的所有权享有对标的物的取回权，对买方已经支付的款项，由卖方结算后将剩余的返还买方；买方的破产管理人如果愿意继续履行买卖合同支付剩余款项的，可以用实际支付余款来对抗卖方的取回权。这一规则逆向适用则可以应用于卖方破产的情形下，买方对抗卖方破产管理人行使取回权。

3. 所有权专属于国家且不得转让的财产。所有权专属于国家且不得转让的财产，主要指划拨土地使用权。根据1990年《城镇国有土地使用权出让和转让暂行条例》(国务院令第55号)第47条、2003年《最高人民法院关于破产企业国有划拨土地使用权应否列入破产财产等问题的批复》、《土地管理法》第58条第1款第(4)项的规定，企业以划拨方式取得的国有土地使用权，因权属归国家所有，在企业破产时不属于破产财产，地方政府可以收回并依法处置。但是，如果划拨土地使用权在国有企业设立时，经政府有关部门批准已经被作为企业的注册资本予以登记，即作为股东投资投入，则应当属于企业破产财产范围。此外，根据《工会法》的规定，企业工会所有的财产也不属于债务人的财产。

4. 其他依照法律、行政法规不属于债务人的财产。

第二节 管 理 人

一、管理人的法律地位

管理人是指破产程序开始后依法成立的，全面接管破产债务人，以自己的名义独立执行破产债务人的财产的保管、清理、估价、变卖和分配等事务的专门机关，它随破产清算程序的终结而解散。管理人是破产程序中最重要的一个机关，各国都无一例外地在破产程序中设置了这样的机关。英美法一般称之为"破产受托人"(bankruptcy trustee)，[①]大陆法一般称之为"破产管理人"(bankruptcy curator)，我国《企业破产法(试行)》称之为"清算组"，而《企业破产法》称之为"管理人"。尽管各国对此种特殊机关的称谓不尽一致，但其组成和职责大体相同。

二、我国《企业破产法》中的管理人

在我国《企业破产法》中，立法者不再使用清算组的称谓，而是引入了管理人的概念，并作出相关的具体规定。此后，最高人民法院依据《企业破产法》制定了《关于审理企业破产案件指定管理人的规定》(以下简称《指定管理人规定》)、《关于审理企业破产案件确定管理人报酬的规定》(以下简称《确定管理人报酬规定》)[②]。从而形成了较为完整的管理人制度。

(一) 管理人的选任

1. 选任主体。关于破产管理人的选任主体，各国或地区破产法的规定主要有以下几种：(1) 法院指定；(2) 债权人会议选任；(3) 以法院指定为原则，债权人会议选任为补充；(4) 以债权人会议选任为原则，以法定权力机关指定为补充。

我国《企业破产法》规定，管理人由人民法院在受理破产案件时指定，债权人会议认为其不能依法、公正执行职务或有其他不能胜任职务情形的，可申请人民法院予以更换。由此可知，在管

---

① 有人将"bankruptcy trustee"译成"破产信托人"，我们认为这是不恰当的，"trustee"在英文中译成"受托人"，而不是"信托人"(trustor)。

② 两项规定均于2007年4月4日由最高人民法院审判委员会第1422次会议通过，2007年4月12日公布，自2007年6月1日起实施。

理人的选任主体上，我国立法采用由法院指定的立法体例。由法院选任、监督管理人，便于平衡债权人、债务人和其他关系人的利益，使管理人更可能处于一种中立的地位，使清算活动更具有严肃性和约束力。但是，绝对由法院指定的立法体例忽视了债权人的利益，为防止管理人损害债权人的利益，我国《企业破产法》同时规定，债权人会议认为管理人不能依法、公正执行职务或者有其他不能胜任职务情形的，可以申请人民法院予以更换。[①] 这一制度对完善我国在管理人监督方面存在的监督主体单一化、监督措施空泛化有重要意义。

2. 选任范围。关于破产管理人的选任范围，各国也有不同的立法例。有的国家对破产管理人的选任范围作出明确的规定，法官或债权人会议只能在该范围内选任。有的国家对破产管理人的选任范围不作明确规定，而是以空白条款的方式授权法官自由裁量。还有的国家或地区采取折中的做法，即划定一个范围，但不作具体规定。

我国《企业破产法》规定了三种形式的管理人，即由有关部门、机构人员组成的清算组，律师事务所等社会中介机构以及社会中介机构中具备相关专业知识并取得执业资格的人员。指定管理人以社会中介机构为首选形式。由于破产清算是破产程序中的重要阶段，涉及的问题较多，专业性较强，专业人员参与清算工作，可以保证清算工作的质量，提高效率，从而提高人民法院审理破产案件的效率。保留清算组作为管理人，一方面是因新法实施时，原受理的破产案件已指定了清算组，由其继任管理人可保证案件处理的连续性；另一方面是有些破产案件在不便或不宜（如政策性破产）指定社会中介机构为管理人时，可沿用清算组模式。以社会中介机构中的个人为管理人，人民法院需根据案件的具体情况决定，一般适用于事实清楚、债权债务简单、债务财产相对集中的企业破产案件。

3. 指定方式。根据《指定管理人规定》，指定管理人的方式有三种：随机指定方式、竞争方式及接受推荐方式。[②]

对于商业银行、证券公司、保险公司等金融机构或者在全国范围有重大影响、法律关系复杂、债务人财产分散的企业破产案件，人民法院可以采取公告的方式，邀请编入各地人民法院管理人名册中的社会中介机构参与竞争，从参与竞争的社会中介机构中指定管理人。

对于经过行政清理、清算的商业银行、证券公司、保险公司等金融机构的破产案件，人民法院除可以指定符合要求的清算组作为破产管理人外，也可以在金融监督管理机构推荐的已编入管理人名册的社会中介机构中指定管理人。

《企业破产法》还具体规定了选任管理人的消极条件，即有下列情形之一的，不得担任管理人：(1) 因故意犯罪受过刑事处罚；(2) 曾被吊销相关专业执业证书；(3) 与本案有利害关系；(4) 人民法院认为不宜担任管理人的其他情形。

（二）管理人的职责

管理人履行其职责是破产清算的核心。各国一般以列举的方式规定破产管理人的职责，主要包括以下几方面：

1. 接管破产债务人。这是管理人的首要职责。《企业破产法》规定，管理人接管债务人的财产、印章和账簿、文书等资料。非经管理人同意，任何人不得管理和处分破产债务人的财产、账

---

① 《指定管理人规定》第三部分对此作出了详细的规定。

② 参见《指定管理人规定》第20～22条。

册、文书、资料和印章等。

对破产债务人的接管，应由破产债务人的原法定代表人及留守人员或破产宣告前成立的债务人监管组向管理人交接。在交接前，破产债务人的法定代表人应负责保管破产债务人的财产、账册及其他企业资料，以保证债务人的财产、账册及其他资料的完整性和保管上的连续性。

2. 管理破产债务人的财产。对破产债务人的财产进行积极有效的管理是防止破产债务人的财产被侵害或者遭受意外损失的必要手段。管理人对破产债务人的财产的管理大体分为四个方面：(1) 在清算范围内，继续破产债务人的营业；(2) 对破产债务人未履行完毕的合同决定继续履行或解除；(3) 参加有关破产债务人的财产的和解、仲裁、诉讼或其他法律程序；(4) 从破产债务人的财产中支付破产费用和共益债务。①

3. 清理破产财产。清理破产财产是管理人掌握破产债务人的财产的重要手段，是对破产财产进行变价、分配的重要前提。清理工作主要是理顺破产债务人的财产关系，查清破产财产的性质和数额并排除不属于破产财产的财产。具体包括：(1) 询问破产债务人的财产和业务状况，编制债权债务清册和有关财务报表；(2) 追回破产债务人的投资者没有缴纳的出资额；(3) 收回被他人占有的破产财产；(4) 追回破产债务人的对外债权。

4. 变价、分配破产财产。变价、分配破产财产是清算工作的核心内容，分配破产财产是破产程序的最终目的。为使债权人获得公平清偿，就必须通过估价、变卖等程序使破产财产尽可能地变现。管理人履行这一职责所要做的主要工作有：(1) 评估破产财行；(2) 依法定方法变卖破产财产；(3) 制定破产财产分配方案，进行分配；(4) 财产分配完毕后，报请法院终结破产程序并办理破产债务人的注销登记。

第三节 破产撤销权和追回权

一、破产撤销权

(一) 破产撤销权概述

破产撤销权又称破产否认权，是指管理人请求法院对破产债务人在受理破产案件前法定期限内实施的损害破产关系人利益的行为予以撤销的权利。破产撤销权只能由管理人以诉讼的方式向法院为之。破产撤销权的行使将产生两个法律后果：一是使损害债权人利益的行为归于无效；二是使因该行为取得的财产或财产权利回归债务人。正因为如此，破产撤销权是行使追回权的前提，追回权是撤销权行使的必然结果。

(二) 破产撤销权的法律特征

1. 破产撤销权行使的法定主体是管理人。根据我国《企业破产法》的规定，破产撤销权由管理人统一行使。管理人行使破产撤销权时，应以原告的身份向法院起诉，并须举证证明破产人的行为损害了债权人的利益。根据《企业破产法》第 31 条、第 32 条的规定，管理人有权行使这一权利。债权人在知悉危害债权的行为时可以提出异议，这种异议可以成为管理人主张撤销权的证

---

① 国外一般将破产费用和共益债务分别称为财团费用和财团债务。关于二者的论述，参阅邱海林：《破产程序和破产法实体制度比较研究》，法律出版社 1995 年版，第 344 页；王欣新著：《破产法》，中国人民大学出版社 2007 年版，第 391～394 页。

据材料,管理人应就异议的调查情况向债权人会议作出通报。但债权人自身不具有行使破产撤销权的法律资格。不作为而有可能使破产撤销权丧失时,债权人有依据合同法提起撤销权诉讼的资格。

2. 破产撤销权是管理人的法定职责。管理人在发现债务人有法律禁止的处分行为时,不仅有权而且必须主动行使撤销权,否认其行为的效力。如果管理人消极不作为而有可能使破产撤销权丧失时,债权人有权依据合同法提起撤销权诉讼。也即,虽然债权人无权提起破产撤销权之诉,但是不影响债权人依据合同法的规定提起债权人撤销之诉,即合同法上的债权人撤销权并不因破产程序的启动而被排除适用,其在破产程序中也具有适用的效力。为此,《破产法规定二》第13条规定:破产申请受理后,管理人未依据《企业破产法》第31条的规定请求撤销债务人无偿转让财产、以明显不合理价格交易、放弃债权行为的,债权人有权依据《合同法》第74条等规定提起诉讼,请求撤销债务人上述行为并将因此追回的财产归入债务人财产。相对人无权以债权人行使撤销权的范围超出债权人的债权抗辩。可见,我国法律肯定了债权人撤销权诉讼在破产程序中的适用效力。

3. 可撤销的行为一般发生于法院受理破产案件前的法定期间内。之所以规定可撤销的行为应发生于法院受理破产案件前的法定期间内,一是为了避免任意扩大撤销的范围而妨害交易安全,影响经济秩序的稳定;二是由于在受理破产案件后,管理人接管破产债务人财产,使得破产债务人在客观上不可能非法处分其财产。《企业破产法》区分两类情形分别规定了案件受理前的1年和6个月内两种期间,起算点均为人民法院受理破产申请之时。同时,根据《破产法规定二》第10条的规定,对于行政清理、强制清算程序转入破产程序的撤销行为起算点作了特殊规定:债务人经过行政清理程序转入破产程序的,起算点为行政监管机构作出撤销决定之日;债务人经过强制清算程序转入破产程序的,起算点为人民法院裁定受理强制清算申请之日。此外,《企业破产法》还规定了一类不受期间限制的可以撤销的行为,即为逃避债务而隐匿、转移财产和虚构债务或者承认不真实的债务两种行为,不论何时发生,均为无效。

4. 破产撤销权的行使没有固定的除斥期间。由于撤销权的行使期间是破产宣告之后,破产程序终结之前,换言之,它完全和破产清算程序同步,而没有固定的除斥期间。需要特别提出的是《企业破产法》第123条规定,债权人发现有依照《企业破产法》第31条、第32条、第33条、第36条规定应当追回的财产,可自破产程序终结之日起2年内请求人民法院按照破产财产分配方案进行追加分配。这里的追回是属于破产程序终结后的追加分配,由人民法院依职权进行。

(三) 破产撤销权客体的范围及其例外

《企业破产法》规定了两类可撤销的行为:

1. 人民法院受理破产案件前1年内,有关债务人的财产的下列行为,管理人有权请求法院予以撤销:(1) 无偿转让财产的;(2) 以明显不合理的价格进行交易的;(3) 对没有财产担保的债务提供财产担保的;(4) 对未到期的债务提前清偿的;(5) 放弃债权的。

2. 人民法院受理破产案件前6个月内,债务人已知其不能清偿到期债务,仍对个别债权人进行清偿,损害其他债权人利益的,管理人有权请求法院予以撤销。但是,个别清偿使破产财产受益的,不在此限。

破产撤销行为的例外则主要体现在以下四种情形:(1) 未到期债务提前清偿的例外。根据《破产法规定二》第12条的规定,破产申请受理前一年内债务人提前清偿的未到期债务,在破产申请受理前已经到期，管理人请求撤销该清偿行为的，人民法院不予支持。但是该清偿行为发生在破产申请受理前6个月内且债务人有《企业破产法》第2条第1款规定情形的除外。(2) 有担保债务个别清偿的例外。根据《破产法规定二》第14条的规定，债务人对以自有财产设定担保物权的债权进行的个别清偿，管理人依据《企业破产法》第32条的规定请求撤销的，人民法院不予支持。但是债务清偿时担保财产的价值低于债权额的除外。(3) 履行生效法律文书或者基于执行行为的个别清偿的例外。根据《破产法规定二》第15条的规定，债务人经诉讼、仲裁、执行程序对债权人进行的个别清偿，管理人依据《企业破产法》第32条的规定请求撤销的，人民法院不予支持。但是，债务人与债权人恶意串通损害其他债权人利益的除外。(4) 使债务人财产受益的个别清偿的例外。根据《破产法规定二》第16条的规定，债务人对债权人进行的以下个别清偿，管理人依据《企业破产法》第32条的规定请求撤销的，人民法院不予支持：债务人为维系基本生产需要而支付水费、电费等的；债务人支付劳动报酬、人身损害赔偿金的；使债务人财产受益的其他个别清偿。这些个别清偿被视为债务人危机期间的必要个别清偿。

二、破产无效行为

我国《企业破产法》第33条明确规定了破产无效行为，即有关债务人财产和财产权利的下列两类行为，不论何时发生，均自始无效，且任何人均得主张其行为无效：(1) 为逃避债务而隐匿、转移财产的；(2) 虚构债务或者承认不真实的债务的。基于破产无效行为的财产或财产权利，应收归破产财产，供全体债权人公平分配。

三、追回权

追回权是指根据法律规定，破产管理人追回被撤销行为、无效行为所处分的债务人财产或者基于法律规定的其他债务人财产的权利。

依据《企业破产法》和相关司法解释的规定，管理人有权追回的财产包括：

1. 因《企业破产法》第31条、第32条或者第33条规定的破产可撤销行为和破产无效行为而取得的债务人的财产或财产权利。

2. 未缴出资和抽逃出资。法院受理破产案件后，债务人的出资人尚未完全履行出资义务或者抽逃出资的，管理人有权代表债务人不问出资期限而追收出资人未缴纳的出资或抽逃的出资本息，并不受诉讼时效的限制。同时管理人有权代表债务人主张债务人的发起人和负有监督股东履行出资义务的董事、高级管理人员，或者协助抽逃出资的其他股东、董事、高级管理人员、实际控制人等，对股东违反出资义务或者抽逃出资承担相应责任，并将财产归入债务人财产。

3. 非正常收入和被侵占的财产。债务人的董事、监事和高级管理人员利用职权从企业获取的非正常收入和侵占的企业财产，管理人应当追回。根据《破产法规定二》第24条的规定，债务人有《企业破产法》第2条第1款规定的情形时，债务人的董事、监事和高级管理人员利用职权获取的以下收入，人民法院应当认定为《企业破产法》第36条规定的非正常收入：(1) 绩效奖金；(2) 普遍拖欠职工工资情况下获取的工资性收入；(3) 其他非正常收入。债务人的董事、监事和高级管理人员拒不向管理人返还上述债务人财产，管理人主张上述人员予以返还的，人民法院应予支持。

第四节　破产费用和共益债务

一、破产费用和共益债务概述

破产费用是指在破产程序进行过程中，为破产程序的顺利进行以及为破产财产的管理、处分等而必须随时支付的费用，该费用是为了全体破产债权人的共同利益所支出的费用。

共益债务是指在破产程序开始后，为全体债权人的共同利益而负担的债务。

二、破产费用的范围

1. 管理、变价和分配债务人财产所发生的费用。主要有：保管物品的仓储费用，雇用留守员工所支出的报酬，运输费用，不动产的保护和维护费用以及其他管理费用。此外，处分财产时发生的税收也应作为破产费用处理。

2. 为债权人的共同利益而进行诉讼的费用。管理人代表破产企业进行诉讼时，需交纳诉讼费，这部分费用在起诉时应当从破产财产中优先拨付，如果败诉则从破产财产中支付，此外，聘请律师的费用也应属此列。

3. 管理人的报酬和执行职务的费用及其聘用工作人员的费用。管理人及其聘用的工作人员依法执行职务，有取得报酬的权利，他们为债权人的共同利益工作，故其报酬应列为破产费用。此外，他们为执行职务而支出的必要费用也为破产费用。

4. 如果和解、重整失败而转入破产程序，那么在和解和重整程序中发生的费用，也属于破产费用。

三、共益债务的范围

1. 因管理人或者债务人请求对方当事人履行双方均未履行完毕的合同所产生的债务。对于双方均未履行完毕的双务契约，如果对于继续债务人的经营有益，管理人选择履行，那么就必须将对方的债权作为共益债权，否则对方难以与之交易，这对破产程序的顺利进行具有实际意义。

2. 为债务人继续营业而应支付的劳动报酬和社会保险费用以及由此产生的其他债务。根据《企业破产法》规定，在破产程序进行过程中，破产企业留守人员的工资和劳动保险费应从破产财产中随时支付。

3. 债务人的财产受无因管理所产生的债务。破产程序开始后，无法定或约定义务的第三人对债务人进行无因管理而支出的必要费用或所受的损失，也属共益债务。但该无因管理只有发生在破产程序开始后方为共益债务，若发生在破产程序开始之前，则只能作为破产债权而依破产程序受偿。

4. 债务人的财产取得属不当得利而产生的债务。破产企业无法律上的原因获得利益而致他人受损时，应将该不当得利返还受损人。该不当得利也必须发生在破产程序开始后才能列为共益债务，若发生在破产程序开始前，也只能作为一般破产债权。

5. 管理人或者相关人员执行职务致人损害所产生的债务。管理人及其雇员在执行职务时，因故意或过失造成第三人人身或财产损害的，应负赔偿责任。该赔偿责任属共益债务。但是，如果侵害行为与执行职务无关，则应由侵权的个人负责，而不能列入共益债务。

6. 债务人财产致人损害所产生的债务。

四、破产费用和共益债务的清偿

破产费用和共益债务都是为了全体债权人的利益而发生的，各国法律一般都规定，破产费用和共益债务可以从破产财产中随时支付，而不受破产程序的限制。也就是说，破产财产分配前，应当先行清偿所有的破产费用和共益债务或者作必要的预先提留；拨付破产费用和共益债务后尚有剩余财产的，才可依据破产财产分配方案予以分配。

由于管理人负责破产财产的管理、变价和分配，故破产费用和共益债务的清偿须由管理人为之。各国立法例一般规定，破产管理人承认和拨付破产费用和共益债务，应当事先征得债权人会议或者监督人[①]的同意。

这里需要注意的一个问题是，当破产财产不足以清偿破产费用和共益债务时，应当先行清偿破产费用；债务人的财产不足以清偿所有破产费用或者共益债务时，按比例清偿；债务人的财产不足以支付破产费用时，管理人应当提请人民法院终结破产程序。可见，我国破产法采取区别对待、顺序清偿的原则。

【本章前沿问题】

□ 破产财产的固定主义和膨胀主义

在破产财产的构成范围上，各国立法主要有固定主义和膨胀主义两种形式。

固定主义以破产宣告时债务人所有的财产包括将来行使的财产请求权为破产财产，其范围在破产宣告时已经确定。

膨胀主义则是指破产财产不仅包括债务人被宣告破产时所有的财产，而且包括其在破产程序终结前所新取得的财产，财产范围在破产宣告后仍然有所膨胀扩大。

比较这两种立法模式，我们不难发现二者各有利弊。固定主义因其在破产宣告时即已确定破产财产的范围，破产管理人的工作变得较为简单，因此破产程序得以迅速进行。同时，破产债务人在破产宣告后的财产性收入不作为破产财产进行处理，有利于其恢复经济活动，减轻社会负担。然而，在固定主义模式下，债权人的利益保障不够周延，破产人极有可能利用破产宣告和新财产取得的时间差来规避债务。膨胀主义可以增加用于债权人分配的财产，防止债务人逃债，但由于破产程序终结前破产债务人的财产可能不断增加，导致破产程序的时间相对延长。因此，越来越多的学者主张将两种主义折中一下，确立一种平衡膨胀主义和固定主义利弊的新立法模式。

□ 关于破产管理人的定位

破产管理人在破产程序中是一个非常关键的角色，但是管理人究竟是债权人的代表，还是债务人

---

① 关于监督人的具体内容参见本书第七编第四章“破产案件中的债权人”中的“债权人委员会的职权”内容。

的代表,抑或是政府的代表?《企业破产法》对此也没有明确的规定。有学者认为,在破产清算程序中,管理人不是所有人利益的代表,而仅仅是债权人利益的总代表,因为公司一旦进入破产清算程序,债权人的利益最容易受到侵害,必须有一项特别制度来保护所有债权人的利益。[①]

本书认为,管理人代表着债权人利益的观点是符合破产法初衷的。因为破产法最初的发展只有一个目的,就是保护债权人,因为只有充分保护债权人的利益,才能保证资本的流动性,经济也才能保持活力。现在,破产法虽然开始强调保护债务人的利益,但这种保护也是建立在保护债权人利益的前提之下,不是单纯的保护债务人利益。因此,作为在破产程序中发挥关键性作用的管理人,首先应当是债权人利益的总代表。同时,明确管理人代表的是债权人利益,对于破产程序的实务操作也具有重要意义,特别是在债权人与债务人之间发生严重的利益冲突时,管理人如果明确自己的定位,就可以更好地保护债权人利益,发挥其应有的作用。而从《企业破产法》的实质内容看,较为强调债权人会议和债权人委员会对管理人的选任、制约、监督等机制,使管理人的法律地位有较大变化,管理人应该主要代表债权人的利益。

【本章思考题】

1. 试述债务人财产的构成条件和范围。
2. 如何认识破产管理人的法律地位?
3. 简述破产管理人的职责。
4. 简述破产撤销权和追回权的概念。
5. 破产费用和共益债务各自包括的范围如何?

---

① 李曙光:《转型法律学——市场经济的法律解释》,中国政法大学出版社2004年版,第124页。

第四章　破产案件中的债权人

【导语】

破产程序的目的在于一揽子处理债务人与所有债权人之间的债权债务关系。债权人会议的设立为每个债权人参加破产程序、行使权利提供了保障。

本章的学习重点在于债权申报的程序规则以及债权人会议的法律地位、组成与职权、召开程序和议决规则。

第一节　债 权 申 报

一、债权申报的概念和特征

债权申报是债权人本人或其代理人在破产案件受理后依照法定程序主张并证明其债权，以便参加破产程序的法律行为。债权申报是破产程序中的一项重要制度，是债权人参加破产程序并行使权利的前提。

债权申报具有以下特征：①

1. 债权申报是债权人的单方意思表示。根据意思自治原则，债权人享有申报和不申报的自由。

2. 债权申报以主张并证明债权为内容。申报人主张债权以外的其他权利（例如财产取回权）的，或者不能提出债权证明的，不予接受。

3. 债权申报是债权人参加破产程序的必要条件。债权人申报债权并经确定后，即具有参加债权人会议的资格，并依法享有相应的程序权利。未申报的债权人，不得参加破产程序。

4. 申报债权必须符合法定的程序规范。我国《企业破产法》第 56 条规定："在人民法院确定的债权申报期限内，债权人未申报债权的，可以在破产财产最后分配前补充申报；但是，此前已进行的分配，不再对其补充分配。为审查和确认补充申报债权的费用，由补充申报人承担。债权人未依照本法规定申报债权的，不得依照本法规定的程序行使权利。"

债权申报给每一个债权人参加破产程序提供了平等的机会。债权人会议也得以通过债权申报而迅速组成，以便及时进行后续破产程序，从而避免破产程序久拖不决，从根本上维护了债权人和债务人的利益。

二、债权申报的程序规则

（一）债权申报期限

债权申报期限是指法律规定或者法院指定的允许债权人向法院或法院指定的机关申报其债

① 王卫国：《破产法》，人民法院出版社 1999 年版，第 75 页。

权的期间。限定债权申报期限对于破产程序的及时、顺利进行是十分必要的。各国破产法中均有关于债权申报期限的规定，但期限的长短及决定期限的方式各有不同。大致可分为两类，即法定主义与法院酌定主义。

所谓法定主义，是指债权申报期限的长短，由法律直接加以规定，受案法院不得予以变更。

所谓法院酌定主义，是指债权申报期限的长短由受案法院根据破产案件的具体情况加以确定。法院酌定主义下，债权申报期限，与具体的破产案件相结合，富有灵活性，有利于破产程序的迅速进行。

我国破产法对债权申报期限的规定兼采酌定主义和法定主义。《企业破产法》第 45 条规定，人民法院受理破产申请后，应当确定债权人申报债权的期限。债权申报期限自人民法院发布受理破产申请公告之日起计算，最短不得少于 30 日，最长不得超过 3 个月。

（二）债权申报的方式与内容

债权人申报债权一般有口头和书面两种方式。我国《企业破产法》第 49 条明确规定："债权人申报债权时，应当书面说明债权的数额和有无财产担保。"

关于债权申报的内容，各国立法大致相同。依据《关于审理企业破产案件若干问题的规定》第 21 条的规定，债权人申报债权应当提交债权证明和合法有效的身份证明；代理申报人应当提交委托人的有效身份证明、授权委托书和债权证明。申报的债权有财产担保的，应当提交证明财产担保的证据。

（三）债权申报的范围

破产申请受理前成立的对债务人享有的债权，均为可申报的债权。未到期的债权，在破产申请受理时视为到期。破产申请受理后才到期的债权，付利息的，自破产案件受理时起停止计息；不付利息的，应当减去自破产案件受理时起至债权到期时止的法定利息，但是，不付利息的借贷债权，不在此限。

有财产担保的债权和无财产担保的债权，均在申报之列。

连带债权人可以由其中一人代表全体连带债权人申报债权，也可以共同申报债权。

连带债务人之一或者数人破产的，债权人可就全部债权向该债务人或者各债务人行使权利，申报债权。债权人未申报债权的，其他连带债务人可就将来可能承担的债务申报债权。① 此处值得注意的是，"全部债权"应理解为未得到清偿的全部债权，而不是债权成立时的全部债权。债权人已经得到清偿的债权部分，不能再作为破产债权重复申报，否则可能构成债权人的不当得利。

债务人的保证人或者其他连带债务人，以其承担连带清偿义务而享有的追偿权，申报债权。

此外，还应注意到，债务人所欠职工的工资和医疗、伤残补助、抚恤费用，所欠的应当划入职工个人账户的基本养老保险、基本医疗保险费用，以及法律、行政法规规定应当支付给职工的补偿金，不必申报，由管理人调查后列出清单并予以公示。职工对清单记载有异议的，可以要求管理人更正；管理人不予更正的，职工可以向人民法院提起诉讼。

（四）接受债权申报的机关

各国立法对债权申报机关有不同的规定。有的国家规定向法院申报债权；有的国家规定向

---

① 《关于审理企业破产案件若干问题的规定》第 23 条。

债权人代表申报债权；有的国家规定向破产管理人申报债权。

我国《企业破产法(试行)》曾规定人民法院是接受债权申报的机关。而《企业破产法》将接受债权申报的机关改为管理人，该法第48条、第57条规定，“债权人应当在人民法院确定的债权申报期限内向管理人申报债权”，“管理人收到债权申报材料后，应当登记造册，对申报的债权进行审查，并编制债权表。债权表和债权申报材料由管理人保存，供利害关系人查阅”。

(五) 逾期未申报债权的后果

我国《企业破产法》第56条规定，在人民法院确定的债权申报期限内，债权人未申报债权的，可以在破产财产最后分配前补充申报；但是，此前已进行的分配，不再对其补充分配。

三、债权的审查确定

对申报的债权的初步审查是由破产管理人完成的，即首先由破产管理人审查债权申报是否符合登记形式要件，并将符合登记要件的债权编入债权表，然后对这些债权是否真实、是否超过诉讼时效等进行审查，并将审查结果附在债权表后，供利害关系人查阅，并提交第一次债权人会议核查。

债务人、债权人对债权表记载的债权无异议的，由人民法院裁定确认。债务人、债权人对债权表记载的债权有异议的，可以向受理破产申请的人民法院提起诉讼。

对人民法院已确认的债权表，债务人或债权人对债权表记载的债权仍有异议的，不影响破产程序的进行。有争议的当事人可以就争议的债权另行提起诉讼。

第二节 债权人会议

一、债权人会议的概念和设立原因

债权人会议是全体债权人参加破产程序的意思表示机关，通过对破产程序中重大事项的决定和对破产程序的监督，维护自身利益。债权人会议是一种程序性机构，它伴随着破产程序的开始而产生，破产程序终结后，其使命也宣告结束。债权人会议同时又是一种自治性机构，在破产程序中，债权人会议具有独立的法律地位，它对有关破产事务的议决具有自主权。

债权人会议的设立，主要基于如下原因：(1) 统一债权人的意志和行动，保证破产程序有序进行。一般而言，破产程序中的债权人人数众多，各债权人之间的意志和利益存在差异甚至冲突，为使破产程序顺利进行，需要将全体债权人的意志、利益和外在要求借助于某种方式统一起来，并最终体现到破产程序的设计和进行中去。(2) 公平保护全体债权人的利益。破产案件的处理事关债权人的切身利益，其债权最终受偿比例的高低决定着债权人利益的保护程度，因而，理应给予债权人参与破产程序的机会。但是，若允许各债权人对此分别为之，又必然妨碍破产程序的顺利进行，且会增加破产程序的成本。故为全体债权人的利益考虑，需将众多分散的债权人的各自利益形成一种“利益集合”，并为保证这一利益集合的实现将各自的行为协调起来，通过债权人会议这种有组织的自助形式来实现其共同利益。(3) 实现破产案件处理程序的经济性目标。破产程序从某种意义上讲，是在债务人破产的偶然原因下形成的共同诉讼的一种特殊形式。由于破产程序的进行涉及众多利害关系人的利益，程序设计中出现的少许失误都可能延误程序的进行，从而增加债务人的负担。基于程序经济的考虑，“债权人不能单独地行使权利，决定诉讼活动，所以需要设立一个临时性机构，就破产事项协调意见，并决定采取何种诉讼行为”[①]，既为全体债权人提供了参与破产程序的机会，又不至于妨碍破产程序的顺利进行。

二、债权人会议的法律地位

债权人自治原则是确定债权人会议地位的基本依据。所谓债权人自治，就是指全体债权人组成债权人会议或者选任其代表，对破产程序进行中涉及债权人利益的各重大事项，发表意见并作出决定，以监督管理人或者其他财产管理人正当履行其职责。

债权人自治是破产法的一项重要原则。依据这一原则，有关债权人权利行使和权利处分的一切事项，均应由债权人会议独立地作出决议。债权人在债权人会议上应享有充分的自由表达和自主表决的权利。债权人会议作出的关于债权确认、重整、和解、破产财产变价和分配等重大事项的决议，是破产程序进行的重要根据。债权人会议还应享有监督破产财产管理和处分的权利。

在破产程序进行中，法院居于主导地位，对破产程序的顺利进行负有全面责任。人民法院承担这些职责的一个基本宗旨，就是维护债权人的合法权益和实现债务的公平清偿。遵循债权人自治原则，发挥债权人会议的作用，是人民法院正确履行职责，实现破产法宗旨的重要条件。在债权人之间存在着不同利益要求的情况下，法院应当保持中立。实行债权人自治，让债权人通过协商和表决程序自行解决其意见分歧，而法院只承担保障程序进行和最终裁判的职责。

三、债权人会议的组成和职权

（一）债权人会议的组成

1. 债权人会议成员。债权人依法申报债权后，成为债权人会议的成员。凡是债权人会议的成员，都享有出席债权人会议、对债权人会议讨论的议题发表意见、表决（依法不能行使表决权者以外）以及请求召开债权人会议等权利。债权人出席债权人会议，可以本人亲自出席，也可以委托代理人出席。代理人出席债权人会议的，应当向人民法院或者债权人会议主席提交债权人的授权委托书。

债权人会议成员分为有表决权的债权人和无表决权的债权人两类。

有表决权的债权人，是指对债权人会议的决议事项有权投票表示赞成或反对的债权人。主要包括以下几种：其一，依法申报债权的无财产担保的债权人；其二，放弃优先受偿权利的有财产担保的债权人；其三，虽享有财产担保但未能就担保物足额受偿的债权人；其四，已代替债务人清偿债务的保证人或者其他连带债务人。上述债权人在行使表决权时，其债权额必须确定，债权额不确定或者有异议的，由人民法院裁定后行使表决权。

无表决权的债权人，是指有权出席债权人会议和发表意见，但无权对债权人会议的某些决议事项投票表示赞成或反对的债权人。主要包括以下几种：其一，未放弃优先受偿权利的有财产担保的债权人；其二，债权尚未确定的债权人；其三，尚未代替债务人向他人清偿债务的保证人或者

① 王欣新、薛庆予主编：《律师新业务》，中国人民大学出版社1990年版，第35页。

其他连带债务人。《企业破产法》第59条规定，对债务人的特定财产享有担保权的债权人，未放弃优先受偿权利的，对于通过和解协议和通过破产财产分配方案的事项不享有表决权。此外，日本破产法第179条第2款还规定，就债权人会议决议有特别利害关系者，不得行使表决权。[①] 我国破产法对此没有规定。

2. 债权人会议主席。债权人会议主席，即负责主持和召集债权人会议的人。债权人会议主席由人民法院在有表决权的债权人中指定。必要时，人民法院可以指定多名债权人会议主席，成立债权人会议主席委员会。[②]

债权人会议主席的职权如下：第一，主持债权人会议。根据《贯彻〈破产法〉意见》第23条的规定，第一次债权人会议由人民法院主持，以后的债权人会议由会议主席主持。第二，召集债权人会议。《企业破产法》第62条、第63条规定，第一次债权人会议由人民法院召集，自债权申报期限届满之日起15日内召开。以后的债权人会议，在人民法院认为必要时，或者管理人、债权人委员会、占债权总额1/4以上的债权人向债权人会议主席提议时召开。召开债权人会议，管理人应当提前15日通知已知的债权人。

债权人会议主席行使职权，不得委托他人代理。如果本人不能主持会议，可以由人民法院临时指定会议主席，必要时也可以由人民法院另行指定债权人会议主席。

3. 债权人会议的列席人员。债权人会议的列席人员是指出席债权人会议但不属于会议成员，且对债权人会议的决议事项不享有表决权，仅为协助会议的召开而参加的会议人员。依据《贯彻〈破产法〉意见》第32条的规定，债务人的上级主管部门可以派员列席债权人会议。依据《企业破产法》第15条的规定，债务人的法定代表人以及经人民法院决定的企业财务管理人员和其他经营管理人员必须列席债权人会议并有义务回答债权人的询问，拒绝列席的，人民法院可以依照《民事诉讼法》第109条的规定实施拘传。第23条第2款规定了管理人应当列席债权人会议，接受债权人会议的询问。第59条第4款规定了债权人会议应当有债务人的职工和工会的代表参加，对有关事项发表意见。

（二）债权人会议的职权

根据我国《企业破产法》第61条的规定，债权人会议有如下职权：(1) 核查债权；(2) 申请人民法院更换管理人，审查管理人的费用和报酬；(3) 监督管理人；(4) 选任和更换债权人委员会成员；(5) 决定继续或者停止债务人的营业；(6) 通过重整计划；(7) 通过和解协议；(8) 通过债务人财产的管理方案；(9) 通过破产财产的变价方案；(10) 通过破产财产的分配方案；(11) 人民法院认为应当由债权人会议行使的其他职权。

1. 核查债权。我国《企业破产法》第57条、第58条则规定，管理人对债权申报的真实性、有效性进行审查，然后提交第一次债权人会议核查，对其他债权人的债权提出异议的，交由人民法院裁定；管理人、债务人、债权人会议对登记的债权无异议的，由人民法院裁定确认。此种立法改变了《企业破产法(试行)》中将审查并确认债权的职权赋予债权人会议的不当的规定，原因如下：第一，确认债权涉及债权人的实体民事权利，而债权人会议仅为债权人自治的意思表示机关，将确认债权这一带有司法性质的职权交由债权人会议行使与债权人会议的性质不符。第二，债权

① 王书江、殷建平译：《日本商法典》，中国法制出版社2000年版，第325页。

② 《关于审理企业破产案件若干问题的规定》第39条第2款。

人会议确认债权应当以决议的形式进行，但是，债权人参加会议行使表决权的前提是债权确定，债权确认前，债权人无法行使表决权，而无法行使表决权也就无法通过决议形式确认债权。故债权人确认债权这一职能与债权人会议的表决制度相悖。此外，将确认债权这一权利赋予债权人会议也与国际惯例不符。国外立法中，债权人会议通常只具有调查债权的权利，而债权的最终确认权归属于法院或者破产管理人。

2. 讨论议决重整计划与和解协议草案。重整、和解通常是在债权人作出让步的基础上达成的，涉及债权人的切身利益，故应由债权人会议对和解协议进行讨论，并作出是否予以接受的决议。

3. 讨论议决破产财产的处理和分配方案。破产财产的处理和分配方案，直接关系到债权人清偿利益的实现，故应赋予债权人以充分的自主表达和自主决定的权利。但是实践中，如果债权人对方案的分歧较大，长时间无法通过，则势必拖延时间、增加费用，损害债权人的利益。为了解决这个问题，《企业破产法》第65条第2款规定，破产财产的分配方案经债权人会议两次表决仍未通过的，由人民法院裁定。第66条规定，债权额占无财产担保债权总额1/2以上的债权人对人民法院针对破产财产分配方案作出的裁定不服的，可以自裁定宣布之日或者收到通知之日起15日内向该人民法院申请复议。复议期间不停止裁定的执行。如此规定有利于平衡破产案件的效率与公平。

第三节　债权人会议的程序规则

一、债权人会议的召开程序

债权人会议的召开，分为两种情况：其一是法律规定必须召开的债权人会议，例如第一次债权人会议；其二是在必要时召开的债权人会议，如管理人要求时召开的债权人会议。我国破产立法对两种会议均有相应规定。

（一）第一次债权人会议

第一次债权人会议，又称为法定债权人会议，是破产程序开始后在法定期间内必须召开的债权人会议。第一次债权人会议在破产程序中占有十分重要的地位，许多事项均在第一次债权人会议上决定。我国《企业破产法》第62条规定："第一次债权人会议由人民法院召集，应当在债权申报期限届满后15日内召开。"

对于债权人会议的内容，《关于审理企业破产案件若干问题的规定》第42条作了详细规定：(1) 宣布债权人会议的职权和其他有关事项；(2) 宣布债权人资格审查结果；(3) 指定并宣布债权人会议主席；(4) 安排债务人法定代表人或者负责人接受债权人询问；(5) 由清算组通报债务人的生产经营、财产、债务情况并作清算工作报告和提出财产处理方案及分配方案；(6) 讨论并审查债权的证明材料、债权的财产担保情况及数额、讨论通过和解协议、审阅清算组的清算报告、讨论通过破产财产的处理方案与分配方案等。讨论内容应当记明笔录。债权人对人民法院或者清算组登记的债权提出异议的，人民法院应当及时审查并作出裁定；(7) 根据讨论情况，依照《企业破产法》第16条的规定进行表决。以上第(5)至(7)项议程内的工作在本次债权人会议上无法完成的，交由下次债权人会议继续进行。

(二) 必要时召开的债权人会议

除第一次债权人会议应当由人民法院在法定期间内召集外，其他的债权人会议在破产程序进行中必要时召开。《企业破产法》第 62 条第 2 款规定，以后的债权人会议，在人民法院认为必要时，或者管理人、债权人委员会、占债权总额 1/4 以上的债权人向债权人会议主席提议时召开。必要的债权人会议由债权人会议主席召集并主持，对于人民法院、管理人、债权人委员会或者符合法定条件的债权人提出的召集要求，债权人会议主席不得无故拒绝。

必要的债权人会议的决议事项，应根据人民法院或者债权人会议主席认可的必要理由，或者根据管理人或债权人要求的内容，予以具体确定。实践中，必要的债权人会议通常以破产财产的变价和分配或者与此相关的问题为决议事项。

依《企业破产法》第 63 条的规定，召开债权人会议，由管理人提前 15 日通知已知的债权人。

二、债权人会议的决议程序

(一) 决议的形成

债权人会议的决议可分为一般决议和特殊决议。

对于一般决议的通过，有两种不同的立法例，即所谓单一标准和双重标准。单一标准是指债权人会议的决议的形成仅以债权人的人数或债权额作为标准。双重标准是指通过一般决议时，既有债权人人数的要求，又有债权额的限制。我国立法采双重标准，《企业破产法》第 64 条规定："债权人会议的决议，由出席会议的有表决权的债权人的过半数通过，并且其所代表的债权额占无财产担保债权总额的二分之一以上。"

特殊决议主要是指关于和解协议或者重整计划的决议。对于特殊决议的通过，我国也采取了双重标准。我国《企业破产法》第 97 条规定："债权人会议通过和解协议草案的决议，必须由出席会议的有表决权的债权人的过半数同意，并且其所代表的债权额，必须占无财产担保债权总额的三分之二以上。"

债权人会议决议的表决，以出席会议的有表决权的债权人计算票数，以其代表的债权额计算表决的债权额。行使表决权的债权人所代表的债权额，按债权人会议确定的债权额计算。"半数以上""三分之二以上"均包括本数，"过半数"不包括本数。①

(二) 决议的效力

债权人会议的决议是债权人团体为共同意思表示的结果，一旦决议经法定程序获得通过，即对全体债权人具有约束力。各债权人不论是否出席了会议，也不论是否参加表决，更不论债权人是否赞成决议，都当然地受决议的约束。我国《企业破产法》第 64 条第 3 款规定："债权人会议的决议，对于全体债权人均有约束力。"

(三) 决议的异议

破产程序的基本目标在于公平地保护全体债权人的一般利益，故当债权人会议的决议违背该目的时，法院应当禁止此类决议的执行。《企业破产法》第 64 条第 2 款规定："债权人认为债权人会议的决议违反法律规定，损害其利益的，可以自债权人会议作出决议之日起十五日内，请求人民法院裁定撤销该决议，责令债权人会议依法重新作出决议。"债权人会议的决议违反法律，包

---

① 《贯彻〈破产法〉意见》第 28～30 条。

括决议的内容、表决程序、会议的召开程序违法，或者决议超出了债权人会议的职权范围，以及决议有其他违反法律之处。人民法院在查实债权人会议的决议违反法律时，必须禁止决议的执行。

对于债权人提出的异议，人民法院应采用书面或开庭的方式，对异议进行审查。异议成立的，应裁定撤销该项债权人会议决议；异议不成立的，则裁定驳回异议申请。

第四节　债权人的代表机构——债权人委员会

一、债权人委员会的法律地位及设置的必要性

（一）债权人委员会的法律地位

债权人委员会是债权人会议的代表机关，在破产程序中代表债权人的共同利益监督破产程序的进行。大部分国家或地区的破产法均有这一机构的设置，但称谓不尽相同。例如：日本破产法称之为“监察委员”，德国新破产法称之为“债权人委员会”，我国台湾地区“破产法”称之为“监查人”。

债权人委员会是债权人会议的代表机关，由债权人会议选任，向债权人会议负责。当其决议与债权人会议的决议不一致时，应当服从债权人会议的决议。故债权人委员会仅仅是附属于债权人会议的代表机构。

（二）设置债权人委员会的必要性

虽然破产法上已设立了债权人会议这一机构以维护债权人的利益，但债权人会议行使权利和监督破产程序只能在会议召开时进行，在会议闭会期间无法行使权利和监督破产程序。故债权人会议有必要选任其信任的债权人或者其他人员，代表债权人会议对破产程序进行的各阶段予以日常监督。因此，债权人委员会制度的设置对债权人团体利益的维护有重要意义。此外，设置债权人委员会也符合诉讼经济原则。债权人会议的召开既不经济又不利于破产程序的迅速进行，而由债权人会议选任代表专门行使债权人会议的监督职权，就可以有效地避免频繁召开债权人会议或者长时间召开债权人会议，既节省了费用，又有利于债权人的公平受偿。债权人委员会制度的设立，已有数百年的历史，这充分说明了债权人委员会制度的有效性，因而我国《企业破产法》也吸收了这一制度。

二、债权人委员会的设置和选任

债权人委员会虽是代表债权人会议对破产程序进行监督的机构，但其是否为破产程序中的必设机构，各国或地区立法有不同的规定。大致有三种做法：一是必设主义；二是选择主义；三是法院任命主义。我国《企业破产法》规定债权人委员会由债权人会议选任的债权人代表和一名债务人的职工代表或者工会代表组成。

对于债权人委员会的人数，也应由债权人会议决定，一人或数人均无不可，主要视破产案件的具体情况而定，但不得超过 9 人。债权人会议选任的成员应经法院书面认可。

三、债权人委员会的职权

债权人委员会在破产程序中进行日常监督，主要有以下几个方面的职权：

1. 有权随时调查破产财产的状况，并有权要求管理人向其报告破产财产的状况。为进行调查活动，债权人委员会可以查阅有关财产的所有账簿和文件，并就相关情况询问债务人及其他义务人。

2. 有权出席债权人会议，并有权请求召开债权人会议。

3. 监督管理人对破产财产的处分行为。这是债权人委员会的主要职责。

4. 有权监督和解协议的执行和重整计划的执行。

5. 有权申请法院禁止管理人的不当决定和债权人会议的违法决议的执行。

6. 债权人会议委托的其他职权。

债权人委员会应当以善良管理人的注意为全体债权人的利益执行职务。债权人委员会因为故意或者过失造成债务人或者债权人损失的，应当承担赔偿责任。债权人委员会执行职务所需的费用和报酬，列入破产费用，从破产财产中优先拨付。

【本章前沿问题】

□ 关于债权申报期限

我国《企业破产法(试行)》区别已知和未知破产债权人而规定不同债权申报期限的做法，受到了一些学者的批评。学者们认为，这种做法至少在程序上没有做到债权人平等，除了限制已知的债权人申报债权及参加破产程序以外，没有什么实际的意义。破产程序是一种绝对不同于一般民事诉讼的程序，在构建破产程序上的期间时，一定要避免与民事诉讼程序上的期间相类比。因为，民事诉讼程序上的公告送达的功能在于弥补其他送达方式适用不能的缺陷，是一种补充性的方式。而破产程序上的公告送达是一种必需的基本形式，债权人不论是否已知，破产程序的效力均应当自公告之日起发生，所以，仅仅因为债权人收到人民法院的通知，限定其债权申报期间为一个月是没有根据的。[①] 我国《企业破产法》修正了这种违反常规的做法，统一规定债权申报期限自人民法院发布受理破产申请公告之日起计算，最短不得少于 30 日，最长不得超过 3 个月。

□ 关于债权的补充申报

债权人未在法律规定或法院指定的期限内申报债权，分为两种情况：其一，债权人因不可归责于自己的原因而未申报；其二，债权人无不可归责于自己的事由而未在规定期间内申报债权。各国或地区立法对此两种情况有不同的规定。大致有三种立法例：(1) 只有当债权人因不可归责于自己的事由而未申报时，才允许补充申报；(2) 只允许债权人因不可归责于自己的事由而未申报者补充申报，但债权人在补充申报前，必须以诉讼恢复自己的申报权；(3) 无论债权人因何种原因未申报债权，均允许其补充申报。我国《企业破产法》第 56 条采取了第三种立法例。即不论债权人出于何种原因未申报债权，均可以在破产财产最后分配前补充申报；但是，此前已进行的分配，不再对其补充分配。为审查和确认补充申报债权的费用，由补充申报人承担，即使债权人未申报债权是因不可归责于其自身的原因，也不例外。因为，这种费用若不由其负担，而由同样没有过错的破产债务人负担(更确切地

---

① 邹海林：《破产程序和破产法实体制度比较研究》，法律出版社 1995 年版，第 116～117 页。

说，是由其他债权人）负担，显然是不合理的。[①]

□ **关于债权人会议的性质**

债权人会议的性质是一个复杂的问题，它不仅与各国或地区关于债权人会议的不同立法模式联系在一起，而且与债权人会议的职权及其与破产程序中的其他机构的关系联系在一起。目前理论界关于债权人会议的性质存在以下几种学说：

（1）债权人团体的机关说。这是日本学界过去的传统学说。该说基于破产债权人对破产程序进行中的诸多事项具有共同利益，主张全体债权人构成破产债权人团体，债权人会议则是该团体的机关。

（2）事实上的集合体说。这是日本学界当前的通说。该说主张债权人会议是由法院召集的临时性集合组织。该说不承认"债权人团体的机关说"，认为，一方面，债权人之间的利益存在不相一致的地方；另一方面，法律也未规定债权人会议具有的民事主体地位。

（3）自治团体说。这是我国台湾地区和大陆部分学者的主张。依照该说，债权人会议并非法人组织，而是非法人性质的特殊社团组织，是表达债权人共同意志的一种自治性团体。[②]

【本章思考题】

1. 简述债权申报的程序规则。
2. 如何认识债权人会议的法律地位？
3. 我国债权人会议有哪些职权？
4. 简述我国债权人会议的议决规则。
5. 债权人委员会在破产程序中的职权有哪些？

---

① 李永军：《破产法律制度》，中国法制出版社2000年版，第194～195页。

② 王欣新主编：《破产法》，中国人民大学出版社2002年版，第69页。

第五章　重　　整

【导语】

重整制度是预防企业破产最为积极、有效的措施。我国《企业破产法》设立专章规定重整制度，并在其他章节规定了相关的条款。学习本章时，应重点理解和把握重整的意义、重整期间的财产和营业事务管理以及重整计划的制订、通过、批准和执行。

第一节　重整制度概述

一、重整的概念和特征

（一）重整的概念

重整是指在企业无力偿债的情况下，依照法律规定的程序，保护企业继续营业，实现债务调整和企业整理，使之摆脱困境，走向复兴的再建型债务清理制度。[①]

重整可以使那些陷入债务困境但有复苏希望的企业或其他债务人，按照法律规定的程序，与债权人、股东和其他利害关系人，就债务清偿、企业整顿、营业改善、财产出让、资本变更等一系列事项达成协议，使债权人得到公平的清偿，使企业摆脱困境，恢复生机。重整制度始于20世纪30年代的美国破产法，第二次世界大战以后为其他国家所采用。自20世纪70年代后期以来，以建立重整制度为重要标志之一的破产法改革运动风靡全球。美、法等国纷纷修订破产法，着力加强和完善重整制度。当前各国破产法正在进入一个由清算型债务清理为主转向再建型债务清理为主的制度变革时期。

我国《企业破产法》在总结以往经验和结合我国国情的基础上，参考了美、法、日等国重整制度的立法成果，专设了重整一章，并在其他章节规定了相关的条款。

（二）重整的特征

重整制度在性质上，具有债务清偿法和企业法相结合、私权本位和社会本位相调和、程序法和实体法相融合、多种法律事实及法律效果相聚合的特点。具体分析如下：

1. 债务清偿法和企业法相结合

这里所说的债务清偿法，指的是在债务人无力清偿到期债务的情况下，依法在债务人现有财产的范围内，实现多数债权人之间的公平分配和债务了结。这里所说的企业法，指的是对陷入经济困境的企业，从产权、资本结构到内部管理、经营战略等进行多方面的调整和变更，使之恢复生机。重整制度的这种双重属性，是它有别于破产清算制度和传统的和解制度的一个重要特点，后两种制度一般被认为属于债务清偿法的范畴。

重整制度把清理债务与拯救企业紧密地结合在一起。一方面，它把债权人的权利实现建立

---

① 王卫国：《破产法》，人民法院出版社1999年版，第226页。

于复兴的基础上，力图使企业的营运价值得以保留，从而使债权人得到比在破产清算的情况下更为有利的清偿结果；另一方面，通过债务调整，消除破产原因，使企业摆脱经济困境，获得复兴的机会。这样，就在债务清偿法和企业法之间，建立起一种相互配合、相互补充的关系。

在债务清理和企业拯救这两个目标中，后者是主要的。也就是说，重整制度的首要任务是实现企业复兴。正如美国学者安德森指出的："重整法涉及的是陷入财务困境的商事企业的复兴。这种企业在正常情况下为债务人即公司、合伙、个人或者其他有资格依破产法申请救济的实体所拥有。重整制度试图提出和解决困境实体所面临的三个方面的问题：(1) 为了使陷于困境的债务人在经济上康复，应当采取何种财务决定和行动；(2) 为使这种复兴对所有的当事人都不失公平，应当在债权人与股东之间达成何种权利调整；以及(3) 如果企业复苏无望，因而不能继续营运，则债务人资产的清算应当如何进行，才能使之有条不紊并且使所有利害关系人得到最大限度的财产恢复。实质上，重整是通过法律机制实现财务解决以求造就稳定的、恢复活力的企业的过程。"①

2. 私权本位和社会本位相调和

重整制度打破了私法与公法之间的传统界限，将私权本位与社会本位相调和。当它把企业置于中心地位时，它并不仅仅着眼于包含在企业关系中的各方当事人利益，而且着眼于企业在社会经济生活中的地位以及企业的兴衰存亡对社会生活的影响。

3. 程序法和实体法相融合

基于拯救企业的需要，重整制度有必要采取一些保护性措施，来维护企业的继续运营。而这些保护性措施所针对的，首先是来自债权人的"攻击"，即债权人行使权利的行为，如：追索债务的诉讼和强制执行，有财产担保的债权人行使对担保物的处分权，以及其他单独索取清偿支付和单独对债务人的财产实施的行为。其次，保护性措施还要针对企业在无力偿债的情况下从事营业所面临的困难，如：因信用下降而难以获得贷款，待履行合同的相对人要求解除合同或者要求继续履行合同，因裁减人员所引起的劳动争议。所以，重整制度对债务人企业的营业保护，不仅有程序法上的安排，还要有实体法上的措施。

当然，我们绝不可轻视程序制度的意义，因为公正的程序是实现公平而有效率的债务清理的基本保证。而债务清理的公平和效率，不仅关系到债权人和其他当事人的权益，而且关系到债务人在妥善处理债务的基础上的复兴。因此，只有当程序法规则与实体法规则形成一个有机整体时，重整制度才可能实现其多重目标和多重价值。

4. 多种法律事实及法律效果相聚合

重整制度沿着债务清理和企业拯救两条主线，本着私权保护和社会利益保护双重目标，通过程序上和实体上的法律调整，引起一系列法律关系的发生、变更和消灭。从这个意义上说，重整是一个综合性的法律事件，一个由多种法律事实和法律效果聚合而成的民事法律关系变动过程。

重整包含了对多种法律关系的调整，其中主要有：(1) 债权关系，包括对重整债权的约束、保护、变更和清偿，待履行合同的解除或继续履行，为企业经营而新缔结的借贷、买卖、租赁合同，为清偿债务而出让财产的合同，聘请律师、会计师等专业人员的合同，等等。(2) 物权关系，包括对企业财产的保全、对担保物权的限制、取回权的行使与限制、企业产权的出让，等等。(3) 投资关

① Anderson, J. C., *Reorganizations*, McGraw-Hill, Inc. 1993, Chapter 11.

系,包括现有股东的权益保护和权利限制、债权转换为股权、增加或减少资本、新股募集,等等。(4) 劳动关系,包括职工的权益保障、人员裁减以及被裁减人员的补偿、安置,等等。(5) 税收关系,包括欠税的清理、重整期间继续营业的税收问题,等等。此外,重整还可能涉及某些经济行政管理关系,如商业登记、不动产登记、抵押登记等。由于多种法律关系的存在,形成了多种当事人介入重整程序的局面。实践中,主要的当事人是债务人、债权人、债务人的股东(或者其他形式的出资人)和企业员工。

重整是引起上述法律关系发生、变更或者消灭的概括的法律事实,其中包括了一系列的行为和事件。这里所说的事件,最常见的就是程序上的事件,如重整的开始、终止或者破产案件的终结。这些程序事件的发生,总是对当事人的程序权利和实体权利产生一定的效果。例如,重整开始后,债权人非依法定程序不得行使其权利。又如,重整因计划执行完毕而终结后,债务人免除对于重整债权中依重整计划被削减的部分的清偿责任。而这里所说的行为,可分为以下种类:(1) 民事行为与非民事行为。(2) 民事行为中的表意行为与事实行为。(3) 程序行为与非程序行为。(4) 当事人行为和司法行为。

重整过程中的上述行为和事件,引起一系列法律效果的发生。从某种意义上说,重整就是通过鼓励各种符合秩序要求的行为和事件,以及抑制种种违反秩序要求的行为和事件,来实现制度的预期目标。

二、重整制度的理论根据

重整制度的理论根据,涉及两个基本的问题:第一,为什么需要建立重整制度?第二,重整制度为什么能够达到其设立的目的?这就是所谓必要性和可能性的问题。重整制度的理论根据对这一制度的建设和实施过程也具有指导意义。

我们可以把重整制度的理论根据概括为三个论题:营运价值论、利益与共论和社会政策论。这三个论题是相互联系的。其中,营运价值论无论在历史上还是逻辑上,都处在出发点的位置。

(一) 营运价值论

重整制度最初的理论根据是建立在"营运价值"(going concern value)的基础之上的。所谓营运价值,就是企业作为营运实体的财产价值,或者说,企业在持续营业状态下的价值。在许多情况下,企业的营业价值高于其清算价值,即高于它的净资产通过清算变价所能获得的价值回收。如果我们把困境企业比作一匹病马,那么,对于这匹病马,可以有两种选择:或者杀马卖肉,或者把它治好。很明显,马肉的价值与活马的价值是不可比拟的。债权人的清偿利益,是寄托于"马肉"的价钱好呢,还是寄托于"活马"的价值好?其答案是不言而喻的。

企业资产的营运价值高于清算价值的理论,其主要原因有三点:(1) 营运价值包含了资本组合的成本;(2) 营运价值包含了无形的资产和利益;(3) 企业资产在清算变价中可能存在着价值损耗。此外,还有一个重要的理由,就是在多数情况下,企业无力清偿到期债务,不是因为它的资产贬值,而是因为它的财务上的困难。这种财务困难归咎于经营上的失误,也可能归因于市场的变化或者其他不可预料的外部因素。因此,一个无力偿债的企业并不一定是无营利能力的企业。

(二) 利益与共论

承认保存企业营运价值的必要性,还仅仅是提供了一种经济上的合理目标。在法律基于种种理由而必须保留破产清算制度的情况下，要实现这一合理目标，必须采用一种能够促使当事人尤其是债权人自愿选择以保存企业营运价值的方式行使权利的产权安排。换句话说，如果被保存下来的营运价值仅仅属于债务人而不能使债权人受益，或者说，如果债权人的清偿利益只能寄托于企业资产的清算价值，那么，毫无疑问，债权人宁可选择清算分配。因此，法律制度需要作出一种安排，以便使债权人成为保存企业营运价值的第一受益者。这意味着，法律应当使债权人成为重整企业的事实上的所有人，从而在债权人和债务人以及债务人的投资者之间建立起一种利益与共的关系，使他们共同致力于企业拯救。

重整制度对债务人财产的产权安排，实际上是一种"双重产权"的设计。具体说，在承认债务人及其出资人的已有产权地位的前提下，赋予债权人以财产支配者的法律地位。在这种双重产权的情况下，财产的实际支配被委托给一个中立者——法院任命的管理人。在重整期间，可以由债务人继续掌握财产和营业，也可以由法院任命的其他人接管财产和营业；在重整计划的制订过程中，债权人和债务人(及其出资人)都有发言权；除了债权人外，股东有时也享有对重整计划发表意见的权利。总之，重整程序提供了一个多方协商机制，其协商决定的内容，不仅包括债务清偿方案，而且包括企业复兴方案。而这一切都是建立在债权人和债务人均享有产权地位的基础上的。

为了维持这种利益与共的关系，要求在重整过程中将所有的权利请求都置于停止状态，使所有的权利人都尽可能地加入拯救行列而不是"拿了就走"。所以，在重整程序中，债权人变成了像股东那样的对企业的重大事务享有决定权的"内部人"。只有这样，才能在维护债权人利益与拯救企业这两个政策目标之间建立起平衡和互动的关系。

(三) 社会政策论

创立和发展重整制度的动力，不仅来自当事人基于个别利益的个别理性判断，而且来自社会基于整体利益的整体理性判断。这种整体理性判断就是我们所说的社会政策。它所依据的理性标准就是效率和公平的价值。

建立重整制度，是对传统的以破产清算为中心的制度取向的重大变革。传统制度取向存在着两个重大的缺陷。其一是造成资产价值流失和失业救济、连锁破产等社会成本，导致社会资源的浪费。其二就是造成普遍的"破产畏惧症"，导致社会中的"债务积淀"即大量到期债务不能清偿并且越积越多的现象。因此，建立重整制度的作用，不仅在于个别债务人的"重新开始"，而且在于社会资源的保护和有效利用；不仅在于个别债务的及时了结，而且在于社会经济的健康运行。

受企业破产事件影响的社会利益群体是多种多样的。除了债权人、债务人及其投资人以外，还涉及企业的职工、与债务人有交易往来或利益关联的其他企业、企业所在的社区、国家的财政收入和社会保障负担等。应该说，扩大对破产事件社会影响的关注范围以适应现代公平价值的要求，是当前破产法改革运动中的一个重要的观念更新。但是，这并不意味着必须扩大案件当事人的范围。那样做将会增加案件的操作难度和成本，并且最终也难以实现公平目标。一个比较妥当的安排是，把这种更广泛的社会关怀融合到程序和规则的设计中，使法律制度能够反映或顾及这些人们的利益要求。这些外围受影响者的利益，正是寄托于企业的复兴。因此，我们说，重整制度的建立，本身就适应了社会公平的需求，体现了对多数人的关心和保护。除此之外，法律还直接设立了一些保护非请求权人的规定，特别是保护劳动者的规定。

三、重整与其他破产程序的关系

（一）重整程序与破产清算程序

建立重整制度和强调企业再建，并不意味着对破产清算制度的否定。首先，应当认识到，在破产企业中，有一部分是无可拯救的。对那些“病入膏肓”的“病马”，如果勉强适用重整程序，花费大量财力去进行无谓的抢救，只能导致资源浪费和债权人蒙受损失。因此，各国破产法在制定重整程序规则时，都充分考虑到一部分企业无可拯救的可能性，并设立了随时由重整程序转为破产清算程序的规则。

其次，也应当看到，破产清算制度是一种优胜劣汰机制。市场经济的健康运行，总是伴随着新兴企业的不断诞生、壮大和落后企业的衰落、消灭。重整制度的目标只是拯救那些值得拯救和能够拯救的企业，而不是盲目地阻止破产清算的发生和不加区别地保护那些落后的、没有生命力的企业。对那些无可拯救的企业，只有适用破产清算，才能更加有效地实现尚存资源的保护和有效利用。

再次，还应当看到，破产清算制度对重整制度具有一种支持的作用。债权人在重整中作出让步的程度取决于他们在适用清算程序的情况下所能得到的清偿。债权人在清算情况下的清偿越低，他们接受重整的积极性以及作出让步的程度就越高。另一方面，破产清算对重整中的债务人也具有约束和促进作用。因为，债务人要避免倒闭清算的命运就必须取得债权人的信任，为此它就不能有任何欺诈行为，并且要努力改善营业状况以表明企业的前景。

因此，与破产清偿制度相比，重整制度的优越性在于：(1) 它可以使债务人的营业得以不间断地继续，从而避免了破产带来的严重财产损失、经济连锁反应和其他消极后果。(2) 它可以使债权人获得不低于破产分配的清偿额。(3) 程序较简易，完成时间较短，费用较低。(4) 它可以同企业兼并、股份制改造等制度并用，在债务重组的同时实现企业再建（在我国，它甚至可能成为推行现代企业制度的一项有力措施）。

（二）重整程序与和解程序

从历史沿革看，和解是较早时期的再建型债务清理制度。随着重整制度的出现，和解程序的去留自然成为人们关心的话题。法国和德国在破产法改革中曾放弃和解程序，英国 1986 年破产法改革则保留了和解程序。我国在新破产法草案起草过程中，曾讨论过和解程序的存废问题。我们认为，和解程序与重整程序各有自己的优点。重整程序比较复杂，有较多的法律干预，是一种力度较大但费用较高的企业拯救制度，适合规模较大、困境较严重的企业。和解程序充分尊重当事人意思自治，具有简便灵活的特点，适合规模较小、拯救难度较低的企业，尤其是合伙企业和独资企业。因此，保留和解程序，不失为一个明智的选择。但是，重整程序与和解程序不存在相互转换的必要。因此，启动重整程序后，不能转为和解程序；同样，启动和解程序后，不能转为重整程序。

与和解制度相比，重整制度的主要特点是：(1) 重整原因不限于破产原因，企业将要出现破产原因也可以成为申请重整的理由。(2) 有权申请重整的不仅有债务人和债权人，而且有股东。(3) 重整期间，债务人可以继续营业，而且允许由原来的经营者负责营业和重整事务。(4) 重整制度有一系列为保障企业在重整期间继续营业的保护措施，如：限制担保物权的行使，中止一切民事执行，重整债务停止计息，重整期间的借款和其他债务视为共益债务（债权人有优先受偿权），税收减免，等等。(5) 重整程序实际上是一个包括债务人、债权人、股东、企业职工在内的多方协商机制，通过这种协商所达成的协议——重整计划，实际上是一个包括债务重组、企业改组、人员裁减、产权变动等在内的综合性的企业复兴方案，而不是像和解程序那样，仅仅着眼于在债务人与债权人之间达成债权让步。(6) 重整计划的债权清偿方案，不仅以企业现有财产为根据，而且还考虑到企业复兴后的财产增量，加上由程序便捷带来的费用节省，因而可能使债权人获得高于和解协议的清偿额。

第二节　重整的开始

一、重整原因

重整原因是引起重整程序开始的事由，也是法院得以裁定债务人进行重整的法定原因。由于重整程序与破产清算程序的目标不同，破产法对适用重整程序的破产原因需要作扩大的规定。这就是，企业因为经营或者财务发生困难将导致不能清偿到期债务的，也可以适用该法规定的重整程序。换句话说，企业法人无论是基于已经发生的无力偿债的事实状态，还是将要发生的无力偿债的事实状态，都可以申请企业重整。所以，重整原因的范围比一般的破产原因大。这一概念体现了对企业困境“早发现，早治疗”的思想，符合重整程序拯救企业的制度目标。

按照我国《企业破产法》第 2 条的规定，企业法人重整的原因有三点：一是企业法人不能清偿到期债务，并且资产不足以清偿全部债务；二是企业法人不能清偿到期债务，并且明显缺乏清偿能力；三是企业法人有明显丧失清偿能力的可能。

二、重整程序的发动

（一）重整申请

重整程序的启动，必须始于有申请资格的当事人提出申请。按照我国《企业破产法》第 70 条的规定，有资格的重整申请人为以下三类：(1) 债权人。债权人在债务人出现重整原因时，可以依法直接向人民法院申请对债务人进行重整。(2) 债务人。债务人的申请在两种情形下进行：其一，当出现重整原因时，债务人可以直接向人民法院申请进行重整；其二，债权人申请对债务人进行破产清算的，债务人可以在人民法院受理破产申请后、宣告债务人破产前向人民法院申请进行重整。(3) 债务人的出资人，且其出资额占债务人注册资本 1/10 以上。其必须在债权人申请对债务人进行破产清算的情形下，在人民法院受理破产申请后、宣告债务人破产前向人民法院申请进行重整。

由此可见，在债务人所处的不同阶段，重整申请人的范围有所不同。在债务人尚未进入破产程序时，重整申请人为债务人和债权人，而在破产程序中的重整申请人为债务人和出资占债务人注册资本总额 1/10 以上的出资人。

在破产的情况下，债务人的财产的最终归属是全体债权人。所以，企业重整的成本和重整失败的风险最终是由债权人承担的。

（二）重整申请的受理

按照《企业破产法》的规定，重整程序在人民法院主持下进行。所以人民法院在收到重整申请后应当对重整申请进行审查,决定是否裁定债务人重整。

人民法院经审查认为重整申请符合法律规定的,应当作出重整裁定,并予以公告。自人民法院裁定债务人重整之日起,重整期间开始。此裁定一经作出,即对重整案件的各利害关系人产生一系列的法律效力,直至重整程序终止。

第三节 重整期间的财产和营业事务管理

一、重整期间的概念

重整期间,也称重整保护期间,是指重整程序开始后的一个法定期间。在美国被称为“冻结期间”(period of freeze),在澳大利亚被称为“延缓偿付期”(moratorium),在法国被称为“观察期间”,其目的在于防止债权人在重整管理期间对债务人及其财产采取诉讼或其他程序行动,以便保护企业的营运价值和制定重整计划,增加重整成功的可能性。

各国对于重整期间的规定不同。我国《企业破产法》规定,自人民法院裁定债务人重整之日起至重整程序终止,为重整期间。该法没有规定重整的具体时限,体现了我国破产法极力挽救企业的法律政策。但是并不意味着重整期间可以无限延长。根据《企业破产法》的规定,债务人或者管理人应当自人民法院裁定许可债务人重整之日起 6 个月内提交重整计划草案,有正当理由的,经债务人或者管理人请求,人民法院可以裁定延期 3 个月。人民法院应当自收到重整计划草案 30 日内召开债权人会议,付诸表决。自重整计划通过之日起 10 日内,债务人或者管理人应当向人民法院提出批准重整计划的申请,人民法院应当自收到申请之日起 30 日内裁定批准,终止重整程序。部分表决组未通过重整计划草案的,债务人或者管理人可以申请人民法院强制批准重整计划草案,人民法院应当在收到申请之日起 30 日内审查该重整计划草案是否符合破产法规定的条件并裁定是否批准重整计划草案,逾期不提交重整计划草案或者重整计划草案未获通过或者人民法院没有裁定批准重整计划草案的,人民法院应当裁定终止重整程序并宣告债务人破产。可见我国破产法中的冻结期间事实上是有限制的。

二、重整期间财产和营业事务的管理人

重整期间债务人的财产和营业事务的管理权由谁行使,涉及重整管理人的确定问题。所谓重整管理人,即在债务人重整期间,由法院指定的负责债务人的财产管理、处分、业务经营及重整计划的拟定与执行的机构。我国《企业破产法》对于债务人的财产管理和营业管理,采取了比较谨慎和灵活的新方法。

(一) 债务人在破产管理人监督下的自行管理

《企业破产法》第 73 条第 1 款规定:“在重整期间,经债务人申请,人民法院批准,债务人可以在管理人的监督下自行管理财产和营业事务。”因此,债务人自行管理的前提是:(1) 债务人向人民法院提出自行管理的申请,而且提出申请的时间必须在人民法院裁定许可债务人重整以后。(2) 须经人民法院批准。(3) 必须由管理人对债务人自行管理实施监督。

债务人自行管理财产和营业事务对企业经营者给予较高度的信任,有利于提高重整的效率,获得更大的成功可能性。但是,由于债务人与其他利益关系人尤其是债权人有一定的利益冲突

存在，而重整风险主要由债权人而非债务人承担，债务人有进行不公正中立的自利行为的利益倾向，有必要规定由管理人对债务人的财产管理行为和营业行为进行监督。管理人的监督主要是对债务人的不当行为向法院提出重整程序终止申请。

在债务人自行管理的情况下，已经依破产法接管债务人财产和营业的管理人有义务向债务人移交财产和营业事务，管理人依法享有的职权也由债务人行使。

（二）管理人管理

重整期间，在债务人不自行管理财产和营业事务的情况下，应当由管理人负责管理。管理人负责管理财产和营业事务的，可以聘任债务人的经营管理人员负责营业事务，并对其实施监督。这种方式的实质虽然是赋予了管理人以人事控制权，但是为债务人在继续营业中发挥作用提供了一定的机会。这是因为，企业营业事务的管理，需要有专门的知识并且熟悉企业的营业事务，而债务人原有的经营管理人员，比管理人更加了解本企业的营业状况和问题所在，同时有利于调动其参加企业重整的积极性。这种方式在确保维护公平清偿的前提下，兼顾了效率，具有原则性和灵活性相结合的特点。

在上述两种方法中，以管理人的管理为原则，债务人的自行管理为例外。

三、重整期间的破产保全

破产保全，是指破产程序开始后，对任何旨在减少债务人财产的行为或程序实行暂时中止，以保护债务人的财产在破产程序开始后处于完整状态的制度。在重整期间，破产保全制度作为对债务人营运价值的保护措施，其宗旨是制止债权人的一切个别追讨行动，确保债务人财产的完整性，保障破产企业营业的连续并实现破产财产的增值。其实质是通过这一制度使破产法对债务人和债权人之间的法律关系作出另外的安排。①

重整期间破产保全的措施主要体现在以下五个方面。

（一）法律程序的中止

破产申请受理后，有关债务人财产和权利的法律程序中止的规定，同样适用于重整程序。在我国《企业破产法》中，有关债务人财产和权利的法律程序的中止，包括：首先，保全措施的解除与执行程序的中止。在人民法院受理破产申请后，一切有关债务人财产的保全措施应当解除，执行程序也应当中止。其次，民事诉讼或者仲裁的中止。在破产申请受理后，已经开始而尚未终结的有关债务人财产或者权利的民事诉讼或者仲裁应当中止；在管理人接管债务人的财产后，诉讼或者仲裁继续进行。

（二）对担保权行使的限制

担保是针对无力偿债的保护性措施。但是为了企业的复兴和债权人的一般利益，在重整期间，对债务人特定财产享有的担保权的行使进行限制或者冻结，是各国重整立法的普遍规定。目的在于避免债务人继续营业所必需的财产无法继续使用，而影响企业重整程序的基本目标。但是受重整程序冻结效力影响的程度各国法律态度不同。

我国《企业破产法》对担保给予了有利的考虑。一方面，强调自动停止对实现企业复兴目标的必要性；另一方面，力求维护有担保债权人的利益。《企业破产法》规定，在重整期间，对债务人

① 付翠英编著：《破产法比较研究》，中国人民公安大学出版社2004年版，第306页。

的特定财产享有的担保权暂停行使。但是，在担保物有损坏或者价值明显减少的可能，足以危害担保人权利的，即对债务人的特定财产享有担保权的债权缺乏充分保护的，担保权人可以向人民法院请求恢复行使担保权。

对担保权的影响还表现在，为债务人继续营业，在人民法院受理破产申请后，管理人可以通过清偿债务或者提供为债权人接受的替代担保取回质物、留置物。但在进行债务清偿或者提供替代担保时，如果质物或者留置物的价值低于被担保的债权额，以该质物或者留置物当时的市场价值为限。

（三）对财产取回权行使的限制

财产取回权，是指债务人合法占有的不属于破产财产的他人财产，财产的权利人可以不依破产程序直接向管理人（或者债务人）主张取回财产的权利。

在破产清算与和解程序中，财产的所有权人可以直接通过管理人取回该财产，而不受任何限制包括约定条件的限制，此为在破产程序中取回权行使的一般规则。其权利行使的基础是民法上物的所有权或者其他财产权利，是物的返还请求权在破产法上的一种表现。但是在重整程序中，由于这些财产有可能是债务人继续营业所必需的财产，关系到企业复兴成功与否，故法律常常会作出限制权利人取回权行使的特别规定，如对终止债权人占有资产所依据的合同作出限制、所有权人不得不经法院或者破产代表的批准而在程序启动后的一段有限时期内收回其财产等。

我国《企业破产法》规定，在破产重整程序中，取回权的行使应当符合当事人事先约定的条件，如租赁期满返还、质权担保的债权获得清偿后返还财产等约定。不符合约定条件要求行使取回权的，管理人可以拒绝，从而利用债务人占有他人财产的合法基础——当事人的约定条件来限制权利人对取回权的行使。但同时法律承认在重整期间权利人有权行使紧急取回权。根据《破产法规定二》第 40 条的规定，“债务人重整期间，权利人要求取回债务人合法占有的权利人的财产，不符合双方事先约定条件的，人民法院不予支持。但是，因管理人或者自行管理的债务人违反约定，可能导致取回物被转让、毁损、灭失或者价值明显减少的除外。”

（四）对投资收益分配权和股权转让的限制

重整期间，为维持债务人企业的继续营业，实现重整的目的，债务人的出资人的权利也要受到限制。《企业破产法》规定，在重整期间，债务人的出资人不得请求投资收益分配。除经过人民法院同意的以外，债务人的董事、监事、高级管理人员不得向第三人转让其持有的债务人的股权。

第一，对债务人的出资人要求投资收益分配权利的限制。获得投资收益分配是出资人的一项重要权利。但是进入重整程序的债务人，有可能在重整后复兴，也有可能被依法宣告破产。如果债务人被依法宣告破产，其财产将用于偿还债务，其出资人不但无法获得投资收益分配，而且其投资本身通常也无法收回。如果重整期间允许出资人请求收益分配，意味着将债务人的财产通过分配收益的方式转移给其出资人。通常情形下，债务人企业进入重整程序，意味着企业法人不能清偿到期债务，并且资产不足以清偿全部债务或者明显缺乏清偿能力，或者有明显丧失清偿能力的可能，已经无利润可供分配。但是不排除在债务人自行管理的情形下，控股股东利用其地位或者制造虚假利润或者强行分配公司财产的行为发生，或者出资人要求兑现债务人在重整程序前所作的收益分配。为防止对债务人的继续经营产生不利，避免损害债权人的利益，债务人的出资人的请求投资收益分配权，在重整程序中受到严格禁止。

第二，对债务人的董事、监事、高级管理人员转让股份权利的限制。按照我国《公司法》的规定，在符合公司法规定和公司章程规定的条件下，公司的董事、监事、高级管理人员可以向第三人转让其持有的本公司的股份。这些条件，除公司章程作出的其他限制性规定外，包括：(1) 在任职期间每年转让的股份不得超过其所持有本公司股份总数的25%。(2) 所持有的本公司股份自公司股票上市交易之日起1年内不得转让。(3) 离职后半年内，不得转让其所持有的本公司股份。但在重整期间，如果允许债务人的董事、监事、高级管理人员转让其持有的债务人的股份，往往会影响其他市场投资人对债务人重整的信心，影响重整的顺利进行。因此，破产法采取了原则禁止、例外允许的态度。

(五) 对破产抵销的限制

在多数发达国家，破产抵销是允许的；但在一些重要国家，则不允许。在企业复兴程序中阻止抵销的目的在于保持可用于营业的现金。反之，允许抵销也有一些理由：首先，拒绝抵销导致债务人"获取却不付出"的结果；其次，抵销作为抵御无力偿债的"担保"的可适用性，应该是可预知的。

在我国，《企业破产法》中有关破产抵销限制的一般规定，同样适用于重整程序。即在重整保护期间，重整债权人主张与债务人之间抵销的债务，必须以在人民法院受理破产案件申请前产生的为限。债务人的债务人在破产申请受理后取得他人对债务人的债权的，不得抵销；除债权人因为法律规定或者有破产申请一年前所发生的原因而负担债务的情形外，债权人已知债务人有不能清偿到期债务或者破产申请事实，对债务人负担债务的，不得抵销；除债务人的债务人因为法律规定或者破产申请一年前所发生的原因而取得债权的外，债务人的债务人已知债务人有不能清偿到期债务或者破产申请的事实，对债务人取得债权的，也不得抵销。同时，管理人不得主动主张抵销，除非抵销使得债务人的财产受益。

四、重整期间的营业保护

营业，从一般的意义上讲，是指营业者以营利为目的，运用有组织的营业财产所进行的市场交易活动以及与市场交易活动相关联的种种资源开发和利用行为。从一个企业的角度讲，营业就是它的生命运动；营业既是企业生命力的表现，也是企业生命力的来源。现代破产法以企业再建为立法重心。再建主义以拯救企业为宗旨，自然要设法维持企业的继续营业。一般说来，破产案件受理后，尤其是在重整程序开始后，债务人企业继续营业的保护，主要应解决以下两个问题。

(一) 继续营业的机构

按照《企业破产法》对重整期间营业事务管理的规定，继续营业机构有两种方案：第一，经债务人申请，人民法院批准，债务人可以在管理人的监督下自行管理财产和营业事务，此时的继续营业机构就是企业管理层。第二，如不采用第一方案，则由管理人接管债务人的全部财产和事务，此时，继续营业的机构就是管理人。但是，管理人可以聘任债务人企业的经营管理人员负责企业的营业事务。

(二) 继续营业的特别权利

破产程序中债务人企业的继续营业，是在特定条件下，依照法律的特别规定和一定的法律程序所进行的营业。它既是企业法意义上的企业拯救措施，又是债务清理法意义上的财产保全措施。与此同时，它也是陷于财务困境，濒临破产或者已经具备破产原因的企业在其财产受到债权人集体追索、商业信用又十分欠缺的情况下"死里逃生"的自救措施。因此，法律需要对继续营业给予积极的扶助。这种扶助,主要体现为法律对那些与继续营业有关的法律行为的特殊调整。具体说,主要有财产的使用和处分、贷款的取得、待履行商事合同的履行和解除三个方面。

1. 财产的使用和处分

财产的使用和处分是从事营业的基本手段。关于重整企业的继续营业,有两个问题需要解决:一是担保权标的物的使用与担保权人行使担保物处分权的矛盾;二是为继续营业而处分无担保的财产与普通债权人的清偿利益的矛盾。关于第一个问题,各国的立法政策是在保证担保权人的基本利益不受损害的前提下,适当限制其权利行使,以便那些为债务人营业所必要的财产能够继续使用。例如,作为抵押物的机器设备如果任凭抵押权人扣押和变卖,则企业的生产经营可能就无法进行。由此造成的损害,有可能远远高于抵押权人因处分权受限制而蒙受的不利益。因此,为了企业的复兴和债权人的一般利益,令持有担保权的个别债权人在权利行使上作出暂时的忍让,应该说是公平的。如前所述,我国《企业破产法》对此也作出了明确规定。在第二个问题上,各国破产法普遍采用的立法政策是在日常营业的范围内给管理人(或被允许自行营业的债务人)以充分的自主权,而仅对超出这一范围的处分行为予以一定的限制。例如:按照美国破产法的规定,在重整程序中获得营业授权的受托管理人或占有中的债务人在法院无相反裁定的情况下,可以在日常的营业过程中进行交易,包括出卖或出租无担保负担的财产,而无须通知和听审。《法国商法典》第六卷"困境企业"规定,在重整继续营业中,与日常营业无关的处分行为和设立财产担保的行为,须经法官监督人批准始得进行。

2. 贷款的取得

对债务人企业的继续营业来说,取得资金和其他资源供应是至关重要的。美国重整立法的经验证明,占有中的债务人或者受托管理人面临的首要问题之一,是在重整计划制订和通过期间为营业的进行提供资金。获得资金对于几乎所有的企业复兴程序都是必不可少的。然而,一个重整企业获取资金总是比一个正常营业中的企业困难得多。其原因很简单:重整企业处于破产或濒临破产状态,信用基础较差。解决这个问题的一个办法,就是强化对新债权的保障,即赋予其优先清偿地位乃至提供财产担保。

我国《企业破产法》第 42 条第(4)项规定:为债务人继续营业而应支付的劳动报酬和社会保险费用以及由此产生的其他债务,为共益债务。据此,在我国破产法上,为继续营业而取得的贷款或者负债,作为共益债务可以由债务人的财产随时清偿,并在清偿破产费用后优先于其他债权获得清偿。此外还给予贷款人进一步的保护,根据该法第 75 条第 2 款的规定:在重整期间,债务人或者管理人为继续营业而贷款的,贷款人可以要求债务人或者管理人为该贷款设定担保。确保即使不能用所有的债务人财产到期随时清偿,也可以在设有担保权的财产中优先受偿。

3. 待履行商事合同的履行和解除

在程序开始前成立的尚未履行或者尚未履行完毕的商事合同,在企业继续营业的情况下,是否继续履行,也是一个重要的问题。从一个方面看,某些合同的履行对于继续营业可能是必要甚至是至关重要的。例如:原材料和能源的供应合同和产品销售合同,可能是维持现有生产所必不可少的。在这种情况下,如果允许合同的另一方当事人以债务人已经发生的或预期将会发生的违约为理由拒绝履行合同,债务人的企业复兴便可能化为泡影。从另一个方面看,鉴于债务人目前的经济状况,有些合同的履行可能成为沉重的负担;有时候为了调整营业计划或者缩小营业规模也需要解除一些合同。在这种情况下,如果允许合同的另一方当事人主张合同实际履行,债务人就可能因不堪重负而失去复兴机会。

关于待履行合同的履行和解除，有以下三个问题值得注意：

（1）管理人的选择权。管理人对程序开始时已成立但尚未履行的合同，有权予以履行或者拒绝履行。如果管理人予以履行，合同相对人有对待给付的义务。如果管理人拒绝履行，相对人仅得以合同不履行所生的赔偿请求作为破产债权在程序中受偿。这是各国一致的规定。我国《企业破产法》也规定，人民法院受理破产申请后，管理人对破产申请受理前成立而债务人和对方当事人均未履行完毕的合同有权决定解除或者继续履行，并通知当事人。管理人自破产申请受理之日起 2 个月内未通知对方当事人的，视为解除合同。管理人决定继续履行合同的，对方当事人应当履行；但是对方当事人有权要求管理人提供担保。管理人不提供担保的，视为解除合同。对方当事人因管理人或者债务人解除合同所产生的损害赔偿请求权可以作为破产债权申报。

（2）相对人的催告权。在管理人怠于行使选择权的情况下，相对人的权利处于不稳定状态，于交易安全有所不利。故法律赋予相对人以催告权，以保护其利益。催告权的基本内容是，在管理人未表示将继续履行或者解除合同的情况下，相对人可以要求管理人作出履行或者不履行的表示；如果管理人在规定期间内未作出表示，视为或推定为放弃履行。我国《企业破产法》也规定了相对人的催告权，并且规定，管理人自收到对方当事人催告之日起 30 日内未答复的，视为解除合同。

（3）破产程序开始前的不履行。如果债务人在程序开始前有不履行合同的行为，管理人是否能够主张合同的继续履行或者解除？从保护企业继续营业的政策出发，回答应该是肯定的。

五、继续营业的限制

继续营业通常伴随着重整企业财产减少和债务增加，这可能损及债权人的清偿利益。因此，债权人可能对企业财产的转让或者以企业财产设置担保的借贷提出异议。面对这样的情况，立法者需要在企业拯救与债权人保护之间寻找一个平衡点。在美国，破产法设立了一些被称为“充分保护”的措施，旨在对权利被自动停止的担保权人提供救济。例如，在担保物因使用而价值减少的情况下，法院可以判令向担保权人定期支付相当于该减少价值的现金，或者以其他财产提供替代担保。

我国《企业破产法》也对保护有担保债权人的利益作出了相应规定。第 37 条规定，为债务人继续营业，管理人可以通过清偿债务或者提供为债权人接受的替代担保而取回质物、留置物。第 75 条规定，债务人的抵押权人、质权人和留置权人，在重整期间不得对担保物行使处分权利。但是，抵押物、质物、留置物有损坏或者价值明显减少的可能，足以危害抵押权人、质权人、留置权人权利的，抵押权人、质权人、留置权人可以请求人民法院恢复行使担保权，即请求拍卖或者变卖抵押物、质物、留置物，并将所得价款提存。该条的规定，即有关充分保护的规定。

为了尽可能地减少无担保债权人因重整程序开始后过分增加债务而可能蒙受的损失，《企业破产法》对重整中的借款规定了一些限制性措施，包括：管理人借款应当及时报告债权人委员会，未设立债权人委员会的，应及时报告人民法院；如果债务人的经营状况和财产状况继续恶化，缺乏复兴的可能性，或者债务人有欺诈、恶意减少债务人财产或者其他显著不利于债权人行为的，经利害关系人请求，法院应当裁定终止重整程序，并宣告债务人破产。

六、重整程序的终止

重整程序的终止，是指法院根据重整人或者利害关系人的申请或者依职权裁定终结已经开始的重整程序。各国重整立法都承认，企业拯救并不是破产法的唯一目标。在某些情况下，破产清算不失为更为明智的选择。在重整程序开始以后，如果企业拯救已无成功的可能，或者因拯救成本过高或存在其他障碍而难以继续进行，则应当终止重整程序和转入破产清算程序。因此，重整程序的终止是重整制度的一个重要组成部分。

（一）重整程序终止的情形

我国《企业破产法》对重整程序在不同阶段的终止情形作了规定。

在重整程序开始后和重整计划草案被提交前的阶段，包括两种情形：第一，债务人具有妨碍重整的行为。债务人具有以下妨碍重整行为之一的，经管理人或者利害关系人请求，人民法院应当裁定终止重整程序：（1）债务人的经营状况和财产状况继续恶化，缺乏挽救的可能性。（2）债务人有欺诈、恶意减少债务人财产或者其他显著不利于债权人的行为。（3）由于债务人的行为，致使管理人无法执行职务。第二，未按期提交重整计划草案。按照《企业破产法》的规定，债务人和管理人自裁定重整之日起超过6个月，或者经过人民法院裁定延期3个月的情况下未按期提出重整计划草案的，人民法院应当依职权裁定终止重整程序，并宣告其破产。

在通过和批准重整计划的过程中，包括三种情形：第一，债权人会议没有通过重整计划草案。第二，未依法提请法院批准。第三，法院拒绝批准重整计划草案。法院应当作出终止重整程序的裁定，并宣告债务人破产。

（二）重整程序终止的效力

按照《企业破产法》的规定，人民法院裁定终止重整程序的，应当宣告债务人破产，即债务人进入破产清算程序。据此，我国破产法上，在重整程序终止的特定情况下，法院应依职权宣告债务人破产。

第四节　重 整 计 划

一、重整计划的概念和特征

重整计划是重整程序中的核心要素，是重整程序中最重要的法定文件。它是债务人、债权人和其他利害关系人在协商基础上就债务清偿和企业拯救作出的安排。破产法涉及与重整计划有关的问题主要包括：重整计划制订的时间、重整计划制订人、重整计划的内容、债权人如何批准重整计划、是否需要法院确认、重整计划的效力和重整计划如何执行等。围绕重整计划的制订、通过、批准、执行、变更和终止的一系列规定，形成了一个由法律规制和有法院参与的多边协商机制。重整计划既是当事人彼此让步寻求债务解决的和解协议，也是他们同舟共济争取企业复兴的行动纲领。

根据我国《企业破产法》的规定，重整计划具有以下特征：

1. 重整计划以企业拯救和债务公平清偿为目的。

2. 重整计划由管理人或者债务人负责制作。

3. 重整计划应当依据企业的经济状况和营业前景，确定以让步为基础的债务清偿方案，以及在必要时确定有助于企业复兴的经营方案。

4. 重整计划需征得债权人会议的同意。

5. 重整计划经法院批准后生效。

6. 重整计划由债务人在破产管理人的监督下执行。

二、重整计划的制定

提出重整计划时需要考虑的两个重要问题是：哪些当事人有能力提出重整计划，以及在哪个阶段提出重整计划。它们分别涉及的是重整计划的制订人和重整计划制订的时机。

关于重整计划的制定人，各国规定有所不同。我国《企业破产法》第 80 条规定："债务人自行管理财产和营业事务的，由债务人制作重整计划草案；管理人负责管理财产和营业事务的，由管理人制作重整计划草案。"

重整计划的制作实际上是一个协商过程，实践中，也往往是一个相当复杂和困难的过程。

重整计划在何时提出，要取决于重整所要达到的目标，或者与启动重整程序的方式有关。有些国家的法律规定，债务人在申请启动重整程序的同时提出重整计划。有些国家的法律则规定，必须在启动重整程序后谈判和提出计划。在清算程序改为重整程序时，也可能出现提出重整计划的时机问题。我国《企业破产法》规定，债务人或者破产管理人应当自人民法院裁定债务人重整之日起 6 个月内，向人民法院和债权人会议提交重整计划草案。该期限届满，经债务人或者破产管理人请求，有正当理由的，人民法院可以裁定延期 3 个月。

关于重整计划的内容，《企业破产法》规定应当包括以下内容：(1) 债务人的经营方案；(2) 债权分类；(3) 债权调整方案；(4) 债权受偿方案；(5) 重整计划的执行期限；(6) 重整计划执行的监督期限；(7) 有利于债务人重整的其他方案。

债务人的经营方案的主要内容是重整措施。各国破产法在规定重整措施时，多采取列举加概括相结合的方式，即列举主要的手段，并概括地授权重整人运用法律允许的其他手段。这些措施主要有企业的转让或合并、新公司的设立等。我国目前企业重整常用的措施有：转投资设立新企业、债转股、资产置换等。总之，债务人的经营方案应根据企业的具体情况制定。实践中，通常考虑需要停止一些亏损或不盈利的经营项目，筹措资金和集中资源维持、改善主营项目。此外，还需要考虑诸如融资、增收、节支、减产、裁员、修改营销策略、内部组织调整和重要人事变动等问题。

债权分类是债权调整方案和清偿方案的基础。对于不同种类的债权，其让步范围和清偿顺序是不一样的。因此，重整计划必须遵守关于债权分类的规定。《企业破产法》规定，重整计划中的债权分为：(1) 有财产担保的债权，即对债务人的特定财产享有担保权的债权。(2) 劳动债权，即债务人所欠职工的工资和医疗、伤残补助、抚恤费用，所欠的应当划入职工个人账户的基本养老保险、基本医疗保险费用，以及法律、行政法规规定应当支付给职工的补偿金。(3) 债务人所欠税款。(4) 普通债权。

债权调整和受偿方案，是指对每类债权的具体调整计划，包括对债权的减少、免除、延期、债权性质转换等。法律通常不作具体限定，其本意是鼓励当事人采取各种灵活有效的方法实现企业拯救和公平清偿。实践中，重整计划可以分别对各类债权，采用以下调整方法：(1) 按比例降低清偿额。(2) 一次性或者分期延期偿付。(3) 债权其他条件的变更。(4) 部分或者全部债权转换为股权。重整计划中的同类债权,应按同等条件受偿。但是,个别债权人自愿接受较为不利的清偿条件的,不在此限。在清偿方案中,应当规定各类债权的清偿时间、清偿金额和清偿方式等。但是根据《企业破产法》的规定,债权调整方案不得规定减免债务人欠缴的劳动债权以外的社会保险费用,并且该项费用的债权人也不参加重整计划的表决。这是因为,该项费用要用来建立基本养老保险基金、基本医疗保险基金、失业保险基金、工伤保险基金以及生育保险基金,以备职工一旦出现保险范围内情况的急需。它所涉及的是全社会职工的利益,而非单个的职工或者部分职工的利益。如果减免,会导致对其他职工的不公平。

重整计划的执行人和执行期限。重整计划执行人负责执行重整计划,对债权人会议负责并报告工作。我国《企业破产法》规定,重整计划由债务人执行,但是没有规定强制的重整计划的执行期限,执行期限的长短需根据不同的个案来确定,但必须在重整计划中作出明确的规定。

重整计划执行的监督期限。《企业破产法》规定,由管理人负责监督重整计划的执行情况,监督期限的长短由重整计划规定。在监督期限内,债务人应当向管理人报告重整计划的执行情况和债务人财务状况。

有利于企业重整的其他方案,可根据企业的具体情况确定。例如重整计划可以规定重整企业的合并、分立或者营业转让的方案,也可以规定重整企业向战略投资者定向增发股份的方案。一般而言,其他措施主要围绕继续营业资金的募集来规定。

三、重整计划的表决、通过和批准

《企业破产法》对重整计划草案的表决、通过和批准设立了一系列的程序规则。

(一) 重整计划的表决和通过

重整计划一旦提交人民法院,人民法院应当及时召开债权人会议对重整计划草案进行表决。我国《企业破产法》第 84 条第 1 款规定,人民法院应当自收到重整计划草案之日起 30 日内召开债权人会议,对重整计划草案进行表决。

由于重整计划对于不同的债权和股权的影响不同,因此债权人会议(或关系人会议)对重整计划草案一般进行分组表决。分组主要有两种立法例:一是强制性分组,即债权人会议如何分组由法律加以规定,法院仅在法定范围内有自由裁量权;二是任意性分组,即只要分组有利于重整计划的通过并符合公平原则即可。我国《企业破产法》规定,债权人会议对于重整计划的表决,依照债权的分类,分组进行表决。对于重整计划涉及债务人的出资人权益调整事项的,则设立出资人组,对该事项进行表决。

就表决原则而言,采取多数决原则。对于表决通过的条件,各国和地区规定主要有两种:(1) 双重标准,即规定人数标准和债权额标准同时具备。主要为美国和德国所采用。如美国《破产法》第 1126 条规定,在通过重整时,必须由每类债权中得到承认的债权人人数过半数同意,且持有的债权数额至少占该组债权额的 2/3 时,该组视为通过计划。(2) 单一标准,即规定人数标准或者债权标准。主要为日本和我国台湾地区所采用。例如:我国台湾地区"公司法"第 302 条第 1 项规定,通过重整计划,必须经各组表决权总额 2/3 以上同意。我国《企业破产法》采用了双重标准。根据破产法的规定,出席会议的同一表决组的债权人过半数同意重整计划草案,并且其所代表的债权额占该组已确定债权总额的 2/3 以上的,即为该组通过重整计划草案。各表决组均通过重整计划草案时，重整计划即为通过。

重整计划草案未获通过的补救措施：首先，债务人或管理人可以同未通过重整计划草案的表决组协商，该表决组可以在协商以后再行表决一次。其次，如果该表决组拒绝再次表决或者再行表决仍未通过重整计划草案，则债务人可以申请法院强制批准重整计划草案。

（二）重整计划的批准

重整计划的批准，是指法院依法审查，赋予重整计划强制执行力的过程。重整计划一经批准，即对所有债权人及其他利害关系人产生效力，不论其表决时同意或者反对重整计划草案。

重整计划的批准可分为正常批准和强制批准。

1. 正常批准

根据《企业破产法》第 86 条的规定，债务人或者管理人应当自重整计划通过之日起 10 日内，向人民法院提出批准重整计划的申请，人民法院经审查认为符合《企业破产法》规定的，应当自收到申请之日起 30 日内裁定批准，同时裁定终止重整程序，并予以公告，此为正常批准。我国《企业破产法》对人民法院正常批准重整计划草案时的审查事项未做具体规定，导致了司法实践中执行不统一的问题。我们认为，人民法院正常批准重整计划草案时应当进行实质性审查和程序性审查。实质性审查的内容主要包括：重整计划草案对各组利害关系人权益的调整内容是否合法、合理，各组内部的权益调整计划内容对本组成员是否公平等，特别是应当审查在各组表决中是否有通过多数人表决剥夺少数反对者合法权利的情形，以确保已经表决通过重整计划草案的各组中的反对者的既得利益不受损害，例如其债权的法定清偿顺序不得改变；其普通债权所获得的清偿比例，不低于其在重整计划草案被提请批准时依照破产清算程序所能获得的清偿比例；其有担保的债权应就该担保物获得全额清偿，其因延期清偿所受的损失将得到公平补偿，并且其担保的债权未受到实质性损害等。但对于法院是否应当审查重整计划的可行性，存有争议。程序性的审查主要包括：债权人分组会议召开的程序是否合法，债权人（或出资人）分组是否正当、合理；各表决组的表决程序是否合法；重整计划草案是否具备法定的内容等。

2. 强制批准

所谓重整计划的强制批准，即在重整计划即使未获得债权人会议全部组别的表决通过，在符合法定的条件下，法院仍然可以批准重整计划。强制批准制度的正当性在于重整程序的社会本位属性。但是由于此种对重整计划的批准具有强制性，故法律应当明确规定具体标准，以防止滥用。各国立法通常规定，在强制批准重整计划时，应当坚持以下三项原则：

第一，债权人最大利益原则。即重整计划必须保证，每一个反对的表决组、各组中（包括表决同意的组别）中每一个反对该计划的债权人或出资人，在重整程序中都至少可以获得其在清算程序中本可以获得的清偿财产利益。其目的是在于保护对重整计划持反对意见的少数派的既得利益，包括某一同意组别中持反对意见的个人。

第二，公平对待原则。即如果存在反对重整计划草案的表决组别，则重整计划草案要保证反对意见的组别获得公平对待，处于法定同一优先顺序的债权人必须按比例获得清偿。

第三，绝对优先原则。即如果任何一组债权人或者出资人反对重整计划，该重整计划必须保证，只有该组的所有成员获得全额清偿后，在后顺序的其他组才可以开始获得清偿。其目的是，破产法对清偿程序规定的优先顺序，在重整程序中对持反对意见的组别及个人必须同样适用。

我国《企业破产法》也规定了重整计划的强制批准制度，并在第 87 条规定了如下强行批准条件:(1) 按照重整计划草案,有财产担保的债权就该特定财产将获得全额清偿,其因延期清偿所受损失将得到公平的补偿,并且其担保权未受到实质性的损害,或者该表决组已经通过重整计划草案。(2) 按照重整计划草案,劳动债权和税款请求权将获得全额清偿,或者重整计划草案已经获得相应表决组的通过。(3) 无担保的普通债权依照重整计划所应获得的清偿比例,不低于无担保的债权在重整计划草案被提请批准时依照破产清算程序所能获得的清偿比例,或者该表决组已经通过重整计划草案。(4) 重整计划草案对出资人权益的调整公平、公正,或者出资人组已经通过重整计划草案。(5) 重整计划草案公平对待同一表决组的成员,并且所规定的债权清偿顺序,不违反《企业破产法》的规定。(6) 重整债务人的经营方案具有可行性。

其中第(3)项体现的是债权人最大利益原则,第(4)、(5)项体现了公平对待原则,而第(1)、(2)、(5)项则一定程度上体现了绝对优先原则。

如果法院经审查认为重整计划草案不符合破产法的规定,则应裁定驳回请求批准重整计划的申请,并应当裁定终止重整程序,宣告债务人破产。宣告破产后,即进入破产清算程序。

四、重整计划的效力、执行和监督

(一) 重整计划的效力

我国《企业破产法》规定,经法院裁定批准的重整计划,对破产案件受理以前成立的所有债权均产生效力,并对债务人和全体债权人均有约束力。此时尚未申报的债权,在重整计划执行期间不得行使权利;在重整计划执行完毕以后,可以按照重整计划规定的同类债权的清偿条件行使权利。此为重整计划的强制约束力。并且也规定,债权人对债务人的保证人和其他连带债务人享有的权利,不受重整计划的影响。

(二) 重整计划的执行

根据我国《企业破产法》的规定,重整计划由债务人负责执行。人民法院裁定批准重整计划后,已经接管财产和营业事务的管理人应当向债务人移交财产和营业事务。

(三) 对重整计划执行的监督

《企业破产法》规定,自人民法院裁定批准重整计划之日起,在重整计划规定的监督期限内,由管理人监督重整计划的执行。在监督期内,债务人应当向管理人报告重整计划执行情况和债务人财务状况。

监督期届满时,管理人应当向人民法院提交监督报告。自监督报告提交之日起,管理人的监督职责终止。经管理人申请,人民法院可以裁定延长重整计划执行的监督期限。

管理人向人民法院提交的监督报告,重整计划的利害关系人有权查阅。

五、重整计划的终止

根据我国《企业破产法》的规定,重整计划终止的情形有以下两个。

(一) 因执行障碍而终止

债务人不能执行或者不执行重整计划的,人民法院经管理人或者利害关系人申请,应当裁定终止重整计划的执行。人民法院裁定终止重整计划执行的,应当同时宣告债务人破产清算。在这种情况下,债权人因重整计划实施所受的清偿仍然有效。债权未受偿的部分,作为破产债权行使权利。同时,债权人在重整计划中作出的让步失去效力。此时债权人,只有在其他同顺位债权人同自己所受的清偿达到同一比例时，才能继续接受分配。

（二）因执行完毕而终止

重整计划执行完毕，是指重整计划的执行人按照计划的规定完成重整任务，企业达到重整目的得以重生。

重整计划执行完毕，债务人清偿责任免除是各国或地区重整立法普遍采取的原则。目的在于使债务人获得再生的必要条件。我国《企业破产法》规定了重整计划执行完毕后债务人的免责效力，即按照重整计划减免的债务，自重整计划执行完毕时起，债务人不再承担清偿责任。

【本章思考题】

1. 简述重整的概念和意义。
2. 如何理解重整制度的理论依据？
3. 重整期间债务人继续营业的保护包括哪些方面？
4. 重整程序的终止情形有哪些？
5. 重整计划的通过和批准需要经过哪些程序？
6. 重整计划的法律效力如何？

第六章　和　　解

【导语】

和解制度是破产法中预防破产清算、挽救债务人企业的重要制度之一。和解制度成本低，债权人往往可以获得更高比例的清偿，债务人也不会受到过多的限制。

本章的学习重点在于理解和掌握和解制度的特点以及和解协议的法律效果。

第一节　和解概述

一、和解制度

（一）和解的概念

破产和解是指法院受理破产案件后，为了避免破产宣告或破产分配，由债务人提出和解申请及和解协议草案，债权人会议讨论通过并经法院许可的，解决债权人、债务人之间的债权债务问题的制度。和解制度是为了预防破产而设立的再建型债务清理制度，主要是通过债权人的谅解、减少债权额、展期付款等方式，从而使债务人免受破产宣告。

（二）和解制度的立法例

1. 和解分离主义。是指和解程序与破产程序独立，究竟申请开始哪种程序，债务人有选择的自由。大陆法国家普遍确立了和解分离主义的立法原则。

2. 和解前置主义。是指在法院宣告债务人破产之前，应首先试行和解，和解是必经程序，只有在和解不成的情况下，方能开始破产宣告程序。应当指出的是，将和解制度与破产制度规定于一部统一的破产法中，是当今破产立法的趋向，一些采用和解分离主义的大陆法国家也有如此发展的趋势。

（三）和解制度性质的学说

当今理论界对破产和解制度的性质，大致有下列四种学说：①

1. 民事契约说。此说认为破产和解主要由要约和承诺两个环节构成，同民法上的合同最为接近，因而属于民事契约的范畴。但是此学说难以解释如下问题：为什么民事契约要经过法院的认可才能生效？为什么民事契约对那些不同意和解的少数债权人也能产生约束力？

2. 诉讼裁判说。此说认为破产和解能否产生法律效力，关键在于法院的审查与认可。当事人双方提出的和解协议便是一种诉讼材料，法院正是据此作出了裁判。但是这种学说不恰当地高估了法院在破产和解过程中的作用，而忽略或淡化了当事人在破产和解中所起到的主导的、能动的作用。

3. 权利说。此说认为和解是债务人在破产程序中享有的权利。债务人行使此种权利，可以

---

① 徐德敏、梁增昌：《企业破产法论》，陕西人民出版社1990年版，第152页。

达到延期清偿或减额清偿的目的；债务人放弃这种权利，也不会产生其他不利后果。此说试图脱离和解的形成过程来界定其性质，未免流于抽象而失之偏颇。

4. 特殊行为说。此说认为破产和解既不是单纯的民事契约，也不是单纯的诉讼裁判，而是一种兼具二者特征的特殊法律行为。特殊行为说为目前学术界的通说。

（四）破产和解的特点

1. 债务人已具备破产原因且由债务人提出和解的请求。破产和解制度设立的目的在于为债务人提供避免破产清算的机会，如果债务人不具备破产原因，那么清算制度及和解制度则没有适用的必要。破产和解制度的设立是出于保护债务人利益的需要，因而债务人最有寻求和解的动机。但是，由于和解之后债务人将继续承担债务清偿责任，因此，是否请求和解应由债务人自行决定。

2. 和解的目的在于中止破产程序，避免破产清算。债务人和债权人就和解事项达成的和解协议一旦生效，破产程序即告中止，只要债务人能够按照和解协议的约定履行清偿义务，即可避免破产宣告，而且破产程序同时宣告终结，这是和解制度存在的主要目的。人民法院作出破产宣告后，债务人即丧失了对其全部财产的经营管理权，债权人通常也难以得到全部的清偿；同时破产造成的失业也将会给社会带来极大的压力。进入和解程序，不但债务人可以获得实现复兴的机会，债权人也有可能会获得更多的清偿，社会秩序在一定程度上也就更容易保持稳定。

3. 和解协议具有强制性。破产法上的和解又称为“强制和解”，之所以称为强制和解，是因为和解协议并非需要每一个债权人的同意，而是由债权人会议以多数表决的方式通过债务人所提出的和解条件。和解协议实际上是债务人与债权人会议的和解，和解协议一旦生效，即使不同意的债权人也要受到该协议的约束。和解协议同时也具有强制执行力。和解协议一经法院认可，对双方当事人均产生法律约束力。债务人必须切实履行和解协议的内容，按照协议规定的期限、数额清偿债务，不得有破产欺诈的行为。根据《企业破产法》第104条第1款的规定：“债务人不能执行或者不执行和解协议的，人民法院经和解债权人请求，应当裁定终止和解协议的执行，并宣告债务人破产。”和解制度侧重于保护债务人的利益，但是本条赋予债权人的救济措施，目的在于平衡两者之间的利益。

4. 和解协议须经法院裁定认可才能生效。为了防止和解协议违反法律法规，牺牲少数或者小额债权人的利益，法律赋予法院以司法裁决权，即和解协议须经法院裁定认可才能生效。

二、我国和解制度的特点

（一）和解制度和破产制度相结合

和解制度和破产制度在适用上互相连接，简化了程序。和解程序存在于破产程序之中，和解协议一旦生效，破产程序即告中止；如果和解协议未能得到履行，则破产程序恢复。

（二）和解程序由二元机制转为一元机制

依照《企业破产法（试行）》的有关规定，在国有企业的破产程序中，破产预防制度是由和解制度和整顿制度组成，两种制度相互结合，在适用上互为条件。和解的前提是企业的上级主管部门提出整顿申请，而整顿的开始又要求和解协议必须成立并经法院认可，同时，和解也是整顿的手段，而企业实现整顿又是和解成功的必然结果。但是，我国的整顿制度并不是破产法上的制度，而是一种行政整顿，是企业上级主管部门对企业采取的旨在改善企业经营管理、提高企业经济效益的一系列行政措施。因此，和解制度与整顿制度的紧密结合，使得政府参与企业破产过程的行政色彩过重。而在非国有企业的破产程序中则不然。《民事诉讼法》第202条规定："企业法人与债权人会议达成和解的，经人民法院认可后，由人民法院发布公告，中止破产还债程序。和解协议自公告之日起具有法律效力。"可见，在非国有企业的破产程序中，和解不再成为整顿的附庸，而是完全独立的破产预防程序，整顿已不复存在。这种以所有制为基础的二元和解制度是计划经济体制的产物，严重滞后于市场经济的发展。破产主体无论是国有企业还是非国有企业，它们在商品交换中均处于完全平等的竞争地位，任何市场主体都应同样地受优胜劣汰这一竞争法则的支配。

我国《企业破产法》消除了行政机关在破产和解程序中的干预作用，使破产和解在法院监督下完全依双方当事人的意愿自由地进行。和解申请的机会、条件、适用的程序、法院在其中所起的作用、和解的时间、和解的监督、和解的废止情形等诸环节完全一致，从而实现了和解程序的一元机制。

第二节 和解的程序规则

一、和解申请

（一）申请人

和解的申请只能由债务人向法院提出，其他任何利害关系人均不得提出和解申请，法院也不得依职权开始和解程序。这是各国破产法一致承认的规则。和解能否开始，债务人所提出的和解方案以及清偿办法的担保起着决定性作用。因为债务人的事业有无维持价值及可能，债务人最为清楚，而且和解所必需的方案及清偿办法的担保，只有债务人有提出的可能，债权人不能替代。[①]

我国《企业破产法》第95条第2款规定："债务人申请和解，应当提出和解协议草案。"从这条规定可以看出，在我国，债务人是唯一的和解申请人。

（二）申请的有效时间

债务人可以依照《企业破产法》的规定，直接向人民法院申请和解；也可以在人民法院受理破产申请后、宣告债务人破产前，向人民法院申请和解。该规定并未将申请的有效期间局限于破产申请受理后、破产宣告前，其根本目的在于鼓励当事人和解。

二、和解协议的成立和生效

和解协议是债权人与债务人就解决双方之间的债权债务问题达成意思表示一致而成立的契约。和解协议具有要式合同的性质。其成立和生效都必须符合法律规定的方式和程序。具体包括两个环节：其一，合同的成立，即债务人与债权人团体双方意思表示一致；其二，合同的生效，即债权人团体与债务人双方达成的协议经人民法院认可。

---

① 陈荣宗：《破产法》，三民书局1986年版，第59页。

（一）和解协议的成立

债务人以和解协议草案的形式向债权人团体发出要约，债权人会议以通过和解协议草案的决议形式进行承诺。由于和解协议草案与各债权人的切身利益密切相关，因而是债权人会议的特别决议事项，对这项决议的通过应当有特别的要求，因此我国《企业破产法》第 97 条规定："债权人会议通过和解协议的决议，由出席会议有表决权的债权人的过半数通过，并且其所代表的债权额占无财产担保债权总额的三分之二以上。"只有满足了这样的条件，和解协议才能成立。

（二）和解协议的生效

和解协议的生效应当经过人民法院的认可。因为和解协议与普通的契约不同，它是债权人团体对债务人作出的实质性让步，影响着每一个债权人的切身利益。因此为保证协议的合法、不损害个别债权人的利益，我国破产法设定了人民法院对和解协议的认可程序，旨在审查和解协议的内容与和解程序的合法性。

（三）债权人会议或法院对于和解协议的否定

《企业破产法》第 99 条规定："和解协议草案经债权人会议表决未获得通过，或者已经债权人会议通过的和解协议未获得人民法院认可的，人民法院应当裁定终止和解程序，并宣告债务人破产。"根据法律整体解释的方法，该法第 103 条所规定的"因债务人的欺诈或者其他违法行为而成立的和解协议，人民法院应当裁定无效，并宣告债务人破产"，可作为法院的否定事由之一。

三、和解协议的法律效果

和解协议一旦生效，即发生以下法律效果：

1. 和解程序终结，破产程序中止。各国破产法均承认和解协议生效后，和解具有优先于破产程序的效力。主要表现在：有破产申请与和解申请同时并存时，法院应当首先审查和解申请；在破产程序的进行过程中有和解许可的，应当终结或者中止破产程序。根据我国破产法司法解释的有关规定，债权人会议与债务人达成和解协议并经人民法院裁定认可的，无论是在破产宣告以前还是破产宣告以后，均应由人民法院发布公告，中止破产程序。

2. 和解协议对债务人发生法律约束力。和解协议生效后，债务人重新取得对其财产的支配权。个别债权人不得向债务人追索债务，请求企业给付财产的民事诉讼、民事执行程序以及相关的诉讼保全措施均不得进行。债务人应当严格执行和解协议，不得给予个别债权人以和解协议以外的利益以防止在债权人之间产生不平等，影响和解协议的正常执行。

3. 和解协议对债权人发生法律约束力。和解协议一经债权人会议依法定程序通过并经法院认可，即对所有的债权人发生法律效力，包括不同意和解协议的债权人。债权人应当按照和解协议的规定接受清偿，不得向债务人要求和解协议规定以外的任何利益。只要债务人没有出现法定的、应予终结和解程序、宣告破产的事由，任何债权人均不得超越和解协议的约定实施干扰债务人正常生产经营和清偿活动的行为。

值得注意的是，和解协议对于在和解协议生效后发生的新债权不产生效力。因为在和解协议生效后，债务人重新获得了对财产的支配权，为再生的需要，他必然要与他人发生新的交易，产生新的债权人。和解协议对这些新的债权人不产生任何效力，新债权人可以在和解协议外请求法院个别执行，债务人不能清偿债务的，甚至可以向法院申请债务人破产。

4. 和解协议的效力不及于保证人、连带债务人及物上保证人。根据《企业破产法》第 96 条第 2 款、第 101 条的规定，对债务人的特定财产享有担保权的权利人，自人民法院裁定和解之日起可以行使权利。和解债权人对债务人的保证人和其他连带债务人所享有的权利，不受和解协议的影响。

四、和解的终结

我国《企业破产法(试行)》将和解程序和整顿程序捆绑在一起，因此，一旦企业整顿失败，则和解程序即行终止；或者一旦和解协议不能履行，则企业整顿必告终结。在这种情况下，破产案件将转入破产清算程序继续进行。只有在整顿成功的基础上全面履行了和解协议，和解与整顿程序才能圆满结束，从而使整个破产案件归于终结。而《企业破产法》则将整顿程序这种政府干预色彩过重的行政性程序予以剥离，规定和解程序的启动仅需债务人在自身具备破产原因时即可启动，而终止和解协议的执行亦是由于出现债务人不执行和解协议、不能执行和解协议，或者严重侵犯债权人的共同利益等情形，为保护债权人的合法权益，法院根据债权人的申请或者依职权裁定废止已经生效的和解协议。

(一) 终止和解协议的执行

根据《企业破产法》第 103 条、第 104 条第 1 款的规定，和解程序可能由于以下三个原因而不能继续进行，从而使和解程序归于消灭：

1. 债务人不执行和解协议。和解协议经人民法院裁定生效后，对债务人和全体债权人均有约束力。如果债务人不执行和解协议，债权人作出的让步和破产程序的中止就失去了意义，这也说明债务人对和解并无诚意，此时应当终止和解协议的执行，恢复破产程序，由人民法院宣告债务人破产。

债务人不执行和解协议包括完全没有执行和部分没有执行。对于后者，应当根据不同的情况作出不同的处理。

2. 债务人不能执行和解协议。和解的目的，在于使企业的财务状况获得根本好转，恢复偿债能力。但是如果执行期限届满前即已有证据证明债务人的复兴已无可能，那么财产的减少也就意味着清偿能力的进一步丧失。所以只要债务人的财产状况继续恶化，债权人即可以申请人民法院终结和解程序，宣告企业破产。

3. 因债务人的欺诈或者其他违法行为而成立和解协议。《企业破产法(试行)》第 35 条列举了严重损害债权人利益的行为，包括：(1) 隐匿、私分或者无偿转让财产；(2) 非正常压价出售财产；(3) 对原来没有财产担保的债务提供财产担保；(4) 对未到期的债务提前清偿；(5) 放弃自己的债权。只要债务人有上述行为之一，并且从行为所涉及的财产数额、造成的后果看，构成"严重损害"的，债权人会议或者部分债权人即有权申请人民法院终结整顿程序，宣告债务人破产。人民法院也可以依职权裁定终结整顿，宣告债务人破产。而《企业破产法》第 103 条第 1 款规定："因债务人的欺诈或者其他违法行为而成立的和解协议，人民法院应当裁定无效，并宣告债务人破产。"该法对于"债务人的欺诈或者其他违法行为"虽无具体列举，但依据为保证和解协议的合法性以防止损害个别债权人利益的立法目的，则可将《企业破产法(试行)》中所列举的严重损害债权人利益的行为尽数包括其中且不局限于此，从而在实务中对抗恶意债务人而充分保护在和解协议中让步的债权人。

（二）终止和解协议执行的法律后果

1. 在有以上终止和解协议执行的法定事由时，人民法院经和解债权人请求，应当裁定终止和解协议的执行，并宣告债务人破产。

2. 债权人让步的取消及受偿部分的保持力。《企业破产法》第104条第2款规定："人民法院裁定终止和解协议执行的，和解债权人在和解协议中作出的债权调整的承诺失去效力。和解债权人因执行和解协议所受的清偿仍然有效，和解债权未受清偿的部分作为破产债权。"此种债权人，只有在其他债权人同自己所受的清偿达到同一比例时，才能继续接受分配。

在和解协议因存在债务人的欺诈或者其他违法行为而被人民法院宣告无效前，债务人按照和解协议已经实施的清偿给付，只要在和解协议所规定的清偿比例的范围内，没有超出债权人应得的份额，给付仍然有效，受领给付的债权人无返还义务。

五、法庭外的和解

法庭外的和解(out-of-court workout)，其目的是债务人与债权人达成协议，协议的内容或者延长清偿期限，但不改变债权人请求权的金额，或者是改变请求权，即减少应清偿的金额。①

我国《企业破产法》第105条也规定了法庭外的和解：人民法院受理破产案件后，债务人与全体债权人就债权债务的处理自行达成协议的，可以请求人民法院裁定认可，并终结破产程序。

法庭外的和解经人民法院裁定认可后即具有法庭内和解的效力，这体现了法律对当事人意思自治的尊重，以及破产法预防破产、鼓励企业拯救的宗旨。需要注意的是，法庭外的和解需经全体债权人同意后才能成立，这与前文所述和解协议的成立条件不同。

【本章前沿问题】

□ 关于和解程序的存废

和解程序的存废问题，一直以来都存在诸多争议，特别是在《企业破产法》起草过程中，草案专门设立重整一章后，我国《企业破产法(试行)》所采用的和解程序的去留，就成为了关注的焦点。有学者提出在新的破产法中，应当不再采纳和解程序。但也有学者提出应当保留和解，并健全各项和解程序制度，将其设计为债务人在破产程序中适时选择的司法清理程序。② 在《企业破产法》中，采纳了后者的意见。我国重整制度的适用范围为企业法人，由于其程序复杂、费用高昂、耗时很长，故实践中一般只适用于大型企业，中小型企业则往往采用和解程序。

【本章思考题】

1. 试述我国和解制度的特点与不足。
2. 简述和解协议的法律效力。
3. 我国和解协议执行的终结包括哪些情况？

---

① 沈达明、郑淑君：《比较破产法初论》，对外贸易教育出版社1993年版，第101页。

② 邹海林：《破产程序和破产法实体制度比较研究》，法律出版社1994版，第174～175页。

第七章 破产清算

【导语】

破产清算是破产程序的重要组成部分，债务人一旦被宣告破产，破产程序便进入了破产清算阶段。在清算阶段，需确定破产债权的范围、分配破产财产；在一定条件下，权利人可通过行使取回权、别除权和抵销权而不依破产程序进行受偿。在破产程序终结后，对没有清偿的债务，破产人将不再负清偿责任。

本章的学习重点在于理解和掌握取回权、别除权和抵销权的概念及行使要件、破产债权的概念与范围以及免责的意义与免责事由。

第一节 破产宣告

一、破产宣告概述

（一）破产宣告的概念

破产宣告(announcement of bankruptcy)，是指法院依据当事人的申请或者法定职权，对债务人具备破产原因的事实作出具有法律效力的认定。破产宣告是破产人进入破产清算的起点，在破产法中具有十分重要的地位。

对于法人或其他经济组织而言，一经被宣告破产，就丧失了对其全部财产的管理处分权，进入以全部财产清偿债务的清算阶段，其法律人格仅在清算的意义上存在。对于自然人而言，被宣告破产后，其主体资格依然存在，但是其民事行为能力会受到相应的法律限制。我国《企业破产法》的规定仅及于具备法人资格的企业。

（二）破产宣告的申请主义与职权主义

破产宣告都是由法院作出的，但对进行破产宣告的依据，各国破产立法大致有两种立法例，即申请主义与职权主义。所谓申请主义，是指法院受理破产案件，作出破产宣告，必须依据债权人或者债务人的申请，法院无权在无人申请的情况下，自行受理破产案件，作出破产宣告。美国、日本以及世界上大多数国家采取这种做法。所谓职权主义，是指只要债务人具备破产原因，在法律规定的情况下，法院可以依职权受理破产案件，作出破产宣告，而不以当事人的申请为必备要件。采用职权主义的国家较少，英国为典型。我国破产法采取申请主义的原则。

二、破产宣告的情形

法院宣告债务人破产的具体情形大致分为三类。[①]

---

① 这里提到的法院依职权宣告债务人破产，与职权主义中法院依职权宣告破产不同，指的是法院在破产程序进行中，无须债权人重新提出宣告债务人破产的请求，仅依其对破产案件的审判权而依法作出的破产宣告。

（一）债务人不能清偿到期债务

当债务人不能清偿到期债务时，法院根据债务人或者债权人的申请，可以裁定宣告债务人破产。当然，如在破产宣告前，第三人为债务人提供足额担保或为债务人清偿全部到期债务的，或者债务人已清偿全部到期债务的，则人民法院应当裁定终结破产程序。

（二）债务人请求和解不成立或和解被终止

1. 债务人请求和解不成立。法院受理破产案件后，尚未做出破产宣告前，债务人请求和解的，如果法院驳回债务人的和解申请、债务人请求撤回和解、债务人经与债权人会议协商未能达成和解协议、法院裁定不认可和解协议的，应当裁定宣告债务人破产。

2. 和解依法终止。法院裁定认可和解协议的，如因债务人的欺诈或者其他违法行为而成立的和解协议，或是债务人不能执行或者不执行和解协议的，法院可以根据债权人、债权人会议、债权人委员会的申请终止和解，或者依职权终止和解，宣布债务人破产。

（三）重整程序终止

1. 在重整期间，债务人的经营状况和财产状况继续恶化，已无挽救的可能性，或者债务人有欺诈、恶意减少债务人财产及其他显著不利于债权人的行为，或者由于债务人的行为致使管理人无法执行职务，经管理人或者利害关系人请求，人民法院应当裁定终止重整程序，并宣告债务人破产。

2. 债务人或者管理人应当自人民法院裁定债务人重整之日起6个月内，同时向人民法院和债权人会议提交重整计划草案。债务人或者管理人未按期提出重整计划草案的，人民法院应当裁定终止重整程序，并宣告债务人破产。

3. 重整计划草案未获得通过且未获得批准，或者已通过的重整计划未获得批准的，人民法院应当裁定终止重整程序，并宣告债务人破产。

4. 债务人不能执行或者不执行重整计划的，人民法院经管理人或者利害关系人请求，应当裁定终止重整计划的执行，并宣告债务人破产。

三、破产宣告的裁定

破产宣告的裁定，是指法院在认定债务人不能清偿到期债务，符合法定的破产宣告情形时，作出的宣告债务人破产的法定方式。法院裁定破产宣告的行为属于司法审判行为。

破产宣告的裁定，自宣告之日起生效。

对于破产宣告的裁定，大多数国家和地区的破产法均允许当事人上诉。根据我国最高人民法院的司法解释，人民法院对破产案件作出的裁定，除驳回破产申请的裁定外，一律不准上诉。当事人对裁定有异议的，可以向作出裁定的原审人民法院申请复议。但是，复议期间不停止裁定的执行。①

法院宣告债务人破产，应当作出正式的民事裁定书。裁定书正本应及时送达破产人和已知的债权人。裁定书副本可以连同清偿债务或者交付财产的通知，送达给破产人的债务人或财产持有人等其他利害关系人。

法院裁定宣告债务人破产，除进行必要的通知外，还应当发布公告。公告一般应当登载于专

---

① 参见《贯彻〈破产法〉意见》第75条。

门的公告刊物，并进行其他的公告安排。公告内容主要包括债务人亏损情况、资产负债状况、破产宣告时间、破产宣告理由和法律依据以及对债务人的财产、账册、文书、资料和印章的保护，等等。

四、破产宣告的法律效力

破产宣告的法律效力，是指法院宣告债务人破产后，对破产人、债权人和其他利害关系人所产生的法律上的后果。

（一）破产宣告对破产人的法律效力

1. 破产宣告对破产人法律人格的效力。法院作出破产宣告的裁定后，企业由债务人变成了破产人，应当向原登记机关进行破产登记，其法律人格仅在清算意义上继续存在。这与破产案件受理后，债务人仍然可以在一定限制下合法地进行经营活动，在法律人格上有重大区别。

2. 破产宣告对破产人财产权利的法律效力。我国《企业破产法》规定，法院受理企业破产案件后，便指定管理人由其负责行使对于企业财产的管理权和处分权。

3. 破产宣告对破产人的法定代表人的法律效力。根据《企业破产法》的有关规定，破产企业法定代表人（经人民法院决定，可以包括企业的财务管理人员和其他经营管理人员）的义务有：在向管理人办理移交手续前，负责保管本企业的财产、账册、文书、资料和印章等；在破产程序终结以前，根据人民法院或者管理人的要求进行工作，不得擅离职守等。这样的规定类似于国外的破产法理论中有关准破产人的规定。

4. 破产宣告对破产人的职工的法律效力。企业被宣告破产后，职工原来与企业订立的劳动合同即可依法宣告解除，职工成为失业人员，有权依据国家有关规定领取失业救济金，并有权自谋职业，或者根据有关的规定要求国家有关部门安排重新就业。

（二）破产宣告对债权人的法律效力

破产宣告对债权人的效力，主要体现为除有财产担保的债权人外，其他债权人非依破产程序，不得单独提起对破产财产的民事执行程序，也不得单独接受破产人的清偿。而对于未到期的债权，在破产申请受理时视为到期。

1. 有财产担保的债权人。破产宣告前成立的有财产担保的债权，债权人享有就该担保物优先受偿的权利。

2. 无财产担保的债权人。不管其债权是否到期，均视为已经到期，债权人有权依破产程序受偿。他们不享有就特定财产优先受偿的权利，只能依照法律规定的清偿顺序，通过法定程序依据破产财产分配方案，由破产财产获得集体清偿。

3. 对债务人负有债务的债权人。债权人对债务人负有债务的，可以在破产清算前抵销。抵销的结果就是免除了债权人对债务人的给付义务。在某种程度上，破产抵销权也是一种优先权。

（三）破产宣告对第三人的法律效力

关于对第三人的法律效力，《企业破产法》已将《企业破产法（试行）》所规定的自“破产宣告之日起”的起算点提前至“法院受理破产案件后”，此部分内容详见本书“破产程序的开始”一章中的关于“破产申请受理的法律效力”。

第二节 取回权和别除权

一、取回权概述

(一) 取回权的概念和性质

取回权(recall right),是指对于不属于破产人的财产,财产权利人可以不按照破产程序,依法通过管理人取回该财产的权利。我国《企业破产法》第 38 条、第 39 条、第 76 条对此作了规定。

取回权是为解决管理人占有管理的现实财产,同可供分配的破产财产之间的不一致而设立的权利制度。取回权并非破产法新创设的权利,它是"返还财产"民法原理在破产法中的变通运用[①],只是在行使的时间、方式、相对人等方面与民法中的财产返还有一定区别。

(二) 取回权的法律特征

1. 取回权的标的物不属于破产人所有,但为破产人所占有。这是取回权存在的客观前提。取回权的标的物原不属于破产人所有,但由于被破产人占有,因此,如果管理人将该财产误列为破产财产,财产权利人得主张返还。至于破产人占有的依据,既可以是基于财产租赁、仓储、保管、加工承揽、委托交易等法律关系而发生合法占有,也可以是基于侵权行为、不当得利而发生的不法占有。破产人占有的形态,既可以是曾经占有、现在占有,也可以是即将占有。

2. 取回权据以存在的基础权利,须于破产宣告前业已存在。取回权是破产程序中特殊的返还请求权,取回权人得以主张的基础权利是财产的所有权和其他物权,这些权利必须是在破产人被宣告破产之前已经存在。在破产宣告之后,由管理人借用或租用他人之物而产生的他人的返还请求权,与此种意义上的取回权有一定区别。

3. 取回权的行使不依破产程序。取回权人行使取回权,取回的对象不是破产财产,而是自己的财产,这些财产的取回并不是接受债权清偿,因此不需要通过破产程序。但取回权不依破产程序行使,并不是与破产程序无关。事实上,取回权人应直接向管理人主张权利,直接取回财产。当取回权不能行使而转化成债权时,权利人只能按照破产程序申报债权,依破产财产分配方案接受比例分配。

(三) 取回权的种类

取回权按照成立的根据不同,可分为一般取回权和特别取回权两类。

1. 一般取回权及其分类。一般取回权,也称典型取回权,是指依据民法中物的返还请求权,当破产人实际占有取回权人的财产时,取回权人可从管理人处取回该财产的权利。上文中对取回权的叙述,即是针对一般取回权而言的。

根据破产人占有财产的基础法律关系,一般取回权主要包括:租赁物的取回权,借用物的取回权,寄存物的取回权,定作物的取回权,出售、寄售物的取回权和失散物的取回权等。我国立法对一般取回权作了规定,即依据《破产法规定二》第 2 条的规定,"下列财产不应认定为债务人财产:(1) 债务人基于仓储、保管、承揽、代销、借用、寄存、租赁等合同或者其他法律关系占有、使用的他人财产;(2) 债务人在所有权保留买卖中尚未取得所有权的财产;……"其所列举的仓储、保

---

① 柯善芳、潘志恒:《破产法概论》,广东高等教育出版社 1988 年版,第 176～177 页。

管、代销、所有权保留买卖等，即是取回权产生的基础法律关系。

2. 特别取回权及其分类。特别取回权，也称特殊取回权或者特种取回权，是指依据破产法或者商事法的专门规定，对破产人曾经占有或者即将占有的取回权人的财产，取回权人可依法从管理人占有管理的财产中，取回其财产的权利。

特别取回权具体包括代偿取回权、出卖人取回权和行纪人取回权三种。

（1）代偿取回权，是指当取回权的标的物被破产人非法转让给他人时，取回权人有权取回受让人的对价给付物。当破产人或管理人在取回权人行使权利之前，将取回权的标的物予以转让时，取回权人会因该转让行为丧失一般取回权。为保护取回权人的利益，一些国家的破产法规定了代偿取回权制度。《破产法规定二》第 32 条也明确肯定了代偿取回权。该条规定，“债务人占有的他人财产毁损、灭失，因此获得的保险金、赔偿金、代偿物尚未交付给债务人，或者代偿物虽已交付给债务人但能与债务人财产予以区分的，权利人主张取回就此获得的保险金、赔偿金、代偿物的，人民法院应予支持。”但对于《破产法规定二》第 29 条“对债务人占有的权属不清的鲜活易腐等不易保管的财产或者不及时变现价值将严重贬损的财产，管理人及时变价并提存变价款后，有关权利人就该变价款行使取回权的，人民法院应予支持”中权利人领取提存物是否属于行使取回权或者代偿取回权，则有不同认识。

（2）出卖人取回权，也称在途货物取回权，是指异地动产买卖合同中，当出卖人已将出卖物交付运送，买受人还未实际占有该物，且未支付或者未全额支付价金即被宣告破产时，出卖人有权解除买卖合同，并取回出卖物。出卖人取回权是破产法根据公平的原则，为保护出卖人的利益而设立的。我国《企业破产法》规定了出卖人取回权。该法第 39 条规定：人民法院受理破产申请时，出卖人已将买卖标的物向作为买受人的债务人发运，债务人尚未收到且未付清全部价款的，出卖人可以取回在运途中的标的物。但是，管理人可以支付全部价款，请求出卖人交付标的物。

（3）行纪人取回权，是指当行纪人受委托人的委托购入委托物并在异地发送货物后，委托人还未实际占有该物，且未支付或者未全额支付价金即被宣告破产时，行纪人有权解除行纪合同，并取回委托物。我国破产法上没有行纪人的取回权的规定，但根据我国破产法的立法精神，这种取回权在我国也应适用。

二、取回权的行使

（一）取回权行使的时间

人民法院受理破产申请后，破产程序终结前，取回权人得随时向管理人请求取回财产。管理人收到取回权人的请求后，一经证明属实，即应予以返还。《破产法规定二》第 26 条规定：“权利人依据企业破产法第三十八条的规定行使取回权，应当在破产财产变价方案或者和解协议、重整计划草案提交债权人会议表决前向管理人提出。权利人在上述期限后主张取回相关财产的，应当承担延迟行使取回权增加的相关费用。”

（二）取回权行使的条件

根据取回权类别的不同，取回权行使的条件不尽相同，下面仅对一般取回权和出卖人取回权的行使条件略加说明：

1. 一般取回权行使的条件

（1）取回权的标的物，须现实存在，并被破产人或破产管理人占有。取回权以取回原物为原则，如果在取回权人行使权利之前，标的物已经毁损灭失，则一般取回权随之消灭，取回权人只能将损害赔偿请求权作为破产债权要求清偿，从而得到赔付。

（2）取回权的基础权利应具有完全对抗力。取回权人应是标的物的合法所有人或其他权利人，如取回权人对该物拥有合法的支配权等，否则，破产管理人可以此对抗取回权人。

2. 出卖人取回权行使的条件

（1）买受人受破产宣告前，出卖人已将出卖标的物发送而买受人尚未收到。这是出卖人取回权行使的重要条件。当买受人被宣告破产时，买卖标的物正在运送途中。此时，买卖标的物已经脱离了出卖人的直接占有，但买受人还未实际控制该物。如果出卖人在发送标的物之前，买受人已经被宣告破产，出卖人为了维护自身利益，就不会发送标的物；如果买受人在受破产宣告前，已经收到了标的物，这时标的物的所有权转归为买受人，出卖人自然不再享有取回权，其债权只能作为破产债权受偿。

（2）买受人受破产宣告时，买受人或管理人尚未付清全部价款。破产法创设出卖人取回权的目的是为了在买受人丧失履行义务的能力时，保护出卖人的利益。如果买受人受破产宣告时，买受人或管理人已经付清全部价款，出卖人无损失可言，法律自然没有保护其利益的必要。

（3）出卖人解除买卖合同。出卖人要行使取回权，就必须解除买卖合同，[①]否则合同当事人必须按照合同约定履行各自的义务。合同被解除后，当事人应尽可能将买卖关系恢复到原状，据此，出卖人自然有权取回买卖标的物。

（4）一般为异地动产买卖。如果为同地买卖，买卖标的物无须在途中停留较长时间，就不会产生出卖人行使取回权的问题。但随着交通和通讯的快速发展，异地已经成为一个相对的概念，出卖人取回权的基础已经被大大地削弱了。另外，从理论上说，即使在同地的情况下，也有可能发生出卖人已经将货物发出而买受人被宣告破产时尚未收到货物的情形。在此情况下，出卖人也应享有取回权。[②]

（三）取回权行使的方式

取回权不依破产程序而在破产程序之外行使。取回权是在法院受理破产申请之后形成的，这时，破产管理人已经接管了破产人的全部财产。当对取回权无争议时，取回权人只能直接向管理人主张权利，不得擅自从破产人处拿走财产；当有争议发生时，取回权人应通过诉讼方式行使其权利。在重整与和解期间，权利人要取回财产，须根据《民法通则》与《合同法》，依照原合同进行。

三、别除权概述

（一）别除权的概念和性质

别除权(exemption right)，是指就属于破产财产的特定财产不依破产程序优先受偿的权利。

别除权是破产法中特有的概念，但它并不是破产法新创的权利，而是民法中担保物权制度在

---

① 各国破产法一般规定，对破产人未履行的双务合同，破产管理人有权决定解除或继续履行。在破产管理人解除买卖合同的情况下，如符合出卖人取回权的其他要件，出卖人仍享有出卖人取回权。但出卖人因合同解除请求损害赔偿的权利属于破产债权。

② 李永军：《破产法律制度》，中国法制出版社2000年版，第251页。

破产法中的反映。依据“物权优于债权”的原则，当有担保的债权不能得到清偿时，债权人对特定的担保物享有优先受偿的权利。这种权利在债务人破产时，仍为破产法所承认，即为别除权。

（二）别除权的法律特征

1. 别除权的基础是在破产申请受理以前成立的设立了担保的债权。别除权的基础是设立了担保的债权，这些担保债权必须在破产申请受理之前的特定期间内存在，这是构成别除权的时间要件。在破产申请受理后，破产人已经丧失了对自己财产的经营管理权，不可能再形成别除权。

2. 别除权是就破产财产所行使的权利，其标的物是属于破产财产的特定财产。首先，别除权是就破产财产所行使的权利，这是别除权区别于取回权的特征之一；其次，别除权是就破产财产中的特定财产而行使的权利，别除权依附该特定财产而存在。如果非存在于特定财产上的权利，不是别除权。例如公益债权和共益费用、某些优先权等因存在于债务人的一般财产上，故在破产程序中只能视为优先受偿权，而非别除权。[①]

3. 别除权的行使不参加集体清偿程序。别除权是基于有财产担保的债权而产生的就担保物优先受偿的权利，其权利内容就是别除权人有权就担保物单独优先受偿。所以别除权制度是破产法集体清偿原则的一个例外。按照我国《企业破产法》的规定，破产宣告后，别除权人即可对标的物实施处分并由此获得清偿，而不受破产清算程序进展情况的影响，也不受破产程序开始后债权人不得个别行使权利的限制。[②] 但是，由于别除权的标的物属于破产财产，其权利行使直接涉及其他破产债权人的利益：别除权人行使别除权后的财产价值余额将用于破产费用、共益债务和破产债权的集体清偿；别除权未能完全清偿债权人的债权时，则未清偿的债权将作为普通破产债权行使；别除权人放弃优先受偿权的，其债权将作为普通债权。

对于我国《企业破产法》上的别除权制度，学者有不同的认识。有学者认为，我国《企业破产法》总则中没有规定别除权，而是分别规定在分则的三个不同程序中。而且只有破产清算程序中存在完整意义的别除权（第 109 条规定：“对破产人的特定财产享有担保权的权利人，对该特定财产享有优先受偿的权利”；第 110 条规定：“享有本法第一百零九条规定权利的债权人行使优先受偿权利未能完全受偿的，其未受偿的债权作为普通债权；放弃优先受偿权利的，其债权作为普通债权”）；和解程序中存在受到限制的别除权（第 96 条第 2 款规定：“对债务人的特定财产享有担保权的权利人，自人民法院裁定和解之日起可以行使权利”）；而在重整程序中只存在担保物权而不存在别除权（第 75 条第 1 款规定：“重整期间，对债务人的特定财产享有的担保权暂停行使。但是，担保物有损坏或者价值明显减少的可能，足以危害担保权人权利的，担保权人可以向人民法院请求恢复行使担保权”）[③]。也有学者认为，虽然我国《企业破产法》及司法解释已经改变了传统上认为担保物不属于破产财产的观念（如《破产法规定二》第 3 条规定：“债务人已依法设定担保物权的特定财产，人民法院应当认定为债务人财产”），但在担保物权实现的具体规则上，我

---

① 李永军著：《破产法——理论与规范研究》，中国政法大学出版社 2013 年版，第 300～301 页。

② 破产程序是一个广义的概念，包括破产清算程序。严格说来，别除权的行使必须依破产程序进行，例如：别除权不按法定期限申报则丧失优先权；别除权的实现也离不开管理人的相关活动；别除权在一定条件下会转化为破产债权等。因此，准确地说，别除权是不依以清算和分配为目的的破产清算程序受偿。

③ 李永军著：《破产法——理论与规范研究》，中国政法大学出版社 2013 年版，第 302～303 页。

国清算、重整和和解程序中别除权制度严重缺失。[①]

（三）别除权的种类

别除权的种类，即别除权的适用范围，各国规定不一。从各国立法现状看，一般将抵押权、质权、留置权等担保物权作为享有别除权的民事权利。其中，留置权是否可以成为别除权，各国立法区别较大。有的国家将留置权分为民事留置权和商事留置权两类，规定只有商事留置权可形成别除权。如日本破产法第93条规定："于破产财团所属财产上存在商事留置权者，对于破产财团，视为特别先取特权。这种先取特权后于其他特别先取特权。除前款规定者外，留置权对于破产财团丧失其效力。"对于抵押权、质权、留置权三种担保物权，我国破产法没有限制性的规定，三者都可成为别除权。[②] 除担保物权外，一些国家的立法还规定一些请求权也可作为别除权行使，如共有人的共有债权、[③]执行优先权[④]等。

四、别除权的行使

（一）别除权行使的程序与方式

别除权的行使不参加集体清偿程序，这是别除权行使的一般原则。但由于别除权的行使与其他债权人的利益相关，因此，别除权人行使权利时还应遵守破产法的有关规定。根据各国破产法的规定和破产理论，别除权行使的程序和方式如下：

1. 别除权人申报债权。别除权人是否应申报债权，各国破产立法规定不一。有的国家认为，别除权的实现有特定的财产担保，不受破产清算程序约束，因而无须申报债权，仅在别除权标的物的价款可能不足以保证担保债权全额受偿时，对预计不能受偿的那部分债权才需申报，作为破产债权受偿。有的国家认为，破产程序涉及破产人、债权人以及破产人的职工等多数人的利益，为减少争议，使破产程序顺利进行，别除权人也应申报债权。我国《企业破产法》采用后一种做法，规定所有债权人都应当依法申报债权。

2. 别除权须经有权机关承认。关于别除权的承认机关，各国破产立法规定不同。有的国家基于破产管理人接管破产人的法律地位，规定破产管理人拥有承认别除权的权利。有的国家破产法还规定，破产管理人承认别除权，必须经债权人会议或监查人的同意。有的国家从保护其他债权人利益的角度出发，将该承认权赋予债权人会议。我国《企业破产法》规定，管理人有权审查有关债权的证明材料，确认债权有无财产担保及其数额。由此可见，我国《企业破产法》将别除权的承认权赋予了管理人，而债权人会议享有的是核查权。

3. 别除权人依法律规定的程序处分标的物优先清偿。别除权的行使除应遵守担保物权的

---

① 许德风著：《破产法论——解释与功能比较的视角》，北京大学出版社2015年版，第337页；另参见许德风：《论担保物权的经济意义及我国破产法的缺失》，载《清华法学》2007年第3期。

② 定金作为债的担保方式之一，是否也可适用有关别除权的规定，理论界有不同的看法。有关内容请参阅张卫平：《破产程序导论》，中国政法大学出版社1993年版，第225页；汤维建：《破产程序与破产立法研究》，人民法院出版社2001年版，第319～320页；王欣新主编：《破产法》，中国人民大学出版社2002年版，第185～187页。

③ 共有人的共有债权，是指共有人中，其中一人因共有财产的保管、分割及诉讼所支付费用而发生的债权。当共有人中有人破产时，破产人对其他共有人所发生的债务，应从自己的应得份额中优先扣除。如德国《破产法》第51条规定："与破产人有共有、合伙或其他共有关系者，得对该关系所生债权，对破产人分割或其他财产分离确定应得部分请求别除清偿。"

④ 德国《破产法》第47条规定："债权人因查封或者强制执行债务人的不动产所得的优先受偿权利，在破产程序中有别除权。"

有关规定外，还应遵守破产法的特殊规定。如在行使时间上，由于破产申请受理会产生未到期的债权视为已到期的法律后果，故未到期的别除权也可据此提前行使，但其利息应只计算到破产申请受理时止，未到期的利息应当扣除；在行使方式上，留置权人的法定催告义务应当免除。

4. 别除权行使后的清偿余额和差额。别除权标的物折价或者拍卖、变卖后，其价款超过债权数额的部分，应当归入破产财产。其价款不足清偿全部债务的，不足清偿的部分作为普通破产债权，通过清算分配程序受偿。

（二）别除权行使的法律效力

1. 别除权人行使别除权后，如果别除权标的物的价款超过所担保的债权数额，超过的部分应纳入破产财产。例如，《破产法规定二》第 3 条第 2 款规定：对债务人的特定财产在担保物权消灭或者实现担保物权后的剩余部分，在破产程序中可用以清偿破产费用、共益债务和其他破产债权。

2. 别除权人行使别除权后，如果其有担保的债权数额超过了别除权标的物的价值，未受清偿的部分不能再行使别除权，而只能作为破产债权，依破产清算程序从破产财产中按比例受偿。例如《企业破产法》第 110 条规定：债权人行使优先受偿权利未能完全受偿的，其未受偿的债权作为普通债权。

3. 别除权人消极行使别除权，即放弃别除权后，有担保的债权转化为普通债权，依破产清算程序参加破产分配，别除权的标的物转化为破产财产，用以清偿破产债权。例如《企业破产法》第 110 条规定：债权人放弃优先受偿权利的，其债权作为普通债权。

五、别除权标的物的回赎

（一）别除权标的物回赎的概念

别除权标的物的回赎，是指在别除权人行使别除权之前，管理人通过清偿债务或提供其他担保的方式，收回别除权标的物的法律制度。

（二）别除权标的物回赎的进行

1. 回赎条件。（1）别除权人还未行使别除权。这里的行使指的是别除权人还没有依法将别除权标的物变价并受偿，即标的物的所有权还没有发生转移。当别除权人只是向管理人提出行使请求时，附在标的物上的负担还没有解除，这时，管理人还是可以赎回该标的物。（2）别除权标的物现实存在。管理人的赎回行为是针对特定物而实施的，当该特定物已毁损灭失时，管理人的赎回行为因失去了行为的客体而不能进行。

2. 回赎方式。（1）清偿债务。这种清偿同样是不依破产清算程序的优先清偿。一般而言，管理人必须是对别除权人所享有的债权为全部清偿。但经别除权人同意，也可只作部分清偿，此情况视为别除权人放弃部分别除权，其未受清偿的部分债权转为破产债权，依破产清算程序按比例受偿。（2）提供债权人接受的其他担保。首先，管理人应对债权人的原债权提供担保，且债权人基于提供的担保同样享有对新的担保财产的优先受偿权，即别除权。其次，管理人提供的担保应为债权人所接受。债务人破产，其财务状况不佳，债权人的债权受到威胁，因此，管理人如要以新的担保替代原担保，必须征得债权人同意。

（三）别除权标的物回赎的法律效力

根据破产管理人赎回别除权标的物方式的不同，别除权标的物的回赎所产生的法律效力也不同。当管理人以清偿债务的方式赎回别除权标的物时，别除权人因其债权得以清偿，担保物权归于消灭，别除权也自然因失去合法的权利基础而消灭；当管理人采用提供其他担保的方式时，只是特定的标的物变了，别除权仍然存在，别除权人可就新的标的物主张权利。

第三节　破产债权和抵销权

一、破产债权的概念和特征

（一）破产债权的概念

破产债权（credit of bankruptcy），是指破产程序开始前成立的、对破产人享有的、必须通过破产清算程序受偿的财产请求权。破产债权并非破产法新创设的权利，其实质是基于民法上的合同、侵权行为、无因管理、不当得利或其他法律原因而产生的财产请求权，这种财产请求权由于债务人的破产，而在行使时间、程序和方式等方面发生变化，转化为破产债权。

（二）破产债权的特征

1. 破产债权基于破产程序开始前的原因成立。即债权得以产生的法律事实，在破产程序开始前已有效存在，至于该债权是否附有条件、是否附有期限以及是否到期，则在所不论。这一时间界限是破产债权与破产费用、共益债权区别的重要特征。

2. 破产债权是对人的请求权。对人的请求权是相对于对物的请求权而言的。前者是债务人以其所有的非特定的全部财产对债权人负清偿责任，后者是债权人对债务人的特定财产为请求权。在破产法中，破产人以其所有的非特定的全部财产即破产财产为清偿保障，这是破产债权与取回权和别除权相区别的重要特征。取回权针对的是不属于破产人但被其占有的特定财产，别除权针对的是破产人用于担保的特定财产，这些均是对物的请求权。

3. 破产债权是具有财产给付内容的请求权。破产债权具有财产给付内容，是指破产债权是能直接或间接以金钱为给付标的的请求权。非以财产为给付内容的请求权，不能作为破产债权。但在一定条件下，某些非财产上的请求权可转化为破产债权。如在破产程序开始之前，由于债务人不履行义务而给债权人造成经济损失的，这种损害赔偿请求权可转化为破产债权。

4. 破产债权必须是能够强制执行的债权。如前所述，破产程序是一种概括强制执行程序。在破产程序中，对破产人全部财产的接管、清算、变卖、分配等，都具有强制执行的特征。对于一些不能强制执行的债权，因其已丧失了受国家强制力保护的可能性，就应将其排除在破产债权之外。

5. 破产债权必须依法申报和确认，并通过破产清算程序按比例受偿。破产债权必须在法定期限内申报，并经债权人会议确认。凡未在法定期限内申报的债权、虚报的债权、或未经确认的债权，都不属于破产债权。此外，破产债权必须按照破产清算程序，在破产管理人对破产财产进行清算、变价后，从破产管理人处按比例受偿。破产程序开始后，破产债权人在破产清算程序之外接受的清偿不得对抗其他债权人，破产管理人可依法予以追回。

二、破产债权的范围

根据破产债权的基本法律属性和各国立法实践，破产债权一般包括以下几种：

1. 进入破产程序之前成立的无财产担保的债权。这是破产债权的基本组成部分。原则上，任何债权只要成立于债务人进入破产程序之前，且没有财产担保，就属于破产债权，而不论该债权成立的原因如何、是否已到期、是否附有条件或期限、是否有第三人作为保证人等。

2. 有财产担保而未能受优先清偿的债权。有财产担保的债权，因债权人可就特定的担保财产优先受偿，因此不属于破产债权，在债务人破产的情况下，该种债权转化为别除权。但在下列几种情况下，有财产担保的债权也属于破产债权：(1) 债权人放弃优先受偿权的；(2) 因担保标的物毁损灭失，债权人无法行使优先受偿权的；(3) 担保债权在行使了优先受偿权后，未得到完全清偿的那部分债权。

3. 附条件的债权。附条件的债权根据所附条件的不同，可分为附停止条件的债权和附解除条件的债权两种。因破产债权只以债权在进入破产程序之前成立为必要，并不考虑债权人是否能够有效行使债权，所以，各国立法大多将此种债权纳入破产债权的范围。但由于附条件债权在债权人进入破产程序后，条件成就与否、债权是否可以生效或继续有效具有不确定性，因此，附条件债权的受偿地位应与其他债权有所区别。对此，各国立法规定不一。我国《企业破产法》第 117 条规定："对于附生效条件或者解除条件的债权，管理人应当将其分配额提存。管理人依照前款规定提存的分配额，在最后分配公告日，生效条件未成就或者解除条件成就的，应当分配给其他债权人；在最后分配公告日，生效条件成就或者解除条件未成就的，应当交付给债权人。"

4. 附期限的债权。附期限的债权，是指以未来将要发生的事实的到来作为决定债权发生或消灭条件的债权。附期限的债权可分为附始期的债权和附终期的债权两种。附终期的债权在债权人进入破产程序后已经生效，附始期的债权虽在此时还未生效，但因其所附期限是确定会到来的，所以，该种债权比附条件债权更为确定，更应将其归入破产债权。况且，破产程序开始后，所有未到期的债权视为到期，如将附始期的债权排除在破产债权之外，将使债权人失去受偿的机会，有失公平。

5. 债权人对破产的连带债务人的债权。根据连带债务产生的法律基础关系的不同，当一个或多个连带债务人破产时，债权人对破产的连带债务人的债权主要有以下几种：(1) 合伙企业中，合伙人破产时，合伙企业的债权人可就其债权向该破产的合伙人主张其破产债权；(2) 法人的无限责任股东破产时，法人的债权人可作为破产债权人参加破产程序；(3) 保证人破产时，主债权人可就保证人所保证的债权额请求清偿；(4) 其他因合同、侵权行为、不当得利等法律原因形成的连带债务中，债权人对破产的连带债务人享有的债权。

(1) 连带债务人的求偿权。连带债务中，每一个债务人对债权人都负有清偿全部债务的义务，但在债务人之间，债务是按一定比例存在的。当一个或数个连带债务人破产时，已经履行了债务的其他连带债务人对该破产债务人享有的求偿权应属于破产债权，这是毫无疑义的。但是，尚未清偿债务的连带债务人可否以其将来的求偿权请求参加破产分配，对此，各国立法一般采取肯定态度。依照我国破产法的规定，未代替债务人清偿债务的保证人，在债权申报期限届满前得知债权人不参加破产程序后，可以保证的债务数额作为破产债权。[①] 但这只是对保证人求偿权的规定，并未彻底解决其他种类的连带债务人将来求偿权的问题。为使其他种类连带债务人的

---

① 《贯彻〈破产法〉意见》第 61 条第(2)项；《关于审理企业破产案件若干问题的规定》第 55 条第(9)项。

将来求偿权有明确的法律依据,《企业破产法》第51条对此作出明确的概括规定,债务人的保证人或者其他连带债务人已经代替债务人清偿债务的,以其对债务人的求偿权申报债权。债务人的保证人或者其他连带债务人尚未代替债务人清偿债务的,以其对债务人的将来求偿权申报债权。但是,债权人已经向管理人申报全部债权的除外。

(2) 票据关系、委托关系所生的债权。因票据(汇票、本票和支票)关系所生的债权包括两部分,即因票据资金关系而发生的债权和因背书关系而发生的债权。如果票据的付款人或承兑人在付款或承兑之前,没有预先收到出票人或背书人的资金,其因付款或承兑行为而发生的债权,可根据票据资金关系或背书关系向出票人或背书人追偿。如果出票人或背书人被宣告破产,付款人或承兑人的付款或承兑行为可能发生在破产宣告之前,也可能发生在破产宣告之后。在前一种情况下,付款人或承兑人的追偿权在破产宣告时已经成立,应作为破产债权;在后一种情况下,因付款人或承兑人的求偿权在破产宣告时并未实际存在,是否可作为破产债权,应根据付款人或承兑人是否知道出票人或背书人破产的事实区别对待。最高人民法院《关于审理票据纠纷案件若干问题的规定》第17条规定:"票据出票人或背书人被宣告破产,而付款人或承兑人不知其事实而付款或者承兑的,因此所产生的追索权可以登记为破产债权,付款人或承兑人为债权人。"

(3) 因委托关系所生的债权。一般而言,在委托人受破产宣告后,委托合同应当终止,但管理人决定继续履行的除外。如果受托人未接到破产宣告的通知,且不知委托人受破产宣告的事实,而继续为委托事务,受托人因此支出的必要费用以及根据委托合同的约定应得到的报酬(如果为有偿委托的话)应纳入破产债权的范围。

(4) 管理人解除双务合同所发生的债权。破产人进入破产程序之前成立的且破产人尚未履行的双务合同,各国破产立法一般都赋予管理人以解除权。管理人解除权的行使,有主动为之,也有法律推定为之。[①] 不管是哪一种情况,合同解除的原因都只能归责于破产人。因此,因管理人解除合同给对方当事人造成的损失,理应由破产人承担,对方当事人请求损害赔偿的权利应属于破产债权。

三、破产抵销权概述

(一) 破产抵销权的概念

破产抵销权(setoff right),是指在破产申请受理后,与破产人互负债务的债权人享有的不依破产程序,而以其对破产人的债权抵销其对破产人所负债务的权利。破产法上的抵销制度,打破了破产债权只能依照破产清算程序按比例受偿的限制。在破产法中承认抵销权不仅节时省事、减少费用,有利于破产程序迅速、顺利地进行,而且保护了对破产人负有债务的破产债权人的利益。如不赋予破产债权人抵销权,则破产债权人对破产人所负的债务需要全额清偿,但其对破产人所享有的债权却只能通过破产程序按比例获得部分清偿,有违公平原则。

---

① 《企业破产法》第18条规定,人民法院受理破产申请后,管理人对破产申请受理前成立而债务人和对方当事人均未履行完毕的合同有权决定解除或者继续履行,并通知对方当事人。管理人自破产申请受理之日起2个月内未通知对方当事人,或者自收到对方当事人催告之日起30日内未答复的,视为解除合同。管理人决定继续履行合同的,对方当事人应当履行;但是,对方当事人有权要求管理人提供担保。管理人不提供担保的,视为解除合同。

（二）破产抵销权的特征

破产抵销权的基础是民法中债的抵销原理，是民法中的抵销权在债务人破产情形下的扩张适用。由于破产抵销权融入了破产程序中的特殊因素，因此其与民法中的抵销权存在一定差异，这些差异就构成了破产抵销权的特征。

1. 破产抵销权的行使主体只能是破产债权人。破产抵销权是破产法专为破产债权人提供的一项权利，破产人和管理人均不享有。在进入破产程序后，破产人丧失了管理和处分破产财产的权利，自然也不能处分自己的债权债务。如果允许管理人行使抵销权，主动放弃破产人的权利，就会造成破产财产的减少，损害了破产债权人的共同利益，也与管理人的职责不相符。

2. 破产抵销权不受债务种类和履行期限的限制。民法中的抵销权，只适用于已到期的债务，否则会损害债务履行期未届满一方所享有的期限利益。[①] 但当互负债务的一方当事人进入破产程序时，根据破产法的规定，破产人所负的债务均视为到期，因此，破产债权人可不受债务履行期限的限制，主张抵销权。在破产程序中，破产债权不论是否以金钱为给付内容，在破产分配中都以金钱给付为原则，这使得债务之间给付种类的区别得以消除。即使是不同种类的债务，在一方破产的情况下，只要符合其他要件，也可进行抵销。

3. 破产债权人主张抵销的债务只能成立于破产申请受理前。破产人受破产宣告后，破产人所有的对外债权都属于破产财产，是全体破产债权人受偿的保障。如果不限定破产债权人主张抵销的债务范围，允许破产债权人以其破产债权，抵销其在破产宣告后对破产财产所负的债务，不仅直接损害了其他债权人的利益，而且可能诱使破产债权人为行使抵销权而故意对破产人负债，导致抵销权制度在破产程序中的不当应用。《企业破产法》第 40 条规定："债权人在破产申请受理前对债务人负有债务的，可以向管理人主张抵销。"

（三）破产抵销权的适用范围

1. 破产债权与破产人债权的抵销。这是最典型的破产抵销形式。这种抵销一般只能由破产债权人主张，破产人和管理人不得主动为之。破产债权人的抵销权是破产法赋予的，一般认为，即使破产债权人和破产人在破产程序开始之前约定排除抵销，该约定也不得对抗破产债权人法定的抵销权，除非破产债权人在破产程序开始后，依法向破产管理人表示放弃该权利。

2. 破产费用及共益债权与破产人债权的抵销。破产费用及共益债权是在破产程序开始后才产生的债权，二者较破产债权享有优先权，可随时从破产财产中拨付。从严格意义上讲，破产费用及共益债权与破产人债权的抵销不属于破产程序中的抵销，而是民法中一般意义上的抵销。因此，该类抵销不受破产抵销权关于行使主体的限制，管理人也可主张。

四、破产抵销权的行使

（一）破产抵销权的行使程序和方式

破产抵销权行使的主体为破产债权人，相对人为管理人。一般而言，破产抵销权应按以下程序和方式行使：

1. 破产债权人应在破产财产最终分配前行使抵销权。这是对破产抵销权行使期间的规定。破产财产分配之后，如破产债权人未主张抵销权，其对破产人所负的债务应作为破产财产收回，

---

① 但债务人自愿放弃其期限利益的除外。

其债权只能依照破产清算程序参加破产分配。

2. 破产债权人依法申报债权，并向管理人提出行使抵销权的请求。法院受理破产申请后，债务由管理人接管，其享有的债权和承担的债务由管理人予以收回和负责清偿。因此，破产债权人只能以管理人为相对人，行使破产抵销权。

申报债权是否是破产债权人行使抵销权的必经程序，各国破产法规定不一。我国《企业破产法》虽没有明文指出破产债权人在行使抵销权时应申报债权，但规定所有的破产债权应在法定的期间内向人民法院申报。由此可见，在我国，债权申报是行使破产抵销权的必要程序。

3. 管理人承认破产债权。不管债权人在行使抵销权时是否要申报其债权，各国破产法一般都规定，该债权必须经管理人承认。我国《企业破产法》规定，破产债权需经管理人审查和债权人会议核查。如果管理人对破产债权不予承认，破产债权人只能通过诉讼程序，请求法院确认争议的破产债权。

（二）破产抵销权行使的法律效力

破产抵销权一经行使，即产生在相同数额内，破产债权人和破产人的债权归于消灭的法律效力，但超出抵销债权额以外的债权依然存在。因此，破产债权人行使抵销权后，其超出抵销债权额范围之外的债权，仍为破产债权，依照破产程序按比例受偿；破产人超出抵销债权额范围之外的债权，仍为破产财产，破产管理人应予以收回。

五、不适用破产抵销权的情形

如前所述，破产抵销制度使个别债权人的债权得到清偿，但却损害了其他债权人的利益，这与破产法应使全体债权人公平受偿的立法目的相左。因此，各国对破产抵销权的适用范围都进行了严格限定。我国也在《企业破产法》第 40 条中规定，有下列情形之一的，不得抵销：(1) 债务人的债务人在破产申请受理后取得他人对债务人的债权的。(2) 债权人已知债务人有不能清偿到期债务或者破产申请的事实，对债务人负担债务的；但是，债权人因为法律规定或者有破产申请一年前所发生的原因而负担债务的除外。(3) 债务人的债务人已知债务人有不能清偿到期债务或者破产申请的事实，对债务人取得债权的；但是，债务人的债务人因为法律规定或者有破产申请一年前所发生的原因而取得债权的除外。

第四节　破产财产的变价和分配

一、破产财产的变价

（一）破产财产变价概述

破产财产的变价(realization of the property of estate)，又称破产财产的变现，是指管理人将破产财产中的非金钱财产，以变卖或拍卖的方式，转变为金钱财产的行为或过程。

破产财产的变价，既是管理人的重要职权，也是管理人的义务之一。管理人在进行变价工作时，应尽到善良管理人的注意义务。为保证管理人公平、公正、公开地变价破产财产，各国一般赋予债权人会议或监督人以监督权。我国《企业破产法》规定，债权人会议有权决定管理人提出的破产财产的变价方案，变价方案经债权人会议表决未能通过的，由人民法院裁定。据此，在我国，管理人是破产变价方案的提出者和执行者。

破产财产的变价一般应在债权调查完结后进行。只有在债权调查完结之后，才能确定债权的性质、种类和数目，才能确定对破产变价方案享有表决权的债权人。但对于一些易腐、季节性强、不易保存的物品，如果不及时变价会使该物价值下降的，也可在债权调查完结前进行变价。

破产财产中成套设备的变价，应遵守整体出售的原则，即凡能够整体出售的成套设备，一般应当整体出售；[①]实在不能整体出售时，才可分散出售。成套设备由于具有特定的使用价值，一般情况下，整体出售的收入明显高于拆散分开出售的收入。因此，为实现破产财产的变现价值最大化，保护债权人的利益，成套设备应尽可能整体出售。

（二）破产财产的评估

对破产财产进行变价，应建立在了解破产财产的价值情况的基础上，这就需要对破产财产依法进行评估。由于破产财产的评估涉及债权人的利益和对破产财产的保护，评估工作应坚持客观、公正、科学、合理的原则。根据我国有关司法解释的规定，评估工作应当由有相应评估资质的评估机构完成，债权人会议、管理人如对破产财产的评估结论、评估费用有异议，可要求评估机构重新评估。[②] 破产财产的评估，并非破产变价的必经程序。依有关司法解释，如果破产财产不是国有资产，且债权人会议对破产财产的市场价格无异议，经人民法院同意，也可以不进行评估。[③]

（三）破产财产变价的方式

破产财产的变价，一般采用拍卖或变卖的方式。破产财产的拍卖，是指破产管理人将非金钱形态的破产财产委托给有拍卖资格的拍卖机构，由其按照法定拍卖程序，出售给出价最高的公开竞价者的特殊买卖方式。破产财产的拍卖在性质上属于强制拍卖，一般包括拍卖的准备与委托、公告与展示、实施以及破产财产权属转移等几个阶段。根据《企业破产法》第 112 条的规定，变价出售破产财产应当通过拍卖进行。但是，债权人会议另有决议的除外。按照国家规定不能拍卖或者限制转让的财产，应当按照国家规定的方式处理。如国家文物、易燃、易爆危险品等，按照我国有关司法解释的规定，应当由国家指定的部门收购或按照有关法律规定处理。拍卖所得不足以支付拍卖所需费用的情况下，破产财产的变价也不采取拍卖方式。[④]

二、破产财产的分配

（一）破产财产分配概述

破产财产的分配（bankruptcy distribution），是指管理人依照法定的清偿顺序和程序，将变价后的破产财产分配给债权人的过程。破产财产的分配是破产清算的首要目标，也是破产清算的最后阶段，分配结束是破产程序终结的原因之一。

破产财产的分配具有以下特征：

1. 破产财产分配的实施者为管理人。管理人是破产清算工作的实施者，破产分配作为破产清算的组成部分，自然也是由管理人具体实施。管理人在破产财产分配中的工作主要包括制定

---

① 《关于审理企业破产案件若干问题的规定》第 86 条。

② 《关于审理企业破产案件若干问题的规定》第 83 条。

③ 《关于审理企业破产案件若干问题的规定》第 84 条。

④ 《关于审理企业破产案件若干问题的规定》第 85 条。

破产财产分配方案、发布分配公告和执行分配方案等。

2. 破产财产分配的受偿对象为破产债权人。这里的破产债权人除经法定程序确认的普通破产债权人外，还包括优先顺位受偿人，如在破产人拖欠职工工资和劳动保险费用的情况下，破产人的职工作为优先顺位受偿人可参加破产分配。

3. 破产财产的分配以现存的可供分配的破产财产为限。可供分配的破产财产是指经取回权人、别除权人、抵销权人行使权利以及拨付了破产费用和共益债务后所剩下的破产财产。可供分配的破产财产是破产分配的基础，如果破产财产不足以支付上述费用或在支付了上述费用后，确定的破产财产无剩余的，管理人应提请法院终结破产程序。只要有可供分配的破产财产，即使在分配终结之后，破产债权人仍可就该财产受偿。

4. 破产财产的分配应依照法定的清偿顺序和程序进行。破产财产的分配并不是就破产财产在受偿主体之间作平均分配，而是按照法律规定的清偿顺序进行。只有满足了前一顺序的债权后，后一顺序的债权才可能受偿。同一顺序的债权，按比例受偿。

（二）破产财产分配的程序

1. 制定破产财产分配方案。破产财产分配方案是管理人进行破产分配的依据。管理人作为破产财产的法定管理机关，充分了解破产人的财产状况和负债情况，因而破产财产分配方案一般由管理人制定。按照我国有关司法解释，破产财产的分配方案应当包括以下内容：①

（1）可供分配的财产数额、来源和基本状况。可供分配的财产是进行破产分配的基础。在破产财产分配方案中，应说明可供分配财产的数额、来源和基本状况，具体包括：破产人的财产总额，财产中取回权、别除权的情况，破产财产的范围，破产财产的变现情况等。不属于破产财产的以及确定不能收回的财产不能列入可供分配的财产，如果破产财产不能变现需折价分配的，应说明其现状和估价情况。

（2）债权清偿顺序、各顺序的种类和数额。我国《企业破产法》第113条规定，破产财产在优先清偿破产费用和共益债务后，应按以下顺序清偿：第一顺序为劳动债权，包括破产人所欠职工的工资和医疗、伤残补助、抚恤费用，所欠的应当划入职工个人账户的基本养老保险、基本医疗保险费用，以及法律、行政法规规定应当支付给职工的补偿金。第二顺序为破产人欠缴的除前项规定以外的社会保险费用和破产人所欠税款。可参与分配的破产企业所欠税款，以发生在破产申请受理前的税款为限。这里的税款，除由税务部门征收的增值税、流转税等税收外，还应包括国家依法对破产企业征收的各种费用，如能源、交通基金费、教育附加费等。但应注意的是，破产人作为纳税主体时所欠的税款才可参与破产分配，对于破产人作为代扣代缴单位，未履行代扣代缴义务导致的欠税，如破产人职工应缴的个人所得税等，由于破产人并非纳税主体，不能将实际是他人所欠的税款视为破产人的欠税，而从破产财产中支付。第三顺序为普通破产债权。破产债权要从破产分配中受偿，必须首先经过法定程序的确认。在分配方案中，应具体说明参与破产分配的债权的确认依据和确认程序。对于附条件债权、有异议债权等尚未确定但仍拟参与分配的债权，应特别说明债权的具体情况和拟进行提存分配、担保分配的情况。

（3）破产债权总额和清偿比例。破产程序是在企业或其他组织无法清偿到期债务的情况下，为维护债权人的整体利益而启动的一种程序。因而，破产财产一般难以满足依法参与破产分

① 《关于审理企业破产案件若干问题的规定》第93条。

配的全部债权。为此，破产法规定了法定的清偿顺序，同时又规定了当破产财产不足以清偿同一顺位的多个债权时，按比例清偿的清偿规则。为便于破产财产分配方案的审议和执行，分配方案中应单独说明破产债权总额以及清偿比例。

(4) 破产分配的方式和时间。破产分配的方式，按分配的次数可分为一次分配和多次分配；按实际分配的财产性质可分为金钱分配、实物分配和债权分配等。分配方案中应具体说明是一次分配还是多次分配。采用一次分配方式的，应说明分配的时间、地点；采用多次分配的，应说明原因以及各次分配的时间、地点。破产财产的分配以金钱分配为原则，但在某些情况下也可采用实物分配的方式。除此之外，我国有关司法解释还规定了债权分配的方式。[①] 对于实物分配、债权分配等非金钱分配方式，分配方案中应说明原因和具体的分配方案。

(5) 对将来能够追回的财产拟进行追加分配的说明。对于破产程序终结前尚未追回的破产财产，在破产财产分配方案中应予以说明。同时，还应制定追收方案、预计可追回财产的数额及进行追加分配的时间、地点。

(6) 特别说明事项。对于破产程序进行中的一些特殊情况，分配方案应予以特别说明。主要有：一是纳入国家计划调整的企业破产，应单独说明职工安置费的数额和计算依据；[②]二是未纳入清偿顺序的一些权利，如破产程序开始后的一些债权、股东的投资权益、已过诉讼时效的债权等；三是破产抵销的情况；四是破产企业的投资人投资是否到位及追收投资情况；五是破产企业的境外投资、境外债权债务情况等。

2. 通过破产财产分配方案。破产分配关系到债权人的切身利益，应当由债权人会议讨论通过。管理人将制定的破产财产分配方案提交给债权人会议，享有表决权的债权人经过讨论，以表决的方式决定是否通过该方案，并作成决议。根据我国《企业破产法》第 64 条的规定，债权人会议讨论通过破产财产分配方案，应当由出席会议的有表决权的债权人的过半数通过，并且其所代表的债权额，必须占无财产担保债权总额的半数以上。经债权人会议讨论通过的破产财产分配方案，对全体债权人均有约束力；对已通过的分配方案有异议的债权人，如果认为该决议违反法律规定，损害其利益的，可以在决议后 15 日内提请人民法院裁定。

3. 裁定认可破产财产分配方案。经债权人会议通过的破产财产分配方案，管理人应报请人民法院裁定。如经债权人会议二次表决，破产财产分配方案仍未通过的，管理人应提交人民法院直接裁定。人民法院收到分配方案后，应依法对该方案的真实性、准确性和合法性进行审查。经过审查，如果人民法院认为分配方案不符合法律规定或有规避法律的问题，不管债权人会议是否同意，人民法院均可驳回该方案，发回管理人重新修改，由债权人会议重新讨论。经法院裁定批准的分配方案，具有法律效力，管理人不得随意修改。如分配方案确需补正，应经债权人会议和人民法院认可。

4. 执行破产财产分配方案。经人民法院裁定的破产分配方案具有强制执行的效力，管理人

---

① 《关于审理企业破产案件若干问题的规定》第 94 条。

② 在纳入国家计划调整的国有企业破产案件中拨付的职工安置费，是根据 1994 年《国务院关于若干城市实行国有企业破产有关问题的通知》(国发[1994]59 号)以及 1996 年《关于实行国有企业兼并破产中若干问题的通知》(国经贸企[1996]492 号)两份文件，针对这类企业破产案件的特殊安排，是在第一清偿顺序前提取，其资金来源不尽相同，故不属于企业破产法所规定的第一顺序清偿的劳动债权，不应列入第一清偿顺序，而应在破产财产分配方案和破产终结裁定中单独作出说明。参见李国光、奚晓明、曹士兵：《正确理解〈关于审理企业破产案件若干问题的规定〉》，中国法制出版社 2002 年版，第 225 页。

应当立即执行。管理人应公告分配方案,并通知债权人受领分配的时间、地点。破产财产分配程序终结后,管理人应当提请人民法院终结破产程序。

三、追加分配

破产财产的分配,按照分配时间阶段的不同,可分为中间分配、最后分配和追加分配。最后分配,是指在全部破产财产变价之后,对所有破产财产所作的无剩余的分配。在最后分配之前,即在全部破产财产变价之前,在对债权进行一般调查之后,对破产财产所作的分配为中间分配。追加分配,是指在最后分配完毕乃至破产程序终结后,又发现了可供分配的破产财产,经法院许可后进行的分配。

追加分配是对一般分配的补救,其价值在于保护债权人利益。在进行追加分配时,应注意以下几点。

(一)追加分配的财产来源

根据我国有关法律和司法解释的规定,追加分配的财产来源主要包括以下几种:

1. 破产人实施破产无效行为所转让的财产。破产人为逃避债务而隐匿、转移财产、虚构债务或者承认不真实的债务,实施此种破产无效行为而转让的财产,应当在破产清算期间由管理人予以追回,用于破产分配。破产程序终结后,如发现还有尚未收回的上述财产,人民法院应予追回以供追加分配。

2. 破产人实施破产可撤销行为所减少的财产。人民法院受理破产申请前1年内,债务人无偿转让财产、以明显不合理的价格进行交易、对没有财产担保的债务提供财产担保或者对未到期的债务提前清偿、放弃债权以及在人民法院受理破产申请前6个月内,债务人不能清偿到期债务并且资产不足以清偿全部债务或者明显缺乏清偿能力,仍对个别债权人进行清偿的,管理人有权请求人民法院予以撤销。但是,个别清偿使债务人财产受益的除外。财产由管理人予以追回。破产程序终结后,如发现还有尚未收回的上述财产,法院应予追回以供追加分配。

3. 破产程序中因纠正错误支出而收回的款项。破产企业因错误而多支出的款项,管理人在破产程序中应予以纠正,相对人对多收的款项应负有返还义务。如果这些款项是在破产程序终结后才收回的,人民法院应就收回的款项进行追加分配。

4. 权利被承认而追回的款项。主要指在破产程序终结前尚存在权利争议,在破产程序终结后,由发生法律效力的判决、裁定所确认的财产。

5. 债权人放弃的财产。主要指获得财产分配的债权人明确放弃的财产,以及在法定期间内仍未被债权人领取的提存财产。《企业破产法》第118条规定:"债权人未受领的破产财产分配额,管理人应当提存。债权人自最后分配公告之日起满二个月仍不领取的,视为放弃受领分配的权利,管理人或者人民法院应当将提存的分配额分配给其他债权人。"

6. 破产程序终结后实现的财产权利。如在破产程序终结前难以变现且又难以分配的实物、债权或股权,在破产程序终结后因变现所得的收益。

7. 发现破产人有应当供分配的其他财产的。

(二)追加分配的执行者

追加分配的执行者是人民法院。因为追加分配发生在破产程序终结后,这时管理人已经解任,当然无法再进行追加分配工作。人民法院在这一阶段的工作主要包括追回破产财产、决定是否进行追加分配以及分配已追回的或逾期受领的提存分配财产。如果破产人为国有企业,破产程序终结后发现的破产企业的财产请求权,由破产企业的上级主管部门行使。[①] 如果追回的财产较少,人民法院认为无分配的必要,由人民法院将其上交国库。

(三) 追加分配的除斥期间

实施追加分配的除斥期间,以破产程序终结后 2 年为限。该期限是固定的,自破产终结之日起计算,不得延长或中止、中断。

(四) 财产的分配

追加分配作为破产分配的一部分,同样应符合法定的程序。法院应当通知有权参加分配的债权人,并对追加分配的时间、金额、地点等进行公告。未收到通知的债权人,如认为自己有权参加追加分配的,可向人民法院提出请求。[②]

追加分配还应遵守法定的清偿顺序和清偿比例。在进行追加分配前,应当优先拨付破产费用和共益债务;如有剩余,再依照破产财产分配方案进行追加分配,即先清偿所欠职工的工资和劳动保险费用,如有剩余,再清偿所欠税款,以此类推。同一序位的债权,按比例清偿。

第五节 破产程序的终结

破产程序的终结,又称为破产程序的终止,是指在破产程序进行过程中发生法律规定的应当终止破产程序的原因时,由法院裁定结束破产程序。[③] 破产程序的终结,表明破产程序的彻底结束,破产人不再受破产程序的任何约束。

一、破产程序因破产财产分配完毕而终结

破产程序进行的主要目的在于用破产财产清偿全体债权人的债权。如果破产财产已通过破产分配处理完毕,再进行已无破产财产可供分配的破产程序没有任何实际意义。因此,破产财产一旦分配完毕,破产程序即应当终结。

(一) 程序要求

破产财产分配完毕后,管理人应当向人民法院提交破产财产分配报告,并提请人民法院裁定终结破产案件。除非人民法院认为管理人的申请不当,否则应当在 15 日内裁定终结破产程序。

(二) 法律效力

破产程序因分配完毕而终结,将对破产债权人和破产债务人产生一系列影响。

1. 债务人企业的法律人格归于消灭。人民法院裁定终结破产程序并完成公告后,管理人即应当持法院终结破产程序的裁定,向破产人原登记机关办理破产人注销登记,至此债务人企业的法律人格彻底消灭。

2. 对破产的自然人来说,尚未清偿的债务不再清偿。债务人自破产程序终结之日起,恢复对其财产的占有和管理权。破产分配完毕后剩余的财产,应交还给债务人支配。关于破产程序

---

① 《贯彻〈破产法〉意见》第 73 条。

② 周立涛:《破产法新释与例解》,同心出版社 2001 年版,第 408 页。

③ 邹海林:《破产程序和破产法实体制度比较研究》,法律出版社 1995 年版,第 382 页。

终结后尚未清偿的债务是否仍要继续清偿,各国破产法有免责主义和不免责主义两种立法态度。由于法人在破产程序终结后主体资格归于消灭,不存在所谓免责问题,所以,免责与否只是对破产的自然人意义重大。现代社会破产法的立法取向已由不免责主义向免责主义过渡。

二、因债务人能够执行和解协议而终结破产程序

(一) 程序要求

根据《关于审理企业破产案件若干问题的规定》第 25 条的规定,债权人会议与破产债务人达成的和解协议由人民法院裁定认可后生效,同时破产程序中止。和解协议执行完毕时,人民法院应当裁定终结破产程序并予以公告。

(二) 法律效力

在这种情况下,破产程序的终结发生以下效力:

1. 破产人重新获得对自己财产的处分权。自破产程序终结之日起,破产人恢复对其财产的占有和管理,对和解协议所免除的债务不再负清偿责任。

2. 和解债权人在破产程序终结后,只能取得和解协议所规定的清偿利益,而不得对破产人主张和解协议外的利益。

三、破产程序因重整计划执行完毕而终结

(一) 程序要求

根据我国破产法的规定,重整计划获得人民法院批准后生效,人民法院裁定终止重整程序。重整计划执行完毕后,人民法院应当裁定终结破产程序并予以公告。

需要说明的是,与前述和解协议执行完毕后的破产程序终结一样,在现行《企业破产法》中并没有明确规定在重整计划获得批准而终止重整程序后,破产程序是因此中止还是终结。对此,国外立法例也存在较大的差异。①我们认为,重整计划生效后,重整程序终止,破产程序因此中止而非终结。因为当债务人不能执行或不执行重整计划时,人民法院应当裁定终止重整计划的执行,并宣告债务人破产,即恢复破产程序。而当重整计划执行完毕时,应当经破产管理人申请,由人民法院裁定终结破产程序。

(二) 法律效力

重整程序的立法目的在于,通过债务调整,包括暂缓偿债或减免债务,使债务人能够摆脱困境,继续营业,并且使债权人获得大于在破产清算中可以获得的清偿额。因此,当重整计划执行完毕后,因重整计划减免的债务,自重整计划执行完毕时起,债务人不再承担清偿责任。

四、破产程序因破产财产不足支付破产费用而终结

《企业破产法》第 43 条第 4 款规定:“债务人财产不足以清偿破产费用的,管理人应当提请人民法院终结破产程序。人民法院应当自收到请求之日起十五日内裁定终结破产程序,并予以公告。”

---

① 参见汤维建:《企业破产法新旧专题比较与案例应用》,中国法制出版社 2006 年版,第 451～452 页。

根据破产法，破产费用应当在破产财产开始分配前优先拨付，所以当破产财产少到无法满足清算组开展正常工作时，再将破产进行下去已无必要，所以法律作此规定。

（一）程序要求

因财产不足而终结破产程序的情形有两种：一为破产宣告前即发现债务人的财产不足以支付破产费用而终结破产程序；二为破产宣告后，破产程序进行中发现债务人的财产不足以支付破产费用而终结破产程序。对于第一种情形，各国立法存在分歧。如德国新破产法即采取了驳回破产申请的做法。该法第 26 条规定："若预计债务人的财产将不足以偿还诉讼费用时，则破产法院可驳回其开始破产程序的申请。但若已经预付足额诉讼费的，不在此限。"而依据日本破产法第 145 条的规定，法院认为破产财团不足以缴纳破产程序的费用时，必须在破产宣告的同时，作出破产废止的决定。① 对于第二种情形，破产管理人应当在发现后及时报告法院，由法院终结破产程序。我国《企业破产法》采此种立法模式。

（二）法律效力

债务人企业财产不足而致破产程序终结后，管理人应当办理债务人注销登记等相关法律手续，债务人的法律人格彻底消灭。

五、破产程序因全体债权人同意废止而终结

破产程序开始后，破产人经全体债权人同意，可以申请法院终结破产程序。法院许可申请的，破产程序因此而终结。我国《企业破产法》第 105 条规定："人民法院受理破产申请后，债务人与全体债权人就债权债务的处理自行达成协议的，可以请求人民法院裁定认可，并终结破产程序。"从理论上讲，破产程序是为债权人团体的利益而设立的，各债权人有权处分破产程序赋予其各自的利益，如果全体债权人同意废止，法律自然没有禁止的必要。

因此种原因而导致的破产程序的终结具有如下的效力：第一，破产人恢复对其财产的占有和管理处分权。第二，对债权人"不依破产程序不得行使债权"的限制被取消，债权人被允许对破产人个别行使权利，并可利用破产人未提出异议的债权表的记载作为有执行名义的债权，请求强制执行。破产宣告前开始的强制执行程序的中止恢复效力。②

【本章思考题】

1. 试述破产宣告对债权人与债务人的法律效力。
2. 简述别除权、取回权的概念与法律特征。
3. 试论破产债权的概念、特征与范围。
4. 简述破产抵销权的概念、特征与行使要件。
5. 简述我国破产法中引起破产程序终结的原因。

---

① 李永军：《破产法律制度》，中国法制出版社 2000 年版，第 344 页。

② ［日］伊藤真，刘荣军等译：《破产法》，中国社会科学院出版社 1995 年版，第 283 页。转引自李永军：《破产法律制度》，中国法制出版社 2000 年版，第 343 页。

第八章　破产法律责任

【导语】

破产法律责任是破产法的重要组成部分，是破产法顺利实施的重要保障。我国《企业破产法》对破产法律责任的规定逐步完善起来，以确保破产法实施的权威性。

本章的学习重点在于理解和掌握各种破产违法行为的特征及其相应的法律责任。

第一节　破产法律责任概述

一、破产法律责任的概念

破产法律责任，是指为了维护破产法律秩序，遏制破产违法行为而由法律设立的对相关责任人员的制裁机制。所谓破产违法行为，是指相关责任人员实施的妨害公平清偿秩序，损害当事人利益尤其是债权人利益的行为。在破产法中规定破产法律责任，对破产违法行为进行惩处，既是保护债权人利益的需要，也是保障破产程序顺利进行的需要。

二、我国颁布《企业破产法》前的法律法规对破产法律责任的规定

依据《关于审理企业破产案件若干问题的规定》第 100 条的规定，人民法院在审理企业破产案件中，如果发现破产企业原法定代表人或直接责任人员实施了《企业破产法(试行)》第 35 条所列行为，即在破产案件受理前 6 个月至破产宣告日的期间内隐匿、私分或者无偿转让财产，非正常压价出售财产，对原来没有财产担保的债务提供财产担保，对未到期的债务提前清偿，以及放弃自己的债权，应向具有行政处分权利的上级主管部门或政府有关管理机构建议对该法定代表人或者直接责任人员给予行政处分。同时，上述行为还可能构成妨害清算罪；公司、企业人员受贿罪；国有公司、企业、事业单位人员失职罪；国有公司、企业、事业单位人员滥用职权罪；徇私舞弊低价折股、出售国有资产罪；职务侵占罪；挪用资金罪；贪污罪；挪用公款罪；单位受贿罪；私分国有资产罪等。对于涉嫌构成上述犯罪的，人民法院应向公安、检察机关移送有关材料。

破产企业原法定代表人或直接责任人员实施《企业破产法(试行)》第 35 条所列行为，不仅应承担相应的行政责任或者刑事责任，还应当依据《民法通则》《公司法》等法律承担因对公司侵权而产生的损害赔偿责任。依据《关于审理企业破产案件若干问题的规定》第 101 条的规定，破产企业原法定代表人或直接责任人员实施《企业破产法(试行)》第 35 条所列行为，对企业造成实际损失的，由清算组代表破产企业对破产企业的原法定代表人、直接责任人员提起民事诉讼，要求其承担民事赔偿责任，赔偿所得归入破产财产。

企业因经营失败而破产，在很多情况下与经营人员欠缺经营能力或道德素质不高密切相关，有时甚至是经营人员的错误决策或恶意经营直接导致了企业的亏损破产。因此，为了尽量减少企业破产给社会带来的负面影响，很多国家都建立了破产资格限制制度，即破产企业的法定代表

人;负责人或破产的自然人在破产后一段时间内不能从事法律规定的职业。《关于审理企业破产案件若干问题的规定》第103条规定:“人民法院可以建议有关部门对破产企业的主要责任人员限制其再行开办企业,在法定期限内禁止其担任公司的董事、监事、经理。”根据该条的规定,企业破产程序终结后,人民法院即可视情况决定向工商管理机构、行业主管机构建议,在企业破产程序终结后一定期限内不批准对该企业破产负有责任的经营管理人员开办企业的申请。禁止开办企业的期限视经营管理人员对企业破产负有的责任大小决定,同时,《公司法》第56条规定担任因经营不善破产清算的公司、企业的董事或者厂长、经理,并对该公司、企业的破产负有个人责任的,自该公司、企业破产清算完结之日起3年内不得担任其他公司的董事、监事、经理。因此,禁止前述对企业破产负主要责任的人员再行开办企业的期限应不短于企业破产程序终结后3年。与上述有关破产法律责任的规定相比,《企业破产法》首次设专章对法律责任加以规定,内容涉及各类破产违法行为以及对破产违法行为所设定的制裁,包括民事诉讼法上的强制措施和刑法上的刑事责任。同《企业破产法》所规定的破产法律责任不同,《企业破产法》颁布实施之前有关破产法律责任的规定具有以下几个特点:①

1.《企业破产法》颁布实施之前破产法律责任所追究的行为,是企业破产以前在企业经营管理过程中发生的行为,而不是企业破产以后在法院审理破产案件过程中发生的行为。

2.《企业破产法》颁布实施之前破产法律责任所要维护的利益,是国有企业的管理秩序和国家的所有者权益,而不是破产案件中的公平清偿秩序和全体债权人的清偿利益。

3.《企业破产法》颁布实施之前破产法律责任的适用对象,只能是国有企业的法定代表人和上级主管部门的领导人,而不能是非国有企业的法定代表人和其他人员,也不能是破产程序职能机构的人员(破产管理人、监督人等)。

4.《企业破产法》颁布实施之前破产法律责任所采用的制裁手段,不包括民事诉讼法上的强制措施。

《企业破产法》颁布实施之前破产法律责任具有的以上四个特点,也是其不足之处。值得庆幸的是,以上不足在《企业破产法》中都得到了改进。

第二节 破产违法行为

《企业破产法》列举了破产违法行为,并规定了相应的法律责任。

一、违反说明义务

破产法上的违反说明义务,指在破产程序中负有说明义务的主体故意不履行说明义务或者进行虚假陈述,从而妨碍破产程序顺利进行的行为。这一违法行为具有以下三个特征:

1. 行为的主体具有特定身份,是指依照破产法的规定有义务及时、真实地向债权人会议或破产程序职能机构陈述有关事实的人,如企业法人的法定代表人,经人民法院决定,可以包括企业的财务管理人员和其他经营管理人员。

2. 行为的主观方面为故意,即行为人明知其具有说明义务而拒绝履行该义务。

---

① 王卫国:《破产法》,人民法院出版社1999年版,第284～285页。

3. 行为在客观方面表现为两类：一是拒不到场接受询问，主要是指拒不列席债权人会议；二是拒绝陈述或提供虚假陈述，即行为人在接受询问的过程中，拒绝陈述有关事实或对有关事实作出不真实的陈述。

我国《企业破产法》第126条、第131条规定，有义务列席债权人会议的债务人的有关人员，经人民法院传唤，无正当理由拒不列席债权人会议的，人民法院可以拘传，并依法处以罚款。债务人的有关人员违反本法规定，拒不陈述、回答，或者作虚假陈述、回答的，人民法院可以依法处以罚款。有前款规定的行为，构成犯罪的，依法追究刑事责任。

二、违反提交义务

破产法上的违反提交义务，是指在破产程序中有义务提交一定的文件、账册和财产的主体故意不履行提交义务，从而妨碍破产程序顺利进行的行为。这一违法行为具有以下三个特征：

1. 行为的主体具有特定身份，是指依照破产法的规定有义务及时、完整地向审判机关提交有关法定文件或者向破产程序职能机构移交财产及有关物品的人，如企业法人的法定代表人或其他直接责任人员等。

2. 行为的主观方面为故意，即行为人明知其具有提交义务而拒绝履行该义务。

3. 行为在客观方面表现为两类：一是拒不向法院提交审理破产案件所必需的有关债务人财产和债权债务关系的法定文件，如财产状况说明书、债务清册、债权清册和有关财产报告；二是拒不向破产财产的管理机构（如管理人或者破产清算人）移交财产和与财产有关的账簿、文件、资料和印章。

我国《企业破产法》第127条、第131条规定，债务人违反破产法的规定，拒不向人民法院提交或者提交不真实的财产状况说明书、债务清册、债权清册和有关财务会计报告以及职工工资的支付情况和社会保险费用的缴纳情况的，人民法院可以对直接责任人员依法处以罚款。债务人违反破产法的规定，拒不向管理人移交财产和与财产有关的账簿、文件、资料、印章的，或者伪造、销毁有关财产证据资料而使财产状况不明的，人民法院可以对直接责任人员依法处以罚款。有前两款规定的行为，构成犯罪的，依法追究刑事责任。

三、欺诈破产行为

欺诈破产行为，是指债务人违反破产法的规定，通过隐瞒真实情况或者制造虚假情况等手段，不正当地减少其财产，或者给予个别债权人以某种不正当的清偿利益，妨害公平清偿秩序，从而严重损害债权人利益的行为。包括《企业破产法》规定的破产无效行为与可撤销行为。这一违法行为具有以下三个特征：第一，行为的主体为债务人；第二，行为的主观方面为故意；第三，行为在客观方面表现为债务人通过隐瞒真实情况或者制造虚假情况等手段，不正当地减少其财产，从而严重损害债权人利益的行为。

我国《企业破产法》第128条、第131条规定，债务人有下列行为，损害债权人利益的，债务人的法定代表人和其他直接责任人员依法承担赔偿责任；构成犯罪的，依法追究刑事责任：(1) 在人民法院受理破产案件前一年内，无偿转让财产或财产权利的；(2) 在人民法院受理破产案件前一年内，以明显不合理的价格进行交易的；(3) 在人民法院受理破产案件前一年内，对原来没有财产担保的债务提供财产担保的；(4) 在人民法院受理破产案件前一年内，对未到期的债务提前清偿的;(5) 在人民法院受理破产案件前一年内,放弃债权的;(6) 在人民法院受理破产案件前一年内,有损害债权人利益的其他行为;(7) 在人民法院受理破产案件前 6 个月内,在已知不能清偿到期债务的情况下,仍对个别债权人进行清偿,损害其他债权人利益的;(8) 为逃避债务而隐匿、转移财产的和虚构债务或者承认不真实的债务的。

四、违反忠实、勤勉义务

这是针对企业内部人所作出的追责机制。作为市场中的债务人,应该强调企业、尤其是其董事、监事或者高级管理人员的破产责任,否则将导致企业信用丧失。以前破产法不完善的情况下,有的企业破产后,职工失业下岗、生活艰难,巨额债务无法清偿,而企业的负责人却无须承担任何法律责任。针对这种情况,《企业破产法》对破产责任作出了规定,并且对应了《公司法》《证券法》规定的董事、监事、高管人员应尽的忠实义务、勤勉义务以及《刑法修正案(六)》规定的虚假破产罪。企业的董事、监事等经营管理人员因为失职而致使企业破产的,将被追究刑事责任、民事责任、行政责任。《企业破产法》第 6 条明确规定:“人民法院审理破产案件,应当依法保障企业职工的合法权益,依法追究破产企业经营管理人员的法律责任。”第 125 条规定:“企业董事、监事或者高级管理人员违反忠实义务、勤勉义务,致使所在企业破产的,依法承担民事责任。有前款规定情形的人员,自破产程序终结之日起三年内不得担任任何企业的董事、监事、高级管理人员。”第 131 条规定:“违反本法规定,构成犯罪的,依法追究刑事责任。”

五、违反行动限制

破产法上的违反行动限制,是指特定行动的自由受到破产法限制的特定人员,违反规定实施受限制的行动,从而妨碍破产程序进行的行为。这一违法行为具有以下几个特征:第一,行为的主体是特定行动受到破产法限制的特定人员。按照《企业破产法》第 129 条的规定,这种行动限制就是在破产程序进行期间不得擅离住所地。受这一行动限制的人员,包括企业法人的法定代表人,经人民法院决定,还可以包括企业的财务管理人员和主要业务人员。第二,行为的主观方面为故意。第三,行为在客观方面表现为在破产程序进行期间,未经人民法院许可而擅自离开住所地。

我国《企业破产法》规定,违反行动限制的,人民法院可予以训诫、拘留,并可依法处以罚款。构成犯罪的,依法追究刑事责任。

六、破产渎职行为

破产渎职行为,是指破产程序职能机构的人员在履行职务的过程中,玩忽职守,给债权人、债务人或者第三人造成经济损失的行为。这一违法行为具有以下三个特征:第一,行为的主体是特定的,即破产程序职能机构的人员,如管理人、重整执行人、监督人等。这些人员负有勤勉、谨慎地履行职责的义务。第二,行为的主观方面是过失,即没有尽到履行职责应有的注意义务。第三,行为在客观方面表现为,行使职权时玩忽职守或滥用职权,给当事人造成经济损失。

我国《企业破产法》第 130 条、第 131 条规定:管理人未依照本法规定勤勉尽责,忠实执行职务的,人民法院可以依法处以罚款;给债权人、债务人或者第三人造成损失的,依法承担赔偿责任。违反本法规定,构成犯罪的,依法追究刑事责任。

【本章思考题】

1. 简述我国现行破产法律责任的规定,并分析其不足。
2. 试论欺诈破产行为的构成要件及其法律责任。
3. 分析破产程序中各种破产违法行为的行政责任。

本编参考文献

[1] 王卫国．破产法．北京:人民法院出版社,1999.

[2] 李永军．破产法律制度．北京:中国法制出版社,2000.

[3] 汤维建．破产程序与破产立法研究．北京:人民法院出版社,2001.

[4] 大卫·G. 爱泼斯坦,史蒂夫·H. 尼克勒斯,詹姆斯·J. 怀特．美国破产法．韩长印等,译．北京:中国政法大学出版社,2003.

[5] 付翠英．破产法比较研究．北京:中国人民公安大学出版社,2004.

[6] 李飞．当代外国破产法．北京:中国法制出版社,2006.

[7] 王欣新．破产法．北京:中国人民大学出版社,2007.

[8] 范健,王建文．破产法．北京:法律出版社,2009.

【案例研讨】

上海华源股份有限公司破产重组案

(请扫描二维码或访问 http://2d.hep.cn/1322654/7)